文物光華

1935年—1936年伦敦中国艺术国际展览会研究

A STUDY OF INTERNATIONAL EXHIBITION OF CHINESE ART 1935—1936

陈文平 陈诞 ——编著

上海书画出版社

目 录

自序 ………………………………………………… 1

上篇：研究篇

引言 ………………………………………………… 7

第一章 时代背景：
　　　　日军入侵与故宫文物南迁 ………………… 9

第二章 中国艺展的缘起：
　　　　伦敦的热心中国艺术人士 ………………… 17

第三章 中国烂污：
　　　　反对声骤起 ………………………………… 31

第四章 成立联合专家组：
　　　　中英专家共同遴选展品 …………………… 43

第五章 上海预展：
　　　　轰动上海滩的文化盛事 …………………… 65

第六章　空前创举：
　　　　英国军舰运送展品…………… 81

第七章　伦敦艺展：
　　　　盛况一时参观者20048人次……… 121

第八章　归去来兮：
　　　　展品返国及去向…………… 139

第九章　结语………………… 145

附录　参加伦敦中国艺术国际展览展出品目录及图说…… 151

参考文献及注释………………… 157

下篇：图录篇
《1935年—1936年伦敦中国艺术国际展览会目录》

序言………………………… 168

导言………………………… 170

展品目录……………………… 177

图版………………………… 371

人名索引……………………… 659

后记………………………… 666

自序

退出教席之后，我把主要精力都用在海外中国文物研究方面。

记得1982年我曾在上海福州路古籍书店，购得一册线装本民国二十四年（1935）伦敦中国艺术国际展览会筹备委员会印制的《参加伦敦中国艺术国际展览会出品目录》。时隔三十六年，2018年在一场拍卖会又偶得英国伦敦皇家艺术学院印制的英文版《1935年–1936年伦敦中国艺术国际展览会目录》，激发起我对伦敦中国艺术国际展览会（以下简称"伦敦艺展"）的浓厚兴趣，于是着手做起这个课题研究。

伦敦艺展邀请了全世界范围15个国家和地区超过240家参展方参展，共展示了3080件中国文物艺术品，中国政府提供参展品1022件，其中故宫博物院藏品735件。

爱因斯坦曾指出：时间的变化可以扭曲空间。如果从时空维度考察伦敦艺展，就会发现彼时的状况和今天完全不同。也正是由于这种时空差异，伦敦艺展那一代策展人和参展方，抓住了历史上极为罕见的一次国际间广泛合作的机会，用隆重的方式，向西方世界揭开了中国古代艺术的神秘面纱，展现中国传统艺术之伟大，成功举办了高水平中国艺术国际展览会。有评论认为"在整个20世纪都无出其右者"，此非虚言。

伦敦艺展是故宫博物院成立之后第一次赴国外展览，是一次重大文化事件，它向西方世界介绍了其尚无缘得窥的中国皇家收藏，扭转了欧洲收藏界和公众对中国文物艺术的成见，其意义重大，影响深远。显而易见，伦敦艺展足以涵盖中国艺术在走向世界过程中所表现出来的诸多问题，而它所揭橥的文化意义，已超越展品本身，承担着提升国家形象与加深中英两国政治和文化交往的重要使命。

本书的"上篇：研究篇"内容是按照以下的顺序：第一章以日军入侵与故宫文物南迁为时代背景展开；第二章则把读者带到遥远的英国，1934年伦敦有一批热心中国艺术的人士，发起在伦敦举办中国艺术展的倡议；第三章叙述1934年10月中国政府决定参展后，社会上出现反对故宫文物出国展览的意见；第四章、第五章、第六章、第七章构成了全书的研究主体，追溯伦敦艺展的轨迹；其中第六章还着重探讨了中国海外流失文物的问题；第八章叙述展品返国过程；第九章讨论了伦敦艺展的历史、文化意义，还包括了对伦敦艺展研究的一些思考。九个章节的相互联系和前后呼应是一目了然的。

"下篇：图录篇"内容翻译了伦敦皇家艺术学院《1935年—1936年伦敦中国艺术国际展览会目录》，共收录3077件展品图片及3080件展品解说，图文并赏。门类有：陶瓷、铜器、金银器、佛像、书画、漆器、纺织品、玉器与象牙以及其他文物艺术品。展品解说文字内容包括展品名称、年代、简介、来源或收藏单位等信息，书画则标明作者姓名。显然，该目录是对伦敦艺展展品进行介绍与描述的指南性文本，也是本次展览活动中十分重要的传播媒介。除中国提供的参展品外，还包含了众多已经流失海外的文物信息和国外个人及博物馆的收藏信息，反映了19世纪末20世纪初中国文物艺术品在国外的收藏与流通以及文物流失的真实情况，从而成为人们获取中国文物艺术品海外流转信息的一个重要途径，为我们研究和追踪流失海外的中国文物，提供了弥足珍贵且具有文献与历史价值的重要参考资料。

目前，欧美关于文物来源的研究，尤其是殖民化背景下文物来源的研究方兴未艾，已经成为一门独立的学科，我们国内也在积极开展相关研究。因此，翻译和利用这种特殊的、不可多得的文化和艺术研究资源，付出精力和时间都是值得的。《1935年—1936年伦敦中国艺术国际展览会目录》中文版首次出版，是一件非常有意义的事情。

本书撰写过程中，检索和参考了多种资料，其中尤以郑天锡《参加伦敦中国艺术国际展览会报告》、刘楠楠《北平博物馆参加伦敦中国艺术国际展览会史料选辑》、王世杰《伦敦中国艺术国际展览会筹画近况报告》和《申报》《晨报》《世界日报》等报刊的报道以及庄尚严、那志良、傅振伦等故宫博物院参展人员的回忆文章，当然还包括伦敦皇家艺术学院《1935年—1936年伦敦中国艺术国际展览会目录》和伦敦中国艺术国际展览会筹备委员会《参加伦敦中国艺术国际展览会出品目录》，这些都是不可多得的第一手参考资料，客观回顾并钩沉了那场展览会的历史盛况，为本书的写作提供了极大的帮助及可靠的史实依据。同时，学界以往的相关研究成果，也给予我良多启发和裨益，在引用这些材料时，书中一一注明了出处。

当今，在全球化背境中民族文化身份的认知十分重要，历史文物对一个民族乃至整个世界历史的发展，对各民族的自我认识和相互了解，都具有重要意义。随着时代的进步和发展，尊重文物的民族、文化背景，承认文物的普世价值，已经逐渐成为人们的共识。中国文物恰恰是中华传统文化艺术最集中、最具体的产物，是物化的历史、文明的见证，亦是全世界人民共有的精神财富。

86年前，为推介中国艺术、彰显中华文物魅力，伦敦艺展策展人和中英双方参展人员高擎人类文明共同进步的旗帜，为举办伦敦艺展作出了无与伦比的贡献。在此谨以此书向他们致以崇高的敬意,他们有足够的理由赢得尊敬。是为序。

陈文平
2021年3月1日
于上海大学

上 篇

研究篇

引言

1935年11月28日至1936年3月7日,"中国艺术国际展览会"（International Exhibition of Chinese Art, 1935-1936），在位于英国伦敦的皇家美术学院百灵顿堂（Royal Academy of Arts Burlington House）隆重举行。这次活动主要是由英国文化界人士发起和推动、中国文化界人士积极响应、中英两国政府大力支持与合作而诞生的。这是中国文物艺术品第一次由官方组织走出国门、走向西方的一次大规模展览。这次展览会英方邀请了全世界范围内15个国家和地区超过240家参展方参展，包括博物馆、研究机构、私人收藏家及艺术品商人等等，而且绝大多数得到了当地政府机构的支持，征选文物范围广泛、规模巨大，共展示了3080件中国文物艺术品。中国政府为伦敦艺展提供了1022件珍贵文物，其中故宫博物院占了735件。展览历时14个星期，吸引了来自欧美各国的观众40余万人次，创造了前所未有的参观记录，可谓横空出世、盛况空前。国民政府伦敦艺展特派委员郑天锡在《参加伦敦中国艺术国际展览会报告》中指出："伦敦中国艺术国际展览会，系以中国展品为重心，并汇聚世界各国收藏之精华。陈列凡十余室，展品凡数千件，会期凡百余日。奇珍瑰宝，荟萃一堂，实为空前未有之盛举。"[1]

当时中国的国内外形势十分紧张，进入20世纪30年代，日本军国主义加快了侵略中国的步伐，1931年"九一八事变"后，日本在占

郑天锡《参加伦敦中国艺术国际展览会报告》
（图片来源：上海图书馆）

领中国东北后又逐步侵入华北，日本全面侵华战争一触即发。在这种形势下，国民政府在海外举办大型艺术展览会，开展文物外交，将象征中国文化的文物艺术品展现给西方观众，促成国际主流舆论的关注，争取西方对中国的同情和善意，并进一步将其转化为切实的国家利益成为当务之急。因此，这次海外大型艺术展除了中外文化艺术交流上的意义外，还蕴含着十分重要的政治意义，伦敦艺展是抗日战争时期的一次重大文化事件，影响深远，堪称现代中国国际美术展览活动发轫的标志，具有开拓性和里程碑的意义。

第一章

时代背景：
日军入侵与故宫文物南迁

故宫，旧称紫禁城，是明清两代的皇宫，保存有大量帝王珍赏之物，是古都精华所在。1911年辛亥革命推翻了清王朝，但北京紫禁城内仍保留了一个小朝廷。1924年冯玉祥发动了"北京政变"后，他的国民军将末代皇帝溥仪驱逐出宫，并成立"办理清室善后委员会"（后称"清室善后委员会"）。故宫所保存的历代珍贵文物，移交国民政府保管，这批原属皇室的私有收藏成为全体国民的共有财产，即公众所共有的国家文化遗产。为了保护和利用好这批文化遗产，1925年9月29日，清室善后委员会制定并通过了《故宫博物院临时组织大纲》，并于当年10月10日正式成立了故宫博物院。

1931年"九一八事变"后，日军侵占了我国东北三省，北平（北京）的形势岌岌可危。北平一旦沦陷，数十万件文物国宝势必落入敌人之手。为了避免国宝遭受兵燹之灾，故宫博物院几经讨论，并经政府批准，在1932年底作出决定，挑选出院藏近百万件文物中的精品，有计划地分批运往南方，史称"故宫文物南迁"。

据故宫博物院那志良回忆："1931年9月，东北发生了'九一八事变'，大家明白了日本的野心，是想先得到东北，再向南侵。平津一带，如果发生了战事，故宫里这些国宝，就有危险了。当局认为必要时，应当把这些文物迁运到安全地带，现在就应当准备，就装了箱，紧急时搬运着方便。"[2]

故宫文物是北京古城的文化命脉，文物从来没有离开过紫禁城，文物南运的决定，引发了部分社会和文化人士的反对，舆论哗然，认为"有文物才有北京，文物没了，北京就没了存在的意义"。

鲁迅连续发表《逃的辩护》《学生与玉佛》等文，慨叹"寂寞空城在，仓皇古董迁"。茅盾、周作人等文化人士亦对政府搬迁古物极为反感，批评政府搬迁古物之事。茅盾在《欢迎古物》一文中辛辣地嘲讽在"大人先生们"眼中,"老百姓可憎而古物可贵""平津的老百姓见古物南下却不见兵车北上"。[3]

胡适也以学者的姿态发表谈话,反对南迁,发表了三点意见:

> (一)榆关失陷,非仅华北局部陷于恐怖态度,已成为全中国极恐怖时期。在此军事状态之下,日军野心勃勃之际,何处是安全土地?如移至南京、上海,又怎能料定将来?北平因在国际严重监视之下,未必有人敢公然破坏。(二)古物数量甚巨,移出北平途中,如五千箱失掉五箱,或受意外损失,再遇临城劫车(笔者注:1923年5月发生在山东省临城县境内的一起火车旅客绑架案,其中有四十名外国人,成为轰动一时的涉外事件),又有何人去负责任?即或有人负责,而亦不能赔偿原物。(三)我个人意见,不妨在上海、南京、洛阳各地,多设几个博物院。将故宫同样物件,分地储存。整个南迁,影响于地方至巨,在此时期,大可不必云云。但政府对他事均可衍塞,此事则极为坚决,无可挽回。更不容人民激烈抗争。先生既不能积极制止,乃以北平图书馆委员长之资格,消极反对该馆储藏之宋元善本书籍南迁。虽已装箱,因其权限所及,终未起运。[4]

当时,反对文物南迁的人中,曾有少数激进分子扬言要采取暴力行为,那志良等职员还曾接到言论偏激的威胁电话,扬言要在铁轨上放炸弹,"当心你的命"。[5]

然而,争论尚未平息,1933年1月3日山海关沦陷,日军进逼华北,平津已危在旦夕。1933年2月故宫博物院开始进行文物挑选和装箱工作,主要包括故宫博物院、古物陈列所、颐和园收藏的原清宫文物,把挑选出的珍品用棉花、皮纸、稻草等包裹严实，装入坚固的木箱或铁箱内，以防南迁途中颠簸震动受损。根据庄尚严（庄严）的回忆："我们最开始恐慌的是，所有同仁之中，竟没有一个人对于装箱稍有经验，如何担此重任？……我们的办法，是将库中乾隆以来，由景德镇运往宫中，原封未动所装载的瓷器箱，打开来看看，他们是怎样包装的。而后向琉璃厂各大古玩商店，询问他们是怎样将珍贵文物，装箱出口的办法，同时又请他们到宫内，做一次示范的表演。"[6]然后依样画葫芦，掌握了文物装箱技术。一直到5月中旬，历时四个月，将242592件文物完成装箱。其中故宫博物院挑选的文物最多，书画9000余幅，瓷器7000余件，铜器、铜镜、铜印2600余件，玉器无数，这些文物被全部装箱。文献馆挑选的珍品，囊括了皇史宬以及内府珍藏的清廷各部档案和明、清两代的帝王实录、起居注等，其中内阁大库档案红本，以其完整性，尤显珍贵。图书馆挑选的包括《四库全书》、各种善本书，均系不可多得的珍本。

1933年2月6日，《中央日报》刊登了一则《古物即南运，今日运两千箱》的简讯，简讯中称：2月5日"宋子文电某方，对古物运沪，有所阐明，故一时难运之古物问题，渐有开展之势。故宫当局称，鱼（六）晚先运两千箱，余续运"。2月7日《中央日报》又刊登了《故宫文物昨夜起运》为标题的一组报道。

为了抓紧时间和安全起见，南迁的文物采取分期分批运走的方法，一共分五批陆续南迁。文物起运前，故宫博物院向行政院和地方军政长官发出密电，请求沿途保护。沿途除特别快车外，其余列车都要让道给文物列车先行。1933年2月6日早晨起，故宫东、西华门开始戒严，十多辆汽车和三百多辆人力排子车先后进入午门，故宫文物开始正式南迁，第一批南迁文物共计2118箱，其中主要是文献、书画，包括上

上海金利源码头

述档案红本、《四库全书》等无价珍宝。从北京前门火车站装车出发，由武装押运，车顶四周架起机枪，车内人员和衣而卧，每节车厢的车门上都贴有国民政府内政部的封条。因怕日军空袭和土匪骚扰，火车绕道天津南下，由平汉路至郑州转入陇海路，经徐州再转道津浦路前往南京。据担任首批南迁古物监运员的吴景洲回忆："第一批南迁古物出发了，这比花石纲重要的多，一共二十一节车。……在车顶四周各个车口都架起机关枪，各节车上都布置了宪警，荷枪实弹地保卫着，每到一站，都有地方官派人上车招呼，车行两旁逐段都有马队随车驰骤。夜间开车，在重要关口熄灯，重要员司和衣而卧。尤其徐州一代，有时匪众出没，据报在前一天晚上，已有一千余人在徐州附近向车行地段窥伺，被地方发现打了一仗，他们知道有备，所以退去。因为绕道陇海，到第四天才到达南京下关，大家松了一口气。"[7]

载有第一批文物的火车到达南京对岸的浦口后，由于准备存放文物的南京朝天宫扩建工程还没有完成，装载文物的火车在浦口停车近一个月，最后决定先船运上海暂存。1933年3月5日，第一批故宫文物1054箱运抵上海。这批文物到达上海后停靠在外滩招商局的上海金利源码头上，随车船押运故宫文物到上海的那志良回忆说："第二天卸船，看到码头工人，一个个排成行列，依次背箱，不管轻重每人背一个箱子，鱼贯而行，秩序井然，令人佩服。"[8]文物随即运往法租界

第一、第三批文物集装箱待发
（图片来源：故宫博物院）

装箱待发的南迁文物
（图片来源：故宫博物院）

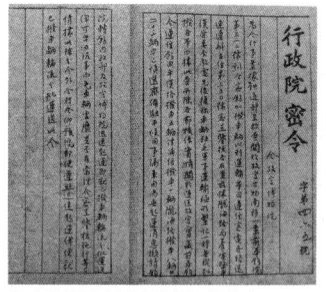

行政院关于南迁文物起运的密令
（图片来源：故宫博物院）

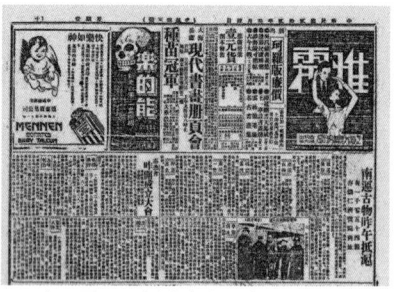

1933年3月6日《申报》报道第一批南迁文物抵沪消息

天主堂街26号仁济医院临时诊所旧址（今延安东路四川南路口）及四川路32号业广公司货栈（今四川中路元芳路北侧）两处库房存放，故宫方面与上海市警察局、租界巡捕房商议制定了周密的安全保卫措施，派警卫严密守护。第二天的《申报》立即刊登了这则消息："南迁古物昨午抵沪，共一千零五十四箱，存储仁济医院旧址。"[9]并在上海设立故宫博物院驻沪办事处，地址先是在亚尔培路（今陕西路）亚尔培坊，后迁永安街永安坊。此后，在将近四个月的时间里，第二批（3月21日）、第三批（4月5日）、第四批（4月27日）和第五批（5月23日）文物陆续出发由海轮南运抵上海，总共五批合计19492箱。其中故宫博物院文物13427箱又64包，附运文物6065箱（古物陈列所5414箱，颐和园640箱又8包3件，国子监11箱）。

故宫南迁文物到达上海以后，很快进行了详细登记，文物的点收十分严格，"存沪文物，逐件点收的办法决定后，又决定了下列各事：一、借点收机会，把清册上的记载，记得详细些，如尺寸、款识、色泽等都要记载，铜器、玉器加注重量，书画要记明它的质地、著录、款识、题跋等。二、用'沪上寓公'分编各馆处的箱件，凡是古物馆的箱件，一律编'沪'字，然后自第一号编起，如'沪1''沪2'……图书馆用'上'字，文献馆用'寓'字，秘书处用'公'字。三、这次点收清册，油印出来，作为南迁文物的原始清册。四、凡属纸片文物，如图书、字画之类，在上面加盖一个图章，作为院中保管文物的证明，此章由监察委员保管。"[10]这个点收清册名为《存沪文物点收清册》，这是故宫博物院历史上一次比以往详细许多的藏品登记工作。

这批文物南迁至上海，在民众中获得高度关注，也被赋予了中华民族保护国粹、战胜灾难的美好愿望。

早在1932年初日军挑起"一·二八事变"，武装侵犯上海，企图占领上海。进入1935年，山雨欲来风满楼，从时局角度看，日军随时可能在上海再次挑起事端、发动战争，形势不容乐观，南京政府方面已预感到危机的袭来，准备将这批文物精品进一步向大西南地区转移。

第二章

中国艺展的缘起：
伦敦的热心中国艺术人士

19世纪上半叶，西方的坚船利炮轰开晚清国门。中国自1840年第一次鸦片战争以后，国势衰微。1856年的第二次鸦片战争和1900年的八国联军侵华，北京圆明园两次遭受劫难，园内的无数文物珍宝被劫掠至西方。自此以后，一些外国所谓的探险家、考古学家在中国领土上进进出出，肆无忌惮地把中国文物珍宝运出境外。尤其是进入20世纪后，中国古董商卢芹斋、吴启周开设的"卢吴公司"、日人山中定次郎开设的"山中商会"等古董公司，在中国大肆收购文物古董向海外贩卖，造成成千上万的中国文物潮水般地流出国门。通过这类渠道流出的文物，大多数介于合法流出与非法流出之间。精美绝伦、文化内涵丰富的中国文物艺术品出现在西方市场，引起西方人士对中国古代艺术的强烈兴趣。尤其值得注意的是，在欧洲出现了一批中国文物艺术品的收藏家、交易商和研究者，他们热衷于收藏和交易中国文物艺术品，除了追求商业利益外，还出版图录和撰写研究文章，推动了西方对中国文化艺术的认识。而在英国伦敦，聚集了一批中国古陶瓷收藏家，成为国际陶瓷收藏界的重镇。

在欧洲，中国瓷器向来被视作可欣赏的艺术品而被追捧，收藏中国瓷器传统上被定义为一种"性别活动"，它是男人俱乐部的名片，是社交载体和收藏家身份的象征。在20世纪第一个十年里，中国陶瓷收藏活动在英国未艾方兴，在此后的十年里中国陶瓷收藏家、策展人、交易商群体迅速扩大，1921年这个群体在伦敦成立了东方陶瓷学会（OCS）。其主要成员是乔治·尤摩弗帕勒斯（George Eumorfopoulos，1863-1939）、斐希瓦尔·大维德（Sir Percival David，1892-1964）、罗伯特·霍布森（R.L.Hobson,1873-1941）、波西瓦·叶慈（Perceval Yetts，1878-1957）、奥斯卡·拉斐尔（Oscar Raphael，1874-1941）等，他们都是20世纪上半叶英国重要的中国陶瓷收藏家

第二章 中国艺展的缘起：伦敦的热心中国艺术人士

和专家。该学会及其成员在欧洲乃至全世界，对中国陶瓷的研究和推广做出了巨大贡献，现今该学会已经成为具有世界影响力的专业学术组织。

尤摩弗帕勒斯1863年出生于英国利物浦，希腊裔英国人，是20世纪英国最有实力的中国文物收藏家和核心人物。尤摩弗帕勒斯在19世纪90年代后期开始收藏中国艺术品，他收藏的中国艺术品主要是当时新出土的文物，包括早期青铜器、玉器、雕塑、绘画和唐宋元时期代表性的陶瓷等。他收藏的第一件青铜器是有名的鸮尊，伦敦艺展会上展出的第236号展品就是这件器物。20世纪初（1907年左右）由于修铁路，河南洛阳及陕西西安等地区出土了大量唐三彩，据罗振玉《古明器图录》记载："古明器近年出土者甚多，直隶、陕西、河南诸省皆有之，而河南为多。"尤摩弗帕勒斯瞄准机会购买了大量的精美唐三彩，成为推崇唐三彩艺术的先驱。尤氏的系列收藏令人赞叹，非同凡响，以至于后来其他博物馆办展览时都要向他借展品。由于1929年金融危机和受到随之而来的大萧条影响，尤摩弗帕勒斯经济状况恶化，1934年开始被迫出售他的大部分藏品。尤氏完整的收藏被分为两个部分出售，分别被大英博物馆和维多利亚与阿尔伯特博物馆购藏；另有大约八百件藏品则捐赠给他的祖籍地希腊雅典的贝纳基博物馆（Benaki Maseum）。

大英博物馆的瓷器部主管霍布森，是20世纪上半叶英国的中国陶瓷重要专家之一，他在1915年出版了《中国陶瓷》，1923年又出版了《明代陶瓷》一书，这是英国第一本有关中国明代陶瓷的专著。1929年1月他在《古董家具》上发表了具有革命性的创见文章《明代之前的青花瓷：一对元代纪年瓷瓶》（*Blue and White Before the Ming Dynasty, a Pair of Dated Yuan Vascs*，1929年1月），文章首次提出了明

文物光华：1935年—1936年伦敦中国艺术国际展览会研究

元青花云龙纹象耳瓶（元至正十一年铭）

代之前有元代青花瓷的存在，这在当时是一个空前未有的观点。20世纪20年代以前元青花并不为人所知，霍布森通过两件带有"至正十一年（1351）"铭的青花云龙纹象耳瓷瓶，指出中国元代已烧造出成熟的青花瓷。这两件有纪年铭的青花瓷瓶即现今收藏于大英博物馆大维德基金会的著名的"大维德瓶"。霍布森的研究成果引起很大的轰动，开始吸引人们对元青花瓷的注意。20世纪50年代初，美国学者波普（John Alexander Pope）博士根据此件"至正型"元青花标准器，对照伊朗阿德比尔寺和土耳其托普卡比宫博物馆所藏具有类似风格的青花瓷器进行对比研究，识别出一批元青花，并且发表了两本专著，此后人们对元青花的研究和收藏进入了高潮。

另一位重要人物是1935年伦敦艺展会的主要推手，蜚声中外的中国陶瓷收藏领域的传奇人物大维德。美国学者毕宗陶（Stacey Pierson）在其《中国陶瓷在英国》一书中，对大维德生平有详尽叙述。[11]大维德（中文也有翻译为"大卫德"或"达维德"）1892年出生于印度孟买的犹太富商家庭,其家族的业务主要包括银行业、棉纺织业和鸦片贸易,在上海和其他港口都有业务。大维德曾就读于孟买大学和剑桥大学,1913年结婚后定居伦敦。他是如何机缘巧合走上收藏中国陶瓷之路的呢?这是一个有趣的问题。据他的第二任妻子希拉·约克·哈蒂所言:"他回忆起具体在何时被中国艺术的魅力所俘获。据说当他年轻的时候,在剑桥期间病得很厉害,为了恢复健康,他到一位在南部海边有房子的朋友那里居住,在他朋友起居室的壁炉架上摆放着一只中国花瓶,斐希瓦尔·大维德爱上了这只花瓶。"[12]此后,他专心致志地踏入收藏圈,开始他的中国陶瓷收藏事业,并且主动结识当时收藏圈内的名流,很快就声名鹊起,成为崭露头角的新实力藏家。

1916年他向伦敦维多利亚与阿尔伯特博物馆捐献了三件中国陶瓷,从此与该博物馆建立起联系。该馆陶瓷部策展人伯纳德·拉克姆撰文介绍说:"大维德是一位相对年轻的收藏家,他对中国瓷器表现出极大的热情和非常深刻的理解。"[13]这表明大维德的中国瓷器收藏已经得到了专业人士的肯定和称赞。对于一个英国的新移民而言,通过艺术品收藏建构身份,迅速融进伦敦的收藏界,扩大社交圈和知名度,这无疑是一条捷径。然而随着收藏的深入,大维德越来越沉迷于中国古代艺术,他再也不满足于像绝大多数英国收藏家那样在英国本土从古董商手里购买中国文物。

资料显示大维德1924年首次访问仰慕已久的中国,在此之前,他已开始努力学习中文,目的是为了读懂中国艺术品上的款识,彼时他已具有了一定的中文阅读水平。大维德夫人回忆:"在掌握流利的中文书写后,大维德决定1924年访问其知识的源头——中国。他立即被中国艺术鉴赏的传统深深吸引,以至于下定决心钻研最高级的宫廷收藏。"[14]凭借对中文知识的掌握,大维德的收藏和研究如鱼得水,更上一个层次，而当时在同一收藏圈里的人，几乎没有系统学习过中文的，这使得大维德技高一筹，对中国艺术有更深刻的理解。

1926年大维德三十四岁时，他继承了其父亲男爵的头衔与家族生意，成为家族企业沙逊·大维德公司的董事长。对大维德来说，家族企业使之如虎添翼，提供了有力的财力支持。更为有利的是公司在香港、上海和神户均设有办事处，这有助于他的收藏活动以及公共关系交往。从某种意义上来说，大维德在中国的活动可能比他在英国的收藏活动更重要。1928年他在中国成功地购得宫廷旧藏的四十多件瓷器，大部分为宋代名窑瓷器及明清官窑精品，这批精美绝伦的"宫廷收藏"，成为现今大维德中国艺术基金会总计一千七百余件藏品中的翘楚。[15] 必须指出，此次购藏也成为中国海外流散文物的典型案例。

如前所述，1924年紫禁城被转交给国民政府后，国民政府决定将宫殿转变成博物院。同时，特别聘请大维德、福开森等几个外国人担任咨询顾问，这对于大维德来说不仅是"一种令人瞩目的殊荣"，使大维德与刚成立的故宫博物院建立了联系，也是可以亲自上手宫廷御物的绝好机会。1929年他参与了景阳宫御书房的宋、元、明陶瓷陈列馆的展品遴选，接触到了大量宫廷精品瓷器，面对琳琅满目的清宫珍贵瓷器，大维德为之倾倒，并赞叹不已。

但是在接下来的几年里，由于中国时局动荡不安，故宫建筑物维修和藏品展示所需资金十分匮乏，只能依靠公众捐助，也包括向外国人士募捐。1927年至1931年间，许多中外人士向故宫博物院提供了帮助和捐助，这些捐助使得故宫博物院得以修复破损的建筑，可以展示馆藏各类珍品，其中大维德作出了不小贡献。在一份故宫捐助人名单中我们看到："来自斐希瓦尔·大维德，爵士，伦敦。6264.40美元用于御书房改建为宋元明瓷器的专门展厅。他的另一笔100英镑的捐款

第二章 中国艺展的缘起：伦敦的热心中国艺术人士

用以购置御书房两侧厢房的展示柜。"[16] 大维德不仅协助设计展览，还赞助展柜、维护、图录出版等费用，大维德的捐助和积极参与，使他与故宫及中国的文博界建立起密切的关系，打开了畅通的渠道。大约在1932年前后，大维德萌生了在英国筹办中国文物精品展的想法，英国方面的资料显示："中国艺术国际展览的想法是大维德20世纪30年代初在一次去中国的旅行中提出的。"[17] 但要在西方举办一场空前规模的中国艺术精品展览绝非易事，需要有令人信服的说服力和拥有广泛的人脉。

英国皇家艺术学院的档案资料和当时中方的记载表明，伦敦中国艺术国际展，正是以大维德为首的伦敦的热心中国艺术的人士发起才得以展开。主要发起者有五人，他们是大维德、尤摩弗帕勒斯、霍布森、乔治·希尔（George Hill, 1867–1948）和尼尔·麦肯（Neil Malcolm, 1870–1953），他们都是东方陶瓷学会会员。[18] 其中大维德不但是著名

景阳宫瓷器陈列室 （图片来源：故宫博物院）

的中国陶瓷收藏家，又有雄厚的财力和极强的社会活动能力，还与故宫博物院保持着密切的关系，起到了关键和核心作用。

首先，这批发起人士组织起理事会主持重大事务，理事会下设选择、陈列等委员会处理各种专门事项，并以皇家艺术学院为展览及办事场地。1934年1月7日发起人与皇家艺术学院签订合同，确定伦敦艺展组织大纲及经费筹措办法。并由发起人认付保证金五千英镑，作为展览亏损之预备金，同时准备会见中国驻英大使郭泰祺商洽办展事宜。

1934年2月，以大维德为首的发起人团体，接触驻英国的中国大使郭泰祺，在递交给郭大使的备忘录中提出：

> 我们中的许多人对远东的古老文化感兴趣，认真考虑在伦敦举办中国艺术国际展这一项目已经有些时日了。中国是这种文化的母亲，中国人的灵性，即远离日常生活物质一面，已证明激发了西方人的思维。这种精神带来的直接和间接影响正已成为中国与西方关系值得深思的因素。没有什么媒介比兴盛了三千年的艺术更能传达这种精神观念的了，我们感到在伦敦举办一个充分展示中国艺术成就的展览，连同其他伟大国度的展览将是极重要和必须的。
>
> ……目前建议在中英政府支持下于1936年在伦敦举办一个中国艺术国际展。根据现行的做法，我们提议向所有主要国家的公共机构和私人藏家发出借展邀请，获得经过特别挑选的中国艺术品。……然而，项目的最终成功离不开中国政府所起的重要作用——通过出借他们的国宝和对组织工作的宝贵支持。[19]

这份措辞谨慎又不失热忱的备忘录被发送回中国，国民政府鉴于

斐希瓦尔·大维德爵士与夫人

当时意大利古代艺术展在英国取得了巨大成功,改善了英、意过去的误会,因此认为能够在不动用大额财力的情况下,增加中国的国际影响,增进中英感情和理解,是一件好事,故行政院表示同意举办,有关情况并报中央政治会议备案。[20]

当年参加伦敦艺展筹备工作的故宫博物院工作人员庄尚严有如下回忆:"伦敦有一些专以收储中国古物驰名远近的巨室,如大卫德(Sir Percival David)之于瓷器、猷摩福波爵士(Gorge Eumorfpoulos)之于铜器、拉飞尔(Oscar Raphael)之于玉器以及霍浦森(R.L.Hobson)、叶慈(Prof.W.Perval Yetts)诸人,皆属当时煊赫一时的大收藏家与研究家,他们为求进一步对中国古物之深切认识与欣赏,遂联合了其他同好人士想效法英国以前举行的法兰西、意大利等国美术展之后,再来一次中国古物国际性的展览。他们除向欧美各国征求展品之外,自然非向中国征求不可,因此定下原则,此项展览,定以中国公私藏精品为主,尤其是闻名世界的故宫博物院藏品。"[21] 还着重指出："大卫德氏与本院关系最深，曾捐巨金改造本院景阳宫陈列室。昔在北平曾读其中国瓷器图谱，今尽出所藏，供公众观览，为此会举办人之一，亦为办事最热心之人。"[22] 郑天锡在《参加伦敦中国艺术国际展览会报告》中也指出："本次艺展，系由伦敦热心中国艺术人士发起。以发起人及艺术院为主干，中英两国政府联合监导。"[23] 由此可见，发起本次伦敦艺展的并非中英两国政府，而是"伦敦热心中国艺术人士"，正是在他们的努力运作下，伦敦艺展才得以展开。

国内有研究者认为：大维德推动伦敦中国艺术展览会，考诸其热心促成艺展的动机，实际亦不出于利益二字。通过参与举办这次展览，他的声望得以在西方上流社会得到宣扬，从而奠定他中国文物研究权威的地位，而这一地位的形成，不论对其本身研究事业的发展，还是对其所从事的艺术品买卖活动都能够给予极大的帮助，这正是所有艺术品大亨积极推动艺展成形的原因之所在。笔者认为此种观点值得商榷。

首先，必须指出的是，大维德建立了世界上最精彩、最具影响力的中国陶瓷私人收藏体系，对于自己的收藏品基本上只买进不卖出，或者捐赠给博物馆，可以说他是一位真正意义上的收藏家和研究者。他借助自己的实力和学术知识，构建起欧洲或美国无法匹敌的中国陶瓷收藏，在这个领域他的影响力占有很高地位。就他个人的收藏和在公共领域的活动意义而言，其行为显著提升了中国陶瓷和艺术在欧洲的知名度。为了推广中国艺术，1930 年他还资助伦敦大学亚非学院设立第一个中国艺术与考古的讲师教席，该教席不仅是中国艺术新学科的首个学位课程，也是英国首个艺术史学位，至今英国仍是海外唯一开设中国陶瓷史学位课程的国家。1937 年，他赞助由利斯托韦尔勋爵（Lord listowel，1906-1997）组织的"中国运动"，抗议日本侵略中国。

借出自己收藏的陶瓷参加中国艺术展,将展览筹集到的经费捐赠给中国的国际和平医院。[24]1941年12月7日,日军偷袭美国夏威夷珍珠港,太平洋战争爆发,大维德到上海、印度和夏威夷"出差",做有关飞机制造的生意,他在文章中称之为"战争出力",并且立好了遗嘱,如有不测,将他的收藏捐赠给大英博物馆和维多利亚与阿尔伯特博物馆。[25]在上海期间,大维德被日本人拘留了九个月,一度健康状况恶化,幸运的是,后来他与一批外交官一起被释放。之后他去了南非,在南非和其他收藏家共同组织举办了一个展览会,用于帮助"中国战争救济"。1950年大维德将自己的收藏品及个人藏书捐赠给伦敦大学亚非学院,并且创设了大维德中国艺术基金会(PDF),其条件是藏品必须全部展出,并无偿向公众开放,使之成为以公众为导向的永久收藏。这项捐赠,使伦敦大学在研究东方文明精华——中国陶瓷和其他中国艺术史方面拥有前所未有的资料。2007年,由于财务原因,大维德基金会被撤销,基金会的藏品由大英博物馆托管。2009年,大英博物馆作出决定,95号展厅将永久展出大维德的中国陶瓷藏品。显而易见,大维德的收藏不是为了个人占有。这与卢芹斋、山中商会等贩卖中国文物艺术品,为追求商业利益不顾一切的行为(包括触犯法律、道德底线和民族感情的行为)性质不同,不可相提并论。

其次,瓷器是中国古代一项伟大的发明,在世界科学史和文化史上,写下了光辉灿烂的篇章,对人类物质文明做出了卓越的贡献。大维德通过他的收藏和相关活动,在宣传和传播中国陶瓷文化方面,做出了无与伦比的贡献。正如毕宗陶所指出:"在推动中国艺术发展的过程中,大维德发表关于中国艺术的文章,并用自己的形象将此定义……大维德通过他的公共活动和研究,为自己创造了工作,从未为了报酬。他的私人收藏和收入支撑着他的'工作',赋予他追求一切爱好的自由。"[26]

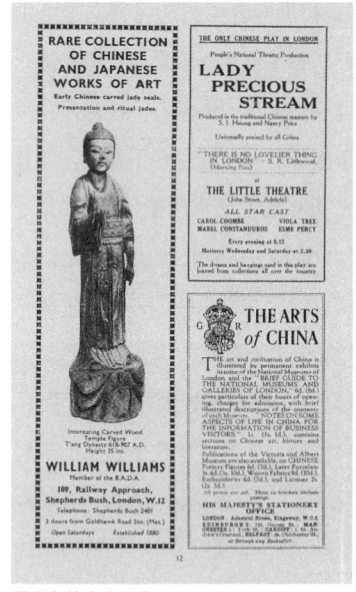

展览和拍卖会广告
（图片来源：伦敦皇家艺术学院）

"卢吴公司"广告
（图片来源：伦敦皇家艺术学院）

因此，对大维德的贡献应该给予客观、公正的评价。

当然，大维德积极地参与和推动伦敦艺展，无疑为他增添了新的光环以及更大的信誉和影响力。毕宗陶同时也指出："展览有益于大维德个人及其专业，因为展览的结果使得大维德成为圈内更广为人知的藏家。"[27] 伦敦艺展给大维德带来的利益客观存在，但笔者认为，综观大维德的一生，不能抹杀他作为伦敦艺展的发起人和推动者所做出的杰出贡献，也不能因为伦敦艺展给他带来了某些利益，就指摘他动机不纯、谋求私利，这样有失公允。至于大维德收藏中国陶瓷的合法性和海外中国流失文物的关联，是一个值得展开讨论的议题。

伦敦艺展的举行，无疑会使中国文物的文化价值与艺术价值进一步被西方社会所了解，客观上确实推动了海外收藏中国文物艺术品的热潮，为中国文物艺术品带来较高的商业效应，促进了海外收藏家和文物商人实现其商业利益。事实上，展会期间各类文物商人乘机在伦敦举办各种展览和拍卖会，以赚取商业利益，例如古董商卢芹斋借伦敦的约翰士拍卖公司展览销售中国陶瓷、青铜器等文物艺术品，他还将窃取的中国河北崇光寺高达 5.78 米的隋代佛像，借展给伦敦艺展，陈列于中央大厅。展览结束后，卢芹斋将佛像作为礼物捐赠给英国（现陈列于大英博物馆中国馆进门处）。卢芹斋及其"卢吴公司"借助伦敦艺展跃身一变成为中国文物艺术品的捐赠者，超额实现了他的目的。再如 20 世纪上半叶开设在中国境内的外国最大古董买卖机构山中商会，在中国活动长达三十年，向日本和西方大规模地贩卖中国文物艺术品，在伦敦和纽约设有山中商会分店。伦敦艺展期间，山中商会的掌门人山中定次郎除了协助运送展品，还趁机举办了艺术品展销会，大肆推销文物，如现藏美国西雅图艺术博物馆的清高其佩《牵马图》、明佚名绢本《文人望月图》、明佚名绢本《雪柳野鹅图》等，就是博物馆首任馆长理查德·富勒（Richard E.Fuller）于 1935 年购自伦敦山中商会分店。从行为目的来看，伦敦艺展中的中英两国政府、各国送展机构、"伦敦热心中国艺术人士"、古董商人等有各自不同的诉求，古董商人的行为和目的与"大维德们"显然不可同日而语。

第三章

中国烂污：
反对声骤起

收到伦敦中国艺术国际展览会英方邀请函后，国民政府于1934年10月决定参会，经行政院核准交由教育部和故宫博物院会同办理，又经过故宫博物院理事会的详细讨论，成立"伦敦中国艺术国际展览会筹备委员会"，负责一切事宜，并铸发"中国艺术国际展览筹备委员会关防"，遂告正式起动。筹委会主任委员由教育部长王世杰担任，由故宫博物院院长马衡、交通部常务次长张道藩、铁道部政务次长曾仲鸣、内政部政务次长陶履谦、行政院秘书长褚民谊等十一人组成筹委会。

展会筹备期间，社会上尤其是文教各界，对故宫文物出国展览出现了两种截然不同的意见。赞成者认为是发扬宣传中华文化的绝好机会，不容错过，应全力支持以促其成功。反对者认为国宝向不外运，海上长途跋涉、路途遥远，怕沉船、怕遇盗，国宝或将遭受无法挽回的损失。另一方面，由于中方参展的文物艺术品价值连城，英国政府表示无力为之提供巨额保险，这一情况很容易引起人们的猜疑，有舆论称展览是"英国政府为了热烈庆祝英皇乔治五世即位三十五周年，接受欧洲研究东方学者的意见，邀请中国故宫赴英参加中国艺术国际展览"[28]，而参展的中国文物艺术品其实是送给英皇的寿礼。甚至更有人抛出所谓的"展览阴谋论"，称政府假借参展名义，实际已将国宝商定卖与外国，从此便一去不复回了。一时种种谣言四起，舆论哗然。

1935年1月20日，文化学术界人士王力、李碧芸、林徽音、侯宗濂、陈之迈、陈岱孙、赵诏熊、朱君允、沈性仁、金岳霖、秦宣夫、沈有鼎、陈铨、熊佛西、朱自清、周培源、金岳荣、浦薛凤、张荫麟、张真如、刘信芳、李健吾、林振纲、姚鸿矗、梁思成、李潇、张奚若、杨景任二十八人，在北平各大报刊联名发表公开信，反对古物运英展览，据当时北平《世界日报》转录公开信如下：

报载一九三六年初，将举行于伦敦之国际中国艺术展览会，由英国政府，邀我国政府参加筹备，我国已允所请，展览范围我国包含故宫博物院与古物陈列所已南迁之各项古物及其他公私收藏，规模极为宏大。惟事关国宝，进行上有不得不深为考虑者，同人等兹就所见，愿为政府一陈。

近年世界经济没落，欧洲各城市，竞相举行展览，借资调剂市面。故各国政府临时减低火车票价，向各地旅行社广为宣传，招揽游客，我国古物，自南迁以来，收之库房，无地展览。今举以供他人之用，殊觉可惜。

今闻英国政府首次送达我国驻英郭（泰祺）公使之说帖，极尽拉拢之能事，如请我国对于展览物品之价值，勿事过高，俾保险费减轻，词意固极委婉，及我国完全接受其提议，参加筹备，彼即要求免去保险，殊知一九三四年法国应美国之请求，将鲁佛博物院所藏名画家惠斯莱之母亲肖像一幅，运往美国展览，保险费一百余万美金，并有军警及便衣侦探随行保护，其慎重如此，他如法国艺术只运往英伦展览者，亦无不保险。而我国政府，竟然应允既免去保险矣，彼又要求选择范围，选择范围应以最重要者为准。并予以代表故宫刊物所影印样本之质量为选择根本，惟选择非仅以影印者为限，而特殊重要之国宝，中国政府自有免议送之权云云。其所以作此要求者无他，盖恐我国以既不保险，遂不愿送珍贵之品耳，且故宫刊物所影印之特品，大都国家仅存之重要国宝，皆当免予选送，又何能为选择根本。

英国国家博物院所藏之物，无论巨细贵贱，一归院有，则永不能再出院门一步。故宫博物院为吾国立唯一之博物院，何得以其宝贵之收藏，选送国外，并保险而无之耶，此直戏谈矣，似此前恭而后倨，来意既如此不善，不能不使人怀疑，此应注意者一也。

又闻英方将有选择委员数人来华，因彼等留沪，不能超过两月，故望故宫已装箱封存之古物，能于彼等到时，即行开箱，俾得从速选定。夫故宫古物，为我国所有，选择之权，应属之我，岂有开箱倒箧，任人挑选，以自示无能耶。此应注意者二也。

并闻选择委员中有非英国籍者，如伯希和其人，此人向与英人斯坦因在甘肃敦煌，行贿当地道士，发掘古室，盗取无数唐代以前之古物，至今犹封存巴黎国家图书馆与英伦博物馆中，不知凡几。前岁斯坦因卷土重来，举国上下，监视其行动，一时彼竟无所措其手足。今若欢迎伯希和参加此项挑选工作，不免前后歧视，自贬其尊严。英国之推此人来华，或有用意。此应注意者三也。

即此三点，国与国之交往，不复在水平，是我政府应付此事，殊有因时制宜之必要。望我政府，据理力争，如无效者，以道远为辞拒绝加入，未尝不可，否则消极应付，亦当严定国宝范围，如以

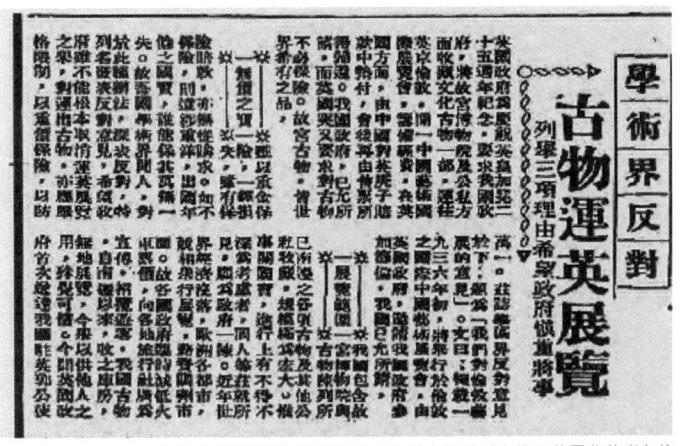

1935年1月20日，北平《世界日报》刊登关于文化学术界反对文物运英展览的联名信

书画瓷器言，则自元朝以上，概以印刷品代替，不送宝物。一切由我选定，方为不失体度。至若故宫博物院与古物陈列所全部收藏，悉行运送，或择其至精无上之国宝，远涉重洋，即令重价保险，亦无人放心得下，况并保险而无之乎。举世界已有之国际展览会，不闻有此先例也。[29]

学者们认为："惟事关国宝，进行上有不得不深为考虑者，同人等兹就所见，愿为政府一陈。"列举三项理由，希望政府慎重行事。对英方不为故宫文物购买保险，直斥为戏谈。对英方委派专员来华选择展品，喧宾夺主，深表反对。更有甚者，英方委员竟将伯希和列名其中，其敦煌盗宝，种种劣迹，昭然若揭，国人觉得不可思议，无法接受。因此，学者们呼吁，这些问题不解决，宁可不参加。二十八人联名公开信发表后，在社会上引起很大反响，仅四天后，1935年1月24日《世界日报》刊登了"伦敦中国艺展筹委会"的复函，从六个方面进行了回应：

顷从一月二十日报载，得阅先生等对伦敦艺展宣言、主张诸事应慎重，用意甚是。惟实际情形，或未尽悉，因择要说明如次：

（一）缘起

此事原发动于英国学术界人士，联合英皇家艺术学院，向我国正式提议，以为中国艺术，其超越日常物质生活之精神，对西方人民，实具有针对之激刺性。近数年间，意、法等国，在伦敦展览艺术，英与各该国间之关系，往往发现增进。中国为东方文化之祖，苟能在伦敦举行国际展览，其收效必大。我国政府，在此种考虑下，遂予以允诺，且为慎重起见，要求英政府联合主持，英已正式声明合作。

（二）决定

此次艺展，在政府接受英建议前，首先征求故宫博物院理事会意见，该院决议赞同其原则后，汪、蒋诸公，亦先后赞同此主张，嗣经提请政院，于中政会议决。

（三）安全问题

此项问题，亦曾一再提付故宫理事会讨论，该会以为注重切实的保障，并不注重保险费，本会以兹事重大，呈政核定，政院议决，应谋切实保障安全办法，院议理由，因保险须费大宗保险费，并不能增加物品安全，政府重视物品本身之安全，本会照此决定，曾郑重晤英，谓如别无保障安全之切实办法，此事或终至罢议。因此为预防海盗及其他意外起见，英正式照会，愿派军舰护送。装运展览品之邮船，为减少入口时困难，及意外事故起见，英方并拟于物品到英时，不在海关查验，而在展览场所，会同中国代表验看。此外，英外部表示对于其他之安全事项，愿尽力协助，详细办法，已改定，将另发表。

（四）展品选择权

展品之初选，由中国方面办理，英方委员，于初选后，将提出主张，但彼所主张，自非经中国同意，不能生效。中国方面，对于认为不能出国之展品，即不运出国，故展品选择之最终选定权，实属于筹委会。

（五）展品离国期间

此次展品出国，在往返路途中，及在英展览所需时间，共计当不过十个月左右。外间以为须时一年半，或两年者，并非事实。

（六）出国展品数量与质素

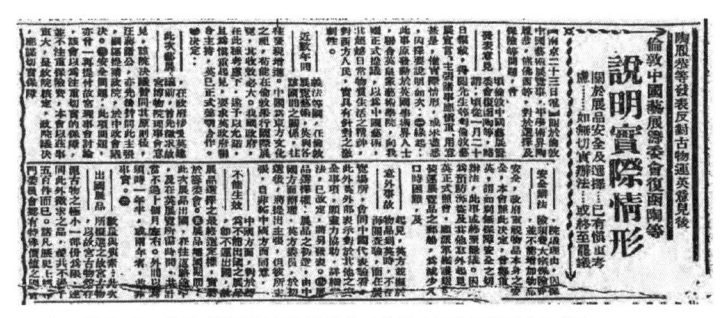

1935年1月24日，北平《世界日报》刊登的"伦敦中国艺展筹委会"答复

此次所拟选之故宫古物，以故宫古物馆存沪古物之极小一部分为限，连同此外征求之品，总共不过千五百件而已。诸凡历史上经专门委员会认为有特殊价值之国宝均不出国，此层已经故宫理事会及本会一再议决，并已正式告知英方委员会。总之，政府及本会处理此事，实未尝稍涉苟且云云。[30]

"伦敦中国艺展筹委会"的答复，澄清了不实谣言，解答了人们所关注的一些问题，起到了一定的解惑作用。但是，文化学术界人士仍然疑虑重重，遂又发表了第二次联名公开信《北平市学术界第二次宣言反对古物运英展览》，刊登于1935年1月27日北平《晨报》上。内容与第一次联名公开信大体相同，签名者共计十九人：司徒乔、朱君允、朱自清、沈性仁、沈从文、吴世昌、李健吾、林徽音、金岳霖、梁思成、黄子通、许地山、秦宣夫、张真如、刘敦桢、熊佛西、闻宥、钱稻孙、顾颉刚。[31]

当时，画家徐悲鸿曾发表《中国烂污——对于中英艺展筹备感言》："拆大烂污：上海俗语，称作不道地，不着实，谓之曰拆洋烂污。但恒指个人行动，即法人行动，类拆烂污者亦希。独如中英艺展将国宝远送赴英,而不保险,诚心拆个大烂污者,盖无先例。"指出促成此次艺展的主要英方人员"类皆商人之流,实令人大起疑窦""而我方只信他一张大英照会,听人家处置,寄运并保险亦无之,奇谈!奇谈!"并担忧地说:"我忝为专委会之一,自然我向来不管人家闲事,我又目击此事之不妙,而政府又郑重其事,已予人以诺言,我以现代人的资格,不能不唤起人的注意。即价值千元的东西,亦必保险,并且要商量出一个完备手续,免万一之洋烂污。""我们当局,类多君子,但君子可欺以其方,那些洋商,还了得起,别叫易培基等嗤笑。那些冤桶,等样的损失国宝,却完全白送,自己也没有享受得着,哼!哼!"[32](笔者注:易培基〔1880-1937〕,故宫博物院首任院长,1933年10月遭诬陷,卷入所谓"故宫盗宝案",被免去故宫博物院院长一职。)而时任清华大学教授、著名学者陈寅恪的反对言论更为尖锐,他指出:"自'九一八事变'以来,国民一睹不可得,今英人一纸,遂允所请,厚人而薄己,所谓国宝者,亦不过政治家之一份寿礼而已,与国何有。"[33]文化学术界人士的意见和担忧,似乎有些保守和狭隘,但对在不久前刚刚经历了"九一八事变"的中国人来说,这种担忧是可以理解的。自1840年鸦片战争以来,中国国势衰微,西方列强加紧侵略和瓜分中国,同时还劫掠中国宝贵的

1935年1月25日,徐悲鸿在《世界日报》发表《中国烂污——对于中英艺展筹备感言》一文

徐悲鸿　　　　　　　　　　陈寅恪

文物艺术品，国宝重器屡遭浩劫，中国文物流失海外严重，造成无法弥补的损失。因此每谈及此，国人无不哀叹和警惕。

为了取信国人，安定反对意见，1934年5月26日，国民政府发表声明："关于选取故宫物品参加英伦中国艺术展览会，如英国政府对于文物之安全，自启运之地点起能负责充分保障，则可赞成。"[34] 这一决定英国政府给予回复，虽因资金问题不能对整体展品提供商业保险，但可派军舰专程加以护送，这种以军事手段保证文物跨国展览安全的做法花费巨大，十分罕见，显示出英方诚恳的姿态。为了避免展品入关检查可能对文物造成不必要的损伤，英方还直接同意"取消海关查验而改在展览场所，会同中国代表验勘"[35]。与以往对华外交事务中英国政府的态度相比，应该说这次英方作出了很大的让步。最终，双方妥协，达成协议。

同时，中方制定了参展的原则，其原则大致是：

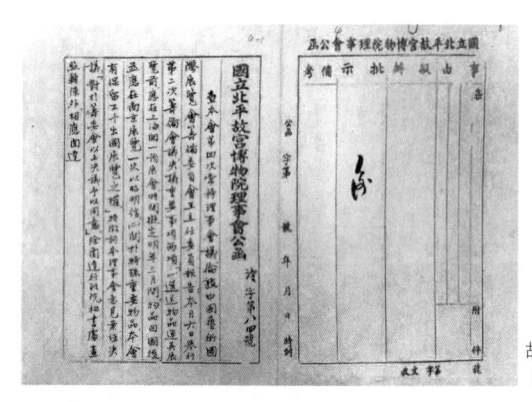

文物光华：1935年—1936年伦敦中国艺术国际展览会研究

故宫博物院理事会公函
（图片来源：故宫博物院）

（一）古物赴英的运输及展览，必须由英国政府完全负责，往返皆以军舰运送，以策海上安全，在英展出地点，一定要安全可靠，展毕直接回国，绝不再在他国展出。（二）展览必须由中英双方最高当局为名誉主持人，以重视听。（三）所有文物之沿途随船押运，到英开箱、陈列等重要工作，均由我方派员自行办理，不假手外人，以防意外。（四）展品全部摄影留真，据以印行图版目录，公开发售使国人共观其内容。（五）出国之前先在上海举行预展，展毕回国之后更在南京复展一次，俾国人可据图对照实物，是否原件完璧，以昭信实。（六）我国展品以故宫存沪物品为主，但其他博物馆或私人藏品亦得加入。故宫参加的展品先自院中拟就目录，作为初选，再由筹备会组成的审查会，会同院方逐渐复选，然后与英方派来专家商洽做最后决定。[36]

其中第五条，出国之前先在上海举办预展，伦敦艺展结束文物返国后再由南京举办一次展览，一方面是为普通民众提供观赏珍贵文物艺术品的机会，另一方面更重要的也是为了让民众参与监督。

40

在组织筹备方面，中英政府共同出面成立了联合理事会，理事会由两国元首做监理，中方是国民政府主席林森，英方是英王及王后。两国最高行政长官为名誉会长，中方是行政院前任院长汪精卫及时任院长蒋中正，英方是前任首相麦唐纳（Ramsay Macdonald）及时任首相包尔温（Stanley Baldwin），显然伦敦艺展的规格已经上升为国家层面的重要文化交流。中英两国朝野名流及驻英各国大使、公使担任荣誉委员，并设理事长，由中英双方商讨后共同推荐李顿伯爵（The Earl Lytton）为理事会会长。李顿伯爵1922年到1927年任英国驻孟加拉总督，并于1932年受国际联盟派遣组成李顿调查团，调查"九一八事变"，提出著名的《李顿报告》，为中国人所熟知。副理事长由中英两国各

中英联合理事会成员名单

职位	姓名	备注
理事长	李顿伯爵	英国贵族、政府官员
副理事长	郭泰祺	中国政府驻英大使
副理事长	李威廉爵士	英国皇家艺术学院院长
总干事	大维德爵士	实业家、收藏家
理事	郑天锡	中国政府官员、伦敦艺展特派委员
	陈维城	中国政府驻英大使馆参赞
	王景春	中国政府驻英代表
	李四光	地质学家
	劳伦斯·宾扬（Laurence Binyon）	大英博物馆东方书画部主任
	雷·阿什顿（Leign Ashton）	维多利亚与阿尔伯特博物馆馆长
	尤摩弗帕勒斯	收藏家、东方陶瓷学会首任会长
	霍布森	大英博物馆亚洲部主任、陶瓷专家
	西德尼·李（Sydeny Lee）	英国皇家艺术学院专家
	尼尔·马尔科姆（Neill Malcolm）	英国军官

（续表）

职位	姓名	备注
	伯纳德·拉克姆（Bernard Rackham）	维多利亚与阿尔伯特博物馆策展人
	拉斐尔	收藏家
	叶慈	收藏家
	伯希和（Pull Pelliot）	法国汉学家
总务秘书	林姆（W.R.M.Lamb）	英国皇家艺术学院工作人员
助理秘书	斯宾德罗夫（F.St.G.Spendiove）	英国皇家艺术学院工作人员
演讲协调	里克特（F.J.P.Richter）	英国皇家艺术学院工作人员

（资料来源：郑天锡《参加伦敦中国艺术国际展览会报告》）

出任一位，为中国驻英大使郭泰祺和英国皇家艺术学院院长李维廉爵士（Sir Willian Llewellyn）。

理事会的一切重要事务均需经理事会会议通过，总干事由大维德担任。理事会于1934年11月1日正式成立，随即开始计划甄选展品。从联合理事会的组成人员安排来看，中英两国基本处于平等地位，这对在国际交往中一贯受轻视的中国政府来说算是获得一份尊重。

除征求选送中国文物珍品外，英方还发函各国驻英使馆，邀请参加筹备，并协助征求展品。由劳伦斯·宾扬、伯纳德·拉克姆和叶慈负责欧洲各国参展品的选择。并聘请雷·阿什顿担任欧洲各国选品巡访专员。由大维德、伯希和、尤摩弗帕勒斯、霍布森和拉斐尔负责亚洲各国参展品的选择。

1935年春，亚洲组的各委员先后动身赴华。其中拉斐尔顺道赴日，大维德赴美及沿途各国接洽挑选展品。同年夏，阿什顿与尤摩弗帕勒斯赴苏联接洽新近在中亚发掘考古出土的文物。英国本土公私收藏则按已知信息，拟单分别征选。

第四章

成立联合专家组:
中英专家共同遴选展品

国民政府对这次伦敦艺展高度重视，自行政院决定选送文物参加展览后，在中英联合理事会成立之前，依照中方拟定的《伦敦中国艺展组织大纲》："我国方面另设—伦敦中国艺术国际展览筹备委员会，直隶行政院，主持筹备事宜，以行政院秘书长及财务处长、内政、外交、财政、教育各部政务次长及故宫博物院院长为委员，筹备委员会组织大纲业经行政院会议通过，日内即将成立。"组建了以教育部长王世杰为首的中方筹备委员会，负责此次展会的展品征集、甄选、保管、筹备等相关工作。

筹备委员名单如下

筹备委员会职位	姓名	备注
主任委员	王世杰	教育部长
当然委员	褚民谊	行政院秘书长
	甘乃光	内政部次长
	徐谟	外交部次长
	邹琳	财政部次长
	段锡明	教育部次长
	马衡	故宫博物院院长
名誉干事	杭立武	管理中英庚款委员会总干事
	李圣五	《东方杂志》创办人
	潘公展	上海《申报》《商报》编辑、上海市教育局局长暨国民党中央宣传部副部长
	何德奎	上海公共租界公董局高层
	雷震	教育部总务司司长
	卢锡荣	内政部礼俗司司长
	李大超	上海市政府科长
筹备委员	陈树人	侨务委员会委员长
	张道藩	交通部次长
	曾仲鸣	铁道部次长

（续表）

筹备委员会职位	姓名	备注
专门委员会顾问	张煜全	燕京大学教授、负责编写展览英文目录
保管委员	蔡元培	前北京大学校长、中央研究院院长、故宫博物院理事长
保管委员	程霖生	上海富商，喜爱收藏书画
保管委员	钱永铭	财政部次长、国民政府交通银行董事长
保管委员	叶恭绰	交通部总长、书画家、收藏家
保管委员	王云五	前上海商务印书馆总经理
保管委员	吴湖帆	书画家、鉴赏家、收藏家
专门委员（书画类）	邓以蛰	艺术家、收藏家
专门委员（书画类）	徐悲鸿	画家
专门委员（瓷器类）	郭葆昌	收藏家、鉴赏家
总干事	杨振声	教育家
总干事	雷震	教育部总务司长
上海筹备处秘书	唐惜芬	教育部督学
伦敦艺展特派员	郑天锡	法学家、司法行政部政务次长
委员会秘书	蔡铨曾	法学家、外交家

（资料来源：吴淑英《展览中的中国：以1961年中国古艺术品赴美展览为例》）

中方筹备委员会组建后，首要任务是甄选展品，依据《中方伦敦艺展大纲》的要求："展览物品拟以故宫所藏为本，另向各国博物馆、各地私藏家征选之。我方筹备委员会拟设专门委员七人至十人担任预选，预选完竣将由中英联合组之选择委员会加抉择。"[37]因此中方先进行初步筛选，然后中英双方成立的由故宫博物院院长马衡和英国大维德牵头的联合专家组，进行展品的复选。中方特聘的专家有画家、收藏家、书画鉴赏家吴湖帆，瓷器鉴赏家、收藏家郭葆昌，以及唐兰、容庚、朱文清、陈汉第、邓以蛰等协助遴选铜、瓷、玉器、书画、缂丝、珐琅、剔红、折扇、文玩、家具等展品。英方派出的复选专家共五位，除了大维德外，还有霍布森、尤摩弗帕勒斯、拉斐尔和法国汉学家伯希和，并会同美国的专家顾问福开森（John Fergusou）组成联合专家组共同进行遴选。

中方在选择文物展品时认为："（一）选择权必须操之于我。听说英国方面要求我方允其派代表到我中国来任意选择最精美的古物运往英国陈列，这我们认为最不妥当。世界上岂有自己的国宝而任人家来挑选的道理。（二）选择权既操之于我，那么我们为亲善起见，我们只可挑选一部分古物去应酬。我们自己认为极贵重的国宝，万万不可运出国门。"[38] 我方选件的原则是："（一）非精品不入选。（二）只有一件之绝品不入选，所以名画中如荆、关、董、巨诸名迹，铜器中如散氏盘、新莽嘉量等等，均保留，未曾选入。此一原则，英方初不谅解，几经交涉，反复折冲，乃得商定。"[39] 由此可见当时中英双方联合专家组经过反复协商，才确立了"非精品不入选"和"凡只有一件之绝品不入选"两条基本原则。

经过数月的初选，选出故宫博物院、古物陈列所、国立北平图书馆、中央研究院、河南省立博物院、安徽省图书馆等机构的藏品及大收藏家张乃骥个人收藏的玉器，共计展品四千余件，以备中英联合专家组

北平《世界日报》报道英方专家来华选择展品

复选。

展品的复选是由中英两国专家共同完成的，其过程慎之又慎，十分仔细，反复研究，斟酌了两个多月方才选定。以绢本书画为例，英方专家在鉴定挑选古画时无不采用放大镜一寸一寸地细看，以防差错。有某件南宋古画，英方专家认为画中壶的形状类似清代器物，疑非真迹，弃而未选。

虽然中方设定了底线，但在实际操作过程中，中英双方仍分歧不少。例如在书画的挑选方面，英方专家以西方人所理解的"中国趣味"对书画进行甄选，将不符合西方胃口的作品去掉，甚至把初选中删去的复又选入。而甄选的标准着眼于皇室收藏，对钤有乾隆、嘉庆等清朝皇帝的御宝朱印的名画尤其偏爱，专择必得，以致其他一些中国书画史上具有代表性的名作不能入选。而这种钟情于皇家收藏的审美观，还导致英方将不少与历代皇帝、皇后相关的文物艺术品挑选入围，例如宋太祖像、宋太宗像、元帝像册、元后像册，以及皇帝的书画墨宝，例如顺治帝画的钟馗、乾隆帝临苏轼的书法等。

此外，清代康雍乾三朝御用画师意大利人郎世宁的画作，尽管中方专家一致认为郎世宁是外国人，画风和内涵无法表现中国传统文人画之特色，其画作不能代表中国文化的精髓，不宜展出。并且在初选中已经剔除了郎世宁的作品。但英国人似乎更有选择权，在他们的一再要求和坚持下，郎世宁的两幅画作还是拿到了前往伦敦展出的通行证。这两幅画是《山水》和《瓶中富贵》，见中方编纂的《参加伦敦中国艺术国际展览出品目录》书画部分最末两幅，即第172号、第173号。英方在伦敦展出时还另外增加了郎世宁的两幅绘画，由法国巴黎吉美博物馆借展的郎世宁《哈萨克族献马乾隆皇帝》（英方展品编号2880）和大维德借展的郎世宁《山水图折扇》（英方展品编号

3058），展览中特别注明郎世宁为意大利人，这显然有让欧洲人了解中西美术交流古已有之的意图。

笔者认为，虽然郎世宁的绘画并不能代表当时欧洲绘画的最高水平，但他来到中国后，熔中西画法为一炉，创作了大量画作，从现存的郎世宁亲笔画作来看，他既有欧洲油画如实反映现实的艺术概括，又有中国传统绘画之笔墨趣味，确有较高的艺术感染力，为清代中国与欧洲文化艺术融通作出了积极的贡献。对于郎世宁作品入选或不入选，见仁见智，各有道理。以现在的眼光来看，英方专家的选择，体现了一种世界性，使得人们的视野被拓宽了。

由于英方专家中大维德、霍布森等均为瓷器专家，故对瓷器情有独钟，虽然中方推荐多选书画，但不得不妥协，最终书画入选一百七十五件，而瓷器数目则高达三百五十二件。由此可见，在不触及中方设定的选择底线的情况下，英方在展品选择权方面有更大的发言权。

瓷器中宋代五大名窑入选多达七十二件。中国的瓷器发展到宋代，达到了一个高峰，名窑辈出，争奇斗艳。当时最著名的有定、汝、官、哥、钧五大名窑，产品各具特色，显示了宋代制瓷技术取得的卓越成就。本次汝窑入选达十件，北宋时汝窑接受宫廷的烧瓷任务，极为精美珍贵，有"汝窑为魁"的说法，在宋代青瓷中被推为首位。南宋周辉《清波杂志》记载："汝窑宫中禁烧，内有玛瑙为釉。惟供御拣退方许出卖，近尤难得。"由此可知，汝窑所烧瓷器，供宫廷拣退的次货方许出卖，因此民间流传甚少，难怪南宋人已有"近尤难得"的感叹。汝官窑青瓷出土及流传至今者全世界收藏仅一百余件，正因为罕见，后世谈瓷者往往津津乐道，海内外收藏家一直将其视为珍宝。据统计台北故宫博物院收藏有二十一件，北京故宫博物院十九件，上海博物馆九件，日本四件，美国五件，英国大维德基金会七件……属于私人收藏传承有绪的不足十件。尤其是瓷器类展品第 25 号汝窑天青无纹椭圆水仙盆，为故宫博物院镇馆之宝，釉色呈现出绝妙的天青色，釉层润泽完美，底刻有乾隆御题诗，乃"神品至宝"。

此外，清代康熙、雍正、乾隆三朝的珐琅彩瓷入选四十六件，珐琅彩瓷创烧于康熙时期，是清代瓷器中的名贵品种。珐琅彩瓷是吸收了铜胎画珐琅的技法，于瓷胎上用各种珐琅彩料描画纹饰，然后入炉烧成的一种釉上彩瓷，俗称"瓷胎画珐琅"。有人又称"古月轩"，其实清宫中并无"古月轩"之名。根据清宫档案记载，珐琅彩瓷的制作是先在景德镇官窑烧制的白瓷坯胎，运送到京城的皇宫造办处珐琅作，由御用画师或水平高超的工匠，以西洋进口的珐琅彩料作画，然后再次入炉烘彩。烧成的器物由于彩料较厚，花纹凸起，富有立体感。装饰纹样主要是花卉，画面瑰丽，华美绝伦。雍正以后珐琅彩瓷更有所发展和提高，在清宫内务府造办处档案中，记载有雍正皇帝亲自过问珐琅彩料、图案、器型等方面的传旨。上有所好，下必趋之。造办处集中了全国最优秀的制瓷工匠，不惜成本竭尽全力地去完成任务，因此，雍正珐琅彩最为精良。雍正时除用西洋进口的珐琅彩料外，宫廷造办处还自己烧制成功珐琅彩料，比原有进口料增加更多色彩品种，雍正珐琅彩的图案纹饰有花鸟、山水、竹石等，瑰丽生动的画面，往往配以书法秀丽的诗句，可谓熔制瓷工艺和诗、书、画于一炉。珐琅彩瓷是极为名贵的宫廷御器，为皇室所独享，产量很小，所存传世品极少，历来被视若稀世珍宝。此次伦敦艺展挑选的故宫瓷器，反应了中英两国专家的专业水准和眼光，堪称精品尽出。

在中英双方专家基本选定了赴英参展的中国文物艺术品千余件后，规模已堪称空前。然而可能仍感送展展品的品类不够丰富，筹委会欲征调北平图书馆的古籍珍藏。古代书籍极为珍贵，本不允参展，后经筹委会再三要求，该馆始允选送宋元明书籍约五十余种前往参加，如宋刻本《乐书》、北宋眉山刻本《册府元龟》及元刻本《通志》等，皆为珍罕古籍。

经过中英双方联合专家组的反复协商，最终选定了一千零二十二件展品，根据郑天锡的报告和《中国参加伦敦中国艺术国际展览展出品目录》，挑选的展品及来源如下表：

种类\件数\应征机关	故宫博物院	古物陈列所	河南博物馆	安徽图书馆	北平图书馆	中央研究院	张乃骥	总计
铜器	60	36	8	4				108
瓷器	352							352
书画	170	5						175
玉器	60	2					65	127
考古选例						113		113
珍本古书					50			50
家具文件	19							19
景泰珐琅	16							16
织绣	28	1						29
剔红	5							5
折扇	20							20
杂件	5	3						8
总计	735	47	8	4	50	113	65	1022

（资料来源：郑天锡《参加伦敦中国艺术国际展览会报告》）

中国参加伦敦中国艺术国际展览展出品目录

编号铜字	名称
1	商父辛鬲
2	商或周初鸟纹方鬲
3	商父乙甗
4	周蟠螭纹方甗
5	商妇鼎
6	周初饕餮鼎
7	商或周初父己鼎
8	商或周初父辛方鼎
9	商子京鼎
10	商或周初文方鼎
11	周献侯鼎
12	西周初鄂父方鼎
13	西周康鼎
14	西周大鼎
15	周末或春秋芮公鼎
16	春秋鼄季鼎
17	春秋叔单鼎
18	春秋郏伯鼎
19	战国蟠虺鼎
20	战国龙纹鼎
21	战国凤耳鼎
22	战国陈侯午敦
23	战国云纹敦
24	战国素敦
25	春秋召叔山父簠
26	春秋陈曼簠
27	商饕餮纹簋
28	商父丁簋
29	商父乙簋
30	商父癸簋
31	商"亚"方簋
32	周初询辛簋
33	周初"作宝尊彝"簋

34	春秋虩簋
35	战国陈侯午簋
36	春秋谏季献盨
37	华季盨
38	战国星虬豆
39	商或周初饕餮纹罍
40	商或周初饕餮纹方罍
41	商或周初乳丁罍
42	商或周兽耳回纹罅
43	商或周饕餮纹瓿
44	战国宁钿
45	西周或春秋曾伯陭壶
46	西周末或春秋芮公壶
47	西周末或春秋殷句壶
48	西周或春秋囗侯壶
49	西周或春秋伯庶父壶
50	西周或春秋周爹壶
51	战国行猎图壶
52	战国四兽图壶
53	战国鸟兽图壶
54	战国龙凤纹壶
55	战国瓠形壶
56	战国庲县扁壶
57	汉驭虎图扁壶
58	汉南皮侯家钟
59	战国画像钫
60	战国绚纹钫
61	春秋孟城瓶
62	商盠卣
63	商父庚卣
64	西周周乎卣
65	商父丁盉
66	商或周初足形盉
67	商或周初龙纹方盉
68	战国或汉兽盉

(续表)

69	商或周初一柱爵
70	商非子异斝
71	商或周初龙纹斝
72	商或周初铃觚
73	商或周初回纹觚
74	商父辛尊
75	商诸妇方尊
76	西周邢季夐尊
77	周初季尊
78	西周服尊
79	春秋或战国兽尊
80	犀尊
81	西周鱼盘
82	战国蟠螭纹鉴
83	汉"富贵昌宜侯王"盂
84	春秋陈伯元匜
85	春秋或战国鱼凫图匜
86	春秋或战国单环匜
87	战国王子匜
88	汉或汉后错金釜
89	汉圣得灯
90	西周末或春秋芮公钟
91	春秋工㠱王钟
92	春秋子稣编钟
93	春秋或战国盘云纹镈
94	春秋或战国蟠螭纹镈
95	春秋或战国交螭纹镈
96	素钲
97	东周龙文鬲（新郑）
98	东周牢鼎（新郑）
99	东周蟠螭纹鼎（新郑）
100	东周蟠螭纹簋（新郑）
101	东周蟠螭纹簠（新郑）
102	东周蟠螭纹壶（新郑）
103	东周蟠螭纹编钟一（新郑）
104	东周蟠螭纹编钟二（新郑）
105	战国楚王酓肯鼎（寿县）
106	战国俎（寿县）
107	战国盘云纹簠（寿县）
108	战国环梁方盘（寿县）

编号瓷字	名称
1	宋定窑莹白划文柳斗杯
2	宋定窑莹白划花盘口鹅颈瓶
3	宋定窑莹白划文柳编鱼篓瓶
4	宋定窑莹白划花灵芝印泥盒
5	宋钧窑粉青莲花式大碗
6	宋钧窑青窑变粉红碗
7	宋钧窑月白尊
8	宋钧窑丁香紫尊
9	宋钧窑月白窑变紫斑三足炉
10	宋钧窑天蓝鼓式洗
11	宋钧窑天蓝窑变蟠桃核笔洗
12	宋钧窑天蓝渣斗式大花盘
13	宋钧窑月白窑变渣斗式大花盆
14	宋钧窑玫瑰紫渣斗式花盆
15	宋钧窑玫瑰紫大花盆
16	宋钧窑天青窑变莲花式盆托
17	宋汝窑粉青盘
18	宋汝窑粉青盉
19	宋汝窑卵青碟
20	宋汝窑粉青纸搥奉华瓶
21	宋汝窑粉青奉华尊
22	宋汝窑天青窑变米色牺尊
23	宋汝窑卵青椭圆洗
24	宋汝窑天青圆洗
25	宋汝窑粉青椭圆水仙盆
26	宋汝窑粉青椭圆水仙盆
27	宋官窑翠青琮式瓶
28	宋官窑粉青弦文八棱盘口瓶
29	宋官窑粉青胆瓶

（续表）

30	宋官窑粉青花觚	65	南宋官窑粉青大盘
31	宋官窑粉青贯耳穿带小方壶	66	南宋官窑粉青葵花式盘
32	宋官窑粉青三登方壶	67	南宋官窑粉青葵花式盘
33	宋官窑浅粉青弓耳扁壶	68	南宋官窑粉青葵花式碗
34	宋官窑浅粉青方炉	69	南宋官窑月白葵瓣口碟
35	宋官窑月白双耳三足炉	70	南宋官窑月白葵瓣口碟
37	宋官窑粉青笔筒	71	南宋官窑粉青纸槌小瓶
37	宋官窑粉青笔筒	72	南宋官窑月白凹棱胆瓶
38	宋官窑天青臂搁	73	南宋官窑月白葫芦瓶
39	宋官窑月白双莲房水注	74	南宋官窑粉青贯耳八方壶
40	宋官窑月白小水注	75	南宋官窑月白双弦壶
41	宋官窑天青菱花式小碗	76	南宋官窑翠青大圆洗
42	宋官窑粉青花插	77	南宋官窑粉青雕龙大圆洗
43	宋官窑天青椭圆水仙盘	78	南宋官窑粉青蔗段圆洗
44	宋龙泉窑粉青莲瓣大碗	79	南宋官窑粉青圆洗
45	宋龙泉窑粉青盘口凤耳瓶	80	南宋官窑粉青菱花式洗
46	宋龙泉窑粉青鬲式炉	81	南宋吉州窑印花孩儿卧榴碗
47	宋龙泉窑窑变油斑点三足花囊	82	南宋吉州窑牙白印花番莲碗
48	宋哥窑粉青葵瓣口盘	83	南宋吉州窑牙白印花博古荷花碗
49	宋哥窑灰青葵瓣口盘	84	南宋吉州窑米色碎器莲瓣大碗
50	宋哥窑粉青葵瓣口盘	85	南宋吉州窑牙白绣花云鹤盏
51	宋哥窑灰青葵瓣口盘	86	南宋吉州窑牙白印花菊花盏
52	宋哥窑粉青双耳碗	87	南宋吉州窑牙白盘口瓶
53	宋哥窑浅青葵瓣口碗	88	南宋吉州窑牙白撇口小瓶
54	宋哥窑灰青葵瓣口小碗	89	南宋吉州窑牙白划花云龙天球瓶
55	宋哥窑米色高足碗	90	南宋吉州窑划花龙耳兽环壶
56	宋哥窑粉青贯耳穿带杏叶壶	91	南宋吉州窑牙白弦文敦
57	宋哥窑粉青鱼耳彝炉	92	南宋吉州窑牙白包袱式把壶
58	宋哥窑粉青窑变米色乳足炉	93	南宋吉州窑灰白印花天禄流云方洗
59	宋哥窑米色三足圆炉	94	南宋吉州窑灰白印花天禄流云方洗
60	宋哥窑浅青窑变米色笔	95	南宋吉州窑灰白印花菊花方洗
61	宋章龙泉窑葱翠青象耳壶	96	金宿州窑牙白盏
62	宋建阳窑乌金釉碗		
63	宋建阳窑乌金釉鹧鸪斑大碗		
64	宋建阳窑乌金釉叶文碗		

（续表）

97	金宿州窑莹白印花回文蒲槌瓶	132	明永乐窑甜白锥拱双龙高足碗
98	金宿州窑莹白象耳尊	133	明永乐窑甜白划花番莲八宝高足碗
99	金宿州窑莹白葵花式渣斗		
100	金平定窑灰白绣花云龙大盘	134	明永乐窑甜白划花番莲八宝高足碗
101	南宋余姚窑秘色枕		
102	南宋余杭窑油青三羊尊	135	明永乐窑甜白锥拱葵花盏
103	南宋湘湖窑粉青划花葵花式碗	136	明永乐窑甜白划花缠枝莲梅瓶
104	南宋湘湖窑浅粉青荷叶小笔洗	137	明永乐窑甜白三系把壶
105	南宋郊坛下官窑粉青穿带瓶	138	明永乐窑祭红锥拱双龙戏珠高足碗
106	南宋郊坛下官窑粉青海棠式小瓶		
107	南宋郊坛下官窑油灰三孔扁方壶	139	明永乐窑翠青三系盖罐
108	南宋郊坛下官窑海棠式贯耳壶	140	明宣德窑宝石红小碗
109	南宋郊坛下官窑月白贯耳八方壶	141	明宣德窑宝石红小碗
110	南宋广窑天蓝号筒式小瓶	142	明宣德窑宝石红撇口碗
111	南宋广窑葱绿小尊	143	明宣德窑宝石红菊瓣碗
112	南宋广窑月白划花牡丹圆洗	144	明宣德窑宝石红碟二件
113	元彭窑牙白杯	145	明宣德窑宝石红僧帽壶
114	元彭窑牙白划花双螭杯	146	明宣德窑宝石红三足圆炉
115	元彭窑牙白划花饕餮套杯五件	147	明宣德窑宝石红印泥盒
116	元临川窑牙白划花蟠螭灵芝小瓶	148	明宣德窑宝石红爆竹式花插
117	元临川窑牙白划花牡丹撇口小瓶	149	明宣德窑釉里红三果高足碗
118	元临川窑牙白镂空龙凤笔筒	150	明宣德窑青花釉里红赶珠龙合碗
119	元枢府窑月白印花缠枝番莲洗	151	明宣德窑祭红锥拱莲瓣卤壶
120	明处州窑葱翠青锥拱莲花大碗	152	明宣德窑霁青锥拱莲瓣卤壶
121	明处州窑葱翠青壶	153	明宣德窑釉里红缠枝石榴瓶
122	明处州窑葱翠青盖罐	154	明宣德窑釉里白神兽贯耳壶
123	明处州窑葱翠青锥拱双鱼洗	155	明宣德窑青花缠枝牡丹大碗
124	明德化窑莹白双獾纽方印	156	明宣德窑青花缠枝牡丹酒器
125	明广窑月白琮式瓶	157	明宣德窑青花缠枝花卉执壶
126	明广窑月白雕镶缠枝牡丹梅瓶	158	明宣德窑青花缠枝番莲三足炉
127	明广窑天蓝窑变鳝鱼青方壶	159	明宣德窑青花缠枝番莲镂空花薰
128	明广窑月白雕镶兽环钫	160	明宣德窑青花缠枝莲钵式缸
129	明永乐窑甜白五龙葵瓣口碗	161	明宣德窑青花缠枝花卉圆洗
130	明永乐窑甜白锥拱双龙小碗	162	明宣德窑釉里红三友壶
131	明永乐窑甜白锥拱番莲八宝小碗	163	明成化窑紫地五彩云龙大盘
		164	明成化窑釉里红三鱼大碗

（续表）

165	明成化窑青花斗彩梅蝶葵瓣口碗	200	清康熙窑珐琅彩缠枝秋葵月季小碗
166	明成化窑青花斗彩梅蝶葵瓣口碗	201	清康熙窑珐琅彩蓝地四季花卉碗
167	明成化窑青花斗彩鸳鸯卧莲碗	202	清康熙窑珐琅彩粉红地缠枝牡丹碗
168	明成化窑仿哥浅青八方高足杯	203	清康熙窑珐琅彩折枝花卉撇口碗
169	明成化窑青花斗彩鸡杯二件	204	清康熙窑珐琅彩开光绿地四季花卉碗
170	明成化窑青花斗彩鸡杯二件	205	清康熙郎窑宝石红观音尊
171	明成化窑青花斗彩鸡缸杯二件	206	清康熙郎窑宝石红荸荠尊
172	明成化窑油红双龙杯二件	207	清康熙郎窑宝石红觯
173	明成化窑青花油红番莲杯二件	208	清康熙郎窑宝石红三足圆炉
174	明成化窑仿定青花云龙小瓶	209	清康熙郎窑钧红窑变深紫弦纹壶
175	明弘治窑娇黄地绿彩赶珠龙高足碗	210	清雍正窑炉钧釉梅瓶
176	明嘉靖窑回青小碗	211	清雍正窑炉钧釉三孔小花插
178	明嘉靖窑回青蚌式小笔洗	212	清雍正窑粉青双莲瓶
179	明嘉靖窑青花斗彩葫芦小瓶	213	清雍正窑粉青铜骨汝釉温壶
180	明嘉靖窑孔雀绿蕉叶方夔雷文觚	214	清雍正窑仿汝天青虬耳壶
181	明嘉靖窑青花云龙绳耳三足炉	215	清雍正窑浅天青绳纹尊
182	明隆庆窑青花云龙提梁壶	216	清雍正窑月白三羊尊
183	明隆庆窑青花云龙银锭式盒	217	清雍正窑浅天蓝小缸
184	明万历窑青花斗彩凌云杯	218	清雍正窑仿官粉青灵芝
185	明万历窑青花斗彩凌云杯	219	清雍正窑仿哥浅青贯耳壶
186	明万历窑青花人物六棱提梁壶	220	清雍正窑仿哥浅青温壶
187	明景德镇窑仿定锥拱天鸡尊	221	清雍正窑仿南宋官釉兽环壶
188	明景德镇窑绿彩赶珠龙壶	222	清雍正窑祭红胆瓶
189	明周窑娇黄锥拱饕餮鼎	223	清雍正窑鳝鱼青撇口弦纹壶
190	明壶公窑娇黄凸雕九龙方盂	224	清雍正窑吹绿缠枝莲八宝碟
191	清康熙窑甜白番莲八宝葵口碗	225	清雍正窑青花番莲贯耳六方壶
192	清康熙窑豇豆红莱菔尊	226	清雍正窑青花锥拱菊瓣花浇
193	清康熙窑豇豆红莱菔尊	227	清雍正窑珐琅彩梅竹先春盘二件
194	清康熙窑青花鱼龙变化大圆洗	228	清雍正窑珐琅彩岁寒三友盘二件
195	清康熙窑釉里三色山水笔筒	229	清雍正窑珐琅彩洋红地梅竹先春碗二件
196	清康熙窑三彩福寿三多盘	230	清雍正窑珐琅彩茶梅拾贰喜碗二件
197	清康熙窑五彩镂空三节官薰		
198	清康熙窑珐琅彩黄地缠枝牡丹碗		
199	清康熙窑珐琅彩缠枝牡丹小碗		

55

（续表）

231	清雍正窑珐琅彩伍伦图碗二件	259	清乾隆窑鳝鱼黄胆瓶
232	清雍正窑珐琅彩黄地牡丹小碗	260	清乾隆窑鳝鱼青胆瓶
233	清雍正窑珐琅彩赭墨牡丹碗二件	261	清乾隆窑茶叶末花觚
234	清雍正窑珐琅彩芝兰寿石图小碗	262	清乾隆窑青花云蝠海棠式贯耳瓶
235	清雍正窑珐琅彩玉堂富贵小碗二件	263	清乾隆窑青花缠枝海石榴贯耳瓶
236	清雍正窑珐琅彩万寿图小碗二件	264	清乾隆窑青花缠枝牵牛兽耳折方瓶
237	清雍正窑珐琅彩竹雀图碗二件	265	清乾隆窑青花三友壶
238	清雍正窑珐琅彩菊花碗二件	266	清乾隆窑青花番莲高足杯
239	清雍正窑珐琅彩竹雀图酒钟二件	267	清乾隆窑青花斗彩番莲梅瓶
240	清雍正窑珐琅彩鹡鸰秋光酒钟二件	268	清乾隆窑青花斗彩九子盖罐
241	清雍正窑珐琅彩菊花碟二件	269	清乾隆窑御题粉彩菊花梅瓶二件
242	清雍正窑珐琅彩梅竹先春酒杯二件	270	清乾隆窑贡粉三彩转心镂空花薰冠架
243	清雍正窑珐琅彩洋红地折枝花卉酒杯二件	271	清乾隆窑霁青描金落花游鱼四系瓶
244	清雍正窑珐琅彩赭墨开光喜报双安把壶	272	清乾隆窑粉彩黄地锦上添花葫芦转心瓶
245	清雍正窑珐琅彩开光蓝料山水把壶	273	清乾隆窑粉彩镂空垂云八卦转心瓶
246	清乾隆窑仿定锥拱云蝠弦文壶	274	清乾隆窑贡粉三彩镂空云蝠转心瓶
247	清乾隆窑仿定锥花饕餮百寿扁方壶	275	清乾隆窑粉彩镂空蟠螭套瓶
248	清乾隆窑仿定蕉叶雷文觚	276	清乾隆窑粉彩久安图双莲盖罐
249	清乾隆窑炉钧釉双耳灯笼尊	277	清乾隆窑粉彩紫地锦上添花如意双耳瓶
250	清乾隆窑天青釉锥拱莲瓣瓶	278	清乾隆窑粉彩鸡缸杯
251	清乾隆窑月白釉盘口瓶	279	清乾隆窑珐琅彩海棠春燕碟
252	清乾隆窑粉青花觚	280	清乾隆窑珐琅彩海棠寿带碟
253	清乾隆窑仿哥浅青贯耳小方壶	281	清乾隆窑珐琅彩山水楼阁盘
254	清乾隆窑仿哥粉青穿带壶	282	清乾隆窑珐琅彩折枝花卉鱼藻碗二件
255	清乾隆窑仿哥浅青冰裂鳝鱼纹砚山	283	清乾隆窑珐琅彩折枝花卉小碗二件
256	清乾隆窑仿湘湖釉缠枝番莲瓶	284	清乾隆窑珐琅彩折枝月季酒钟二件
257	清乾隆窑仿湘湖釉贯耳小方壶		
258	清乾隆窑宝石红僧帽壶		

（续表）

285	清乾隆窑珐琅彩开光春闺课子碟二件
286	清乾隆窑珐琅彩月季双安图高足杯二件
287	清乾隆窑珐琅彩鹦鹆梅花胆瓶
288	清乾隆窑珐琅彩天仙梅寿瓶
289	清乾隆窑珐琅彩开光折枝花卉瓶二件
290	清乾隆窑珐琅彩开光折枝番莲菊花胆瓶二件
291	清乾隆窑珐琅彩开光十八罗汉瓶二件
292	清乾隆窑珐琅彩螳螂秋色小梅瓶二件
293	清乾隆窑珐琅彩梅鹤胆瓶
294	清乾隆窑珐琅彩开光灵仙图瓶二件
295	清乾隆窑珐琅彩牡丹壶
296	清乾隆窑珐琅彩山茶碧桃壶
297	清乾隆窑珐琅彩桃柳争春温壶
298	清乾隆窑珐琅彩杏柳春燕温壶
299	清乾隆窑珐琅彩开光三羊图长方盒
300	清康熙铜胎珐琅彩缠枝百合小碗
301	清康熙铜胎珐琅彩荷花盖碗
302	清康熙铜胎珐琅彩折枝牡丹瓶
303	清康熙铜胎珐琅彩岁彩图小瓶
304	清康熙铜胎珐琅彩缠枝花卉温壶
305	清康熙铜胎珐琅彩黄地开光菊花把壶
306	清康熙铜胎珐琅彩缠枝牡丹唾盂
307	清乾隆玻璃胎珐琅彩秋郊课子小瓶
308	清乾隆玻璃胎珐琅彩扁方鼻烟壶
309	清乾隆玻璃胎珐琅彩扁圆鼻烟壶
310	清乾隆玻璃胎珐琅彩开光金地扁圆鼻烟壶
311	清乾隆玻璃胎珐琅彩开光春秋富贵图扁圆鼻烟壶
312	清乾隆玻璃胎珐琅彩开光折枝富贵图扁圆鼻烟壶
313	清乾隆玻璃胎珐琅彩桃花春燕长圆鼻烟壶
314	清乾隆玻璃胎珐琅彩番莲扁圆鼻烟壶

编号画字	名称
1	唐李昭道洛阳楼图（传）
2	唐李昭道春山行旅图（传）
3	唐人雪景山水（传）
4	五代人秋林群鹿图（传）
5	五代人雪渔图
6	宋董源龙宿郊民图
7	宋巨然寒林晚岫图
8	宋范宽临流独坐图
9	宋燕文贵三仙授简图（传）
10	宋赵昌岁朝图
11	宋赵昌牡丹
12	宋崔白芦汀宿雁图
13	宋四家墨宝
14	宋郭熙关山春雪图
15	宋郭熙设色山水（传）
16	宋郭熙山庄高逸图（传）
17	宋米芾春山瑞松图
18	宋徽宗红蓼白鹅图
19	宋徽宗池塘秋晚图卷
20	宋代墨宝
21	宋李迪风雨归牧图（传）
22	宋李唐乳牛图
23	宋赵伯驹春山图

（续表）

24	宋赵伯驹阿阁图	60	宋太宗像
25	宋苏汉臣秋庭戏婴图	61	元钱选秋瓜图
26	宋苏汉臣货郎图	62	元钱选桃枝松鼠卷
27	宋马和之柳溪春舫图	63	元赵孟頫七札册
28	宋马和之闲忙图（传）	64	元赵孟頫重江叠嶂图卷
29	宋刘松年唐五学士图	65	元管道昇竹石
30	宋林椿十全报喜图	66	元高克恭雨山图
31	宋朱熹尺牍	67	元高克恭林峦烟雨图
32	宋阎次平四乐图	68	元黄公望富春山居图卷
33	宋李嵩罗汉	69	元曹知白双松图
34	宋马远对月图	70	元张雨书七言诗
35	宋马远秋江渔隐图	71	元吴镇双松图
36	宋夏圭西湖柳艇图	72	元吴镇竹石
37	宋夏圭长江万里图卷	73	元吴镇洞庭渔隐图
38	宋马麟花鸟	74	元盛懋秋林高士图
39	宋鲁宗贵春韶鸣喜图	75	元朱德润林下鸣琴图
40	历代画幅集册（六开）	76	元柯九思墨竹
41	宋人溪山暮雪图	77	元王渊鹰逐画眉图
42	宋人寒林楼观图	78	元李士行乔松竹石
43	宋人仿张僧繇没骨山水	79	元王蒙东山草堂图
44	宋人赏月空山图	80	元王蒙谷口春耕图
45	宋人观梅图	81	元顾安平安磐石图
46	宋人浣月图	82	元倪瓒江岸望山图
47	宋人卻坐图	83	元倪瓒容膝斋图
48	宋人采芝图	84	元顾安倪瓒合作古木竹石
49	宋人枇杷猿戏图	85	元张中花鸟
50	宋人安和图	86	元陆广五瑞图
51	宋人山羊图	87	元朱叔重春塘柳色图
52	宋人富贵花狸图	88	元颜辉袁安卧雪图
53	宋人江帆山市图卷	89	元张舜咨树石
54	宋人秋瓜图	90	元吴廷晖龙舟夺标图
55	宋人布画山水	91	元郭界画高使君诗意
56	宋人华灯侍宴	92	元陈立善墨梅
57	宋人画杜甫丽人行	93	元陈汝言荆溪图
58	宋人上林瑞雪	94	元方从义山阴云雪
59	宋太祖像	95	元方从义高高亭图

(续表)

96	元人江天楼阁图	132	明董其昌书杜甫诗
97	元人射雁图	133	明董其昌秋林书屋图
98	元人嘉谷鸣禽图	134	明董其昌东冈草堂图
99	元人翠竹翎毛图	135	明董其昌夏木垂阴图
100	元帝像册	136	明王綮溪桥红树图
101	元后像册	137	明宋旭云峦秋瀑图
102	明朱芾芦洲聚雁图	138	明关思秋林听泉图
103	明王绂山亭文会图	139	明李士达坐听松风图
104	明夏昶窗晴翠图	140	明崔子忠桐阴博古图
105	明夏昶三祝图	141	明张宏琳宫晴雪图
106	明戴进风雨归舟图	142	明蓝瑛秋老梧桐图
107	明沈粲书应制诗	143	明邢慈静观音大士像
108	明姚绶寒林鸲鹆图	144	明郭甸寒鸦宿雁图
109	明沈周庐山高图	145	清王时敏仿黄公望山水
110	明吴伟采芝图	146	清王鉴烟浮远岫
111	明吴伟仙踪侣鹤	147	清世祖墨钟馗
112	明陈宪章万玉图	148	清陈洪绶卷石山茶
113	明吕纪杏花孔雀	149	清吴历仿梅道人山水
114	明吕纪雪景翎毛	150	清王翚仿赵孟頫江村清夏图
115	明唐寅山路松声	151	清王翚一梧轩图
116	明唐寅杏花	152	清恽寿平乔柯修竹图
117	明文徵明书醉翁亭记	153	清王武溪亭对菊图
118	明文徵明江南春图	154	清王武花鸟
119	明文徵明影翠轩图	155	清王原祁松壑流泉图
120	明文徵明洞庭西山图	156	清僧元济王原祁合作兰竹
121	明仇英柳塘渔艇	157	清赫奕晴岚晚翠图
122	明仇英秋江待渡图	158	清蒋廷锡四瑞庆登图
123	明仇英梅石抚琴图	159	清张照墨梅
124	明陆治支砌山图	160	清高其佩庐山瀑布
125	明陆治玉兰	161	清高宗临苏轼书
126	明文嘉瀛洲仙侣图	162	清高宗烟波钓艇图
127	明钱榖杏花喜鹊	163	清张宗苍仿黄公望山水
128	明顾正谊仿云林树台	164	清邹一桂墨梅
129	明徐渭榴实	165	清邹一桂盎春生意
130	明孙枝梅花水仙	166	清钱维城春花三种
131	明项元汴兰竹	167	清永瑢山水

（续表）

168	清金廷标移桃图
169	清金廷标罨泥图
170	清徐扬雨景山水
171	清丁观鹏摹宋人渔乐图
172	清郎世宁山水
173	清郎世宁瓶中富贵

编号织字	名称
1	宋缂丝花鸟
2	宋缂丝喜报生孙图
3	宋缂丝米芾书七言诗
4	宋缂丝赵昌竹梅双喜
5	宋缂丝群仙祝寿
6	宋缂丝山水
7	宋缂丝青牛老子图
8	宋缂丝蓉塘戏鹭
9	宋缂丝和鸣鸾凤图
10	宋缂丝沈子蕃花鸟
11	宋缂丝崔白天仙寿芝
12	宋缂丝陈居中天仙拱寿图
13	宋缂丝蟠桃献寿
14	宋绣大士像
15	宋绣白鹰
16	元绣先春四喜
17	明缂丝戏婴图
18	明织崔白花卉
19	明织竹杖化龙
20	清缂丝村农韶庆
21	清缂丝铜柱铭勋
22	清缂丝李靖遇虬髯会
23	清缂丝周处击蛟
24	清缂丝御题周文矩大禹治水图
25	清缂丝白蘋红蓼
26	清缂丝武王受丹书图
27	清缂丝春溪浴鸭

28	清缂丝荷花
29	清缂丝场圃秋成

编号玉字	名称
1	旧玉圭
2	旧玉圭
3	旧玉素璧
4	旧玉琮
5	旧玉璜
6	旧玉璜
7	旧玉珑
8	旧玉环
9	旧玉璧、璜、瑗三件
10	旧玉璧、璜、鱼三件
11	旧玉瓛
12	旧玉戚
13	旧玉辟邪
14	旧玉盘龙觥
15	旧玉盘龙觥
16	旧玉杯
17	旧玉双杯二件
18	旧玉双螭杯
19	旧玉单把杯
20	旧玉螭把海棠式洗
21	旧玉刀
22	旧玉鹅
23	白玉夔纹方佩二件
24	白玉瑞兽尊
25	白玉兕觥
26	白玉觥
27	白玉蟠夔小方壶
28	白玉谷纹扁方瓶
29	白玉杯
30	白玉鹦鹉蟠桃杯
31	白玉雕花碗

（续表）

32	白玉茶壶
33	白玉五子洗
34	白玉玲珑三友洗
35	白玉雕花双耳三足炉
36	白玉四耳彝炉
37	黄玉谷纹方唾盂
38	黄玉四螭椭圆洗
39	黄玉连环钮印
40	碧玉双耳活环菊瓣洗
41	碧玉缠枝葫芦洗
42	碧玉雕花龙耳炉
43	碧玉石室藏书笔筒
44	墨玉北海牧羊觥
45	青玉降龙伏虎笔筒
46	青玉双鱼吉庆香薰
47	翠玉白玉鞢二件
48	翠玉盖碗
49	翠玉碗二件
50	大小翠玉盒二件
51	翠玉印泥盒
52	翠玉松鹤插屏
53	翠玉松鹤山子
54	水晶双耳活环八方瓶
55	红玛瑙巧作福寿花插
56	玛瑙佛手
57	青田石图章
58	雄精天中瑞景山子
59	雕龙犀角觥
60	雕刻犀角杯
61	元银槎杯

编号景字	名称
1	景泰珐琅三羊瓶
2	景泰年制景泰蓝画觚
3	景泰年制景泰蓝海棠式双耳花瓶
4	景泰珐琅双耳盂
5	景泰款景泰蓝三足盘
6	万历款景泰蓝大盘
7	乾隆款景泰蓝犀尊
8	乾隆款景泰蓝双连环瓶
9	康熙款铜胎画珐琅观音瓶
10	乾隆款金胎西洋珐琅观音瓶
11	乾隆款金胎掐丝珐琅盖罐
12	乾隆款金胎珐琅杯盘壶
13	金胎珐琅碗

编号剔字	名称
1	明宣德款雕漆秋葵花大盘
2	明嘉靖款雕漆龙凤小盘
3	明雕漆绣墩
4	春字雕漆圆盒
5	明永乐年制雕漆小盒

编号扇字	名称
1	明范暹画鸳鸯折扇
2	明商喜画濯足图折扇
3	明唐寅画玩月图折扇
4	明仇英画渔笛图折扇
5	明仇英画春郊折扇
6	明周臣画扫叶烹茶折扇
7	明文徵明画古木寒鸦折扇
8	明文徵明画梅竹折扇
9	明文伯仁画采芝图折扇

（续表）

10	明陆治画梅竹折扇
11	明董其昌画雪山图折扇
12	明陈裸秋林茆舍折扇
13	明邵弥画竹深荷净折扇
14	明赵文淑画莺粟图折扇
15	明仇英画抱琴图、董其昌书七言律折扇
16	明文徵明画云山图并自书五言律折扇
17	明谈志伊画秋花、董其昌书五言绝句折扇
18	明赵左画松林小坐、董其昌书七言绝句折扇
19	明李士达画饮中八仙、韩道亨书八仙歌折扇
20	明马守贞画花蝶图、王穉登书五言绝句折扇

编号书字	名称
1	南宋刻本乐书
2	南宋刻本国朝诸臣奏议
3	金刻本改并五音类聚四声篇
4	元刻本通志
5	元刻本文献通考
6	元刻本通鉴总类
7	元刻本历代十八史略
8	明洪武官刻本孟子节文
9	明洪武官刻本华夷译语
10	明天顺官刻本大明一统志
11	明成化官刻本贞观政要
12	明万历刻本秦汉印统
13	明洪武官刻本御制大诰
14	明初官刻本刘向说苑
15	明永乐官刻本大明仁孝皇后内训
16	明初刻本算法全能集
17	明永乐官刻本神僧传
18	明永乐官刊小字本劝善书
19	精抄本拜月亭传奇
20	精抄本灵宝刀传奇
21	明万历刻本御世仁风
22	明万历刻本状元图考
23	明刻本西厢记
24	明崇祯刻本吴骚合编
25	明万历刻本丹青记
26	明万历刻本双红记
27	清康熙刻本万寿盛典
28	清乾隆刻本皇清职贡图
29	清顺治刻本楚辞述注
30	清初刻本天问图

（资料来源：伦敦中国艺术国际展览会筹备委员会《参加伦敦中国艺术国际展览展出品目录》，民国二十四年（1935）四月。中央研究院历史语言研究所考古组参加伦敦艺展古物一百件另有目录。）

第四章 成立联合专家组：中英专家共同遴选展品

民国政要、著名书画家叶公绰对所选展品评价：

> 至此次出品，大体可分为书画、瓷器、丝绣、漆器、玉器六项，书画总额计一百六十三件，故宫博物院出品居十分之八，此外余则古物所出品。依余个人之意甚，愿将历代各派之代表书画充分选送，以表见吾国各派书画之真相，但事实上，此两机关之书画不能各派具全（亦有有而不佳者），各人挑选之标准亦不能悉归一致。此外尚有其他事实须受束缚者，故结果如现选之目录。此目录盖经中英双方专家同意，而为筹备委员会所核定者，虽不敢谓我国书画佳品悉备于是，然此目录中并无劣等之物，盖可断言也。至各家作品中，间有未能代表其人生平之品诣者，如米南宫、赵子昂之画，均非其至精之作，此则限于事实无可如何也（故宫藏物前清即陆续失去不少，至民国溥仪未出宫前，所失尤多，即赏溥杰一单，其中书画即一千八百余件，皆六朝唐宋元明之精华也）。然著名真迹，如董北苑《龙宿郊民图》、郭熙《群峰霁雪》等，皆属惊心动魄之作，足以压倒一切者。瓷器一项，清宫所藏本较他物为完备，此次又经郭君葆昌先在北平精心选择，来沪复勘，故出品精良。且历代名窑各式大略均备，预计国内外藏品决无如此之完备者，惜宋以前陶瓷器未及搜罗，此亦限于故宫之故。铜器此次出品不多，就近日出土各器之质与量而言，此项出品尚不足以代表，惟吾国研究铜器向重文字，而式样花纹次之。如以文字言，此类出品亦大有可观。此外丝绣类，则宋缂丝各件山水人物花鸟均备，洵属巨观（南方尤少见此类缂丝），元明清之缂丝亦不失为精品。缂丝刺绣本南方所独擅，今已衰落失传，可叹也（今苏州木渎尚有人能制缂丝，绣工则苏湘粤均擅名，但实

际远不如昔）。雕漆则明永乐、宣德，清乾隆均有，玉器则多以工胜，欲研究吾国古玉尚不能恃故宫之物为资料，此则国人多知之，无待赘言也。此次伦敦之会，系征求各国所藏之我国艺术品，并非专向我国征求，我国艺术品历年流出国外者甚多，吾国所有者或不逮他人之精，如有意竞争，自须积极预行组织。但我国公私机关本身组织多未健全，欲其集合活动殊多困难。经此次之后，国人增加觉悟经验，他日必有好希望也。[40]

叶公绰的评价，代表了一部分学者的观点，确实由于种种原因，此次赴英展览选送的展品不能完全代表中国文物艺术品的最高水准，但就出展的意义来说，自故宫博物院成立以来，珍藏的国宝文物第一次出国展出，让欧洲及世界进一步了解中国古代精湛的文化艺术，意义重大，功不可没。

第五章

上海预展：
轰动上海滩的文化盛事

文物光华：1935年—1936年伦敦中国艺术国际展览会研究

1935年4月8日《申报》刊登上海预展会开幕消息

伦敦中国艺术国际展览会筹委会筹办的上海预展会，经过紧张的布展，至1935年4月初，展览基本就绪。决定4月8日开始公开对外展览，迄4月30日止，并定于7日先招待各界要员和外宾。在此期间，上海报界最具影响力的《申报》派记者全程跟踪报道预展会情况，在预展开幕前就开始每日一篇，长达一个多月，分批介绍了预展的文物珍品，帮助公众更好地了解展品的价值与内涵。《申报》对一次展览进行如此长时间大规模的连续报道，这在上海新闻史上难得一见，为我们留下了弥足珍贵的第一手资料。

预展前《申报》记者采访了叶恭绰，叶恭绰对伦敦艺展及上海预展发表了长篇谈话，对展会提出自己的看法和意见。登载在4月9日预展会开幕第二天的《申报》上，转录如下：

吾国艺术及美术工艺向来驰名世界（除一部分欠缺认识者外），但吾国国内向乏大规模之陈列所及专门研究之机关，故有系统之搜集、保管、陈列、整理、流通，均属欠缺，致一般人欲研究吾国艺术者每苦无从下手，反须求之外人所著之书籍及外人所办之博物馆等。故宫博物院及古物陈列所藏物虽多，然以整理尚未就绪，故不能充分供给此项需要。我国此次参加伦敦之国际我国艺术展览，虽未能达到何项大目的，但足令一般人对我国艺术增加若干认识，或重估其价值，自不失为有意义之举动。而未出国以前先开预展，令本国人先得参观与研究之机会，办法亦殊适当。外间对于此会一切筹备经过议论颇多，但平心而论，吾国办此等事尚属创举，自不能求全责者。最可惜者，似有二点。一因限于公家出品而又有种种原因，不能充分自由提选，故出品是否即可代表我国艺术之全部不无疑问。二因有种种原因，不能将出品成为有系统有意义之组织，未免缺少"史"的意味，故足供欣赏而稍乏供人研究之功能。此二者成因亦甚复杂，兹姑不详述。惟望当局以后办理此等事，须多征求专家之意见方始进行，且须预备充分时间，毋临时仓促交卷。如出国陈列更须知彼知己，妥定计划与步骤，庶免因应失宜虚糜财力，如斯而已。[41]

叶恭绰的谈话颇有见解，当时的实际情况是故宫博物院自1925年成立以后一直无法系统地对馆藏文物进行点查、分类和研究。1933年

《申报》刊登《叶恭绰对艺展意见》　　　　叶恭绰

文物在南迁之前，故宫工作人员按照青铜、瓷器、书画、玉器等门类，对每一件文物进行清点、核对、编号及造册。在运输过程中和到达上海后，这些文物都是以门类区分摆放。而到1935年筹备上海预展时，筹委会采取以艺术门类的方式将所有展品划分为青铜器、瓷器、书画、其他（织绣、玉器、景泰蓝、折扇、剔红、家居文具、考古选例、珍本古书）四类陈列布展，虽然缺少"史"的意味，但不失为便捷的方法。另外，筹委会可能还考虑到上海预展的参观者多为具备中国历史和艺术知识的本国民众，没有必要以时间线为线索——即"史"的系统布展，而以艺术门类布置，更加宜于观众接受和消化。因此，按照器物门类布置展览成为上海预展的首选方案。

预展的会场设在位于上海外滩黄浦滩路223号（今滇池路）中国银行旧址。此地原是德国总会，为上海德国侨民所设，1907年竣工建成，系一座文艺复兴风格的城堡式建筑，共三层，外嵌花岗石，内镶大理石，装饰富丽堂皇。第一次世界大战爆发后，中国对德、奥宣战，1917年8月17日北洋政府驻沪交涉员萨福懋奉命将其封闭。后由中国银行收买，作为行址。1935年初，中国银行搬出，决定将此楼拆掉重建，当时正值空置期。中方筹委会之所以选择租用此处作为预展会场，除了空置期因素外，可能还考虑了市中心的人气，以及用西式建筑格局来检验将在伦敦展馆中陈列时的效果。

对于主办方来说，另一个重要问题是展览的安全防范，据当时报载，所有防护消防及警卫等，都得到上海市政府和上海工部局方面的大力支持，在会场四周设置了铁栅栏、铁丝网、警铃等，并且安排警员日夜巡逻。展览会场分上下两层，一楼为书画（二楼亦有一部分），书画如果是挂轴，每件均设有木质护栏，以避免有人接近书画而造成损坏，同时还在画轴上系上丝带加固保护，防止因画作过重落下而损破。手卷及册页等

第五章 上海预展：轰动上海滩的文化盛事

德国总会

上海预展工作人员正在晾画和布展

则放置在玻璃橱内。二楼大厅部分展览的是古书、织绣、铜器、瓷器、玉器、剔红及杂器等，除织绣外都陈列在玻璃橱中。橱柜材料采用克罗米镀铬金属，坚固且防水。橱柜凡有可拆卸开启处，皆贴有盖印封条，以防不测。按照展会规定，有传染病或年龄在十岁以下者不得入场，参观者不得携带物品器具入场，伞、杖及照相机必须交存物处，场内绝对禁止吸烟及饮食，以及禁止摹写、拍照、喧哗等。参观时须循序前进，不得往来徘徊，对于一切展览物品不得触摸，不得挤碰及揭撕封条。参观者如有违反规定的，场内执事人员有权随时纠正，如有损坏展览物品情形的，必须进行赔偿。

展会大门口布置得庄严得体，门前悬挂黄地绿字的"伦敦中国艺术国际展暨上海预展会"横幅，其上竖一旗杆，国旗迎风飘扬，极为醒目。入门处有一大休息厅,可容纳近百人。近门处设置有签名处,备来宾签名,并置有中英文目录发售。另在室内四周分设故宫书画集和故宫周刊,备展览开幕后观众选购。此外,还设有寄存室,供来宾寄存衣帽手杖等,安排得周到细致。

整个展场分为七间展室,第一展室位于底层,其余第二、第三、第四、第五、第六展室皆位于二层。展览以艺术门类布展,分为书画、青铜器、瓷器、善本图书及其他艺术品(织绣、玉器、景泰蓝、剔红、折扇、家具)共四大类,每一间展室基本只展出一类。

4月7日招待会的前两日(4月5日),教育部长王世杰到沪,当日下午二时即赴展会视察,极为重视。4月7日举行招待会,上午主要招待政府有关人员先期参观视察,招待会无任何仪式。上午九时,应邀出席的有汪精卫、孙科、于右任、孔祥熙、蔡元培、吴铁城、罗家伦、张道藩、朱培德、唐生智、王世杰等国民政府要员。此外,还有潘公展、吴宝丰、郑天锡及英国公使贾国干等百余人。当日下午,招待参观的外宾有意大利大使罗亚谷诺、日本公使有吉明、捷克公使费哲尔、瑞典代办林奎斯、日本驻南京领事须磨弥吉郎及各国驻沪领事等,招待参观的内宾有顾维钧夫妇、王晓籁、虞洽卿、杜月笙、张啸林、胡朴安、王一亭等沪上名流和媒体记者等不下六百人,每人赠送展品目录一册,以作纪念。由于总共才发出三百二十七张请柬(上午国民政府及中央党部各委员一百二十七张,下午各国领事及中国外交人员和新闻记者等二百张),因此许多没有拿到请柬的记者被挡在了门外,只能在展场门口徘徊。[42]

4月8日预展会正式开幕,亦不举行仪式。参观者进入大厅后,在一楼的第一陈列室内可观摩展出的明清书画、折扇等。沿楼梯而上,二楼设有五个陈列室,第二陈列室展出唐、五代、宋、元书画,第三

第五章　上海预展：轰动上海滩的文化盛事

陈列室展出青铜器，第四、第五陈列室展出瓷器，第六陈列室展出善本图书、玉器、景泰蓝和剔红等。重点书画展品有唐李昭道《洛阳楼图》（传）、宋郭熙《关山春雪图》、宋徽宗《红蓼白鹅图》、元黄公望《富春山居图卷》、元赵孟頫《江山叠嶂图》、明吕纪《杏花孔雀》、明唐寅《杏花》，青铜器有父己鼎、父辛鬲、牺尊，瓷器有宋汝窑粉青盘、明永乐甜白釉碗、清康熙珐琅彩蓝地四季花卉碗，其他类别有宋缂丝花鸟、白玉瑞兽尊、宣德款雕漆葵花大盘、南宋刻本等，名画重器，目不暇给。从展览空间布置上可以看出，整个上海预展的重心是书画，尤其是唐、五代和宋元绘画，这是本次展览的重头戏，为中国传统艺术观念中的重点。青铜器、瓷器次之，一些瓷器还特别把底部朝上摆放，使款识能够被观众看清。

吴湖帆

为了便于参观者欣赏预展书画艺术价值，《申报》特将沪上书画名家吴湖帆的点评登载如下：

> 至书画部分真而精者固占大部，如唐李昭道之《春山行旅图》，虽无款识可稽，其画法之工稳细劲，自非北宋以后所有。董北苑之《龙宿郊民图》，气象雄伟，即董文敏所藏五大董源画之一，是不愧名垂千古之剧迹。郭熙《关山春雪图》、阎次平《四乐图》，皆有剑戟森峭之度。苏汉臣《秋庭婴戏图》、宋人《富贵花狸图》，皆生动沉着。宋人画双猿，尤神采独绝，有跃然欲下之势。马和之《柳溪春舫》之彬彬儒雅，已渐开宋代文人画风尚。刘松年《唐

文物光华：1935年—1936年伦敦中国艺术国际展览会研究

书画陈列室，正面左为郎世宁《瓶中富贵》，右为郎世宁《山水》

陶瓷陈列室

五学士图》，停匀有致，有向龙眠夺席之能，惜龙眠真迹会中无之。夏圭《西湖柳艇图》、宋人《寒林楼观图》，皆辣而不霸，且具灵飞之妙。赵松雪《重江叠嶂小卷》、钱舜举《秋瓜小幅》，俱秀美绝伦，无懈可击。吴仲圭《双松竹石》、倪云林《江岸望山图》、王叔明《谷口春耕图》，皆以淡宕浑厚胜人。朱泽民《林下鸣琴图》、盛子昭《秋林高士图》、朱孟辩《芦洲聚雁》，皆元季有一无二之奇秘，策致秀逸墨韵缜。唐六如《山路松声》之笔情森爽、仇十洲《柳塘渔艇》《秋江待渡》两图之工丽，文休承《瀛洲仙侣》之古艳，董香光《夏木垂阴》之伟大，吴渔山山水之浑穆，俱非寻常作品。巨然《寒林晚岫》，疑出元人而笔法超逸。范宽临溪濯足，应是南宋健者所存。赵昌牡丹、徽宗白鹅、崔白芦雁、赵伯驹阿阁图等，皆画院名笔代作，布画一幅则为空前未有之绝唱。宋四家墨宝之灿烂道丽，宣和御笔瘦金书神采欲飞，赵文敏七札，尤见流丽，以上皆书画中无上瑰宝。[43]

据报道，开幕第一天前往参观者络绎不绝，达两千人，中外人士各半。其中有不少古董商人和收藏家，认为展品确属中国之珍宝。为了方便参观者对展品的了解，展会方特地印行了中英文出品目录各一册，对展品的知识点均有详尽说明，并注明尺寸、重量。中文本每册售大洋五角，英文本每册大洋一元，由商务印书馆承印。据《申报》记者报道，开幕第一天"全日售出中英文本各千余册，现在向承印之商务印书馆催续该项书籍"[44]，可见此书受欢迎程度。此外，陈列展品前的说明卡片采用中英文对照的方式一一呈现，中国历史年代皆有英译对照，并加列西元纪年，便于外国人参观和了解。

展览开展后发现，英文目录中书画部分的郎世宁的姓名按照中文英译有误，立即改正为郎世宁的意大利原名"Castiglione Giuseppe"，又发现铜器第八十号"犀尊"有误，应为"牺尊"。对在报刊上投放的英文广告亦逐字逐句推敲，严格审查，在英文《字林西报》《大陆报》等刊登的广告，原来写成"The Preliminary Exhibition of The London Exhibition of Chinese Art"（伦敦中国艺术展览预展），英方四位来华专家委员审阅后，认为范围过广，要求改为"The Preliminary Exhibition of Chinese National Treasures Selected for The International Exhibition of Chinese in London 1935-1936（伦敦中国国宝展部分预展1935-1936）"，经筹委会同意，两报遂改正，中英双方的认真和严谨态度于此可见一斑。[45]

开展之前，主办方已预见观众踊跃，为避免拥挤，方便观众观展购票，除了在展会现场门首设置临时售票处，还在汉口路中国银行营业处、宁波路上海商业储蓄银行、南京路中国国货公司、四川路中国旅行社总社等处设立了售票处，并在报刊上刊登广告。展览会的入场券为两元，而当时上海高档电影院的票价也才一元，有人提出定价稍昂贵，"为普及艺术计，价宜稍廉，使贫家好学子弟不致缺憾"。展会方表示："所定入场券价值，衡之各国展览会所定价值，为最低廉者。英国伦敦艺术展览会入场券，定价一镑五先令，值国币约二十元左右。沪上马戏及皮影表演，有定价三元以上者，该展览会所陈列各种展品，俱系历代珍物，其价值自不可同日而语。"[46]对于展会票价过高的意见，教育部督学筹委会秘书唐惜芬还在《申报》向市民大众解释收费理由："连日批阅中英文各报，对于敝会参观券价二元之数，颇不少人以为过高之论，查敝会筹备委员与办事同人，向主艺术欣赏，最宜以无代价为原则。惟此次预展本不在预算案中，即展览经费，必须由门券收入，自行筹抵，此间会场之修葺租赁、橱架陈列、警卫设备、目录印刷、

第五章 上海预展：轰动上海滩的文化盛事

专委工作，与展品之修补运输、摄影制版等项费用，统计不下六万元。衡以本周参观收入，每日平均一千五百元之数，则二十日（展览仅得二十天）总计尚短三万元。"[47]由于沟通及时，"肃陈清听"，票价过高的言论很快就平息了。

展会开放时间原定每天上午九时至下午四时三十分，展会开幕以后，收到不少公司职员的来信，诉说因工作时间原因，请求展览开放时间延长至下午六时止。此项提议经筹委会讨论后被采纳，决定从4月10日起售票时间延长至下午六时，六时以后关闭入口，七时则关闭出口，结束当天展览。为方便平日工作和上学的观众，星期日不休息照常开放，只在周一上午休息半天。因有些观众在展会内一看就是一整天，吃饭成了问题，后经通融，允许观众将所携带水果点心等在入口处交存寄物处，到需要时可在一楼的会客室食用，还特地为这些观众准备了免费的清茶。随着参观者日众，为做到陈列室内公共卫生空气流通，还增添了电扇。

由于展会中陈列的宝物过去均深藏内宫或机构，普通人无缘得见，现在集中公开展出，机会难得。虽然四月份是上海多雨季节，开展以后数日，天气不佳，而这丝毫没有降低前往参观的中外人士热情。由

《申报》刊登的上海预展会广告

75

此展会方为避免拥挤，维持秩序起见，不得不从 4 月 14 日起限定每日参观人数以三千人为限，额满即停止售票。随着展会的进行，上海各大、中学校和学术团体纷纷致函展会要求优待参观，每天有几十起，但是无奈展会空间有限，接待个人参观者已经应接不暇，再加上团体参观，更会拥挤不堪。于是，展会方委托记者出面报道说明："……该会已订有优待学校及学术、艺术各团体之办法，并经市教育局公告在案，除国立学校由该会直接排定日程外，余均授权于市教育局，由该局排定日程，以免会场拥挤，盖有不得已之衷。"[48] 具体的优待办法是团体参观票券票价打对折，即每人实收参观费一元。在时间安排上，团体参观时间规定在周一下午和周二至周日上午，周一下午和周日上午限制在五百人，其余时间以一千人为限。据不完全统计，短短二十多天时间，预展就接待了同济大学、光华大学、交通大学、暨南大学、大夏大学、上海中学、华东女中、新华专科学校、杭州国立艺专、无锡县教育社、中国通商银行、白鹤书画会、湖社等学校和团体不下百个，可谓盛况一时。

连日来越来越多的政府官员、社会名流前往展会参观，其中包括宋子文、孔祥熙、陈立夫夫妇、叶楚伧、胡适、陈树人、徐悲鸿、吴湖帆、叶公绰及来沪访问的美国教育家孟禄等。普通观众更是络绎不绝，有数位白发老人参观后感叹："自有生以来，未见如许之珍宝，今天看了这么多宝贝真是幸福不浅呢！"[49] 不少古董收藏界的行家还相互切磋，给展品估价。更有外国人士男女二人，对于南宋刻本《乐书》、明初刻本刘向《说苑》，及其他珍本古书阅览多时，并且评其版本之佳优。对于清康熙刻本《万寿盛典》，赞美其图精美，此两名外国人士，显然属于远道慕名而来的专家，对中国的古籍版本有着精深研究。

上海预展俨然成为上海的一张名片，凡有外国团体访沪，免费优

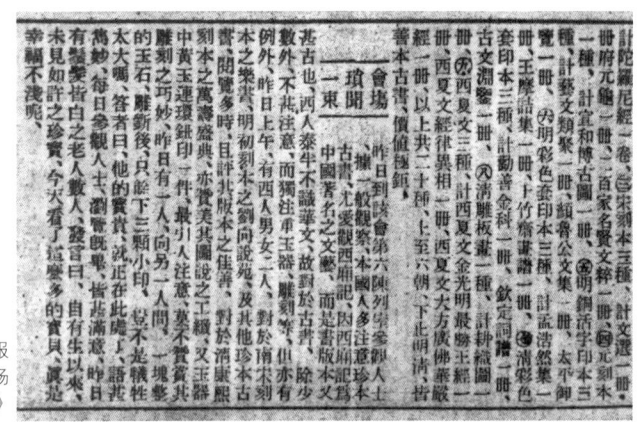

第五章　上海预展：轰动上海滩的文化盛事

《申报》报道《会场琐闻一束》

待安排参观，例如 4 月 22 日，有美国经济考察团访华抵沪，招待处即联系展会方安排参观。第二天下午美国经济考察团团长福勃斯等一行二十人前往参观，参观后该团"对于该会陈列古物系统井然备极赞美，深佩中国艺术之伟大，文化之优越，并对该会予以免费招待深表感谢之意"[50]，给予了高度的评价。

上海预展期间还出现了一个小插曲，由于考虑到展出场地的空间有限及文物搬运困难等问题，原拟赴英展览的清帝乾隆御用家具、文具等不作陈列展览。及至开幕后，观众一致要求参观乾隆御用之物，在这种舆情下，预展第三天，展会方经研究后宣布乾隆家具等日内将公开展览："前晚故宫博物院复请清帝乾隆御用家具及文具运送到会，昨日上午各专门委员到会审查，日内即可决定陈列展览矣。"[51]《申报》记者同时还披露："闻该项古物，原无艺术上之价值，徒以英人对帝王重视异常，坚请附带运英展览。"[52] 反映了中方筹委会在可能条件下，在力所能及的范围内以尽量满足观众需要的展览宗旨。

展出的乾隆御用家具、文具等，皆极为珍贵之宫内御物，计有紫檀镶景泰蓝云蝠宝座（附描金漆脚踏）、紫檀镶景泰蓝仙山楼阁屏风、红木画案、白玉雕松笔筒、白玉爪形水盂、白玉管笔、黄杨木雕梅花臂搁等十九件。尤其是乾隆御用宝座，较常人所用者大三倍，用材极为名贵，做工细致，富丽堂皇，令参观者啧啧称赞。

此次上海预展，引起中外媒体争相关注。除沪上第一大报《申报》连续一个多月的报道外，《申报·国画周刊》还刊登了摄影报道；天津《大公报》为预展印行了特刊。各画报以及上海邮政总局，争先恐后向展会方提出申请，接洽摄影事宜，要求摄制各项古物明信片发售。英国《泰晤士报》也专门配发了报道和评论，《申报》作了节译，刊登在4月18日的版面上，标题《西报赞美》以飨中外读者：

> 沪上各界人士，咸往中国银行旧址参现中国艺术上海预展会。
> 上海虽有收藏古物之收藏家，但其品质与数量决不能与此次预展出品相埒。因此次展品，系经过中国专家会同英方委员所斟酌决

图28 《申报》"乾隆家具等运到"报道　　图29 《申报》转载"西报赞美"

定者，故宫古物自北平运沪业已一年，保藏极为妥善，其中选出之玉器尤足使参观者称赏不已，其颜色深绿者尚不足异，最令人惊羡者为黄玉、白玉及墨玉，黄玉之色仿佛美丽之象牙，雕至精诚，足赞美！

《泰晤士报》的记者对中国玉器大加赞赏的报道，反映了中国玉器工艺和材质的巧夺天工，为世人所惊美。同时，为配合展会宣传，交通部国际广播电台每天晚上六时三十分和十时三十分分别用中、英文专题介绍展品和展览情况，向广大中外人士普及中国文物艺术知识，报道展会情况。

上海预展原定于4月30日闭幕，此后即办理装箱及运英事宜，但社会各界人士认为，此次上海预展集我国历代古物及艺术品之精华，运英出国前在沪举行预展，供市民等欣赏观摩，盛况空前，正值进入佳境时，宣布闭幕，实在感觉展期过短，意犹未尽。因此提出为了普及和增进市民对于中华文化之认识，延长展览时间。展会方收到来电来函无数，"日来各团体函电纷驰，皆持此理由"[53]。出于上海各界人士的热情和请求，展会方经多次讨论研究，最终决定延长五天，自5月1日至5月5日止。许多古物及艺术爱好者以及社会团体抓紧这最后的机会，纷纷前往参观，一睹为快。据报道仅4月30日上午九时到十时三十分，就销售出门票一千余张。5月1日是国际劳动节，很多机关、公司和工厂多有放假，因此来参观的人猛增，盛况不减。

5月5日是展览延期的最后一天，适逢星期天，天气又晴和，机会难再。人们趁着休息日纷纷赶赴展会参观，人潮如涌，达到高峰，闭馆时至，会场内的人仍恋恋不舍，不肯离去。至此，轰动一时的上海滩"伦敦中国艺术国际展览会上海预展会"落下帷幕。

《申报》报道延展五日消息

"伦敦中国艺术国际展览会上海预展会"是上海文化史上的一大盛事，虽然展览日期只有短短的二十八天，但观众总数却达到五六万之众，如不是展览方限定参观人数，超过十万人次是完全有可能的。虽然预展期间屡经波折，但展览方处置得当，勇于承担责任，使得展会得以顺利进行，获得成功和赞誉。正如中方专家组成员、著名画家吴湖帆所指出的那样："此次展览，公诸观众，使专门学者多资参考，据实批评，于我国艺术史上不无裨益。希当局诸公，广为倡导多设此种艺术展览会，将我国断此未泯之艺术多加振扬，亦未始非世界艺术之幸也！"[54]

第六章

空前创举：
英国军舰运送展品

上海预展闭幕之后，即由故宫博物院会同筹委会人员等点验展品，查对照片，选定的展品一律做有软囊的锦匣、木匣，妥慎装箱。箱子为特制铁皮木箱，内部放置藤丝木屑，以免动摇。此外每个箱子外加封锁，并按照箱子的大小捆绑铁丝两至四匝，绞贴铅片，上面盖有凹字钢印"中国艺展筹委会封"的铅封封箱，安全可靠，尽可能做到万无一失。计装书画七箱、铜器三十七箱、玉器五箱、考古选例两箱、景泰珐琅两箱、剔红两箱、文具一箱、家具四箱，其他非故宫展品由各出品单位自行装箱，另携带艺术参考书籍及装箱清册、展品照片两箱，参考文件两箱，总计九十三箱。每件展品都拍照留存，并且分别送行政院、内政部、教育部、古物保管委员会、故宫博物院和古物陈列所存档备案。另外还有一份中英文目录，随同展品一起赴英以备随时查对。

国民政府除了派郑天锡为"伦敦中国艺术国际展览会"中国特派员，前往伦敦视察展览情况，并督理中国展品出返国事宜，筹委会还另委派教育部督学唐惜芬为英文秘书，故宫博物院古物馆科长庄尚严

上海预展会结束文物即将装箱起运（图片来源：故宫博物院）

第六章　空前创举：英国军舰运送展品

为中文秘书，协助郑天锡押运护送展品；另又委任故宫博物院职员傅振伦、宋际隆、那志良、牛德明为助理干事，于1935年8月7日搭乘意大利邮船从海上赴英，从事管理我国展品的陈列和与展览相关的各类事项。筹委会还专门为每人置办了服装，除

工人搬运文物箱，箱上英文"小心轻放"
（图片来源：故宫博物院）

故宫博物院驻沪办事处全体同人欢送本院赴英伦艺展助理干事摄影留念
（图片来源：傅振伦《伦敦中国艺展始末》）

西服外，还每人做了一件蓝色长袍，一件黑色马褂，以备在国外重要场合穿着展现中国传统国服。那志良回忆说："中服只有我用过一次，是到白金汉宫去见玛丽皇后（Queen Mary），替她鉴定中国玉器时穿了一次，其余的人，并没有用过。"[55]

展品最初拟由商船装运赴英，英国军舰护航，后来发现展品仅千件左右，占地不多，护航的英巡洋舰萨福克号（Suffolk）舰长曼纳斯（Errol Manners）提出可由该军舰独自完成装运。萨福克号是英海军远东舰队的巡洋舰，载重9800吨，有8英寸径炮八门，4英寸径炮四门，并有鱼雷等设备，官兵一千二百余名，安全上是有保障的。经由中英双方商讨，决定改由该军舰独自承运。

7月6日晨筹委会派工作人员由库房提取展品，装车押运至萨福克号停泊的招商局北栈码头，沿途警备，抵舰后装卸于中部船舱内，用厚板夹住并以粗绳捆牢，使其不得晃动，最后再加锁封存。中英双方每天派员一起入内查看一次，确保安全。

英国巡洋舰萨福克号（Suffolk）（图片来源：伦敦皇家艺术学院）

第六章　空前创举：英国军舰运送展品

文物箱件吊上萨福克号（图片来源：故宫博物院）

中英工作人员与"萨福克"号舰长合影（图片来源：故宫博物院）

7月7日萨福克号巡洋舰由沪启航西驰，途经香港、新加坡、亚丁，入地中海，过直布罗陀海峡，四十八天航行三万余里，于7月25日晨抵达英国朴次茅斯港，我国大使馆参事陈维诚与英国外交部司长盖斯利（Stephen Gaselee）及皇家艺术学院秘书林姆（W.R.M. Lamb）在码头迎接，舰上官兵及来宾千余人鼓掌高呼，场面热烈。随即在双方人员的督视下将展品移岸，英国海关逐箱另加钢印封条，等到伦敦再与中方人员共同起验，以示慎重。展品装车后，在两名随行英警的保卫下，直驱伦敦市中心皇家艺术学院百灵顿堂，封存于该院楼下库房。

9月10日，故宫博物院傅振伦等四人抵英，17日开箱验收交接。1984年秋，笔者与傅振伦先生在四川参加完学术讨论会后，同船由重庆经三峡赴武汉，在船上与傅先生谈起伦敦艺展，他回忆说："我们四名干事，9月上旬到了伦敦，稍事休息，一周后即到皇家艺术院。在双方负责人的监视下，启开古物箱件，照册逐件点验照片和古物，英方点交负责人是斯宾德洛夫。"傅先生的谈话对照郑天锡、庄尚严、那志良等的回忆文章，可以相互印证。据资料记载："十七日开箱，锡（郑天锡）与使馆参事陈维城、理事王景春、总干事大维德、总务秘书林姆等在场监视工作。英海关

皇家艺术学院总务秘书林姆和展览秘书正在监督"中国艺术展"展品卸货（图片来源：伦敦皇家艺术学院）　　展品到达英港后卸货的情形（图片来源：伦敦皇家艺术学院）

第六章 空前创举：英国军舰运送展品

展品到达英港后卸货的情形
（图片来源：伦敦皇家艺术学院）

展品装车转运伦敦
（图片来源：伦敦皇家艺术学院）

停在皇家艺术学院门前的货运卡车（图片来源：伦敦皇家艺术学院）

1984年秋，笔者与傅振伦先生在长江三峡轮船上（前排右四傅振伦，后排右二笔者）

验关合影，图中人物从左至右：庄尚严、郑天锡、大维德、陈维城、英海关关员、唐惜芬、（图片来源：伦敦皇家艺术学院）

点交现场，左斯宾德洛夫、右郑天锡
（图片来源：伦敦皇家艺术学院）

点交现场，左唐惜芬、右大维德
（图片来源：伦敦皇家艺术学院）

派员协同我方秘书助理员等，分别开箱检视钢印封锁，点验物品核对照片，一一登记。由艺展会编目干事斯宾德洛夫逐件点收，并特辟一室，放存陈列橱中。"56

自中国展品抵英后，其他各国征选的展品也陆续送来，有十五个国家和地区，共计三千三百五十二项（一项亦有多件者）。由于展会会场面积有限，不能全部展陈，由选择委员及陈列委员会商研究后，决定从中重新挑选。最终挑选出正式陈列展品3080件，根据目录所载：中国（七百八十六项）、英国及其属地（一千五百七十九项）、法国及卢芹斋（二百一十五项)、美国(一百一十五项)、瑞典(一百一十三项)、德国(八十五项)、荷兰(四十九项)、日本(四十五项)、比利时(二十八项)、苏联(十三项)、瑞士(四项)、奥地利(四项)、西班牙(两项)、丹麦(两项)、希腊(一项)、土耳其(一项)其中有的一项有多件者。[57]土耳其伊斯坦布尔的伊斯兰博物馆借展的是一件著名的青铜镜(展品编号661),此镜直径达68厘米,相传16世纪被突厥人缴获,因被波斯英雄哈姆泽当做盾而举世闻名,是一件有历史故事的中国文物。

中国送展品一千零二十二件,最终实展七百八十六项八百五十七件,未展出陈列一百六十五件,计有瓷器一件、织绣六件、玉器十九件、书画十九件、古书珍本二十七件、考古选例九十三件。未被展览的大部分都是出自殷墟的甲骨,另有一半以上的珍本也被剔除。也有未被选中展出的清缂丝大禹治水图,绣工精妙为极佳之作,经中方再三交涉,终于在开幕后同意展出。中国的送展展品和件数,是中英双方在中国遴选时就确定了的,千里迢迢跨海运送到英伦,被告知由于场地面积有限要求减少展品,有将近六分之一的送展品未能展出,殊为遗憾。显然英方对中国古老的甲骨和古籍善本并不重视。

据庄尚严、那志良撰文回忆:"展览会参加国虽有十五国之多,但大部分物品(除我国外),均为英、美、法、德、俄、瑞等国之物,其选来物品,就种类而言,以瓷器、铜器、玉器及斯坦因、伯希和诸人在甘肃考古所得物品为最精。"并且进一步指出:"考斯坦因发现敦煌石室,在前清光绪三十三年,密交当地道士王圆箓(篆),入洞搜求,捆载二十四箱以至英伦,均隋唐以来古籍经卷及画像也,石室之名,遂传于世。今在不列颠博物馆者,不下两千余件,盖以其数次新疆考古所得汉晋古物,此次均秘不陈列,不知其意何居?"[58]斯坦因1862年出生于匈牙利布达佩斯一个犹太人家庭,1884年二十二岁时,赴英国牛津大学和伦敦大学研究东方语言和考古学。1900年、1906年和1913年曾三次进行所谓"中亚考察"来到中国，1907年3月16日斯坦因第一次来到敦煌的莫高窟，他"用施给庙宇作为修缮之需的形式，捐一笔款给道士作为酬劳"，[59] 以四十块马蹄银从守庙的王道士手里骗走了二十四箱经过挑选的价值连城的敦煌藏经洞经卷写本和五箱绣品及其他珍贵文物。七年之后斯坦因第三次赴华，故伎重演，又从王道士手中骗得五大箱计五百七十余件藏经洞写本。

斯坦因在中国掠取的全部文物珍品陆续运到英国，按照资助他中亚之行的印度政府、大英博物馆、印度事务部之间签署的分配方案，写本部分，凡汉文、粟特文、突厥文、回鹘文材料，归大英博物馆保存；凡于阗文、龟兹文、藏文材料，由印度事务部保存。梵文写本，用佉卢文写者归英国博物馆，用婆罗谜文书写者归印度事务部。其他文物如绢画、刺绣、木版画、陶器、木雕、钱币等等，由印度新德里中亚

斯坦因的行李车在敦煌县城一寺庙前

《妙法莲华经》（卷第三）原藏莫高窟第17窟，现藏大英博物馆

古物博物馆和英国博物馆平分。但是实际上，大英博物馆尽取精华，根据近年来的调查统计，英国所藏敦煌遗书达一万五千卷。

中国的知识界得知发生在西部的文化宝藏被运出国境的事件，对于斯坦因不光彩的掠取行为，纷纷提出抗议，在报纸上发表文章，要求取消斯坦因第四次进入中国的签证，将他驱逐出境。在这种舆论下，当时的中国政府规定：外国考古队考察必须有中国考古学家参加并共同领队，还必须有中国雇员；所发掘出的物品也不得携带出中国境外。这些规定限制了斯坦因的行动自由，使他的1930年第四次中亚考察进入中国的计划难以得逞，中国政府拒绝给他签证，并严禁他从事任何考察活动，斯坦因不得不退出中国的活动。

庄、那二氏曾提出不解之惑，伦敦艺展期间各国的中国文化艺术研究学者纷至沓来："凡对我国文化艺术有兴趣者，多不远千里特来参观，惟发现我国古物最多之斯坦因氏，从未闻有人道及，不知何故？"[60]也许斯坦因自觉有愧，不便出席这样的文化盛会吧？大英博物馆也没有提供收藏的敦煌藏经洞的精品作为伦敦艺展展品，而只是由印度政府借展了部分斯坦因的"收获品"。

大英博物馆借展的商代晚期青铜双羊尊

  其他各国的送展品中不乏中国文物精品，其中有些是有案可查流失海外的中国国宝重器。大英博物馆的借展品商代晚期青铜双羊尊（展品编号260），造型作两羊相背而合，背上共载一圆筒，羊首圆塑，双角盘屈。羊身满饰鳞片纹，两膊有翼，筒饰饕餮纹。双羊合体的造型设计，构思奇绝，是前所未见的，它是中国古代青铜艺术最杰出的珍品之一。"羊"字在古字就是"祥"字，"吉羊"也就是"吉祥"，以羊作器是商人祈福心理的反映。这件精美无双的双羊尊早年流失海外，收藏于大英博物馆。另有一件造型类似的双羊尊，收藏在日本根津美术馆，国内目前尚未见有类似的双羊尊。

  展品第2451号和2466号，为大英博物馆借展的唐三彩文官俑和马，原属尤摩弗帕勒斯私人藏品，大英博物馆编目为"刘廷荀墓出土"，其根据来自于1921年霍布森一篇文章的考证。据资料记载，当年修筑汴洛铁路至洛阳段（笔者注：1907年夏至1908年底），有一批唐三彩

第六章 空前创举：英国军舰运送展品

俑与一方墓志（原件现藏河南开封博物馆）出土于同一座墓中，劫后余生的唐三彩共计十三件，其中文官俑、镇墓兽、马俑、骆驼俑各两件，天王俑、武士俑各一件，牵夫俑三件。尤摩弗帕勒斯购藏时，附有墓志拓片，根据拓片内容将墓主人名字翻译成英文"T'ing-hsün"，其音译为汉字"廷荀"。尤氏先将这批该墓出土的唐三彩寄存于维多利亚与阿尔伯特博物馆内，后来将这批唐三彩移至大英博物馆内展出。1936年，大英博物馆从尤氏手中将这批唐三彩整套收购。

傅振伦曾撰文记述，伦敦艺展会期间，他多次考察大英博物馆，他在展厅中看到了这批唐三彩："亚洲厅又有唐庭训（译音，卒于开元十六年）墓之三角（彩）釉土俑数事。""猷（尤）氏犹太裔英国籍。雄于资，收藏中国古器物甚多。……其展览于此院者，在入门大厅、亚洲厅及绘画室。周代铜器、玉器、唐铜镜、陶瓷于（与）刘定训（译音）Liu Ting-hsüen（开元十六年卒）墓陶俑……均可贵。"[61]

2017年3月至5月，"大英博物馆100件文物中的世界史"展览在北京中国国家博物馆举行。6月至10月，该展览移至上海博物馆继续展出。在这些展品中，有一件色彩明亮的唐三彩文官俑，该件展品就是伦敦艺展第2466号大英博物馆的借展品文官俑，观众终于在国内见到了这件早年流失海外的唐三彩文官俑。中国国家博物馆霍宏伟著文《大英博物馆一组唐代三彩俑的来源追溯》[62]，结合国内墓志文献与实物证据得出结论，这位墓主应为"前后八任，历仕四朝"，官至正四品上阶的忠武将军、上折冲都尉的唐代重臣刘庭训（657—728）。现在，大英博物馆已经将这件文官俑更名为"唐代刘庭训墓三彩文官俑"，纠正了此前的误译。

伦敦艺术展展出的两件商代晚期青铜虎卣可谓稀世之珍（展品编号238、243）。虎卣传为湖南安化出土，共出土两件，外形基本相似。

文物光华：1935年—1936年伦敦中国艺术国际展览会研究

艺展会展品238号虎卣由日本京都的住友友纯借展，该卣流入日本后，由住友家族第15代传人住友春翠购得收藏。住友家族由开采和经营铜矿起家，后染指多种实业和金融业而发达，成为日本四大财团之一。这件青铜虎卣曾见于罗振玉《佣庐日札》，它原本收藏在晚清高官盛昱家中。1899年盛昱死后，此卣流入日本。1903年住友青翠斥巨资四千日元从藤田弥助手中购得，现藏于京都泉屋博古馆。展品243号收藏于法国巴黎赛努奇博物馆，最初归德国商人埃德加·沃奇（Edgar Worch），第一次世界大战法德交战，法国政府没收此件虎卣并进行拍卖，赛努奇博物馆于1920年购入，比日本住友春翠晚十七年。虎卣又称饕餮食人卣或虎食人卣，形态为一踞蹲的猛虎，前爪攫住一人，虎口怒张，正欲吞噬此人的头部，造型雄奇狰狞，纹饰则繁密精丽，是商代晚期青铜工艺达于巅峰时期的典范之作。此器所表现的含义颇为复杂，是当时巫术与政治相结合的神秘产物，体现了商人对于鬼神崇拜的热衷。

日本住友家族借展品商代晚期青铜虎卣　　法国巴黎赛努奇博物馆借展品商代晚期青铜虎卣

1999年4月，赛努奇博物馆所藏虎卣曾来上海博物馆展出，盛况空前，受到故乡人民的热烈欢迎。

第318号展品青铜象尊，由巴黎卢浮宫借展。象尊是商周时期祭祀礼仪中的盛酒礼器之一，该件象尊体型庞大，长96.5厘米，高64厘米，宽45厘米，是目前世上所知的动物型尊中最大的一件。全器为象形，象鼻上翘中空，与腹相通，具有流的作用。腹外侧与头部刻有兽面纹，耳、鼻、足部饰由鳞纹，背部有开口，其原先应有一个盖，可惜顶盖已失（艺展会展出时顶盖为后加），属于商代晚期的作品，造型和纹饰极具匠心，反映出我国古代高超的青铜器铸造技艺，以及其无与伦比的艺术创作水平。《商周彝器通考》著录有三件象尊，其中两件时代断定为商代晚期，一件断代为西周早期，均已流失海外。美国华盛顿的弗利尔美术馆收藏有一件夔纹象尊，不过要小得多，长仅17.5厘米，但它是唯一全器保留带盖子的象尊，盖子也是一个小象。国内方面，1974年，宝鸡茹家庄1号西周墓曾出土一件象尊，形体肥硕、丰满，整个躯体似猪形，现藏于陕西省宝鸡市青铜器博物馆。1975年，湖南醴陵出土一件象尊，长26.5厘米，高22.8厘米，宽14.4厘米，周身铸满各种纹饰，出土时象背上的盖已缺失，这件商代晚期青铜象尊现珍藏于湖南省博物馆。此外，1973年湖北黄冈禹王城外出土一件象尊，无法断定确切年代，现藏于湖北省博物馆。这次伦敦艺展展品中还见有一件西周时期象尊（编号165），由德国阿尔特马克的H.G.欧德借展。另一

卢浮宫借展品商代晚期青铜象尊

青铜器陈列室（青铜象尊的顶盖为艺展会展出时后加）

件大英博物馆尤摩弗帕勒斯收藏的象尊（编号555），年代为汉代。这是我们迄今所知的七件青铜象尊。

卢浮宫的此件象尊流传大致如下，1903年在杜鲁欧拍卖行举行的"中国、日本工艺品：青铜器、漆器、珐琅器、织物等——已故保罗·伯诺的收藏"拍卖会上，法国收藏家伊扎克·德·卡蒙多伯爵以三千法郎的价格将这件象尊收入囊中。象尊当时拍卖编号为405号。同年，卡蒙多伯爵将它赠予法国政府，后转入卢浮宫。1945年，象尊和其他亚洲文物一起转入吉美博物馆。这件象尊，传为湖南出土。2004年中法文化年，这件象尊曾被借到上海博物馆展出，首次与中国观众见面。

伦敦艺展展品第319号，是由纽约大都会艺术博物馆提供的展品，为商周时期一组祭祀用的青铜酒具和祭桌，称为柉禁。这套柉禁1901年出土于陕西宝鸡斗鸡台（并非全属一组），是众所周知的国之瑰宝。其中禁（祭桌）壁饰夔纹、兽纹和蝉纹，最为稀罕。此柉禁为有史以来首次发现，举国为之轰动，后辗转落入清末大臣端方之手。端方1911年死于四川保路运动，1924年其家属将此禁和十九件青铜酒器全部卖于美国传教士福开森，福开森又贩运回美国，最后入藏大都会艺术博物馆。

展品753号为大都会艺术博物馆提供的唐代干漆夹苎坐佛像，高96.5厘米，宽68.6厘米。佛像呈跏趺坐姿，身披袈裟，袒右肩，衣纹褶皱流畅自然，造像生动细腻，宛如真人。袈裟表面残留红、蓝敷彩

纽约大都会艺术博物馆借展品西周早期青铜柉禁

端方与其他官员合影，身前是他收藏的西周青铜柉禁（左七端方）

痕迹，佛像裸露的肌肤处可见较为明显的贴金痕迹。干漆夹苎工艺源于战国时期，是一项古老的手工技艺，流传下来的干漆夹苎佛像很少见，而从唐代流传至今的就更难见到，这尊佛像堪称大都会艺术博物馆中国馆的镇馆之宝。大都会艺术博物馆的展签上标注佛像来自河北正定隆兴寺，实际来自日本古董商山中定次郎的转手。据资料显示，山中定次郎于1917年在中国购入四尊干漆夹苎佛像，留下了其中的一尊，其余三尊运往了纽约山中商会分店公开出售，引起美国各大博物馆的关注。纽约大都会艺术博物馆很快出高价买下了其中的一尊，还有两尊则分别被美国华盛顿的弗利尔艺术博物馆和巴尔的摩沃尔特斯艺术馆买走。

纽约大都会艺术博物馆借展品唐代干漆夹苎坐佛像

第641号、第752号两组北魏鎏金铜佛来自纽约的小约翰·D·洛克菲勒夫人借展，即洛克菲勒二世夫人艾比·格林·奥尔德里奇（Abby Greene，1874-1948）的收藏品。1921年，洛克菲勒家族捐资一千二百万美金，兴建北京协和医院，洛克菲勒二世夫妇利用参加协和医院的竣工典礼之际，进行亚洲旅行，游历了中国、日本、韩国，夫人艾比返国后，带回令人注目的亚洲艺术珍品，尤其是佛像藏品。1925年，艾比在山中商会的纽约分店，见到了两组北魏大型鎏金铜佛，远比她所看过的所有佛像更加精美，她衷心渴望购藏拥有。据称这两组铜佛系20世纪20年代早期（或称1918年）河北正定县附近出土，由山中商会北京分店收购。编号641的鎏金铜佛，据残存的四十字发愿文可知，系河北正定新市县午猷为亡儿涧福祈祷，铭刻北魏正光五年的题记（524年，英方编目522年有误）。据传由清末号称"北洋三杰"的王士珍（1861-1930，袁世凯时期曾任陆军总长）经手，在北京以十五万大洋卖给山中商会北京分店经理高田又四郎，然后越洋送往纽约分店出售。该尊铜佛西方人习称为祭坛式造像（Altar Piece），主尊弥勒佛背后是镂空透雕叶形背光，内圈头光饰放射状蔓草纹，外圈火焰纹，背光外缘左右两侧有突出的莲瓣纹，各有四尊裙带飘扬的飞天，顿使背光呈现出熊熊火焰状奇特的华丽装饰。另一组（编号752）鎏金铜佛，欠缺

第六章　空前创举：英国军舰运送展品

纪年铭文，从造型、装饰和工艺来看，也是公元 6 世纪左右的作品，其灵动的火焰背光，光圈外的飞天群像，以及台座两侧的弟子及菩萨造像，传递出无法言喻的美。两组鎏金铜佛，堪称北魏时期最高艺术成就的作品之一。最终，洛克菲勒二世夫人艾比以二十二点五万美金的天价买下这两组鎏金铜佛。艾比在购得这两组鎏金铜佛后，在 1925 年 2 月 13 日，写信给她姊妹露茜（Lucy），透露这组铜佛购藏金额太过昂贵，以致于她不敢向任何人说是花了多少钱得手的。1935 年，经伦敦艺展会和英国多位知名收藏家、学者的多次邀请，她将两组铜佛送往伦敦参加中国艺术国际展览会。1938 年，艾比将两组铜佛捐赠给纽约大都会艺术博物馆，成为该馆镇馆之宝。[63]

伦敦艺展会佛像雕刻陈列室展出的唐代汉白玉立姿菩萨像（编号 2498），亦是洛克菲勒二世夫人艾比提供的展品。此尊汉白玉菩萨像出自河北定州的灵岩寺，通高 179 厘米，与真人等身大小。双臂残缺，

洛克菲勒二世夫人艾比借展品北魏正光五年鎏金铜佛

洛克菲勒二世夫人艾比借展品公元 6 世纪鎏金铜佛

洛克菲勒二世夫人艾比借展品　雕刻陈列室（图片来源：伦敦皇家艺术学院）
唐代汉白玉立姿菩萨像

颈系项圈，装饰华丽璎珞，长裙贴体轻薄柔软，肩膀右倾，腰肢轻扭，配合下垂灵动的衣纹，典雅生动，形成婀娜的三曲式S形胴体曲线美，是一件浪漫和古典完美结合的不朽作品，成为洛氏家族引以为傲的收藏名品。此像1926年同样购自山中商会，在1935年至1936年的伦敦艺展会上，受到参观者的交相赞誉，被称为中国最美的雕塑作品，足以和最佳的希腊雕塑媲美。[64]

此件唐代汉白玉立姿菩萨像，自1926年洛克菲勒二世夫人艾比购藏后，长期存放在纽约五十四街宅邸前厅，平时秘不示人。公开对外展示仅两次，一次为1935年至1936年伦敦艺展，另一次是2006年参加"情恋亚洲——洛克菲勒三代收藏珍品"展览。

美国宾夕法尼亚大学博物馆借展的一件至宝是河北易县辽代三彩罗汉（编号2438），人物容貌逼真，表情生动，衣褶纹饰流畅，塑像手法高超，是中国古代写实主义塑像的杰出作品。梁思成在《中国雕塑史》中这样评价："不亚于意大利文艺复兴时最精作品也。"易县辽三彩罗汉原供奉在易县睒子洞洞窟中，共十六尊。1912年，距清朝覆灭仅一年，社会还处于改朝换代的动荡之中，外国古董商得到信息闻

第六章　空前创举：英国军舰运送展品

风而动，偷偷向当地人收购那些三彩罗汉像。在盗运罗汉像下山过程中，三尊毁于盗运途中。德国古董商人帕金斯基（Friedrich Perzynski，1877-1965）曾两度前往易县，他把自己在中国的经历写成了《中国行记》（Won Chinas Gottem）一书，其中记录了他在易县寻找三彩罗汉像的经历。据他在书中所记："当地政府在获悉此事后也曾虚张声势，采取措施，逮捕惩处了一批盗运藏匿罗汉造像的窃贼。我第一次离开易县后，地方官便下令戒严，并逮捕了我之前派去探听消息的古董商，但不久这名商人就被释放了。当我第二次来到易县，住到西陵永福寺后，当地驻军还在我离开后偷偷搜查了我的住所，并严禁当地居民向我出售任何文物。"可见当时在中国盗运三彩罗汉像等文物是被禁止的。

在伦敦艺展会上，中国随展工作人员见到这件三彩罗汉像后，纷纷合影留念，牛德明在合影照片

美国宾夕法尼亚大学博物馆借展品辽代三彩罗汉

那志良（左）、牛德明（右）与三彩罗汉合影

上题记："此与心如（那志良）兄合影也，身后罗汉系陶制，三彩釉，疑为唐代之物。本八尊，散在河北易县。全数为人盗运出国，售与英、美、日本诸国。而国中仅遗一佛窟地名而已，可慨也！牛德明 1935 年 12 月 4 日摄影题记。"现今可查的存世辽三彩罗汉像收藏在三大洲、六个国家的九个博物馆中，分别是美国大都会艺术博物馆（两件）、宾夕法尼亚大学博物馆（一件）、波士顿美术馆（一件）、纳尔逊-阿特金斯艺术馆（一件）、加拿大多伦多皇家安大略博物馆（一件）、英国大英博物馆（一件）、法国吉美博物馆（一件）、俄罗斯艾尔米塔什博物馆（一件）、日本现代美术馆（一件）。人们还注意到，当时古董商盗卖罗汉像时并没有底座，而我们现在在博物馆看到展出的罗汉像大都安放在尺寸、样式和色彩相符的底座上。那么这些底座又是从哪儿来的呢？这便牵扯出另一个人——卢芹斋。当他看到易县三彩罗汉像在欧美引起巨大轰动后，立刻赶到河北省易县。在易县，卢芹斋找到了遗留易县的最后一尊罗汉像（后被纳尔逊-阿特金斯艺术馆收藏），同时"独具慧眼"收购了一批遗留下来的底座，并把它们转卖给了世界各大博物馆，狠狠地赚了一笔。

展品 476 号，公元 6 世纪（北齐或之后）石灰岩立佛像，由伦敦的尤摩弗帕勒斯借展。1940 年，正值二战英军从敦刻尔克撤回英国，当时市井萧条，尤摩弗帕勒斯委托伦敦的苏富比拍卖行将此佛像拍卖，山中商会以四百四十英镑的价格买下了这尊佛像。苏富比于 1940 年战时拍卖尤氏藏品，有研究者将此形容为"简直就是一场传说中的灾难，收藏品成了当中的牺牲品"[65]。1943 年山中商会在纽约举行的拍卖会上，其中拍品 397 号即为此尊佛像，于是人们又见到了这尊立佛像，最终这尊佛像被西雅图艺术博物馆的创馆馆长理查德·尤金·富勒博士（Richard E·Fuller 1897-1976）以四千美元购得，至今仍收藏于西

第六章 空前创举：英国军舰运送展品

雅图艺术博物馆。

赴苏联挑选展品的尤摩弗帕勒斯与雷·阿什顿，在艾尔米塔什博物馆（俗称冬宫博物馆，原是叶卡捷琳娜二世的个人收藏馆，建于1764年，1852年对公众开放）选取了八件黑水城出土的文物艺术品（展品编号 1269、2379、2401、2404、2467、2468、2470、2471），以及在诺音乌拉山发现的丝绸织物（展品编号2525）。黑水城又称"黑城"，位于内蒙古额济纳河流下游的巴丹吉林沙漠中，历史上隶属西夏的军事重镇，亦是古代丝绸之路上的重要城市。1907年至1909年间，俄国皇家地理学会组织蒙古、四川探险队，由科兹洛夫担任队长，前往中国西北及西南地区进行考古调查。科兹洛夫的探险队发掘了黑水城遗址，劫走了大批手稿、印本、钱币和佛教法物，包括二十五幅完整的丝绸、麻布和纸上的佛教绘画。1926年，已经是苏联时期，

尤摩弗帕勒斯借展品公元6世纪石灰岩立佛像

文物光华：1935年—1936年伦敦中国艺术国际展览会研究

科兹洛夫探险队在黑水城

黑水城出土的佛像

黑水城出土的药师佛唐卡，现藏俄罗斯艾尔米塔什博物馆

科兹洛夫从黑水城掠走的文献

科兹洛夫再次赴黑水城考古调查，掠走了一批书籍、写稿残片和佛头雕像等。这些带有掠夺性质的艺术品被带到圣彼得堡，最终入藏艾尔米塔什博物馆。该馆究竟收藏有多少中国文物艺术品，至今没有系统地整理刊布，故不得其详。根据科兹洛夫的档案记载，仅从一座宝塔中就发掘出二点四万卷文书，他用四十头骆驼才把这些文献从沙漠深处运出。

艾尔米塔什博物馆收藏的中国黑水城文物艺术品明明是科兹洛夫探险队盗掘所获，为了掩人耳目，在伦敦艺展图录展品说明中竟然写着"来自马可波罗"，实在令人可笑！1949年毛泽东主席首次出访苏联，师哲作为翻译人员随行，师哲在其回忆录《在历史巨人身边》一书中，曾记述了毛泽东在游览列宁格勒（即圣彼得堡）时候的一件事情：

  接着，毛主席参观了艺术馆，即冬宫展览厅及沙皇的寝室、办公室、休息室、客厅、藏书室等。

主人告诉我们说，本来还有一间中国展厅可以参观，但目前正在整修，很遗憾。

毛主席侧过脸对我说："其实是不便对我们开放，不好意思让我们看，因为沙俄盗窃中国的东西太多了。"[66]

大概苏方也心知肚明这些展品的来历不光彩，因此借口"整修"，不请毛泽东参观，似乎还有点自知之明吧。

日本山中商会是20世纪上半叶外国人开设于中国境内的最大古董买卖机构，该商会在中国的活动长达三十余年，向日本和西方大规模地贩卖中国文物艺术品，可谓"空前绝后"。山中商会灵魂人物是山中定次郎，在其精心策划和强力运作下，先后在美国纽约、波士顿、芝加哥，法国巴黎，英国伦敦开设分店，成千上万的中国文物艺术品通过这些分店流失海外。1939年，由故山中定次郎翁编撰会编撰出版的《山中定次郎传》记述："英国国王即位二十五周年纪念之际，英国皇家艺术学院召开国际中国艺术展。并于东京日英协会设立由林权助男爵任委员长的展品征集委员会，（山中定次郎）受托负责一切事务管理。""昭和十年（1935）十一月，为了纪念英国国王乔治五世即位二十五周年，英国皇家美术院举办了中国艺术品展览会。在此次展会筹备工作中，日本政府为了助英国一臂之力，商议决定由东京日英协会下属的英国国际中国艺术品展览出品委员会，负责日本出展的艺术品筹备、陈列和监督等工作。这项工作的主要责任，落在了山中定次郎肩上。为了圆满完成任务，山中定次郎专门从日

山中定次郎

文物光华：1935年—1936年伦敦中国艺术国际展览会研究

点交根津嘉一郎借展品商代青铜盉现场，图中人物从左至右：大维德、冈田友次、矢代幸雄、宾扬、瑞典皇储、关伊能男爵、拉斐尔（图片来源：伦敦皇家艺术学院）

本派出了山中商会的工作人员前往伦敦，令他们全权处理日本出展艺术品的各项事务。"[67]书中并附有伦敦艺展会点交根津嘉一郎借展品商代青铜盉现场的照片。

伦敦艺展会山中定次郎及山中商会提供的借展品是天龙山石窟的菩萨立像和坐像（编号2383、2384、2386、2388、2390），共计五件。天龙山石窟位于山西省太原市西南四十公里天龙山悬崖的半山腰，始凿于北朝时期，历经北齐、隋、唐，开凿前后历经四百多年，石窟绵

山中定次郎与净亮和尚合影（二排右一山中定次郎、右二净亮和尚）

106

延一公里有余。天龙山石窟菩萨佛像以其造型娴熟、比例适当、线条柔和、雕刻精细成为中国古代雕塑艺术的典范，在世界雕塑艺术史上占有重要地位。

1918年日本东京帝国大学建筑学教授关野贞远赴中国华北考古调查，勘察了天龙山石窟后，于1921年在日本著名美术杂志《国华》第375号上发表了《天龙山石窟调查报告》，引起学界注意。日后关野贞与常盘大定合编的《中国佛教史迹》（六卷）、《中国文化史迹》（十二卷）等著述中均有涉及。随后，日本及其他一些国家的"闻讯者"也纷至沓来，前往天龙山考察石窟造像，如常盘大定（1920）、田中俊逸（1922）、外村治太郎（1922）、喜龙仁（1922）等。尤其具有重要价值的是，在北京经营照相器材的店主外村治太郎，他在1922年初考察天龙山石窟结束归日后，当年出版了由日本著名学者内藤湖南题签的大型图集《天龙山石窟》，收录图片

伦敦艺展期间"山中商会"广告

日本借展品开箱现场，图中人物从左至右：斯宾德洛夫、英海关人员、冈田友次

山中定次郎等攀爬天龙山洞窟"考察"佛像

八十桢,保存了天龙山石窟惨遭大规模破坏前的真实面貌。瑞典艺术史学家喜龙仁多次来华考察天龙山石窟,1925年出版了《5至14世纪的中国雕刻》巨著,天龙山石窟造像随即受到国际瞩目,学者、收藏家、艺术商人及博物馆专家皆认可了其极高的艺术价值。很快这些造像就遭遇了被割盗走的命运,流入国际艺术市场。据1928年山中商会出版的图集《天龙山石佛集》和1939年出版的《山中定次郎传》两书中,山中定次郎亲自撰写的《天龙山石窟踏查记》和《日志》记述,1924年6月和1926年10月山中定次郎本人两次亲临考察天龙山石窟,以金钱收买山下圣寿寺的住持净亮和尚,盗凿天龙山石窟佛像,然后用畜力车运输出去。其自述:"经年累月,我所收集到的绝美佛头已经多达数十尊。"他在《日志》里这样写道:"大正十一年(1922),当我第一次看到天龙山的照片,就被那里的石窟和造像深深地吸引住了,时隔两年后的今天,我终于跨越万里,来到了天龙山。这里珍藏了北齐至隋唐时代,中国佛教艺术最鼎盛时期的辉煌,它们给予人的惊讶和喜悦,无法用语言表达。""我终于用手中的真金白银说服了净亮僧人,他同意让我带走一部分造像的头部,这不禁让我异常兴奋,每当我带着工匠进入一个石窟,凿下一个佛首,那种喜悦超过了得到黄金万两。"可以毫不夸张地说,1927年前后所有流失海外的天龙山石窟佛像名品,绝大多数都是在山中定次郎及山中商会指导下盗凿贩售的。

2020年末一件于1924年前后被盗凿并非法盗运出境的天龙山佛首,

第六章　空前创举：英国军舰运送展品

山中商会装运佛像的畜力车

回归中国的天龙山石窟第八窟北壁主尊佛首

由华侨张荣从日本购回无偿捐赠国家。根据《天龙山石窟》图集资料，经过研究确认，该佛首是天龙山石窟第八窟北壁佛龛主尊佛像的被盗佛首，年代为隋。

日本的借展品还有京都的住友友纯提供的战国青铜鎛（编号128）、汉代青铜镶金银蟾蜍（编号749）；东京的根津嘉一郎提供的商代青铜罍（编号240）、商代青铜盉（编号320）、五代黄筌《秋鸭图》（编号973）、宋徽宗《树禽山石图》（编号2499）、宋梁楷《罗汉图》

与飒露紫合影，图中人物从左至右牛德明、那志良、傅振伦、宋际隆

美国宾夕法尼亚大学博物馆中国馆陈列的昭陵两骏飒露紫、拳毛䯄及辽三彩罗汉像（笔者摄）

（编号972）、元钱选《桃枝翠鸟图》（编号916）等等。此外东京皇室博物馆、京都大学等机构也送展了展品。

美国宾夕法尼亚大学送展品中还有一件著名的昭陵六骏之一飒露紫浮雕（编号2387）。昭陵是唐太宗李世民的陵墓，祭坛两侧原本列置有六块浮雕骏马，用以纪念唐太宗李世民在多年征战中骑用的六匹战马——飒露紫、卷毛䯄、白蹄乌、特勒骠、青骓、什伐赤，即驰名中外的"昭陵六骏"。昭陵六骏是中国雕塑史上的旷世杰作，具有极高的历史价值和艺术价值，是当之无愧的稀世国宝。20世纪初，昭陵六骏不幸遭受厄难，1918年六骏之中的飒露紫和拳毛䯄被卢芹斋及其"卢吴公司"以12.5万美元（1920年协商价）的价格非法盗卖给美国费城宾夕法尼亚大学博物馆。其余四骏特勒骠、青骓、什伐赤、白蹄乌在从昭陵盗运至西安城的途中被追回，未能盗卖出境（现藏于西安碑林博物馆）。国宝被盗卖国外，举世注目，是中国人的心头之痛，当参加

卢芹斋

巴黎"卢吴公司"（彤阁）（笔者摄）　　巴黎"卢吴公司"入口处（笔者摄）

伦敦艺展的故宫博物院工作人员见到飒露紫时，抑制不住内心的激动，纷纷与之合影留念。

　　1924年，梁思成留学美国费城宾夕法尼亚大学建筑系，把在宾大博物馆的所见写信给父亲梁启超。1925年7月10日梁启超在给众子女的信中写道："思成看着许多本国古代美术，真是眼福，令我羡慕不已……昭陵石马怎么会已经流到美国去，真令我大惊？那几只马是有名的美术品，唐诗里'可要昭陵石马来''昭陵风雨埋冠剑，石马无声蔓草寒'（笔者注："昭陵风雨埋冠剑，石马无声蔓草寒"应为"茂陵烟雨埋弓剑，石马无声蔓草寒"，出自薛逢《汉武宫辞》。茂陵是汉武帝刘彻的陵墓，梁启超此处引用有误）。向来诗人讴歌不知多少。那些马都有名字，一一是唐太宗赐的名，画家雕刻家都有名字可考据的。我所知道的，现在还存四只（我们家里藏有拓片，但太大，无从裱，无从挂,所以你们没有看见),怎么美国人会把他搬走了。若在别国,新闻纸不知若何鼓噪,在我们国里,连我怎么一个人,若非接你信,还连影子都不晓得呢。可叹,可叹!"[68]

笔者曾于2012年和2017年两度赴宾夕法尼亚大学博物馆调研,在纽约大学和宾夕法尼亚大学举行的"国家宝物归属问题——兼呼唤中国国宝昭陵两骏回家"研讨会上,笔者呼吁:"昭陵两骏在中国是家喻户晓的国之瑰宝,在百年前国势衰微的年代,它们被不法古董商非法盗运出境外牟利,实为中国国家和民族的不幸。当今,随着现代国际法的进步和发展,主权概念也从传统国际法的只涉及政治主权进而增加了经济主权、文化主权的内容,并且道德或伦理的制约概念也逐渐在国际实践中被普遍公认。历史文物对一个民族乃至整个世界历史的发展,对各个民族的自我认识和相互了解,都有重要意义。中国政府和人民对非法流失海外文物的返回从来没有放弃,这是中国人民对于中华民族文化遗产尊重、热爱和保护的体现。昭陵六骏是最能代表中华民族文化的艺术珍宝之一,两骏流失海外对中国人来说,无论过去、现在和将来,都是心中之痛,我们急切盼望两骏早日回归祖国怀抱,与现存的昭陵四骏团聚,以体现他们的原真性和完整性,这是千千万万中国人的心愿。宾夕法尼亚大学的校训'法无德不立',获得世人的认同和赞誉,相信热爱人类文化,且有高度道德标准的宾夕法尼亚大学博物馆会理解此点,并作出正确判断。"[69]

法国送展的展品共计二百十五件,伦敦艺展会档案资料特别注明包括"法国及卢芹斋",表明卢芹斋所占份额的重要性。卢芹斋(原名卢焕文,1880-1957),浙江湖州人,1902年二十二岁时随同乡张静江来到法国巴黎,在张静江开设的经营中国货的"通运公司"负责古董方面生意。1908年卢芹斋与张静江分手,自立门户在巴黎创立了自

第六章 空前创举：英国军舰运送展品

隋代石佛布展情形
（图片来源：伦敦皇家艺术学院）

陈列于展会中厅的隋代石佛
（图片来源：伦敦皇家艺术学院）

己的古董经营公司"来远公司"，俗称法国庄（1928年在巴黎十七区库尔塞勒街设立总店，即遐迩闻名的"彤阁"，笔者2014年6月曾专程赴该处调查）。为了便于从中国进货、贩卖中国文物，来远公司相继在上海、北京、西安开设了分号。1911年卢芹斋与吴启周等人成立"卢吴公司"（C.T.LOO&CO.），该公司成为向境外贩卖中国文物数量最多、经营时间最长、影响最大的中国私人文物古玩公司。为了扩大在北美的业务，1925年又在美国纽约曼哈顿第五大道开设了"卢芹斋来远公司"。欧美不少博物馆都收藏有卢芹斋及其"卢吴公司"贩卖的中国文物艺术品，有许多属于孤品、珍品。如今如果你翻开苏富比和佳士得等拍卖行的中国古董拍卖图册，常常能看到在某一器物的说明中有这样的说明"PROVENANCE C.T.Loo COLLECTION"（源于卢芹斋收藏）。

庄尚严在《赴英参加伦敦中国艺术国际展览会记》一文中，激愤地指出:"我国有古玩商人卢芹斋氏,西人称之曰C.T.Loo,设肆巴黎,今数十年,既雄于资,又富眼力,与日本人所设之山中商会同为欧美两大中国古玩商。因卢氏对此展览甚为努力,而国人知之者尚少,为文及此,故附记之。"[70]

卢芹斋贩卖中国文物尤其是非法盗卖昭陵两骏的行为触犯了众怒,也触犯了中国政府的底线,许多中国人视他为卖国贼,对他痛恨不已。当他1927年夏天从苏联乘火车回国,火车停靠在赤塔火车站时,收到一封紧急电报,提醒他回国进京可能面临危险,卢十分惊恐,临时决定改变行程,绕道北京,在海

现收藏于大英博物馆的隋代石佛(笔者摄)

参崴乘船直赴上海。他在9月10日致信宾夕法尼亚大学博物馆新任馆长哈里森(Harrison)时写道:"当时的北洋政府因我经手唐太宗的骏马石碑,而要逮捕我。"[71]可见由于卢的偷盗国宝行为触犯了国法,北洋政府张网待捕要将其捉拿归案。

卢芹斋为了漂白自己的丑恶行为和追求商业利益,往自己的脸上贴金,试图改变形象。卢芹斋认为,伦敦艺展是一个绝好的机会,他积极参与,提供展品,还不惜费财费力,将高达5.78米、重达20吨的隋代阿弥陀佛石佛运至伦敦艺展展会现场,引起相当大的轰动。该隋代石佛的底座刻有铭文,可知其凿刻于隋文帝杨坚开皇五年(585),

原供奉在河北省曲阳韩崔村崇光寺。石佛是在民国四年（1915）被卢芹斋盗卖到海外的，为了运输这尊石佛，卢芹斋不惜将其切割为三段运出境外，现今仍清晰可见被切割的痕迹。

这尊隋代石佛在伦敦艺展大出风头，被放置在大厅的中心，面对入口，是整个展览最引人注目的位置，这为卢芹斋挣足了面子。伦敦艺展结束后，卢芹斋将该尊石佛捐赠给中国政府，再由中国政府转赠给大英博物馆，现陈列于大英博物馆中国馆门前楼梯转角处，是大英博物馆收藏的最大、最雄伟的石刻佛像，大英博物馆的参观者走过此处都会看到此尊佛像。卢芹斋俨然成为让西方认识中国文物的启蒙者和"保护者"，仿佛是传播中国文化的使者。

《卢芹斋传》一书的作者罗拉一针见血地指出："事实上，卢芹斋此举也是为了免去运输的麻烦，因为再将这重达 20 吨的石佛运回法国十分困难，且运费高昂；况且以往的经验已经告诉他，法国人对大型雕像不感兴趣。此前他已经在美国辗转寻找买家，但没有成功。早在 1929 年，卢芹斋就打算将此石佛卖给纽约大都会博物馆及其他一些大客户，其中洛克菲勒本有意买下，装点他在缅因州的私人花园，但是无奈佛像的体积实在太大。多次挫败后，这回卢芹斋想到了一个巧妙的办法，将佛像赠予中国政府，再由政府赠送给英国博物馆作为中英友谊的象征，这一招可谓一箭双雕。"[72]

那志良在《典守故宫国宝七十年》一书中也记述到达伦敦后："我们从第二天起，按时到皇家艺术学院去办公，在那里，认识了不少考古界人士，其中一人就是卢芹斋先生（C.T.Loo）。卢芹斋是一位古董商，他在河南设个庄子，收买古物，传说出去，他只要精品，能出高价。他在那里收了许许多多的古物，运到欧美销售，前几年的博物院，提到 C.T.Loo，无人不知。这次展览，他正好有一件高丈八的隋开皇大石佛（将）运到纽约，正与大都会博物馆（Metropolitan Museum）议价。他想把这尊佛加入展览，就和大都会商量，先运去展览，展览完毕再议价。他把这尊佛展览了。后来展览完毕，他把这尊佛赠予大英博物馆（British Museum）了。这次展览，他也借此做了不少生意，是会中最活动的人。"[73]

现今在大英博物馆展览厅的该件隋代石佛下方，可以看到醒目的说明文字："卢芹斋先生赠送给中国政府，后由中国政府于1938年转赠大英博物馆，以纪念1935年—1936年伦敦中国艺术国际展览会。"

现在仍然有人撰文赞扬卢芹斋的行为，辩解说："卖到西方的文物，中国人一定都想把它要回来，但是中国文物在西方博物馆里日日夜夜向西方人宣扬中国文化之悠久与灿烂，让西方人了解中国，尊重中国，有什么不好呢，拿回来让中国人自己关起门来孤芳自赏，又有甚么意义呢，况且中国人真的会欣赏珍惜自己的古文物吗？"[74]这些观点在西方有一定市场，原因在于西方是文物输入国，是既得利益者。还有观点认为如果不是西方人将这些文物艺术品置放于安全的保护条件下，或是令其远离动荡不定的政局，它们或许将被破坏，不复存世。[75]

这些观点和逻辑站得住脚吗？笔者认为毫无道理。

文物不同于普通财产，对一个国家、民族而言是具有特别重要意义的珍贵文化资源，具有民族精神与身份承继特性。从世界历史发展的视野定义，历史文物对各民族的自我认识和相互了解，具有重要意义。尤其是对原属国具有象征、神圣、宗教等方面标志性意义的重要文物，在精神价值方面更显突出，属于国家不可分割的重要文化遗产。因此具有历史、艺术、科学价值的文物历来是世界各国的重点保护对象。联合国教科文组织在《把无可替代的文化遗产归还给他们的创造者》的呼吁书中指出："一个民族的天才之最崇高的化身之一是其文化遗产。……然而，历史的变迁使得许多民族文化遗产中无法估价的部分被掠夺。……这些国家的男女公民有权索回作为他们自身存在的一部分文化……这些被掠夺了文化遗产的男女公民，至少有权要求归还那些最能代表他们民族文化的艺术珍宝。他们认为这些文化珍宝是最重要的，失去他们将引起极度痛苦。"联合国教科文组织大会曾多次通过决议，号召世界各国在文物归还原主国和禁止文物走私活动方面实行广泛的国际合作。现今，通过归还对一国文化和历史有特别重大的意义、被无理剥夺的文物来重建破损的文化遗产，已是主要国际组织和许多国家承认和接受的道义原则，尽管并不具有法律的强制性。

就中国而言，自1840年鸦片战争后，大量文物因战争被掠夺，或者以各种名义包括盗掘、盗凿、不正当贸易等非法方式窃运出中国，造成数以百万计的文物流失海外，使我国文化遗产遭受了史无前例的大浩劫，对中华民族感情造成了极大的伤害。非法流失海外的文物，其不光彩的历史信息永远不可能消失。

从法律层面来看，中国历朝历代对保护冢墓，不但颁布有各种法律，并且形成了一种道德行为的准则。皇家陵寝更是神圣不可侵犯，对于盗陵以及与盗墓有关的破坏园林石刻、陪葬物行为，法律都有严厉的处置形式。进入20世纪，1909年，清朝民政部发布了有关文物保护的《保存古迹推广办法》，指示"步军统领衙门、顺天府、各直省将军、督抚、都统"，对现存古迹和文物进行调查和保护，还将调查项目分为了六类：（一）周秦以来碑碣、石幢、石磬、造像及石刻、古画、摩崖字迹之类；（二）石质古物；（三）古庙、名人、画壁或雕刻塑像精巧之件；（四）古代帝王陵寝、先贤祠墓；（五）名人祠庙或非祠庙为古迹者；（六）金石诸物，时有出土之件。1914年前后颁布了禁止古物出口管制令，1914年6月16日《申报》刊登了大总统申令："中国文化最古艺术尤

1914年6月16日《申报》刊登袁世凯申令

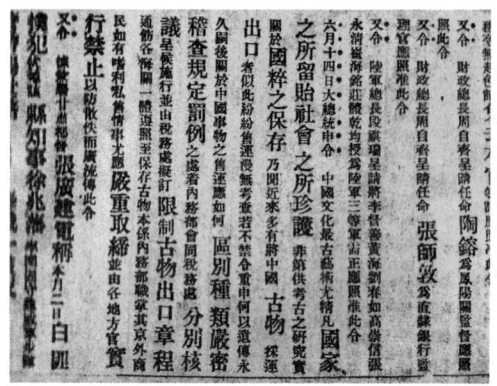

美国宾夕法尼亚大学博物馆中国馆（笔者摄）

精，凡国家之所留贻、社会之所珍，非第供考古之研究实关于国粹之保存。乃闻近来多有将中国古物采运出口者，似此纷纷售运漫无考查，若不禁令重申何以遗传永久，嗣后关于中国事务之售运应如何区别种类，严密稽查规定罚例之处，着内务部会同税会处分别核议，呈候施行并由税务处拟定《限制古物出口章程》通饬各海关一体遵照，至保存古物本系内务部职掌，其京外商民如有嗜利私售情事，尤应严重取缔，并由各地方官实行禁止，以防散佚而广流传。此令。"到1916年北洋政府时代，政府发布了《内务部为调查古物列表报部致各省长（都统）咨》。1928年国民政府内政部再次颁发《名胜古迹古物保存条例》。尤其是在1930年国民政府公布了《古物保存法》以及此后公布的一些实施细则，对考古发掘、文物出口等作出了规定。1934年国民政府成立了"中央古物保管委员会"。1936年国民政府行政院又公布了《古物出口护照规则》，其中规定："惟为便利商民起见，嗣后各地古物，欲运出国境者，拟准由起运人于起运之前，先行呈经本会（注：中央古物保管委员会）委托专家或学术机关鉴定，核给可证明文件，一面

巴黎枫丹白露宫中国圆明园文物陈列室（笔者摄）

由本会函知财政部饬关验放。"由此可见，凡未取得中央政府主管部门的批准同意，将文物贩运出中国都是不合法的。

我们仍以前述唐太宗昭陵两骏为案例，据现在已有证据，昭陵两骏最初是由外国古董商人主持偷运出昭陵的，时间约在1913年5月。1921年6月29日，法国巴黎古董商保尔·马龙（Paul Mallon）曾致信宾夕法尼亚大学博物馆，他写道："1912年在京的格鲁尚（A.Grosjean，法国古董商）想抢在阿道夫·沃什（Adolf Worth，德国古董商）和马塞尔·宾（Marcel Bing）的进货员达尔米达（D Almeida）之前弄到这些石骏。他派遣了一位名叫戈兰兹（Galenzi）的助手去搞定此事，指示他以最快的速度最妥的方式将石骏运出当地。1913年5月，石骏被运出昭陵。途中，运输队遭到了当地农民的拦击，珍贵的石骏被推下山崖。残破石骏被没收并于1917年托交西安博物馆（有残马在博物馆前的照片为证），他们后被售于卢先生（卢芹斋）和马塞尔·宾，贵馆就是从他们那里购得。"[76]信中所述"石骏"即飒露紫和拳毛䯄。历史事实是两骏在盗运出昭陵时，被当地群众发现推到山崖下，后来残破的两骏被陕西军阀张云山所得，安置于督署（俗称南院）。最终由卢芹斋辗转运至美国，卖给了宾夕法尼亚大学博物馆。

第七章

伦敦艺展：
盛况一时参观者 20048 人次

伦敦艺展的展览会场设在伦敦市中心皇家艺术学院伯灵顿堂，始建于 1664 年，意大利建筑风格，1867 年起归属英国皇家艺术学院。自 19 世纪以来，英伦大规模的展览会，大多在此举行。展会门前高悬中英两国国旗，及"伦敦中国艺术国际展览会"横幅。展会的海报，采用林徽因创作的仿汉代画像石拓片式风格宣传画，典雅精美，古意逸宕，与展会主旨相得益彰。英方为了烘托展览的中国氛围，特意在"墙上贴满江西黄蓝色麻布，朴雅可爱，与古色古香之艺术品，交映成趣"[77]。

从入口进入前厅，首先映入观众眼帘的是两幅手卷、缂丝挂毯、道教人物壁画和纸本设色的《香妃游湖图》，这些展品并不是最具有中国特点的代表性艺术品，而是英方为了追求所谓的"European Taste"（欧洲趣味）而布置的。

伦敦皇家艺术学院
（图片来源：伦敦皇家艺术学院）

伦敦皇家艺术学院百灵顿堂
（图片来源：伦敦皇家艺术学院）

林徽因为展会设计的宣传海报

展品布展，大致以时代先后为序，与上海预展以艺术门类分类布展不同。上海预展考虑的目标群众是对中国艺术史有基本概念的观众，因而将书画放在首位，再分门别类让观众参展各个门类艺术品。伦敦艺展则是在向对中国艺术不甚了解的欧洲观众进行宣传，故而采取了大致以时代先后为序，每个时代中再分出类别的陈列方法，共分十一室。正厅中央室陈列卢芹斋送展的高大的隋代石雕佛像，十一个展室依次展示商周文物、战国至汉代文物、魏唐文物、宋元文物、明代文物、17世纪至18世纪文物艺术品等。大概英方认为只有遵循这种艺术史的序列才能充分展现中国艺术的成就。从陈列形式来看，展品突出雕刻、铜器、瓷器、漆器等立体艺术，而中国书画则沦为背景，分开陈列。书法和珍本古籍之类对于英国观众吸引力较小，更被放在了较为偏僻的展位。

伦敦艺展共展出雕塑艺术品四十九件，多是出自龙门、云冈、天龙山石窟的佛教造像以及造像碑、镇墓兽、汉画像石等等，布置在展厅显著的位置。这些雕塑展品来自欧美各大博物馆和私人及古董商的收藏，中国的借展品中没有出现一件石雕。有观点认为，这是由于传统的中国审美观不屑于承认石雕是艺术品，因此不能登入"大雅"之堂。

事实是进入20世纪，随着西方考古学者对中国雕塑的关注与研究热，尤其是法国学者沙畹、瑞典喜龙仁、日本关野贞、早崎梗吉、常盘大定等撰写出版的专著中对中国雕塑都有著述和评价，雕塑的价值逐渐为国内所认识。

受此影响，在清末民国时期我国学者撰写出版的有关古物的书籍中，已经将雕塑列入"器物"范畴，占据了应有的地位。与此同时，民国政府颁布的文保法律，也将陵墓石雕、石窟造像等列入了古物的范畴而加以保护。

而之所以伦敦艺展中未见有来自中国借展的雕塑作品，笔者认为，

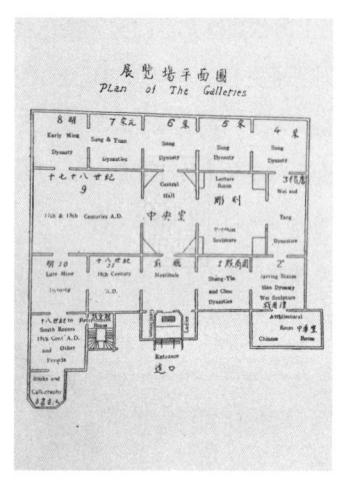

文物光华：1935年—1936年伦敦中国艺术国际展览会研究

展览会场平面图

青铜器陈列室（图片来源：伦敦皇家艺术学院）

陶瓷陈列室（图片来源：伦敦皇家艺术学院）

故宫博物院以收藏铜器、瓷器、书画等为主，基本不收藏石雕。如果中方要征调国内其他机构或地方所藏的大型雕塑，考虑到当时战争临头，且运输困难，势必也只能作罢了。

布展过程中，中方与英方多次发生不同意见，主要表现在以下几件事情上。1. 中方认为对珍贵无比的国宝级艺术品，要呵护有加；英方某些布展人员却不以为然，视为一般展品，有时不经通知和同意即随便移动展品，违反了故宫展品应由"助理干事"人员动手操作的约定，搞得中方人员惊恐万分，几经交涉始渐改善。2. 将中方展品和各国送展品混放在一起陈列，中方多次提出，坚持不同意混放，英方遂答应尽可能将中方展品独立展陈，不与其他展品混杂。3. 绘画由于其展陈的特殊性，为防止参观者触摸，对于明代以前珍贵的绘画，英方采取欧洲油画木框的方法来装帧，将轴头两端卷起，放入罩了玻璃的欧式木框内。明代以后的绘画，英方以经费有限为理由，不能全部配置玻璃和木框，则悬挂在高处，参观者须昂首仰视，观赏效果大打折扣。更有甚者，英方人员只注意绘画的画心，认为画作前后题跋无足轻重，故而多隐卷不露。对于书法作品，英方似乎无法理解其价值，所以只能放在两个南室进行展览，无形中拆散了中国"书画同源"的传统，暴露出英方人员对中国书画艺术缺乏真正理解的问题。因为陈列展览的话语权并不在中方手里，所以中方对此极为不满，但也无可奈何。中国书画，尤其是手卷，中国传统的观赏方式是展开一部分看完，卷起再展开下一部分，近观细赏笔墨、题跋、印章、落款等，如此徐徐展开慢慢地欣赏完一幅书画。笔者认为，在西方开放式观赏模式下，不可能安排中国传统"亲密"接触的观赏方式，观众与展品保持一定的距离，这是艺术品进入公共空间当众展出必然的展览陈列方式。至于隐蔽题跋可能是英方为了保证整体展示效果，但这恰恰丢掉了中国书画鉴赏的精要之处，这种独特的赏画旨趣西方人是很难理解其中的文化内涵的。中外艺术史研究者郭卉博士指出："出于欣赏观念和习惯上的差异，上海预展和伦敦艺展在策展理念和展览叙事上存在着明显的不同。英方当然对'展览'这一西方产物更加熟悉；相比较而言，他们更重视'展示'本身。完成这样一次对遥远时空的另一种文明的展示足以证明当时英帝国之强大，将古老神秘的中华文明清晰地呈现在观众面前是他们的目的。他们以西方通常的展览模式陈列这些东方的艺术品，为西方观众营造了一种熟悉的观赏环境。中方则与之相反，尽管借鉴了西方的展览模式，但基于对自身文化传承的认知，展品本身的意义依然占有着首要地位，强化了当时中国学者所提出的'中国艺术'概念。他们当然希望完美的展出这些珍品，但是这种陈列的规整不能以牺牲艺术品本身的完整为代价"[78]。4. 中方提供的展品原经专门委员编写说明,并译成英文,交接后英方在编目时,未征求中方同意就擅自多加更改,改得不伦不类,有许多不妥之处。据庄尚严回忆说:"夫学术公器,他山原可相助,乃察其所改,亦有不妥恰者,此种情形,书画最多,铜器瓷器次之。"[79] 傅振伦在其《中国艺术国际展览会参观记》中,更是对展览形式设计和布展中存在的问题提出尖锐批评:"至于陈列不法,实亦无可讳言。不分年代,不分类别,不分收藏人,不分地域。……西北物品,分列六室之多。第七室瓷器中,忽列织绣一方。建筑室不明不清,不今不古,其显例也。至若戈戟反挂,文字之倒置,直无学术意味之可言。展览品忽而增加,忽而撤去,忽而迁移,毫无一定主张。精品而陈列人不注意之地,绘画高悬半空,均背展览原则。闻吾国人士,时有建白,无奈英人固执成见,饰非文过,竟不接受。此等批评,固非吾一人之私言也。"[80]

展览会定于1935年11月28日开幕,至1936年3月7日闭幕,每天开放时间为上午九时三十分至下午四时,只有星期四是上午十时开馆,星期日则闭馆休息。11月21日展览会各陈列室就绪,为扩大宣传和影响,邀请伦敦各报记者午宴。副理事长李维廉爵士发表了热情洋溢的讲话,称赞中国政府大力协助使得艺展成功举行。中国代表郑

展厅里挂在墙上的中国画
(图片来源:伦敦皇家艺术学院)

展厅里挂在墙上的中国画
(图片来源:伦敦皇家艺术学院)

天锡应邀作答辞称："此次中国参加展览，诚具来睦之意。中华民族积四千年之历史，雅重人道，其艺术即表现此种精神。盖中国艺术之产生，不在剑戟，而在仁爱道德正义和平，参观者将不徒以获见中国艺术为已足，抑由是以窥见中华文化，及其民族所以长存之道焉。"[81]1935年11月23日的英国《泰晤士报》对此曾作了详细报道。

11月27日举行预展，招待政府官员、社会名流及艺术各界人士、驻英外交官员、旅英华侨侨领等参观，出席者有英国首相包尔温夫人、前首相麦唐纳及其女儿、英内政大臣西门夫妇、瑞典皇储古斯塔夫、西班牙前王后及王族等，参会者达数千人，盛极一时。翌日英伦各报详细报道了预展情况，备极赞美。每日电讯（DAILY TELLGRAPH）发表麦唐纳谈话："如斯盛会，可叹观止。今只能作一概观，俟当退加玩索，重临详察。假我五年为计，从容欣赏，庶几得之。"伦敦大英博物馆馆长希尔爵士盛赞："古代铜器，极饶意味，物品之陈列，普皆佳妙。"[82]

瑞典皇储对中国古代文物尤为热衷，此次展览会瑞典方不但出借藏品展览，还参加选择展品及陈列工作，"朝来暮去，废食忘倦"，深获展方高度评价。[83]伦敦艺展瑞典借展品共计一百十三件，主要来自于瑞典首都斯德哥尔摩的远东古物博物馆、瑞典王储古斯塔夫·阿道夫，以及私人收藏家A·赫斯特伦和E·豪特马克等的收藏品。古斯塔夫·阿道夫（King Gustaf Vi Adolf of Sweden，1882—1973）年轻时热衷考古学，曾在瑞典最古老的大学乌普萨拉大学学习历史学、考古学、政治学和经济学。1907年，古斯塔夫在斯德哥尔摩的一家古董店购买了他人生第一件中国陶瓷——乾隆粉彩方碟，开启了其收藏中国艺术品的历程，并且成为终其一生最重要的兴趣之一。1908年，古斯塔夫到访英国伦敦，在这次旅行中，他结识了许多中国艺术品的收藏鉴赏家，其中包括三位最重要的收藏家：尤摩弗帕勒斯、拉斐尔和霍布森。1919年斯德哥尔摩举办了第一次中国艺术展览，古斯塔夫积极参与了该项活动，并提供展品。1920年，瑞典的"中国委员会"诞生，这个机构主要负责支持瑞典在中国的地质调查和考古活动，古斯塔夫被任命为会长，并一直担任，直到1950年他登基为止。

古斯塔夫六世

1926年，斯德哥尔摩远东古物博物馆正式成立，同年秋天，古斯塔夫和他的妻子露易丝·蒙巴顿（Louise Mountbatten）开启了他们的远东之旅，第一站抵达日本，参观访问了日本收藏中国文物艺术品的重镇——正仓院，大开眼界。然后经朝鲜半岛到达了此行最重要的目的地——中国。古斯塔夫一行来到北平，其时故宫博物院在一年前刚刚成立。在北平，他被允许在故宫博物院观看、鉴赏艺术品，包括陶瓷、青铜器等。瑞典皇储夫妇在中国旅行期间还到访太原附近的天龙山石窟。他们在中国的最后一站是上海，在这里收购到一批中国的青铜器和玉器。原中国实业银行总经理刘晦之（体智）和李鸿章的儿子李经文是民国以来收藏青铜器的大户，两人合作，经古董商李文卿牵线，卖给古斯塔夫一大批青铜器，据说当时售价为28万美元。伦敦

古斯塔夫六世与大维德，1963年

艺展瑞典皇储的借展品大都出自其中，见展品编号110、121、152、157、204、210、282、287、302、313、316、367、372、403、404、430、437、450、607等。1973年，已经继位瑞典国王的古斯塔夫六世将其所藏捐赠给斯德哥尔摩远东古物博物馆，使之成为该馆的收藏品。

伦敦各界及其他外国人士，对于此次艺展翘首盼望，怀有极大兴趣，还在陈列布展期间，就有人以种种理由要求提前特许参观。还有一些中国艺术品收藏者，请求中国专家帮助鉴定，先后不下几百起，可见艺展会之魅力。

11月28日艺展会正式开幕，参观者蜂拥而至，更有不远千里赶来参观的。12月1日（星期日），英国国王乔治五世（King Gteorge）和玛丽王后（Queen Mary）偕一众亲信莅会参观，乔治五世对中国画饶有兴趣，而王后则钟情于玉器，参观一个半小时后方才尽兴而归。1935年12月3日北平《世界日报》特别报道了12月1日英国皇室的观展情形：

> 今日午后英皇与后，偕其媳康特公爵夫人，至柏林敦厦中国艺展会作私人参观，由郭泰祺、皇家美术院长鲁虞麟、中国政府所派展览会专员郑天锡在会恭迓。扈从者尚有鲁意斯郡主、维多利亚郡主、赖姆赛夫人诸人，步绕各室历一时半之久，对展览诸品欣赏备至。当参观时有郑天锡与李顿伯爵引导，著名美术家台维德，且向诸贵宾说明许多展览品之来历，英皇与后曾询及若何许多绘品，何以能由中国安全抵英。台氏告以曾在沪制特别之箱，以装运之。后要一视此种箱件，于是乃导以视之，对运法备感兴趣。英皇过各室时，曾数次称赞各品分配之妥善，与各室外观之悦目，英后亦称赞其所出各品陈列之得法。当英皇等乘车由白金汉宫赴

会场时，一路上民众向之欢呼云。[84]

12月8日，王后身披中国织绣锦袍，又复偕丹麦国王、挪威王后等莅会参观。展会期间，诸如法国的伯希和，瑞典安特生、高本汉、喜龙仁，德国曲穆尔等汉学家均特来参观。

12月3日，英国政府举行宴会，答谢艺展会筹备人员与出品国家的驻英外交官。由英国公共工程部长奥姆斯·皮戈尔致辞艺展会的成功，称赞此次艺展会为"十五年来若干伟大艺展之陈览最佳者"。中国驻英大使郭泰祺致答辞，谓中英知识界之合作，使此次艺展得以组织成功。中西间相互之认识由是更深。两国国交之亲睦，将随合作事业以益进，可滋深信。李顿伯爵则代艺展会感谢英政府的设宴招待，并宣读了中国国民政府主席林森和教育部长王世充发来的贺电："此次艺展，凡属爱好中国艺术者，将借以一扩眼界。中西文化关系，相得益深，两国国交亦由此益亲。"[85]足见中英政府对此次艺展会的重视。

展览期间，为满足英国民众和艺展参观者的要求，使观众对展品和中国艺术有更深入的了解，艺展会方组织举办了一系列关于中国艺术的讲座，特约各国专家学者、汉学家及中国艺术史家举办专题演讲。在伯灵顿讲堂（二十四讲）、伦敦大学（五讲）和莫里学院（三讲）共计举行了三十二次公开演讲，列表如下：

伯灵顿堂讲座

序号	日期	讲座主题	主讲者
1	1935年11月19日	中国艺术国际展览会	大维德
2	1935年12月4日	殷周青铜器	高本汉
3	1935年12月5日	中国古代金工	安特生
4	1935年12月6日	中国艺术之历史与文化观	郑天锡

(续表)

序号	日期	讲座主题	主讲者
5	1935年12月13日	唐太宗的六骏	海伦·弗纳尔德
6	1936年1月3日	中国雕塑研究	华尔纳
7	1936年1月6日	安阳皇陵	伯希和
8	1936年1月7日	中国画题及其演进	伯希和
9	1936年1月10日	艺展中的几幅书画	矢代幸雄
10	1936年1月13日	中国艺术国际展览感言	大维德
11	1936年1月17日	中国纺织艺术	雷·阿什顿
12	1936年1月20日	马可波罗所见之南宋首都	慕阿德
13	1936年1月24日	中国艺展书画	劳伦斯·宾扬
14	1936年1月27日	玉器	拉菲尔
15	1936年1月31日	中国青铜器	叶慈
16	1936年2月3日	蒙古人与中国	爱德华·罗斯
17	1936年2月7日	中国纺织及其对西方的影响	阿尔伯特·肯特里克
18	1936年2月10日	中国人对于书画的态度	喜龙仁
19	1936年2月14日	中国古代陶瓷	霍布森
20	1936年2月17日	中国陶瓷	霍布森
21	1936年2月21日	中国晚期陶瓷	伯纳德·拉克姆
22	1936年2月24日	中国青铜器之装饰	叶慈
23	1936年2月28日	古代中西交流	查尔斯·塞利格曼
24	1936年3月2日	中国纺织艺术	雷·阿什顿

伦敦大学讲座

序号	日期	讲座主题	主讲者
1	1936年1月13日	早期青铜文明	雷·阿什顿
2	1936年1月20日	汉代与佛教的萌芽	雷·阿什顿
3	1936年1月27日	繁荣之年：唐代	雷·阿什顿
4	1936年2月3日	智慧之年：宋元	雷·阿什顿
5	1936年2月10日	装饰之年：明清	雷·阿什顿

莫里学院讲座

序号	日期	讲座主题	主讲者
1	1936年1月16日	中国艺术	阿诺德·席尔柯
2	1936年1月23日	中国艺术	阿诺德·席尔柯
3	1936年1月30日	中国艺术	阿诺德·席尔柯

（资料来源：伦敦皇家艺术学院）

从上表所列内容来看，举凡铜器、玉器、陶瓷、书画、纺织等文物艺术品大类均包含其中，还延伸有昭陵六骏、安阳皇陵、马可波罗与中国等趣味性讲座来吸引观众。讲座入场券，在开幕前即已预售一空，可见其受欢迎程度，此举使英伦市民及各界人士享受到不可多得的中国文化和艺术盛宴。邀请的主讲者不少都是世界范围内一流的优秀学者，例如英国的中国陶瓷研究专家大维德、霍布森，东方书画研究专家劳伦斯·宾扬，瑞典的中国青铜器研究专家高本汉和中国艺术史研究专家喜龙仁，以及日本美术史家矢代幸雄等等。受邀讲座的只有一个主讲者是中国人，由郑天锡作《中国艺术之历史与文化观》演讲，郑天锡早年毕业于上海圣约翰大学，留学英国伦敦大学，获法学博士学位，能讲一口流利的英语，但艺术专业知识较薄弱，并非是在如此重要的展览会中介绍中国文化艺术的适当人选，他被选为主讲人也是一种无奈的选择。而当时有艺术专业背景的中国学者，少有能够用熟练的英语介绍中国艺术和文化的，似乎也担当不起这个演讲的重任。当时国内舆论也关注到了这一现象并指出："……特约专家演讲的广告，我国讲者，仅只 Dr.F.T.Cheng（郑天锡）一人，国内名流学者，就没有能对外人讲中国艺术者！"[86] 令人注意的是，主讲者中也有对中国文物珍品流失海外造成严重后果的所谓专家学者，如法国的伯希和、美国的华尔纳等。

据资料记载，1908年2月至5月伯希和一行来到敦煌莫高窟，以金钱利诱守护洞窟的王道士（王圆箓），将六千余卷经过挑选出来的敦煌藏经洞遗书精品装满十余个大木箱，用大车浩浩荡荡地运出敦煌，再偷偷地把它们全部装船运出国门，辗转运回法国，成为法国有关机构的收藏品，其中经卷、文书被法国巴

伯希和在敦煌莫高窟藏经洞

黎国立图书馆收藏，美术品则被卢浮宫收藏，后归吉美博物馆。早在1930年，国学大师陈寅恪就沉痛地指出："敦煌者，吾国学术之伤心史也。其发见之佳品，不流入于异国，即秘藏于私家。"[87]在中国文物流失海外史上写下极为惨痛的一页。

1923年秋天，美国哈佛大学福格艺术博物馆组成了由博物馆东方部主任华尔纳任领队的哈佛大学考古调查团。1924年1月华尔纳来到敦煌莫高窟，当时藏经洞中的遗物早已被瓜分得一干二净了，所谓的经卷和绢画已成为传说。但华尔纳不甘心因迟到而一无所获的结果，他是一位东方艺术史家，对于经卷文书兴趣不大，而对敦煌的那些壁画、雕塑和其他艺术品有着强烈的兴趣。经过一番参观考察之后，他决定采用剥离的方法对壁画下手，他在自撰书中说："我除了惊讶得目瞪

口呆外，再无别的话可说……现在我才明白了，为什么我要远涉重洋，跨过两个大洲。""就是剥光这里的一切，我也毫不动摇。"[88]

为了能够如愿盗取壁画，华尔纳送礼贿赂王道士，于是在王道士的默许下，他们用特制的强力胶布敷于壁画表层，将壁画剥离下来。关于华尔纳盗劫壁画的具体数量，据原敦煌文物研究所所长常书鸿调查后指出："据不完全统计，1924年华尔纳在千佛洞用胶布粘去与毁损的初盛唐石窟壁画，据敦煌文物研究所编号第320、321、328、329、331、335、372各窟壁画26方，共计32006平方米。"[89]就目前所知美国哈佛大学福格艺术博物馆收藏有九件，其余至今下落不明。华尔纳盗劫的壁画，大部分是敦煌艺术中最优秀的代表作品，其中包括具有重大历史、艺术价值的第322窟初唐时期的汉武帝遣博望侯张骞使西域迎金佛图等。此外，华尔纳还趁机窃走彩雕两尊，其中就有第328窟一尊通高120厘米的盛唐彩绘半跪式供养菩萨像，这尊塑像原藏于福格艺术博物馆，是该馆藏品中最珍贵的文物之一，被誉为镇馆之宝，现转藏于哈佛大学赛克勒博物馆。

1925年，尝到了甜头的华尔纳又组织了一个七人考察队，第二次远征敦煌，准备使用胶布大规模盗劫敦煌壁画。华尔纳第一次盗劫敦煌壁画的事情已经败露，5月19日他的考察队到达敦煌后，考察队的行动便处处受到当地民众的监视，在各界的压力下，敦煌地方当局作出决定：考察队成员去千佛洞时，必须受民众监督，不准留宿千佛洞，并必须当日返程，并派军警对考察队加以"保护"，不准触毁壁画及其他一切文物。在此情况下，华尔纳无法下手盗窃壁画了，他感到十分失望，他说："情况变得十分棘手。约有十多个村民放下他们的日常工作，从大约十五里之外的地方跑来监视我们的行动；并且他们使用一切手段来诱使我们触犯他们的规定，以便对我们进行袭击，或者用武力把我们驱逐出境。""一个不注意的错误,即便是一次愤怒的表情,也可能使他们倾巢出动,骂不绝口,甚至置我们于死地。"[90] 正是由于当地民众和爱国人士的坚决反对,以及官府的阻止,华尔纳想再次大批剥取敦煌壁画的阴谋没有得逞,5月23日便灰溜溜地离开了敦煌。

名券	價目
普通券	一先令六
普通長期券	一鎊一先令
學術長生期券	七先令六 辨士
學校團體券每人	九辨士
機關團體券每人	一先令
星期五每日券每人	五先令

伦敦艺展会参观券及价目表

这样一个在中国臭名昭著的人物,伦敦艺展会为什么会邀请他赴英演讲?笔者推测,一是可能不知情;二是福格艺术博物馆毕竟借展了数件敦煌壁画(编号675、676)给展览会。但对于中国人来说,这是很难接受的。

由于前往参观的人非常多,参观和听讲座时均须保持安静,因此观众与专业人员、观众与观众之间交流切磋较少,艺展会方注意到这一情形,为便于观众及中国艺术爱好者交流切磋,特于展会期间晚上举行联欢会以满足交流需要,用心之细和周到于此可见。

门票售价区分各种档次,普通券一先令六便士,普通长期券一英镑一先令,艺术专业学生长期券七先令六便士,学校团体券每人九便士,机关团体券每人一先令;每逢周五售价五先令,这是为有特殊需要的研究人员和有经济条件的人特殊安排的,使他们得以在安静的环境中仔细欣赏展品。[91]

艺展会还编印了英文本展品目录、展品图录、中国艺术简介的小册子和出版物,以及定制的印有各类展品照片的明信片、纪念册,不

展会期间各种报刊的相关报道

但宣传了中国艺术和艺展会，还在经济上有所收益。展览会一共售出108914本图录，3486本附加图册，2196本展览手册及336本英国皇家学会艺术期刊。据统计，每四位参观者就有一位购买了相关图录，展览带来的中国文化艺术知识迅速在海外远播。

展览期间，英国报纸天天刊登报道消息，杂志发行专刊、画刊，大加赞扬，《当代回顾》（Contemporary Review）刊文赞誉："在伯灵顿堂所举行之中国艺术国际展览，为第一次中国艺术各类具备之集合，诚认识此伟大艺术传统之惟一机会。"《伦敦插图报》（Illustrated London News）记者评论艺展会："余敢为此艺展会做两预言：其一，此次艺展获得一般赞美，超过于以前历次国际艺展；其二，18世纪前

第七章 伦敦艺展：盛况一时参观者20048人次

中英双方工作人员合影（图片来源：伦敦皇家艺术学院）

人所传中国人为奇异之民族，其艺术为怪诞，无足重视之西方人民态度，将由是消除。此种错误可异之论调，本社昔常反对，今后由当视为过去。展品之两部分——铜器书画，已足使一般参观者敬仰其不可磨灭的光荣。"[92] 美国学者索维白也在其《艺术笔记》中称这次展览："如此集中地展示中国艺术品，在世界上尚属首次……（中国）作为最具有艺术气质的国度之一，孕育出最为精美的作品，英国民众让人无比羡慕，因为他们拥有这样一次独一无二的机会，直接观赏这些作品。"[93] 可见伦敦艺展的成功，中国文物及其艺术的影响力深得欧美人士的嘉许和肯定。中国学者唐兰亦曾撰文总结指出："往时，西方人士，对于中国艺术，除少数人外，大抵无深切之了解。此次展览会后，此中情形颇有改变，实会中最大收获。"[94] 对艺展会的文化宣传功能做了充分肯定。

伦敦中国艺术国际展览会于1936年3月7日闭幕，历时十四周，其间英国国王乔治五世于1月20日逝世，国葬停止参观两天。据统计参观人士达 420048 人次，平均每天 5000 余人，参观人数之多仅次于在皇家艺术学院伯灵顿堂举办过的意大利艺术展。尤其到最后一周，更是参观者倍增，一天多达 20000 人，创英伦艺术展空前未有之纪录。此次艺展会总收入 45000 余英镑，支出 28000 余英镑，盈利约 18000 英镑，盈利的钱半数归发起人和皇家艺术学院，半数转让我国政府，用以发展中英文化关系和中国博物馆事业，例如教育部从转让的门票收入中拨款给新建的中央博物院，用于在海外购买西方艺术品。

第八章

归去来兮：
展品返国及去向

展览会结束后，英国以外其他一些西方国家如美国、法国和德国也提出将这批中国展品运往本国进行展出。但是，根据中英双方最初达成的协议，中国出借的展品必须直接回国。于是4月9日立即收拾展品，郑天锡与驻英使馆所派秘书赵惠谟莅场监视，英方派员会同中方唐惜芬、庄尚严、傅振伦等参展人员，校对照片逐件点交，按册原箱装入。其中发现一件陶砚，原来修补过的一足脱落，及一小漆盒的边沿略有损伤，有惊无险，众人长舒一口气。经由我国政府同意，决定以邮船蓝浦拉号（Rampura）装运，另以英国军舰分段护送回上海。由庄尚严和唐惜芬随船护送，郑天锡在马赛登船同行。9日午夜由伦敦启程，4月12日行至南汉普顿港，风浪突起，船一度搁浅在直布罗陀附近一个名叫奔塔马拉（Punta Mala）的地方，风大船重，当夜遂不能行，船上文物岌岌可危。据庄尚严记述："余等在船，焦急万状，然亦无法可施。"[95]消息传到国内，国内负责人十分担心，立即急电询问。于是谣言四起，盛传轮船搁浅是借口，出国的文物已经抵押出去了。幸而后来风退潮涨，在卸载了大量燃油之后，船得以轻浮，由驻守该埠的英国舰队派船，再行拖挽至深海，轮船始可自行航行，消息传到国内，谣言不攻自破。轮船翌日始得启行，于5月17日凌晨安全抵达上海。若当时发展到弃船的地步，其后果不可想象。

1936年5月18日，上海《立报》对伦敦艺展展品归国进行了报道："参加伦敦艺展古物归国，昨平安运抵上海，九十一箱毫无损坏，郑天锡等监护回国。"郑天锡接受记者采访，讲述了展品遇险经过："搁浅六十小时安然出险，展览各品全部毫无损坏。"[96]

展品抵达上海后，直接运到南京考试院，为兑现对国人的诺言，昭示公信以证完璧归赵及便利南京人士观摩起见，6月1日在南京考试院明志楼举办"赴英伦参加伦敦中国艺术国际展览会文物展"，展期三周。

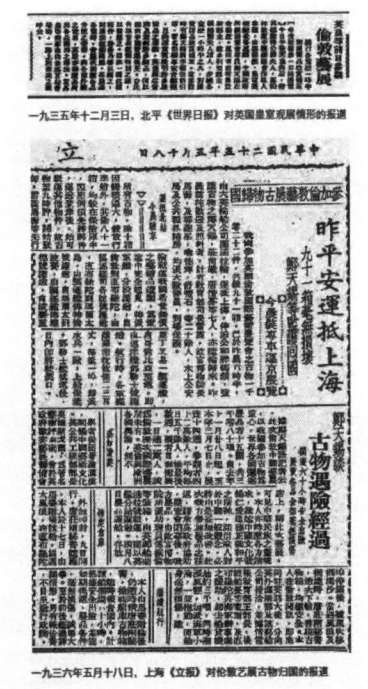

还译印了《国外公私收藏家参加中国艺术国际展览之展品目录》，在南京同时展出。展览结束后，展品仍运回上海。1937年2月又选出重要文物与国外收藏的中国古代文物图片一起在北平景山公园绮望楼展览一周。

早在1935年华北危机发生后，鉴于日本的蚕食侵略有变本加厉之势，国民政府就已着手考虑战时文物保护措施。1936年2月，国民政府行政院颁布了《非常时期保管古物办法》，规定各级各类文物收藏单位，在非常时期，应事先挑送所藏贵重的文物，随时做如入库或转移准备工作，一旦接到转移命令，即行实施。1937年"七七事变"后，日本蓄谋已久的全面侵华战争爆发，此时，曾赴英参展的中国文物更无"北返"的可能，当时故宫博物院的马衡院长为了故宫文物的安全，立即呈请选择文物精品，先行运往相对安全的西南地区。经国民政府行政院核准后，以1935年参加伦敦中国艺术国际艺展的八十箱文物为重点，连同初选后来送展的文物，以及另外再加选若干重要文物，一起打包装成大箱，就在"八一三"淞沪抗战的第二天，装运上招商局"建国轮"沿长江溯江西上到武汉，然后从武汉换车陆行将文物运输至长沙，暂

南迁文物运输途中　　　　中鼎轮

时寄存在长沙城郊湖南大学图书馆的地下室。之后获得情报，日军将派飞机对长沙进行大规模轰炸，又紧急组织文物撤离，在军警的护送下，从长沙经广西桂林，于1938年农历除夕之夜到达贵阳，将文物搬运到临时存放地点。为了文物安全起见，一年后迁运到黔西安顺县城外的一个石灰岩天然洞穴之内，并且设置了"安顺办事处"，负责保护和管理这批国宝文物。1944年末，由于日军攻陷独山，贵阳告急，于是决定将文物撤往四川，最终落脚于巴县一矿区内。抗战胜利后，1947年12月故宫所有南迁到大后方的文物，全部运回南京，存入南京朝天宫的库房。

在长达八年的全面抗战期间，故宫文物几经辗转，穿越大半个中国，没有发生一件文物丢失事件。1947年9月3日，马衡在北平广播电台作了《抗战期间故宫文物之保管》的著名演讲，他指出：

> 抗战八年之中，文物多次险遭灭顶之灾，例如当九千多箱文物由重庆运往乐山途中暂存于宜宾沿江码头时，重庆以及宜宾上游的乐山和下游的泸县都遭到敌人的狂轰滥炸，唯有宜宾幸免；长沙湖南大学图书馆在文物搬出后不到四个月就被炸毁；重庆的几个仓库在搬出后不到一个月，空房也被炸掉；从南郑到成都时，

存放在南郑文庙的文物运出后刚十二天，文庙就遭敌机投下的七枚炸弹夷平。像这一类的奇迹，简直没有法子解释，只有归功于国家的福命了。

马衡所谓的"国家的福命"，其实是故宫工作人员、沿途各级政府、护卫士兵以及无数平民百姓共同努力，忠诚守护国宝创造的奇迹。

由于众所周知的原因，这批故宫文物在 1948 年 12 月 21 日、1949 年 1 月 6 日和 1 月 30 日分三批（原计划五批），分别搭乘国民党海军部调派的"中鼎轮""昆仑号"和招商局"海沪轮"运往台湾，总计包含了故宫博物院文物 2972 箱，中央博物院筹备处 852 箱书画、瓷器、玉器等，国立北平图书馆的善本图书和外交部条约档案共 5422 箱，皆为挑选出来的重要精品文物。故宫南迁文物有 11178 箱留在了南京，绝大部分在

三批故宫文物运台统计表

航次	船名	时间	故宫随行人员	种类箱数
第一批	中鼎轮	1948 年 12 月 21 日出发，26 日到达基隆	庄尚严、申若侠、刘奉璋	古物 295 箱、图书 18 箱、文献 7 箱，合计 320 箱（包括伦敦艺展 80 箱）
第二批	海沪轮	1949 年 1 月 6 日出发，9 日到达基隆	那志良、梁廷炜、吴玉璋、黄居祥	古物 496 箱，图书 1184 箱，合计 1680 箱
第三批	昆仑号	1949 年 1 月 30 日出发，2 月 22 日抵台	吴凤培、张德恒	古物 643 箱、图书 132 箱、文献 197 箱，合计 972 箱
合计	三批	1948 年 12 月 21 日至 1949 年 2 月 22 日止	9 人	古物 1434 箱、图书 1334 箱、文献 204 箱，合计 2972 箱

1951年后陆续运回北京故宫，剩有2000多箱暂归存南京博物院。

在最后一批文物1月29日运台结束二天后，1949年1月31日北平（北京）宣布和平解放。对于文物运台，北平文化界反应强烈。据《人民日报》报道，在3月16日召开的一次文化座谈会上，四十余位文化界知名人士对于国民党政府盗运文物一事，一致表示愤慨。4月9日，北平文化界三百二十九人联名发表宣言，声讨国民党盗运文物的罪行。宣言呼吁："发动全国公意，命令南京反动政府立即停止此种罪行，凡文物图籍必须严加保护，不得擅自转移损毁，其已运美或台者，必须立即设法运回，妥为保管，如不奉命，则对其负责人必须科以重罪，责令赔偿。"[97]

南迁文物运至台湾后，一开始存放在台中雾峰乡北沟，不可能有展出条件。1960年，提供资金建设北沟文物陈列室的美国亚洲基金会，积极促成故宫文物赴美展出。1961年5月至1962年6月，故宫文物在美国五大城市进行了巡展，它们是：华盛顿国家美术馆、纽约大都会艺术博物馆、波士顿美术馆、芝加哥美术馆和旧金山笛洋美术馆。展品包括商周青铜器如毛公鼎、散氏盘；唐代至清代名家绘画、书法；瓷器如宋汝窑、钧窑，明洪武窑、永乐窑、宣德窑、成化窑，清康、雍、乾三朝官窑，以及珐琅彩瓷，雕漆、竹刻、犀角雕等等。

文物在美国巡展后运回中国台湾，1962年在台北市郊阳明山下开始兴建新馆。1965年落成，1966年正式启用，原名"中山博物院"，后改为"台北故宫博物院"，俗称"台北故宫"。至此，故宫南迁文物运至台北故宫博物院保存、展陈至今。

第九章

结语

伦敦中国艺术国际展览会是故宫博物院成立之后第一次赴国外展览，在欧洲，"故宫文物首次正式作为民族艺术的再现"，吸引了前所未有的庞大参观人群，激发了英国民众乃至整个西方世界对中国文物及其艺术的浓厚兴趣，取得了有目共睹的成功，给世人留下了一段中国文物艺术品世界展览会的盛况回忆，其意义非凡，影响极为深远。对于伦敦艺展的评价，索维白在《艺术笔记》一文中指出："中国展示出在艺术方面可以和古希腊、意大利相媲美的影响力……"[98]日本学者富田升更着重指出："这些从中国流出的文物，汇集于中心地——伦敦，从这儿向世界展示了中国正统美术的全貌，并明确地宣告：中国美术鉴赏在世界上成立了。其大本营——中国大力协作，以紫禁城的藏品，为展览会锦上添花。"[99]从某种意义上说，这次展览开启了欧美中国艺术史研究的新时代。

伦敦艺展的意义是多重性的，它为中英两国带来了重要的政治、社会和文化效应。首先，从现实政治维度来看，主动促成展览的英国东方陶瓷学会人士，希望借助展会提高自身和英国收藏界的地位，除了这一因素外，对于中英两国政府来说，政治因素是促成两国合作的很大原因。从当时的国际形势来看，一战结束后，英国在20世纪20年代至30年代进行的一系列与荷兰、意大利、法国、比利时等国的合作艺术展览，都可称作是"展览外交"，是一种加强国际间合作的特殊手段。当然，亦可看作是重振和展现昔日"大英帝国"辉煌的一种手段。相对而言，其时中国正笼罩在战争的阴影之下，如何在短时期内通过某种方式取得国际舆论的关注和支持，是国民政府极为重要的政治考量。适逢其时英国方面提出举办伦敦艺展的倡议，国民政府认为可将合作办展作为推动政治合作的桥梁，拓展中国的国际影响力，是一件值得尝试的事情，于是顺势而为积极响应，最终促成了伦敦艺展的成功举行。

其次，从资料记载来看，国民政府也没有将伦敦艺展视为单纯的文化交流和艺术鉴赏展览会，艺展带有很强的"文化外交"目的。王世杰在展览会筹划报告中指出："查此类艺术展览会曾在伦敦举行者，业有意大利、法兰西、比利时、波兰、荷兰及芬兰等国……前准我驻英郭公使报告，谓前次意大利艺术展览会获益甚大，使英意过去之误会根本消除，两国由是亲善。"[100] 伦敦艺展结束后，郑天锡则进一步总结指出："此次开会期内，以舆论赞美之热烈与欧人参观之踊跃观之，则世界人士对于中华民族之艺术文化，不徒已得具体之认识，且于其生活思想之表现，信足使扰攘备战日怀恐慌心理之欧人，其感受为益深。此本届艺展所以获致极大成功之主要原因也。"[101] 国民政府正是按照此一思路，通过伦敦艺展的文物外交，增强了中英政府之间的联系，增进了两国人民之间的感情，从而引发了国际主流舆论对于中国的关注和好感，为中国改善了国际形象，赢得了广泛的国际认可和尊重。由此可见，国民政府将此次展会作为加强与英国及西方世界联系的政治意图，以此牵制日本，在一定程度上得以实现。

第三，从文化交流的维度来看，尽管伦敦艺展中英两国追求的目标有所不同，但它对推动中国文化走向世界所做出的贡献是客观存在的，它改变了西方对中国艺术的传统认知。20世纪初，很大一部分西方人士认为，日本是东亚的文化和艺术中心。日本的传统艺术较早强势进入西方，尤其是浮世绘艺术在西方广为人知，影响巨大。当时的西方审美，有一批鉴赏家主推日本艺术，尤其以法国龚古尔兄弟（freres Goncouret）为代表的东方艺术爱好者，极力推崇日本艺术，认为日本艺术之价值可以与古希腊媲美，致使西方很大一部分民众包括知识分子，将日本传统艺术视为东亚文化的代表，中国艺术的形象反倒显得模糊不清，即便是有品位的鉴赏家，也很难看到真正高水准的中国艺术品。此次伦敦艺展，通过将博大精深的中国文物艺术品展现给西方观众，在一定程度上扭转了这种看法，使之逐渐意识到中国才是东方文明的根源，在前述引文中，唐兰曾着重指出此种转变。并且由于伦敦艺展品的珍贵性和独特性，备受英国媒体与西方观众瞩目，在西方掀起了一股中国艺术品的收藏与研究热潮，在欧美国家还出现了介绍中国文化书籍的出版热，使得中国文化艺术的影响力传播到了欧美各国，促进了彼此之间的文化交流。而另外一个重大收获，在参展的各个机构中，故宫博物院以其独步天下的收藏大放异彩，借伦敦艺展实至名归地确定了其在中国传统艺术领域的王者地位。

伦敦艺展取得令人瞩目的成功，在异国展现了真实的中国艺术，正如大维德所指出的那样："伯灵顿府举办的'中国艺术国际展览'致力于展示世界上幸存的最古老的文明。文化本身在其悠久的传统中如此复杂、深奥和富有传奇性，因此很难一次获取一个简单的意义。然而其意味深长……展览的范围比之前任何出色的展览更为广泛，也更雄心勃勃。这是一次努力的尝试，将中国历史从其萌芽至1800年中最精美、最有代表性的工艺品聚集到一起。"[102]英国学者毕可斯（Robert Bickers）进一步指出："英国皇家学院在伯灵顿举办的中国展览……得出明显的政治结论：这是一个有丰富文化，与众不同，地理上遥远，但是比所想象的更近西方人心灵的文化，一个人必须将自己融于更广阔的文明之中。"[103]

总而言之，这个展览体现了中英两国前辈的集体智慧和宽广视野，其展览的规模、策展的角度以及对学术的包容性，可谓开辟了一个极高的起点，可以说具有严格学科自觉意识的中国艺术展览肇始于此次展会。

第九章 结语

虽然伦敦艺展的背后也暴露出不足之处，如在展品的挑选、图录的编撰、会场的布置等方面，显现出中西双方艺术体系中的差异。英方试图构建的是西方人想象中的"中国艺术"，这与中国传统的审美观念存在落差。此外，按今天的鉴定水平来看，一部分展品的确存在着真赝及断代的问题，不无白璧微瑕。但我们不能以今日之标准苛求尽善尽美，毕竟其已经初具文化外交、对外宣传等功能并取得很好的效果。伦敦艺展应该被赋予更加积极的意义，国民政府希图以此次伦敦艺展为平台，充分展示中国的文化与艺术，进而塑造中国在世界中的形象，很显然这次展览包含着文化和政治的双重性质，达成了预定的目标，因而变得更加重要。它所赢得的认可和尊重在中国艺术展览史册上留下了浓墨重彩的一笔，这是一份值得珍视的非凡宝贵的文化遗产，至今仍存深远持久的影响。

附录

参加伦敦中国艺术国际展览展出品目录及图说

为参加伦敦中国艺术国际展览会，中方艺展会筹备委员会于民国二十四年（1935）四月印制出版了《参加伦敦中国艺术国际展览展出品目录》，全一册线装，以供阅览参照。书首序言开宗明义，阐明参加本次艺展会和编辑出品目录的宗旨：

中华民国二十三年（1934）十月，国民政府行政院既决定选送本国艺术品于英伦，供国际展览。目的在使西方人士得见中国艺术之伟美，乃组织筹备委员会掌其事。筹备委员会同人，以本会任务莫重于出品征选，因选聘艺术专家若干人别组专门委员会，司征选之责。专门委员会自是年十一月成立。征集研讨达数月，中间复与英国专家交换意见，而甄选乃定。用特编辑此册，以备参稽资考证，此本目录所由成也。据目录载，出品类别为铜器、瓷器、书画、玉器、剔红、景泰蓝、织绣、折扇、古书等，中国艺术之发展，自上古以迄近世，略具梗概。出品机关为故宫博物院、古物陈列所、中央研究院、北平图书馆、河南博物馆、安徽省立图书馆，而选自故宫博物院、古物陈列所者为最多，此其大概也。中华民国二十四年四月伦敦中国艺术国际展览会筹备委员会。

书后附声明：一、中央研究院历史语言研究所考古组参加伦敦展览古物壹百件，另有目录在印刷中。二、本会待一切物品照片齐备后，尚有附加照片之目录印行。

《参加伦敦中国艺术国际展览展出品目录》一书分铜器、瓷器、书画、其他（织绣、玉器、景泰蓝、剔红、折扇、珍本古书）四大类，计铜器108件、瓷器314件（其中套件算一件）、书画173件、其他170件，每件出展品标有品名、尺寸大小及器物要点描述，有的还标有

附录　参加伦敦中国艺术国际展览展出品目录及图说

中方印制的展品目录和说明

备注，备极详尽。

翌年（1936），由商务印书馆承印出版了《参加伦敦中国艺术国际展览展品图说》，一套四册，中英文对照，第一册铜器，第二册瓷器，第三册书画，第四册其他，图文配合，可谓此前1935年《参加伦敦中国艺术国际展览展出品目录》的升级版，体现出中国参加国际美术展览开始走向国际规范。

由于当时摄影和印刷技术的限制，图录照片未达理想效果，但是其记录了我国第一次出国文物展览的历史价值，应该充分肯定。

出品目录和展品图说，深入浅出，通过对展品的阐释，向读者讲解中国艺术精髓，有别于传统的金石书画之学书籍，暗埋了中国文物图书及学术转型的发引。在第一册铜器中，唐兰担纲解说，他试图对中国青铜器的起源、分类、年代、地域、艺术和历史价值进行全面论析。在起源说上，唐兰提出"中国青铜器之发明最迟当在商初"。唐兰将青铜器分类为烹饪器及食器、容器温器及饮器、寻常用品、乐器和兵器五个类别。在时代区分上分为六期，商器（约公元前1070年前）、西周器（约公元前 1070 年至公元前 722 年）、春秋器（约公元前 722 年至公元前 481 年）、战国器（约公元前 481 年至公元前 221 年）、汉器（约公元前 206 至公元 220 年）、汉以后器。对传统上认定的礼器观念提出了不同观点，对铜器上纹饰风格的变化也发表了独特看法，基本上代表了 20 世纪 30 年代中国青铜器研究的新认识。唐兰在篇末指出："本次出品以筹备时间太短，私家藏品散在各处未能征集，故就国立主要文化机关所藏遴选精品，尽可能范围内组成系统。"显露出些许力不从愿的惋惜。

古陶瓷名家郭葆昌担纲了第二册瓷器的编辑和解说，郭葆昌以晋吕忱《字林》始见"瓷"字开篇，论述我国瓷器的起源，继以"历代名窑"解说伦敦艺展我国出展瓷器的窑口和特点，详述瓷器的胎骨、釉色和纹片，末二节特别列题介绍景德镇窑和珐琅彩瓷。对于名满天下的珐琅彩瓷和古月轩瓷的关系，郭葆昌指出："清代瓷器中有一种至精极美、驰誉寰宇之品，而其名沿讹袭谬积重难返者即世俗称古月轩是也。""古月轩瓷器与珐琅彩瓷器虽绘画相埒，而胎质款字则风马牛不相及。"郭葆昌通过对清廷内务府造办处制器考证，将两者关系厘清，并进行明确的区分，这确为专家之言。伦敦艺展入选出品的清宫珐琅彩瓷数量确实惊人，多达 46 件，即康熙朝 6 件（瓷器编号 199、200、201、202、203、204），雍正朝 19 件（瓷器编号 227、228、229、230、231、232、233、234、235、236、237、238、239、240、241、242、243、244、245），乾隆朝 21 件（瓷器编号 279、280、281、282、283、284、285、286、287、288、289、290、291、292、293、294、295、296、297、298、299），可见中英遴选专家对珐琅彩瓷的重视，同时也反映出珐琅彩瓷在陶瓷史上的重要地位，受到中外人士的喜爱。

附录　参加伦敦中国艺术国际展览展出品目录及图说

《参加伦敦中国艺术国际展览会出品目录》序言

《参加伦敦中国艺术国际展览会出品目录》铜器部分

《参加伦敦中国艺术国际展览会出品目录》瓷器部分

《参加伦敦中国艺术国际展览会出品目录》书画部分

与此同时，英国方面也出版了不少介绍艺展会的书籍，1936年庄尚严在《赴英参加伦敦中国艺术国际展览会记》文末"归来的感想"中写道："英之著作家，在展览期间，所编研究中国美术书籍、刊物，如雨后春笋，不下数十百种。反观我国，对于此次艺展，竟无一本有系统之英文著作，供诸外人参考。""吾恐我国再不奋发，并限制古物出口，则数十年后，难欲考覈自家文物，亦必须远渡重洋，方始有济。

155

兴念及此，不胜慨然。"[104] 其中最具代表性和完整性的是伦敦皇家艺术学院编辑出版的《1935年—1936年伦敦中国艺术国际展览会目录》精装一册，列有伦敦艺展理事会理事长李顿伯爵和伦敦皇家艺术学院院长李威廉（William Llewellyn）写的序言、大英博物馆东方绘画部部长劳伦斯·宾扬（Laurence Binyon）写的导言、中国展品运英路线图、展厅布展图以及中国和世界各国提供的展品共计3077件图片及3080件说明等，图文并列，记录了以大维德为首的英国专家团队的中国艺术观，同时也为我们了解伦敦艺展提供了研究工具，是此次展会最为详备的一手资料。由于伦敦艺展除中国的送展品外，其他三分之二的展品由各国提供，图录中所示各国送展的中国文物艺术品都是在不同年代通过各种渠道流散出去的，现在成为我们了解流失海外中国文物艺术品状况和分布的一份不可多得的宝贵资料。

英方《1935年—1936年伦敦中国艺术国际展览会目录》扉页

诚如郑天锡所述："我国古物流于海外者不知凡几，综计实难。……此次展览，因系国际性质，多国参加，其所藏我国之古物，亦略见于是。"[105]《1935年—1936年伦敦中国艺术国际展览会目录》存世已极为少见，为使读者和研究者能够更进一步了解伦敦艺展的情况，我们特将序言、导言和3077件展出品的图片及3080件展出品说明翻译整理作为本书的下编，以飨读者。需要说明的是，由于中英双方对展品的定名及说明有所不同，我们原则上按照书中原文直译成中文，以供参考。

参考文献及注释

参考文献

1. 郑天锡《参加伦敦中国艺术国际展览会报告》，国民政府档案《伦敦中国艺术国际展会案》，台湾"国史馆"，典藏号：001000006299A。
2. 庄尚严《赴英参加伦敦中国艺术国际展览会记》，中国文化大学《美术论集》，中国文化大学出版部，1983年5月。
3. 庄严、那志良《遭国难与展国宝——1935年伦敦艺展亲历》，《紫禁城》，第2007年，第146期。
4. 索维白《艺术笔记》，《中国杂志》1935年第4期。
5. 唐 兰《THE CHINESE EXHIBITION, A COMMEMORATIVE CATALOGUE OF THE INTERNATIONAL EXHIBITION OF CHINESE ART》，《清华大学学报》(社科版)1937年第2期。
6. 伦敦中国艺术国际展览会筹备委员会于1936年委托商务印书馆印刷出版四册中英文对照官方展览图录《参加伦敦中国艺术国际展览会出品图说》。
7. 那志良《故宫博物院三十年之经过》，中华丛书委员会，1957年。
8. 《伦敦中国艺术国际展览会1935年—1936年目录》(The International Exhibition of Chinese Art 1935-1936)，伦敦：皇家艺术学院，1935年。
9. 【美】毕宗陶(Stacey Person)著，赵亚静译《中国陶瓷在英国》(1560-1960)，上海书画出版社，2017年。
10. 简内特·艾略特与大卫·商伯格(Jeannette Shambaugh Elliott and David Shambaugh)《中国宫廷艺术宝藏的长途冒险旅行》(The Odyssey of China's imperial Art Treasures)，西雅图：华盛顿大学出版社，2005年。
11. 陈建宁《轰动欧洲的中国国宝展及其风波》，《档案与史学》，2003年第3期。
12. 刘楠楠《北平故宫博物院参加伦敦中国艺术国际展览史料选辑》，《民国档案》，2010年第3期。

13 张姚俊《1935年故宫国宝亮相上海》,《世纪》,2006年。

14 郭卉《国宝之旅:1935-1936年伦敦中国艺术国际展览会及其上海预展》,《国际博物馆》,2011年第1期。

15 胡健《斐西瓦乐·大维德与1935年伦敦中国艺术国际展览会》,《文物世界》,2009年第6期。

16 徐悲鸿《中国烂污——对于中英艺展筹备感言》,《徐悲鸿艺术文集》,艺术家出版社,1987年。

17 傅振伦《故宫博物院古物第一次出国展览始末》,《中国博物馆》1987年3期。

18 王方晗《以石雕为中心的艺术史叙事——伦敦中国艺术国际展览会中的中国古代石雕》,《艺术设计研究》2015年4期。

19 段勇、李晨《国宝星散复寻踪:清宫散佚文物调查研究》,译林出版社,2016年。

20 那志良《典守故宫国宝七十年》,紫禁城出版社2004年1月。

21 《申报》

22 洪振强《1935-1936年伦敦中国艺术国际展览会述论》,《近代史学刊》,2019年第21辑。

23 徐婉玲《1935年伦敦中国艺术国际展览会始末及其影响》,《中华读书报》,2019年12月18日,第18版。

24 徐坚《名山:作为思想史的早期中国博物馆史》,北京科学出版社,2016年。

文中注释：

1. 郑天锡：《参加伦敦中国艺术国际展览会报告》绪言，国民政府档案《伦敦中国艺术国际展会案》，上海图书馆藏书，典藏号：A54121200119567B。郑天锡，法学博士，国民政府司法行政部次长，伦敦艺展会中国特派委员，督理中国展品出国、返国事宜，出国期间为公使待遇。
2. 那志良：《典守故宫国宝七十年》，第61页，紫禁城出版社，2004年。那志良（1908-1998），满族，台北故宫博物院研究员。1925年十七岁高中毕业，就职于故宫博物院，在故宫工作达七十年。在古器物学特别是玉器的研究和鉴赏领域，卓有成就。
3. 茅盾：《欢迎古物》，《申报·自由谈》1933年2月9日。
4. 王森然：《近代二十家评传·胡适先生评传》，书目文献出版社，1987年，第322页。
5. 那志良：《典守故宫国宝七十年》，第64页。
6. 庄严：《山堂清话》，台北故宫博物院，1980年，第135页。庄严，字尚严，1924年北京大学哲学系毕业，就职"清室善后委员会"，曾任故宫博物院古物馆科长，台北故宫博物院古物馆馆长及副院长等职。
7. 吴瀛：《故宫盗宝案真相》，文史资料出版社，1983年，第96页。吴瀛（1891-1959），字景洲，江苏常州人。精于诗文、书画、篆刻，1929年担任故宫博物院"古物审查会"专门委员，是1931年故宫文物南迁首批文物监运员。著作有《故宫盗宝案真相》《故宫博物院前后生平经过纪》《故都沉梦录》等。
8. 那志良：《典守故宫国宝七十年》，第66页。
9. 《申报》，1933年3月6日。
10. 那志良：《典守故宫国宝七十年》，第78页。
11. [美]毕宗陶（Stacey Pierson）著，赵亚静译：《中国陶瓷在英国（1560-1960）》，上海书画出版社，2017年。
12. Soott（2001），PP.2-3。

13 V&A archives, PV David nominal file, Minute Paper 1916/3112。
14 Lady David, in scottr（1984），P.10。
15 1927年，盐业银行出售溥仪1924年抵押在银行里的清室珍宝。当时这批文物作为清王室在银行的抵押物，已期满无力赎取。大维德与盐业银行的谈判前后持续了一年多，于1928年购买了其中四十多件清宫旧藏瓷器精品。
16 *Guide to the National Place Museum*, Peiping, China, first edition（1937），Appendix 1, Donations, PP.1-2.
17 Rosemary Scoot, *Percival David Foundation Commemorative Exhibition of the 50th Anniversary of International Exhibition of Chinese Art 1935-1936*,（London，1985），P.1
18 《中国陶瓷在英国（1560-1960）》，第116页。另有一说，伦敦艺展是由霍布森、叶慈、大维德、尤摩弗帕勒斯和拉斐尔五人发起，见那志良《典守故宫国宝七十年》，第165页。
19 Memorandum Dated 3 February 1934, PP.2-3.Royal Academy archives, 1935 exhibition files.
20 蔡元培（签发）：《北平故宫博物院理事会致行政院秘书处公函稿》，1934年10月3日，载于刘楠楠选辑：《北平博物院参加伦敦中国艺术国际展览会史料选辑》，《民国档案》，2010年。
21 庄严：《伦敦中国美术国际展》，载于《山堂清话》，台北故宫博物院，1980年，第145页。
22 庄尚严：《赴英参加伦敦中国艺术国际展览会记》，《北平故宫博物院年刊》，1936年，第129页。
23 《参加伦敦中国艺术国际展览会报告》，第一章第1页。
24 《中国陶瓷在英国（1560-1960）》，第一章第119页。
25 《中国陶瓷在英国（1560-1960）》，第一章第122页。
26 《中国陶瓷在英国（1560-1960）》，第一章第142页。
27 《中国陶瓷在英国（1560-1960）》，第一章第118页。
28 吴淑英：《展览中的中国：以1961年中国古艺术品赴美展览为例》，

台湾政治大学硕士学位论文，1991年，第21页。
29　《世界日报》（北平），1935年1月20日。
30　《世界日报》（北平），1935年1月24日。
31　《北平晨报》，1935年1月27日。
32　徐悲鸿：《中国烂污——对于中英艺展筹备感言》，原载《世界百日》，1935年1月25日，后收于徐伯阳、金山编：《徐悲鸿艺术文集》上册，艺术家出版社，1987年版，第270页。
33　《北平晨报》，1935年1月27日。
34　刘楠楠：《北平博物院参加伦敦中国艺术国际展览会史料选辑》，《民国档案》，2010年第3期。
35　周密：《台北故宫博物院的建制与沿革》，中国文化大学硕士论文，1984年，第111页。
36　庄严、那志良：《遭国难与展国宝——1935年伦敦艺展亲历》，《紫禁城》，2007年，第146期，第38页。
37　吴淑英：《展览中的中国：以1961年中国古艺术品赴美展览为例》，第26页。
38　庄严：《伦敦中国美术国际展》，第146页。
39　庄严、那志良：《遭国难与展国宝——1935年伦敦艺展亲历》，第38页。
40　《申报》，1935年4月9日。
41　《申报》，1935年4月9日。
42　《申报》，1935年4月8日。
43　《申报》，1935年4月16日。
44　《申报》，1935年4月9日。
45　《申报》，1935年4月9日。
46　《申报》，1935年4月15日。
47　《申报》，1935年4月17日。
48　《申报》，1935年4月16日。
49　《申报》，1935年4月12日。

50 《申报》，1935年4月24日。

51 《申报》，1935年4月11日。

52 《申报》，1935年4月11日。

53 《申报》，1935年4月29日。

54 《申报》，1935年4月16日。

55 那志良：《典守故宫国宝七十年》，第166页。

56 郑天锡：《参加伦敦中国艺术国际展览会报告》绪言，第8页。

57 见《伦敦中国艺术国际展览会1935年—1936年目录》（The International Exhibition of Chinese Art 1935-36），伦敦皇家艺术学院，1935年。

58 庄严、那志良：《遭国难与展国宝——1935年伦敦艺展亲历》，第44页。

59 斯坦因著，向达译：《斯坦因西域考古记》，中华书局、上海书店联合出版，1987年，第148页。

60 庄严、那志良：《遭国难与展国宝——1935年伦敦艺展亲历》，第45页。

61 傅振伦：《中国艺术国际展览会参观记》，《北平故宫博物院年刊》，1936年。

62 霍宏伟：《大英博物馆藏一组唐代三彩俑的来源追溯》，《中国国家博物馆馆刊》，2017年第4期。

63 参见弗利尔美术馆前馆长Thomas Lawton的记述和喜龙仁：《五至十四世纪的中国雕刻》，图版154。

64 参见洛克菲勒家族档案 Rockefeller Family Archives, A Passion for Asia-The Rockefeller Legacy, 2006, P.118.

65 Reitlinger, *The Economics of Taste: The Rise and Fall of Object d'Art Narket Since 1750*. Holt, Rinehalt and Winston, 1963, P271.

66 师哲：《在历史巨人身边》，中央文献出版社，1991年，第443页。

67 故山中定次郎翁编撰会编撰：《山中定次郎传》，第36页，第107页，第207页，1939年。另见陈文平、牛梦沉编译：《山中

	定次郎与山中商会》，上海书画出版社，2020年。
68	孙利强：《杰出是培养出来的》，中国档案出版社，2006年。
69	陈文平：《昭陵两骏流失海外真相新证》，《收藏》，2017年第2期，第332页。
70	庄尚严：《赴英参加伦敦中国艺术国际展览会记》，第125页。
71	罗拉：《卢芹斋传》，香港新世纪出版及传媒有限公司，2013年，第103页。
72	罗拉：《卢芹斋传》，第167页。
73	那志良：《典守故宫国宝七十年》，第168页。
74	曹新城：《从卢芹斋看中华文物的回归与保护》，载于罗拉：《卢芹斋传》序，香港新世纪出版及传媒有限公司，2013年。
75	V.N.Desai.Re-Vision Asian Arts in the 1990s:Reflections of a Museum Professional, Art Bulletin, June 1995.
76	周秀琴：《昭陵两骏流失始末》，《碑林集刊（八）》，2002年，第232页。
77	傅振伦：《中国艺术国际展览会参观记》。
78	郭卉：《国宝之旅：1935-1936年伦敦中国艺术国际展览会及其上海预展》，《国际博物馆（中文版）》，2011年第1期，第90页。
79	庄严、那志良：《遭国难与展国宝——1935年伦敦艺展亲历》，第43页。
80	傅振伦：《中国艺术国际展览会参观记》。
81	郑天锡：《参加伦敦中国艺术国际展览会报告》绪言，第31页。
82	郑天锡：《参加伦敦中国艺术国际展览会报告》绪言，第32页。
83	庄严、那志良：《遭国难与展国宝——1935年伦敦艺展亲历》，第44页。又见郑天锡：《参加伦敦中国艺术国际展览会报告》，第30页。
84	《世界日报》（北平），1935年12月3日。
85	郑天锡：《参加伦敦中国艺术国际展览会报告》绪言，第35页。
86	《大公报》，1935年11月30日。

87　陈寅恪：《陈垣敦煌劫余录序》，载《金明馆丛稿二编》，上海古籍出版社，1980 年。

88　华尔纳：《在中国漫长的古道上》，转自《丝绸路上的外国魔鬼》，甘肃人民出版社，1983 年，第 220-221 页。

89　《文物考察资料》2 卷 1 期，1951 年。

90　华尔纳：《在中国漫长的古道上》，第 225 页。

91　那志良：《典守故宫国宝七十年》，第 169 页。

92　摘自郑天锡：《参加伦敦中国艺术国际展览会报告》，第 45 页，"择译各国报章杂志评语"。

93　索维白：《艺术笔记》，《中国杂志》，1935 年第 4 期。

94　唐兰 THE CHINESE EXHIBITION, A COMMEMORATIVE CATALOGUE OF THE INTERNATIONAL EXHIBITION OF CHINESE ART,《清华大学学报》（社科版）1937 年第 2 期。

95　庄严、那志良：《遭国难与展国宝——1935 年伦敦艺展亲历》，第 50 页。

96　《立报》，1936 年 5 月 18 日。

97　新华社北平九日电，《人民日报》，1949 年 4 月 11 日。

98　索维白：《艺术笔记》，《中国杂志》。

99　富田升：《近代日本的中国艺术品流转与鉴赏》，上海书画出版社，2014 年，第 266 页。

100　王世杰：《伦敦中国艺术国际展览会筹画近况报告》，《北平故宫博物院参加伦敦中国艺术国际展览会史料选辑》，载于《民国档案》，2010 年第 3 期。王世杰（1891—1981），法国巴黎大学法学博士，历任武汉大学校长，国民政府教育部长、外交部长、中央研究院院长等职。

101　郑天锡：《参加伦敦中国艺术国际展览会报告》绪言，第 1 页。

102　David, The Exhibition of Chinese Art: a Preliminary Survey, *The Burlington Magazine*, No.393, Vol.Lxvii（December 1935）, P.239.

103　Britation in China（Manchester, 1999）, P.231.

104 庄尚严：《赴英参加伦敦中国艺术国际展览会记》，第135页。
105 郑天锡：《参加伦敦中国艺术国际展览会报告》绪言，第11页。

下 篇

图 录 篇

《1935年—1936年伦敦中国艺术国际展览会目录》

伦敦皇家艺术学院（1935年）

序 言

1935年至1936年冬天，英国文化界人士提出在英国皇家艺术学院举办一个中国艺术综合展览会的建议，在一年之前就得到了中国政府的有力支持，并且中国政府为展览会提供了第一次远赴欧洲的来自故宫博物院的珍贵藏品。英国政府也始终支持这一展览会计划，并通过外交办公室提供了很有帮助的建议和沟通，且安排了英国萨福克号军舰运输这批数量达八百余件（笔者注：应是一千零二十二件）的庞大的中国国家藏品。

展览会得到来自英国国王和王后、中国总统的支持。奥地利、埃及、法国、德国、日本、俄罗斯、瑞典、土耳其等各国政府，但泽市政府，以及全球各地的博物馆和私人收藏者也努力与执行委员会合作，以举办一届实至名归的有代表性的展览会。最终，组织方的努力得到了回报，最精彩的中国陶瓷、书画、玉器、雕塑、青铜器、织物、漆器等得以在欧洲汇集展示。展品总体上按年代顺序陈列，它们展现了中国艺术不少于三十五个世纪（前1700年至公元1800年）的伟大成就。

展览会委员会非常感谢展览会负责人斐希瓦尔·大维德（Percival David）先生的热情，以及给予他无价帮助并陪伴他去中国、日本、美国的专家乔治·尤摩弗帕勒斯（Messrs. G. Eumorfopoulos）、罗伯特·霍布森（R.L.Hobson）和奥斯卡·拉斐尔（Qscar Raphael），这些专家为展览会目录的准备工作无私地奉献了他们的知识和时间。在长时间的准备工作阶段，展览会委员会一直受惠于劳伦斯·宾扬（L. Binyou）先生、伯纳德·拉克姆（B. Rackham）先生和博西瓦·耶茨（W. Perceval Yetts）教授的专业知识的帮助。展览会委员会同样非常感谢伯希和（P. Pelliot）教授在上海、巴黎、伦敦的专业帮助，以及雷·阿什顿（Leigh Ashton）先生为展览会所作的布展和安装计划，该先生凭借其精湛的技能在短时间内完成为数庞大的各类展品的布展。展览会委员会非常感谢瑞典王储在青铜器和玉器编目方面给予的极有价值的帮助。

特别要感谢卢芹斋（C. T. LOO）先生的慷慨相助，他为展览会提供了重要展品和用于布置廊墙的材料。展览会委员会非常感谢 Major G. L. Pilkington（皮尔金顿公司）的慷慨合作，他的公司为展览会免费提供了安装画框所需的所有玻璃。展览会委员会还要特别感谢国王物品办公室、维多利亚与阿尔伯特博物馆，以及为展览会提供贷款的 Messrs. A. Edmonds 公司。

李顿伯爵（LYTTON）
李威廉爵士（WILLIAM LLEWELLYN）

导　言

　　长久以来，中国美术通过多种形式展现在我们眼前，不过我们可能并没有意识到它们也是一种艺术，这是因为，它们总是润物无声地融入我们的日常生活。就像茶本身的芳香一样，精美的茶具已经融入一代又一代的英国家庭生活之中，不仅因为他们来自于最遥远国度的灵巧手工技艺，还因为那些剔透的茶杯和茶托有着贝壳般的顺滑，完美地超越了人力的范畴。英国许多古老的家庭曾经拥有中国壁纸，有些保留至今，我们不禁感受到，中国对于花卉的喜爱，长久以来一直影响着我们的家庭生活，提供着丰富的灵感，比如中世纪艺术家就很乐于借鉴这种形式。中国家具还为齐本德尔这样的工艺大师提供很多灵感。中国的陶瓷具有无可比拟的重要性，欧洲瓷器都是在中国的基础上发展起来的。

　　对于那些生活在和欧洲文明没有交集的遥远未知国度中的设计者来说，他们的工艺、品味和喜好，将要融入英国民众的日常家庭生活之中，这看上去有些不可思议。毫无疑问的是，异域风情使人向往。但中国艺术并不是昙花一现的时尚，更主要的还是因为我们感受到中国美术和大自然有着紧密的联系，对花鸟鱼虫有着深刻的热爱，因而被它们长久地吸引着。

　　尽管我们一直乐于去设想中国艺术的这种设计风格——既精致又欢乐，但一些工匠只会在外形和装饰方面去使用这种超越性细腻的材料；我们也没有兴趣去考究这些设计的背后是不是极具创造力的艺术家，毕竟在欧洲，艺术家的作品体现了极具想象力的思想。如果我们探究一下就会发现，对于中国人来说，绘画是最高级的艺术，中国画有着比欧洲任何一个国家都悠久的历史。在超过十六个世纪的时间里，极富天赋的艺术家不断传承，他们的艺术受到思想和宗教的滋养，传达出一种生活哲学。

在这个世纪，这种展现中国人创造力和内在天分的柔性方式，让我们可以更好地欣赏融汇一体的各种艺术，而这种形式在西方经常被遗忘。通过这种方式，艺术与手工艺之间就没有了一个绝对分明的界线。即使是一个花瓶也可以具有伟大的雕塑艺术的高贵性。

对我们来说，绘画比陶瓷上的装饰更难以理解一些，因为绘画往往蕴含着陌生的理念、联想、传说和信仰。不过，如果我们费些工夫的话，并不很难理解这些心灵世界。我们会接触到那些道教世界中的人物，无忧无虑地沉浸在长生不老药之中，腾云驾雾，漂洋过海，在女神西王母所在的西方山脉中，围绕在她的周围。还有，我们不应该仅仅将佛教人物当作"异教偶像"，如果跳出这种思想局限，就会发现这些佛教艺术形象，在对待世间众生苦难和人类渴求时，施以无穷的法力和无尽的慈悲。

而且，同欧洲绘画相比，中国绘画包含着更多描绘景观和花鸟鱼虫万物生命的艺术，这种艺术的表现形式很少会有什么禁忌。所有人都会惊叹，几乎不涉及人物的风景画这种独立艺术形式，会如此早地出现，比西方早了几百年。这并不是偶然的事情，中国风景画从属于一种完全不同的宇宙观和人生观，属于一种众生繁衍的意识，它将每个生命都视为相互联系的无限整体，并且从这种联系中探究意义。由于中国美术没有将人类当作宇宙的中心或英雄，中国美术没有像西方美术那样，将裸体人像当作至高无上的象征。

最好的风景画，尤其是宋朝的，包含着对空间的理解和对意境的掌控，就好像和我们处于同一时代一样。有些作品看起来包含有一些奇幻元素，中国画中真实的岩石通常就有着奇幻的外表。书法对绘画的影响也是不容忽视的，特别是在最具特色的水墨画之中。对于中国人来说，绘画属于书法的一个分支，画笔既用来书写也用来作画，书法是所有艺术中，最为内行所看中的、最令人印象深刻的一种艺术形式。书法名家的作品会在展览中展出。如果继而欣赏关于竹子或李子树枝的水墨画，就会感受到书法和水墨画紧密的联系，就会感受到书法家和画家将生活同毛笔的每一次挥动联系起来。在创作这些水墨画时，没有犹豫，毫无笨拙，没有费劲的修改，画家在开始创作之前一定会胸有成竹，以指导画笔每一笔灵巧的创作。同欧洲相比，中国评论家更加强调画家最大限度的专注。但与此同时，水墨画中的书法元素也会带来一些缺陷，由于沉浸于通过转动和扫动毛笔进行绘画，并且过度使用黑色墨汁，画作就会丧失对现实的还原度。但是在大师的作品中，尽管墨汁和水彩没有油料那种坚实的力度，但通过传统技艺所构建的山峰结构竟会如此坚实，这会让我们大为惊叹。所以，正如中国人常说的那样，心之所往，景之所在。

在人物画中，令我们印象深刻的是，通过几笔轮廓和简单的构图就可以表现一个人物形象。而且，中国人物画从未使用过那些可以立刻突出形象的阴影。但是中国绘画从来都不是扁平化的，可以充分地表现出空间的深度。

我们还可以注意到中国美术的另一个特征，就是留白的独特价值。留白并不是简单地漏掉一些东西，而是具有完整的、积极的功能。从来没有任何一种艺术可以如此频繁和恰如其分地运用这种方式。

中华民族还是一个崇尚文学的民族，学者会受到至高无上的尊重。中国美术在本质上同文学是一体的，特别是诗歌。一些著名的诗歌会给绘画带来独特的意境。但绘画通过图形和色彩来表达内容，并不像文学那样以文字作为载体，两者的联系更多的是在构思方面的。画家就像诗人一样，从大自然中汲取灵感，寻找自己的情感。画家将不同的图形组合成一曲带有节奏的和弦，而不是专注于完整地重现现实的事物和风景。中国人更喜爱流动的韵律和像溪流一般蜿蜒的线条。在之后的艺术中，这成了一种过时的缺点。

壮观的景致常常会浸入到诗意之中，中国美术对自由和归隐的钟爱是显而易见的。这些精神虽然一般是以一种特有的严肃形式展现的，不过，欢乐的精神在中国美术中一以贯之，恢谐的嬉戏和欢庆时而出乎意料地穿插其中。在这些之后，则是温情脉脉的人性。

中国美术同文学的联系还表现在中国画中的特有的卷轴，并且被日本借鉴，这是中国画稿的通常形式。我们会经常见到卷轴画，一开始我们可能并不会太欣赏，我们更享受画作渐渐地展开的形式，一次只注视一两尺。但卷轴画也是一种让人喜爱的形式，人们不仅可以通过想象在广阔的乡间漫游，或者沿大江大河顺流而下，就像夏圭的《长江万里图》一样（现由中国政府借展），还可以欣赏到运动的延续：与众不同又承上启下，静止而又扩张，石头的颜色从淡银色到最深的黑色，这些经常会和西方音乐中的交响乐相媲美。

这场展览的观众一定想象不到图画的排列顺序代表着中国绘画的全貌，会出现在今天的任何地方。虽然宋朝的画作很少，却是史上的高峰。唐朝（7世纪—10世纪）的真迹很少能在当时以及之后的大量破坏中留存下来。不过当时的评论和历史学家告诉我们，这时是中国美术最为辉煌的时代。这是宗教壁画大规模涌现的时代，根据中国最伟大的大师们的评价，吴道子凭借其天赋，成为其中的艺术高峰。唐朝同样是风景画发展成熟的时期。

我们可以从借鉴中国模式的日本美术作品中，以及这一时代稍晚时期保留至今的西部边境的敦煌壁画，还有由奥雷尔·斯坦因爵士和伯希和教授在敦煌的发现，并从现保存于大英博物馆、德里和巴黎的大量丝绸画，提取出这一时期佛教美术的一些概念。但这些都多多少少带有一定的地方性。大英博物馆很幸运地拥有一幅唐朝之前的画作，这是最稀有的宝藏，精致优雅，精湛生动。

相比绘画而言，我们可以通过雕塑和陶器更好地评判唐朝及之前的美术。雕塑艺术在中国并没有像欧洲那样受到重视，在中国只不过是工匠的作品。中国雕塑主要是佛教的，动物主题比人类形象更能反映纯正的中国雕塑。汉代晚期（1世纪—2世纪）的雕塑风格主要是浅浮雕和木板雕刻，具有动态的感觉，描绘庆典、队列、战争等活动。

佛教雕塑在设计中直接或间接地以印度风格为基础，同时受到中国人偏好的影响。如果将佛教雕塑的演进同佛教在亚洲逐渐向东传播联系起来，这将十分有意思。这些形象一开始形成于印度西北边境外的犍陀罗的基督教时代初期，是巴克特里亚（大夏）人的作品，至今保留在希腊化的传统之中。虽然希腊元素一直保存在纺织品的图案之中，但整体风格越来越印度化。然后这种艺术风格传播到中国，到了公元5世纪，就在整体上变得越来越不像希腊-罗马的自然主义风格了。北魏（4世纪—6世纪）时期，雕塑者已经不注重人物的实际形象和比例，而是将现实融入理念之中，将注意力集中在对现实事物的重新创作之中，人物就变得十分修长，人物形象就会具有超越现实般的平静和热情。线条会像溪流一样拉长，表现出无限的感觉。这种艺术形式更像是哥特式教堂，而非古典主义雕塑。

随着唐朝的影响力达到了中华帝国的顶峰，与东亚、西亚、印度有着自由的交往，中国美术风格就发生了变化。世俗艺术具有无与伦比的阳刚之气和全新的粗犷风格，就像近一个世纪以来我们在墓葬中

导言

发现的陶器上的形象那样,佛教艺术则受到了位于印度的古代笈多雕塑的直接影响。艺术形象变得更加宏伟,数量也越来越多。大量石雕保存下来,铜像则大部分被摧毁,或是在公元 8 世纪的灭佛运动中被熔化。

而当我们谈起中国铜器时,我们想到的并不是佛教形象,而是来自更遥远时代的祭祀器皿。这些铜器令人震撼,看起来就好像那些强大和厚重的形象中蕴含着力量,有时还有动物或传说中的怪物,同自然中恐怖与神秘的感觉相联系。金属工匠可以从研究这些铜器中收获良多,陶瓷艺人也可以从研究早期陶器中受益匪浅。毕竟在制陶方面,中国人的塑造意识已经得到了充分和大量的证明。而且,由于相当丰富的真品存在,这种一以贯之带有中国品位和风格的艺术,可以在几个世纪中一直传承下去。

画家就好似走进了鸟、花或树的生命之中,然后创作成画,可以说与此相近的是,陶瓷艺人也进入并融入他们所要创作的事物之中。至少是在那些伟大时代中,通过他们之手所创作的图形,看起来就像水果会成熟一样,注定会形成一个形象。我们可以依次欣赏到唐朝的恢弘和强盛,宋朝的含蓄和纯粹,明朝的多彩和壮丽,还有之后时代的秀丽和典雅,每一部分都是那一个时代艺术的索引。目睹并接触到如此精致的碗和花瓶,就好像超越了感观的世界,用一种微妙和隐密的方式和神灵对话。

劳伦斯·宾扬(LAURENCE BINYON)

第1展厅

史前、殷商、周朝早期（西周）、春秋、战国

1. 罐，彩陶，饰有紫色和黑色旋纹，高42.5厘米，仰韶文化（史前）。由斯德哥尔摩的远东古物博物馆借展
2. 罐，彩陶，饰有叶子与黑色指环状装饰，高40厘米，仰韶文化（史前）。由斯德哥尔摩的远东古物博物馆借展
3. 高足碗，陶器，双耳，人字纹，新石器时代，高13.5厘米。由巴黎的M.卡尔曼借展
4. 陶钵，黑色垂挂环饰，非葬礼用类型，口径26厘米，仰韶文化（史前）。由斯德哥尔摩的远东古物博物馆借展
5. 陶壶，绘有人与马，高18.3厘米，新石器时代。由伦敦的奥斯卡·拉斐尔借展
6. 父乙甗，青铜，镶金银，有铭文，高44.4厘米，商朝。由中国政府借展
7. 鸟纹方鬲，青铜，高23.9厘米，商或周初。由中国政府借展
8. 父辛鬲，青铜，有铭文，高15.2厘米，商朝。由中国政府借展
9. 子京鼎，青铜，有铭文，高22.9厘米，商朝。由中国政府借展
10. 父丁簋，青铜，有铭文，高16.4厘米，商朝。由中国政府借展
11. 妇鼎，青铜，有铭文，高24.5厘米，商朝。由中国政府借展
12. 父辛尊，青铜，有铭文，高25.9厘米，商朝。由中国政府借展
13. 饕餮纹簋，青铜，高12.7厘米，商朝。由中国政府借展
14. 非子异罕，青铜，有铭文，高33.9厘米，商朝。由中国政府借展
15. 壶，棕色陶器，有一对环形把手，高16.4厘米，商朝。由伦敦的大英帝国勋章W.珀西瓦尔·耶茨教授借展
16. 父乙簋，青铜，有铭文，高12.5厘米，商朝。由中国政府借展
17. 季尊，青铜，有铭文，高20.6厘米，西周。由中国政府借展
18. 父癸簋，青铜，有铭文，高13.8厘米，商朝。由中国政府借展
19. 筮卣，青铜，有铭文，高24.5厘米，商朝。由中国政府借展
20. "亚"方簋，青铜，有铭文，高20.6厘米，商朝。由中国政府借展
21. 蟠螭纹方甗，青铜，高40厘米，周朝。由中国政府借展
22. 父庚卣，青铜，有流，有铭文，高24.1厘米，商朝。由中国政府借展

23. 父己鼎，青铜，有铭文，高 24.7 厘米，商或周初。由中国政府借展
24. 父丁盉，青铜，有铭文，高 28.5 厘米，商朝。由中国政府借展
25. 诸妇方尊，青铜，有铭文，肩上有四只大象和四个鹿头，高 48.2 厘米，商朝。由中国政府借展
26. 兽耳回纹盨，青铜，高 20 厘米，商或周朝。由中国政府借展
27. 鸟兽图壶，青铜，有铭文，高 33.3 厘米，战国（壶身可能在更晚修复过）。由中国政府借展
28. 文方鼎，青铜，有铭文，高 27.5 厘米，商或周初。由中国政府借展
29. 饕餮纹盨，青铜，高 17.6 厘米，商或周朝。由中国政府借展
30. 龙纹方盉，青铜，有铭文，高 17.5 厘米，商或周初。由中国政府借展
31. 足形盉，青铜，有铭文，高 27.3 厘米，商或周初。由中国政府借展
32. 饕餮纹方罍，青铜，高 26.4 厘米，商或周初。由中国政府借展
33. 父辛方鼎，青铜，有铭文，高 21.2 厘米，商或周初。由中国政府借展
34. 饕餮纹罍，青铜，高 23.2 厘米，商或周初。由中国政府借展
35. 大鼎，青铜，有铭文，高 31.7 厘米，西周。由中国政府借展
36. 铃觚，青铜，带有铃锤，悬在中空的底座中，高 23.7 厘米，商或周初。由中国政府借展
37. 询辛簋，青铜，有铭文，高 10.5 厘米，周初。由中国政府借展
38. 父方鼎，青铜，有铭文，高 25.6 厘米，周初。由中国政府借展
39. 乳丁罍，青铜，高 37 厘米，商或周初。由中国政府借展
40. 康鼎，青铜，有铭文，高 22.1 厘米，西周。由中国政府借展
41. 回纹觚，青铜，高 24.4 厘米，商或西周。由中国政府借展
42. 一柱爵，青铜，两个柱合为一柱，高 19 厘米，商或周初。由中国政府借展
43. 献侯鼎，青铜，有铭文，高 23.8 厘米，周成王时器（前 11 世纪）。由中国政府借展
44. 牢鼎，青铜，有铭文，高 58.6 厘米，新郑出土，东周。由中国政府借展
45. 鼠季鼎，青铜，有铭文，高 32.7 厘米，春秋。由中国政府借展
46. 龙纹斝，青铜，高 34.9 厘米，商或周初。由中国政府借展
47. 素钲，青铜，高 32.6 厘米，战国。由中国政府借展
48. "作宝尊彝"簋，青铜，有铭文，高 15.5 厘米，周初。由中国政府借展
49. 鱼盘，青铜，有錾和流，盘内以 13 鱼字组成纹饰，长 46 厘米，西周。

由中国政府借展
50. 周乎卣，青铜，有铭文，高22.8厘米，西周。由中国政府借展
51. 邢季尊，青铜，腹部凤凰纹，有铭文，邢国之器，高17.5厘米，西周。由中国政府借展
52. 饕餮鼎，青铜，有铭文，高74.8厘米，周初。由中国政府借展
53. 服尊，青铜，有铭文，高22.8厘米，西周（部分有修复）。由中国政府借展
54. 叔单鼎，青铜，有铭文，黄国之器，高28.8厘米，春秋。由中国政府借展
55. 芮公壶，青铜，有铭文，莒国之器，高37厘米，西周末或春秋。由中国政府借展
56. 芮公鼎，青铜，有铭文，莒国之器，高34.3厘米，西周末或春秋。由中国政府借展
57. 蟠螭纹壶，青铜，高35厘米，1923年新郑出土，春秋。由中国政府借展
58. 蟠螭纹编钟，青铜，二十一件钟之中的一器，高41.5厘米，春秋。由中国政府借展
59. 蟠螭纹簠，青铜，高27.5厘米，1923年新郑出土，春秋。由中国政府借展
60. 蟠虺纹簠，青铜，蟠虺图案，高19.8厘米，春秋。由中国政府借展
61. 龙纹鬲，青铜，饰龙的图案，高13厘米，1923年新郑出土，春秋。由中国政府借展
62. 蟠螭纹编钟，青铜，二十一件钟之中的一器，1923年新郑出土，高30厘米，春秋。由中国政府借展

以下四件寿县青铜器，第63、64、99和102号，1933年于安徽省寿县出土，遗址曾是楚国在公元前241年至222年的都城，来自安徽省图书馆。

63. 俎，青铜，切肉案板，楚国之器，高18.6厘米，可能是公元前241-238年。由中国政府借展
64. 楚王畲肯鼎，青铜，附耳有流，有铭文，高38.5厘米，春秋。由中国政府借展
65. 殷句壶，青铜，有铭文，高58.5厘米，春秋。由中国政府借展
66. 蟠虺纹镈，青铜，高58厘米，春秋或战国。由中国政府借展
67. 周爹壶，青铜，有铭文，高48.4厘米，春秋或更晚。由中国政府借展

68. 芮公钟，青铜，有铭文，莒国之器，高 37 厘米，春秋或更早。由中国政府借展

69. 陈伯元匜，青铜，有铭文，陈国之器，高 17.3 厘米，春秋。由中国政府借展

70. 陈侯午簠，青铜，盖失，有铭文，齐国之器，高 10.6 厘米，公元前 384-378 年。由中国政府借展

71. 曾伯陭壶，青铜，有铭文，曾国之器，高 41.2 厘米，春秋或更晚。由中国政府借展

72. 兜簠，青铜，错金银，有铭文，高 27.5 厘米，春秋或更晚。由中国政府借展

73. 乐季献盨，青铜，有铭文，高 17 厘米，西周或春秋。由中国政府借展

74. □侯壶，青铜，有铭文，高 47.7 厘米，春秋。由中国政府借展

75. 交螭纹镈，青铜，高 55 厘米，春秋或战国。由中国政府借展

76. 盘云纹镈，青铜，高 57.1 厘米，春秋或战国。由中国政府借展

77. 四兽图壶，青铜，活络式提梁，高 30 厘米，战国。由中国政府借展

78. 华季盨，青铜，盖失，有铭文，长 30.2 厘米，可能是春秋。由中国政府借展

79. 孟城缾，青铜，有铭文，高 26.5 厘米，春秋。由中国政府借展

80. 陈曼簠，青铜，有铭文，齐国之器，长 30.5 厘米，春秋。由中国政府借展

81. 瓠形壶，有盖，青铜，高 33.5 厘米，战国。由中国政府借展

82. 鱼凫图匜，青铜，匜内有鱼和凫图案，长 27 厘米，春秋或战国。由中国政府借展

83. 庚贝扁壶，青铜，有铭文，高 26 厘米，战国。由中国政府借展

84. 鸟兽图壶，青铜，腹部雕刻有鸟和兽图，错金银装饰，高 33 厘米，战国。由中国政府借展

85. 单环匜，青铜，匜体一侧挂有一个圆环，长 29 厘米，春秋或战国。由中国政府借展

86. 王子匜，青铜，有铭文，高 13 厘米，战国。由中国政府借展

87. 陈侯午敦，青铜，有铭文，齐国，高 33 厘米，公元前 384-378 年。由中国政府借展

88. 郜伯鼎，青铜，有铭文，郜国之器，高 30.2 厘米，春秋。由中国政府

借展

89. 工𠂇王钟，青铜，有铭文，吴国之器（工𠂇即吴国），高 42.6 厘米，春秋。由中国政府借展

90. 行猎图壶，青铜，狩猎的场景图案，高 37 厘米，战国。由中国政府借展

91. 蟠虺鼎，青铜，盖上有三个圆环，可仰置作盘，高 26 厘米，战国。由中国政府借展

92. 凤耳鼎，青铜，盖上有四鸟首，高 18.5 厘米，战国或更晚。由中国政府借展

93. 蟠虺纹鑑，青铜，蟠虺图案，口径 28 厘米，战国。由中国政府借展

94. 星虬豆，青铜，高 17 厘米，战国。由中国政府借展

95. 龙凤纹壶，青铜，龙和凤图案，高 35 厘米，战国。由中国政府借展

96. 龙纹鼎，青铜，高 20.3 厘米，战国或更晚。由中国政府借展

97. 兽尊，青铜，动物身鸟头造型，高 19.3 厘米，东周。由中国政府借展

98. 绚纹钫，青铜，嵌绿松石，高 46.3 厘米，战国。由中国政府借展

99. 盘云纹簠，青铜，盖失，有铭文，楚国之器，长 35 厘米，可能是公元前 241-222 年。由中国政府借展

100. 叔单鼎，青铜，盖失，有铭文，黄国之器，口径 28.5 厘米，春秋。由中国政府借展

101. 蟠螭纹编钟，青铜，有铭文，高 20 厘米，1923 年新郑出土，春秋。由中国政府借展

102. 环梁方盘，青铜，链式提梁，楚国之器，52 厘米 ×32 厘米，约公元前 241-222 年。由中国政府借展

103. 宁钿，青铜，有铭文，高 16.8 厘米，战国。由中国政府借展

104. 犀尊，青铜，动物造型，高 28.9 厘米，东周。由中国政府借展

105. 蟠虺纹鼎，青铜，有盖，盘蛇图案，高 49 厘米，春秋。由中国政府借展

106. 琮，玉，20.5 厘米 ×7.6 厘米，西周。由伦敦的奥斯卡·拉斐尔借展

107. 罐，黑色陶器，有卷叶状浅浮雕装饰，高 16.5 厘米，周朝。由伦敦的玛格特·霍姆斯夫人借展

108. 下跪的武士像，青铜，高 5.7 厘米，战国。由伦敦的奥斯卡·拉斐尔借展

109. 车軎，战车杆头，车马器配饰，青铜，高 5.7 厘米，战国。由伦敦的奥斯卡·拉斐尔借展

110. 剑，青铜，寿县出土，长 64.5 厘米，汉代。由瑞典王储古斯塔夫六世·阿道夫借展
111. 卧虎，青铜，长 16.8 厘米，战国。由瑞典默恩达尔的 A. 赫尔斯特伦借展
112. 盆，青铜，残，有鱼和龟的浮雕，口径 44 厘米，战国。由巴黎的卢浮宫博物馆借展
113. 鼎，青铜，有盖，宽 30.5 厘米，战国。由巴黎的卢浮宫博物馆借展
114. 筒形器，青铜，高 26.4 厘米，战国或汉代。由瑞典默恩达尔的 A. 赫尔斯特伦借展
115. 战车配饰，青铜，顶部有一只虎，高 6.3 厘米，宽 9 厘米，战国。由伦敦的奥斯卡·拉斐尔借展
116. 琮，玉，高 20.7，西周。由大英博物馆（尤摩弗帕勒斯的收藏）借展
117. 四头首环，青铜，高 9.5 厘米，战国。由巴黎的卢芹斋借展
118. 盖罐，红色陶器，白色泥釉，嵌颗粒状的晶体装饰，配有圆环，高 11.5 厘米，战国。由堪萨斯城的威廉·洛克希尔·尼尔森艺术中心借展
119. 剑，青铜，有嵌孔雀石的剑柄，长 51.4 厘米，战国。由瑞典默恩达尔的 A. 赫尔斯特伦借展
120. 下跪人像，青铜，高 14.5 厘米，战国。由斯德哥尔摩的奥斯瓦尔德·塞壬博士借展
121. 饰件，青铜，高 31 厘米，战国。由瑞典王储古斯塔夫六世·阿道夫借展
122. 鸟首，青铜，战国。由巴黎的 J. 霍姆伯格借展
123. 温酒尊，青铜，口径 22.8 厘米，汉代。由纽约的克里斯蒂安·R. 霍姆斯夫人借展
124. 壶，青铜，有铭文，高 16.6 厘米，战国。由堪萨斯城的威廉·洛克希尔·尼尔森艺术中心借展
125. 饰牌，青铜，动物形象，长 8.8 厘米，宽 9.2 厘米，战国。由伦敦的 H. J. 奥本海默借展
126. 下跪人像，青铜，高 25 英寸，约公元前 5 世纪。由马塞诸塞州斯普林菲尔德的雷纳德·A. 比德威借展
127. 盂，青铜，雕琢图案，长 22.2 厘米，战国。由斯德哥尔摩的远东古物博物馆借展
128. 长柄镈，青铜，高、宽 38.6 厘米，战国。由京都的住友友纯爵士借展
129. 立马，青铜，长 18.6 厘米，汉代。由瑞典默恩达尔的 A. 赫尔斯特伦借展

130. 饰牌，青铜，装饰有大象与其他动物形象，长 14.6 厘米，宽 11.1 厘米，春秋。由伦敦的奥斯卡·拉斐尔借展
131. 瓠壶，青铜，有盖，高 32.7 厘米，战国。由瑞典默恩达尔的 A. 赫尔斯特伦借展
132. 鼎，青铜，高 22.1 厘米，战国。由哥德堡的艺术和工艺博物馆借展
133. 壶，青铜，有盖，有铭文，高 48.2 厘米，战国。由日内瓦的爱德加·沃奇借展
134. 鹅尊，青铜，鹅形，嵌孔雀石，高 24.7 厘米，可能是周朝。由巴黎的卢芹斋借展
135. 鉴，青铜，口沿有两只青蛙装饰，长 24.1 厘米，汉代或更晚。由纽约的克里斯蒂安·R. 霍姆斯夫人借展
136. 牺尊，青铜，神话中的四足动物，外层有几何图案装饰，长 21 厘米，战国。由伦敦的 H. J. 奥本海默借展
137. 锁具，青铜，19.6 厘米 ×13.2 厘米，战国。由伦敦的尼尔·马尔科姆爵士少将（骑士指挥官、杰出服务勋章）借展
138. 面具，青铜，高 19.5 厘米，战国。由纽约的克里斯蒂安·R. 霍姆斯夫人借展
139. 钟，青铜，中心有管，高 20.5 厘米，战国。由纽约的克里斯蒂安·R. 霍姆斯夫人借展
140. 壶，青铜，有凤凰装饰的环，高 35.5 厘米，战国。由斯德哥尔摩的 E. 豪特马克博士借展
141. 毂饰，青铜，有盘蛇状的宽环，口径 13.8 厘米，战国。由瑞典默恩达尔的 A. 赫尔斯特伦借展
142. 壶，青铜，镶金银，高 26.5 厘米，战国。由柏林的 G. 皮尔斯特借展
143. 饰件，青铜，状似两只野兔，长 25.9 厘米，汉代。由瑞典默恩达尔的 A. 赫尔斯特伦借展
144. 錞于，青铜，高 38 厘米，战国。由斯德哥尔摩的远东古物博物馆借展
145. 罍，青铜，有铭文，高 25 厘米，春秋。由牛津郡图特保尔东的 C. G. 塞利格曼教授夫妇借展
146. 饕餮面具，青铜，镂孔，高 27 厘米，宽 3.25 厘米，周朝。由巴黎的 D. 大卫－韦尔借展
147. 匜，青铜，有铭文，楚国，长 38 厘米，周朝，和第 158 号是一对。由

伦敦的沃尔特·塞奇威克夫妇借展

148. 一对杆头，青铜，骡头形，高 14.5 厘米，春秋。由伦敦的 G. 尤摩弗帕勒斯借展

149. 钺，青铜，长 12.8 厘米，战国。由大英博物馆（尤摩弗帕勒斯的收藏）借展

150. 盘，金箔，口径 17 厘米，战国。由斯德哥尔摩的远东古物博物馆借展

151. 饰牌，青铜，老虎和羚羊形状，和第 161 号是一对，15.1 厘米 ×9.9 厘米，汉代。由堪萨斯城的威廉·洛克希尔·尼尔森艺术中心借展

152. 权杖首饰，青铜，有头颅和动物装饰，高 17 厘米，周朝。由瑞典王储古斯塔夫六世·阿道夫借展

153. 一对带扣，金，高 3 厘米，宽 3.6 厘米，战国。由大英博物馆（尤摩弗帕勒斯的收藏）借展

154. 剑柄，金，高 9.5 厘米，宽 5.5 厘米，战国。由大英博物馆（尤摩弗帕勒斯的收藏）借展

155. 剑，青铜，雕刻有龙，长 56.5 厘米。由瑞典默恩达尔的 A. 赫尔斯特伦借展

156. 釜，青铜，高 22 厘米，周朝。由巴黎的卢芹斋借展

157. 转轴，青铜，人脸形，高 2.9 厘米，周朝。由瑞典王储古斯塔夫六世·阿道夫借展

158. 盆，青铜，有铭文，楚国，宽 43.8 厘米，周朝，和第 147 号是一组。由伦敦的沃尔特·塞奇威克夫妇借展

159. 杖首，青铜，长 15 厘米，战国。由斯德哥尔摩的远东古物博物馆借展

160. 锁，青铜，高 14.6 厘米，宽 11 厘米，战国。由巴黎的 D. 大卫－韦尔借展

161. 饰牌，青铜，老虎和羚羊形状，和第 151 号是一对，15.2 厘米 ×11.7 厘米，汉代。由堪萨斯城的威廉·洛克希尔·尼尔森艺术中心借展

162. 盉，青铜，高 31.7 厘米，周朝。由柏林的德国公立博物馆借展

163. 簋，青铜，方形底座，曾有铭文，铭文被磨掉，高 25.7 厘米，春秋。由布鲁塞尔的 A. 斯托克勒特借展

164. 琮，玉，高 39.8 厘米，西周。由大英博物馆（尤摩弗帕勒斯的收藏）借展

165. 尊，青铜，形状为类似于大象的动物，有铭文，高 26 厘米，周朝。由

德国阿尔特马克的 H. G. 欧德借展

166. 壶，青铜，狩猎场景、动物和鸟纹饰，高 25.7 厘米，战国。由布鲁塞尔的 A. 斯托克勒特借展

167. 饕餮面具，青铜，高 6.6 厘米，宽 7 厘米，汉代。由伦敦的奥斯卡·拉斐尔借展

168. 爵，青铜，有盖，有铭文，高 19.3 厘米，西周，日本二级国宝。由东京的盐原又策借展

169. 戈，青铜，长 28.6 厘米，战国。由瑞典默恩达尔的 A. 赫尔斯特伦借展

170. 矛头，青铜，长 27.9 厘米，战国。由伦敦的奥斯卡·拉斐尔借展

171. 璧，黑色和绿色玉，口径 21.8 厘米，殷商。由大英博物馆（尤摩弗帕勒斯的收藏）借展

172. 矛头，青铜，长 28 厘米，战国。由马尔摩的马尔摩博物馆借展

173. 矛头，玉，铜和孔雀石外壳的槽，高 19.8 厘米，殷商。由伦敦的奥斯卡·拉斐尔借展

174. 钺，玉，高 24 厘米，宽 17.6 厘米，西周。由大英博物馆（尤摩弗帕勒斯的收藏）借展

175. 矛头，青铜，错银花纹装饰，长 27.4 厘米，战国。由巴黎的 D. 大卫-韦尔借展

176. 矛头，青铜，下半部分雕刻有龙，长 21 厘米，战国。由巴黎的拉米特夫人借展

177. 仪式用杖首，青铜，有豹纹浮雕，长 19.5 厘米，宽 12.2 厘米，战国。由荷兰布森的 C. A. 皮克借展

178. 卣，青铜，有铭文，来自端方的收藏，高 34 厘米，周朝。由堪萨斯城的威廉·洛克希尔·尼尔森艺术中心借展

179. 饕餮面具，青铜，高 14.2 厘米，宽 16.3 厘米，春秋。由巴黎的 D. 大卫-韦尔借展

180. 方壶，青铜，镶孔雀石，有铭文，高 37.5 厘米，战国。由宾夕法尼亚大学博物馆借展

181. 镈，青铜，高 54.5 厘米，战国。由瑞典默恩达尔的 A. 赫尔斯特伦借展

182. 尊，青铜，有铭文，高 30.5 厘米，周朝，来自查斯·L. 拉瑟斯顿的收藏。由法纳姆和伦敦的 C. L. 拉瑟斯顿夫人和拉瑟斯顿小姐借展

183. 鼎，青铜，有铭文，高 18.8 厘米，商或西周。由荷兰布卢门达尔的 W. 范·德·门

德尔借展
184. 觚，青铜，有夔龙装饰，高 26 厘米，西周。由布拉德福德的 H. K. 伯内特借展
185. 觯，青铜，高 19.3 厘米，西周。由瑞典默恩达尔的 A. 赫尔斯特伦借展
186. 卧牛，青铜，高 11.5 厘米，长 20 厘米，春秋。由美国明尼阿波利斯的阿尔弗雷德·H. 菲尔斯伯里借展
187. 觯，青铜，单耳，有铭文，高 21.6 厘米，商或西周。由伦敦的约翰·斯帕克斯借展
188. 鬲，青铜，高 15.5 厘米，东周或汉代。由纽约的克里斯蒂安·R. 霍姆斯夫人借展
189. 轮楔，青铜，兔头形状，高 15.2 厘米，春秋。由伦敦的尼尔·马尔科姆爵士少将（骑士指挥官、杰出服务勋章）借展
190. 铃铛，青铜，中心部分装饰有动物浮雕，长 33.4 厘米，春秋。由伦敦的 H. J. 奥本海默借展
191. 轮楔，青铜，人体形象，高 15.8 厘米，西周。由伦敦的尼尔·马尔科姆爵士少将（骑士指挥官、杰出服务勋章）借展
192. 勺，青铜，有龙纹装饰，长 28.7 厘米，战国。由瑞典默恩达尔的 A. 赫尔斯特伦借展
193. 杖首饰，青铜，有人头装饰，高 7 厘米，宽 6.7 厘米，春秋。由斯德哥尔摩的远东古物博物馆借展
194. 戈刃，青铜，长 29.5 厘米，殷商。由巴黎的 D. 大卫-韦尔借展
195. 鼎，青铜，有盖，高 37 厘米，战国。由巴黎的 D. 大卫-韦尔借展
196. 壶，青铜，有盖，有铭文，高 34.5 厘米，殷商。由荷兰布卢门达尔的 W. 范·德·门德尔借展
197. 钺，青铜，高 30.1 厘米，宽 32 厘米，西周。由巴黎的 D. 大卫-韦尔借展
198. 鼎，青铜，高 18.2 厘米，殷商。由瑞典默恩达尔的 A. 赫尔斯特伦借展
199. 卣，青铜，有铭文，高 24.5 厘米，殷商。由伦敦的 G. 尤摩弗帕勒斯借展
200. 扁足方鼎，青铜，有铭文，高 22.2 厘米，西周。由布鲁塞尔的 A. 斯托克勒特借展
201. 觚，青铜，有铭文，高 30 厘米，殷商。由苏塞克斯郡克劳利的 M. L. 汉布尔顿小姐借展

202. 彝，青铜，有铭文，高 21 厘米，殷商。由伦敦的沃尔特·塞奇威克夫妇借展

203. 卣，青铜，有铭文，高 24.7 厘米，商或西周。由德国阿尔特马克的 H. G. 欧德借展

204. 铃铛，青铜，马头形状，嵌孔雀石装饰，长 33.7 厘米，西周。由瑞典王储古斯塔夫六世·阿道夫借展

205. 瓮，青铜，有角，有铭文，高 14.5 厘米，殷商。由伦敦的沃尔特·塞奇威克夫妇借展

206. 铃铛，青铜，有两颗人头浮雕，嵌孔雀石，长 35.5 厘米，春秋。由伦敦的玛格特·霍姆斯夫人借展

207. 戈，黄色玉，青铜手柄，长 28 厘米，殷商。由瑞典默恩达尔的 A. 赫尔斯特伦借展

208. 戈，青铜和孔雀石手柄，玉刃，长 22.6 厘米，西周。由伦敦的奥斯卡·拉斐尔借展

209. 戈，青铜手柄，嵌孔雀石，玉刃，长 27.3 厘米，西周。由美国明尼阿波利斯的阿尔弗雷德·H. 菲尔斯伯里借展

210. 钲，青铜，高 36 厘米，西周。由瑞典王储古斯塔夫六世·阿道夫借展

211. 簋，青铜，有铭文，高 17.2 厘米，周朝。由瑞典默恩达尔的 A. 赫尔斯特伦借展

212. 角，青铜，有鸟形盖，有铭文，高 25.5 厘米，西周。由纽约的克里斯蒂安·R. 霍姆斯夫人借展

213. 卣，青铜，有铭文，高 30.5 厘米，周朝。由维多利亚与阿尔伯特博物馆（尤摩弗帕勒斯的收藏）借展

214. 簋，青铜，有铭文，高 15.3 厘米，殷商。由巴黎的万涅克夫人借展

215. 爵，青铜，鸟形装饰，高 23.5 厘米，殷商。由瑞典默恩达尔的 A. 赫尔斯特伦借展

216. 鼎，青铜，嵌黑颜料，有铭文，高 32 厘米，殷商。由罗马的圣迈克尔和圣乔治勋爵 E. M. B. 英格拉姆借展

217. 搏斗者，青铜，高 15.3 厘米，宽 15.3 厘米，周朝。由伍斯特城布劳克利的 E.G. 斯潘塞·丘吉尔上尉借展

218. 雕龙，象牙，三段，长 9.4 厘米、4.7 厘米、3.2 厘米，殷商。由伦敦的玛格特·霍姆斯夫人借展

219. 权杖，骨，长46厘米，殷商。由巴黎的L.米琼借展
220. 鸟，骨，嵌孔雀石，高11.2厘米，殷商。由布鲁塞尔的A.斯托克勒特借展
221. 管状龙头，骨，高11厘米，西周。由巴黎的M.卡尔曼借展
222. 发簪，骨，高11.5厘米，西周。由巴黎的卢芹斋借展
223. 抹刀，骨，长17.7厘米，殷商。由约克郡曼宁汉姆的H. K.伯奈特借展
224. 骨雕，高16.4厘米，宽8.6厘米，殷商。由马塞诸塞州斯普林菲尔德的雷纳德·A.比德威借展
225. 马嚼子，彩绘骨，宽14厘米，殷商。由柏林的海因里希·哈特借展
226. 骨制发簪，高14厘米，殷商。由斯德哥尔摩的远东古物博物馆借展
227. 陶罐，灰色陶器，有明显的菱形图案，高22.5厘米，可能是周朝。由维多利亚与阿尔伯特博物馆（尤摩弗帕勒斯的收藏）借展
228. 陶鬲，灰色陶器，表面上有斑驳纹饰，高15.5厘米，周朝。由大英博物馆（尤摩弗帕勒斯的收藏）借展
229. 钲，青铜，高26.6厘米，西周。由纽约的克里斯蒂安·R.霍姆斯夫人借展
230. 簋，青铜，四耳和大象图案，有铭文，高19厘米，西周。由大英博物馆（尤摩弗帕勒斯的收藏）借展
231. 马铠面具，高31.5厘米，西周。由伦敦的奥斯卡·拉斐尔借展
232. 斝，青铜，有盖，高35厘米，殷商。由堪萨斯城的威廉·洛克希尔·尼尔森艺术中心借展
233. 十五颗玉珠，来自第234号的青铜盂之中，周朝。由纽约的克里斯蒂安·R.霍姆斯夫人借展
234. 瓿，青铜，把手失，高22.3厘米，西周。由纽约的克里斯蒂安·R.霍姆斯夫人借展
235. 三颗纽扣，孔雀石，口径4厘米，殷商。由大英博物馆（尤摩弗帕勒斯的收藏）借展
236. 尊，青铜，猫头鹰形，高21.3厘米，周朝。由维多利亚与阿尔伯特博物馆（尤摩弗帕勒斯的收藏）借展
237. 勺，青铜，长23.5厘米，春秋。由布鲁塞尔的A.斯托克勒特借展
238. 虎食人卣，青铜，形状为一只虎扣住一个人，高35.5厘米，日本二级国家。由京都的住友友纯爵士借展

239. 头盔，青铜，高 5.8 厘米，殷商。由海牙的 A. 勋里希特借展
240. 罍，青铜，有铭文，高 50.7 厘米，殷商。由东京的根津嘉一郎借展
241. 鼎，青铜，有蝉状的环形图案，嵌黑色颜料，高 23.3 厘米，殷商。由斯德哥尔摩的远东古物博物馆借展
242. 钺首顶饰，青铜，人头装饰，高 7 厘米，汉代。由伦敦的奥斯卡·拉斐尔借展
243. 虎食人卣，青铜，形状为一只虎扣住一个人，高 35.5 厘米。由巴黎的赛努奇博物馆借展
244. 器物饰件，青铜，高 8.8 厘米，长 18 厘米，殷商。由大英博物馆（尤摩弗帕勒斯的收藏）借展
245. 翘首刀，青铜，兔头与溪流图案，长 48.3 厘米，殷商。由伦敦的奥斯卡·拉斐尔借展
246. 卣，青铜，有铭文，高 26.6 厘米。由东京的根津嘉一郎借展
247. 彝，青铜，有铭文，高 36 厘米，西周。由芝加哥的露茜·莫德·白金汉收藏借展
248. 方鼎，青铜，有夔龙图案装饰，有铭文，高 22.2 厘米，商或西周。由丹弗姆林的圣迈克尔和圣乔治勋爵、埃尔金和金卡丁骑士伯爵借展
249. 戈，青铜，手柄与刃的交接处装饰有孔雀石，长 24 厘米，西周。由伦敦的玛格特·霍姆斯夫人借展
250. 琮，金棕色玉，高 6.6 厘米，宽 9 厘米，西周。由大英博物馆（尤摩弗帕勒斯的收藏）借展
251. 鼎，青铜，高 18 厘米，殷商。由瑞典默恩达尔的 A. 赫尔斯特伦借展
252. 弯脚，大理石，高 19.5 厘米，殷商。由斯德哥尔摩的远东古物博物馆借展
253. 觥，青铜，配有勺，内部有分割，有铭文，长 21 厘米，西周。由伦敦的奥斯卡·拉斐尔借展
254. 鸡形尊，青铜，有铭文，高 17 厘米，西周。由巴黎的卢芹斋借展
255. 觯，青铜，高 17 厘米，商或西周。由荷兰布卢门达尔的 W. 范·德·门德尔借展
256. 簋，青铜，把手失，高 15.5 厘米，西周。由大英博物馆（尤摩弗帕勒斯的收藏）借展
257. 觚，青铜，镂孔底座，有铭文，高 13.8 厘米，商或西周。由伦敦的玛格特·霍

姆斯夫人借展
258. 鬲，青铜，高 30 厘米，殷商。由巴黎的 M. 卡尔曼借展
259. 觚，青铜，高 23.5 厘米，殷商。由巴黎的 L. 米琼借展
260. 尊，青铜，形状为两头羊，高 45.5 厘米，商或西周。由大英博物馆（尤摩弗帕勒斯的收藏）借展
261. 虎头，石，高 15.2 厘米，殷商。由大英博物馆（尤摩弗帕勒斯的收藏）借展
262. 双流爵，青铜，高 24.4 厘米，商或西周。由纽约的威廉·H. 摩尔夫人借展
263. 钺，青铜，刃装饰有两只相对的动物，下方饰五只蝉，有铭文，高 23.5 厘米，殷商。由堪萨斯城的威廉·洛克希尔·尼尔森艺术中心借展
264. 两公牛头，斑驳大理石，高 5.3 厘米，长 12 厘米，殷商。由伊里诺伊州格伦科的爱德华·索南夏因夫妇借展
265. 器物装饰，青铜，高 20.5 厘米，西周。由伦敦的尼尔·马尔科姆爵士少将（骑士指挥官、杰出服务勋章）借展
266. 头饰，玉，6.9 厘米 × 7.8 厘米，西周。由伦敦的奥斯卡·拉斐尔借展
267. 钺，青铜，高 25 厘米，宽 19.7 厘米，殷商。由伦敦的 H. J. 奥本海默借展
268. 石牛，石灰岩雕，高 22.5 厘米，殷商，出土于安阳。由中国政府借展
269. 虎形面具，石，23 厘米 × 25.5 厘米，殷商。由伦敦的沃尔特·塞奇威克夫妇借展
270. 鸽子，玉，高 3.2 厘米，长 3.6 厘米，西周。由上海的章乃器借展
271. 鸽子，玉，长 3.8 厘米，西周。由上海的章乃器借展
272. 水牛，浅灰色玉，高 2.5 厘米，长 4.7 厘米，西周。由美国明尼阿波利斯的阿尔弗雷德·H. 菲尔斯伯里借展
273. 水牛，白色玉，高 2.6 厘米，长 4.5 厘米，西周。由美国明尼阿波利斯的阿尔弗雷德·H. 菲尔斯伯里借展
274. 腰饰，玉，长 5 厘米，汉代早期。由上海的章乃器借展
275. 水牛，浅黄色玉，长 4.5 厘米，西周。由伦敦的 H. J. 奥本海默借展
276. 鸟禽，蓝绿色原石，高 4.4 厘米，西周。由伦敦的沃尔特·塞奇威克夫妇借展
277. 纽扣，珍珠母贝，口径 4.5 厘米，西周。由巴黎的 M. 卡尔曼借展

278. 猫头鹰形饰件，玉，高 5 厘米，西周。由伦敦的沃尔特·塞奇威克夫妇借展
279. 象头，玉，长 4.5 厘米，殷商。由上海的章乃器借展
280. 虎符，玉，长 6 厘米，殷商。由上海的章乃器借展
281. 水牛头饰件，玻璃，长 3.3 厘米，汉代。由上海的章乃器借展
282. 公羊头，浅黄色玉饰红颜料，高 3.8 厘米，春秋。由瑞典王储古斯塔夫六世·阿道夫借展
283. 坐熊，玉，高 4.5 厘米，西周。由巴黎的 M. 卡尔曼借展
284. 动物形腰饰，玉，长 5 厘米，汉代。由上海的章乃器借展
285. 珩，淡蓝色玉，长 9.4 厘米，汉代早期。由美国明尼阿波利斯的阿尔弗雷德·H. 菲尔斯伯里借展
286. 鱼纹璜，玉，长 8.3 厘米，春秋。由上海的章乃器借展
287. 鱼纹璜，玉，长 9.6 厘米，春秋。
由瑞典王储古斯塔夫六世·阿道夫借展
288. 刀，黑玉，长 4.3 厘米，宽 10.2 厘米，汉代之前。由伦敦的奥斯卡·拉斐尔借展
289. 鱼，玉，环状、浅浮雕，长 7.8 厘米，西周。由伦敦的 H. J. 奥本海默借展
290. 玉佩，淡绿色玉，长 9.7 厘米，西周。由美国明尼阿波利斯的阿尔弗雷德·H. 菲尔斯伯里借展
291. 鹿佩件，玉，高 8 厘米，战国。由巴黎的 M. 卡尔曼借展
292. 圭，斑驳绿色与棕色玉，长 43.7 厘米，宽 6.8 厘米，殷商。由美国明尼阿波利斯的阿尔弗雷德·H. 菲尔斯伯里借展
293. 矛头，玉，长 33.7 厘米，新石器时代。由京都帝国大学借展
294. 刀，玉，长 13 厘米，殷商。由上海的章乃器借展
295. 矛头，玉，长 10.5 厘米，春秋。由上海的章乃器借展
296. 琮，斑驳蓝灰色玉，长 38.3 厘米，宽 9.4 厘米，西周。由美国明尼阿波利斯的阿尔弗雷德·H. 菲尔斯伯里借展
297. 圭，橙色玉，长 30.5 厘米，宽 7.2 厘米，西周。由伊里诺伊州格伦科的爱德华·索南夏因夫妇借展
298. 杖，玉，雕有龙凤，来自端方的收藏，2.2 x 27.9 厘米，春秋。由伦敦的奥斯卡·拉斐尔借展

299. 龙纹佩，玉，长 6.3 厘米，春秋。由大英博物馆（尤摩弗帕勒斯的收藏）借展
300. 佩件，玉，女人背儿童状，高 8.1 厘米，春秋。由纽约的克里斯蒂安·R. 霍姆斯夫人借展
301. 璜形佩，玉，猫头鹰状，高 11.5 厘米，殷商。由伦敦的 G. 尤摩弗帕勒斯借展
302. 绿松石虎，长 5.1 厘米，西周。由瑞典王储古斯塔夫六世·阿道夫借展
303. 鸬鹚，灰色玉，高 4.4 厘米，长 6.5 厘米，春秋。由大英博物馆（尤摩弗帕勒斯的收藏）借展
304. 兽头浮雕佩件，玉，高 3.4 厘米，宽 2.6 厘米，西周。由上海的章乃器借展
305. 璧，黑色玉，口径 15.2 厘米，西周。由大英博物馆（尤摩弗帕勒斯的收藏）借展
306. 玉人，长 12.5 厘米，西周。由科隆东亚艺术博物馆借展
307. 杖，白色玉，长 2.6 厘米，春秋。由大英博物馆（尤摩弗帕勒斯的收藏）借展
308. 圭，玉，长 30.5 厘米，西周，有乾隆题字。由中国政府借展
309. 戈，绿色玉，长 35 厘米，殷商。由维多利亚与阿尔伯特博物馆（尤摩弗帕勒斯的收藏）借展
310. 玉援戈，玉，长 14.2 厘米，西周。由纽约的克里斯蒂安·R. 霍姆斯夫人借展
311. 刀，玉，长 17 厘米，西周。由纽约的克里斯蒂安·R. 霍姆斯夫人借展
312. 戈，玉，长 50.8 厘米，西周。由伦敦的奥斯卡·拉斐尔借展
313. 锯齿刃钺，玉，高 14.6 厘米，宽 12.3 厘米，西周。由瑞典王储古斯塔夫六世·阿道夫借展
314. 猫头鹰形饰件，骨雕，高 6 厘米，殷商。由巴黎的 M. 卡尔曼借展
315. 刀，玉，长 63.5 厘米，宽 9 厘米，西周。由巴黎的吉美博物馆借展
316. 龙纹璜，玉，高 9.1 厘米，西周。由瑞典王储古斯塔夫六世·阿道夫借展
317. 璧，乳白色玉，每侧有七个锯齿状，口径 12.7 厘米，西周。由伊里诺伊州格伦科的爱德华·索南夏因夫妇借展
318. 象尊，青铜，大象形状，长 96.5 厘米，殷商或西周。由巴黎的吉美博

物馆借展

319. 柉禁，青铜，一组祭祀用酒器和祭桌，1901年于陕西宝鸡附近发现，商或西周，来自端方的收藏。

禁（祭桌），高18厘米，宽89.9厘米。

簋，有盖和底座，高46.9厘米。

簋，有盖，有铭文，高46.4厘米。

觚，有铭文，高20.9厘米。

觚，有铭文，高34厘米。

盉，有铭文，高28.6厘米。

斝，有铭文，高32.4厘米。

爵，有铭文，高25厘米。

角，有铭文，高20厘米。

觯，高13.8厘米。

觯，有铭文，高14.5厘米。

觯，有铭文，高13厘米。

由纽约大都会博物馆借展

320. 盉，青铜，有铭文，高73厘米，殷商。由东京的根津嘉一郎借展

321. 环，乳白色玉，中心周围有锯齿状边缘，口径8厘米，西周。由伊里诺伊州格伦科的爱德华·索南夏因夫妇借展

322. 弓箭手扳指，玉，长4.4厘米，战国。由伦敦的奥斯卡·拉斐尔借展

323. 剑，配以涂漆剑鞘，长85厘米，战国。由巴黎的卢芹斋借展

324. 弓箭手扳指，绿松石，高4.5厘米，汉代。由巴黎的M.卡尔曼借展

325. 玉柄，斑驳浅绿色与橙色玉，长6.5厘米，西周。由伊里诺伊州格伦科的爱德华·索南夏因夫妇借展

326. 矛头，白色玉，长20.9厘米，春秋。由伊里诺伊州格伦科的爱德华·索南夏因夫妇借展

327. 匕首柄部分，玉，长10厘米，战国。由上海的章乃器借展

328. 玉雕片，高4.7厘米，汉代。由上海的章乃器借展

329. 一对璜形佩，玉，宽13厘米，与332一对，战国。由上海的章乃器借展

330. 佩件，玉，鹅形，高4.8厘米，战国。由伦敦的奥斯卡·拉斐尔借展

331. 两个男性立像，浅绿色，高6.2厘米和6.8厘米，春秋。由伦敦的奥斯卡·拉斐尔借展

332. 一对璜形佩，玉，宽 13 厘米，与 329 一对，战国。由上海的章乃器借展
333. 玉带，缺钩，由十片组成，长 14.5 厘米，汉代早期。由上海的章乃器借展
334. 圆柱形柄，乳白色玉，每端雕刻有蚕的形象，长 15.9 厘米，战国。由伊里诺伊州格伦科的爱德华·索南夏因夫妇借展
335. 佩件，玉，鸟形，长 4.4 厘米，汉代早期。由上海的章乃器借展
336. 玉蝉，长 3.9 厘米，汉代。由上海的章乃器借展
337. 玉蝉，白色与绿色玉，长 6 厘米，春秋。由伊里诺伊州格伦科的爱德华·索南夏因夫妇借展
338. 璧，玉，谷纹，口径 16 厘米，西周。由伦敦的奥斯卡·拉斐尔借展
339. 牡鹿，深绿色玉，高 5.6 厘米，长 5.8 厘米，战国。由伦敦的 H. J. 奥本海默借展
340. 玉鹿，高 5.7 厘米，战国。由伦敦的奥斯卡·拉斐尔借展
341. 璧，玉，边缘蟠龙乳丁纹，宽 21.7 厘米，战国。由堪萨斯城的威廉·洛克希尔·尼尔森艺术中心借展
342. 带钩，玉，长 5.3 厘米，战国。由上海的章乃器借展
343. 璧，玉，宽 17.6 厘米，战国。由大英博物馆（尤摩弗帕勒斯的收藏）借展
344. 弓箭手扳指，玉，高 5.3 厘米，汉代。由柏林的海因里希·哈特借展
345. 杖，玉，长 17.4 厘米，春秋。由上海的章乃器借展
346. 挖耳勺，配有鱼形手柄，玉，长 6.5 厘米，汉代。由上海的章乃器借展
347. 佩件，玉，长 5 厘米，战国。由伦敦的奥斯卡·拉斐尔借展
348. 兔形佩，玉，高 3.1 厘米，长 5.8 厘米，战国。由伦敦的奥斯卡·拉斐尔借展
349. 金链，配有两颗琥珀和两颗玉珠，系扣处有一颗珍珠，长 71 厘米，战国。由上海的章乃器借展
350. 玉佩，造型两只凤凰和两条龙，长 5.5 厘米，宽 6.6 厘米，战国。由堪萨斯城的威廉·洛克希尔·尼尔森艺术中心借展
351. 鸬鹚捕鱼饰件，玉，高 4 厘米，宽 4.3 厘米，汉代。由大英博物馆（尤摩弗帕勒斯的收藏）借展
352. 饰件，禽鸟形，乳白色玉，长 22.8 厘米，春秋。由伊里诺伊州格伦科的爱德华·索南夏因夫妇借展

353. 雕刻衣带饰，玉，背面有铭文，长 3.4 厘米，战国。由上海的章乃器借展
354. 指环，玉，高 3.7 厘米，汉代。由柏林的海因里希·哈特借展
355. 条形穿珠，玉，长 6.4 厘米，战国。由上海的章乃器借展
356. 龙形佩，玉，同 360 号一对，高 8 厘米，长 15.1 厘米，战国。由伦敦的奥斯卡·拉斐尔借展
357. 龙纹圆佩，玉，口径 5 厘米，战国。由伊里诺伊州格伦科的爱德华·索南夏因夫妇借展
358. 虎形佩，玉，长 13.9 厘米，春秋。由纽约的克里斯蒂安·R. 霍姆斯夫人借展
359. 龙纹圆佩，玉，口径 5.4 厘米，战国。由上海的章乃器借展
360. 龙形佩，玉，同 356 号一对，高 8 厘米，长 15.1 厘米，战国。由伦敦的奥斯卡·拉斐尔借展
361. 剑珌，玉，长 4.2 厘米，战国。由上海的章乃器借展
362. 箭头，玉，长 8.3 厘米，汉代。由上海的章乃器借展
363. 腰饰，玉，长 9.4 厘米，汉代。由上海的章乃器借展
364. 条形吊坠，玉，同 365 号一对，宽 13.5 厘米，战国。由伦敦的奥斯卡·拉斐尔借展
365. 条形吊坠，玉，同 364 号一对，宽 13.3 厘米，战国。由伦敦的奥斯卡·拉斐尔借展
366. 蚕形饰件，浅棕色玉，蚕形雕刻，高 5.9 厘米，宽 6.2 厘米，战国。由伊里诺伊州格伦科的爱德华·索南夏因夫妇借展
367. 兽形饰件，玉，长 5.3 厘米，宽 3.3 厘米，春秋。由瑞典王储古斯塔夫六世·阿道夫借展
368. 吊坠，交叉网纹，绿色和棕色玉，长 8.2 厘米，战国。由约克郡曼宁汉姆的 H. K. 伯奈特借展
369. 鱼纹璜，玉，长 11.5 厘米，汉代早期。由上海的章乃器借展
370. 吊坠，蜂蜜色玉，网状小孔内有缠绕的龙纹，高 3 厘米，战国。由伦敦的 H. J. 奥海默借展
371. 剑柄，玉，刻有交叉纹，高 6.5 厘米，战国。由瑞典王储古斯塔夫六世·阿道夫借展
372. 兽形饰件，玉，长 5.4 厘米，宽 3.5 厘米，春秋。由瑞典王储古斯塔夫

六世·阿道夫借展
373. 带钩，玉，长 4.5 厘米，战国。由上海的章乃器借展
374. 一对玉鱼，玉，长 13.7 厘米，春秋。由海牙的 A.勋里希特借展
375. 剑格，玉，长 10 厘米，战国。由伦敦的奥斯卡·拉斐尔借展
376. 兽形柄，浅绿色玉，长 12 厘米，春秋。由伊里诺伊州格伦科的爱德华·索南夏因夫妇借展

第2展厅

汉代—六朝（魏晋南北朝）

377. 刍，青铜，错金，失盖，高 10.2 厘米，汉或汉后。由中国政府借展
378. 带钩，青铜，金底座并错银，长 22.8 厘米，汉代。由纽约的克里斯蒂安·R. 霍姆斯夫人借展
379. 一对战车装置，镶铜，宽 10 厘米，战国。由巴黎的卢芹斋借展
380. 一对战车装置，镶铜，长 12.4 厘米，战国。由巴黎的卢芹斋借展
381. 一对战车装置，镶铜，宽 10 厘米，战国。由巴黎的卢芹斋借展
382. 鸟形配饰，青铜，可能是坐座或战车的饰件，错银，长 19 厘米，汉代。由芝加哥的露茜·莫德·白金汉收藏借展
383. 蛇头，青铜，错金银，长 6.2 厘米，战国。由巴黎的卢芹斋借展
384. 壶，青铜，错金银，高 23.5 厘米，战国。由巴黎的卢芹斋借展
385. 环，青铜，错金银，口径 16.7 厘米，汉代。由华盛顿特区的罗伯特·伍兹·布里斯夫妇借展
386. 杖底端，青铜，镂雕纹饰，错金银，长 9 厘米，战国。由布鲁塞尔的 A. 斯托克勒特借展
387. 杖底端，青铜，龙头形，镂雕纹饰，错金银，高 13.4 厘米，战国。由俄亥俄州克里夫兰艺术博物馆借展
388. 铺首，青铜，中央为玉，错金银，宽 8.3 厘米，汉代。由芝加哥的露茜·莫德·白金汉收藏借展
389. 剑，青铜，剑刃上有金和绿松石，玉剑首，玉首，长 53 厘米。战国。由巴黎的卢浮宫博物馆借展
390. 织机框架，青铜，错金，高 19 厘米，宽 44.2 厘米，战国。由巴黎的卢芹斋借展
391. 鼎，青铜，有盖，错银，高 15.3 厘米，战国。由巴黎的卢芹斋借展
392. 饰件，青铜，镶有浮雕图案和蹲伏的虎，长 18.6 厘米，战国。由巴黎的 M. 卡尔曼借展
393. 壶，青铜，高 32.5 厘米，汉代或更晚。由马尔摩的马尔摩博物馆借展
394. 博山炉，青铜，高 24.4 厘米，汉代。由纽约的克里斯蒂安·R. 霍姆斯夫人借展

395. 熏炉，青铜，高 21.9 厘米，汉代。由纽约的克里斯蒂安·R. 霍姆斯夫人借展
396. 匕首和鞘，青铜，长 30 厘米，汉代早期。由大英博物馆（尤摩弗帕勒斯的收藏）借展
397. 启节（通行凭证），青铜，错金银，长 27.9 厘米，汉代，日本二级国宝。由东京的细川五龙侯爵借展
398. 架座，青铜，错金银，高 6 厘米，长 12.3 厘米，宽 10.6 厘米，汉代。由斯德哥尔摩的国家博物馆借展
399. 镜，青铜，口径 7 厘米，战国。由瑞典默恩达尔的 A. 赫尔斯特伦借展
400. 博山炉，口径 10.4 厘米，战国。由柏林的德国公立博物馆借展
401. 镜，青铜，口径 10.4 厘米，战国。由柏林的德国公立博物馆借展
402. 奁，镀铜，内部与底座有彩绘，高 16.5 厘米，汉代。由大英博物馆（尤摩弗帕勒斯的收藏）借展
403. 杖底端，青铜，镶有蔓藤花纹和金银的形象，高 8.3 英寸，由汉代廷于公元前 25 年在长安赐与单于。由瑞典王储古斯塔夫六世·阿道夫借展
404. 镜，青铜，饰有四只老虎的浮雕，宽 6 厘米，战国。由瑞典王储古斯塔夫六世·阿道夫借展
405. 站立人像，银，高 8.8 厘米，汉代，日本二级国宝。由东京的细川五龙侯爵借展
406. 壶，青铜，错金银，嵌玻璃，高 34 厘米，战国。由布鲁塞尔的 A. 斯托克勒特借展
407. 盖罐，青铜，旋纹，高 8 厘米，战国。由巴黎的 M. 卡尔曼借展
408. 启节底端，青铜，嵌银，长 12.2 厘米，战国。由巴黎的 M. 卡尔曼借展
409. 启节，青铜，错金银，狩猎纹饰，长 25.5 厘米，汉代。由东京艺术学校借展
410. 扁壶，银，宽 10.1 厘米，汉代，日本二级国宝。由东京的细川五龙侯爵借展
411. 弩锁，青铜，16.4 厘米 × 13.8 厘米，汉代，朝鲜乐浪发现。由东京的皇室博物馆借展
412. 壶，青铜，错金银，高 45 厘米，汉代。由芝加哥的露茜·莫德·白金汉收藏借展
413. 弯角件，青铜，镶银，高 11 厘米，战国。由布鲁塞尔的 A. 斯托克勒

特借展

414. 启节，青铜，错银，高 10.5 厘米，汉代。由马尔摩的马尔摩博物馆借展
415. 敦，青铜，错银和孔雀石，高 27 厘米，战国。由布鲁塞尔的 A. 斯托克勒特借展
416. 匕首，青铜，镂孔，长 24.7 厘米，战国。由巴黎的 D. 大卫－韦尔借展
417. 碗，银，宽 14.9 厘米，汉代，日本二级国宝。由东京的细川五龙侯爵借展
418. 灯勺，银，宽 10.9 厘米，汉代，日本二级国宝。由东京的细川五龙侯爵借展
419. 灯座，青铜，高 24.4 厘米，汉代。由柏林的德国公立博物馆借展
420. 启节，青铜，错银，长 24.5 厘米，汉代。由大英博物馆（尤摩弗帕勒斯的收藏）借展
421. 一对袖坠，青铜，口径 6.8 厘米，汉代。由朝鲜总督府借展
422. 镜，青铜，口径 20.4 厘米，战国。由斯德哥尔摩的拉格雷利亚斯博士借展
423. 戈，青铜，错金，宽 30.2 厘米，战国。由伦敦的奥斯卡·拉斐尔借展
424. 镜，青铜，口径 11.6 厘米，战国。由布鲁塞尔的 A. 斯托克勒特借展
425. 镜，青铜，T 字图案，口径 12.5 厘米，战国。由斯德哥尔摩的拉格雷利亚斯博士借展
426. 博山炉，青铜，高 20 厘米，汉代。由朝鲜总督府借展
427. 壶，青铜，悬挂式链环提梁，镀金银，有铭文，高 36 厘米，汉代。由巴黎的卢芹斋借展
428. 豹形托盘，青铜，高 12.2 厘米，汉代。由布鲁塞尔的 A. 斯托克勒特借展
429. 灯，青铜，高 22.5 厘米，汉代。由巴黎的卢芹斋借展
430. 戈，青铜，鸟形纹饰，长 19 厘米，战国。由瑞典王储古斯塔夫六世·阿道夫借展
431. 带扣，青铜，有人像图案，长 5.2 厘米，汉代。由巴黎的卢浮宫博物馆借展
432. 壶，青铜，带盖，有铭文，高 38 厘米，战国。由柏林的德国公立博物馆借展
433. 龙纹环，青铜，口径 28.5 厘米，汉代。由巴黎的 D. 大卫－韦尔借展
434. 罐，黑陶，高 40.5 厘米，汉代。由大英博物馆（尤摩弗帕勒斯的收藏）

借展

435. 奁，青铜，链式提把，高 20 厘米，汉代，朝鲜乐浪发现。由朝鲜总督府借展
436. 方形枕，滑石，高 11.8 厘米，宽 13.6 厘米，六朝。由京都帝国大学借展
437. 鸟形棍顶部，青铜，高 14 厘米，汉代。由瑞典王储古斯塔夫六世·阿道夫借展
438. 盘口罐，青铜，鎏金，高 10.5 厘米，汉代，朝鲜乐浪发现。由朝鲜总督府借展
439. 梳子上部饰件，青高 8.5 厘米，汉代。由瑞典默恩达尔的 A. 赫尔斯特伦借展
440. 镜，青铜，口径 19 厘米，汉代。由瑞典默恩达尔的 A. 赫尔斯特伦借展
441. 镜，青铜，口径 18 厘米，汉代。由巴黎的 M. 卡尔曼借展
442. 面具，青铜，鎏金，高 22 厘米，汉代。由京都帝国大学借展
443. 奁，青铜，鎏金，内部和底部有彩绘，高 21 厘米，汉代。由柏林的德国公立博物馆借展
444. 鸟形饰件，青铜，高 6.5 厘米，六朝。由巴黎的 M. 卡尔曼借展
445. 镜，青铜，口径 22 厘米，战国。由巴黎的 M. 卡尔曼借展
446. 鼎，青铜，失盖，高 22.8 厘米，汉代，在朝鲜乐浪发现。由朝鲜总督府借展
447. 雕板，灰粘土，雕有马和树，和 458 号是一对，40.7 厘米 × 44.4 厘米，汉代。由伦敦的沃尔特·塞奇威克夫妇借展
448. 长颈罐，绿釉陶器，高 44.4 厘米，汉代。由伦敦的奥斯卡·拉斐尔借展
449. 镜，青铜，有交织线条图案，口径 17.9 厘米，战国。由马塞诸塞州斯普林菲尔德的雷纳德·A. 比德威借展
450. 高足杯，绿釉陶，高 14.3 厘米，汉代。由瑞典王储古斯塔夫六世·阿道夫借展
451. 盖碗，盖上有浮雕，绿釉陶，高 16.5 厘米，汉代。由大英博物馆（尤摩弗帕勒斯的收藏）借展
452. 镜，青铜，有铭文，口径 18.5 厘米，战国。由巴黎的吉美博物馆借展
453. 烛台，熊形，红色陶器带绿釉，高 40.1 厘米，汉代。由大英博物馆（尤摩弗帕勒斯的收藏）借展
454. 盖罐，红色陶器，贴铺首，交织线形环，和东周风格的浮雕，绿釉，

高 19.7 厘米，可能是汉代之前。由堪萨斯城的威廉·洛克希尔·尼尔森艺术中心借展

455. 镜，青铜，方形带外框内有铭文，口径 18.3 厘米，汉代。由马塞诸塞州斯普林菲尔德的雷纳德·A. 比德威借展

456. 镜，青铜，口径 18.5 厘米，战国。由布鲁塞尔的 A. 斯托克勒特借展

457. 奁，青铜，高 21.5 厘米，汉代，朝鲜乐浪发现。由朝鲜总督府借展

458. 雕板，灰粘土，雕有马和树，和 447 号是一对，40 厘米 ×45.7 厘米，汉代。由伦敦的沃尔特·塞奇威克夫妇借展

459. 熊脚圆柱形谷仓罐，绿釉，高 37 厘米，汉代。由萨里"山上沃顿"村的 S.D. 文克沃斯借展

460. 女俑，绿釉陶器，高 12.5 厘米，汉代。由大英博物馆（尤摩弗帕勒斯的收藏）借展

461. 单膝跪人像，绿釉陶器，高 10.1 厘米，汉代。由大英博物馆（尤摩弗帕勒斯的收藏）借展

462. 陶罐，红色陶器，把手雕有条纹绿釉，高 27.5 厘米，汉代。由大英博物馆（尤摩弗帕勒斯的收藏）借展

463. 鸟，涂颜料的深灰色陶器，高 23.8 厘米，汉代。由大英博物馆（尤摩弗帕勒斯的收藏）借展

464. 镜，青铜，弯形底座上有修长的龙，口径 14 厘米，战国。由斯德哥尔摩的远东古物博物馆借展

465. 镜，青铜，有铭文，口径 13.2 厘米，汉代。由巴黎的 M. 卡尔曼借展

466. 漆碗，彩绘几何图形，口径 25.4 厘米，汉代。由巴黎的卢芹斋借展

468. 勺，涂漆，高 12 厘米，汉代。由伦敦的奥斯卡·拉斐尔借展

470. 女俑，木制，有涂漆痕迹，高 45 厘米，汉代。由巴黎的 M. 卡尔曼借展

471. 镜，青铜，口径 21.5 厘米，汉代。由巴黎的 D. 大卫－韦尔借展

472. 方镜，青铜，嵌有孔雀石，宽 9.8 厘米，汉代。由布鲁塞尔的 A. 斯托克勒特借展

473. 镜，青铜，口径 15.2 厘米，战国。由伦敦的沃尔特·塞奇威克夫妇借展

474. 浮雕壁画，飞天女，灰泥，高 84.4 厘米，宋代或更晚。由维多利亚和阿尔伯特博物馆（尤摩弗帕勒斯的收藏）借展

475. 石板雕刻，大理石，88 厘米 ×119 厘米，公元 114 年。由柏林的范德海特男爵借展

476. 释迦牟尼立佛像，石，高 120 厘米，公元 6 世纪早期。由伦敦的 G. 尤摩弗帕勒斯借展

477. 毛毯，731.8 厘米 × 548.9 厘米，可能公元 15 世纪。由华盛顿哥伦比亚特区的纺织品博物馆借展

478. 佛坐像，大理石，高 71 厘米，公元 552 年，北朝。由伦敦的奥斯卡·拉斐尔借展

479. 交脚坐菩萨，石，来自云岗，高 131 厘米，公元 5 世纪。由纽约的罗伯特·莱曼借展

480. 水牛，玉，高 15 厘米，长 40 厘米，可能是汉代，公元 1422 年由永乐皇帝皮藏。由伦敦的奥斯卡·拉斐尔借展

481. 菩萨坐像，石，来自龙门二号石窟，高 40 厘米，大约公元 550 年。由巴黎的 M. 卡尔曼借展

482. 立佛像，石，高 109.2 厘米，隋代。由维多利亚和阿尔伯特博物馆（尤摩弗帕勒斯的收藏）借展

483. 观音，浮雕，灰泥，高 137.2 厘米，宋代或更晚。由维多利亚和阿尔伯特博物馆（尤摩弗帕勒斯的收藏）借展

484. 观音，圆柱浮雕，灰泥，高 137.2 厘米，宋代或更晚。由维多利亚和阿尔伯特博物馆（尤摩弗帕勒斯的收藏）借展

485. 砖雕，有打猎场景的雕刻，底座上塑人物和龙，高 124.3 厘米，汉代。由巴黎的赛努奇博物馆借展

486. 长颈瓶，淡红色陶器，牡鹿图案，高 23 厘米，可能是汉代。由巴黎的卢浮宫博物馆借展

487. 镜，青铜，饰有七个神话动物，口径 18.4 厘米，汉代。由斯德哥尔摩的拉格雷利亚斯博士借展

488. 镜，青铜，铭文显示日期为公元 225 年，口径 10 厘米。由斯德哥尔摩的国家博物馆借展

489. 马龙，青铜，长 65 厘米，战国。由布鲁塞尔的 A. 斯托克勒特借展

490. 镜，青铜，口径 13.9 厘米，汉代。由巴黎的 D. 大卫-韦尔借展

491. 镜，青铜，铭文显示日期为公元 121 年，口径 10.2 厘米，汉代。由伦敦的奥斯卡·拉斐尔借展

492. 镜，青铜，饰有七个神话动物，有铭文，口径 16.4 厘米，汉代。由伦敦的奥斯卡·拉斐尔借展

第 2 展厅

493. 男俑，陶，魏朝，来自查尔斯·L.拉瑟斯顿的收藏。由法纳姆和伦敦的 C. L. 拉瑟斯顿夫人和拉瑟斯顿小姐借展

494. 石鸟，来自天龙山，和 508 号是一对，高 37 厘米，北朝。由柏林的范德海特男爵借展

495. 罐，陶器，打猎场景纹饰，高 45 厘米，可能是汉代。由瑞典默恩达尔的 A. 赫尔斯特伦借展

496. 野猪，绿釉陶器，长 14.5 厘米，汉代。由大英博物馆（尤摩弗帕勒斯的收藏）借展

497. 熊，鎏金，铜，高 4.8 厘米，汉代。由瑞典默恩达尔的 A. 赫尔斯特伦借展

498. 镜，青铜，有铭文，王家制作，口径 20.3 厘米，汉代。由马塞诸塞州斯普林菲尔德的雷纳德·A. 比德威借展

499. 镜，青铜，口径 24.2 厘米，六朝。由柏林的 H. 金斯伯格借展

500. 瑞兽，青铜，高 17 厘米，六朝。由纽约的格雷丝·罗杰斯夫人借展

501. 猪，青铜，高 5 厘米，汉代。由柏林的德国公立博物馆借展

502. 马，镀铜和玉项圈，高 40.7 厘米，六朝。由伦敦的奥斯卡·拉斐尔借展

503. 狗，棕釉红色陶器，高 16.5 厘米，汉代。由大英博物馆（尤摩弗帕勒斯的收藏）借展

504. 袖坠，青铜，狮子形状，口径 7 厘米，汉代。由瑞典默恩达尔的 A. 赫尔斯特伦借展

505. 山羊，绿釉陶器，高 8.5 厘米，汉代。由大英博物馆（尤摩弗帕勒斯的收藏）借展

506. 镜，青铜，口径 20.9 厘米，公元 3 世纪。由纽约的大都会艺术博物馆借展

507. 罐，原始瓷器，有醒目的吴楚钱币图案，绿棕色釉，来自端方的收藏，高 36.8 厘米，约公元 3 世纪。由纽约的大都会艺术博物馆借展

508. 石鸟，来自天龙山，和第 494 号是一对。高 42.5 厘米，北朝。由柏林的范德海特男爵借展

509. 熊，铜，鎏金，高 17.7 厘米，汉代。由伦敦的 H. J. 奥本海默借展

510. 熊，铜，鎏金，高 13.6 厘米，汉代。由密苏里的圣路易斯城市艺术博物馆借展

511. 熊，铜，鎏金，高 15.7 厘米，汉代。由布鲁塞尔的 A. 斯托克勒特借展

512. 瓶，黑色陶器，环上有彩色装饰，高 16 厘米，六朝。由大英博物馆（尤摩弗帕勒斯的收藏）借展
513. 青蛙镇纸，铜，鎏金，长 6.8 厘米，汉代。由大英博物馆（尤摩弗帕勒斯的收藏）借展
514. 镜，青铜，凤凰图案，口径 11.7 厘米，战国。由斯德哥尔摩的拉格雷利亚斯博士借展
515. 镜，青铜，口径 13 厘米，隋代。由柏林的 H. 金斯伯格借展
516. 龙，铜，鎏金，长 6.8 厘米，六朝。由大英博物馆（尤摩弗帕勒斯的收藏）借展
517. 砖，灰色陶，有人物风景，红色和蓝色装饰，42 厘米×45 厘米，六朝。由瑞典王储古斯塔夫六世·阿道夫借展
518. 瑞兽，神话中有角和翅膀的四足动物，铜，鎏金，高 4.8 厘米，宽 6.3 厘米，汉代末期。由堪萨斯城的威廉·洛克希尔·尼尔森艺术中心借展
519. 镜，青铜，有制作者姓名的铭文，口径 21.5 厘米。由伦敦的奥斯卡·拉斐尔借展
520. 狮子，铜，鎏金，高 7 厘米，魏朝。由布鲁塞尔的 A. 斯托克勒特借展
521. 镜，青铜，有铭文，口径 13.9 厘米，约公元 6 世纪。由马塞诸塞州斯普林菲尔德的雷纳德·A. 比德威借展
522. 持头骨男性人像，铜，鎏金，高 18 厘米，公元 4-5 世纪。由伦敦的尼尔·马尔科姆爵士少将（骑士指挥官、杰出服务勋章）借展
523. 镜，青铜，动物装饰和把手，口径 13.6 厘米，汉代。由瑞典王储古斯塔夫六世·阿道夫借展
524. 盖瓶，红色陶器，高 50.8 厘米，汉代，来自查尔斯·L. 拉瑟斯顿的收藏。由法纳姆和伦敦的 C. L. 拉瑟斯顿夫人和拉瑟斯顿小姐借展
525. 璧，蓝棕色玉，宽 36.8 厘米，汉代。由美国明尼阿波利斯的阿尔弗雷德·H. 菲尔斯伯里借展
526. 奁，红色陶器，带有浮雕和浅棕色釉，口径 20 厘米，汉代。由大英博物馆（尤摩弗帕勒斯的收藏）借展
527. 衣带钩，青铜，龙虎头，长 16.2 厘米，汉代。由伦敦的奥斯卡·拉斐尔借展
528. 瑞兽，神话中有角和翅膀的四足动物，铜，鎏金，高 7.5 厘米，三国。由堪萨斯城的威廉·洛克希尔·尼尔森艺术中心借展

529. 龙和御龙者，陶器，透雕，和第 556 号是一对，55 厘米×58 厘米，汉代。由芝加哥的波特·帕尔莫借展

530. 马头，青铜，高 10.3 厘米，公元 3 或 4 世纪。由伦敦的奥斯卡·拉斐尔借展

531. 衣带钩，青铜，有银制的点饰，长 14.4 厘米，汉代。由巴黎的卢浮宫博物馆借展

532. 衣带钩，青铜，食鱼怪兽纹，错银，有铭文，长 15.8 厘米，汉代。由巴黎的卢浮宫博物馆借展

533. 衣带钩，青铜，错金、银和孔雀石，长 8.2 厘米，汉代。由伦敦的 H. J. 奥本海默借展

534. 衣带钩，铜，鎏金，长 7.4 厘米，六朝。由巴黎的吉美博物馆借展

535. 挂钩，青铜，链式把手，长 22.5 厘米，汉代。由纽约的克里斯蒂安·R. 霍姆斯夫人借展

536. 虎符，铜，鎏金，来自端方的收藏，长 11.4 厘米，汉代。由海牙的 A. 勋里希特借展

537. 衣带钩，铜，鎏金，长 13.9 厘米，汉代。由巴黎的卢芹斋借展

538. 衣带扣，青铜，羊形，长 4.8 厘米，战国。由巴黎的卢芹斋借展

539. 衣带钩，青铜，龙形，镶孔雀石，长 10.1 厘米，汉代。由伦敦的 H. J. 奥本海默借展

540. 鼓，玉，高 11.3 厘米，汉代。由大英博物馆（尤摩弗帕勒斯的收藏）借展

541. 龙头，铜，鎏金，长 13 厘米，汉代。由布鲁塞尔的 A. 斯托克勒特借展

542. 衣带钩，青铜，龙头形，长 11.6 厘米，汉代。由瑞典王储古斯塔夫六世·阿道夫借展

543. 男俑，玉，高 28.7 厘米，汉代。由伦敦的奥斯卡·拉斐尔借展

544. 袖坠，铜，鎏金，形状为三条龙，高 6 厘米，汉代。由柏林的德国公立博物馆借展

545. 双龙，青铜，长 10.1 厘米，六朝，来自查尔斯·L. 拉瑟斯顿的收藏。由法纳姆和伦敦的 C. L. 拉瑟斯顿夫人和拉瑟斯顿小姐借展

546. 袖坠，青铜镀银，宽 6.2 厘米，汉代。由大英博物馆（尤摩弗帕勒斯的收藏）借展

547. 衣带钩，铜，鎏金，镶孔雀石，长 33 厘米，六朝，日本二级国宝。由

东京的细川五龙侯爵借展

548. 盖瓶，深灰色陶，环耳，高 48 厘米，公元 3 世纪。由大英博物馆（尤摩弗帕勒斯的收藏）借展

549. 瓦当，饰饕餮纹，高 6.8 厘米，宽 54 厘米，汉代。由瑞典默恩达尔的 A. 赫尔斯特伦借展

550. 衣带钩，铜，鎏金，镶孔雀石，长 34.1 厘米，六朝。由美国明尼阿波利斯的阿尔弗雷德·H. 菲尔斯伯里借展

551. 衣带钩，青铜，错金，带玉环，长 21.8 厘米，汉代。由巴黎卢浮宫博物馆借展

552. 鼎，红色陶器，带盖和底座，饰绿釉，高 18 厘米，汉代。由大英博物馆（尤摩弗帕勒斯的收藏）借展

553. 马头，绿色玉，高 18.9 厘米，汉代。由维多利亚和阿尔伯特博物馆（尤摩弗帕勒斯的收藏）借展

554. 雕板，铜，鎏金，羚羊图案，长 8 厘米，六朝。由伦敦的 H. J. 奥本海默借展

555. 象尊，青铜，高 11.3 厘米，汉代。由大英博物馆（尤摩弗帕勒斯的收藏）借展

556. 龙和御龙者，陶器，透雕，和第 529 号是一对，58 厘米×61 厘米，汉代。由芝加哥的波特·帕尔莫借展

557. 衣带钩，铜，鎏金，镶玻璃，长 20 厘米，汉代。由伦敦的奥斯卡·拉斐尔借展

558. 透雕衣带钩，铜，鎏金，长 20.3 厘米，宽 4.7 厘米，六朝。由伦敦的奥斯卡·拉斐尔借展

559. 一对女跪像，白色玉，高 7 厘米，汉代。由伦敦的沃尔特·塞奇威克夫妇借展

560. 衣带钩，青铜，长 11 厘米，汉代。由巴黎的卢浮宫博物馆借展

561. 衣带钩，铜，鎏金、银、玉，长 13.5 厘米，汉代。由巴黎的卢浮宫博物馆借展

562. 吊牌，青铜，长 17.5 厘米，汉代。由大英博物馆（尤摩弗帕勒斯的收藏）借展

563. 衣带钩，铜，鎏金，长 14.3 厘米，汉代。由布鲁塞尔的 A. 斯托克勒特借展

564. 衣带扣，青铜，宽 6 厘米，战国。由柏林的海因里希·哈特借展
565. 雕板，青铜，上有斗鸡图案，长 16 厘米，汉代，来自查尔斯·L. 拉瑟斯顿的收藏。由法纳姆和伦敦的 C. L. 拉瑟斯顿夫人和拉瑟斯顿小姐借展
566. 衣带钩，铜，鎏金，镶玉，长 9.4 厘米，汉代。由大英博物馆（尤摩弗帕勒斯的收藏）借展
567. 衣带扣，青铜，长 6.9 厘米，战国。由巴黎的卢浮宫博物馆借展
568. 衣带钩，青铜，方形底，长 16 厘米，战国。由斯德哥尔摩的远东古物博物馆借展
569. 衣带钩，青铜，透雕装饰，长 16 厘米，唐代。由巴黎的卢芹斋借展
570. 香炉，绿釉陶器，高 25.4 厘米，汉代，来自查尔斯·L. 拉瑟斯顿的收藏。由法纳姆和伦敦的 C. L. 拉瑟斯顿夫人和拉瑟斯顿小姐借展
571. 衣带钩，铜，鎏金，镶绿色玉，长 20.3 厘米，汉代。由纽约的克里斯蒂安·R. 霍姆斯夫人借展
572. 灯，青铜，羊的形状，高 9.5 厘米，六朝。由堪萨斯城的威廉·洛克希尔·尼尔森艺术中心借展
573. 南皮侯家钟，青铜，有铭文，高 45.9 厘米，汉代。由中国政府借展
574. 陈侯午簠，青铜，盖失，高 11 厘米，战国。由中国政府借展
575. 扁壶，青铜，壶一侧饰有龙纹，另一侧有一精灵骑虎图，链式把手，高 19.6 厘米，汉代。由中国政府借展
576. 圣得灯，青铜，有铭文，口径 23.5 厘米，汉代。由中国政府借展
577. 兽盉，青铜，活环提梁，高 17 厘米，战国或西汉。由中国政府借展
578. 画像钫，青铜，狩猎纹，高 45.3 厘米，战国。由中国政府借展
579. "富贵昌宜侯王"盂，青铜，有铭文，口径 35 厘米，汉代。由中国政府借展
580. 素敦，青铜，高 61.5 厘米，战国。由中国政府借展
581. 鉴，青铜，有铭文，吴国，高 41.5 厘米，大约公元前 485 年。由德国阿尔特马克的 H. G. 欧德借展
582. 璧，玉，有雕刻图案，口径 21.9 厘米，汉代，在朝鲜乐浪发现。由朝鲜总督府借展
583. 玉带钩，玉，15.2 厘米×1.8 厘米，汉代。由伦敦的奥斯卡·拉斐尔借展
584. 发饰，玉，长 11 厘米，汉代。由伦敦的奥斯卡·拉斐尔借展
585. 刀，玉，长 37.2 厘米，汉代。由大英博物馆（尤摩弗帕勒斯的收藏）

借展

586. 玉牌，15.1厘米×10.8厘米，汉代。由大英博物馆（尤摩弗帕勒斯的收藏）借展

587. 指环，玉，口径4.8厘米，汉代。由伦敦的奥斯卡·拉斐尔借展

588. 玉龟壳，2.4厘米×4.2厘米，汉代。由伦敦的奥斯卡·拉斐尔借展

589. 珠，白色玉，羊头形，长3.8厘米，西汉。由伊里诺伊州格伦科的爱德华·索南夏因夫妇借展

590. 玉蝉，长4.3厘米，春秋。由上海的章乃器借展

591. 圆环形吊坠，白色玉，口径3.8厘米，汉代。由伊里诺伊州格伦科的爱德华·索南夏因夫妇借展

592. 珠子，玉，高4.7厘米，汉代。由伦敦的奥斯卡·拉斐尔借展

593. 珠，玉，人形，高4.7厘米，汉代。由伦敦的奥斯卡·拉斐尔借展

594. 羊，黑色玉，长4厘米，汉代。由大英博物馆（尤摩弗帕勒斯的收藏）借展

595. 兔，绿色玉，高3.5厘米，汉代。由约克郡曼宁汉姆的H. K. 伯奈特借展

596. 佩，玉，形状为龙食人，高4厘米，战国。由伦敦的奥斯卡·拉斐尔借展

597. 秤砣，形状为斜倚的猪，长10.8厘米，汉代。由伦敦的奥斯卡·拉斐尔借展

598. 镂孔佩，白色玉，凤凰图案，10.2厘米×18.2厘米，汉代。由伦敦的奥斯卡·拉斐尔借展

599. 佩，透明白色玉，形状为波状龙，长8.8厘米，战国。由伦敦的H. J. 奥本海默借展

600. 璇玑，绿色玉，口径15.3厘米，汉代。由上海的章乃器借展

601. 佩，玉，长6.4厘米，汉代。由上海的章乃器借展

602. 管珠，绿松石蓝玻璃，带有突起的白色圆环，长4.9厘米，汉代。由瑞典王储古斯塔夫六世·阿道夫借展

603. 钺，龙形手柄，玉，17.2厘米×17.7厘米，汉代。由大英博物馆（尤摩弗帕勒斯的收藏）借展

604. 璧，绿色玉，有交织的龙图案，口径27.5厘米，战国。由伦敦的奥斯卡·拉斐尔借展

605. 剑柄装置，玻璃，高5.5厘米，汉代。由牛津郡图特保尔东的C. G. 塞利格曼教授夫妇借展

606. 牌饰，玻璃，龙纹，9.4 厘米 ×6.3 厘米，汉代。由牛津郡图特保尔东的 C. G. 塞利格曼教授夫妇借展

607. 璧，浅绿色玉，口径 12.6 厘米，汉代。由瑞典王储古斯塔夫六世·阿道夫借展

608. 十一粒玻璃珠，汉代。由牛津郡图特保尔东的 C. G. 塞利格曼教授夫妇借展

609. 玉秤砣，形状为斜倚的猪，长 10.4 厘米，汉代，朝鲜乐浪发现。由朝鲜总督府借展

610. 佩，白色玉，虎形，长 19.7 厘米，由巴黎的吉美博物馆借展

611. 玉孔雀，红色玉，长 10 厘米，唐代。由大英博物馆（尤摩弗帕勒斯的收藏）借展

612. 璧，玉，口径 15.2 厘米，汉代，有乾隆御题诗款。由大英博物馆（尤摩弗帕勒斯的收藏）借展

613. 龙形指环，玉，长 8 厘米，汉代。由上海的章乃器借展

614. 熊，白色玉，浅绿色斑，高 4.7 厘米，汉代。由伦敦的 H. J. 奥本海默借展

615. 熊，黑色玉，高 5.2 厘米，汉代。由伦敦的奥斯卡·拉斐尔借展

616. 剑鞘装置，橙色玉，装饰有竖排的小突起和横雕的线。由伦敦的 H. J. 奥本海默借展

617. 剑璏，玉，7.6 厘米 ×3.4 厘米，汉代。由堪萨斯城的威廉·洛克希尔·尼尔森艺术中心借展

618. 鹿首，玉，高 7.6 厘米，汉代。由巴黎的卢浮宫博物馆借展

619. 玉牌，玉，龙形，长 11 厘米，宽 10.1 厘米，西汉。由苏联政府借展

620. 珩，浅绿色玉，龙形，长 9.3 厘米，战国。由美国明尼阿波利斯的阿尔弗雷德·H. 菲尔斯伯里借展

621. 剑格，玉，2.8 厘米 ×5.3 厘米，战国。由伦敦的奥斯卡·拉斐尔借展

622. 璧，白色玉，有沁色，口径 20.3 厘米，汉代。由伊里诺伊州格伦科的爱德华·索南夏因夫妇借展

623. 玉斧，棕色玉，长 20.2 厘米，汉代。由伦敦的奥斯卡·拉斐尔借展

624. 玉镜，绿色玉，口径 20.8 厘米，汉代。由伦敦的奥斯卡·拉斐尔借展

625. 佩，玉，人形，长 6.6 厘米，西汉。由苏联政府借展

第3展厅

六朝、唐代、宋代

626. 彩色毛毯和地毯碎片，汉代。由印度政府（斯坦因的收藏）借展
627. 女陶俑，灰泥，来自阿斯塔纳，公元7世纪。由印度政府（斯坦因的收藏）借展
628. 骑马俑，彩绘灰泥，来自阿斯塔纳，高25.4厘米，公元7世纪。由印度政府（斯坦因的收藏）借展
629. 狮，棕色大理石，狮子撕咬一只野兔，高12.6厘米，唐代。由巴黎的卢浮宫博物馆借展
630. 弹琵琶的妇人，大理石，高23.5厘米，唐代。由东京艺术学校借展
631. 立佛，石像，单手持净瓶，戴精致项链和头饰，彩绘底座，高39厘米，唐代。由伦敦的沃德夫人借展
632. 吼狮，白色大理石，有铭文，高22.9厘米，公元566年。由巴黎的卢浮宫博物馆借展
633. 佛龛石碑，大理石，有铭文，高22.9厘米，公元566年。由北荷兰的S.C.博世－赖茨借展
634. 五片上釉残陶器，来自卜仁（去世于603年）墓葬中，墓中物品的位置还有考古报告中的照片，1929年发现于河南安阳。圆盘，口径28厘米。罐和盖子，高18.4厘米。罐和盖子，高17.8厘米。杯子，高6.8厘米。由中国政府借展
635. 水墨画，山水景观，高39.3厘米，宽15.2厘米，大约公元12世纪。由印度政府（斯坦因的收藏）借展
636. 彩画碎片，20厘米×10厘米，唐代。由柏林的德国公立博物馆借展
637. 水墨画，来自黑水城，高33厘米，宽24.1厘米，大约公元12世纪。由印度政府（斯坦因的收藏）借展
638. 彩画，来自麻札塔格，28厘米×8厘米，唐代。由印度政府（斯坦因的收藏）借展
639. 水墨画，三男像图案，25厘米×23厘米，唐代。由柏林的德国公立博物馆借展
640. 佛像，彩釉，蹲伏姿势，头和手放在膝盖上，高81.3厘米，公元12世纪。

第 3 展厅

由宾夕法尼亚大学博物馆借展

641. 佛像，铜，鎏金，高 59 厘米，公元 524 年铭（英方编目 522 年有误）。由纽约的小约翰·D. 洛克菲勒夫人借展

642. 数片彩色丝绸刺绣和织锦，来自敦煌，汉代和唐代。由印度政府（斯坦因的收藏）借展

643. 彩色丝绸，来自敦煌，疑似唐代。由巴黎的卢浮宫博物馆（佩利奥特的收藏）借展

644. 丝绸锦缎，来自敦煌，疑似唐代。由巴黎的卢浮宫博物馆（佩利奥特的收藏）借展

645. 一小片彩色丝绸，绘有释迦牟尼生活场景，公元 8 世纪。由巴黎的卢浮宫博物馆（佩利奥特的收藏）借展

646. 丝绸彩绘，飞天女，唐代，公元 8 世纪。由巴黎的卢浮宫博物馆（佩利奥特的收藏）借展

647. 丝绸彩绘，僧侣和老虎图案，北宋，公元 10 世纪，来自敦煌。由巴黎的卢浮宫博物馆（佩利奥特的收藏）借展

648. 一小片彩色丝绸，绘有释迦牟尼生活场景和射箭比赛，公元 8 世纪，来自敦煌。由巴黎的卢浮宫博物馆（佩利奥特的收藏）借展

649. 数片丝绸锦缎，疑似唐代。来自巴黎的卢浮宫博物馆（斯坦因的收藏）

650. 数片丝绸锦缎。来自巴黎的卢浮宫博物馆（斯坦因的收藏）

651. 彩绘丝绸旗帜，菩萨图案，高 165.8 厘米，宽 30.5 厘米，唐代，公元 8 世纪，来自敦煌。由巴黎的卢浮宫博物馆（佩利奥特的收藏）借展

652. 镜，青铜，口径 22.8 厘米，唐代。由美国马塞诸塞州剑桥的查尔斯·B. 霍伊特借展

653. 葵花镜，青铜，凤凰纹，口径 15.8 厘米，唐代。由牛津郡图特保尔东的 C. G. 塞利格曼教授夫妇借展

654. 葵花镜，青铜，口径 23.8 厘米，唐代。由纽约的大都会艺术博物馆借展

655. 镜，青铜，口径 18.3 厘米，汉代。由纽约的克里斯蒂安·R. 霍姆斯夫人借展

656. 镜，青铜镶银，口径 27.9 厘米，唐代。由纽约的大都会艺术博物馆借展

657. 方形镜，青铜，长 12.6 厘米，唐代。由大英博物馆（尤摩弗帕勒斯的收藏）借展

658. 葵花镜，青铜，口径 21.5 厘米，唐代。由纽约的大都会艺术博物馆借展

659. 镜，青铜，配有金饰，口径 12.2 厘米，唐代。由美国马塞诸塞州剑桥的查尔斯·B. 霍伊特借展
660. 葵花镜，青铜，中心饰有龙纹，口径 21 厘米，唐代。由马塞诸塞州斯普林菲尔德的雷纳德·A. 比德威借展
661. 镜，青铜，因被波斯英雄哈姆泽当作盾牌而闻名，16 世纪被突厥人缴获，口径 68 厘米，唐代。由伊斯坦布尔的伊斯兰艺术博物馆借展
662. 镜，青铜，饰有银饰，口径 18.7 厘米，唐代。由萨里郡贝沃斯的国王顾问 F. 席勒·莱奇沃思借展
663. 方镜，青铜，嵌有金饰，长 20 厘米，宽 20 厘米，唐代。由大英博物馆（尤摩弗帕勒斯的收藏）借展
664. 镜，青铜，背后镶银，凸纹装饰，口径 19 厘米，唐代。由宾夕法尼亚大学博物馆借展
665. 镜，孔子与原宪图案，青铜镀银，口径 11.4 厘米，唐代。由维多利亚和阿尔伯特博物馆（尤摩弗帕勒斯的收藏）借展
666. 镜，青铜，嫦娥奔月，口径 15 厘米，唐代。由斯德哥尔摩的拉格雷利亚斯博士借展
667. 葵花镜，青铜，有马和卷图案，口径 24.5 厘米，唐代。由纽约的克里斯蒂安·R. 霍姆斯夫人借展
668. 葵花镜，青铜，龙的图案，口径 17.2 厘米，唐代。由马塞诸塞州斯普林菲尔德的雷纳德·A. 比德威借展
669. 镜，青铜，口径 22.2 厘米，唐代。由柏林的德国公立博物馆借展
670. 镜，青铜，骑士狩猎图，口径 15 厘米，唐代。由巴黎的卢浮宫博物馆借展
671. 葵花镜，青铜，凤穿龙图案，口径 22.8 厘米，唐代。由牛津郡图特保尔东的 C. G. 塞利格曼教授夫妇借展
672. 佛经封面，丝绸和竹子，有彩色规则式设计，长 45.7 厘米，汉代。由巴黎的卢浮宫博物馆（佩利奥特的收藏）借展
673. 纺织品残片，木版印刷黑色麒麟纹，宽 22 英寸，唐代。由马塞诸塞州剑桥的福格艺术博物馆借展
674. 丝绸残片，有图案，30.5 厘米 × 26 厘米，大约公元 4 世纪。由印度政府（斯坦因的收藏）借展
675. 来自敦煌的彩色佛教壁画残片，68.6 厘米 × 58 厘米，公元 8 世纪。由

马塞诸塞州剑桥的福格艺术博物馆借展

676. 来自敦煌的彩色佛教壁画残片，68.6 厘米×91.4 厘米，公元 8 世纪。由马塞诸塞州剑桥的福格艺术博物馆借展

677. 三角形佛教图案丝绸残片，高 43 厘米。由印度政府（斯坦因的收藏）借展

678. 彩色图案丝绸，来自楼兰，25.4 厘米×25.4 厘米，汉代。由印度政府（斯坦因的收藏）借展

679. 佛教壁画残片，68.6 厘米×64.7 厘米，公元 8 世纪。由马塞诸塞州剑桥的福格艺术博物馆借展

679A. 丝绸残片，有图案，来自阿斯塔纳，唐代。由印度政府（斯坦因的收藏）借展

680. 来自敦煌的丝绸旗帜，寺庙护卫用，高 76.2 厘米，宽 22.8 厘米，大约公元 900 年。由印度政府（斯坦因的收藏）借展

680A. 丝绸缎残片，来自阿斯塔纳，唐代。由印度政府（斯坦因的收藏）借展

681. 杯，玉，龙形柄，高 9 厘米，宋代。由巴黎的约瑟夫·霍姆伯格借展

682. 马形佩，灰色玉，高 4.1 厘米，长 6.8 厘米，公元 9 世纪。由美国明尼阿波利斯的阿尔弗雷德·H. 菲尔斯伯里借展

683. 蝙蝠形佩，绿色玉，高 3.8 厘米，宽 6.3 厘米，宋代。由伦敦的玛格特·霍姆斯夫人借展

684. 瑗，白色透明玉，口径 9.4 厘米，宋代。由美国明尼阿波利斯的阿尔弗雷德·H. 菲尔斯伯里借展

685. 璧，灰色玉，口径 6 厘米，战国。由美国明尼阿波利斯的阿尔弗雷德·H. 菲尔斯伯里借展

686. 刀，玉，雕刻银制手柄，长 22 厘米，唐代。由上海的章乃器借展

687. 孔雀，蜜色和棕色玉，高 3.5 厘米，长 7.5 厘米，宋代。由伦敦的 H. J. 奥本海默借展

688. 凤凰形佩，玉，透雕，高 6.4 厘米，长 12.4 厘米，唐代。由伦敦的奥斯卡·拉斐尔借展

689. 人头，玉，高 3.4 厘米，唐代。由上海的章乃器借展

690. 仪式用刀，斑驳绿色和棕色玉，动物形象浅浮雕，长 26 厘米，宋代。由伦敦的 H. J. 奥本海默借展

691. 斜倚的马，棕色和绿色玉，高 2.5 厘米，宽 5.6 厘米，唐代。由萨里郡

贝沃斯的 F. 席勒借展

692. 圆形佩，浅绿色玉，两条相对的龙，口径 15.5 厘米，宋代。由巴黎的吉美博物馆借展

693. 装身具，玉，四个圆盘组成的玉带，长 21 厘米，战国。由大英博物馆（尤摩弗帕勒斯的收藏）借展

694. 圆形佩，玉，两条相对的龙，悬挂链子，高 17.2 厘米，宽 11.3 厘米，宋代。由巴黎的吉美博物馆借展

695. 斜倚的马，棕色玉，长 7.2 厘米，宋代。由伦敦的尼尔·马尔科姆爵士少将（骑士指挥官、杰出服务勋章）借展

696. 一对相连的指环，玉，长 6.7 厘米，宋代。由上海的章乃器借展

697. 佩，透明白色玉，凤凰形，长 6.9 厘米，唐代。由伦敦的 H. J. 奥本海默借展

698. 佩，白色玉，女舞者，高 5.6 厘米，宋代。由伦敦的 H. J. 奥本海默借展

699. 发簪，白色玉，羊头形，长 11.4 厘米，汉代。由伊里诺伊州格伦科的爱德华·索南夏因夫妇借展

700. 指针，绿色玉，长 15.2 厘米，宋代。由大英博物馆（尤摩弗帕勒斯的收藏）借展

701. 梳子，木嵌金，长 12.5 厘米，唐代。由巴黎的卢芹斋借展

702. 发簪，金，雕花饰，高 22.2 厘米，唐代。由巴黎的卢芹斋借展

703. 饰件，金，孔雀石装饰，2.7 厘米 × 2.7 厘米，汉代或六朝。由阿姆斯特丹的亚洲艺术博物馆借展

704. 发簪，金，长 6.8 厘米，唐代。由巴黎的卢芹斋借展

705. 饰件，金，高 7.2 厘米，唐代。由巴黎的卢芹斋借展

706. 指环圆头，铜，鎏金，鸟形，高 7.4 厘米，六朝。由大英博物馆（尤摩弗帕勒斯的收藏）借展

707. 凤凰纹饰件，琥珀雕刻，长 8.3 厘米，唐代。由上海的章乃器借展

708. 一对凤凰头饰，金，长 10.3 厘米，宋代。由巴黎的卢芹斋借展

709. 头饰，珍珠和金，长 12.5 厘米，宋代。由大英博物馆（尤摩弗帕勒斯的收藏）借展

710. 一对发簪，金，高 17.3 厘米，唐代。由巴黎的卢芹斋借展

711. 头饰，金，长 9.8 厘米，宋代。由大英博物馆（尤摩弗帕勒斯的收藏）借展

712. 花饰，金，长 5.1 厘米，唐代。由大英博物馆（尤摩弗帕勒斯的收藏）借展

713. 梳子，装饰有两只鸟，骨，长 9.3 厘米，宋代。由巴黎的卢芹斋借展

714. 小型王冠，银，高 8 厘米，唐代。由大英博物馆（尤摩弗帕勒斯的收藏）借展

715. 腰带，金，长 36.5 厘米，唐代。由大英博物馆（尤摩弗帕勒斯的收藏）借展

716. 帽子，金，高 9.3 厘米，唐代。由大英博物馆（尤摩弗帕勒斯的收藏）借展

717. 项链，金，宽 21 厘米，唐代。由大英博物馆（尤摩弗帕勒斯的收藏）借展

718. 耳坠，金，高 6 厘米，公元 6 世纪。由大英博物馆（尤摩弗帕勒斯的收藏）借展

719. 头饰，金和珍珠，高 13.5 厘米，宽 15 厘米，宋代。由大英博物馆（尤摩弗帕勒斯的收藏）借展

720. 一对耳坠，金，鸟形，高 7 厘米，唐代。由大英博物馆（尤摩弗帕勒斯的收藏）借展

721. 腰带扣，金，长 5.4 厘米，宋代。由大英博物馆（尤摩弗帕勒斯的收藏）借展

722. 一对饰件，上金下铜，镂雕，12.3 厘米 ×7.2 厘米，唐代。由巴黎的卢芹斋借展

723. 饰件，金，嵌有孔雀石，口径 4.8 厘米，唐代。由阿姆斯特丹的亚洲艺术博物馆借展

724. 针，金丝，长 13.3 厘米，宋代。由大英博物馆（尤摩弗帕勒斯的收藏）借展

725. 发钗，金，嵌有孔雀石，长 15.4 厘米，唐代。由巴黎的卢芹斋借展

726. 装匕首的鞘，金银镶珍珠，长 16.5 厘米，唐代。由巴黎的卢芹斋借展

727. 凤凰发饰，金，长 9.7 厘米，宋代。由巴黎的卢芹斋借展

728. 带有雕刻装饰的盘子，铜，鎏金，口径 5.2 厘米，唐代。由巴黎的卢芹斋借展

729. 腰带装饰，琥珀，宽 4 厘米，魏朝。由上海的章乃器借展

730. 梳，银，长 14.5 厘米，唐代。由瑞典默恩达尔的 A. 赫尔斯特伦借展

731. 发夹，金，花饰，高 22.8 厘米，唐代。由巴黎的卢芹斋借展
732. 双鸟，铜，鎏金，高 7.3 厘米，唐代。由大英博物馆（尤摩弗帕勒斯的收藏）借展
733. 手镯，金，口径 7.5 厘米，唐代。由大英博物馆（尤摩弗帕勒斯的收藏）借展
734. 人像，玻璃，高 4.8 厘米，汉代。由柏林的海因里希·哈特借展
735. 葵花镜，玉，口径 10.7 厘米，唐代。由上海的章乃器借展
736. 五只发夹，玉雕，平均 15.2 厘米，唐代。由东京艺术学校借展
737. 发夹，玻璃，长 15 厘米，唐代。由伦敦的奥斯卡·拉斐尔借展
738. 蝙蝠，青铜，雕花，长 19 厘米，汉代。由巴黎的卢芹斋借展
739. 饰件，铅，马形，10 厘米 × 7 厘米，高 7 厘米，唐代。由大英博物馆（尤摩弗帕勒斯的收藏）借展
740. 饰件，青铜，鸭形，长 9.2 厘米，唐代。由大英博物馆（尤摩弗帕勒斯的收藏）借展
741. 马具装置，铜，鎏金，高 10.5 厘米，唐代。由大英博物馆（尤摩弗帕勒斯的收藏）借展
742. 镜，青铜，镶珍珠母，口径 9 厘米，唐代。由大英博物馆（尤摩弗帕勒斯的收藏）借展
743. 银锭形盒，漆器，高 3.3 厘米，宽 8.5 厘米，唐代。由大英博物馆（尤摩弗帕勒斯的收藏）借展
744. 带钩，青铜，造型为一个手持圆盘的人，镶孔雀石，长 7.4 厘米，六朝。由巴黎的保罗·佩利奥特教授借展
745. 由孔雀石支撑的微型石碑，铜，鎏金，高 4.8 厘米，唐代早期。由巴黎的保罗·佩利奥特教授借展
746. 护身符，青铜，高 17.5 厘米，唐代。由大英博物馆（尤摩弗帕勒斯的收藏）借展
747. 标尺，青铜，长 30.8 厘米，唐代。由大英博物馆（尤摩弗帕勒斯的收藏）借展
748. 腰带九片，玉髓，高 9.9 厘米，宽 5.5 厘米，唐代。由大英博物馆（尤摩弗帕勒斯的收藏）借展
749. 蟾蜍，青铜，镶金银，被宝石包裹，长 9 厘米，汉代。由京都的住友友纯爵士借展

750. 用于游戏的八个筹码，彩绘骨头，高 1.9 厘米，宽 3.2 厘米，唐代。由大英博物馆（尤摩弗帕勒斯的收藏）借展
751. 梳，龟壳，长 22.8 厘米，汉代，在朝鲜乐浪发现。由东京的皇室博物馆借展
752. 铜佛，铜，鎏金，高 78.2 厘米，公元 6 世纪。由纽约的小约翰·D. 洛克菲勒夫人借展
753. 坐佛，干漆，高 96.5 厘米，唐代。由纽约的大都会艺术博物馆借展
754. 赵昌（活跃于约 1000 年）岁朝图，绢本设色，高 104 厘米，宽 51.2 厘米。由中国政府借展
755. （传）五代佚名艺术家秋林群鹿图，绢本设色，高 118.1 厘米，宽 63.7 厘米。由中国政府借展
756. 天王，木雕，与第 812 号是一对，高 110 厘米，唐代。由巴黎的吉美博物馆借展
757. 观音，铜，鎏金，高 66.7 厘米，六朝。由东京艺术学校借展
758. 双面迦叶画，绢本设色，64 厘米 ×28 厘米，公元 729 年。由巴黎的吉美博物馆借展
759. 胶纸小型彩色绘画，景中双骑图，约 15 厘米 ×23 厘米，可能公元 7 世纪。由巴黎的卢浮宫博物馆（佩利奥特的收藏）借展
760. （传）李昭道（活跃于约 670–730 年）春山行旅图，绢本设色，高 37.3 厘米，宽 39.5 厘米，传统画法。由中国政府借展
761. 亚麻上丝绸刺绣，菩萨图案，来自高昌，高 19.5 厘米，宽 15 厘米。由柏林的德国公立博物馆借展
762. 亚麻上丝绸刺绣，菩萨图案，来自高昌，高 40 厘米，宽 22 厘米。由柏林的德国公立博物馆借展
762A. 丝巾残片，来自阿斯塔纳，唐代。由印度政府（斯坦因的收藏）借展
763. 丝绸残片，祭坛帷幔，来自敦煌，792.8 厘米 ×48.3 厘米，可能唐代。由印度政府（斯坦因的收藏）借展
764. 三足盘，银，口径 24.7 厘米，唐代。由巴黎的约瑟夫·霍姆伯格借展
765. 杯，银，口径 8.7 厘米，唐代。由伦敦的沃尔特·塞奇威克夫妇借展
766. 高足杯，金，外形为八面莲瓣，高 7.5 厘米，唐代。由巴黎的卢芹斋借展
767. 圆盒，金，有盖，颗粒状宝石装饰，口径 1.8 厘米，汉代。由堪萨斯

城的威廉·洛克希尔·尼尔森艺术中心借展

768. 圆盘，金，口径10.2厘米，唐代。由荷兰海姆斯泰德的F. 奥特曼借展
769. 盒和盖，镀银，宽10.6厘米，唐代。由巴黎的罗森海姆夫人借展
770. 菱花镜，青铜，镶金箔，口径8厘米，唐代。由大英博物馆（尤摩弗帕勒斯的收藏）借展
771. 镜，青铜，镶金箔，口径3厘米，唐代。由巴黎的罗森海姆夫人借展
772. 圆盘，中间乳丁纹装饰，口径14.9厘米，宋代。由伦敦的奥斯卡·拉斐尔借展
773. 盒和盖，银，由六个花瓣组成，口径8厘米，唐代。由巴黎的约瑟夫·霍姆伯格借展
774. 杯把，镀银，口径6.2厘米，唐代。由巴黎的罗森海姆夫人借展
775. 镜，青铜，金饰，嵌孔雀石，口径6.7厘米，唐代。由华盛顿特区的罗伯特·伍兹·布里斯夫妇借展
776. 把杯，银，口径9.3厘米，唐代。由伦敦的沃尔特·塞奇威克夫妇借展
777. 盖碗，银镶金，口径24.7厘米，宋代。由斯德哥尔摩的C. 坎普借展
778. 杯，镀银，有雕刻，高6厘米，唐代。由大英博物馆（尤摩弗帕勒斯的收藏）借展
779. 牛，镀银，高14.3厘米，宋代。由大英博物馆（尤摩弗帕勒斯的收藏）借展
780. 发簪尾部，金，有颗粒状宝石装饰，嵌孔雀石，宽1.9厘米，汉代。由堪萨斯城的威廉·洛克希尔·尼尔森艺术中心借展
781. 发簪尾部，金，有颗粒状宝石装饰，嵌孔雀石，宽1.7厘米，长2.6厘米，汉代。由堪萨斯城的威廉·洛克希尔·尼尔森艺术中心借展
782. 杯，银，高4.2厘米，唐代。由大英博物馆（尤摩弗帕勒斯的收藏）借展
783. 球状罐，银，高15.2厘米，口径9.2厘米，六朝。由伦敦的沃尔特·塞奇威克夫妇借展
784. 碗，金，口径14.5厘米，唐代。由大英博物馆（尤摩弗帕勒斯的收藏）借展
785. 盖盘，银镶金，口径24.1厘米，宋代。由瑞典默恩达尔的A. 赫尔斯特伦借展
786. 长柄勺，银，雕刻花纹，长31.7厘米，唐代。由瑞典默恩达尔的A. 赫

第 3 展厅

尔斯特伦借展

787. 彩绘丝绸残片，菩萨头部图案，30 厘米 × 25 厘米，唐代。由柏林的德国公立博物馆借展

788. 彩色丝绸画残片，来自新疆阿斯塔纳，公元 7 世纪。由印度政府（斯坦因的收藏）借展

789. 观音，右脚放于左膝上，干漆，高 127.1 厘米，宋代。由纽约的小约翰·D. 洛克菲勒夫人借展

790. 奔马图，纸本水墨画，来自麻札塔格，高 27.9 厘米，宽 19.6 厘米，约公元 10 世纪。由印度政府（斯坦因的收藏）借展

791. 丝绸彩绘残片，来自阿斯塔纳，公元 7 世纪。由印度政府（斯坦因的收藏）借展

792. 丝绸帘子，绣有佛陀，来自敦煌，82.5 厘米 × 67.3 厘米，公元 7 世纪。由印度政府（斯坦因的收藏）借展

793. 铜佛，铜，鎏金，弥勒佛，来自端方的收藏，高 61 厘米，公元 536 年。由宾夕法尼亚大学博物馆借展

794. 观音，铜，鎏金，高 18.5 厘米，唐代。由柏林的 G. 皮尔斯特借展

795. 观音，铜，鎏金，高 22.9 厘米，隋代。由布鲁塞尔的 A. 斯托克勒特借展

796. 菩萨，铜，鎏金，高 27.9 厘米，公元 595 厘米。由伦敦的奥斯卡·拉斐尔借展

797. 铜佛像，铜，鎏金，高 27 厘米，公元 516-517 年。由布鲁塞尔的 A. 斯托克勒特借展

798. 舞者，铜，鎏金，高 12.2 厘米，唐代。由巴黎的吉美博物馆借展

799. 舞者，铜，鎏金，高 11.2 厘米，唐代。由巴黎的吉美博物馆借展

800. 观音，铜，鎏金，带有光环，高 36.1 厘米，北齐，日本二级国宝。由神户附近住吉的安倍房次郎借展

801. 端方神龛的六件组合，青铜，平均 10.1 厘米，隋代，现存于波士顿，来自查尔斯·L. 拉瑟斯顿的收藏。由法纳姆和伦敦的 C. L. 拉瑟斯顿夫人和拉瑟斯顿小姐借展

802. 狮子，铜，鎏金，高 8 厘米，唐代。由柏林的 G. 皮尔斯特借展

803. 两尊佛像，铜，鎏金，高 24 厘米，公元 518 年。由布鲁塞尔的 A. 斯托克勒特借展

804. 两尊佛像，释伽牟尼佛和多宝佛，青铜，高 26 厘米，公元 518 年。由

巴黎的卢浮宫博物馆借展

805. 坐佛像，铜，鎏金，高 20.2 厘米，唐代。由纽约的克里斯蒂安·R. 霍姆斯夫人借展

806. 观音，手持壶状，铜，鎏金，高 32 厘米，公元 651 年。由布鲁塞尔的 A. 斯托克勒特借展

807. 观音，铜，鎏金，高 32 厘米，公元 651 年。由布鲁塞尔的 A. 斯托克勒特借展

808. 丝绸彩色画，来自敦煌，释伽牟尼的生活场景，高 51 厘米，宽 20 厘米，公元 8 世纪。由印度政府（斯坦因的收藏）借展

809. 丝绸画残片，长 45 厘米，唐代。由柏林的德国公立博物馆借展

810. 北宋佚名艺术家，醉酒游乐图，丝绸彩绘，高 33 厘米，长 80 厘米。由布鲁塞尔的 A. 斯托克勒特借展

811. 观音，铜，鎏金，高 66.1 厘米，五代。由宾夕法尼亚大学博物馆借展

812. 天王像，木雕，和第 756 号是一对，宽 110 厘米，唐代。由巴黎的吉美博物馆借展

813. 李龙眠（1049-1106）山阴道士图，丝绸彩色画，150 厘米 × 75 厘米。由伦敦的斐希瓦尔·大维德借展

814. 刺绣丝绸残片，唐代。由巴黎的卢浮宫博物馆（佩利奥特的收藏）借展

815. 盖罐，瓷器，叶子和鸟的装饰，高 33 厘米，魏朝。由伦敦的 H. J. 奥本海默借展

816. 双耳罐，陶瓷，高 39 厘米，六朝。由萨里"山上沃顿"村的 S.D. 文克沃斯借展

817. 双系罐，原始瓷，带有动物形状的系手。高 26.5 厘米，公元 3-4 世纪。由海牙的海牙市立博物馆借展

818. 黄金珠宝头饰和手镯，来自列宁格勒埃尔米塔日博物馆，出土于金朝公主墓。由苏联政府借展

819. 坐佛，描金木雕，高 58.5 厘米，宋代或更早。由布鲁塞尔的 A. 斯托克勒特借展

第 4 展厅 宋代

820. 大圆洗，带有开片纹的翠青色釉，官窑，口径 27 厘米，南宋。由中国政府借展

821. 三层方壶，俗称"渣斗"瓷器，粉青色釉，官窑，高 12.2 厘米，宋代，底部有乾隆御题。由中国政府借展

822. 贯耳穿带小方壶，瓷器，管状耳，脚边缘有带状孔，并有开片纹的粉青色釉，官窑，高 8.4 厘米，疑似宋代，底部和木底座上有乾隆御题。由中国政府借展

823. 葵花式盘，瓷器主体为深色，带有开片纹的浅绿色青釉，官窑，口径 18.9 厘米，南宋。由中国政府借展

824. 纸槌小瓶，瓷器脚边缘有带状孔，粉青色釉，官窑，高 12.4 厘米，南宋，底部和木底座上有乾隆御题。由中国政府借展

825. 花插，深色陶，酒杯形状，粉青色釉，官窑，高 15.6 厘米，宋代，底部有乾隆御题。由中国政府借展

826. 贯耳壶，瓷器，带有管状耳，胎体为深色，月白釉，郊坛下官窑，高 15 厘米，南宋，底部和木底座上有乾隆御题。由中国政府借展

827. 弦纹八棱瓶，瓷器，盘口，竹节纹，带有开片纹的粉青色釉，官窑，高 22 厘米，宋代，底部和木底座上有乾隆御题。由中国政府借展

828. 椭圆水仙盆，瓷器，椭圆形，粉青色釉，官窑，高 6.8 厘米，宋代，底部和木底座上有乾隆御题，木雕底座。由中国政府借展

829. 贯耳八方壶，瓷器，带有贯耳把手和粉青色釉，官窑样式，高 14.1 厘米：南宋，底部和木底座上有乾隆御题。由中国政府借展

830. 月白凹棱胆瓶，瓷器，瓶身有开片纹，月白色釉，官窑，口径 16 厘米，南宋，底部和木底座上有乾隆御题。由中国政府借展

831. 圆洗，瓷器，带有开片纹的粉青色釉，底刻"正庵"款，官窑，口径 27 厘米，南宋。由中国政府借展

832. 月白双弦壶，瓷器，带有开片纹的月白色釉，官窑，高 11.8 厘米，南宋。底部和木底座上有乾隆御题。由中国政府借展

833. 小瓶，瓷器，海棠式，两侧有开片纹，深色胎体，带有粉青色釉，郊坛下官窑，高 11.4 厘米，南宋。由中国政府借展

834. 葵花式碗，瓷器，葵花式口沿，粉青色釉，官窑，口径 17.9 厘米，南宋。

由中国政府借展

835. 盘口凤耳瓶，瓷器，盘耳凤耳尊的形式，粉青色釉，龙泉窑，高25.6厘米，宋代。由中国政府借展
836. 圆形笔洗，瓷器，带有开片纹的浅青灰色釉，官窑，口径25厘米，宋代，底座和附属木台有乾隆御题。由中国政府借展
837. 笔筒，瓷器，粉青色釉，官窑，高9.8厘米，宋代，带木座，座面有乾隆御题诗，座底刻"乾隆御玩"四字。由中国政府借展
838. 菱花式小碗，瓷器，菱花形状，天青色釉，疑似官窑，口径8.7厘米，宋代。由中国政府借展
839. 臂搁，瓷器，天青色釉，官窑，长22.5厘米，宋代。有乾隆御题诗和"乾隆御玩"四字。由中国政府借展
840. 笔洗，瓷器，菱花形状，粉青色釉，官窑，口径12.6厘米，南宋。由中国政府借展
841. 瓶，瓷器，瓶颈为三个方形截面，带有开片纹的青灰色釉，官窑，高17.6厘米，南宋，底座和木台有乾隆御题。由中国政府借展
842. 瓶，瓷器，葫芦形，带有开片纹的月白色釉，官窑，高23.9厘米，南宋。由中国政府借展
843. 壶，瓷器，两侧为叶形海棠式，贯耳，带有开片纹的月白色釉，郊坛下官窑，高16.7厘米，南宋，底座和木台有乾隆御题。由中国政府借展
844. 碟，瓷器，葵瓣口，带有开片纹的月白色釉，哥窑或官窑，口径14.5厘米，南宋，底刻有乾隆御题诗，和第847号是一对。由中国政府借展
845. 方形香炉，瓷器，带有开片纹的浅粉青色釉，官窑，高10.5厘米，宋代，底部刻乾隆御题。由中国政府借展
846. 笔洗，瓷器，带有开片纹的粉青色釉，官窑，口径18.2厘米，南宋。由中国政府借展
847. 碟，瓷器，葵瓣口，带有开片纹的月白色釉，可能为官窑，口径14.5厘米，南宋，底部有乾隆御题，和第844号是一对。由中国政府借展
848. 小水注，瓷器，带有开片纹的月白色釉，上有两个蝙蝠形的珊瑚塞（代表福），官窑，高3.2厘米，宋代。由中国政府借展
849. 小瓶，瓷器，盘口长颈，棒槌形，深色胎体，粉青色釉，官窑，高12.1厘米，南宋，底部有乾隆御题。由中国政府借展

850. 盘，瓷器，葵花式口沿，带有开片纹的粉青色釉，官窑，口径 23.5 厘米，南宋。由中国政府借展
851. 三足香炉，瓷器，双耳，带有开片纹的月白色釉，官窑，高 6.3 厘米，宋代，底部有乾隆御题。由中国政府借展
852. 胆瓶，粉青色釉，官窑，高 13.9 厘米，南宋。由中国政府借展
853. 香炉，瓷器，三足，天蓝色釉，官窑，高 9.1 厘米，宋代，木雕盖，带木座及玉顶木盖。由中国政府借展
854. 水注，瓷器，双莲房式，带有开片纹的月白色釉，官窑，高 6.2 厘米，宋代。由中国政府借展
855. 盘，瓷器，带有开片纹的粉青色釉，官窑，口径 27.3 厘米，南宋。由中国政府借展
856. 花觚，瓷器，带有开片的粉青色釉，官窑，高 17.2 厘米，宋代。由中国政府借展
857. 扁壶，瓷器，弓形耳，粉青色釉，官窑，高 11.7 厘米，宋代，底部有乾隆御题。由中国政府借展
858. 宋徽宗（1082 年—1135 年）池塘秋晚图，粉笺纸卷轴水墨画，盖有皇帝印玺，可以确定来源，高 33.1 厘米，宽 233.7 厘米。由中国政府借展
859. 佚名宋人仿张僧繇没骨山水，绢本设色，盖有宋高宗的印章，高 210.9 厘米，宽 85 厘米。由中国政府借展
860. 菩萨，木雕，有颜料的痕迹，高 193.1 厘米，公元 11 世纪。由伦敦的奥斯卡·拉斐尔借展
861. 瓶，瓷器，黑色瓶体，带有开片纹的蓝灰色釉，官窑，高 26.8 厘米，宋代。由大英博物馆（尤摩弗帕勒斯的收藏）借展
862. 钵，瓷器，带有开片纹的青灰色釉，官窑，口径 16.4 厘米，宋代。由纽约的大都会艺术博物馆借展
863. 花形碟，瓷器，带有开片纹的灰色釉，官窑，口径 12 厘米，宋代。由伦敦的斐希瓦尔·大维德借展
864. 碗，瓷器，带有开片纹的粉灰色"气泡"釉，底座刻有"家"字，哥窑，口径 18.5 厘米，宋代，底部有乾隆御题，来自北京的皇家收藏。由伦敦的斐希瓦尔·大维德借展
865. 笔洗，瓷器，带有开片纹的粉灰色釉，官窑，口径 12 厘米，宋代。由

纽约的大都会艺术博物馆借展

866. 香炉，瓷器，双兽耳，带有开片纹的土褐色釉，内部雕有"平"字，哥窑，高 8.3 厘米，宋代，底部雕有乾隆御题，来自北京的皇家收藏。由伦敦的斐希瓦尔·大维德借展

867. 长颈瓶，瓷器，带有开片纹的浅灰色釉，官窑，高 16 厘米，宋代，底部雕有乾隆御题，来自北京的皇家收藏。由伦敦的斐希瓦尔·大维德借展

868. 瓶，瓷器，双耳，带有开片纹的灰色釉，官窑，高 10.8 厘米，宋代，底部有乾隆御题。由霍夫的 A. T. 沃尔上尉借展

869. 六角香炉，瓷器，带有开片纹的不透明灰色釉，官窑，口径 21.5 厘米，宋代。由伦敦的斐希瓦尔·大维德借展

870. 碗，瓷器，暗棕色瓷器，带有开片纹的绿灰色釉，官窑或哥窑，口径 12 厘米，宋代。由伦敦的斐希瓦尔·大维德借展

871. 长颈瓶，瓷器，汝窑风格瓷器，棕色开片，青灰色釉，底部有明显的"元成"印字，并题有"元宝"二字，高 26.7 厘米，来自北京的皇家收藏。由伦敦的斐希瓦尔·大维德借展

872. 香炉，瓷器，带有开片纹的粉灰色釉，官窑，口径 10.7 厘米，宋代，底部有乾隆御题，来自北京的皇家收藏。由伦敦的斐希瓦尔·大维德借展

873. 香炉，瓷器，双耳，带有开片纹的灰白色釉，哥窑，高 9 厘米，宋代，底部有乾隆御题，来自北京的皇家收藏。由伦敦的斐希瓦尔·大维德借展

874. 洗，瓷器，桃形，青灰色釉，官窑，长 12.5 厘米，宋代由大英博物馆（尤摩弗帕勒斯的收藏）借展

875. 长颈瓶，瓷器，梨形瓶身和细长颈，带有开片纹的暗青灰色釉，瓶口边缘和足部边缘呈酱色釉，官窑，高 17.4 厘米，宋代，底部有乾隆御题，来自北京的皇家收藏。由伦敦的斐希瓦尔·大维德借展

876. 双耳瓶，仿青铜器形状，梨形瓶身和方形的管状耳，带有宽开片纹青灰色釉，官窑，高 35.2 厘米，宋代，来自北京的皇家收藏。由伦敦的斐希瓦尔·大维德借展

877. 香炉，瓷器，仿青铜器形状，带有开片纹的浅灰色釉，侧面有八卦纹，长 27.7 厘米，宋代，来自北京的皇家收藏。由伦敦的斐希瓦尔·大维

德借展

878. 盘，瓷器，带有开片纹的灰色釉，哥窑，口径16厘米，宋代，有乾隆御题。由伦敦的斐希瓦尔·大维德借展

879. 碗，瓷器，八边形，碗口轻微外翻，带有明显开片纹的淡灰色釉，口径7.7厘米，官窑，宋代。由伦敦的斐希瓦尔·大维德借展

880. 水罐，瓷器，八棱形，石灰色釉，哥窑，口径9.8厘米，宋代。由伦敦的斐希瓦尔·大维德借展

881. 小罐，瓷器，球状瓶身和宽颈，带有开片纹的青灰色釉，瓶口酱色釉，哥窑，口径12厘米，宋代，来自北京的皇家收藏。由伦敦的斐希瓦尔·大维德借展

882. 胆瓶，瓷器，带有开片纹的灰色釉，官窑，高21.5厘米，宋代，来自北京的皇家收藏。由伦敦的斐希瓦尔·大维德借展

883. 贯耳瓶，瓷器，顶部有两个管状耳，带有开片纹的灰色釉，哥窑，高12.2厘米，宋代。由伦敦的斐希瓦尔·大维德借展

884. 斗笠形碗，瓷器，带有开片纹的天青色釉，官窑，口径15.2厘米，南宋。由巴克斯温多弗的大英帝国二等勋位爵士阿兰·巴罗借展

885. 笔洗，瓷器，六边形，带有开片纹的灰褐色釉，疑似龙泉窑，口径15.2厘米，宋代。由伦敦的斐希瓦尔·大维德借展

886. 笔洗，瓷器，带有开片纹的灰绿色釉，疑似龙泉窑，口径15.2厘米，宋代。由伦敦的斐希瓦尔·大维德借展

887. 贯耳瓶，瓷器，青铜器形，带有开片纹的暗绿灰色釉，官窑或哥窑，高27.4厘米，宋代，底部题有乾隆御题诗，来自北京的皇家收藏。由伦敦的斐希瓦尔·大维德借展

888. 水注，瓷器，桶形，带有开片纹的灰色釉，哥窑，高4厘米，宋代，底部有乾隆御题诗。由伦敦的斐希瓦尔·大维德借展

889. 盘，瓷器，边缘为六瓣形，带有开片纹的绿灰色釉，哥窑，口径15.4厘米，底部题有乾隆御题诗。由伦敦的斐希瓦尔·大维德借展

890. 碗，瓷器，八边形，微微外翻的叶状口沿，带有开片纹的青灰色釉，官窑或哥窑风格，口径17.8厘米，疑似明代，底部题有乾隆御题诗，来自北京的皇家收藏。由伦敦的斐希瓦尔·大维德借展

891. 四棱瓶，瓷器，青铜器形状，带有开片纹的绿灰色釉，官窑，高30.8厘米，宋代。由伦敦的斐希瓦尔·大维德借展

892. 长颈瓶，瓷器，带有开片纹的绿灰色釉，南宋官窑，宽 13.7 厘米，宋代。由大英博物馆（尤摩弗帕勒斯的收藏）借展
893. 方盘，瓷器，带有开片纹的灰绿色釉，哥窑，宽 13.5 厘米，宋代。由大英博物馆（尤摩弗帕勒斯的收藏）借展
894. 周文矩（活跃于 970 年以后）宫中图，绢本水墨，高 26 厘米，长 146 厘米，卷轴的第 3 部分有张激的跋文，题款为公元 1141 年。由宾夕法尼亚大学博物馆借展
895. 周文矩（活跃于 970 年以后）宫中图，水墨和暗色绘制的丝绸卷轴画，高 26 厘米，宽 167.8 厘米，卷轴的第 3 部分有张激的印章，题款为公元 1141 年。由伦敦的斐希瓦尔·大维德借展
896. 佚名宋人麻姑采芝图，绢本水墨，高 102.6 厘米，宽 48.4 厘米，疑似元代。由中国政府借展
897. 佚名宋人上林瑞雪图，绢本水墨，高 102.1 厘米，宽 55.9 厘米，疑似明代。由中国政府借展
898. 夏圭（活跃于约 1180-1230）西湖柳艇图，绢本淡设色，高 107.2 厘米，宽 59.3 厘米，未署名。由中国政府借展
899. （传）佚名宋人策杖探梅图，绢本设色，高 109.9 厘米，宽 53.6 厘米，15 世纪或更早。由中国政府借展
900. 范宽（活跃于约 990-1130 年）临流独坐图，绢本设色，高 156.2 厘米，宽 106.6 厘米，未署名，但来源可证明。由中国政府借展
901. 郭熙（约 1020-1090 年）关山春雪图，绢本水墨，高 179.1 厘米，宽 51.2 厘米，署名并题款为 1072 年，但可能是元代。由中国政府借展
902. 贯耳壶，瓷器，带有开片纹的粉青色釉，官窑，高 20.3 厘米，宋代。底部和附属的木台上有乾隆御题。由中国政府借展
903. 碗，瓷器，双耳，带有开片纹的粉青色釉，碗口铜镶，哥窑，口径 18.9 厘米，宋代。由中国政府借展
904. 盘，瓷器，葵瓣形状的口沿，带有开片纹的灰青色釉，哥窑，口径 19.4 厘米，宋代，底部有乾隆御题。由中国政府借展
905. 高足碗，瓷器，带有开片纹的米色釉，哥窑，口径 13 厘米，宋代。由中国政府借展
906. 彝炉，瓷器，鱼形耳，带有开片纹的粉青色釉，哥窑，高 7 厘米，宋代。由中国政府借展

907. 盘，瓷器，葵瓣口，带有开片纹的灰青色釉，哥窑，口径 18.6 厘米，宋代，底部刻有乾隆御题。由中国政府借展

908. 笔搁，瓷器，带有开片纹的浅青窑变米色釉，哥窑，长 12.3 厘米，宋代，带木座，底刻乾隆御题诗。由中国政府借展

909. 小碗，瓷器，葵瓣口，带有开片纹的灰青色釉，哥窑或官窑，口径 11.8 厘米，宋代。由中国政府借展

910. 盘，瓷器，葵瓣口，带有开片纹的灰青色釉，哥窑，口径 19.6 厘米，宋代，底部刻有乾隆御题。由中国政府借展

911. 三足圆炉，瓷器，玉顶木盖，带有开片纹的米色釉，哥窑，口径 13.2 厘米，宋代。由中国政府借展

912. 盘，瓷器，葵瓣口，带有开片纹的粉青色釉，哥窑，口径 19 厘米，宋代，底部有乾隆御题。由中国政府借展

913. 八方高足杯，瓷器，带有开片纹的浅青色釉，仿哥窑风格，高 9.4 厘米，成化窑，明代。由中国政府借展

914. 盘，瓷器，葵瓣口，带有开片纹的粉青灰色釉，哥窑，口径 17.6 厘米，宋代，底部有乾隆御题。由中国政府借展

915A. 赵孟頫（1254-1322 年）重江叠嶂图卷，纸本水墨，高 28.5 厘米，宽 176.5 厘米，可能为 16 世纪。由中国政府借展

916. 钱选（1235-约1290 年）桃枝翠鸟图，纸本设色，有题词，高 48 厘米，宽 34.7 厘米。由东京的根津嘉一郎借展

917. 刘松年（活跃于 1190-1230 年）唐五学士图，绢本设色，高 175.3 厘米，宽 106.5 厘米。由中国政府借展

918. 米芾（1051-1107 年）山景图，纸本水墨，高 51 厘米，宽 49 厘米，有作者签名，1102 年。由东京的中村不折借展

919. 钱选（1235-约1290 年）桃树鸽子图，纸本设色，高 45 厘米，宽 32 厘米。由东京的根津嘉一郎借展

920. 系列绢本水墨画：风景和水牛，36 厘米 ×35 厘米，署名戴嵩，可能为宋代。由柏林的德国国立博物馆借展

921. 系列绢本水墨画：风景，36 厘米 ×35 厘米，署名仲仁，可能为宋代。由柏林的德国国立博物馆借展

922. 系列纸本设色画：麻雀和稻杆，署名韩若拙，36 厘米 ×35 厘米，宋代。由柏林的德国国立博物馆借展

923. 瓶，瓷器，翻口圆状瓶体，影青釉，高 25.4 厘米，宋代。由伦敦的 H. J. 奥本海姆借展

924. 碗，瓷器，雕有篓子图案，影青釉，高 8.6 厘米，宋代。由荷兰海牙的 A. 勋里希特借展

925. 盒，瓷器，有盖，雕有花图案，影青釉，长 12 厘米，宋代。由斯德哥尔摩的 H. 劳里岑借展

926. 斗笠碗，瓷器，带有鱼的图案，影青釉，口径 18.3 厘米，宋代。由巴克斯温多弗的大英帝国二等勋位爵士阿兰·巴罗借展

927. 斗笠碗，瓷器，六边波浪形口缘，影青釉，口径 13.2 厘米，宋代。由伦敦的 H. J. 奥本海姆借展

928. 狮子，瓷器，影青釉，高 16 厘米，可能为宋代。由大英博物馆（尤摩弗帕勒斯的收藏）借展

929. 碗，瓷器，影青釉，口径 14 厘米，宋代。由巴克斯温多弗的大英帝国二等勋位爵士阿兰·巴罗借展

930. 小口瓶，瓷器，影青釉，雕有花纹，高 32 厘米，宋代。由大英博物馆（尤摩弗帕勒斯的收藏）借展

931. 碗，瓷器，影青釉，雕有叶纹，口径 17 厘米，宋代。由斯德哥尔摩的 C. 坎普借展

932. 瓶，瓷器，叶状瓶口，影青釉，雕有荷花纹，高 18.3 厘米，宋代。由伦敦的奥斯卡·拉斐尔借展

933. 瓶，瓷器，影青釉，高 18.3 厘米，宋代。由巴克斯温多弗的大英帝国二等勋位爵士阿兰·巴罗借展

934. 碗，瓷器，外部有花瓣图案，影青釉，口径 13.3 厘米，宋代。由巴克斯温多弗的大英帝国二等勋位爵士阿兰·巴罗借展

935. 长颈瓶，瓷器，影青釉，高 16.5 厘米，宋代。由伦敦的 H. J. 奥本海姆借展

936. 小笔洗，瓷器，荷叶形状，浅粉青色釉，据说为湘湖窑，宽 9 厘米，年代不确定，可能是南宋。由中国政府借展

937. 盒，瓷器，有盖，影青釉，雕有图案，高 12 厘米，宋代。由萨里郡贝沃斯的 F. 席勒借展

938. 碗，瓷器，雕有叶子形状的圆环，影青釉，口径 11 厘米，宋代。由大英博物馆（尤摩弗帕勒斯的收藏）借展

第 4 展厅 宋代

939. 碗，瓷器，雕有花的图案，影青釉，口径 22 厘米，宋代或元代。由斯德哥尔摩的柏格森詹尼尔·A. 伦德格伦借展
940. 香炉，瓷器，盖有孔，影青釉，高 13.5 厘米，宋代。由伦敦的乔治·约书亚夫人借展
941. 高足杯，瓷器，影青釉，划刻纹饰，高 9 厘米，宋代。由萨里郡贝沃斯的 F. 席勒借展
942. 斗笠碗，瓷器，影青釉，口径 13.5 厘米，宋代。由萨里郡贝沃斯的 F. 席勒借展
943. 斗笠碗，瓷器，影青釉，口径 17.7 厘米，宋代。由巴克斯温多弗的大英帝国二等勋位爵士阿兰·巴罗借展
944. 赵伯驹（12 世纪）阿阁图，绢本设色，高 73.4 厘米，宽 55.8 厘米，可能为宋代。由中国政府借展
945. 佚名宋人山水图，布本设色，高 154.9 厘米，宽 136.4 厘米，可能为公元 14 世纪。由中国政府借展
946. 佚名五代人雪渔图，绢本设色，高 62.2 厘米，宽 32.9 厘米，可能为宋代。由中国政府借展
947. 米芾（1051-1107）春山瑞松图，纸本设色，画上有宋高宗的题字，高 35.1 厘米，宽 44.1 厘米，可能来自宋代画家。由中国政府借展
948. 李安忠（活跃于约 1120-1160 年）系列绢本水墨画作：鹰犬逐兔图，来自端方的收藏，25 厘米 ×26 厘米。由大英博物馆（尤摩弗帕勒斯的收藏）借展
949. 刘蔡（宋代）系列绢本设色画作：三鱼图，22.8 厘米 ×22.2 厘米，可能为公元 14 世纪。由宾夕法尼亚艺术博物馆借展
950. 佚名系列绢本设色画作：枝上鸟图，25.6 厘米 ×19.6 厘米，宋代，来自端方的收藏。由大英博物馆（尤摩弗帕勒斯的收藏）借展
951. 碟，瓷器，带有细小开片纹的天青色釉，汝窑，口径 21.4 厘米，宋代，底部有铜制边缘并有题诗。由中国政府借展
952. 碗，瓷器，天青釉，汝窑，口径 15.3 厘米，宋代。由萨里郡贝沃斯的 F. 席勒借展
953. 笔洗，瓷器，带有开片纹的卵青色釉，汝窑，口径 14.4 厘米，宋代，底部和木台上有乾隆御题和汉字"佳"。由中国政府借展
954. 碗，瓷器，侧面为弧形，碗口翻转，铜制口缘，紫色开片纹，汝窑，

口径 17 厘米，宋代，底有乾隆御题。由伦敦的斐希瓦尔·大维德借展

955. 水仙盆，瓷器，椭圆形，带有开片纹的天青色釉，长 23 厘米，汝窑，宋代，底刻有乾隆御题诗，附雕纹木座，据说雍正时期此物曾根据皇帝命令送至景德镇，釉可能是复烧的。由中国政府借展

955A. 955 号雕纹木座抽屉内，藏有乾隆御笔书画合璧一册。由中国政府借展

956. 三牺尊，瓷器，造型为三只公羊的形状，天晴窑变米色釉，胎色为黄色，汝窑，高 20.4 厘米，宋代。由中国政府借展

957. 纸槌瓶，瓷器，棒槌形状，带有开片纹的粉青色釉，汝窑，高 22.6 厘米，宋代，底部和附属的木台上题有乾隆御题诗及汉字"奉华"二字。由中国政府借展

958. 出戟尊，瓷器，粉青色釉，汝窑，高 16.5 厘米，宋代，底部刻有"奉华"二字。由中国政府借展

959. 盘，瓷器，粉青色釉，汝窑，宋代，底部题有一首乾隆有关汝州的诗。由中国政府借展

960. 香炉，瓷器，圆柱形，三足，带有开片纹的天青色釉，汝窑，高 15.3 厘米，宋代。由伦敦的斐希瓦尔·大维德借展

961. 椭圆笔洗，瓷器，带有开片纹的卵青色釉，汝窑，宽 14.2 厘米，宋代。由中国政府借展

962. 碟，瓷器，带有开片纹的卵青色釉，镶有铜口缘，口径 12.8 厘米，宋代，底部刻有乾隆御题及汉字"丙"。由中国政府借展

963. 盘，瓷器，浅碟形，带有开片纹的暗紫灰色釉，汝窑，口径 12.9 厘米，宋代。由伦敦的斐希瓦尔·大维德借展

964. 盘，瓷器，带有开片纹的暗紫灰色釉，汝窑，口径 19.1 厘米，宋代，题有和第 959 号相似的乾隆御题诗。由伦敦的斐希瓦尔·大维德借展

965. 盘，瓷器，带有开片纹的粉青色釉，汝窑，口径 19.1 厘米，宋代，底部刻有乾隆御题和汉字"甲"。由中国政府借展

966. 杯托，瓷器，碗形，带有开片纹的紫灰色釉，汝窑，口径 17 厘米，宋代。由伦敦的斐希瓦尔·大维德借展

967. 火照，浅黄色胎，灰蓝色釉，刻有铭文"大观元年，丁亥年三月十五日（1107 年 4 月 9 日），内侍省副都知、汝州御窑主事萧福，监造青釉和第一道火"，口径 9 厘米，宋代。由伦敦的斐希瓦尔·大维德借展

968. 水仙盘，瓷器，椭圆形，带有开片纹的天青色釉，汝窑，长 23 厘米，

第 4 展厅 宋代

宋代。由中国政府借展

969. 尊，瓷器，划刻有三只兔头，浅灰色釉，镶黄铜口缘，疑似官窑，高 15.6 厘米，宋代。由中国政府借展

970. 李安忠（活跃于约 1120-1160 年）鹑图，绢本设色，曾为足利义政将军收藏，高 24 厘米，宽 45 厘米。由东京的根津嘉一郎借展

971. 佚名宋人，却坐图，绢本设色，高 147 厘米，宽 77.7 厘米，可能为明代。由中国政府借展

972. （传）梁楷（画师，约 1203 年）坐罗汉图，绢本设色，高 58 厘米，宽 52.3 厘米，宋代。由东京的根津嘉一郎借展

973. （传）黄筌（逝世于 965 年）秋鸭图，绢本设色，高 23 厘米，宽 34.9 厘米，宋代。由东京的根津嘉一郎借展

974. （传）周昉（逝世于 965 年）宫女图，绢本设色卷轴图，高 33.5 厘米，宽 205.5 厘米。由纽约的威廉·H. 摩尔夫人借展

975. 水壶，瓷器，带有龙形的把手，白釉，高 12.5 厘米，唐代。由萨里郡贝沃斯的 F. 席勒借展

976. 水壶，瓷器，带有绳索形的把手，乳白色釉，高 9.6 厘米，唐代。由斯德哥尔摩的 C. 坎普借展

977. 罐，瓷器，白色釉，四个环状系，高 30.5 厘米，唐代。由伦敦的沃尔特·塞奇威克夫妇借展

978. 双盒，瓷器，带有模糊开片纹的灰白色釉，鸽子形状的盖，长 8.9 厘米，宋代。由伦敦的 H. J. 奥本海姆借展

979. 高足杯，瓷器，乳白色釉，定窑风格，高 11.4 厘米，宋代。由巴克斯郡艾弗希思的阿尔弗雷德·克拉克夫妇借展

980. 盘，瓷器，浅碟形，白色釉，定窑，口径 18.9 厘米，宋代或更早，内部铭刻有四个汉字"定州公用"，在涿鹿县发现。由伦敦的斐希瓦尔·大维德借展

981. 瓶，瓷器，水瓶形状，弧形瓶身，白色釉，高 13.2 厘米，唐代。由伦敦的 H. J. 奥本海姆借展

982. 水盂，瓷器，三足，暖白色釉，高 5.6 厘米，宋代或更早。由斯德哥尔摩的 C. 坎普借展

983. 杯，瓷器，类似一个希腊角状环，带有浅雕装饰和乳白色釉，高 8.2 厘米，唐代。由伦敦的沃尔特·塞奇威克夫妇借展

984. 瓶，瓷器，带有开片纹的影青釉，高 7.8 厘米，宋代或更早。由纽约的萨缪尔·T. 彼得斯夫人借展
985. 长颈瓶，瓷器，高 13.9 厘米，唐代。由伦敦的尼尔·马尔科姆爵士少将（骑士指挥官、杰出服务勋章）借展
986. 杯，瓷器，黑白波纹装饰，高 9.4 厘米，唐代或更晚。由瑞典王储古斯塔夫六世·阿道夫借展
987. 瓶，瓷器，开片纹瓶体和叶形瓶口，暖白色釉，高 23.5 厘米，宋代。由伦敦的沃尔特·塞奇威克夫妇借展
988. 高足杯，陶器，叶形杯口，黄色釉，高 16.5 厘米，可能为唐代，来自查尔斯·L. 拉瑟斯顿的收藏。由伦敦和法纳姆的 C. L. 拉瑟斯顿夫人和拉瑟斯顿小姐借展
989. 镇纸，陶器，野兔形，乳白色釉，可能为磁州窑，高 9.8 厘米，宋代。由大英博物馆（尤摩弗帕勒斯的收藏）借展
990. 水壶，白瓷，高 13.3 厘米，唐代。由伦敦的尼尔·马尔科姆爵士少将（骑士指挥官、杰出服务勋章）借展
991. 碗，瓷器，暖白色釉，因埋藏而着色，高 11.5 厘米，宋代，来自查尔斯·L. 拉瑟斯顿的收藏。由伦敦和法纳姆的 C. L. 拉瑟斯顿夫人和拉瑟斯顿小姐借展
992. 盘，瓷器，花口盘体，暖白色釉下有鱼的浮雕，宽 16 厘米，唐代。由荷兰海牙的市立博物馆借展
993. 小水壶，瓷器，黑色釉上有羽毛状的花纹，高 11.4 厘米，唐代。由巴克斯郡艾弗希思的阿尔弗雷德·克拉克夫妇借展
994. 碗，白瓷，口径 19 厘米，可能为唐代，刻有汉字"观"。由伦敦的沃尔特·塞奇威克夫妇借展
995. 苏汉臣（活跃于约 1124 年）秋庭戏婴图，绢本设色，高 197.5 厘米，宽 108.6 厘米，可能为明代。由中国政府借展
996. 马远（活跃于约 1190-1224）对月图，绢本设色，高 149.8 厘米，宽 78.2 厘米，可能为元代。由中国政府借展
997. 宋徽宗（1082-1135 年）红蓼白鹅图，绢本设色，高 133.1 厘米，宽 86.4 厘米。由中国政府借展
998. 巨然和尚（活跃于约 975 年）雪图，纸本水墨，高 140 厘米，宽 55.8 厘米，可能为元代。由中国政府借展

第 4 展厅 宋代

999. 李迪（约 1130-1180）风雨归牧图，绢本设色，有宋高宗皇帝的题词，高 120.6 厘米，宽 103 厘米。由中国政府借展

1000. 佚名宋人阁楼图，绢本设色，高 242 厘米，宽 99.9 厘米。由东京的根津嘉一郎借展

1001. 吴镇（1280-1354 年）洞庭渔隐图，纸本水墨，高 145.8 厘米，宽 58.1 厘米。由中国政府借展

1002. 传马和之（活跃于约 1130-1180）闲忙图，绢本设色，高 124.5 厘米，宽 67.2 厘米，可能为宋代。由中国政府借展

1003. 苏汉臣（活跃约 1124）货郎图，绢本设色，高 159.4 厘米，宽 97.3 厘米，未署名，可能为明代。由中国政府借展

1004. 佚名宋人枇杷猿戏图，绢本设色，高 165 厘米，宽 107.9 厘米，可能为宋代。由中国政府借展

1005. （传）黄筌（逝世于 965 年）禽鸟图，高 23 厘米，宽 182.5 厘米，绢本设色卷轴画。由纽约的威廉·H. 摩尔夫人借展

1006. 碗，瓷器，灰绿色釉上刻有龙的图案，越窑，口径 27.6 厘米，宋代或更早。由纽约的大都会艺术博物馆借展

1007. 碗，瓷器，荷花芽形，灰绿色釉，口径 9.1 厘米，越窑，宋代。由霍夫郡的 A. T. 沃尔上尉借展

1008. 凤首壶，瓷器，壶颈上饰凤凰头，绿白色釉下雕有缠枝花卉和叶子纹，高 39 厘米，可能为唐代。由大英博物馆（尤摩弗帕勒斯的收藏）借展

1009. 碗，瓷器，划刻有龙和浪花，橄榄灰色绿釉，口沿边缘镶金，越窑，口径 14.5 厘米，宋代或更早。由伦敦的斐希瓦尔·大维德借展

1010. 盘，瓷器，划刻有两只凤凰的图案，灰绿色釉，越窑，口径 17.6 厘米，宋代或更早，底座刻有汉字"永"。由伦敦的斐希瓦尔·大维德借展

1011. 碗，瓷器，灰绿色釉，越窑，口径 13.4 厘米，宋代或更早。由伦敦的斐希瓦尔·大维德借展

1012. 瓶，瓷器，边缘为折叶形，带有开片纹的绿色釉，高 19 厘米，六朝。由伦敦的尼尔·马尔科姆爵士少将（骑士指挥官、杰出服务勋章）借展

1013. 浅碟，瓷器，划刻有荷花图案，越窑，口径 13.8 厘米，宋代或更早。由牛津郡图特保尔东的 C. G. 塞利格曼教授夫妇借展

1014. （传）佚名唐人雪景山水图，绢本设色，高 36.3 厘米，宽 68.6 厘米，可能为明代。由中国政府借展

1015. 传李昭道（活跃约 670-730）春山行旅图，绢本设色，高 95 厘米，宽 55 厘米，可能为明代摹本。由中国政府借展

1016. 宝塔，银，杭州某个宝塔的模型，有铭文显示日期为雍熙三年（986 年），高 33 厘米，宋代。由巴黎的吉美博物馆借展

1017. 斜倚的马，黑色玉，高 16.2 厘米，长 25.5 厘米，公元 9 世纪，公元 1422 年由永乐皇帝带到北京。由伦敦的奥斯卡·拉斐尔借展

1018. 盒，漆器，长 9 厘米，明代。由柏林的 K. R. 冯·罗格博士借展

1019. 碗，玉，菱形边缘，口径 25.4 厘米，宋代。由伦敦的奥斯卡·拉斐尔借展

1020. 玉牌，乳白色，嵌有涂漆，背面题有一首诗，13.3 厘米 ×9.7 厘米，约公元 1350 年。由伦敦的奥斯卡·拉斐尔借展

1021. 观音坐像，铜，鎏金，高 10.8 厘米，宋代。由海牙的 C. G. 维博格特－克拉默夫人借展

1022. 玉璧，雕有龙的图案，乳白色，口径 11.5 厘米，宋代。由纽约的大都会艺术博物馆借展

1023. 两女坐姿读书雕像，青铜，高 11 厘米，宋代。由柏林的 A. 布罗伊尔博士借展

1024. 一对龙形玉牌，乳白色，11.4 厘米 ×7.3 厘米，明代。由大英博物馆（尤摩弗帕勒斯的收藏）借展

1025. 铅牌，雕有一名女性图案，高 15.2 厘米，唐代，来自查尔斯·L. 拉瑟斯顿的收藏。由伦敦和法纳姆的 C. L. 拉瑟斯顿夫人和拉瑟斯顿小姐借展

1026. 头像，砂岩，高 19.6 厘米，唐代。由伦敦的 H. J. 奥本海姆借展

1027. 碟，雕漆，刻有红色牡丹花的装饰，题有制造者的名字"张茂"，口径 16.7 厘米，元代。由伦敦的斐希瓦尔·大维德借展

1028. 香盒，雕漆，题有制造者的名字"张茂"，长 8.5 厘米，元代。由柏林的德国国立博物馆借展

1029. 碟，雕漆，口沿为菱角花，刻有红色牡丹花的装饰，口径 19 厘米，明代，标记有永乐时期。由伦敦的斐希瓦尔·大维德借展

1030. 瓶，雕漆，石榴形状，题有制造者的名字，高 19.1 厘米，元代。由爱丁堡的皇家苏格兰博物馆借展

1031. 碗，玛瑙，口径 21.5 厘米，宋代。由雅典的 A. 贝纳基借展

1032. 银槎，张骞乘槎造型，有铭文，高 16.2 厘米，长 22.1 厘米，元代。由中国政府借展

1033. 玉马，乳白色，高 18.2 厘米，唐代。由布鲁塞尔的 A. 斯托克勒特借展

1034. 酒杯，银，雕刻乘槎造型，刻有乾隆题词，高 16.5 厘米，长 20 厘米，元代。由伦敦的斐希瓦尔·大维德借展

1035. 苏东坡（1036-1101 年）竹图，绢本水墨，37 厘米 ×31.5 厘米，来自端方的收藏。由大英博物馆（尤摩弗帕勒斯的收藏）借展

1036. （传）李龙眠（1040-1106 年）圣贤图，纸本水墨，高 26 厘米，长 32 厘米，可能为元代。由布鲁塞尔的 A. 斯托克勒特借展

1037. 吴镇（1280-1354 年）竹图，绢本水墨，22 厘米 ×21.5 厘米，来自端方的收藏。由大英博物馆（尤摩弗帕勒斯的收藏）借展

1038. 管道升夫人（赵孟頫妻子）（活跃于约 1300 年）山水图，纸本水墨卷轴画，高 15 厘米，长 112 厘米，元代。由纽约的威廉·H. 摩尔夫人借展

1039. （传）传苏东坡（1036-1101）竹图，纸本水墨，高 28 厘米，长 280 厘米，可能为元代。由威布里治郡的 A. W. 巴尔借展

第 5 展厅 宋代

1040. 方从义（14 世纪）高高亭图，纸本水墨，高 62.3 厘米，宽 28 厘米。由中国政府借展
1041. 佚名宋人对月图，绢本水墨淡设色，高 71.9 厘米，宽 93.6 厘米。由中国政府借展
1042. 佚名宋人华灯侍宴图，绢本设色，高 110 厘米，宽 53 厘米，可能为明代。由中国政府借展
1043. 大花盆，瓷器，渣斗式，月白窑变米色釉，钧窑，高 24.4 厘米，宋代。由中国政府借展
1044. 盆托，瓷器，莲花瓣式，天青窑变深紫色釉，钧窑，高 7.3 厘米，口径 22.5 厘米，宋代，底部刻有数字"三"。由中国政府借展
1045. 出戟尊，瓷器，月白色釉，钧窑，高 22 厘米，宋代，底部刻有数字"八"。由中国政府借展
1046. 笔洗，陶器，半个桃核的形状，内部为绿釉，宜兴钧窑，长 16 厘米，公元 16-17 世纪。由瑞典王储古斯塔夫六世·阿道夫借展
1047. 三足香炉，瓷器，灰蓝色杂有紫色釉，钧窑，高 9 厘米，宋代。由中国政府借展
1048. 大花盆，瓷器，斑点玫瑰紫釉，钧窑，高 22.5 厘米，宋代，底部刻有数字"二"。由中国政府借展
1049. 花盆，瓷器，渣斗式，斑点玫瑰紫釉，钧窑，高 19.5 厘米，宋代，底部刻有数字"五"。由中国政府借展
1050. 大碗，瓷器，莲花式，粉青色釉，钧窑，口径 23 厘米，宋代。由中国政府借展
1051. 笔洗，瓷器，蟠桃核形状，主体呈红色，洗内部呈天蓝窑变深紫色釉，可能为宜兴钧窑，口径 15 厘米，明代或更晚。由中国政府借展
1052. 碗，瓷器，淡紫色釉，窑变为粉色，钧窑，口径 15 厘米，宋代。由中国政府借展
1053. 花盆，瓷器，渣斗式，带有斑点的蓝灰色釉，钧窑，口径 15 厘米，宋代，底部刻有数字"二"。由中国政府借展
1054. 鼓式洗，瓷器，带有斑点的蓝灰色釉，钧窑，口径 25.5 厘米，宋代，底部刻有数字"一"。由中国政府借展

1055. 尊，瓷器，带有斑点的丁香紫色釉，钧窑，高 24.7 厘米，宋代，底部刻有数字"六"。由中国政府借展

1056.（传）韩滉集社斗牛图，绢本水墨，高 35.5 厘米，宽 96 厘米，可能为元代。由中国政府借展

1057. 吴镇（1280-1354 年）竹石图，纸本水墨，高 90.6 厘米，宽 42.5 厘米，可能为元代。由中国政府借展

1058. 管道升夫人（赵孟頫妻子）（活跃于约 1300 年）竹石图，纸本水墨，高 87.1 厘米，宽 28.7 厘米，有作者的印章。由中国政府借展

1059. 高克恭（活跃于约 1275 年）林峦烟雨图，纸本设色，高 122.8 厘米，宽 60.9 厘米，题词为公元 1333 年。由中国政府借展

1060. 郭天锡（活跃约 14 世纪）高使君诗，纸本水墨，高 81.5 厘米，宽 30.6 厘米。由中国政府借展

1061. 花盆，瓷器，六边形，带有紫色、深红色和蓝灰色的乳白色釉，钧窑，口径 27.4 厘米，宋代，底部刻有数字"二"。由伦敦的斐希瓦尔·大维德借展

1062. 高足杯，瓷器，紫红色斑块的蓝色釉，钧窑，高 9.2 厘米，宋代。由伦敦的斐希瓦尔·大维德借展

1063. 碗，瓷器，三足，乳白色釉，外部为紫色，内部为灰色，钧窑，口径 19 厘米，宋代，刻有数字"五"。由伦敦的斐希瓦尔·大维德借展

1064. 高足碗，瓷器，灰色釉，窑变为蓝色和紫色，钧窑，高 8 厘米，宋代。由巴黎的 M. 卡尔曼借展

1065. 花盆和底座，瓷器，六边形，六足，紫色釉，覆有灰色，钧窑，长 24.5 厘米，宋代，有蚯蚓走泥纹并刻有数字"七"。由伦敦的斐希瓦尔·大维德借展

1066. 三足香炉，瓷器，蓝灰色釉，泛有紫色，钧窑，高 10.8 厘米，宋代。由纽约的萨缪尔·T. 彼得斯夫人借展

1067. 瓶，瓷器，梨形，蓝灰色釉，弥漫有紫色，钧窑，高 29.3 厘米，宋代。由伦敦的斐希瓦尔·大维德借展

1068. 盘，瓷器，板沿口，蓝色釉，弥漫有紫色，口径 18.5 厘米，钧窑，宋代。由伦敦的斐希瓦尔·大维德借展

1069. 瓶，瓷器，蓝灰色釉，弥漫有一块紫色，钧窑，高 9.5 厘米，宋代。由大英博物馆（尤摩弗帕勒斯的收藏）借展

1070. 碗，瓷器，六边形，外部为有斑点的紫色釉，内部为蓝灰色釉，钧窑，宽 20 厘米，宋代，刻有数字"八"。由巴黎的罗森海姆夫人借展
1071. 盆，瓷器，饰有紫色斑块的蓝色釉，钧窑，口径 32 厘米，宋代。由巴黎的罗森海姆夫人借展
1072. 碗，瓷器，叶状口沿，饰有紫色斑块的蓝灰色釉，钧窑，口径 11.2 厘米，宋代。由海牙的 A. 勋里希特借展
1073. 碗，瓷器，饰有深红色鸟的图案的蓝色釉，钧窑，口径 13.7 厘米，宋代。由萨里郡的 F. 席勒借展
1074. 夏圭（活跃于约 1180-1230 年）山水十二景图（之四），分别题有：（1）"遥山书雁"，（2）"烟村归渡"，（3）"渔笛清幽"，（4）"烟堤晚泊"，绢本水墨，有作者签名，高 27.9 厘米，宽 253.4 厘米，原为十二景，宋代。由堪萨斯城的威廉·洛克希尔·尼尔森艺术中心借展
1075. 碗，瓷器，八面形，三足，蓝色釉，饰有紫色，钧窑，口径 21 厘米，宋代，底部刻有数字"七"和宫廷印章。由伦敦的斐希瓦尔·大维德借展
1076. 碗，瓷器，莲瓣形，蓝色釉，饰有紫色和深红色的蝙蝠图案，钧窑，口径 24.2 厘米，宋代。由伦敦的斐希瓦尔·大维德借展
1077. 碗，瓷器，蓝灰色釉，饰有紫色，钧窑，口径 8.7 厘米，宋代。由伦敦的斐希瓦尔·大维德借展
1078. 罐，瓷器，蓝色釉，饰有紫色，钧窑，高 9.7 厘米，宋代。由大英博物馆（尤摩弗帕勒斯的收藏）借展
1079. 瓶，瓷器，紫色釉，钧窑，高 16.8 厘米，宋代。由纽约的萨缪尔·T. 彼得斯夫人借展
1080. 深碗，瓷器，浅黄色胎，外为紫红色釉，内为淡蓝色，称为"软钧窑"，高 9 厘米，可能为元代。由巴黎的 M. 卡尔曼借展
1081. 盘，瓷器，紫色釉，有灰色杂色，可能为钧窑风格的景德镇窑，口径 17.7 厘米，明代或更早。由伦敦的斐希瓦尔·大维德借展
1082. 高足杯，瓷器，紫色釉，有灰色杂色，钧窑，口径 9.5 厘米，宋代。由伦敦的斐希瓦尔·大维德借展
1083. 罐，瓷器，双系，蓝灰色釉，饰有紫色，钧窑，高 13.9 厘米，宋代。由大英博物馆（尤摩弗帕勒斯的收藏）借展

第 5 展厅 宋代

1084. 花盆，瓷器，六边形，蓝色釉，饰有大量深红色，钧窑，高 19 厘米，宋代，底部刻有数字"三"。由宾夕法尼亚大学博物馆借展
1085. 花盆和底座，瓷器，方形，四足托座，蓝紫色釉，钧窑，高 14.6 厘米，宋代，底部和每一边上刻有数字"十"。由伦敦的斐希瓦尔·大维德借展
1086. 香瓶，瓷器，三足，蓝色釉，饰有紫色，钧窑，高 10 厘米，宋代。由海牙的 A. 勋里希特借展
1087. 盖盒，瓷器，灰色釉，饰有紫色，钧窑，口径 11 厘米，宋代。由伦敦的斐希瓦尔·大维德借展
1088. 花盆底座，瓷器，四边长方形状，乳紫色釉，钧窑，长 17.4 厘米，底部刻有数字"九"和一个皇室印章，宋代。由伦敦的斐希瓦尔·大维德借展
1089. 佚名元人江山楼阁图，纸本水墨，高 83.8 厘米，宽 40.4 厘米，可能为 17 世纪。由中国政府借展
1090. 张舜咨（约 14 世纪）树石图，纸本水墨，高 121.8 厘米，宽 35.2 厘米。由中国政府借展
1091. 高克恭（活跃于 1275 年）云山图，纸本水墨，高 121.8 厘米，宽 81.7 厘米。由中国政府借展
1092. 刘松年（活跃于 1190-1230）蚕事图，纸本，高 98.6 厘米，宽 33.2 厘米。由中国政府借展
1093. 盘，瓷器，五边花口形，带有开片纹的蓝灰色釉，钧窑，口径 25.8 厘米，宋代。由伦敦的 G. 尤摩弗帕勒斯借展
1094. 盖盒，瓷器，蓝灰色釉，钧窑，宽 13.2 厘米，宋代，来自查尔斯·L. 拉瑟斯顿的收藏。由法纳姆和伦敦的 C. L. 拉瑟斯顿夫人和拉瑟斯顿小姐借展
1095. 碗，瓷器，带有斑点的紫色釉，钧窑，口径 8.7 厘米，宋代。由巴克斯郡温多弗的理财法院首席法官、大英帝国二等勋位爵士阿兰·巴罗借展
1096. 香瓶，瓷器，三足，蓝色釉，软钧窑，高 8.5 厘米，可能为宋代。由海牙的 A. 勋里希特借展
1097. 瓶，瓷器，瓶身上有荷花瓣纹，浅黄色胎，蓝色釉，软钧窑，高 10.1 厘米，可能为宋代。由巴克斯郡艾弗希斯的阿尔弗雷德·克拉克夫妇借展

1098. 瓶，瓷器，微红色，蓝色釉，饰有紫色，软钧窑，高 7.2 厘米，宋代或更晚。由大英博物馆（尤摩弗帕勒斯的收藏）借展
1099. 水注，瓷器，微红色陶瓷，厚蓝色釉，饰有紫色，软钧窑，高 8 厘米，宋代或更晚。由伦敦的斐希瓦尔·大维德借展
1010. 浅碟，瓷器，八边形，蓝色釉，钧窑，口径 13.2 厘米，宋代。由伦敦的斐希瓦尔·大维德借展
1101. 碗，瓷器，带有开片纹的粉青色釉，钧窑，口径 12.3 厘米，宋代。由伦敦的斐希瓦尔·大维德借展
1102. 盖罐，瓷器，带有开片纹的蓝色釉，饰有紫色斑块，钧窑，高 25 厘米，宋代。由大英博物馆（尤摩弗帕勒斯的收藏）借展
1103. 深碗，瓷器，带有开片纹的淡紫兰色釉，钧窑，高 13.7 厘米，宋代。由伦敦的斐希瓦尔·大维德借展
1104. 水盂，瓷器，花形，蓝灰色釉，钧窑，长 10.7 厘米，宋代。由伦敦的斐希瓦尔·大维德借展
1105. 枕，瓷器，形状类似于如意头部，厚蓝灰釉，钧窑，长 29.8 厘米，宋代，底部有乾隆诗，诗中说来自于柴窑，来自北京的皇家收藏。由伦敦的斐希瓦尔·大维德借展
1106. 杯，瓷器，桃核形状，仿宋代时的玉杯，红棕色和带有开片纹的蓝色釉，长 10.2 厘米，明代晚期，边缘有铭文"好逸老者之手制"。由伦敦的斐希瓦尔·大维德借展
1107. 瓶，瓷器，淡紫兰色釉，饰有紫色，软钧窑，高 12.5 厘米，可能为宋代。由萨里郡贝奇沃斯的 F. 席勒借展
1108. 盘，瓷器，带有开片纹的暗粉青釉，口径 13.8 厘米，钧窑，可能为明代。由伦敦的斐希瓦尔·大维德借展
1109. 碗，瓷器，圆锥形，平滑的淡紫灰色釉，钧窑，口径 11.4 厘米，宋代。由堪萨斯城的威廉·洛克希尔·尼尔森美术馆借展
1110. 梅瓶，瓷器，蓝灰色釉，钧窑，高 40 厘米，宋代。由海牙的 A. 勋里希特借展
1111. 碗，瓷器，暗蓝色釉，钧窑，口径 15.8 厘米，宋代。由伦敦的奥斯卡·拉斐尔借展
1112. 笔洗，瓷器，六边形，有凸缘和把手，蓝色釉，钧窑，长 19.6 厘米，宋代。由伦敦的斐希瓦尔·大维德借展

1113. （传）刘松年（活跃于 1190-1230）三生图，绢本水墨淡设色，高 24.5 厘米，宽 99 厘米。由大英博物馆（尤摩弗帕勒斯的收藏）借展

1114. 许道宁（10 世纪后期）群山密雪图，纸本水墨，有徽宗皇帝题字，年代为 1108 年，高 165.2 厘米，宽 88.9 厘米，宋代。由神户住吉的安倍山内借展

1115. （传）李公年（12 世纪）山水图，绢本水墨，高 130.5 厘米，宽 49 厘米。由纽约的杜·鲍里斯·S. 莫里斯博士借展

1116. 赵孟頫（1254-1322 年）二马图，绢本水墨，高 40 厘米，宽 65 厘米，元代。由布鲁塞尔的 A. 斯托克勒特借展

1117. 牧溪和尚（13 世纪）竹雀图，纸本水墨，高 184.4 厘米，宽 45.4 厘米，宋代，曾经是足利义政将军的收藏。由东京的根津嘉一郎借展

1118. 曹知白（1272-1355 年）双松图，绢本水墨，高 132.1 厘米，宽 57.5 厘米，元代，题款为公元 1329 年。由中国政府借展

1119. 任仁发（14 世纪）饲马图，绢本水墨设色，高 50 厘米，宽 75 厘米。由维多利亚和阿尔伯特博物馆（尤摩弗帕勒斯的收藏）借展

1120. （传）王渊（元代）桃树鹦鹉图，绢本设色，高 177.9 厘米，宽 60.8 厘米，来自西本愿寺的收藏。由东京的根津嘉一郎借展

1121. 柯九思（1312-1365 年）墨竹，纸本水墨，高 101 厘米，宽 49.7 厘米。由中国政府借展

1122. 陆广（14 世纪）五瑞图，纸本设色，高 126 厘米，宽 60.5 厘米。由中国政府借展

1123. 佚名元人射雁图，绢本设色，高 131.8 厘米，宽 93.6 厘米。由中国政府借展

1124. 缂丝，绢地，东方朔偷桃图案，高 116.3 厘米，宽 603 厘米，明代。由纽约的大都会艺术博物馆借展

1125. （传）宋徽宗（1082-1135 年）鹦鹉图，纸本水墨，高 87.5 厘米，宽 52 厘米。由纽约的通运股份有限公司借展

1126. 董源（活跃于 10 世纪晚期）龙宿郊民图，绢本设色，高 156.3 厘米，宽 160.1 厘米，没有签名，但来源可证实。由中国政府借展

1127. 夏圭(活跃于约 1180-1230)长江万里图,绢本水墨卷轴图,高 26.9 厘米,宽 1114.3 厘米,有天历（1328-1330 年）年间的皇家印章,和柯九思于公元 1335 年的题词。由中国政府借展

1128. 王渊（活跃于约1329年）鹰逐画眉图，绢本设色，高116.6厘米，宽53.2厘米。由中国政府借展

1129. 张中（约1350年）花鸟图，纸本设色，高122.7厘米，宽43.6厘米，有作者签名并注明日期为公元1351年。由中国政府借展

1130. 顾安（活跃于1333年）平安磐石图，绢本水墨，高186.9厘米，宽103.9厘米，有作者的签名并标明日期为公元1350年。由中国政府借展

1131. 倪瓒（1301-1374）容膝斋图，纸本设色，高111.4厘米，宽60.1厘米。由中国政府借展

1132. 王蒙（逝世于1385年）东山草堂图，纸本设色，高111.4厘米，宽60.1厘米。由中国政府借展

1133. 李唐（活跃于约1100-1130）乳牛图，绢本设色，高46.4厘米，宽62.9厘米，未署名，可能为宋代。由中国政府借展

1134. 佚名宋人浣月图，绢本设色，高77.5厘米，宽50厘米，可能为宋代。由中国政府借展

1135. 佚名宋人安和图，鹌鹑与禾穗，绢本设色，高105.6厘米，宽52.5厘米，可能为宋代。由中国政府借展

1136. 崔白（活跃与约1040-1070）芦汀宿雁图，绢本设色，高106厘米，宽51.2厘米，未署名，可能为宋代。由中国政府借展

1137. 钱选（1235-约1290年）秋瓜图，纸本设色，有作者的题款，高63厘米，宽30厘米，可能为明代。由中国政府借展

1138. （传）赵伯驹（12世纪）春山图，纸本设色，高89.8厘米，宽32.4厘米，唐代风格画作。由中国政府借展

1139. （传）郭熙（约1020-1090）雪山图，绢本卷轴画。由俄亥俄州托莱多的托莱多艺术博物馆借展

1140. 米友仁（活跃于约1120年）云山图卷，绢本水墨卷轴画，带有高光，高43.5厘米，宽192.5厘米，有作者的署名，题款为公元1130年，宋代。由俄亥俄州克里夫兰的克里夫兰艺术博物馆借展

1141. （传）武宗元（活跃于约1010年）五仙年宴图，一对绢本水墨卷轴画，高52厘米，宽593厘米，可能为明代。由纽约大都会艺术博物馆借展

1142. 明代佚名绢本设色系列画，罗刹部落，26.2厘米×31.3厘米。由纽约

的 G. 德尔·德拉戈夫妇借展

1143. 系列绢本设色画，署名作者为阎立本：老子图，25.7 厘米 ×17 厘米，可能为宋代。由伦敦的 H. J. 奥本海姆借展

1144. 明代佚名绢本设色系列画：鞑靼人，26.8 厘米 ×28.5 厘米。由纽约的 G. 德尔·德拉戈夫妇借展

第 6 展厅

宋代

1145. （传）赵孟頫（1254-1322年）文姬归汉图，绢本设色，高129.7厘米，宽91厘米，可能为明代。由纽约的G.德尔·德拉戈夫妇借展

1146. 佚名南宋人罗汉和蛇，绢本设色，高199厘米，宽76.5厘米。由柏林的德国国立博物馆借展

1147. 壶，瓷器，蓝黑色釉，河南窑，高33.5厘米，可能为元代。由斯德哥尔摩的C.坎普借展

1148. 瓶，瓷器，黑釉，河南窑，高31.5厘米，宋代。由巴黎的M.卡尔曼借展

1149. 碗，瓷器，黑色釉上有红色斑点，建窑，口径16.2厘米，宋代，底部刻有数字七。由伦敦的奥斯卡·拉斐尔借展

1150. 碗，瓷器，黑色碗内底有叶纹，河南窑（应为吉州窑），口径14.9厘米，宋代。由巴克斯郡艾弗希斯的阿尔弗雷德·克拉克夫妇借展

1151. 钵，瓷器，内白釉，外部有棕色釉，河南窑，高7.2厘米，可能为宋代。由维多利亚和阿尔伯特博物馆（尤摩弗帕勒斯的收藏）借展

1152. 碗，瓷器，有黑色斑点，河南窑，口径12.6厘米，宋代。由巴克斯郡温多弗的理财法院首席法官、大英帝国二等勋位爵士阿兰·巴罗借展

1153. 茶碗，瓷器，棕黄色釉，建窑，口径12.1厘米，宋代。由大英博物馆（尤摩弗帕勒斯的收藏）借展

1154. 碗，瓷器，碗内有樱桃形的花纹，河南窑（应为吉州窑），口径15.8厘米，宋代。由巴克斯郡艾弗希斯的阿尔弗雷德·克拉克夫妇借展

1155. 碗，瓷器，圆锥形，带有斑点的金棕色釉，口径25.5厘米，宋代。由伦敦的斐希瓦尔·大维德借展

1156. 茶碗，瓷器，暗棕色，有厚重的黑色釉，点缀有棕色兔毫纹，建窑，口径16.5厘米，宋代。由伦敦的斐希瓦尔·大维德借展

1157. 瓶，瓷器，亮黑色釉有棕色花的图案，河南窑，口径27.3厘米，宋代。由伦敦的H.J.奥本海姆借展

1158. 碗，瓷器，白色胎体，带有黑色釉和金棕色的叶子图案，河南窑（应为吉州窑），镶黄铜口缘，口径15.3厘米，宋代。由中国政府借展

第 6 展厅

1159. 茶碗，瓷器，厚重的黑色釉，并饰有银色斑点，河南窑，口径 9.3 厘米，宋代。由伦敦的斐希瓦尔·大维德借展

1160. 茶碗，瓷器，黑色釉，点缀有棕色兔毫纹，边缘有镀金，建窑，口径 11.5 厘米，宋代。由大英博物馆（尤摩弗帕勒斯的收藏）借展

1161. 茶碗，瓷器，带有棕色菊花花瓣的黑色釉，河南窑，口径 8.3 厘米，宋代。由大英博物馆（尤摩弗帕勒斯的收藏）借展

1162. (传)巨然和尚(活跃于约 975 年)烟江图，绢本水墨卷轴画，高 29.7 厘米，宽 410.8 厘米，可能为元代。由宾夕法尼亚艺术博物馆借展

1163. （传）马远（活跃于约 1190-1224）月光泛舟图，绢本水墨微设色，高 176.5 厘米，宽 83.3 厘米。由大英博物馆（尤摩弗帕勒斯的收藏）借展

1164. 吴廷晖（约 14 世纪）龙舟夺标图，绢本设色，高 124.1 厘米，宽 65.6 厘米，可能为 17 世纪。由中国政府借展

1165. 王綦（明代后期）溪桥红树图，纸本设色，高 88.2 厘米，宽 57.8 厘米，有作者署名并标明日期为 1606 年。由中国政府借展

1166. 瓶，瓷器，卵形，饰有刻划花卉纹，荷花瓣形系，乳白色釉，定窑，高 30.5 厘米，宋代。由巴克斯郡艾弗希斯的阿尔弗雷德·克拉克夫妇借展

1167. 碗，瓷器，乳白色釉下饰有飞翔的凤凰图案，定窑，口径 17.8 厘米，宋代，底部有乾隆御题诗。由伦敦的斐希瓦尔·大维德借展

1168. 盘，瓷器，扇、花形口沿，定窑，口径 25.3 厘米，宋代。由海牙的 A. 勋里希特借展

1169. 盒，瓷器，有盖，乳白色釉下刻有花卉图案，定窑，口径 7.8 厘米，宋代。由巴克斯郡艾弗希斯的阿尔弗雷德·克拉克夫妇借展

1170. 盘，瓷器，乳白色釉下刻有百合图案，底部釉下有题字"绍兴年（1131-1162 年）永和舒家造"，吉州窑，口径 16.6 厘米，宋代。由伦敦的斐希瓦尔·大维德借展

1171. 香炉，瓷器，三足，体表面有旋纹，乳白色釉，定窑，口径 14 厘米，宋代。由海牙的 A. 勋里希特借展

1172. 盘，瓷器，乳色釉下刻有鱼和波浪图案的装饰，定窑，口径 18 厘米，宋代。由伦敦的斐希瓦尔·大维德借展

1173. 瓶，瓷器，棒槌形状，乳白色釉上刻有百合图案，定窑，高 24.8 厘米，

宋代。由伦敦的斐希瓦尔·大维德借展

1174. 盘，瓷器，乳白色釉，内侧雕有水生植物和鸭子的图案，镶铜制口缘，定窑，口径21.9厘米，宋代。由伦敦的斐希瓦尔·大维德借展

1175. 笔洗，瓷器，乳白色釉，定窑，口径13.5厘米，底部带有"大宋熙宁年造"的标记，公元1068-1077年。由伦敦的斐希瓦尔·大维德借展

1176. 碗，瓷器，三个球足形，亮黑色釉，可能为定州窑，口径21.5厘米，宋代。由萨里郡贝奇沃斯的F.席勒借展

1177. 盒，瓷器，刻有百合图案和乳白色釉，定窑，口径11.7厘米，宋代。由德累斯顿的国家艺术收藏馆借展

1178. 方盘，瓷器，定窑，宽13.3厘米，底部刻有乾隆御题。由斯德哥尔摩的国立博物馆借展

1179. 盘，瓷器，三叶草形，乳白色釉，口径13.3厘米，宋代或更早，底部刻有汉字"会稽"（浙江绍兴的古名）。由伦敦的斐希瓦尔·大维德借展

1180. 盘，瓷器，乳白色釉下刻有牡丹图案，镶铜制口缘，定窑，口径18.6厘米，宋代。由伦敦的斐希瓦尔·大维德借展

1181. 瓶，瓷器，卵形，乳白色釉下刻有百合图案，定窑，高29.1厘米，宋代。由维多利亚和阿尔伯特博物馆（尤摩弗帕勒斯的收藏）借展

1182. 盘，瓷器，铸有鱼和水草图案，乳白色釉，定窑，口径18.9厘米，宋代。由伦敦的沃尔特·塞奇威克夫妇借展

1183. 盘，瓷器，叶状边缘，乳白色釉下雕有图案，定窑，口径25.7厘米，宋代。由伦敦的H. J. 奥本海姆借展

1184. 钱选（1235-1290年）早秋图，纸本设色卷轴，有作者签名，高26.6厘米，宽120.1厘米，元代。由美国底特律的底特律艺术博物馆借展

1185. 陆治（1496-1567年）支硎山图，纸本设色，高83.6厘米，宽34.8厘米。由中国政府借展

1186. 文徵明（1470-1567年）影翠轩图，纸本设色，高67.1厘米，宽31厘米。由中国政府借展

1187. 腰鼓，瓷器，雕有云朵图案，上有乳白色釉，定窑，高26厘米，宋代。由伦敦的斐希瓦尔·大维德借展

1188. 盘，瓷器，乳白色釉下划刻有荷花、柳树和鹅的装饰，口径28.5厘米，定窑，宋代，背面刻有汉字"天水郡"，正面刻有皇帝姓氏"赵"。

由伦敦的斐希瓦尔·大维德借展

1189. 杯，瓷器，黑色釉，杯托为白色陶瓷，口径 6.8 厘米，宋代。由斯德哥尔摩的 J. 海尔纳博士借展

1190. 象，瓷器，带有精密开片纹的乳色釉，定窑风格，长 28.8 厘米，可能为宋代，背面嵌有乾隆时期的景泰蓝珐琅花插，来自北京皇家收藏。由伦敦的斐希瓦尔·大维德借展

1191. 四棱形瓶和盖，瓷器，带有开片纹的乳色釉，定窑风格，高 17 厘米，宋代。由大英博物馆（尤摩弗帕勒斯的收藏）借展

1192. 小罐，瓷器，乳色釉，定窑风格，高 6 厘米，宽 9.5 厘米，宋代。由伦敦的奥斯卡·拉斐尔借展

1193. 瓶，象耳，带有哥窑风格的灰白色开片纹釉，高 20.3 厘米，可能为宋代。由伦敦的奥斯卡·拉斐尔借展

1194. 盘口长颈瓶，瓷器，乳白色釉，定窑风格，高 46 厘米，宋代。由大英博物馆（尤摩弗帕勒斯的收藏）借展

1195. 碗，瓷器，深亮棕色釉，河南窑或定州窑，口径 18.5 厘米，宋代。由伦敦的斐希瓦尔·大维德借展

1196. 盆，瓷器，乳色釉上刻有花卉装饰，镶铜制口缘，定窑，口径 27.7 厘米，宋代。由伦敦的斐希瓦尔·大维德借展

1197. 双葫芦形瓶，瓷器，茶叶末釉，有灰色斑点，刻有年号"祥符"，公元 1008 年，高 10.5 厘米，宋代。由伦敦的斐希瓦尔·大维德借展

1198. 盘，瓷器，乳白色釉下划刻有龙的图案，定窑，口径 21.2 厘米，宋代，底部刻有汉字"奉华"二字。由伦敦的斐希瓦尔·大维德借展

1199. 梅瓶，瓷器，乳色釉下划刻有花卉图案，定窑，高 36.7 厘米，宋代。由伦敦的斐希瓦尔·大维德借展

1200. 盘，瓷器，乳白色釉，划刻有龙的图案，定窑，口径 30 厘米，宋代。由伦敦的斐希瓦尔·大维德借展

1201. 瓶，瓷器，定窑风格，划刻有龙纹图案，高 27 厘米，可能为公元 17 世纪。由大英博物馆（尤摩弗帕勒斯的收藏）借展

1202. 大象，瓷器，带有乳白色开片纹的釉，定窑风格，高 18.8 厘米，可能为宋代。由大英博物馆（尤摩弗帕勒斯的收藏）借展

1203. 佚名宋人江帆山市图卷，纸本淡设色卷轴画，高 28.6 厘米，宽 44 厘米，可能为 13 世纪。由中国政府借展

1204. 钱选（1235-约1290年）桃枝松鼠图卷，纸本设色卷轴画，高26.4厘米，宽44.3厘米，有作者的印章。由中国政府借展

1205. 丝绣大士像，绫地，据称为宋代，但可能为之后作品，87厘米×48.6厘米。由中国政府借展

1206. 盛懋（活跃于约14世纪中叶）秋林高士图，绢本设色，高135.5厘米，宽58.9厘米，可能为明代。由中国政府借展

1207. （传）许道宁（10世纪晚期）山景图，绢本水墨，高147.4厘米，宽88.9厘米，之前为端方收藏，可能为元代。由伦敦的H. J. 奥本海姆借展

1208. 碗，瓷器，外部棕色釉，内部为金棕色斑点釉，饰有三鸟，口径15.2厘米，宋代。由维多利亚和阿尔伯特博物馆（尤摩弗帕勒斯的收藏）借展

1209. 罐，瓷器，黑色釉，有垂釉现象，河南窑，高11.1厘米，宋代。由巴克斯郡艾弗希斯的阿尔弗雷德·克拉克夫妇借展

1210. 圆锥形碗，瓷器，棕色和黑色釉，河南窑，口径16.4厘米，宋代。由海牙的A. 勋里希特借展

1211. 碗，瓷器，黑色釉，有金棕色的圆点和条纹，河南窑，口径19.5厘米，宋代。由大英博物馆（尤摩弗帕勒斯的收藏）借展

1212. 瓶，瓷器，长颈，黑色釉，高38厘米，明代。由伦敦的斐希瓦尔·大维德借展

1213. 罐，瓷器，棕色釉和白色竖纹，河南窑，高17.2厘米，宋代。由维多利亚和阿尔伯特博物馆（尤摩弗帕勒斯的收藏）借展

1214. 碗，瓷器，白色胎体，施乌金色釉，镶黄铜口沿，建窑，口径14厘米，宋代。由中国政府借展

1215. 瓶，瓷器，黑色釉上有浅黄色点，高11.5厘米，宋代。由海牙的A. 勋里希特借展

1216. 碗，瓷器，白色胎体，黑色釉上有金棕色鹧鸪羽毛般的条纹，镶黄铜口缘，建窑，口径20厘米，宋代。由中国政府借展

1217. 碗，瓷器，黑色釉，河南窑，口径20.5厘米，宋代。由巴黎的M. 卡尔曼借展

1218. 壶，瓷器，黑色釉和垂釉现象，河南窑，高13厘米，宋代。由瑞典王储古斯塔夫六世·阿道夫借展

1219. 罐，瓷器，棕色和黑色釉上有环状图案，吉州窑，口径14.2厘米，宋代。

由爱丁堡的约翰·瓦里克法学博士借展

1220. 碗，瓷器，板沿式口，黑色釉，饰有棕黄色斑，河南窑，口径18厘米，宋代。由大英博物馆（尤摩弗帕勒斯的收藏）借展

1221. （传）江参（活跃于约1200年）百牛图，纸本水墨卷轴画，高31.8厘米，宽221.8厘米。由纽约的大都会艺术博物馆借展

1222. 吕纪（活跃于1488-1506）雪景翎毛图，绢本设色，高170.2厘米，宽90.7厘米。由中国政府借展

1223. 颜辉（14世纪）袁安卧雪图，绢本水墨，高160.7厘米，宽105.7厘米，元代。由中国政府借展

1224. 崔子忠（活跃于约1600-1650）桐荫博古图，纸本设色，高181.3厘米，宽75.5厘米，作者署名并题款日期为1640年。由中国政府借展

1225. 缂丝，绢地，蟠桃献寿纹，147.7厘米×54.3厘米，传为宋代，但可能为宋代之后。由中国政府借展

1226. 瓶，瓷器，棕色釉，饰有花卉图案，磁州窑，高36.8厘米，宋代。由伦敦的奥斯卡·拉斐尔借展

1227. 碗，瓷器，乳色釉上有棕色的鱼图案，磁州窑风格，高15.3厘米，可能为元代，来自查尔斯·L. 拉瑟斯顿的收藏。由法纳姆和伦敦的C. L. 拉瑟斯顿夫人和拉瑟斯顿小姐借展

1228. 瓶，瓷器，鼠灰色化妆土，乳白色釉下雕有牡丹图案，磁州窑，高32厘米，宋代。由巴黎的卢芹斋借展

1229. 瓶，瓷器，白色化妆土上饰有茶绿色牡丹图案，磁州窑，高27.3厘米，宋代。由巴克斯郡艾弗希斯的阿尔弗雷德·克拉克夫妇借展

1230. 瓶，瓷器，乳色釉下刻有牡丹图案，磁州窑，高31.7厘米，宋代。由大英博物馆（尤摩弗帕勒斯的收藏）借展

1231. 瓶，瓷器，白色化妆土上刻有绿浅黄色牡丹卷形装饰，磁州窑，高45.7厘米，宋代。由纽约的萨缪尔·T. 彼得斯夫人借展

1232. 礼服残片，带有金线织成的鹦鹉和龙的图案，题有名字"穆罕默德"，高74厘米，宽39厘米，公元14世纪。由但泽的国立博物馆借展

1233. 瓶，瓷器，绿色釉下雕有花卉装饰，磁州窑，高39厘米，宋代。由大英博物馆（尤摩弗帕勒斯的收藏）借展

1234. 枕头，红陶，雕有鸭子的图案，彩色釉，长43.1厘米，可能为宋代。由伦敦的尼尔·马尔科姆爵士少将（骑士指挥官、杰出服务勋章）借展

1235. 一对桌子，黑色漆器，镶有珍珠母粉，高 85 厘米，长 145 厘米，公元 17 世纪。由巴黎的 L. 米琼借展

1236. 唐寅（1470-1523 年）山路松声图，绢本水墨，高 184.2 厘米，宽 96.5 厘米。由中国政府借展

1237. 梅瓶，瓷器，乳色化妆土上有黑色花卉形饰纹，磁州窑，高 36.5 厘米，宋代。由萨里郡贝奇沃斯的 F. 席勒借展

1238. 瓶，瓷器，白色化妆土上饰有圆形花纹装饰和黑色云彩图案，乳色釉，磁州窑，高 34 厘米，宋代。由萨里郡贝奇沃斯的 F. 席勒借展

1239. 瓶，瓷器，黑色釉，有花卉形的把手，磁州窑，高 35.5 厘米，宋代。由大英博物馆(尤摩弗帕勒斯的收藏)借展(第 1239A 号移至第八展厅。)

1239A. 丝缎残片，卷形荷花图案，有汉字"寿"，中国为埃及市场制造，在福斯塔特发现，公元 14 世纪。由开罗的阿拉伯博物馆借展

1240. 瓶，瓷器，灰色化妆土上雕有图案，磁州窑，高 35.5 厘米，宋代，来自查尔斯·L. 拉瑟斯顿的收藏。由法纳姆和伦敦的 C. L. 拉瑟斯顿夫人和拉瑟斯顿小姐借展

1241. 梅瓶，瓷器，棕色和黑色釉，可能为河南窑，高 48 厘米，宋代。由大英博物馆（尤摩弗帕勒斯的收藏）借展

1242. 缂丝，绢地，赵昌竹梅双喜图，99.2 厘米×42 厘米，传为宋代，但可能为宋代之后。由中国政府借展

1243. 佚名明人老者图，绢本设色，高 152.5 厘米，宽 99.1 厘米。由伦敦的亨利·温斯洛夫人借展

1244. 瓶，瓷器，白色化妆土剔刻有黑色牡丹图案，磁州窑，高 20.5 厘米，宋代。由大英博物馆（尤摩弗帕勒斯的收藏）借展

1245. 盖罐，瓷器，乳色化妆土剔刻有黑色的卷形花卉图案，磁州窑，高 12 厘米，宋代。由伦敦的斐希瓦尔·大维德借展

1246. 长颈瓶，瓷器，乳白色釉，剔刻黑色五爪龙图案，磁州窑，高 56.9 厘米，宋代，有五个字的题词"刘家造花瓶"，据说发现于河北省清河县。由堪萨斯城的威廉·洛克希尔·尼尔森美术馆借展（第 1246A 号移至第八展厅。）

1246A. 丝缎残片，有卷形荷花图案和"穆罕默德"一词，中国为埃及市场制造，在福斯塔特发现，公元 14 世纪。由开罗的阿拉伯博物馆借展

1247. 罐，瓷器，灰白色化妆土上刻有黑色牡丹图案，磁州窑，高 29.9 厘米，

宋代。由大英博物馆（尤摩弗帕勒斯的收藏）借展

1248. 梅瓶，瓷器，黑色边缘有白色的釉与装饰，磁州窑，高32.4厘米，宋代。由伦敦的沃尔特·塞奇威克夫妇借展

1249. 灯，瓷器，乳白色釉，以及刻有轮廓的黑色卷草牡丹图案，磁州窑，高32.4厘米，宋代。由芝加哥的拉塞尔·泰森借展

1250. 枕头，瓷器，白色化妆土上剔刻有黑色熊的图案，磁州窑，宽33.5厘米，宋代。由大英博物馆（尤摩弗帕勒斯的收藏）借展

1251. 桌，白色漆器，长126厘米，宽65厘米。由巴黎的L.米琼借展

1252. 枕头，瓷器，有杂乱的花卉装饰，磁州窑，长33.6厘米，宋代。由伦敦的尼尔·马尔科姆爵士少将（骑士指挥官、杰出服务勋章）借展

1253. 缂丝，绢地，崔白天仙寿芝图，102.3厘米×44.8厘米，明代。由中国政府借展

1254. 瓶，瓷器，乳色釉上装饰有黑色牡丹图案，高43厘米，宋代。由巴黎的卢浮宫借展

1255. 碗，瓷器，饰有红色、黄色和绿色的花卉，磁州窑，高22.2厘米，宋代。由伦敦的奥斯卡·拉斐尔借展

1256. 坐姿武官像，瓷器，有珐琅色装饰，题有制造地"磁州"，磁州窑，高42厘米，可能为宋代。由巴黎的万涅克夫人借展

1257. 罐，瓷器，乳色釉上涂有红色和绿色图案，磁州窑，高43.8厘米，可能为宋代晚期。由瑞典默恩达尔的A.赫尔斯特伦借展（第1257A.号移至第八展厅。）

1257A. 丝缎残片，有传统图案和"寿"字，中国为埃及市场制造，在福斯塔特发现，公元14世纪。由开罗的阿拉伯博物馆借展

1258. 钟离权像，瓷器，黑彩和乳色釉，磁州窑，高26.5厘米，宋代。由大英博物馆（尤摩弗帕勒斯的收藏）借展

1259. 罐，瓷器，乳色釉，饰有红色和绿色牡丹图案，磁州窑，高10.8厘米，宋代。由巴克斯郡艾弗希斯的阿尔弗雷德·克拉克夫妇借展

1260. 瓶，瓷器，暖白色釉下有三朵黑色花卉图案，磁州窑，高26.6厘米，宋代。由维多利亚和阿尔伯特博物馆（尤摩弗帕勒斯的收藏）借展

1261. 沈周（1427-1509年）庐山高图，纸本水墨淡设色，高193.5厘米，宽98.2厘米，有作者署名并题款日期为公元1467年。由中国政府借展

1262. 张雨（1277-1348年）绝顶新秋诗轴（七言绝句草书），高153厘米，

宽 33.6 厘米。由中国政府借展

1263. 瓶，瓷器，长颈，叶形口缘，白釉，饰有绿色鸢尾图案，磁州窑，高 37 厘米，宋代。由维多利亚和阿尔伯特博物馆（尤摩弗帕勒斯的收藏）借展

1264. 瓶，瓷器，乳色釉下有黑色牡丹图案，磁州窑，高 25.4 厘米，宋代。由维多利亚和阿尔伯特博物馆（尤摩弗帕勒斯的收藏）借展

1265. 长颈瓶，瓷器，江南定窑，高 41.6 厘米，明代。由巴克斯郡温多弗的理财法院首席法官、大英帝国二等勋位爵士阿兰·巴罗借展

1266. 梅瓶，瓷器，乳色釉下有黑色花卉和叶的图案，磁州窑，高 40.6 厘米，宋代。由维多利亚和阿尔伯特博物馆（尤摩弗帕勒斯的收藏）借展

1267. 梅瓶，瓷器，刻有卷形牡丹图案，乳色釉，磁州窑，高 39.3 厘米，宋代。由维多利亚和阿尔伯特博物馆（尤摩弗帕勒斯的收藏）借展

1268. 瓶，瓷器，浅棕色釉下装饰有几簇白色叶纹，磁州窑，高 34 厘米，宋代。由伦敦的 H. J. 奥本海姆借展

1269. 缂丝，亦集乃的密宗旗，高 101 厘米，宽 50 厘米，公元 13 世纪。由苏联政府借展

1270. 瓶，瓷器，绿色釉下装饰有牡丹图案，磁州窑，高 30.5 厘米，宋代。由大英博物馆（尤摩弗帕勒斯的收藏）借展

1271. 枕，瓷器，刻有人物花卉图案，彩色釉，河南窑，长 29.3 厘米，可能为宋代，来自查尔斯·L. 拉瑟斯顿的收藏。由法纳姆和伦敦的 C. L. 拉瑟斯顿夫人和拉瑟斯顿小姐借展

1272. 文嘉（1501-1583 年）瀛洲仙侣图，纸本设色，高 70.6 厘米，宽 25.7 厘米。由中国政府借展

1273. 仇英（活跃于 1522-1560）秋江待渡图，绢本设色，高 154.4 厘米，宽 133.3 厘米，清代。由中国政府借展

1274. 文徵明（1470-1559 年）江南春图，纸本设色，高 106.1 厘米，宽 30.6 厘米，有作者署名并题款为公元 1547 年。

1275. 敦，瓷器，仿青铜器形状，体表有弦纹，龙型双耳，牙白色釉，吉州窑，高 11 厘米，南宋。由中国政府借展

1276. 盘口鹅颈瓶，瓷器，圆形瓶身，细长瓶颈，瓶口带凸缘，划花丹凤朝阳纹，萤白色釉，定窑，高 14.8 厘米，宋代，可能为清代仿定窑风格。由中国政府借展

1277. 柳斗杯，瓷器，柳条编成的篮子形状，蟹白色釉，镶有镀金铜口，定窑，高 7.8 厘米，可能为宋代。由中国政府借展

1278. 盘口鹅颈瓶，瓷器，瓶口带凸缘，蟹白色釉，定窑，高 15.9 厘米，宋代，带木座。由中国政府借展

1279. 印盒，瓷器，用于盛装朱砂，釉下划花灵芝纹，定窑，口径 10.6 厘米，宋代。由中国政府借展

1280. 方形笔洗，瓷器，灰白釉色，饰有菊花图案的装饰，吉州窑，宽 11.3 厘米，可能为宋代。由中国政府借展

1281. 罐，瓷器，柳编鱼篓形状，白色釉，定窑，高 16.7 厘米，可能为宋代。由中国政府借展

1282. 小瓶，瓷器，撇口，牙白色釉，吉州窑，高 9 厘米，可能为南宋，底部和木制底座有乾隆御题诗。由中国政府借展

1283. 碗，瓷器，饰有印花博古荷花图案，牙白色釉，黄铜制口缘，吉州窑，口径 10.7 厘米，南宋。由中国政府借展

1284. 秘色枕，瓷器，淡青色釉，刻有波纹图案，越窑，长 17.5 厘米，宽 10.8 厘米，南宋，枕面和木制底座上有乾隆御题诗。由中国政府借展

1285. 碗，瓷器，带有开片纹的米色釉，内部雕有卷草莲花图案，外部雕有莲花纹，镶黄铜口缘，吉州窑，口径 26.1 厘米，南宋。由中国政府借展

1286. 碗，瓷器，牙白色釉，饰有印花孩儿卧榴图，吉州窑，口径 19.4 厘米，南宋。由中国政府借展

1287. 壶，瓷器，牙白色釉，龙耳兽环，饰有划花莲花纹图案，附有银质插花护口一个，吉州窑，高 38.6 厘米，南宋。由中国政府借展

1288. 盏，瓷器，牙白色釉，饰有印花菊花纹装饰，非常透明，吉州窑，口径 10.5 厘米，南宋，可能为明代，底部和附属的玉底座上有乾隆御题诗。由中国政府借展

1289. 把壶，瓷器，包袱形状，乳白色，吉州窑，高 7.9 厘米，南宋，可能为明代。由中国政府借展

1290. 盏，瓷器，牙白色釉，饰有云和鹤的图案装饰，非常透明，吉州窑，高 5 厘米，南宋，可能为明代。由中国政府借展

1291. 瓶，瓷器，牙白色釉，饰有划花云龙图案装饰，镶黄铜口缘，吉州窑，高 35.5 厘米，南宋。由中国政府借展

1292. 盏，瓷器，牙白色，据说为宿州窑，口径 11.5 厘米，金代。由中国政

府借展

1293. 瓶，瓷器，印花回纹图案，螢白色釉，据说为宿州窑，高34厘米，金代，可能为明代。由中国政府借展
1294. 方洗，瓷器，灰白色釉瓷，饰有云和羊的装饰，吉州窑，高4.5厘米，可能为宋代，底部有乾隆御题诗。由中国政府借展
1295. 渣斗，瓷器，葵花形状，螢白色釉，镶黄铜口缘，据说为宿州窑，金代，口径12.2厘米。由中国政府借展
1296. 尊，瓷器，象耳，带有浅开片纹的螢白色釉，据说为宿州窑，高35.5厘米，可能为明代。由中国政府借展
1297. 方洗，瓷器，灰白色釉瓷，饰有云和羊的装饰，吉州窑，高4.5厘米，可能为宋代，底部有乾隆御题诗。由中国政府借展
1298. 碗，瓷器，饰有印花莲花装饰，牙白色釉，吉州窑，口径17.2厘米，南宋。由中国政府借展
1299. 观音，木制外壳上有石膏并上色，高114.2厘米，可能为宋代。由维多利亚和阿尔伯特博物馆（尤摩弗帕勒斯的收藏）借展
1300. 饰片，蓝色、银色、绿色和红色的织锦，180.5厘米×80厘米，可能为元代。由伦敦的英帝国勋章军官W.珀西瓦尔·耶茨教授借展
1301. 观音站像，粘土，高130厘米，可能为元代。由巴黎的卢芹斋借展

第7展厅

宋代–元代

1302. 倪瓒（1301–1374）容膝斋图，绢画，高177厘米，宽107厘米。由韦布里奇的A.W.巴尔借展

1303. 倪瓒（1301—1374）江岸望山图，水墨画，高111.3厘米，宽33.2厘米。由中国政府借展

1304. 琮式瓶，瓷器，玉琮的造型，灰绿色青釉，龙泉窑，高40.8厘米，宋代。来自于端方的收藏。由伦敦的斐希瓦尔·大维德借展

1305. 瓶，瓷器，颈部为竹节形，青灰色青釉，龙泉窑，高31.5厘米，宋代。由伦敦的斐希瓦尔·大维德借展

1306. 三足香炉，瓷器，翠绿色青瓷釉，龙泉窑，高17厘米，宋代。由伦敦的斐希瓦尔·大维德借展

1307. 茶托，瓷器，莲花瓣底部，青釉，龙泉窑，口径20厘米，宋代。由巴克斯郡艾弗希思的阿尔弗雷德·克拉克夫妇借展

1308. 盘，刻有鱼纹，青釉，龙泉窑，口径11.2厘米，宋代。由萨里的F.席勒借展

1309. 出戟尊，瓷器，青铜器形状，青灰色青釉，龙泉窑，高29.4厘米，宋代。由伦敦的斐希瓦尔·大维德借展

1310. 鱼耳瓶，瓷器，青釉，龙泉窑，高16.7厘米，宋代。由艾伦·巴洛借展

1311. 碗，瓷器，碗内部饰双鱼纹，灰绿色青瓷釉，龙泉窑，口径15.3厘米，宋代。由伦敦的斐希瓦尔·大维德借展

1312. 盘，青瓷，口径16.2厘米，宋代。由巴克斯郡艾弗希思的阿尔弗雷德·克拉克夫妇借展

1313. 香炉，瓷器，青灰釉，高9.5厘米。宋代。由伦敦的斐希瓦尔·大维德借展

1314. 笔洗，瓷器，灰绿釉青瓷，口径17.5厘米，宋代。由伦敦的斐希瓦尔·大维德借展

1315. 执壶，瓷器，翠绿色青釉，高24厘米，明代。由伦敦的斐希瓦尔·大维德借展

1316. 龙纹盘，青瓷，口径36厘米，宋代。由萨里的F.席勒借展

1317. 三足鬲式炉，青瓷，仿古青铜器造型，青灰釉，口径 13.7 厘米，宋代。由伦敦的斐希瓦尔·大维德借展
1318. 盖罐，青瓷，灰绿色，颈部堆塑龙纹，龙泉窑，高 26 厘米，宋代。由伦敦的斐希瓦尔·大维德借展
1319. 花瓣纹笔洗，青瓷，青绿釉，龙泉窑，口径 21 厘米，宋代。由伦敦的斐希瓦尔·大维德借展
1320. 任仁发（14 世纪）人马图，绢本设色，高 28 厘米，长 175.1 厘米，公元 1314 年，可能为明代。由位于马萨诸塞州坎布里奇的福格艺术博物馆借展
1321. 顾正谊（16 世纪）仿云林树台，水墨画，高 92.7 厘米，宽 38.7 厘米。由中国政府借展
1322. 佚名明人鸭子和小鸭，水墨淡彩画，高 180 厘米，宽 100 厘米。由纽约的比斯博士借展
1323. 仇英（1522－1560）柳塘渔艇，水墨画，高 97 厘米，宽 47. 7 厘米。由中国政府借展
1324. 盆，青瓷，翠绿色釉，下饰有云龙和花卉纹，龙泉窑，口径 43 厘米，宋代或元代，由伦敦的斐希瓦尔·大维德借展
1325. 三足盘，青瓷，灰绿色釉，素烧玫瑰花装饰，龙泉窑，口径 29 厘米，宋代。由大英博物馆（尤摩弗帕勒斯收藏）借展
1326. 八方瓶，青瓷，每一面有三层装饰，上下施釉，中间素烧，龙泉窑，高 24.2 厘米，元代或明代早期。由伦敦的斐希瓦尔·大维德借展
1327. 长颈翻口瓶，青瓷，饰有褐色铁锈斑，龙泉窑，高 27.5 厘米，宋代。由伦敦的斐希瓦尔·大维德借展
1328. 笔洗，边缘为叶状，青绿色开片纹青瓷，龙泉窑或官窑，口径 9.4 厘米，宋代，由伦敦的沃尔特·塞奇威克借展
1329. 三足托盘和碗，青瓷，葱翠青色釉，饰有褐色铁锈斑，龙泉窑，高 16.5 厘米，宋代或宋以后。由中国政府借展
1330. 斗笠小碗，青瓷，釉下刻花，口径 12.8 厘米，宋代。由荷兰海牙的奈凯尔克借展
1331. 碗，青瓷，橄榄绿釉（北方青瓷），釉下菊花纹，直口径 17.7 厘米，宋代。由伦敦的 H.J. 奥本海姆收藏。
1332. 盆，青瓷，内底釉下刻龙纹和两只老虎，龙泉窑，口径 42 厘米，宋

第 7 展厅

代或元代。由伦敦的斐希瓦尔·大维德借展

1333. 玉壶春瓶，青瓷，点饰褐色铁锈斑，龙泉窑，高 26.6 厘米，宋代。由大英博物馆借展（尤摩弗帕勒斯收藏）。

1334. 浅底盘，瓷器，绿釉，钧窑，口径 18.7 厘米，宋代。由巴克斯郡艾弗希思的阿尔弗雷德·克拉克夫妇借展

1335. 八棱瓶，青瓷，开片纹和青釉，龙泉窑，高 20.9 厘米，宋代。由文多弗的艾伦·巴洛，C.B.，C.B.E. 借展

1336. 盘，青瓷，点饰有铁锈斑，龙泉窑，口径 16 厘米，宋代。由日内瓦城的 A. 博尔借展

1337. 徐渭（1521-1593）四季，水墨画，高 30.5 厘米，宽 340 厘米。由斯德哥尔摩的国家博物馆借展

1338. 梅瓶，瓷器，绿釉雕花，北方青瓷，高 43.2 厘米。宋代。由伦敦的奥斯卡·拉斐尔借展

1339. 碗，北方青瓷，口径 21.5 厘米，宋代。由文多弗的艾伦·巴洛，C.B.，C.B.E. 借展

1340. 盖盒，北方青瓷，橄榄绿色釉，釉下印缠枝花卉纹，口径 17.5 厘米，宋代。由伦敦的斐希瓦尔·大维德借展

1341. 锦缎，带有阿拉伯风格设计的碎片，27.9 厘米 ×12 厘米，公元 13 或 14 世纪。由纽约大都会艺术博物馆借展

1342. 盘，北方青瓷，高 19 厘米，宋代。由文多弗的艾伦·巴洛，C.B.，C.B.E. 借展

1343. 长颈瓶，瓷器，釉下刻划花纹，橄榄绿色釉，北方青瓷，高 27 厘米，宋代。由巴黎的 M. 卡尔曼借展

1344. 盘，瓷器，在橄榄绿青瓷釉下雕刻有三朵莲花，北方青瓷，口径 19.7 厘米，宋代。由伦敦的斐希瓦尔·大维德借展

1345. 盖瓶，北方青瓷，釉下雕有牡丹缠枝纹，高 39 厘米，宋代。由萨里的 S.D. 文克沃斯借展

1346. 碗，北方青瓷，雕有花纹，口径 15.3 厘米，宋代，与 No.1348 是一对。由伦敦的 C.E. 拉塞尔借展

1347. 长颈瓶，北方青瓷，高 21.6 厘米，宋代。由伦敦的 C.E. 拉塞尔借展

1348. 碗，北方青瓷，雕有花纹，口径 15.3 厘米，宋代，与 No.1348 是一对。由伦敦的 C.E. 拉塞尔借展

1349. 执壶，北方青瓷，高 17.1 厘米，宋代。由文多弗的艾伦·巴洛，C.B.，C.B.E. 借展

1350. 瓶，瓷器，橄榄绿釉下划刻缠枝百合纹，北方青瓷，高 24 厘米，宋代。由维多利亚和阿尔伯特博物馆（G. 尤摩弗帕勒斯收藏）借展

1351. 孙枝（明末）梅花水仙，水墨画，高 71.5 厘米，宽 31.5 厘米。由中国政府借展

1352. 李士达（1556-1620）坐听松风图，绢本设色，高 167.2 厘米，宽 99.6 厘米，由画家签名并写上日期为公元 1616 年。由中国政府借展

1353. 陈立善（14 世纪）墨梅，水墨画，高 84.9 厘米，宽 32.1 厘米。由中国政府借展

1354. 盘，青瓷，釉下刻有图案，口径 37 厘米，元代或明代早期。由伊斯坦布尔的托普卡比博物馆借展

1355. 葵口盘，瓷器，青灰色青瓷，内划刻花卉，浙江青瓷，宋代，口径 15.8 厘米。由伦敦的斐希瓦尔·大维德借展

1356. 碗，青瓷，刻有男孩形象和螺纹，带有褐色斑点，口径 25.8 厘米，公元 13-14 世纪。由海牙的 A. 肖恩利克特借展

1357. 盘，瓷器，雕有梅花，绿釉青瓷，龙泉窑，口径 16.5 厘米，宋代或以后。由大英博物馆（尤摩弗帕勒斯收藏）借展

1358. 双葫芦瓶，瓷器，玉绿色青瓷釉下雕有缠枝牡丹纹，龙泉窑，高 45 厘米，元代。由伊斯坦布尔的托普卡比博物馆借展

1359. 碗，朱红色陶器，碗内雕有花卉，口径 20 厘米，公元 16 世纪。由瑞典王储 H.R.H. 借展

1360. 香炉，青瓷，雕有牡丹纹，高 22.4 厘米，宋代。由伦敦的 C.E. 拉塞尔借展

1361. 瓶，青瓷，雕有孔雀和树叶纹，高 35.5 厘米，明代。由伦敦的 C.E. 拉塞尔借展

1362. 盘，青瓷，荷叶形，中间浅浮雕一只乌龟，龙泉窑，口径 39.4 厘米，宋代。由德国科尔姆贝格的沃列兹奇博士借展

1363. 青釉碗，也许是寿州窑，口径 14.9 厘米，元或明代。由文多弗的艾伦·巴洛，C.B.，C.B.E. 借展

1364. 香炉，瓷器，雕有牡丹装饰，绿玉色青釉瓷器，龙泉窑，口径 24.5 厘米，宋代。由伦敦的斐希瓦尔·大维德借展

第 7 展厅

1365. 戴进（活跃在大约 1446 年）高士文会图，卷轴水墨，高 30 厘米，宽 136 厘米，题款是公元 1446 年。由柏林的 DR.K.R. 冯·洛克斯借展

1366. 吴伟（1459-1508）仙踪侣鹤，水墨画，高 68.7 厘米，宽 39 厘米。由中国政府借展

1367. 马麟（活跃于 1220 年）花鸟，绢本设色，高 119.8 厘米，宽 56.4 厘米。由中国政府借展

1368. 鲁宗贵（活跃于 1228-1233）春昭鸣喜图，绢本设色，高 160.4 厘米，宽 77.9 厘米。由中国政府借展

1369. 长颈翻口瓶，青釉瓷，釉下刻有牡丹缠枝莲花装饰，有刻款日期公元 1327 年，高 71.5 厘米。由伦敦的斐希瓦尔·大维德借展

1370. 瓶，青瓷，龙泉窑，高 69.5 厘米，可能是元代。由伊斯坦布尔的托普卡比博物馆借展

1371. 夏昶（1388—1470）半窗晴翠图，水墨画，高 139.3 厘米，宽 45.3 厘米，可能是明代。由中国政府借展

1372. 佚名明人携童图，绢本设色，高 128 厘米，宽 74 厘米，由大英博物馆（尤摩弗帕勒斯收藏）借展

1373. 仇英（活跃于 1522-1560）梅石抚琴图，绢本设色，高 101.7 厘米，宽 24.9 厘米。由中国政府借展

1374. 三足炉，瓷器，鬲式造型，粉青色釉，龙泉窑，高 12.8 厘米，宋代。由中国政府借展

1375. 凤耳瓶，瓷器，盘口凤耳，粉青色釉，龙泉窑，高 25.5 厘米，宋代。由中国政府借展

1376. 壶，瓷器，象耳，豆青釉，高 28.4 厘米，宋代。由中国政府借展

1377. 莲瓣大碗，瓷器，粉青色釉，龙泉窑，口径 22.2 厘米，宋代。由中国政府借展

1378. 玉壶春瓶瓶，瓷器，葱翠青色釉，处州窑，高 30.5 厘米，明代。由中国政府借展

1379. 洗，瓷器，葱翠青色釉，划刻双鱼和莲花缠枝图案装饰，处州窑，口径 34.8 厘米，明代。由中国政府借展

1380. 盖罐，瓷器，葱翠青色釉，高 28.3 厘米，明代。由中国政府借展

1381. 大碗，瓷器，花形口，葱翠青色釉，划刻莲花图案装饰，处州窑，口径 33 厘米，明代。由中国政府借展

1382. 张宏（17世纪早期）琳宫晴雪图，纸本设色，高136厘米，宽46.3厘米，题款为1626年，由中国政府借展

1383. 唐寅（1470-1523）杏花，水墨画，高114.9厘米，宽32.1厘米。由中国政府借展

1384. 戴进（活跃于大约1446年）风雨归舟图，绢本设色，高143.1厘米，宽81.9厘米。由中国政府借展

1385. 关思（1580-1631）秋林听泉图，绢本设色，高150厘米，宽59.8厘米。由中国政府借展

1386. 缂丝挂毯，绢地，竹梅双喜图案，上有"赵昌制"题款，99.3厘米×42.2厘米，宋代或宋以后。由中国政府借展

1387. 马贲（11世纪末）百鹅图，卷轴水墨画，高34.9厘米，宽465厘米，宋代。由檀香山艺术学院借展

1388. 沈铨，孔雀，绢画，高152.5厘米，宽518.4厘米，有画家签名，题款为1690年。由伦敦的莫顿·桑兹借展

1389. 黄公望（1269-1354）富春山居图，卷轴水墨画，长589厘米，宽32.6厘米，有画家签名，题款为公元1338年。由中国政府借展

1390. 缂丝挂毯，绢地，织绣花卉纹，长102.6厘米，宽45厘米，下端有"崔白制"题款，明代。由中国政府借展

1391. 文徵明（1470-1567）洞庭湖西山图，水墨画，高121.1厘米，宽28.8厘米。由中国政府借展

1392. 陈宪章（15世纪）方玉图，绢本水墨画，高112.1厘米，宽57.7厘米。由中国政府借展

1393. 钱榖（1508-1572）杏花喜鹊，纸本设色，高116.5厘米，宽34.2厘米，有画家署名，题款为1569年。由中国政府借展

1394. 朱芾（14世纪）芦洲聚雁图，水墨画，高117.5厘米，宽30.9厘米，有画家署名，题款为1374。由中国政府借展

1395. 佚名宋人富贵花狸图，高141.3厘米，宽107.8厘米。由中国政府借展

1396. 佚名宋人骑羊图，绢本设色，高76.2厘米，宽50.5厘米，可能是公元15世纪。由中国政府借展

1397. 姚绶（15世纪）寒林鸜鹆图，纸本设色，高116.7厘米，宽29.6厘米。由中国政府借展

1398. 宋旭（活跃于1575年）云峦秋瀑图，纸本设色，高126厘米，宽

32.7厘米，有画家公元1583年署名和题款日期。由中国政府借展

1399. 圆盒，漆器，有盖，饰红色、绿色和金色樱桃和柿子的螺钿，口径30厘米，宣德款识，明代。由德国科尔姆贝格的沃列兹奇博士借展

1400. 碗，漆器镶银，高10.7厘米，口径23厘米，宋代。由大英博物馆（尤摩弗帕勒斯收藏）借展

1401. 盖罐，黑色漆器，铜底座，装饰有开光八仙纹，底部红色，高40.5厘米，有宣德款识，明代，有乾隆御题，来自于北京皇家收藏。由伦敦的斐希瓦尔·大维德借展

1402. 碗和托盘，红色雕龙漆器（剔红），高9.2厘米，永乐记号，明代，由乾隆题字说明架子上的碗已遗失，用No.1404来代替，来自于北京皇家收藏。由伦敦的斐希瓦尔·大维德借展

1403. 箱，漆木，宽31.5厘米，长39厘米，可能是元代。由柏林国家博物馆借展

1404. 碗，剔红漆器，剔刻花卉图案，口径16厘米，嘉靖款识，明代，有乾隆御题，来自于北京皇家收藏。由伦敦的斐希瓦尔·大维德借展

1405. 盘，剔红漆器，口径18.8厘米，剔款弘治时期（是1489年，刻有制作者的名字"王洛"，底部有一首"兰亭"题材的诗。由伦敦的斐希瓦尔·大维德借展

1406. 圆盒，漆器，螺钿，宽8厘米，口径8厘米，公元14-15世纪。由阿姆斯特丹的F·季科京借展

1407. 长方盘，彩绘螺钿，饰有开花的树、鸟等，宽19.5厘米，长32.2厘米，公元16世纪。由德国科尔姆贝格的沃列兹奇博士借展

1408. 方盒，螺钿，园林仕女图，宽20厘米，公元14-15世纪。由阿姆斯特丹的F·季科京借展

1409. 盒，螺钿，螳螂纹饰，可能为公元16世纪。由阿姆斯特丹的F·季科京借展

1410. 方盖盒，螺钿黑漆，骑马仕女和佣人图案，长29.7厘米，公元16世纪。由德国科尔姆贝格的沃列兹奇博士借展

1411. 盘，漆器，石头、木兰和蝴蝶装饰，口径25厘米，可能为宋代，红色铭文"朱山"。由德国科尔姆贝格的沃列兹奇博士借展

1412. 杯托，褐色漆器，螺钿，装饰有龙纹、花纹，高8.4厘米，公元15世纪。由伦敦的斐希瓦尔·大维德借展

1413. 经文箱，螺钿，缠枝花卉，高 10.5 厘米，长 34.5 厘米，公元 14-15 世纪。由荷兰阿姆斯特丹的 DR.H.K. 韦斯滕多普借展

1414. 书皮，螺钿，人物和风景装饰，20.1 厘米 × 21.2 厘米，公元 16 世纪。由德国科尔姆贝格的沃列兹奇博士借展

1415. 圆盒，剔红，浅雕龙纹装饰，口径 14.5 厘米，公元 17 世纪，由柏林的 DR.A. 布罗伊尔借展

1416. 方斗，红色和浅黄色漆器，云龙纹饰，长 32.4 厘米，宽 32.4 厘米，嘉靖款识，明代。由爱丁堡的苏格兰皇家博物馆借展筒，漆器，红底饰，黑龙纹，高 22.9 厘米，题款为公元 1602 年。由爱丁堡的苏格兰皇家博物馆借展

1417. 笔筒，漆器，红底，饰黑龙纹，高 22.9 厘米，题款为公元 1602 年。由爱丁堡的苏格兰皇家博物馆借展

1418. 方斗，剔红，人物和波浪纹，长 32.4 厘米，宽 32.4 厘米，嘉靖时期，明代。由纽约大都会艺术博物馆借展

1419. 方盘，木制漆器，宽 16 厘米，长 16 厘米，明代。由柏林德国国家博物馆借展

1420. 盘，剔红，口径 31.1 厘米，宣德年款识，明代。由中国政府借展

1421. 盒子，寺院用品，黑漆，彩色大象装饰，高 15 厘米，公元 17 世纪。由柏林的 DR.A. 布罗伊尔借展

1422. 香盒，漆器，云龙纹装饰，饰有绿、红、黄、棕色，高 4 厘米，明代。由柏林的 DR.A. 布罗伊尔借展

1423. 圆形箱盖，红漆，饰金龙纹，口径 8 厘米，公元 16 世纪。由荷兰阿姆斯特丹的 DR.H.K. 韦斯滕多普借展

1424. 长方盒，漆皮，长 31 厘米，明代。由柏林德国国家博物馆借展

1425. 盒，红黄漆，饰母狗和小狗装饰，边长 6 厘米，公元 17 世纪。由阿姆斯特丹的 F·季科京借展

1426. 八角盖盒，红漆，黑金色，锦葵，高 2.5 厘米，宽 8.5 厘米，公元 17 世纪。由荷兰阿姆斯特丹的 DR.H.K. 韦斯滕多普借展

1427. 盘，漆木，风景图案，宽 27.5 厘米，长 40.5 厘米，明代。由柏林德国国家博物馆借展

1428. 圆盘，黑漆，镶嵌，皇帝和随从图案，口径 11 厘米，公元 16 世纪。由荷兰阿姆斯特丹的 DR.H.K. 韦斯滕多普借展

1429. 圆盒，剔红，风景和人物图案，口径 37.4 厘米，明代，永乐款识。由伦敦斯宾克父子公司借展

1430. 圆盒，漆器，口径 13 厘米，宋代。由柏林德国国家博物馆借展

第 8 展厅

明代

1431. 唐寅（1470-1523）李白图，水墨画，24 厘米 × 21 厘米。由 G. 德尔·德拉戈先生和太太借展
1432. 唐寅（1470-1523）仕女卧睡图，绢本水墨画，高 20 厘米，宽 60 厘米，明代。由 A.W. 巴尔韦布里奇借展
1433. 梅瓶，青花瓷，高 42 厘米，明代，公元 15 世纪。由伊斯坦布尔的托普卡比博物馆借展
1434. 玉壶春瓶瓶，青花瓷，饰龙纹，高 24.9 厘米，可能为宋代。由伦敦的 C.E. 罗素借展
1435. 双耳瓶，青花瓷，缠枝牡丹纹，高 25.2 厘米，公元 14 世纪。由伦敦的 H.J. 奥本海姆借展
1436. 盖罐，青花瓷，缠枝莲花纹，高 7.5 厘米，宣德时期，明代。由巴克斯的艾弗瑞·克拉克夫妇借展
1437. 罐，青花瓷，土耳其式，石榴花装饰，高 13.6 厘米，宣德时期，明代。由伦敦的斐希瓦尔·大维德借展
1438. 瓶，青花瓷，小口微撇，饰缠枝莲花纹，高 24.8 厘米，公元 14 世纪。由伦敦的 H.J. 奥本海默借展
1439. 鱼耳瓶，青花瓷器，装饰有人物和水草，高 24.5 厘米，公元 15 世纪。由伦敦的斐希瓦尔·大维德借展
1440. 笔匣，青花瓷，镶嵌红宝石，长 28 厘米，公元 1500 年。由伊斯坦布尔的托普卡比博物馆借展
1441. 荷叶杯，装饰釉下蓝和绿色珐琅。由大英博物馆（尤摩弗帕勒斯收藏）借展
1442. 高足杯，青花瓷，杯内纹饰一个圣人和一棵青花柳树，口径 8.8 厘米，可能是公元 14 世纪。由伦敦的 H.J. 奥本海默借展
1443. 玉壶春瓶瓶，瓷器，釉里红刻有莲花纹，高 30 厘米，宋或元代。由伦敦的斐希瓦尔·大维德借展
1444. 玉壶春瓶瓶，瓷器，釉里红装饰，高 22.8 厘米，公元 14 世纪。由巴克斯郡艾弗希思的阿尔弗雷德·克拉克夫妇借展

1445. 灯，青花瓷，缠枝莲花，口径 20.5 厘米，"大明成化年制"六字楷款，明代。由伦敦的斐希瓦尔·大维德借展

1446. 盖罐，青花瓷，缠枝花卉，高 11.4 厘米，公元 14 世纪。由巴克斯郡艾弗希思的阿尔弗雷德·克拉克夫妇借展

1447. 双耳瓶，瓷器，黄地青花，深蓝色旋花植物，高 14 厘米，公元 15 世纪。由伦敦的斐希瓦尔·大维德借展

1448. 碗，黄地青花瓷，缠枝花卉，口径 16 厘米，宣德款识，明代。由伦敦的斐希瓦尔·大维德借展

1449. 盘，青花瓷，葡萄藤和花卉装饰，口径 43.2 厘米，公元 15 世纪。由伦敦的沃尔特·塞奇威克夫妇借展

1450. 杯，青花瓷，树枝上的鸟纹，口径 9.1 厘米，宣德款识，明代。由伦敦的沃尔特·塞奇威克夫妇借展

1451. 把杯，青花瓷，缠枝灵芝，高 5.5 厘米，公元 16 世纪。由伦敦的斐希瓦尔·大维德借展

1452. 茶托，青花瓷，装饰有两只凤凰，口径 19.6 厘米，宣德款识，明代。由牛津图特巴尔顿 C.G. 塞利格曼教授和夫人借展

1453. 笔架，青花瓷，造型为张骞乘坐木筏，长 15.5 厘米，宣德款识，明代。由巴黎的卢浮宫借展

1454. 高足杯，青花瓷，花瓣口，青花龙凤纹，高 11.2 厘米，宣德款识，明代。由斯德哥尔摩的 H. 劳里岑借展

1455. 盆，青花瓷，松、竹、梅纹，口径 29.5 厘米，宣德款识，明代。由伦敦的斐希瓦尔·大维德借展

1456. 盘，青花瓷，海浪龙纹，口径 20.3 厘米，宣德时期，明代。由牛津图特巴尔顿 C.G. 塞利格曼教授和夫人借展

1457. 毛笔，青花瓷，长 30.5 厘米，万历款识，明代。由伦敦的斐希瓦尔·大维德借展

1458. 盘，青花瓷，人物纹，口径 12.9 厘米，洪武款识，明代。由巴克斯郡艾弗希思的阿尔弗雷德·克拉克夫妇借展

1459. 玉壶春瓶瓶，青花瓷，在釉下用深浅斑驳的蓝色饰花鸟纹，高 34 厘米，公元 15 世纪。由伦敦的斐希瓦尔·大维德借展

1460. 碗，青花瓷，开片纹釉，青花云龙纹，高 15 厘米，公元 15 世纪。由伊斯坦布尔的托普卡比博物馆借展

1461. 荷叶盖罐，青花瓷，缠枝莲花纹，高 29 厘米，宣德时期，明代。由伦敦的斐希瓦尔·大维德借展
1462. 盘，青花瓷，缠枝花卉纹，口径 33.5 厘米，公元 15 世纪。由伦敦的斐希瓦尔·大维德借展
1463. 碗，青花瓷，风景和鸟纹，口径 12 厘米，宣德款识，明代。由德累斯顿国家艺术收藏馆借展
1464. 六棱盖盒，青花瓷，道家仙人何仙姑图案，口径 11.1 厘米。由伦敦的 H.J. 奥本海姆收藏。
1465. 水盂，青花瓷，铁锈红，大象坐姿造型，长 8 厘米，公元 16 世纪。由伦敦的斐希瓦尔·大维德借展
1466. 蒜头瓶，青花瓷，树和花卉纹，高 43 厘米，公元 15 世纪。由伊斯坦布尔的托普卡比博物馆借展
1467. 大罐，青花瓷，卷草纹，高 19 厘米，正德时期，明代。由大英博物馆（尤摩弗帕勒斯收藏）借展
1468. 盘，青花瓷，鱼草纹，口径 18 厘米，宣德时期，明代。由伦敦的彼得·博德借展
1469. 高足杯，青花瓷，饰百合缠枝纹，高 9.2 厘米，宣德款识，明代。由伦敦的斐希瓦尔·大维德借展
1470. 扁瓶，青花瓷，牡丹纹，高 21.8 厘米，可能是公元 15 世纪，刻着莫卧儿王奥朗则布的名字。由伦敦的沃尔特·塞奇威克夫妇借展
1471. 碗，青花瓷，松、竹、梅纹，口径 22 厘米，公元 15 世纪。由伊斯坦布尔的托普卡比博物馆借展
1472. 扁壶，青花瓷，龙纹，高 35.5 厘米，公元 15 世纪。由大英博物馆（尤摩弗帕勒斯收藏）借展
1473. 双耳扁壶，青花瓷，葫芦形口，两个环形柄，高 26 厘米，宣德款识，明代。由伦敦的斐希瓦尔·大维德借展
1474. 葫芦瓶，青花瓷，卷草纹，高 16.5 厘米，公元 1500 年左右。由伦敦的沃尔特·塞奇威克夫妇借展
1475. 梅瓶，青花瓷，缠枝花卉纹。由巴克斯郡艾弗希思的阿尔弗雷德·克拉克夫妇借展
1476. 象耳瓶，青花瓷，云龙纹，高 63 厘米，公元 1352 年（元至正十一年）。由伦敦的斐希瓦尔·大维德借展

1477. 渣斗，白瓷，带链，口径12.5厘米，公元18世纪初。由伦敦的斐希瓦尔·大维德借展

1478. 碗，白瓷，白釉下刻有八仙，高8.3厘米，宣德款识，明代。由斯德哥尔摩的 C. 坎普借展

1479. 碗，影青瓷，口径20.3厘米，宋代。由巴克斯文多弗的艾伦·巴洛，C.B，C.B.E 借展

1480. 盘，瓷器，蓝地白色花卉装饰，口径29.5厘米，公元1500年左右。由伦敦的沃尔特·塞奇威克夫妇借展

1481. 碗，瓷器，深蓝色釉下划刻龙纹，可能为宣德时期，底部刻有乾隆御题诗，明代。由伦敦的斐希瓦尔·大维德借展

1482. 盘，瓷器，深蓝色釉上浅雕白色的龙纹，口径15.2厘米，嘉靖时期，明代。由伦敦的 H.J. 奥本海默借展

1483. 碗，白瓷，鸟上枝头纹饰，口径11.4厘米，宣德款识，明代。由斯德哥尔摩的 C. 坎普借展

1484. 碗，白瓷，李子图案，口径17.8厘米，宣德款识，明代。由伊斯坦布尔的托普卡比博物馆借展

1485. 钵，瓷器，釉下蓝紫色斑点，口径25.4厘米，内里有宣德款识，明代。由伦敦的斐希瓦尔·大维德借展

1486. 匜，瓷器，蓝色釉，白色花卉装饰，高4.3厘米，公元16世纪。由巴克斯郡艾弗希思的阿尔弗雷德·克拉克夫妇借展

1487. 瓶，瓷器，蓝釉卷龙纹，高31厘米，明代。由萨里山旁沃尔顿的 S.D. 文克沃斯借展

1488. 瓶，瓷器，青花缠枝牡丹，有题款，由中国南方的一位陶工制作，高54厘米，公元1450年。由伊斯坦布尔的托普卡比博物馆借展

1489. 盆，青花瓷，装饰有树木、岩石和花卉纹，口径64厘米，公元15世纪。由伊斯坦布尔的托普卡比博物馆借展

1490. 砚，瓷器，装饰青花龙纹，口径9厘米，宣德元年，明代。由伦敦的斐希瓦尔·大维德借展

1491. 碗，青花瓷，八仙装饰，口径11厘米，宣德款识，明代。由萨里的 F. 席勒借展

1492. 扁壶，青花瓷，双耳长颈，鸟和花卉纹，高31厘米，公元15世纪。由伦敦的斐希瓦尔·大维德借展

1493. 碗，瓷器，青花葫芦纹，口径 15.5 厘米，"大明成化年制"六字楷款，明代。由伦敦的斐希瓦尔·大维德借展

1494. 碗，青花瓷，缠枝牡丹纹，口径 15 厘米，成化时期款识，明代。由伦敦的斐希瓦尔·大维德借展

1495. 高足杯，青花瓷，缠枝纹，高 12.2 厘米，成化时期款识，明代。由伦敦的 C.E. 拉塞尔借展

1496. 扁壶，青花瓷，人物纹饰，高 30 厘米，公元 15 世纪。由伊斯坦布尔的托普卡比博物馆借展

1497. 斗笠碗，青花瓷，浅色青花莲纹，口径 11.2 厘米，宣德款识，明代。由伦敦的斐希瓦尔·大维德借展

1498. 小船，青花瓷，长 13 厘米，明代晚期。由伦敦的斐希瓦尔·大维德借展

1499. 盖盒，青花瓷，里部和外部装饰有青花风景、人物、花卉图案，口径 17.5 厘米，"大明成化年制"六字楷款，明代。由伦敦的斐希瓦尔·大维德借展

1500. 龟形壶，青花瓷，水注，釉下蓝着色，长 7.3 厘米，公元 15 世纪。由大英博物馆（尤摩弗帕勒斯收藏）借展

1501. 碗，青花瓷，用青花绘制儿童玩耍图案，口径 10.4 厘米，宣德款识，明代。由巴克斯郡艾弗希思的阿尔弗雷德·克拉克夫妇借展

1502. 碗，青花瓷，百合缠枝纹，口径 15.2 厘米，"大明成化年制"六字楷款，明代。由伦敦的斐希瓦尔·大维德借展

1503. 碗，青花瓷，人物主题纹饰，口径 10.7 厘米，宣德款识，明代。由伦敦的 H.J. 奥本海姆收藏。

1504. 碗，瓷器，用青花绘制风景图案，镶铜口沿，口径 14 厘米，公元 16 世纪，"台阁佳器"款识。由伦敦的斐希瓦尔·大维德借展

1505. 扁壶，青花瓷，饰植物花纹，高 30 厘米，公元 15 世纪。由伊斯坦布尔的托普卡比博物馆借展

1506. 扁壶，青花瓷，海浪白龙纹，高 44 厘米，公元 15 世纪。由伦敦的斐希瓦尔·大维德借展

1507. 凤尾尊，瓷器，开口，缠枝牡丹纹和蓝色及红色的釉下开片纹装饰，高 59.5 厘米，公元 15 世纪。由巴黎的卢浮宫博物馆借展

1507. 执壶，瓷器，釉里红装饰，高 32.5 厘米，公元 1500 年左右。由斯德

哥尔摩的 J. 海尔纳博士借展

1508. 高足杯，瓷器，釉里红，三鱼纹，高 12.6 厘米，宣德款识，明代。由维多利亚与阿尔伯特博物馆（G. 尤摩弗帕勒斯收藏）借展

1509. 高足杯，瓷器，釉里红，三鱼纹，高 12.6 厘米，宣德款识，明代。由维多利亚与阿尔伯特博物馆（G. 尤摩弗帕勒斯收藏）借展

1510. 碗，瓷器，红釉，微裂，口径 22.8 厘米，可能为宣德时期，底部有乾隆御题，来自于北京皇家收藏。由伦敦的斐希瓦尔·大维德借展

1511. 壶，瓷器，柿子形状，青花釉里红，宣德时期，明代。由瑞典王储 H.R.H. 借展

1512. 盘，瓷器，深红色釉，口径 19.7 厘米，宣德款识，明代，由伦敦的斐希瓦尔·大维德借展

1513. 碗，瓷器，深红釉，口径 12.4 厘米，宣德款识，明代。由巴克斯郡艾弗希思的阿尔弗雷德·克拉克夫妇借展

1514. 盆，瓷器，青花釉里红，红色龙纹，蓝色斑点，口径 17.2 厘米，宣德款识，明代。由伦敦的斐希瓦尔·大维德借展

1515. 桃形壶，瓷器，釉里红，开片纹，高 7.5 厘米？明代。由斯德哥尔摩的 J. 海尔纳博士借展

1516. 圆盒，瓷器，釉里红缠枝莲纹，口径 6.5 厘米，嘉靖款识，明代。由伦敦的斐希瓦尔·大维德借展

1517. 方斗碗，瓷器，深红色釉，高 6.2 厘米，可能为宣德时期，明代。由伦敦的斐希瓦尔·大维德借展

1518. 水盂，瓷器，外部深红色釉，口径 7.5 厘米，宣德款识，明代。由伦敦的 H.J. 奥本海姆收藏。

1519. 盘，瓷器，铜红色釉下龙纹，口径 17 厘米，宣德款识，明代。由伦敦的 .M.W. 埃尔芬斯通阁下借展

1520. 盘，瓷器，铜红色釉，口径 21.6 厘米，宣德款识，明代。由伦敦的 .M.W. 埃尔芬斯通阁下借展

1521. 瓶，瓷器，红地上装饰三个戴着白色面具和戒指的怪物，高 17.8 厘米，宣德时期，明代。由伦敦的斐希瓦尔·大维德借展

1522. 高足杯，瓷器，青花釉里红海浪龙纹，口径 15 厘米，可能为公元 15 世纪。由伦敦的斐希瓦尔·大维德借展

1523. 水盂，瓷器，铜红色釉，高 5.1 厘米，宣德款识，明代。由爱丁堡的

苏格兰皇家博物馆借展

1524. 桃形杯，青白釉，有不规则的红斑，口径 8.8 厘米，可能为元代。由伦敦的 H.J. 奥本海姆收藏。

1525. 高足杯，瓷器，外部为釉里红三条鱼图案，宣德款识，明代。由伦敦的斐希瓦尔·大维德借展

1526. 王原祁（1642-1715）山水，水墨画，高 56 厘米，宽 43.8 厘米。由大英博物馆（尤摩弗帕勒斯收藏）借展

1527. 马世达（明代）莱菔叶图，纸本绘画，高 119 厘米，宽 46.5 厘米。由韦布里奇的 A.W. 巴尔借展

1528. 王绂（1362-1416）山亭文会图，纸本设色，高 129·4 厘米，宽 51.4 厘米，由画家签名并题款 1404 年。由中国政府借展

1529. 董其昌（1555-1636）东冈草堂图，仿倪瓒风格，水墨画，由画家签名并题款 1629 年，高 87.4 厘米，宽 65.3 厘米。由中国政府借展

1530. 夏昶（1388-1470）三祝图，水墨画，高 112.4 厘米，宽 26.7 厘米，可能为明代。

1531. 罐，瓷器，树枝和鸟纹，彩釉，茄紫地，高 39.3 厘米，公元 16 世纪。由伦敦的 G.H. 本森借展

1532. 瓶，瓷器，菊花耳，茄紫地，高 82.5 厘米，明代晚期。由伦敦的安东尼·德·罗斯柴尔德借展

1533. 葫芦瓶，瓷器，道教神仙纹饰和彩釉，青绿色底，高 47 厘米，大约公元 1500 年。由大英博物馆（尤摩弗帕勒斯收藏）借展

1534. （皇帝的）龙袍，金丝龙纹锦缎，公元 15 世纪。由哥本哈根的工业美术博物馆借展

1535. 酒坛，粗瓷，青绿色小开片纹，高 33 厘米，公元 15 世纪，肩部刻有"内府供用"（一般用于宫内），来自于北京皇家收藏。由伦敦的斐希瓦尔·大维德借展

1536. 瓶，粗陶器，凸起梅花图案轮廓，蓝绿色和紫色釉，高 27 厘米，明代。由大英博物馆（尤摩弗帕勒斯收藏）借展

1537. 人物，石制品，彩釉，高 40 厘米，公元 16 世纪。由伦敦的林德利·斯科特借展

1538. 瓶，石制品，孔雀蓝地梅花盛开图案，高 26 厘米，晚明。由伦敦的安东尼·德·罗斯柴尔德借展

1539. 瓶，紫红色地上有凸起的花卉轮廓和彩色的釉，高 47.6 厘米，公元 16 世纪。由伦敦的 G.H. 本森借展
1540. 鼓凳，粗瓷，在青绿色地的彩色釉中有雕刻和浮雕装饰，高 41.6 厘米，公元 15 世纪。由伦敦的 H.J. 奥本海姆收藏。
1541. 羊毛地毯，鹿纹，蓝色、浅黄色和黄色，414.1 厘米 ×393·8 厘米，明代。由伦敦的安东尼·德·罗斯柴尔德借展
1542. 花盆，陶瓷，四棱形，轮廓凸起莲花图案，蓝的的底色上有彩釉，高 24.1 厘米，公元 16 世纪。由伦敦的林德利·斯科特借展
1543. 长颈瓶，瓷器，有雕刻的装饰和彩色釉，高 55.8 厘米，明代，在底部刻有洪武时期的款识。由伦敦的奥斯卡·拉斐尔借展
1544. 花盆，粗陶器，莲花图案，突起的浮雕轮廓和彩釉，蓝地，高 21 厘米，公元 16 世纪。由芝加哥的波特·帕尔姆借展
1545. 八角盘，红漆，彩色茶花，宽 40.6 厘米，公元 17 世纪。由海牙的 C.G. 韦伯特－克拉默斯女士借展
1546. 桌几，螺钿漆木，梅花纹，高 80 厘米，公元 14-15 世纪。由巴黎的集美博物馆借展
1547. 鼓凳，瓷器，绿地，雕刻图案和彩色釉装饰，高 38.5 厘米，公元 16 世纪早期。由伦敦的斐希瓦尔·大维德借展
1548. 双耳瓶，瓷器，深紫色釉上饰莲花图案，高 58 厘米，公元 16 世纪。由萨里的 S.D. 文克沃斯借展
1549. 梅瓶，法华瓷器，用粘土勾出凸线荷花装饰，由黄、绿、紫三色釉填出底子和花纹色彩，高 37.5 厘米，大约公元 1500 年。由巴黎卢浮宫博物馆借展
1550. 插屏，瓷器，饰全浮雕骑兵和彩釉，24.7 厘米 ×24.7 厘米，明代。由伦敦的 G.H. 本森借展
1551. 酒坛，法华瓷器，粘土勾勒出凸线孔雀和牡丹图案，由黄、绿、紫三色釉填出底子和花纹色彩，高 34 厘米，大约为公元 1500 年。由伦敦的斐希瓦尔·大维德借展
1552. 罐，法华瓷器，有凸起的轮廓和彩色釉的装饰，青绿色地，高 35.5 厘米，大约为公元 1500 年。由大英博物馆（尤摩弗帕勒斯收藏）借展
1553. 象耳瓶，瓷器，绿地彩釉云龙纹，高 68.6 厘米，公元 16 世纪。由伦敦的林德利·斯科特借展

1554. 盖罐（将军罐），瓷器，绿地彩釉莲花纹，高 45.1 厘米，大约为公元 1500 年。由伦敦是 THE HON.SIR EVAN CHARTERIS，K.C. 借展
1555. 羊毛地毯，鹳纹，蓝色和黄色，108.5 厘米 ×110 厘米，公元 17 世纪晚期。由德国的 DR.F. 扎勒借展
1556. 项元汴（1525-1590）兰竹，高 78 厘米，宽 34.3 厘米。由中国政府借展
1557. 缂丝挂毯，绢地，花鸟图案，下端有"子莕"（沈子莕）题款，95.9 厘米 ×38.4 厘米，宋代，也可能晚于宋代。由中国政府借展
1558. 碗，瓷器，道家人物纹，珐琅彩，口径 20.9 厘米，宣德款识，明代。由维多利亚和阿尔伯特博物馆（G. 尤摩弗帕勒斯收藏）借展
1559. 碗，瓷器，珐琅彩，口径 16 厘米，公元 15 世纪。由伦敦的斐希瓦尔·大维德借展
1560. 四方罐，珐琅彩，饰有花、鸟、岩石纹饰，釉下蓝，高 14.9 厘米，宣德款识，明代。由巴克斯郡艾弗希思的阿尔弗雷德·克拉克夫妇借展
1561. 碗，瓷器，鹿、鹳和梅花图案，珐琅彩，口径 18 厘米，明代早期。由伦敦的沃尔特·塞奇威克借展
1562. 盘，瓷器，鱼和水草，珐琅彩，口径 20.7 厘米，正德时期，明代。由萨里的 F. 席勒·莱奇沃思借展
1563. 碗，瓷器，松、竹、梅纹饰，口径 11.3 厘米，公元 15 世纪。由伦敦的 H.J. 奥本海姆收藏。
1564. 方盘，瓷器，装饰有鸟、花、竹和梅花，珐琅彩，宽 10.1 厘米，公元 15 世纪。由伦敦的 H.J. 奥本海姆收藏。
1565. 瓷桶，装饰有釉下蓝和珐琅彩，宣德款识，明代。由伦敦的斐希瓦尔·大维德借展
1566. 盖盒，瓷器，黄色和紫色釉，长 6.2 厘米，明代。由萨里的 F. 席勒·莱奇沃思借展
1567. 三足熏香炉，瓷器，炉体塑造成树干状，黄色釉和紫红色点缀，高 9 厘米，公元 16 世纪。由伦敦的 H.J. 奥本海姆收藏。
1568. 碗，瓷器，鸟和梅花树枝图案，口径 21.9 厘米，宣德款识，公元 1433 年，明代。由伦敦的斐希瓦尔·大维德借展
1569. 鸡缸杯，瓷器，鸡图案，青花斗彩，口径 8.5 厘米，"大明成化年制"六字楷款，明代。与 NO.1575 是一对。由中国政府借展
1570. 杯，瓷器，红色珐琅瓷上用黄色勾勒出龙纹，口径 6.7 厘米，嘉靖款识，

明代。由伦敦的斐希瓦尔·大维德借展

1571. 茶托，瓷器，黄釉，口径12.6厘米，宣德款识，明代。由巴克斯郡艾弗希思的阿尔弗雷德·克拉克夫妇借展

1572. 高足杯，瓷器，婴戏图纹，青花和珐琅彩（斗彩），高8厘米，宣德款识，明代。由伦敦的斐希瓦尔·大维德借展

1573. 杯，瓷器，龙纹，红色珐琅，口径6厘米，隆庆款识，明代。由伦敦的斐希瓦尔·大维德借展

1574. 茶托，瓷器，黄色珐琅，口径19厘米，宣德款识，明代。由伦敦的斐希瓦尔·大维德借展

1575. 鸡缸杯，瓷器，鸡图案，青花斗彩，口径8.5厘米，"大明成化年制"六字楷款，明代。与NO.1569是一对。由中国政府借展

1576. 碗，瓷器，用红色和黄色勾勒出游龙戏珠，万历款识，明代。由伦敦的斐希瓦尔·大维德借展

1577. 罐，瓷器，开光，透雕花卉纹，青花釉里红，高33厘米，公约15世纪。由伦敦的斐希瓦尔·大维德借展

1578. 碗，瓷器，釉里红缠枝纹，口径17厘米，大约公元1500年。由海牙市立博物馆借展

1579. 碗，半脱胎瓷器，葵瓣口沿，青花斗彩，饰蝴蝶和梅花纹，底有"大明成化年制"六字楷款，口径15.9厘米，明代。与No.1592是一对。由中国政府借展

1580. 鸡缸杯一对，瓷器，青花斗彩，鸡图案，高4.8厘米，另一件高4.7厘米，"大明成化年制"六字楷款，明代。由中国政府借展

1581. 鸡缸杯一对，瓷器，青花斗彩，鸡图案，口径8.1厘米，"大明成化年制"六字楷款，带木架，架上刻有乾隆御题诗，明代。由中国政府借展

1582. 杯，瓷器，青花斗彩，刻着16世纪陶工崔的名字，口径6.5厘米，"大明成化年制"六字楷款，明代。由伦敦的斐希瓦尔·大维德借展

1583. 杯，瓷器，青花斗彩，口径6.5厘米，"大明成化年制"六字楷款，明代。由伦敦的斐希瓦尔·大维德借展

1584. 葫芦瓶，瓷器，鱼和波浪装饰，红色和黄色珐琅，"大明成化年制"六字楷款，明代。由伦敦的斐希瓦尔·大维德借展

1585. 带盖胭脂盒，瓷器，蛋壳形，珐琅瓷，口径3.5厘米，"大明成化年制"六字楷款，明代。由伦敦的斐希瓦尔·大维德借展

1586. 一对杯子，瓷器，青花斗彩，鸡图案，高 3.5 厘米，口径 7.5 厘米，底有"大明成化年制"六字楷款，明代。由中国政府借展

1587. 杯，瓷器，青花釉里红，公鸡图案，口径 10.2 厘米，永乐款识，明代。由伦敦的斐希瓦尔·大维德借展

1588. 碗，瓷器，薄胎瓷，两侧为精致的半透明珐琅，葡萄藤和蝴蝶图案，口径 15.7 厘米，成化时期款识，明代。由伦敦的斐希瓦尔·大维德借展

1589. 双耳扁壶，瓷器，青花斗彩，装饰花卉图案，高 18.2 厘米，底有"大明成化年制"六字楷款，可能为公元 15 世纪。由伦敦的斐希瓦尔·大维德借展

1590. 碗，瓷器，青花斗彩，鸳鸯莲花图案，口径 16.3 厘米，底有"大明成化年制"六字楷款，明代。由中国政府借展

1591. 壶，瓷器，凤凰造型，宝石珐琅瓷，高 21.7 厘米，公元 16 世纪。由伊斯坦布尔的托普卡比博物馆借展

1592. 碗，半脱胎瓷器，葵瓣口缘，饰蝴蝶和梅花纹，青花斗彩，底有"大明成化年制"六字楷款，口径 15.5 厘米，明代。与 No.1579 是一对。由中国政府借展

1593. 杯，瓷器，青花斗彩，高 9.5 厘米，底有"大明成化年制"六字楷款，明代。由巴克斯郡艾弗希思的阿尔弗雷德·克拉克夫妇借展

1594. 杯，瓷器，青花斗彩，星星点点的花朵装饰，口径 9.3 厘米，底有"大明成化年制"六字楷款，明代。由伦敦的斐希瓦尔·大维德借展

1595. 罐，瓷器，青花斗彩，高 9.3 厘米，底有"大明成化年制"六字楷款，明代。由伦敦的斐希瓦尔·大维德借展

1596. 一对杯子，瓷器，红釉斗彩，龙纹装饰，底有"大明成化年制"六字楷款，高 4 厘米，带木座，座底刻"乾隆御玩"四字，明代。由中国政府借展

1597. 瓷杆，青花斗彩，长 19.2 厘米，"大明成化年制"六字楷款，明代。由伦敦的斐希瓦尔·大维德借展

1598. 盖盒，瓷器，椭圆形，青花斗彩，山石和带花的植物纹饰，"大明成化年制"六字楷款，明代。由伦敦的 H.J. 奥本海姆收藏。

1599. 酒杯，瓷器，青花斗彩，装饰有长寿字款，口径 6 厘米，"大明成化年制"六字楷款，明代。由伦敦的斐希瓦尔·大维德借展

1600. 徐渭（1520-1593）榴实，水墨画，高 91.9 厘米，宽 26.6 厘米。由中国政府借展

1601. 陆治（1496-1576）玉兰，纸本设色，高 124.8 厘米，宽 51.9 厘米。由中国政府借展

1602. 橱柜，漆器，风景和人物图案，黄底，螺钿，高 268 厘米，宽 178 厘米，公元 18 世纪。由巴黎的温妮可夫人借展

1603. 花瓶，瓷器，侧面浅裂，釉里红，带有花纹和符号，高 49 厘米，大约公元 1500 年。由大英博物馆（尤摩弗帕勒斯收藏）借展

1604. 插屏，割绒，343 厘米 ×182.9 厘米，公元 17-18 世纪。由莱恩和莫兰特的公司借展

1605. 方从义（14 世纪）山阴云雪，水墨画，高 62.5 厘米，宽 25.5 厘米。由中国政府借展

1606. 蓝瑛（活跃于大约 1660 年）秋老梧桐图，纸本设色，高 136.6 厘米。由中国政府借展

1607. 奔马图，绢本设色，32.5 厘米 ×62 厘米，题款为 1406 年。由柏林的海因里希·哈尔特借展

1608. 瓶，瓷器，釉里红缠枝石榴纹，高 33.1 厘米，宣德时期，明代。由中国政府借展

1609. 高足杯，瓷器，青花釉里红三果纹，口径 11.8 厘米，碗内有"大明宣德年制"六字楷款，明代。由中国政府借展

1610. 印泥盒，瓷器，宝石红釉，口径 9.8 厘米，明代宣德时期，但也有可能是康熙时期。由中国政府借展

1611. 高足碗，半脱胎瓷，甜白釉，下装饰有两条龙纹，口径 10.9 厘米，永乐时期，明代。由中国政府借展

1612. 卣壶，瓷器，祭红釉，划刻莲瓣纹，高 10.6 厘米，底有"大明宣德年制"六字楷款，明代。由中国政府借展

1613. 贯耳壶，瓷器，釉里白神兽纹，高 15.1 厘米，底款釉里红楷书"大明宣德年制"，明代。由中国政府借展

1614. 卣壶，瓷器，雾青釉，划刻莲瓣纹，高 10.6 厘米，宣德款识，明代。由中国政府借展

1615. 高足碗，瓷器，祭红釉，划刻双龙戏珠纹，口径 16.2 厘米，碗内篆字暗款"永乐年制"，明代。由中国政府借展

1616. 三足圆炉，瓷器，宝石红釉，高 6.8 厘米，明代。由中国政府借展

1617. 僧帽壶，瓷器，宝石红釉，高 20 厘米，宣德时期，明代，带木座，

底部刻有雍正和乾隆御题诗。由中国政府借展

1618. 小碗，瓷器，宝石红釉，口径10厘米，底有"大明宣德年制"六字暗款，明代。由中国政府借展

1619. 高足杯，白瓷，龙纹，口径15.5厘米，永乐款识，明代。由伦敦的H.J.奥本海姆收藏。

1620. 小碗，瓷器，宝石红色釉，口径10.2厘米，明代。由中国政府借展

1621. 瓶，青花瓷，龙和海浪纹，公元15世纪。由伊斯坦布尔的托普卡比博物馆借展

1622. 罐，瓷器，青花，鸭子和莲花图案，高31.8厘米，公元15世纪。由伦敦的奥斯卡·拉斐尔借展

1623. 大碗，青花瓷，缠枝牡丹纹饰，口径27厘米，底有"大明宣德年制"六字楷款，明代。由中国政府借展

1624. 三足香炉，青花瓷，侧面装饰有青花缠枝莲花纹，高12.7厘米，口沿有"大明宣德年制"六字楷款，明代。由中国政府借展

1625. 瓶，瓷器，通称玉壶春瓶，釉里红釉，装饰有竹子、石头和巴蕉图案，高31.8厘米，底有"大明宣德年制"六字楷款，明代。由中国政府借展

1626. 花薰，青花瓷，缠枝番莲镂空纹饰，高40厘米，宣德时期，明代。由中国政府借展

1627. 圆洗，青花瓷，缠枝花卉纹，口径26.8厘米，宣德时期，明代。由中国政府借展

1628. 碗，青花瓷，缠枝莲花纹，高12.7厘米，宣德时期，明代。由中国政府借展

1629. 执壶，青花瓷，缠枝花卉纹，高36厘米，宣德时期，明代。由中国政府借展

1630. 带盖酒器，青花瓷，缠枝牡丹纹，高36.7厘米，可能为宣德时期，明代。由中国政府借展

1631. 盖碗，瓷器，青花釉里红，赶珠龙纹，口径17.5厘米，碗内及盖内均有"大明宣德年制"六字楷款，明代。由中国政府借展

1632. 刺绣，彩绘丝绸，仙人图案，高145厘米，宽39厘米，可能为宋代。由A.W.巴尔韦布里奇借展

1633. 黄荃（去世时间965年）鹿图，绢本设色，高158厘米，宽93厘米，可能为元代。由中弗兰肯的E.A.沃雷茨博士借展

1634. 碟，瓷器，宝石红釉，口径15厘米，底有"大明宣德年制"六字暗款，明代。由中国政府借展
1635. 梅瓶，瓷器，莲花纹，高25.2厘米，公元15世纪。由中国政府借展
1636. 大碗，瓷器，釉里红三鱼纹，口径20.7厘米，底有"大明成化年制"六字楷款，明代。由中国政府借展
1637. 高足碗，甜白瓷，划花番莲八宝纹装饰，口径11.7厘米，碗内有"永乐年制"四篆字暗款，明代。由中国政府借展
1638. 高足碗，半脱胎瓷，甜白釉，葵瓣口沿，划刻暗花五龙纹，口径20.1厘米，碗内有"永乐年制"四篆字暗款，明代。由中国政府借展
1639. 三系盖罐，翠青釉瓷，高9.5厘米，据说为永乐时期，明代。由中国政府借展
1640. 碗，蛋壳白瓷，暗花莲纹和八仙图案，口径19.5厘米，永乐款识，明代。由伦敦的斐希瓦尔·大维德借展
1641. 三系把壶，甜白瓷，高11.1厘米，据说为永乐时期，明代。由中国政府借展
1642. 小碗，半脱胎瓷，甜白釉，划刻双龙纹，口径9.9厘米，碗内有"永乐年制"四篆字暗款，明代。由中国政府借展
1643. 碗，瓷器，菊瓣状，宝石红釉，口沿镶铜边，口径18.8厘米，宣德时期，明代，也有可能康熙时期。由中国政府借展
1644. 花盏，甜白瓷，葵花瓣形口，高4.3厘米，口径9.6厘米，永乐时期，明代。由中国政府借展
1645. 碗，蛋壳白瓷，暗花龙纹，口径19.8厘米，里部刻有永乐款识，明代。由伦敦的斐希瓦尔·大维德借展
1646. 花插，瓷器，宝石红釉，爆竹形状，高14.4厘米，宣德时期，明代，也有可能为康熙时期。由中国政府借展
1647. 碗，瓷器，葵花形，粉青色釉，划刻芙蓉纹饰，镶铜口缘，湘湖窑，口径20厘米，南宋或元代。由中国政府借展
1648. 杯，白瓷，釉下永乐款识，明代。由斯德哥尔摩的C.坎普借展
1649. 碗，瓷器，撇口，宝石红釉，口径20.4厘米，宣德时期，明代，底刻乾隆御题诗。由中国政府借展
1650. 小碗，半脱胎瓷，撇口，甜白釉，八宝莲花纹，口径9.7厘米，碗内有"永乐年制"四篆字暗款，永乐时期或更晚，明代。由中国政府借展

第九展厅

17—18 世纪

1651. 缂丝,绢地,喜报生孙图案,113.3 厘米×68.5 厘米,宋代或晚于宋代。由中国政府借展
1652. 神仙人物,瓷器,五彩,高 54.5 厘米,康熙时期。由伦敦的弗兰克·帕特里奇父子有限公司借展
1653. 一对花瓶,五彩瓷,花鸟纹,高 27 厘米,康熙时期。由萨里的 S.D. 文克沃斯借展
1654. 灯笼五彩瓷,人物风景纹,高 21 厘米,康熙时期。由丹巴顿郡的伦纳德·高博士借展
1655. 凤尾瓶,五彩瓷,人物纹,高 77 厘米,与 No.1669 是一对,康熙时期。由丹巴顿郡的伦纳德·高博士借展
1656. 一对狮子,瓷器,素胎上施珐琅,高 43.5 厘米,康熙时期。由丹巴顿郡的伦纳德·高博士借展
1657. 盘,五彩瓷,荷花纹,口径 52.5 厘米,康熙时期。由丹巴顿郡的伦纳德·高博士借展
1658. 一对灯罩,薄胎瓷,五彩,镀金,高 20.9 厘米,康熙晚期。由伦敦的安东尼·德·罗斯柴尔德借展
1659. 碗,五彩瓷,鸟纹,康熙时期。由伦敦的安东尼·德·罗斯柴尔德借展
1660. 长颈瓶,五彩瓷,奖章和花卉纹,高 19.5 厘米,康熙时期。由伦敦的斐希瓦尔·大维德借展
1661. 长颈瓶,五彩瓷,类似字母 G. 的标记,高 23.2 厘米,康熙时期。匿名借展
1662. 一对盖罐,瓷器,红绿地花纹,高 52 厘米,康熙时期。由丹巴顿郡的伦纳德·高博士借展
1663. 盖罐,绿地五彩瓷,高 56 厘米,康熙时期。由丹巴顿郡的伦纳德·高博士借展
1664. 香篮,瓷器,拱形提梁和镂空装饰,素胎上施珐琅,高 13.5 厘米,康熙时期。由伦敦的斐希瓦尔·大维德借展
1665. 仕女,五彩瓷,高 64.5 厘米,带座,康熙时期。由丹巴顿郡的伦纳德·高

博士借展

1666. 钟，五彩瓷，异兽头纹，高9厘米，康熙时期。由丹巴顿郡的伦纳德·高博士借展

1667. 一对花瓶，花鸟纹五彩瓷，带有固定底座，高27.4厘米，康熙晚期。由伦敦的安东尼·德·罗斯柴尔德借展

1668. 棒槌瓶，青花五彩瓷，人物主题纹，高26.7厘米，康熙时期。由丹巴顿郡的伦纳德·高博士借展

1669. 凤尾瓶，五彩瓷，刀马图案，高77厘米，康熙时期，与No.1655是一对。由丹巴顿郡的伦纳德·高博士借展

1670. 地毯，318.02厘米×167.07厘米，公元18世纪。由伦敦的沃德夫人借展

1671. 缂丝，绢地，蓉塘戏鹭纹案，123.9厘米×49.3厘米，宋代，也可能晚于宋。由中国政府借展

1672. 十二扇乌木屏风，鹤，一边装饰有松、云，另一边刻有日期公元1691年，高320厘米，宽624厘米，康熙时期。由巴黎的朗韦尔夫人借展

1672A. 矩形木桌，红地龙鹤纹，高36厘米，长200厘米，宽92厘米，公元17世纪。由巴黎的T.库蒂借展

1672B. 珠宝盒，剔红、剔绿、剔黄，长68.6厘米，乾隆时期。由斯宾克父子公司的借展

1673. 缂丝，绢地，和鸣鸾凤图案，148.7厘米×48.7厘米，宋代，也可能晚于宋。由中国政府借展

1674. 盖罐，瓷器，素胎上施珐琅，牡丹雄鸡纹，黑地，高55厘米，康熙时期。由丹巴顿郡的伦纳德·高博士借展

1675. 方瓶，珐琅瓷，四季花卉纹，黄地，高54厘米，康熙时期。由丹巴顿郡的伦纳德·高博士借展

1676. 一对笔架，瓷器，一组六个人物造型，彩釉，高14.7厘米，康熙时期。由阿姆斯特丹国立博物馆借展

1677. 方瓶，淡黄褐釉珐琅瓷，鱼藻纹，绿地，高49厘米，康熙时期，与No.1677是一对。由丹巴顿郡的伦纳德·高博士借展

1678. 一对盖罐，淡黄褐釉珐琅瓷，牡丹花鸟纹，黑地，高22厘米，康熙时期。由丹巴顿郡的伦纳德·高博士借展

1679. 胆式瓶，瓷器，木兰和牡丹纹，黄地，高37厘米，明代。由大英博

物馆（尤摩弗帕勒斯收藏）借展

1680. 盖罐，淡黄褐釉珐琅瓷，石头、花、鸟纹，高37厘米，康熙时期。由丹巴顿郡的伦纳德·高博士借展

1681. 方瓶，瓷器，素胎上施珐琅，四季花纹，绿地，高49厘米，康熙款识。由匿名借展

1682. 盘，三彩瓷，苹果、桃子、石榴福寿三多图案，口径24.6厘米，底有"大清康熙年制"六字楷款，清代。由中国政府借展

1683. 凤尾瓶，瓷器，素胎上施珐琅，蔷薇花鸟纹，黑地，高71厘米，康熙时期。由丹巴顿郡的伦纳德·高博士借展

1684. 方瓶，瓷器，素胎上施珐琅，四季花卉纹，黑地，高55.5厘米，康熙时期。由丹巴顿郡的伦纳德·高博士借展

1685. 一对盖罐，瓷器，素胎上施珐琅，黑地，高51.5厘米，康熙时期。由丹巴顿郡的伦纳德·高博士借展

1686. 笔筒，人物纹珐琅瓷，绿地，高20厘米，宽16厘米，康熙时期。由荷兰宰斯特的罗伯特·梅借展

1687. 一对花瓶，瓷器，素胎上施珐琅，黑地，高13.3厘米，康熙时期。由丹巴顿郡的伦纳德·高博士借展

1688. 管状器，五彩瓷，莲纹，高22厘米，康熙时期。由伦敦的斐希瓦尔·大维德借展

1689. 大盘，五彩瓷，紫地绿龙纹，口径41厘米，底有"成化年制"六字楷款，可能是康熙时期。由中国政府借展

1690. 葫芦瓶，瓷器，绿地缠枝纹，高26.8厘米，康熙时期。由匿名借展

1691. 一对方瓶，瓷器，素胎上施珐琅，花鸟纹，黑地，高51.5厘米，由丹巴顿郡的伦纳德·高博士借展

1692. 六边形笔筒，五彩瓷，边壁镂空，山水凤鸟纹，高13厘米，康熙时期。由伦敦的斐希瓦尔·大维德借展

1693. 茶壶，瓷器，素胎上施珐琅，绿地，高11.5厘米，康熙时期。由丹巴顿郡的伦纳德·高博士借展

1694. 插屏，五彩瓷，菊花、牡丹、鸟图案，高55.3厘米，宽29.9厘米，康熙时期。由伦敦的埃文·查特里斯，K.C.借展

1695. 杯，珐琅瓷，黄地，鲤鱼和波浪纹，高12厘米，明代。由大英博物馆（尤摩弗帕勒斯收藏）借展

1696. 双耳瓶，珐琅瓷，龙耳，莲花和荷塘图案，高 48.2 厘米，康熙时期。由伦敦的安东尼·德·罗斯柴尔德借展

1697. 方瓶，瓷器，黑地，素胎上施珐琅，花卉图案，高 50 厘米，康熙时期。由丹巴顿郡的伦纳德·高博士借展

1698. 一对双耳瓶，瓷器，素胎上施珐琅，黄地，花瓣纹，高 22.8 厘米，康熙时期。由丹巴顿郡的伦纳德·高博士借展

1699. 方瓶，瓷器，素胎上施珐琅，鱼藻纹，绿地，与 No.1699 是一对，高 49 厘米，康熙时期。由丹巴顿郡的伦纳德·高博士借展

1700. 盖罐，瓷器，素胎上施珐琅，石头、花和植物图案，黑地，高 59.6 厘米，康熙时期。由伦敦的安东尼·德·罗斯柴尔德借展

1701. 地毯，羊毛，307.4 厘米 ×190.6 厘米，公元 18 世纪。由伦敦的 LIBERTYANDCO., LTD 借展

1702. 丝绣，绢地，先春四喜图案，87 厘米 ×48.4 厘米，元代。由中国政府借展

1703. 缂丝，绢地，301.1 厘米 ×208.3 厘米，成化时期，与 No.1762. 是一对。由纽约大都会艺术博物馆借展

1704. 凤尾瓶，瓷器，素胎上施珐琅，黑地，与 No.1706 是一对，高 68.6 厘米，康熙时期。由伦敦的弗兰克·帕特里奇父子有限公司借展

1705. 盖罐，瓷器，素胎上施珐琅，黑地，高 62.2 厘米，康熙时期。由伦敦的弗兰克·帕特里奇父子有限公司借展

1706. 凤尾瓶，瓷器，素胎上施珐琅，黑地，与 No.1704 是一对，高 69.9 厘米，康熙时期。由伦敦的弗兰克·帕特里奇父子有限公司借展

1707. 缂丝，绢地，场圃秋成图案，88 厘米 ×66 厘米，清代。由中国政府借展

1708. 杯，瓷器，绿地素胎上施珐琅，宽 13.2 厘米，康熙时期。由丹巴顿郡的伦纳德·高博士借展

1709. 盘，五彩瓷，泰国风格，口径 22 厘米，康熙时期。由剑桥的雷金纳德·勒·梅借展

1710. 碗，瓷器，素胎上施珐琅，绿地牡丹纹，口径 20 厘米，康熙时期。由丹巴顿郡的伦纳德·高博士借展

1711. 杯，瓷器，素胎上施珐琅，宽 13.2 厘米，康熙时期。由丹巴顿郡的伦纳德·高博士借展

1712. 碗，瓷器，素胎上施珐琅，茄子紫地，花卉图案，口径19.2厘米，康熙时期。由丹巴顿郡的伦纳德·高博士借展

1713. 盘，瓷器，红绿彩龙纹，口径21.7厘米，康熙时期。由伦敦的斐希瓦尔·大维德借展

1714. 杯，瓷器，素胎上施珐琅，茄紫地，宽13.2厘米，康熙时期。由丹巴顿郡的伦纳德·高博士借展

1715. 盘，五彩瓷，两个仕女和小孩图案，康熙时期。由伦敦的W.J.霍尔特夫人借展

1716. 杯，珐琅彩瓷，水果和蝴蝶纹饰，口径7.3厘米，康熙时期。由伦敦的切斯特·贝蒂夫妇借展

1717. 盘，五彩瓷，风景和人物图案，口径20.9厘米，康熙时期。由伦敦的H.J.奥本海姆收藏。

1718. 方瓶，瓷器，素胎上施珐琅，红梅图案，黑地，高48.2厘米，康熙时期。由伦敦的安东尼·德·罗斯柴尔德借展

1719. 碟，五彩瓷，仕女图案，口径15.8厘米，康熙时期。由伦敦的H.J.奥本海姆收藏。

1720. 杯，珐琅瓷，装饰有水果和蝴蝶纹饰，口径7.5厘米，康熙时期。由伦敦的切斯特·贝蒂夫妇借展

1721. 盘，五彩瓷，仕女图案，口径31.7厘米，康熙时期。由阿姆斯特丹的W.F.范·赫克洛姆借展

1722. 盆，粉彩瓷，仙人图案，边部刻有庆祝皇帝生日文字，口径24.7厘米，康熙时期，与No.1727是一对。在霍夫的A.T.沃尔借展

1723. 魁星人物，瓷器，彩釉，高13厘米，康熙时期。由伦敦的W.J.霍尔特夫人借展

1724. 碟，五彩瓷，箭射老虎图案，黑地，口径34.5厘米，康熙时期。由伦敦的斐希瓦尔·大维德借展

1725. 碗，五彩瓷，花卉纹，黑地，口径34.5厘米，康熙时期。由阿姆斯特丹的A.萨尔借展

1726. 碟，五彩瓷，仕女花园、蝴蝶和花图案，口径17.3厘米，"大明成化年制"六字楷款但也可能是康熙时期。由伦敦的斐希瓦尔·大维德借展

1727. 盆，五彩瓷，仕女和仆人图案，口径25厘米，康熙时期，与No.1722是一对。由伦敦的C.E.拉塞尔借展

第九展厅

1728. 康熙皇帝款玺印，瓷器，立方体，五彩云龙纹，高6厘米。由巴黎的卢浮宫博物馆借展

1729. 盆，五彩瓷，鸟上枝头，口径25.5厘米，康熙时期。由伦敦的C.E.拉塞尔借展

1730. 一对碗，五彩瓷，六边形，人物主题纹饰，宽20.3厘米，康熙时期。由萨福克马特尔舍姆的史蒂芬·曼纽尔借展

1731. 盘，五彩瓷，寿桃图案，口径28.7厘米，康熙时期。由伦敦的斐希瓦尔·大维德借展

1732. 碗，五彩瓷，道教主题，镀金，口径22.4厘米，康熙时期。由伦敦的斐希瓦尔·大维德借展

1733. 盘，五彩瓷，宽26.6厘米，康熙时期。由萨福克马特尔舍姆的史蒂芬·曼纽尔借展

1734. 挂盘，瓷器，仕女在花园里刺绣图案，高274.5厘米，宽58.4厘米，康熙时期，与No.1735是一对。由荷兰阿姆斯特丹的M.基泽父子借展

1735. 挂盘，瓷器，仕女在花园里刺绣图案，高274.5厘米，宽59.7厘米，康熙时期，与No.1734是一对。由荷兰阿姆斯特丹的M.基泽父子借展

1736. 缂丝，绢地，村农昭庆图案，88.5厘米×66.1厘米，清代。由中国政府借展

1737. 碟，瓷器，透雕口缘，青花釉里红，口径15厘米，雍正时期。由伦敦的H.J.奥本海姆收藏。

1738. 笔筒，瓷器，釉里三色山水图案，青花釉里红，高14厘米，底有"大清康熙年制"六字楷款，清代。由中国政府借展

1739. 碗，青花瓷，口径20.5厘米，明代晚期。由斯德哥尔摩J.劳里岑借展

1740. 高足杯，青花瓷，高13.8厘米，康熙时期。由伦敦的切斯特·贝蒂夫妇借展

1741. 小花瓶，瓷器，青花缠枝莲纹，嘉庆款识，清代。由伦敦的斐希瓦尔·大维德借展

1742. 玉壶春瓶瓶，瓷器，青花竹、石、芭蕉三友图案，高29厘米，底有"大清乾隆年制"六字篆款，清代。由中国政府借展

1743. 盖盒，瓷器，五瓣形状，仿玻璃，长寿纹，薄的蓝色珐琅，口径6.5厘米，乾隆款识。由伦敦的斐希瓦尔·大维德借展

1744. 扁瓶，瓷器，釉里红，高17.8厘米，乾隆款识。由伦敦的R.C.布鲁

斯借展

1745. 茶壶，瓷器，青花，叶子形，款识"玉"，康熙时期。由伦敦的斐希瓦尔·大维德借展

1746. 方瓶，瓷器，青花釉里红，花鸟纹，高 55 厘米，雍正时期。由萨里的 S.D. 文克沃斯借展

1747. 小盖罐，瓷器，青花龙纹，高 6.5 厘米，嘉靖款识，但也可能是清代。由伦敦的斐希瓦尔·大维德借展

1748. 盖盒，瓷器，白色的缠枝莲花和蝴蝶图案，珊瑚地，口径 15 厘米，雍正时期。由伦敦的斐希瓦尔·大维德借展

1749. 小罐，瓷器，青花云龙纹，口径 6 厘米，宣德款识，但也可能为明代。由伦敦的斐希瓦尔·大维德借展

1750. 花浇，瓷器，青花划刻菊瓣纹饰，高 31.2 厘米，底有"大清雍正年制"六字篆款，清代。由中国政府借展

1751. 瓶，瓷器，青花纹饰，嘉靖款识，但也可能是清代。由伦敦的斐希瓦尔·大维德借展

1752. 折方瓶，瓷器，兽耳，青花缠枝牵牛纹，高 16 厘米，底有"大清乾隆年制"六字篆款，清代。由中国政府借展

1753. 六方壶，青花瓷，贯耳，缠枝莲花纹，高 28.7 厘米，底有"大清雍正年制"六字篆款，清代。由中国政府借展

1754. 小瓶，青花瓷，云龙纹，高 17.4 厘米，底有"成化年制"四字楷款，明代。由中国政府借展

1755. 高足杯，瓷器，梵语和青花缠枝莲花纹饰，高 8.7 厘米，成化款识。由中国政府借展

1756. 贯耳瓶，瓷器，海棠式耳，青花祥云蝙蝠纹，高 35.1 厘米，底有"大清乾隆年制"六字篆款，清代。由中国政府借展

1757. 贯耳瓶，瓷器，青花缠枝海石榴纹，高 19.4 厘米，底有"大清乾隆年制"六字楷款，清代。由中国政府借展

1758. 葫芦瓶，瓷器，釉里红，葫芦藤和蝙蝠纹，高 34 厘米，宽 21 厘米，公元 18 世纪。由荷兰宰斯特的罗伯特·梅借展

1759. 碟，瓷器，釉里红，云龙纹，口径 21.6 厘米，雍正款识。由霍夫的 A.T. 沃尔借展

1760. 葫芦瓶，黄地，青花釉里红，云龙纹，高 40 厘米，雍正款识。由巴

黎的 M. 卡尔曼借展

1761. 烛台，瓷器，镀金，粉蓝釉，高 55.5 厘米，康熙时期。由萨里的 S.D. 文克沃斯借展

1762. 缂丝，301.1 厘米 ×208.3 厘米，乾隆时期。由纽约的大都会艺术博物馆借展

1763. 祭器五件套，漆器，红绿桔色，最高 137 厘米，公元 17 世纪早期。由维多利亚和阿尔伯特博物馆（G. 尤摩弗帕勒斯收藏）借展

1764. 圆盒，漆器，口径 23.5 厘米，永乐款识，明代。由柏林的德国国家博物馆借展

1765. 盒，漆器，金属边缘，有钩和铰链，装饰红色和金色，室内景物和风景图案，长 40.9 厘米，公元 16 世纪。由德国科尔姆贝格的沃列兹奇博士借展

1766. 盘，雕红黄漆器，龙凤纹，口径 20.6 厘米，嘉靖款识，明代。由中国政府借展

1767. 盒，漆器，红黑色，龙纹，高 8.9 厘米，宽 19.1 厘米，款识 1605 年。由爱丁堡的苏格兰皇家博物馆借展

1768. 柜，螺钿，花鸟纹，长 47.5 厘米，公元 15–16 世纪。由德国科尔姆贝格的沃列兹奇博士借展

1769. 丝绣，白色的鹰纹，深蓝色的底，107.5 厘米 ×54.5 厘米，宋代，也可能晚于宋。由中国政府借展

1770. 地毯，羊毛，228.6 厘米 ×152.5 厘米，大约为公元 1800 年。由伦敦的布鲁特父子借展

1771. 对瓶，五彩瓷，粉蓝地，高 47 厘米，康熙时期。由丹巴顿郡的伦纳德·高博士借展

1772. 方瓶，五彩瓷，四季花卉纹，高 49.5 厘米，康熙时期。由丹巴顿郡的伦纳德·高博士借展

1773. 对瓶，五彩瓷，粉蓝地，高 45 厘米，康熙时期。由丹巴顿郡的伦纳德·高博士借展

1774. 大盘，五彩瓷，粉蓝地，口径 52 厘米，康熙时期。由丹巴顿郡的伦纳德·高博士借展

1775. 大盘，五彩瓷，鸟纹，与 No.1776 是一对，口径 46 厘米，康熙时期。由丹巴顿郡的伦纳德·高博士借展

1776. 大盘，五彩瓷，鸟纹，与 No.1775 是一对，口径 46 厘米，康熙时期。由丹巴顿郡的伦纳德·高博士借展

1777. 盘，五彩瓷，凤凰和怪物花纹，口径 36.2 厘米，康熙时期。由巴克斯郡艾弗希思的阿尔弗雷德·克拉克夫妇借展

1778. 碗，青花珐琅彩瓷，日本有田风格，康熙时期。由萨里的 S.D. 文克沃斯借展

1779. 缂丝，绢地，婴戏图案，63.2 厘米 ×88.8 厘米，明代。由中国政府借展

1780. 十二扇乌木屏风，一面为金地凤凰和花卉图案，另一面为人物和风景图案，高 320 厘米，宽 624 厘米，公元 17 世纪。由巴黎的朗韦尔夫人借展

1781. 三件盖罐，五彩瓷，山石、花卉和凤凰花纹，与 No.1782 配套，高 78.7 厘米，康熙时期。由伦敦的安东尼·德·罗斯柴尔德借展

1782. 一对高足杯，五彩瓷，山石、花卉和凤凰花纹，与 No.1781 配套，高 71.1 厘米，康熙时期。由伦敦的安东尼·德·罗斯柴尔德借展

1783. 丝织，绢地，竹杖化龙图案，95.3 厘米 ×42.7 厘米，明代。由中国政府借展

1784. 瓶，瓷器，花卉和龙纹装饰，蓝白色，与 No.1806 是一对，高 43.5 厘米，康熙时期。由丹巴顿郡的伦纳德·高博士借展

1785. 长颈杯，青花瓷，与 No.1807 是一对，高 45.5 厘米，康熙时期。由匿名借展

1786. 大圆洗，青花瓷，鱼龙变化纹饰，口径 39 厘米，底有"大清康熙年制"六字楷款，清代。由中国政府借展

1787. 三节葫芦形瓶，瓷器，青花仿古青铜器造型，与 No.1801 是一对，康熙时期。由丹巴顿郡的伦纳德·高博士借展

1788. 瓶，瓷器，青花缠枝菊花纹，与 No.1800 是一对，高 43 厘米，康熙时期。由丹巴顿郡的伦纳德·高博士借展

1789. 瓶，青花瓷，妇女和孩子在花园玩耍图案，高 28.7 厘米，康熙时期。由伦敦的 C.E. 拉塞尔借展

1790. 瓶，青花瓷，风景图案，高 19.2 厘米，康熙时期。由伦敦的 C.E. 拉塞尔借展

1791. 蒜头瓶，青花瓷，山水纹，高 27.5 厘米，康熙时期。由伦敦的 C.E. 拉塞尔借展

1792. 盘，青花瓷，缠枝桃纹，口径 16.3 厘米，康熙时期。由巴克斯郡艾弗希思的阿尔弗雷德·克拉克夫妇借展

1793. 盖罐，青花，开光山水人物图案，高 3.5 厘米，康熙时期，与 No.1803 是一对。匿名借展

1794. 瓶，青花瓷，海水龙纹，高 48.2 厘米，康熙时期。由伦敦的 C.E. 拉塞尔借展

1795. 瓶，青花瓷，蓝地白梅图案，高 44 厘米，康熙时期。由丹巴顿郡的伦纳德·高博士借展

1796. 瓶，青花瓷，河景图案，高 44 厘米，康熙时期。由贝奇沃思的 F. 席勒借展

1797. 盖罐，青花瓷，釉下蓝底，树枝上饰白色梅花纹，高 26 厘米，康熙时期。由丹巴顿郡的伦纳德·高博士借展

1798. 罐，青花瓷，釉下蓝底，树枝上白色的梅花，高 25 厘米，康熙时期。由匿名借展

1799. 大花瓶，青花瓷，龙船纹，高 77.5 厘米，康熙时期。由丹巴顿郡的伦纳德·高博士借展

1800. 瓶，瓷器，青花缠枝菊花纹，与 No.1788 是一对，高 43 厘米，康熙时期。由丹巴顿郡的伦纳德·高博士借展

1801. 三节葫芦形瓶，青花瓷，仿古青铜造型，高 43 厘米。与 No.1787 是一对。由丹巴顿郡的伦纳德·高博士借展

1802. 罐，青花瓷，一套五件，缠枝虎百合纹，高 14.5 厘米，18 厘米，康熙时期。匿名借展

1803. 盖罐，青花瓷，开光山水人物图案，高 36 厘米，康熙时期，与 No.1793 是一对。由巴克斯的艾弗瑞·克拉克夫妇借展

1804. 盘，青花瓷，缠枝桃纹，口径 16.3 厘米，康熙印章款识。由巴克斯郡艾弗希思的阿尔弗雷德·克拉克夫妇借展

1805. 盖瓶，陈设瓷，一套五件，青花人物主题图案，三个带盖的花瓶，高 47 厘米，46 厘米，48 厘米，两个高足杯，高 43 厘米，康熙时期。由丹巴顿郡的伦纳德·高博士借展

1806. 花瓶，青花瓷，花瓶和龙纹图案，与 No.1784 是一对，高 43.5 厘米，康熙时期。由丹巴顿郡的伦纳德·高博士借展

1807. 长颈杯，青花瓷，与 No.1785 是一对，高 45.5 厘米，康熙时期。匿

名借展

1808. 盘（陈设盘），瓷器，青花花卉纹，口径 21 厘米，康熙时期。由萨里的 S.D. 文克沃斯借展

1809. 羊毛地毯，294 厘米×175 厘米，公元 17 到 18 世纪。由荷兰的海姆斯泰德 F. 古特曼借展

1810. 缂丝，绢地，山水图案，90.2 厘米×35.6 厘米，宋代，但也可能晚于宋。由中国政府借展

1811. 十二扇乌木屏风，景观和人物图案，高 274.5 厘米，长 609.8 厘米，公元 17 到 18 世纪。由伦敦的萨克斯顿·诺比借展

1812. 文官坐像，铁质，高 72 厘米，款识公元 1491 年，与 No.1834 是一对。由 R.A. 的查尔斯·香农借展

1813. 八棱罐，瓷器，矾红底，珐琅，镀金，福寿图案，高 38 厘米，公元 16 世纪早期，由伦敦的斐希瓦尔·大维德借展

1814. 瓶，瓷器，青花五彩，莲花、鸟、鱼藻纹，开片纹底，高 63.4 厘米，公元 15 或 16 世纪。由伦敦的安东尼·德·罗斯柴尔德借展

1815. 罐，仿景泰蓝瓷器，蓝地莲花纹，高 38.1 厘米，宽 33 厘米，乾隆时期。由伦敦的 R.C. 布鲁斯借展

1816. 帷幔，绣花绸，公元 17 世纪，与 No.1830 是一对由伦敦的利森小姐借展

1817. 盖罐，五彩瓷，绿地开光花鸟纹，高 58 厘米，康熙时期，与 No.1829 是一对。由丹巴顿郡的伦纳德·高博士借展

1818. 地毯，羊毛，257 厘米×166 厘米，公元 17-18 世纪。由伦敦的盎格鲁-波斯地毯公司借展

1819. 缸，瓷器，莲池水禽纹，青花五彩，口径 54.5 厘米，乾隆时期，清代。由伦敦的斐希瓦尔·大维德借展

1820. 塔，瓷器，青花五彩，公元 18 世纪，与 No.1826 是一对，高 260 厘米。由伦敦的肯尼赫·克拉克借展

1821. 一对窗帘，绣花丝绸，双铃铛，宽 381.1 厘米，长 411.6 厘米，公元 17 世纪。由伦敦的利森小姐借展

1822. 宫廷屏风，紫檀木，镶景泰蓝，田野图案，高 294 厘米，宽 122.5 厘米，清代。由中国政府借展

1823. 宝座，紫檀木，镶景泰珐琅彩，卷云纹和蝙蝠纹，高 96.3 厘米，宽

110厘米，金漆脚凳，清代。由中国政府借展

1824. 一对狮子，瓷器，素胎上施珐琅，高59.6厘米，康熙时期。由伦敦的霍恩·拉迪·沃德借展

1825. 地毯，丝绸，175.4厘米×88.8厘米，可能是明代。由伦敦斯宾克父子公司借展

1826. 塔，瓷器，青花五彩，公元18世纪，高260厘米，与No.1820是一对。由伦敦的肯尼赫·克拉克借展

1827. 缸，瓷器，缠枝灵芝，龙纹，青花和黄彩，口径43.5厘米，万历款识，明代。由伦敦的斐希瓦尔·大维德借展

1828. 地毯，羊毛，270厘米×175厘米，公元17到18世纪。由伦敦的盎格鲁-波斯地毯公司借展

1829. 盖罐，五彩瓷，绿地，开光花鸟纹，高57厘米，康熙时期，与No.1817时期是一对。由丹巴顿郡的伦纳德·高博士借展

1830. 帷幔，绣丝绸，公元17世纪，与No.1816一对。由伦敦的利森小姐借展

1831. 凤尾瓶，五彩瓷，高72厘米，康熙时期。由丹巴顿郡的伦纳德·高博士借展

1832. 瓶，瓷器，莲花和鸟纹，绿地，黄绿彩，高35.5厘米，公元15世纪。由伦敦的林德利·斯科特博士借展

1833. 瓶，五彩瓷，龙舟图，高71.6厘米，康熙时期。由R.A.的查尔斯·香农借展

1834. 文官坐像，铁质，高73厘米，款识公元1491时期，与No.1812是一对。由R.A.的查尔斯·香农借展

1835. 十二扇乌木屏风，风景和人物图案，高274.5厘米，长609.8厘米，公元17到18世纪。由伦敦的萨克斯顿·诺比借展

1836. 雉鸡，瓷器，与No.1847是一对，高33.7厘米，乾隆时期。由伦敦的霍恩·拉迪·沃德借展

1837. 猫，瓷器，青花，高14厘米，清代。由伦敦的罗克斯堡公爵夫人借展

1838. 一对鹦鹉，瓷器，茄子紫釉，高25.5厘米，康熙时期。由伦敦的霍恩·拉迪·沃德借展

1839. 四鹤，瓷器，素胎上施珐琅，高44厘米，清代。由伦敦的罗克斯堡公爵夫人借展

1840. 一对鸭子，瓷器，珐琅彩，高 25.5 厘米，乾隆时期。由伦敦的霍恩·拉迪·沃德借展

1841. 三鸭，瓷器，珐琅彩，高 17 厘米，乾隆时期。由伦敦的罗克斯堡公爵夫人借展

1842. 鸭子，粗陶器，淡蓝色的釉，长 21 厘米，乾隆时期。由伦敦的霍恩·拉迪·沃德借展

1843. 鸭子，宜兴窑，长 18 厘米，康熙时期。由柏林的赫伯特·冯·克伦佩尔博士借展

1844. 一对鹅，瓷器，彩釉，高 25.5 厘米，康熙时期。由伦敦的霍恩·拉迪·沃德借展

1845. 一对雉鸡，五彩瓷，高 35.5 厘米，乾隆时期。由伦敦的达维·霍尔特借展

1846. 雉鸡，粉彩瓷，与 No.1864 是一对，高 61 厘米，乾隆时期。由伦敦罗克斯堡公爵夫人借展

1847. 雉鸡，瓷器，珊瑚红，高 33.7 厘米，乾隆时期，与 No.1836 是一对。由伦敦的霍恩·拉迪·沃德借展

1848. 鹌鹑，瓷器，素胎上施珐琅，高 17 厘米，康熙时期。由丹巴顿郡的伦纳德·高博士借展

1849. 一对公鸡，瓷器，素胎上施珐琅，高 28 厘米，康熙时期。由丹巴顿郡的伦纳德·高博士借展

1850. 公鸡，瓷器，素胎上施珐琅，高 30.5 厘米，公元 17 世纪。由伦敦的林德利·斯科特借展

1851. 公鸡，瓷器，五彩瓷，高 25.4 厘米，公元 18 世纪。由伦敦罗克斯堡公爵夫人借展

1852. 鹿，瓷器，桃花釉，高 15.5 厘米，公元 18 世纪。由伦敦的霍恩·拉迪·沃德借展

1853. 牵马人，瓷器，素胎上施珐琅，高 10.7 厘米，康熙时期。由伦敦的霍恩·拉迪·沃德借展

1854. 马，瓷器，素胎，黑色，高 12.1 厘米，康熙时期。由伦敦的霍恩·拉迪·沃德借展

1855. 马，瓷器，素胎，茄紫釉，高 11.4 厘米，康熙时期。由伦敦的霍恩·拉迪·沃德借展

1856. 一对猫，瓷器，黄釉和小块的茄紫釉，高 13.4 厘米，宽 10.9 厘米，康熙时期。由阿姆斯特丹的 W.F. 范·赫克洛姆借展

1857. 一对狮子，瓷器，素胎上施珐琅，康熙时期，高 15.2 厘米。由丹巴顿郡的伦纳德·高博士借展

1858. 老子骑牛像，彩釉瓷器，康熙时期，高 30 厘米。由柏林的贝尔伯特·冯·克姆佩勒博士借展

1859. 男女人像，瓷器，素胎上施珐琅，高 25 厘米，康熙时期。由丹巴顿郡的伦纳德·高博士借展

1860. 两只狗，白瓷，高 9.4 厘米，康熙时期。由伦敦的霍恩·拉迪·沃德借展

1861. 一对狮子，瓷器，素胎上施珐琅，高 15.2 厘米，康熙时期。由伦敦的霍恩·拉迪·沃德借展

1862. 一对飞鸟，瓷器，蓝色和棕色，高 .27.9 厘米，公元 18 世纪。由伦敦罗克斯堡公爵夫人借展

1863. 公鸡，瓷器，粉彩，高 31.5 厘米，公元 18 世纪。由伦敦的 W.J. 霍尔特夫人借展

1864. 雉鸡，粉彩瓷，与 No.1846 是一对，高 61 厘米，乾隆时期。由伦敦罗克斯堡公爵夫人借展

1865. 壶，瓷器，猴子造型，素瓷胎上茄紫釉，高 15 厘米，康熙时期。由伦敦的霍恩·拉迪·沃德借展

1866. 执桃猴子，瓷器，胭脂红，高 21.6 厘米，乾隆时期。由伦敦的霍恩·拉迪·沃德借展

1867. 缸，陶器，莲花纹，紫蓝地，彩釉，口径 86.4 厘米，公元 16 世纪。由伦敦的萨克斯顿·诺比借展

第十展厅

明代—清代

1868. 蒋廷锡（1669-1732）四瑞庆登图，绢本设色，高 185.5 厘米，宽 87.1 厘米，时间为公元 1723 年。由中国政府借展

1869. 镶板，天鹅绒，高 292.2 厘米，宽 193. 厘米，公元 17 到 18 世纪。由伦敦的 E. 本杰明借展

1870. 罐，瓷器，卵形，高 27.9 厘米，宋代，由芝加哥的露西·泰森借展

1871. 罐，法华瓷器，在凸起的轮廓上绘孔雀和牡丹纹，彩釉，绿地，高 29.3 厘米，大约公元 1500 年左右。由大英博物馆（尤摩弗帕勒斯收藏）借展

1872. 罐，法华瓷器，褐色的釉和浮雕，高 15 厘米，刻有大清康熙十一年款识。由斯德哥尔摩的 E. 哈尔特马克博士借展

1873. 瓶，粗陶器，磁州窑，高 30 厘米，公元 14 世纪。由大英博物馆（尤摩弗帕勒斯收藏）借展

1874. 瓶，粗陶器，椭圆形，凤凰纹，彩釉，高 23 厘米，明代或更早。由大英博物馆（尤摩弗帕勒斯收藏）借展

1875. 罐，粗陶器，在绿釉上浅浮雕缠枝花卉，高 30 厘米，明代，来自于斯坎特的收藏，由父亲约翰·斯坎特（死于 1627 年）在公元 1659 年交给女儿埃利亚斯·阿什莫尔。由牛津大学阿什莫林博物馆借展

1876. 瓶，粗陶器，叶子纹，浅浮雕，彩釉，深蓝色地，高 28 厘米，大约公元 1500 年。由伦敦的斐希瓦尔·大维德借展

1877. 四棱瓶，棕色粗陶器，带灰釉，高 19 厘米，明代。由大英博物馆（尤摩弗帕勒斯收藏）借展

1878. 小瓶，陶器，号筒式（中国号角的形状），天然色釉，高 14.3 厘米，广窑，南宋。由中国政府借展

1879. 小尊，陶器，葱绿色釉，高 7.3 厘米，广窑，南宋，明代或更晚。由中国政府借展

1880. 蒜头瓶，瓷器，莲纹，彩釉，绿地，高 36.8 厘米，明代晚期。由伦敦的 H.J. 奥本海姆收藏。

1881. 紫砂壶，宜兴，高 5.8 厘米，"惠孟臣"款识，公元 1723 年。由伦敦的斐希瓦尔·大维德借展

1882. 瓜瓣式茶壶，宜兴紫砂，朱皮泥，高 9.5 厘米，"时大彬"和"玉照阁"款识，明代。由伦敦的斐希瓦尔·大维德借展

1883. 水注，竹笋的形式，宜兴紫砂，长 12 厘米，"陈鸣远"款识，清代。由伦敦的斐希瓦尔·大维德借展

1884. 觚，宜兴紫砂，仿青铜器的形式，高 25.7 厘米，乾隆时期，"陈鼎和制"款识。由伦敦的斐希瓦尔·大维德爵士借展

1885. 笔架，宜兴紫砂，梅花树枝的形状，"陈次伟"款识，清代。由伦敦的斐希瓦尔·大维德借展

1886. 紫砂茶壶，方形，梨皮朱泥，宜兴产，高 12.8 厘米，时大彬款识，明代，公元 1597 年。由伦敦的斐希瓦尔·大维德借展

1887. 碟，粗陶器，叶子形状，蓝釉，口径 21 厘米，公元 17 世纪。由大英博物馆（尤摩弗帕勒斯收藏）借展

1888. 盆，瓷器，缠枝牡丹纹，开片釉，口径 35 厘米，可能宋代。由中国政府借展

1889. 瓶，瓷器，青釉，高 28 厘米，乾隆时期。由大英博物馆（尤摩弗帕勒斯收藏）借展

1890. 莲花形杯，粗陶器，有条纹蓝釉，高 4 厘米，明代。由巴黎的 M. 卡尔曼借展

1891. 双耳香炉，粗陶器，带斑点的蓝色和灰色的釉，高 15 厘米，公元 17 世纪。由伦敦的斐希瓦尔·大维德借展

1892. 兽环钫，陶器，仿青铜造型，月白开片釉，高 26.3 厘米，广窑，明代。由中国政府借展

1893. 碗，粗陶器，外部为红釉，口径 22 厘米，明代。由大英博物馆（尤摩弗帕勒斯收藏）借展

1894. 梅瓶，陶器，月白色釉，雕镶缠枝牡丹纹，高 34.2 厘米，广窑，明代。由中国政府借展

1895. 四棱罐，陶器，天蓝窑变鳝鱼青色釉，底部刻有"于谦"款识，高 26.7 厘米，广窑，明代。由中国政府借展

1896. 瓶，陶器，仿古琮式，月白色釉，开片纹，高 33.1 厘米，广窑，明代。由中国政府借展

1897. 香炉，陶器，三足，蓝色釉带有深紫色，高 20 厘米，广窑，明代。由大英博物馆（尤摩弗帕勒斯收藏）借展

1898. 王鉴（1598-1677）烟浮远岫，绢本设色，仿黄公望山水，高 134.9 厘米，宽 78.8 厘米，由画家署名并题款公元 1675 年。由中国政府借展
1899. 盖罐，瓷器，鱼藻纹，青花五彩，高 46.9 厘米，嘉靖款识，明代。由英国伦敦的约翰·布坎南·渣甸借展
1900. 大屏风，高 190.6 厘米，宽 92.7 厘米，乾隆时期。由英国伦敦的约翰·布坎南·渣甸借展
1901. 吴历（1632—1718）仿梅道人山水，水墨画，高 199.8 厘米，宽 106 厘米。由中国政府借展
1902. 缂丝，绢地，白蘋红蓼图案，40.1 厘米×67.8 厘米，清代。由中国政府借展
1903. 邹一桂（1686—1772）盎春生意，高 42.2 厘米，宽 74.5 厘米。由中国政府借展
1904. 董其昌（1555—1636）夏木垂阴图，水墨画，高 321.7 厘米，宽 102.3 厘米。由中国政府借展
1905. 罐，瓷器，八仙，图案，深蓝色和礬红釉，高 40.6 厘米，公元 16 世纪。由伦敦的埃文·查特里斯借展
1906. 坐佛，白瓷，高 72 厘米，晚明。由伦敦的 S.D. 文克沃斯借展
1907. 蒜头瓶，青花瓷，龙纹和缠枝纹，高 60 厘米，晚明。由萨里的 S.D. 文克沃斯借展
1908. 罐，青花瓷，鱼藻纹，青花和黄釉，高 30.5 厘米，嘉靖款识，明代。由巴克斯郡艾弗希思的阿尔弗雷德·克拉克夫妇借展
1909. 镶板，天鹅绒，412 厘米×134 厘米，公元 17-18 世纪。由巴黎的 L. 米琼借展
1910. 盖罐，瓷器，蓝釉，婴戏纹，高 46.4 厘米，嘉靖时期，明代。由巴克斯郡艾弗希思的阿尔弗雷德·克拉克夫妇借展
1911. 罐，青花五彩瓷，开光海水龙纹，高 37.4 厘米，嘉靖时期，明代。由伦敦的 H.J. 奥本海姆收藏。
1912. 蒜头瓶，瓷器，鸭子·青花莲池水禽纹，高 55.3 厘米，万历款识，明代。由巴克斯郡艾弗希思的阿尔弗雷德·克拉克夫妇借展
1913. 碗，瓷器，外部为深蓝色釉，描金缠枝莲花纹，口径 11.9 厘米，"长命富贵"款识，嘉靖时期，明代。由伦敦的斐希瓦尔·大维德借展
1914. 碗，瓷器，礬红描金缠枝莲花纹，口径 11.8 厘米，"长命富贵"款识，

嘉靖时期，明代。由伦敦的斐希瓦尔·大维德借展

1915. 葫芦瓶，瓷器，青花瑞兽纹，高 44.4 厘米，嘉靖时期。由伦敦的 H.J. 奥本海姆收藏。

1916. 碗，瓷器，外部为绿釉，描金缠枝莲花纹，口径 11.8 厘米，"长命富贵"款识，嘉靖时期，明代。由伦敦的斐希瓦尔·大维德借展

1917. 碗，瓷器，青花描金，口径 12.2 厘米，嘉靖时期，明代。由伦敦的斐希瓦尔·大维德借展

1918. 壶，瓷器，舞女，红绿釉，青花图案，高 .29.2 厘米，公元 16 世纪。由伦敦的斐希瓦尔·大维德借展

1919. 碗，瓷器，花卉和昆虫纹饰，青花描金，口径 14.5 厘米，嘉靖时期，前拥有者是斐迪南（1529-1595）王子。由维也纳昆斯底斯博物馆借展

1920. 观音，青花瓷，高 40 厘米，万历时期，明代。由伦敦的 C.E. 拉塞尔借展

1921. 碗，瓷器，鱼藻纹，珐琅彩，描金，青花，口径 12 厘米，嘉靖时期，前拥有者是斐迪南（1529-1595）王子。由维也纳昆斯底斯博物馆借展

1922. 碗，瓷器，青花描金，龙纹，口径 12 厘米，嘉靖时期，前拥有者是斐迪南（1529-1595）王子。由维也纳昆斯底斯博物馆借展

1923. 执壶，瓷器，蓝釉，白地瑞兽纹，明代。由伦敦的斐希瓦尔·大维德借展

1924. 葫芦瓶，瓷器，绿地攀红缠枝莲花，高 21.8 厘米，嘉靖时期，明代。由伦敦的斐希瓦尔·大维德借展

1925. 碗，瓷器，攀红，吊坠珠宝奖章纹，口径 11.8 厘米，16 世纪，蓝色款识，"长命富贵"款识。由伦敦的斐希瓦尔·大维德借展

1926. 钟离权(道教神仙)手持折扇，瓷器，青花纹饰，高 38.7 厘米，嘉靖时期，明代。由伦敦的布鲁特父子借展

1927. 碗，瓷器，黄地红彩，婴戏图案，口径 10.5 厘米，嘉靖款识，明代。由大英博物馆（尤摩弗帕勒斯收藏）借展

1928. 葫芦瓶，瓷器，缠枝花卉纹，青花攀红黄地，高 19.5 厘米，嘉靖款识，明代。由伦敦的斐希瓦尔·大维德借展

1929. 碗，瓷器，植物、花卉和蝴蝶纹，青花，口径 14 厘米，万历时期，明代。由伦敦的 H.J. 奥本海姆收藏。

1930. 碗，瓷器，黄地，青花龙纹，口径 13.9 厘米，隆庆款识，明代。由布

罗德斯泰斯的 F. 霍华德·帕杰特借展

1931. 碗，瓷器，青花花卉纹，口径9厘米，万历时期，明代。由伦敦的斐希瓦尔·大维德借展

1932. 执壶，青花瓷，骑马图案，高29厘米，嘉靖时期，明代。由伦敦的斐希瓦尔·大维德借展

1933. 高足杯，瓷器，精致的口沿，奖章纹，青花，高6.7厘米，万历时期，明代。由德国柏林的国家博物馆借展

1934. 杯，瓷器，精致的镂孔的壁面，内刻有一首诗，高5厘米，晚明。由霍夫的 A.T. 沃尔上尉借展

1935. 碗，瓷器，口径15厘米，万历款识，明代。由伦敦的斐希瓦尔·大维德借展

1936. 小碗，瓷器，珐琅彩，婴戏图，口径12厘米，永乐款识，明代。由巴克斯郡艾弗希思的阿尔弗雷德·克拉克夫妇借展

1937. 碗，瓷器，凤凰缠枝牡丹纹，茄紫地，彩釉，口径17.7厘米，嘉靖款识，明代。由伦敦的 H.J. 奥本海姆收藏。

1938. 酒壶，瓷器，凤凰造型，彩釉，描金，高28.3厘米，公元16世纪。由德累斯顿的 STAATLICHE PORZELLANSAMNILUNG 借展

1939. 葫芦瓶，绿色描金珐琅瓷器，高28厘米，嘉靖时期，明代。由伦敦的斐希瓦尔·大维德借展

1940. 酒壶，瓷器，鱼纹，珐琅，彩釉，描金，高21厘米，公元16世纪。由德累斯顿的 STAATLICHE PORZELLANSAMNILUNG 借展

1941. 碗，瓷器，刻有鸟和木兰花纹，黄地彩釉，口径17.7厘米，嘉靖款识，明代。由伦敦的 H.J. 奥本海姆收藏。

1942. 碗，瓷器，八仙图案，口径8.5厘米，晚明时期。由伦敦的斐希瓦尔·大维德借展

1943. 碟，瓷器，水果纹饰，黄釉，口径12.5厘米，嘉靖款识，明代。由海牙市立博物馆借展

1944. 碟，瓷器，茄紫地，绿釉，龙纹，口径13.7厘米，万历款识，明代。由伦敦的斐希瓦尔·大维德借展

1945. 碗，三彩瓷器，佛教图案，口径19.6厘米，嘉靖款识，明代。由伦敦的斐希瓦尔·大维德借展

1946. 杯，瓷器，茄紫地彩色缠枝花卉，高8.4厘米，嘉靖款识，明代。由

斯德哥尔摩的 C. 坎普借展

1947. 碗，瓷器，黄地仙鹤云纹，口径 17.7 厘米，嘉靖款识，明代。由巴克斯郡艾弗希思的阿尔弗雷德·克拉克夫妇借展

1948. 香筒，瓷器，圆柱形，道教人物云纹，口径 8.5 厘米，晚明时期。由伦敦的斐希瓦尔·大维德借展

1949. 罐，瓷器，红底，黄龙纹，高 20.3 厘米，嘉靖款识，明代。由斯德哥尔摩的 E. 胡特马克博士借展

1950. 盘，瓷器，海水龙纹，珐琅彩，宽 27 厘米，刻有年代款识，可能为公元 1575 年。由斯德哥尔摩的 I. 特劳戈特借展

1951. 小碟，瓷器，五彩装饰有猫鼬和藤蔓图案，口径 11 厘米，嘉靖款识，明代。由牛津的 C.G. 塞利格曼借展

1952. 罐，瓷器，红地，云龙纹，高 21 厘米，嘉靖款识，明代。由汉堡的昆斯特·格韦伯博物馆借展

1953. 执壶，瓷器，青花花卉纹，高 18.5 厘米，公元 16 世纪，镀银，埃尔福特制，公元 1547-1579 年。由柏林国家博物馆借展

1954. 香炉，瓷器，绘有青花纹饰，口径 10.2 厘米，万历款识，写有制造者的名字和日期公元 1612 年，明代。由巴克斯郡艾弗希思的阿尔弗雷德·克拉克夫妇借展

1955. 杯，瓷器，青花五彩，鸭子和草丛图案，口径 8.3 厘米，嘉靖款识，明代。由伦敦的 H.J. 奥本海姆借展

1956. 六棱罐，瓷器，釉下彩，绘有凤凰纹和花纹，高 25.1 厘米，隆庆款识，明代。由巴克斯郡艾弗希思的阿尔弗雷德·克拉克夫妇借展

1957. 碗，瓷器，外部雕刻花纹，里面有蓝色大奖章图案，口径 11.2 厘米，公元 16 世纪，底部有"玉堂佳器"款识。由巴克斯郡艾弗希思的阿尔弗雷德·克拉克夫妇借展

1958. 香炉，瓷器，青花风景人物图案，口径 10.2 厘米，明代早期。由贝奇沃思的 F. 席勒借展

1959. 壶，瓷器，壶体和颈部有开片纹，釉下银蓝色，高 19 厘米，公元 16 世纪。由伦敦的斐希瓦尔·大维德借展

1960. 渣斗，瓷器，绿釉龙纹，口径 15.2 厘米，正德款识，明代。由伦敦的斐希瓦尔·大维德借展

1961. 茶托，瓷器，青花，龙纹，口径 14.6 厘米，隆庆款识，明代。由斯德

哥尔摩的 H. 劳里岑借展
1962. 瓶，瓷器，缠枝莲花纹，青花五彩，高 20 厘米，嘉靖时期，明代。由伦敦的 H.J. 奥本海姆借展
1963. 盘，瓷器，龙纹，有光泽的棕色釉，口径 22 厘米，嘉靖款识，明代。由伦敦的斐希瓦尔·大维德借展
1964. 碟，瓷器，蓝地黄龙纹，口径 12.6 厘米，万历款识，明代。由伦敦的 H.J. 奥本海姆借展
1965. 高足晚，瓷器，娇黄地刻花绿彩赶珠龙纹饰，口径 15.6 厘米，碗内有"弘治年制"四字篆款，明代。由中国政府借展
1966. 瓷砚，五爪龙纹，青花五彩，长 22 厘米，万历款识，明代。由伦敦的斐希瓦尔·大维德借展
1967. 罐，瓷器，人物主题图案，红绿彩，高 30 厘米，宣德款识，明代。由斯德哥尔摩的 J. 海勒纳借展
1968. 碗，瓷器，青花龙纹，攀红地，口径 12 厘米，隆庆款识，明代。由伦敦的斐希瓦尔·大维德借展
1969. 盒盖，瓷器，红绿彩，龙纹，长 .15.5 厘米，宽 10.3 厘米，明代。由斯德哥尔摩的 H. 劳里岑借展
1970. 方碗，瓷器，青花五彩，宽 11.7 厘米，嘉靖时期，明代。由伦敦的斐希瓦尔·大维德借展
1971. 瓶，青花瓷，球形，人虎图案，高 11.1 厘米，公元 15 世纪。由伦敦的 H.J. 奥本海姆借展
1972. 碗，瓷器，蓝紫色凤鸟图案，青花，口径 11.5 厘米，嘉靖时期，明代。由伦敦的斐希瓦尔·大维德借展
1973. 盖盒，青花瓷，十瓣造型，龙纹，口径 15 厘米，万历款识，明代。由伦敦的斐希瓦尔·大维德借展
1974. 盖罐，青花瓷，七瓣造型，龙纹、果实、树叶图案，口径 12.5 厘米，乾隆款识，明代。由伦敦的斐希瓦尔·大维德借展
1975. 方碗，瓷器，龙纹，缠枝灵芝，黄地青花，宽 15 厘米，嘉靖时期，明代。由伦敦的斐希瓦尔·大维德借展
1976. 壶，瓷器，波斯风格，青花花卉纹，高 35 厘米，公元 16 世纪，由巴克斯郡艾弗希思的阿尔弗雷德·克拉克夫妇借展
1977. 执壶，瓷器，青花，果实、花卉、龙纹，高 19 厘米，万历款识，明代。

第十展厅

由伦敦的 W.J. 霍尔特夫人借展
1978. 杯，瓷器，八边荷叶的形状，青花，里部雕有鱼纹，高 4.5 厘米，公元 16 世纪。由伦敦的斐希瓦尔·大维德借展
1979. 五瓣碟，瓷器，青花龙凤纹，口径 38 厘米，万历款识，明代。由巴克斯郡艾弗希思的阿尔弗雷德·克拉克夫妇借展
1980. 碟，青花瓷，口径 32.7 厘米，隆庆时期，明代。由布罗德斯泰斯的 F. 哈瓦特·佩吉特借展
1981. 八棱盒，瓷器，青花小鸟和凤凰图案，宽 30 厘米，嘉靖时期，明代。由维多利亚和阿尔伯特博物馆（G. 尤摩弗帕勒斯收藏）借展
1982. 碗，瓷器，素胎上施珐琅，马和波浪纹，口径 20.3 厘米，嘉靖款识，明代。由大英博物馆（尤摩弗帕勒斯收藏）借展
1983. 长方盒，青花瓷，人物图案，长 31 厘米，万历时期，明代。由伦敦的斐希瓦尔·大维德借展
1984. 碗，瓷器，黄地青花，狮子围绕在大奖章图案周围，口径 18.4 厘米，嘉靖时期，明代。由巴克斯郡艾弗希思的阿尔弗雷德·克拉克夫妇借展
1985. 长方盖盒，瓷器，青花云龙纹，长 34.3 厘米，万历款识，明代。由巴克斯郡艾弗希思的阿尔弗雷德·克拉克夫妇借展
1986. 盖罐，瓷器，黄绿釉，高 17.3 厘米，万历款识，明代。由伦敦的斐希瓦尔·大维德借展
1987. 盘，瓷器，绿地黄紫釉，口径 29.2 厘米，万历款识，明代。由伦敦的斐希瓦尔·大维德借展
1988. 圆盒，瓷器，青花人物图案，口径 30.3 厘米，公元 16 世纪。由阿姆斯特丹国立博物馆借展
1989. 六棱瓶，瓷器，缠枝纹，釉下蓝地，兔子款识，高 28.8 厘米，公元 16 世纪。由伦敦的斐希瓦尔·大维德借展
1990. 罐，瓷器，瓜形，葫芦和动物纹，青花，高 19.6 厘米，公元 16 世纪。由巴克斯郡艾弗希思的阿尔弗雷德·克拉克夫妇借展
1991. 王武（1632-1690）花鸟，纸本设色，高 166.7 厘米，宽 58.7 厘米，由中国政府借展
1992. 金廷标（18 世纪）罱泥图，水墨画，高 142.5 厘米，宽 89.7 厘米，由中国政府借展

1993. 顺治皇帝（统治时期为 1644-1662）钟馗图，.水墨画，高 132.6 厘米，宽 64.1 厘米，由中国政府借展
1994. 长方板，景泰蓝，仙鹤风景图案，48.5 厘米 ×32 厘米，明代早期。由巴黎的装饰艺术博物馆借展
1995. 葫芦瓶，景泰蓝，高 101.7 厘米，康熙时期。由爱丁堡的苏格兰皇家博物馆借展
1996. 方板，景泰蓝，草丛中的鹌鹑，蓝地，43 厘米 ×50 厘米，明代早期。由巴黎的装饰艺术博物馆借展
1997. 缂丝，绢地，周处击蛟图，104.5 厘米 ×72.7 厘米，清代。由中国政府借展
1998. 双耳瓶，景泰蓝，高 50.7 厘米，康熙时期。由伦敦的英国渣甸爵士借展
1999. 儿童骑羊摆件，景泰蓝，长 16 厘米，乾隆时期。由伦敦的格温夫人借展
2000. 双耳盒，景泰蓝，人物风景图案，长 53 厘米，景泰款识。由巴黎艺术装饰博物馆借展
2001. 香炉，景泰蓝，高 9 厘米，大约为公元 1550 年。由巴黎的装饰艺术博物馆借展
2002. 屏风，景泰蓝，三个圣人在海边的松树下图案，高 30 英寸，宽 43 英寸，明代早期。由伦敦的 E.A. 帕里借展
2003. 犀尊，景泰蓝，动物造型，带盖，长 27 厘米，"乾隆年制"四字楷款，清代。由中国政府借展
2004. 三羊瓶，景泰蓝，珐琅，三羊开泰图案，高 39.5 厘米，"大明景泰年造"六字楷款，明代。由中国政府借展
2005. 大盘，景泰蓝，宽 40.5 厘米，"大明万历年造"六字楷款，明代。由中国政府借展
2006. 珐琅双耳盂，景泰蓝，高 14 厘米，宽 4.2 厘米，长 16.3 厘米，景泰款识，明代。由中国政府借展
2007. 双连环瓶，景泰蓝，高 27 厘米，底有"大清乾隆年制"六字楷款，清代。由中国政府借展
2008. 缂丝，绢地，彩色花卉，黄地，高 300 厘米，宽 300 厘米，清代。由纽约的 G. 德尔·德拉戈夫妇借展
2009. 蒸馏罐，景泰蓝，与 No.2025 是一对，高 57.2 厘米，乾隆时期。由

伦敦的英国渣甸爵士借展

2010. 三足香炉，景泰蓝，高 14.5 厘米，大约为公元 1550 年。由巴黎的装饰艺术博物馆借展

2011. 屏风，景泰蓝，人物主题，高 69.2 厘米，宽 73.7 厘米，明代。由伦敦的英国渣甸爵士借展

2012. 碗，景泰蓝，宽 18.8 厘米，大约为公元 1500 年。由伦敦的巫娜·蒲博-轩尼诗借展

2013. 带盖酒壶，景泰蓝，高 22.8 厘米，明代。由伦敦的英国渣甸爵士借展

2014. 小经幢，景泰蓝，高 88.8 厘米，乾隆时期。由伦敦的英国渣甸爵士借展

2015. 盖盘，景泰蓝，高 72.4 厘米，宽 109.9 厘米，乾隆时期。由伦敦的维多利亚和阿尔伯特博物馆借展

2016. 皇帝用桌子，景泰蓝，高 83.5 厘米，晚明。由阿姆斯特丹的 MUSEUAM VAN AZIATISCHEKUNST 借展

2017. 一套七件祭坛，景泰蓝，佛教纹饰，高 33 厘米。由伦敦的英国渣甸爵士借展

2018. 盖盒，景泰蓝，口径 25.4 厘米，明代。由 C.G. 塞利格曼教授和夫人借展

2019. 大盆，景泰蓝，双桃子形式，口径 67.4 厘米，乾隆时期。由伦敦的英国渣甸爵士借展

2020. 花瓶，景泰蓝，高 69 厘米，明代。由伦敦的乔治·希尔借展

2021. 碟，景泰蓝，龙耳，三足，口径 20.3 厘米，明代。由伦敦的英国渣甸爵士借展

2022. 屏风，景泰蓝，水草纹，高 68.6 厘米，宽 8.4 厘米，康熙时期。由伦敦的英国渣甸爵士借展

2023. 圆形盒盖，景泰蓝，柿子和菊花纹，浅蓝地，口径 12 厘米，宣德时期，明代。由巴黎的装饰艺术博物馆借展

2024. 碟，景泰蓝，三足，葡萄藤纹，高 17.2 厘米，公元 15 世纪。由海牙市立博物馆借展

2025. 蒸馏罐，景泰蓝，与 No.2009 是一对，高 57.2 厘米，乾隆时期。由伦敦的英国渣甸爵士借展

2026. 缂丝，绢地，李靖遇虬髯客公图，116.5 厘米 × 60.5 厘米，清代。由中国政府借展

2027. 扁瓶，铜胎掐丝珐琅，朝圣者用，高 26.5 厘米，公元 15 世纪。由巴黎的装饰艺术博物馆借展
2028. 卧桶，景泰蓝，高 13.9 厘米，明代。由伦敦的英国渣甸爵士借展
2029. 碟，景泰蓝，口径 71.2 厘米，明代。由巴黎的装饰艺术博物馆借展
2030. 带盖双耳盘，景泰蓝，口径 52 厘米，宣德款识，明代。由伦敦的英国渣甸爵士借展
2031. 方瓶，景泰蓝，天青石色，高 45.1 厘米，乾隆时期。由巴利莫特的斐希瓦尔借展
2032. 方碗，景泰蓝，黄地，用红色和蓝色绘饰蝙蝠，宽 15 厘米，长 15 厘米，嘉靖时期，明代。由巴黎装饰艺术博物馆借展
2033. 香炉，景泰蓝，人物造型的双耳，高 43 厘米，公元 18 世纪。由伦敦的 R.C. 布鲁斯借展
2034. 盘，景泰蓝，三足，口径 38 厘米，底有"大明景泰年制"六字楷款，明代。由中国政府借展
2035. 瓶，景泰蓝，海棠式双耳，花卉纹，高 27.9 厘米，底有"大明景泰年制"六字楷款，明代。由中国政府借展
2036. 花觚，仿青铜尊，景泰蓝，高 37.8 厘米，底有"大明景泰年制"六字楷款，明代。由中国政府借展
2037. 葫芦形花瓶，景泰蓝，高 101.7 厘米，康熙时期。由爱丁堡的苏格兰皇家博物馆借展
2038. 插板，景泰蓝，粉红色的蝙蝠，云纹，蓝白地，48 厘米×36.5 厘米，公元 17 世纪晚期。由巴黎的装饰艺术博物馆借展
2039. 石涛、王原祁合作（1642-1715）兰竹水墨画，高 134.2 厘米，宽 57.7 厘米。由中国政府借展
2040. 臂搁，景泰蓝，蓝地，花卉图案，长 56 厘米，乾隆时期。由巴黎的装饰艺术博物馆借展
2041. 郎世宁（1688-1766）山水，绢本设色，高 143 英寸，宽 89 英寸。由中国政府借展
2042. 水仙长方盒，瓷器，饰花纹，彩釉，长 24.5 厘米，正德款识，明代。由伦敦的斐希瓦尔·大维德借展
2043. 盆，瓷器，绿彩，正德款识，高 22.8 厘米，明代。由伦敦的 DR. 林德利·斯科特借展

2044. 小罐，瓷器，八边形的颈部，花纹，彩釉，高 16.6 厘米，正德款识，明代。由伦敦的 H.J. 奥本海姆借展

2045. 盆，瓷器，三足，卷云纹和深蓝地缠枝纹，口径 21.5 厘米，正德款识，明代。由伦敦的 H.J. 奥本海姆借展

2046. 瓷片，云龙纹，黄绿彩，似屏风，28 厘米×18.5 厘米，明代，来自于南京瓷塔。由伦敦的斐希瓦尔·大维德借展

2047. 盘，瓷器，黄釉，龙纹，口径 17.7 厘米，万历时期，明代。由巴克斯郡艾弗希思的阿尔弗雷德·克拉克夫妇借展

2048. 盘，瓷器，黄龙纹，红色的轮廓，口径 21.5 厘米，弘治款识，明代。由伦敦的彼得·博德借展

2049. 碟，瓷器，水果图案，黄地青花，口径 29.5 厘米，宣德时期，明代。由伦敦的斐希瓦尔·大维德借展

2050. 盘，瓷器，鸟上枝头纹，口径 21.5 厘米，红色的宣德款识，明代。由维多利亚和阿尔伯特博物馆（G. 尤摩弗帕勒斯收藏）借展

2051. 盘，瓷器，黄釉，口径 17.7 厘米，宣德款识，明代。由伦敦的奥本海姆借展

2052. 方盒，瓷器，花卉，人物图案，斗彩，宽 13.5 厘米，公元 16 世纪。由维多利亚和阿尔伯特博物馆（G. 尤摩弗帕勒斯收藏）借展

2053. 盘，瓷器，方形，黄釉，口径 21 厘米，正德款识，明代。由伦敦的斐希瓦尔·大维德借展

2054. 盘，瓷器，云龙纹，彩釉，口径 18 厘米，弘治款识，明代。由伦敦的斐希瓦尔·大维德借展

2055. 碗，瓷器，黄釉，刻有龙纹，口径 17.8 厘米，弘治款识，明代。由爱丁堡的苏格兰皇家博物馆借展

2056. 碗，瓷器，海浪刻绿龙纹，口径 13.7 厘米，弘治款识，明代。由巴克斯郡艾弗希思的阿尔弗雷德·克拉克夫妇借展

2057. 盘，瓷器，黄釉，口径 21.7 厘米，弘治时期，明代。由伦敦的斐希瓦尔·大维德借展

2058. 天鸡尊，瓷器，景德镇仿定，莹白釉划刻花纹，暖白釉，高 24.1 厘米，明代。由中国政府借展

2059. 玉壶春瓶，瓷器，雕填白地绿彩赶珠龙纹，高 33.3 厘米，明代。由中国政府借展

2060. 碗，瓷器，花纹，黄地三彩，口径 20.2 厘米，嘉靖时期，明代。由伦敦的斐希瓦尔·大维德借展
2061. 提梁壶，瓷器，青花云龙纹，高 31.8 厘米，底有"大明隆庆年制"六字楷款，明代。由中国政府借展
2062. 对杯，瓷器，青花斗彩凌云纹，口径 7.6 厘米，万历时期，明代，与 No.2064 是一对。由中国政府借展
2063. 爵杯，瓷器，三条龙形足，白瓷胎，深蓝色釉，高 15 厘米，嘉靖时期，明代。由伦敦的斐希瓦尔·大维德借展
2064. 对杯，瓷器，青花斗彩凌云纹，口径 7.6 厘米，万历时期，明代，与 No.2062 是一对。由中国政府借展
2065. 六棱提梁壶，瓷器，弧形的柄，青花人物图案，高 22.5 厘米，底有"大明万历年制"六字楷款，明代。由中国政府借展
2066. 盒，瓷器，青花，龙纹，口径 16.5 厘米，乾隆款识，清代。由德累斯顿的 STAATLICHE PORZELLANSAIMILUNG 借展
2067. 碟，瓷器，青花，龙纹，外黑釉，口径 16.2 厘米，明代早期。由大英博物馆（尤摩弗帕勒斯收藏）借展
2068. 小碗，瓷器，回青呈色，镶铜口沿，口径 11.8 厘米，约公元 15 世纪，明代。由中国政府借展
2069. 鼎，瓷器，仿青铜器造型，娇黄釉，划刻饕餮纹，高 I7 厘米，传周窑，明代。由中国政府借展
2070. 小碗，瓷器，回青呈色，口径 11.8 厘米，约公元 15 世纪，嘉靖时期。由中国政府借展
2071. 碗，瓷器，寿字，蓝地白龙纹，口径 I1.5 厘米，嘉靖时期，明代。由伦敦的 H.J. 奥本海姆借展
2072. 方葫芦小瓶，瓷器，青花斗彩缠枝莲纹，高 8.8 厘米，底有"大明嘉庆年制"六字楷款，明代。由中国政府借展
2073. 瓷牌，花卉雄鸡纹，15.5 厘米 ×23.4 厘米，明代。由伦敦的斐希瓦尔·大维德借展
2074. 碗，瓷器，绿色和紫色缠枝花卉纹，黄地，口径 15.5 厘米，成化时期，明代。由伊斯坦布尔的托普卡比博物馆借展
2075. 方盂，瓷器，方口，凸雕九龙纹，娇黄釉，壶公窑，宽 5.7 厘米，口有"万历年吴为制"款，明代。由中国政府借展

2076. 小笔洗，瓷器，蚌壳形状，内部有斑驳的回青呈色，宽 11 厘米，嘉靖时期，明代。由中国政府借展

2077. 香炉，瓷器，双耳和三足，青花云龙纹，高 10.1 厘米，嘉靖时期，明代。由伊斯坦布尔的托普卡比博物馆借展

2078. 执壶，瓷器，饰龙纹，蓝地彩釉，高 29 厘米，宣德款识，明代。由伊斯坦布尔的托普卡比博物馆借展

2079. 盒，瓷器，银锭形状，青花云龙纹，长 22.1 厘米，宽 13.5 厘米，底有"大明隆庆年制"六字楷款，明代。由中国政府借展

2080. 碟，瓷器，青花，凤凰和仙鹤图案，口径 15.2 厘米，嘉靖时期，明代。由布罗德斯泰斯的哈瓦特·佩吉特借展

第 11 展厅

公元 18 世纪

2081. 张照（18 世纪）梅花，水墨画，高 61.5 厘米，宽 30.2 厘米，题款为公元 1729 年。由中国政府借展
2082. 一对瓶，瓷器，红地，山水图案，高 31.7 厘米，乾隆款识。由伦敦的 R.C. 布鲁斯借展
2083. 四系转心瓶，瓷器，雾青描金番莲镂空粉彩落花游鱼纹饰，高 23.4 厘米，底有"大清乾隆年制"六字篆款，清代。由中国政府借展
2084. 镂空转心瓶，瓷器，粉青地粉彩镂空垂云八卦纹，高 22.8 厘米，底有"大清乾隆年制"六字篆款，清代。由中国政府借展
2085. 镂空转心瓶，瓷器，三彩锦上添花镂空云蝠纹，高 27 厘米，底有"大清乾隆年制"六字篆款，清代。由中国政府借展
2086. 葫芦形转心瓶，瓷器，粉彩黄地锦上添花粉青镂空雷纹，高 29.8 厘米，底有"大清乾隆年制"六字篆款，清代。由中国政府借展
2087. 花薰冠架，瓷器，也被用作帽子的架子，穿孔的外壳，转心镂空，三彩锦上添花转心双活环镂空三龙纹，高 30.9 厘米，底有"大清乾隆年制"六字篆款，清代。由中国政府借展
2088. 套瓶，瓷器，粉彩，镂空，粉彩紫地锦上添花粉青镂空蟠螭纹，高 38.5 厘米，底有"大清乾隆年制"六字篆款，清代。由中国政府借展
2089. 把壶，金胎珐琅彩，珊瑚钮盖，与 No.2090 是一套，高 18.8 厘米，底有"乾隆年制"四字楷款，清代。由中国政府借展
2090. 杯和盘，金胎珐琅彩，与 No.2089 是一套，杯，高 4 厘米，盘，口径 13 厘米，底有"乾隆年制"四字楷款，清代。由中国政府借展
2091. 双耳瓶，瓷器，珐琅彩，春天儿童玩灯笼图案，高 41.5 厘米，红料乾隆款识。由中国政府借展
2092. 温壶，铜胎珐琅彩，黄地缠枝花卉纹，高 13.4 厘米，底有蓝料"康熙御制"四字楷款，清代。由中国政府借展
2093. 三节官薰，瓷器，五彩镂空方夔纹，高 24.8 厘米，康熙时期。由中国政府借展
2094. 观音瓶，金胎珐琅彩，双耳，夕阳人物纹饰，高 20.9 厘米，底有"乾

隆年制"四字楷款，清代。由中国政府借展

2095. 带盖花瓶，瓷器，鸭子戏水纹，粉彩，与 No.2257 一对，高 67.4 厘米，雍正款识。由伦敦的罗克斯堡公爵夫人借展

2096. 带盖花瓶，瓷器，粉彩，花卉和鸡图案，高 67.4 厘米，雍正款识。由伦敦的罗克斯堡公爵夫人借展

2097. 郎世宁（1688-1766）瓶中富贵，绢本设色，高 125 厘米，宽 57 厘米，由伦敦的斐希瓦尔·大维德借展

2098. 大浅盘，瓷器，山水纹，紫红色釉，口径 53 厘米，雍正款识。由萨里的 S.D. 文克沃斯借展

2099. 碗，瓷器，牡丹纹，珐琅彩，口径 15.1 厘米，蓝料康熙款识。由中国政府借展

2100. 瓶，瓷器，珐琅彩，洋红钩莲地开光十八罗汉图案，高 23.2 厘米，与 No.2106 是一对，蓝料乾隆款识。由中国政府借展

2101. 碗，瓷器，珐琅彩，五伦图（五种鸟和花），代表着五种人际关系，口径 15.7 厘米，蓝料雍正款识，与 No.2105 是一对。由中国政府借展

2102. 小碗，瓷器，珐琅彩，洋红地缠枝牡丹纹，口径 11 厘米，蓝料康熙款识，清代。由中国政府借展

2103. 一对高足杯，瓷器，珐琅彩，月季双安图，高 8.6 厘米，蓝料乾隆款识。由中国政府借展

2104. 双连盖瓶，瓷器，珐琅彩，高 21 厘米，红料乾隆款识。由中国政府借展

2105. 碗，瓷器，珐琅彩，五伦图（五种鸟和花），代表着五种人际关系，口径 15.7 厘米，蓝料乾隆款识，与 No.2101 是一对。由中国政府借展

2106. 瓶，瓷器，十八罗汉图案，与 No.2100 是一对，高 23.2 厘米，蓝料乾隆款识。由中国政府借展

2107. 碗，瓷器，珐琅彩，黄地缠枝牡丹花卉纹，口径 15 厘米，蓝料康熙款识。由中国政府借展

2108. 碗，瓷器，珐琅彩，茶梅十二喜纹，与 No.2111 是一对，口径 16.1 厘米，蓝料雍正款识。由中国政府借展

2109. 一对小碗，瓷器，珐琅彩，红锦地折枝花卉鱼藻纹，口径 11.3 厘米，

蓝料乾隆款识。由中国政府借展

2110. 胆瓶，瓷器，珐琅彩，天仙梅寿纹，高 20.3 厘米，蓝料乾隆款识，与 No.2118 是一对。由中国政府借展

2111. 碗，瓷器，珐琅彩，茶梅十二喜纹，与 No.2108 是一对，口径 16.1 厘米，蓝料雍正款识。由中国政府借展

2112. 小梅瓶，瓷器，珐琅彩、螳螂秋色图案，高 9.2 厘米，蓝料乾隆款识。由中国政府借展

2113. 把壶，瓷器，喜鹊、竹子和鹌鹑图案，赭墨缠枝莲开光喜报双安纹，高 11.1 厘米，蓝料雍正款识。由中国政府借展

2114. 胆瓶，瓷器，梅花仙鹤纹，高 20.7 厘米，蓝料乾隆款识。由中国政府借展

2115. 把壶，瓷器，珐琅彩，百花地开光蓝料山水图案，高 8.9 厘米，蓝料雍正款识。由中国政府借展

2116. 一对碟，瓷器，珐琅彩，开光春闺课子图案，口径 13.2 厘米，蓝料乾隆款识。由中国政府借展

2117. 一对小碗，瓷器，珐琅彩，蓝锦地折枝花卉纹，口径 11.9 厘米，蓝料乾隆款识。由中国政府借展

2118. 胆瓶，瓷器，珐琅彩，鹦鹉梅花纹，高 20.4 厘米，蓝料乾隆款识，与 No.2110 是一对。由中国政府借展

2119. 盘，瓷器，珐琅彩，梅竹先春纹，外部为柠檬黄色，口径 17.5 厘米，青花"大清雍正年制"六字楷款，清代。由中国政府借展

2120. 瓶，瓷器，珐琅彩，蓝地，锦上添花开光折枝花卉纹，与 No.2125 是一对，高 18.7 厘米，蓝料乾隆款识。由中国政府借展

2121. 一对碗，景泰蓝，口径 11.6 厘米和 11.7 厘米，乾隆款识。由中国政府借展

2122. 瓶，瓷器，粉彩，菊花纹，以及帝王的御题，高 21.4 厘米，乾隆款识，与 No.2147 是一对。由中国政府借展

2123. 小碗，铜胎珐琅彩，紫地缠枝百合纹，口径 12.3 厘米，康熙款识。由中国政府借展

2124. 盘，瓷器，珐琅彩，梅竹先春纹，外部柠檬黄，口径 17.5 厘米，蓝料乾隆款识。由中国政府借展

2125. 瓶，瓷器，珐琅彩，蓝地锦上添花开光折枝花卉纹，与 No.2120 是一

对，高 18.7 厘米，蓝料乾隆款识。由中国政府借展

2126. 瓶，铜胎画珐琅，黄地五彩牡丹纹，高 34.4 厘米，底有"康熙御制"四字楷款，清代。与 No.2134 是一对。由中国政府借展

2127. 梅瓶，瓷器，缠枝纹，青花和珐琅彩，高 33.2 厘米，清代。由中国政府借展

2128. 渣斗(唾盂)，铜胎珐琅彩，黄地缠枝牡丹花纹，高 7.5 厘米，蓝料"康熙御制"四字楷款，清代。由中国政府借展

2129. 盖碗，铜胎珐琅彩，荷花纹，口径 11.3 厘米，康熙款识。由中国政府借展

2130. 小瓶，铜胎珐琅彩，岁朝图纹饰，高 10 厘米，洋红料康熙款识。由中国政府借展

2131. 把壶，铜胎珐琅彩，黄地开光菊花纹，高 9.1 厘米，蓝料康熙款识。由中国政府借展

2132. 盖罐，金胎珐琅彩，高 9.1 厘米，底有"乾隆年制"四字楷款，清代。由中国政府借展

2133. 盖罐，瓷器，青花斗彩，九子游戏纹，高 29.6 厘米，乾隆款识。由中国政府借展

2134. 瓶，铜塔珐琅彩，黄地折枝牡丹纹，高 34.4 厘米，蓝料"乾隆年制"四字楷款，清代，与 No.2126 是一对。由中国政府借展

2135. 缂丝，刺绣蓝底，麻姑献寿图，208.4 厘米×138.5 厘米，公元 18 世纪。由伦敦的 W. 斐希瓦尔·耶茨教授借展

2136. 缂丝，孔雀羽毛纹，162.6 厘米×198.2 厘米，公元 18 世纪。由巴利莫特的 A.A. 斐希瓦尔，借展

2137. 一套三个盖罐和两个高足杯，瓷器，粉彩，红宝石地，盖罐，高 45 厘米，高足杯，高 35 厘米，雍正时期。由汉普郡法恩伯勒 B. 柯里借展

2138. 一对碗，瓷器，珐琅彩，竹雀纹，口径 16 厘米，蓝料"雍正年制"四字楷款，清代。由中国政府借展

2139. 一对碗，瓷器，珐琅彩，赭墨牡丹纹饰，口径 15 厘米，蓝料"雍正年制"四字楷款，清代。由中国政府借展

2140. 一对酒杯，瓷器，珐琅彩，洋红地开光折枝花卉纹，高 4.3 厘米，口径 6.4 厘米，青花"雍正年制"四字楷款，清代。由中国政府借展

2141. 碗，瓷器，珐琅彩，粉黄地芝兰寿石纹，口径 11.9 厘米，蓝料"雍正年制"

四字楷款，清代。由中国政府借展

2142. 一对碗，瓷器，珐琅彩，菊花纹，一首诗，口径15.1厘米，蓝料"雍正年制"四字楷款，清代。由中国政府借展

2143. 一对碗，瓷器，珐琅彩，玉堂富贵纹，口径10.2厘米，蓝料"雍正年制"四字楷款，清代。由中国政府借展

2144. 盘，瓷器，珐琅彩，山水楼阁图案，口径17.3厘米，蓝料乾隆款识，与No.2149是一对。由中国政府借展

2145. 一对盘，瓷器，珐琅彩，花鸟纹，口径13.5厘米，乾隆时期。由中国政府借展

2146. 长方盒，瓷器，珐琅彩、开光三羊图案，长7.4厘米，宽5.8厘米，蓝料"雍正年制"四字楷款，清代。由中国政府借展

2147. 梅瓶，瓷器，粉彩，菊花纹，高21.3厘米，乾隆款识，与No.2122是一对。由中国政府借展

2148. 一对小碟，瓷器，珐琅彩，菊花纹，口径10.8、10.7厘米，蓝料"雍正年制"四字楷款，清代。由中国政府借展

2149. 盘，瓷器，珐琅彩，山水楼阁图案，口径17.3厘米，蓝料乾隆款识，与No.2144是一对。由中国政府借展

2150. 瓶，瓷器，珐琅彩，洋红地锦上添花开光灵仙纹，高19.1厘米，底有蓝料"乾隆年制"四字篆款，与NO.2158是一对。由中国政府借展

2151. 胆瓶，瓷器，蓝地锦上添花开光折枝番莲菊花纹，高23.5厘米，底有蓝料"乾隆年制"四字篆款，清代，与No.2157是一对。由中国政府借展

2152. 温壶，瓷器，珐琅彩，桃柳争春图，高17.5厘米，底有蓝料"乾隆年制"四字篆款，清代，与No.2156是一对。由中国政府借展

2153. 一对酒杯，瓷器，珐琅彩，梅竹先春纹，口径7.1厘米，青花雍正款识。由中国政府借展

2154. 碗，瓷器，珐琅彩，粉红地开光绿地四季花纹，口径15厘米，洋红康熙款识。由中国政府借展

2155. 鸡缸杯，瓷器，粉彩，鸡禽和乾隆御题诗，高7厘米，底有"大清乾隆仿古"六字篆款，清代。由中国政府借展

2156. 温壶，瓷器，珐琅彩，桃柳争春图，高17.5厘米，底有蓝料"乾隆年制"四字篆款，清代，与No.2152是一对。由中国政府借展

2157. 胆瓶，瓷器，蓝地锦上添花开光折枝番莲菊花纹，高 23.5 厘米，底有蓝料"乾隆年制"四字篆款，清代，与 No.2151 是一对。由中国政府借展

2158. 瓶，瓷器，珐琅彩，洋红地锦上添花开光灵仙纹，高 19.3 厘米，底有蓝料"乾隆年制"四字篆款，清代，与 No.2150 是一对。由中国政府借展

2159. 小碗，瓷器，珐琅彩，黄地牡丹图案，口径 11.4 厘米，洋红料雍正款识。由中国政府借展

2160. 玉壶春瓶，瓷器，珐琅彩，牡丹纹，高 16.3 厘米，蓝料乾隆款识，与 No.2165 是一对。由中国政府借展

2161. 碗，瓷器，珐琅彩，红锦地折枝花卉鱼藻纹，口径 11.3 厘米，蓝料乾隆款识。与 No.2166 是一对。由中国政府借展

2162. 一对碗，瓷器，珐琅彩，梅竹纹，洋红地梅竹先春图，口径 15.1 厘米，蓝料乾隆款识。由中国政府借展

2163. 碗，瓷器，珐琅彩，蓝地四季花卉纹，口径 12.4 厘米，蓝料康熙款识。由中国政府借展

2164. 碗，瓷器，珐琅彩，撇口，折枝花卉纹，口径 11.6 厘米，蓝料康熙款识。由中国政府借展

2165. 玉壶春瓶，瓷器，珐琅彩，山茶碧桃纹，高 16.2 厘米，蓝料乾隆款识，与 No.2160 是一对。由中国政府借展

2166. 碗，瓷器，珐琅彩，菊花、玫瑰、山石纹，口径 11.3 厘米，蓝料乾隆款识。与 No.2161 是一对。由中国政府借展

2167. 大盘，瓷器，粉彩，莲花和鸭子图案，口径 53 厘米，可能为康熙晚期。由萨里的 S.D. 文克沃斯借展

2168. 郎世宁（1688-1766）瓶中富贵（花瓶中的牡丹），设色，高 113.5 厘米，宽 59.5 厘米，由中国政府借展

2169. 长颈瓶，瓷器，道教图案，粉彩瓷，高 53 厘米，雍正款识。由巴黎温妮可夫人借展

2170. 花瓶，瓷器，粉彩瓷，高 74 厘米，乾隆款识。由伦敦的 R.C. 布鲁斯借展

2171. 王武（1632-1690）溪亭戏菊图，纸本设色，高 167.7 厘米，宽 45.4 厘米，画家签名并题款公元 1667 年。由中国政府借展

2172. 一组 27 件鼻烟壶，各种材质，公元 18 世纪。由伦敦的奥斯卡·拉斐尔借展

2173. 王翚（1632-1720）一梧轩图，纸本设色，高 104.4 厘米，宽 54.3 厘米。由中国政府借展

2174. 王翚（1632-1720）仿赵孟頫江村清夏图，纸本设色，高 118 厘米，宽 61 厘米，画家签名，公元 1706 年。由中国政府借展

2175. 一组 26 件鼻烟壶、杯、花瓶等，各种材质，公元 18 世纪。由中国政府、斐希瓦尔·大维德爵士、斯宾塞·丘吉尔、阿尔弗雷德·克拉克夫妇借展

2176. 恽寿平（1633-1690）乔柯修竹图，纸本设色，高 101.6 厘米，宽 48 厘米。由中国政府借展

2177. 梅瓶，瓷器，龙凤、牡丹纹，青花粉彩，高 48.8 厘米，雍正时期。由伦敦的渣甸爵士借展借展

2178. 龙耳瓶，瓷器，珐琅彩，高 69.9 厘米，乾隆款识。由伦敦的渣甸爵士借展借展

2179. 钱维城（1720-1772）春花三种，纸本设色，高 112.9 厘米，宽 80.2 厘米。由中国政府借展

2180. 瓷板，广彩，风景和人物图案，与 No.2256 是一对，长 45 厘米，宽 33 厘米。由阿姆斯特丹国立博物馆借展

2181. 十二月令杯，瓷器，珐琅彩，12 种花卉，代表 12 个月，口径 6.5 厘米，康熙款识。由伦敦的斐希瓦尔·大维德借展

2182. 刺绣，92.7 厘米 ×30.5 厘米，大约为 1800 年。由伦敦的 LIBERTYANDCO., LD 借展

2183. 大盘，瓷器，粉彩，梅花和牡丹花装饰，口径 49 厘米，雍正款识。由伦敦的斐希瓦尔·大维德借展

2184. 盖壶，瓷器，广彩，欧洲风景图案，与 No.2188 是一对，口径 18.4 厘米，清代。由伦敦的阿伯康韦借展

2185. 碗，瓷器，广彩，欧洲的风景图案，与 No.2188 是一对，口径 18.4 厘米，清代。由伦敦的阿伯康韦借展

2186. 葫芦瓶，瓷器，广彩，黄地，白色花卉，高 16.5 厘米，乾隆时期。由巴克斯郡艾弗希思的阿尔弗雷德·克拉克夫妇借展

2187. 四棱花瓶，瓷器，广彩，花园中的仕女纹，高 15.5 厘米，公元 18 世纪。

由伦敦的 E.A. 帕里借展

2188. 碗，瓷器，广彩，欧洲风景图案，口径 18.4 厘米，公元 18 世纪，与 No.2185 是一对。由伦敦的阿伯康韦借展

2189. 盖壶，瓷器，广彩，高 24.7 厘米，公元 18 世纪，与 No.2184 是一对。由伦敦的阿伯康韦借展

2190. 一对盘，瓷器，广彩，花卉纹，口径 15.2 厘米，公元 18 世纪。由巴克斯郡艾弗希思的阿尔弗雷德·克拉克夫妇借展

2191. 茶壶，瓷器，广彩，开片纹，白地风景和植物图案，高 8.5 厘米，乾隆款识。由伦敦的 E.A. 帕里借展

2192. 提梁壶，瓷器，广彩，高 20 厘米，乾隆时期。由巴克斯郡艾弗希思的阿尔弗雷德·克拉克夫妇借展

2193. 盘，瓷器，广彩，花卉纹，口径 15.2 厘米，雍正时期。由巴克斯郡艾弗希思的阿尔弗雷德·克拉克夫妇借展

2194. 瓶，瓷器，广彩，桃纹，高 14.6 厘米，乾隆时期。由巴克斯郡艾弗希思的阿尔弗雷德·克拉克夫妇借展

2195. 盖碗，瓷器，广彩，白地牡丹花纹，碗内为蓝釉，高 10.8 厘米，乾隆时期。由巴克斯郡艾弗希思的阿尔弗雷德·克拉克夫妇借展

2196. 花形碟，瓷器，广彩，长 20 厘米，乾隆时期。由巴克斯郡艾弗希思的阿尔弗雷德·克拉克夫妇借展

2197. 鼻烟壶，瓷器，广彩，贝壳形状，宽 7.6 厘米，公元 18 世纪。由巴克斯郡艾弗希思的阿尔弗雷德·克拉克夫妇借展

2198. 茶叶盒，瓷器，广彩，与 No.2199 是一对，公元 18 世纪。由伦敦的阿伯康韦借展

2199. 茶叶盒，瓷器，广彩，高 14 厘米，公元 18 世纪。由伦敦的阿伯康韦借展

2200. 一对执镜，瓷器，广彩，长 28 厘米，乾隆时期。由萨里的 S.D. 文克沃斯借展

2201. 盖碗，瓷器，黄地广彩，花卉纹，口径 16.2 厘米，乾隆时期。由巴克斯郡艾弗希思的阿尔弗雷德·克拉克夫妇借展

2202. 盘，瓷器，广彩，锦鸡纹，长 61 厘米，乾隆时期。由爱丁堡的苏格兰皇家博物馆借展

2203. 大盘，瓷器，广彩，西王母和仆人图案，口径 45.7 厘米，乾隆时期。

由伦敦斯宾克父子公司借展

2204. 清高宗乾隆（统治时期为1736-1795）烟波钓艇图，纸本水墨，高59厘米，宽30.7厘米，由中国政府借展

2205. 刺绣，凤凰站在岩石上图案，黄地，高260厘米，宽130厘米，公元18世纪。由伦敦的切斯特·贝蒂夫妇借展

2206. 清高宗乾隆（统治时期为1736-1795）临苏轼书，纸本，高99.9厘米，宽32.2厘米。由中国政府借展

2207. 大盘，瓷器，牡丹和桃子装饰，粉彩，口径49厘米，雍正款识。由伦敦的斐希瓦尔·大维德借展

2208. 碟，蛋壳瓷，粉彩，仕女图，口径20厘米，雍正时期。由汉普郡法恩伯勒的B.柯里借展

2209. 小瓶，玻璃胎，珐琅彩，绘制了花纹和诗人，高10厘米，乾隆款识。由伦敦的斐希瓦尔·大维德借展

2210. 笔筒，玻璃胎，珐琅彩，一群圣人和仆人图案，高10厘米，乾隆款识。由伦敦的斐希瓦尔·大维德借展

2211. 小瓶，釉面玻璃胎，风景和人物图案，高10.5厘米，乾隆款识。由中国政府借展

2212. 罐，瓷器，黄釉，高8.5厘米，雍正款识。由伦敦的斐希瓦尔·大维德借展

2213. 龙耳瓶，瓷器，淡蓝色的釉，高21.5厘米，雍正款识。由萨里的S.D.文克沃斯借展

2214. 水罐，瓷器，牡丹纹，釉里红，珐琅彩，高8厘米，康熙款识。由伦敦的斐希瓦尔·大维德借展

2215. 卵形水罐，玻璃胎，鹿与风景纹，珐琅彩，高6厘米，乾隆款识。由伦敦的斐希瓦尔·大维德借展

2216. 一对杯，玻璃胎，珐琅彩，山水图案，高4.6厘米，乾隆款识。由伦敦的斐希瓦尔·大维德借展

2217. 小瓶，玻璃胎，珐琅彩，高9.8厘米，乾隆款识。由伦敦的斐希瓦尔·大维德借展

2218. 碟，瓷器，妇女和孩子图案，粉彩，口径20厘米，雍正时期。由伦敦的斐希瓦尔·大维德借展

2219. 小缸，瓷器，浅天青釉，高11厘米，底有"雍正年制"四字篆款。

由中国政府借展

2220. 一对杯，瓷器，珐琅彩，口径 6.2 厘米，雍正款识。由伦敦的斐希瓦尔·大维德借展

2221. 碟，蛋壳瓷，水果花纹，粉彩，口径 15.5 厘米，雍正时期。由汉普郡法恩伯勒的 B. 柯里借展

2222. 杯，瓷器，竹子花卉纹，珐琅彩，口径 6.4 厘米，红料雍正款识。由伦敦的斐希瓦尔·大维德借展

2223. 碗，瓷器，蝙蝠，青花，口径 14.5 厘米，雍正款识，与 No.2225 是一对。由伦敦的马库斯·伊泽基尔夫人借展

2224. 茶壶和两个杯子，瓷器，粉彩，莲花纹和一首诗，壶高 11.5 厘米，杯口径 6.3 厘米，蓝料雍正款识。由伦敦的斐希瓦尔·大维德借展

2225. 碗，青白釉瓷，釉下划刻蝙蝠纹，口径 14.5 厘米；雍正时期，与 No.2223 是一对。由伦敦的马库斯·伊泽基尔女士借展

2226. 瓶，瓷器，蓝釉，高 13.3 厘米；康熙时期。由弗郎克·帕萃吉父子有限公司借展

2227. 碟，薄胎瓷，花卉纹，宝石红粉彩，口径 15.5 厘米，约公元 1722 年；。由伦敦的斐希瓦尔·大维德借展

2228. 象耳瓶，瓷器，釉下凸起泥浆花卉纹装饰，高 19.7 厘米，乾隆款识。由霍夫的军官 A.T. 韦勒借展

2229. 碟，瓷器，粉彩，鹌鹑牡丹纹，口径 19.5 厘米，雍正时期。由伦敦的斐希瓦尔·大维德借展

2230. 瓶，瓷器，描金花卉纹，口沿雕塑龙纹，高 12 厘米，雍正款识。由巴黎卢浮宫博物馆借展

2231. 瓶，瓷器，紫地，牡丹花卉纹，唐寅诗，高 19.8 厘米，雍正时期。由伦敦的 C.E. 拉塞尔借展

2232. 瓶，瓷器，珐琅彩，白釉，妇女和羊纹，高 32 厘米，刻有工匠的标记，公元 18 世纪。由伦敦的斐希瓦尔·大维德借展

2233. 双耳瓶，瓷器，蓝紫釉，高 26.7 厘米，雍正时期。由邓弗姆林的埃尔金伯爵和金卡丁伯爵借展

2234. 茶壶，瓷器，松竹梅"岁寒三友"，青花粉和珐琅彩，高 13 厘米，雍正款识，来自于北京皇家收藏。由伦敦的斐希瓦尔·大维德借展

2235. 碟，瓷器，公鸡牡丹花纹，粉彩，口径 19.5 厘米，雍正时期。由伦敦

的斐希瓦尔·大维德借展

2236. 瓶，瓷器，粉彩，人物主题图案，与 No.2241 是一对，高 34.3 厘米，乾隆时期。由伦敦的渣甸爵士借展借展

2237. 八边盘，瓷器，花卉蝴蝶纹，粉彩，口径 23.3 厘米，乾隆时期。由伦敦的切斯特·贝蒂夫妇借展

2238. 笔洗，白瓷，莲花纹，"枢府"款识，口径 12 厘米，元代。由中国政府借展

2239. 灯笼，瓷器，广彩，模仿竹子、丝绸彩绘镶嵌，高 48 厘米，乾隆时期。由萨里的 S.D. 文克沃斯借展

2240. 盘，薄胎瓷，仕女与仆人纹，粉彩，口径 21.3 厘米，雍正时期。由巴克斯郡艾弗希思的阿尔弗雷德·克拉克夫妇借展

2241. 瓶，瓷器，人物纹，珐琅彩，与 No.2236 是一对，高 34.3 厘米，乾隆时期。由伦敦的渣甸爵士借展借展

2242. 邹一桂（1686-1772）墨梅，绢本设色，高 186.5 厘米，宽 63 厘米，由中国政府借展

2243. 刺绣，109.2 厘米 ×30.5 厘米，公元 17-18 世纪。由伦敦的 LIBERTYANDCO., LTD 借展

2244. 盖罐，青釉瓷，高 10.2 厘米，乾隆时期，与 No.2253 是一对。由伦敦的 .M.W. 埃尔芬斯通阁下借展

2245. 龙耳壶，瓷器，乳白釉，高 6.4 厘米，公元 18 世纪。由伦敦的斐希瓦尔·大维德借展

2246. 杯，瓷器，黄绿釉，高 5 厘米，公元 18 世纪。由伦敦的斐希瓦尔·大维德借展

2247. 小碟，瓷器，刻有龙纹，口径 5.6 厘米，刻有雍正款识由伦敦的斐希瓦尔·大维德借展

2248. 小瓶，瓷器，茄紫釉带有蚀刻图案，高 9 厘米，康熙时期。由贝奇沃思的 F. 席勒借展

2249. 壶，瓷器，大奖章纹，乳白釉，高 3.5 厘米，公元 18 世纪早期。由伦敦的斐希瓦尔·大维德借展

2250. 双把杯，瓷器，叶子形状，素胎上施珐琅，长 8.8 厘米，康熙时期。由伦敦的斐希瓦尔·大维德借展

2251. 椭圆带盒，瓷器，青瓷釉，宽 7.6 厘米，雍正款识。由伦敦的马库斯·伊

泽基尔夫人借展

2252. 壶，瓷器，卵白釉，口径 5.9 厘米，公元 17 世纪或更早。由伦敦的斐希瓦尔·大维德借展

2253. 盖罐，青釉瓷，高 10.2 厘米，乾隆款识，与 No.2244 是一对。由伦敦的.M.W. 埃尔芬斯通阁下借展

2254. 水盂，瓷器，云龙纹，釉里红，高 7 厘米，乾隆时期。由伦敦的斐希瓦尔·大维德借展

2255. 花瓶，薄胎瓷，蜂巢形式，植物纹饰，高 7.6 厘米，乾隆时期。由霍夫 CAPT.A.T. 沃尔借展

2256. 广彩瓷板，风景，人物纹，与 No.2180 是一对，高 45 厘米，宽 3 厘米，由阿姆斯特丹国立博物馆借展

2257. 盖瓶，瓷器，水草小鸟纹，粉彩，高 63 厘米，雍正时期，与 No.2095 是一对。由伦敦的罗克斯堡公爵夫人借展

2258. 盖瓶，瓷器，公鸡牡丹图案，粉彩，高 63 厘米，雍正时期。由伦敦的罗克斯堡公爵夫人借展

2259. 碗，瓷器，桃子图案，粉彩，乾隆时期。由萨里的 S.D. 文克沃斯借展

2260. 一对花瓶，瓷器，浆果叶子纹，粉彩，黑地，高 33 厘米，公元 18 世纪。由伦敦的罗克斯堡公爵夫人借展

2261. 香炉，瓷器，风景和人物图案，粉彩，高 10.8 厘米，乾隆时期。由爱丁堡的苏格兰皇家博物馆借展

2262. 花瓶，瓷器，五蝠海浪纹，粉红色地，高 13.8 厘米，雍正款识。由霍夫的 A.T. 沃尔借展

2263. 方碗，瓷器，花卉纹，粉彩，黑地，高 6 厘米，雍正时期。由巴黎温妮可夫人借展

2264. 一对灯笼，瓷器，粉彩，高 32.5 厘米，雍正时期。由丹巴顿郡的伦纳德·高博士借展

2265. 香薰，瓷器，粉彩，高 8.5 厘米，乾隆时期。由伦敦的斐希瓦尔·大维德借展

2266. 花瓶，瓷器，缠枝花卉纹，黑地，高 20.5 厘米，雍正时期。由伦敦的乔治·约书亚借展

2267. 盘，薄胎瓷，情侣图案，灰白釉，口径 21 厘米，雍正时期。由法恩伯勒的 B. 柯里借展

2268. 瓶，瓷器，鹅和柳树纹，浅浮雕，高22.5厘米，雍正时期。由萨里的S.D.文克沃斯借展

2269. 盘，薄胎瓷，粉彩，口径20厘米，雍正时期。由法恩伯勒的B.柯里借展

2270. 一对盘，瓷器，花卉纹，粉彩，口径37厘米，雍正时期。由萨里的S.D.文克沃斯借展

2271. 笔筒，瓷器，树叶和虫子纹，高15厘米，乾隆时期。由萨里的S.D.文克沃斯借展

2272. 陈洪绶（1599-1652）卷石山茶，纸本，水墨，高113.6厘米，宽7厘米，由中国政府借展

2273. 瓶，瓷器，鸟纹和牡丹纹，粉彩，高41.9厘米，雍正款识。由邓弗姆林的埃尔金伯爵和金卡丁伯爵借展

2274. 四方瓶，瓷器，鸟上枝头山水纹，高29.2厘米，乾隆时期。由伦敦的C.E.拉塞尔借展

2275. 碟，粉彩瓷，背部为绿釉，口径14.5厘米，蓝料乾隆款识。由伦敦的斐希瓦尔·大维德借展

2276. 碗，瓷器，紫红色釉，花卉和诗，口径12.5厘米，蓝料乾隆款识。由伦敦的斐希瓦尔·大维德借展

2277. 瓶，瓷器，花鸟蝴蝶纹，粉彩，高29.5厘米，雍正款识。由伦敦的斐希瓦尔·大维德借展

2278. 瓶，薄胎瓷，玫瑰、蝴蝶纹，粉彩，高14.3厘米，雍正款识。由伦敦的斐希瓦尔·大维德借展

2279. 一套五个小瓶，瓷器，山石、花卉、竹子纹，粉彩，高9.6厘米，蓝料乾隆款识。由伦敦的斐希瓦尔·大维德借展

2280. 瓶，瓷器，粉彩，山石、花卉和诗人，高17.5厘米，蓝料乾隆款识。由伦敦的斐希瓦尔·大维德借展

2281. 盘，瓷器，粉彩，桃树纹，口径29.5厘米，雍正款识。由伦敦的斐希瓦尔·大维德借展

2282. 碟，瓷器，粉彩，缠枝花卉纹，金地，口径11.5厘米，雍正款识。由伦敦的斐希瓦尔·大维德借展

2283. 碗，瓷器，牡丹、燕子和诗图案，粉彩，口径11厘米，蓝料乾隆款识。由伦敦的斐希瓦尔·大维德借展

2284. 碟，瓷器，小鸟树枝纹，粉彩，口径 17.5 厘米，雍正款识。由伦敦的斐希瓦尔·大维德借展

2285. 茶壶，瓷器，方形，粉彩，蓝色的祝福款识，高 15.5 厘米，乾隆时期。由萨里的 F.P.M. 席勒借展

2286. 碗，瓷器，花卉纹、粉彩，口径 13.4 厘米，雍正款识。由伦敦的切斯特·贝蒂夫妇借展

2287. 瓶，薄胎瓷，山石、花卉、诗人图案，粉彩，高 14 厘米，蓝料乾隆款识。由伦敦的斐希瓦尔·大维德借展

2288. 碟，瓷器，山石、植物、公鸡和母鸡图案，粉彩，底部粉色写有美好的祝词，口径 15.5 厘米，雍正款识。由伦敦的斐希瓦尔·大维德借展

2289. 胆瓶，瓷器，植物、公鸡、母鸡和小鸡图案，粉彩，底部粉色写有美好的祝词，高 17.8 厘米，雍正款识。由伦敦的斐希瓦尔·大维德借展

前厅

2290. 绘画，406.5 厘米 ×85 厘米，公元 18 世纪早期。由邓弗姆林的额尔金伯爵与金卡丁伯爵借展
2291. 缂丝，绢地，御题周文矩大禹治水图，157.5 厘米 ×86.7 厘米，清代。由中国政府借展
2292. 绘画，406.5 厘米 ×85 厘米，公元 18 世纪早期。由邓弗姆林的额尔金伯爵与金卡丁伯爵借展
2293. 壁画，彩色，道教人物，165.2 厘米 ×116.9 厘米，可能为 17 世纪。由伦敦的弗雷德里克·怀特借展
2294. 佚名清人香妃（乾隆皇帝的鞑靼妃子）湖边图，纸本设色。由伦敦的 S. 哈考特·史密斯借展

中心展厅

2295. 地毯四件，羊毛，122厘米×269.3厘米，公元17-18世纪。由伦敦的萨克斯顿·诺布尔借展

2296. 佚名宋人宋太祖的肖像画（在位时间976-996），绢本设色，高74厘米，宽7厘米，可能为明代。由中国政府借展

2297. 李嵩（12世纪）罗汉，绢本设色，高103.3厘米，宽49.1厘米．由中国政府借展

2298. 瓶，瓷器，郎窑红，高39.8厘米，康熙时期。由纽约的J.皮尔庞特·摩根借展

2299. 瓶，瓷器，广口，郎窑红，高12厘米，康熙时期。由伦敦的斐希瓦尔·大维德借展

2300. 三足圆炉，瓷器，郎窑宝石红釉，高11.3厘米，康熙时期。由中国政府借展

2301. 瓶，瓷器，郎窑红，高37.9厘米，公元18世纪。由贝奇沃思的F.席勒借展

2302. 小瓶，瓷器，郎窑红，高10.5厘米，康熙时期。由贝奇沃思的F.席勒借展

2303. 碗，瓷器，郎窑红，口径21.6厘米，康熙时期。由英国伦敦的渣甸爵士借展

2304. 瓶，瓷器，郎窑红，高43.8厘米，康熙时期。由滕布里奇韦尔斯的亚瑟·菲利普斯借展

2305. 碗，瓷器，郎窑红，口径24厘米，康熙时期。由伦敦的斐希瓦尔·大维德借展

2306. 小瓶，瓷器，郎窑红，高7.5厘米，康熙时期。由伦敦的斐希瓦尔·大维德借展

2307. 敞口碗，瓷器，郎窑红，口径22.8厘米，康熙时期。由伦敦的R.霍姆斯夫人借展

2308. 观音瓶，瓷器，郎窑宝石红釉，镶铜口，高20.9厘米，康熙时期。由中国政府借展

2309. 仿青铜觯瓶，瓷器，郎窑宝石红釉，高22.5厘米，康熙时期。由中国政府借展

2310. 荸荠尊，瓷器，郎窑宝石红釉，铜镀金镶口，高 38.4 厘米，康熙时期。由中国政府借展

2311. 瓶，瓷器，郎窑红斑点，高 22.4 厘米，康熙时期。由伦敦的斐希瓦尔·大维德借展

2312. 瓶，瓷器，郎窑红，金属镶边，高 18.5 厘米，康熙时期，底部有乾隆御题诗。由法国夏朗德的 F. 阿尔布因借展

2313. 地毯，羊毛，4.20 平方米，公元 17 世纪。由宾夕法尼亚大学博物馆借展

2314. 塔，剔红剔绿漆器，高 108 厘米，乾隆时期。由白金汉宫的玛丽女王借展

2315. 一组八个佛教人物像，瓷器，高 73 厘米. 大约公元 1800 年。由白金汉宫的玛丽女王借展

2316. 缂丝，绢地，青牛老子图，I08.3 厘米×51.7 厘米，被认为是宋代，也可能晚于宋。由中国政府借展

2317. 象，掐丝珐琅，与 No.2318 是一对，高 75 厘米。由白金汉宫的玛丽女王借展

2318. 象，掐丝珐琅，与 No.2317 是一对，高 75 厘米。由白金汉宫的玛丽女王借展

2319. 缂丝，绢地，石头、水仙花等图案，高 100.3 厘米，宽 43.1 厘米，明代。由纽约的大都会艺术博物馆借展

2320. 地毯，羊毛，412 厘米×460 厘米，公元 17-18 世纪。由巴黎的温妮可夫人借展

2321. 一对盒，瓷器，广彩，鹌鹑图案. 宽 7 厘米，清代。由白金汉宫的玛丽女王借展

2322. 瓶，瓷器，广彩，欧洲风景图案，高 22 厘米，清代。由白金汉宫的玛丽女王借展

2323. 盖碗，白玉，镶嵌红宝石，高 8.2 厘，宽 14.6 厘米，清代。由白金汉宫的玛丽女王借展

2324. 长方形盖盒，绿玉，高 16 厘米，宽 19.3 厘米，乾隆时期。由白金汉宫的玛丽女王借展

2325. 盒，金，绿松石装饰，高 3.2 英寸，宽 8 英寸清代。由白金汉宫的玛丽女王借展

2326. 杯和碟，半透明玉，高 4.6 厘米，清代。由白金汉宫的玛丽女王借展

2327. 两个链接璧，白玉，高 12 厘米，长 28.5 厘米，清代。由白金汉宫的玛丽女王借展

2328. 大象，剔红漆器，高 26 厘米，乾隆时期。由白金汉宫的玛丽女王借展

2329. 如意，白玉，黄色丝绸流苏，长 39 厘米，清代。由温莎城堡的国王陛下借展

2330. 圆盒，瓷器，黄蓝绿珐琅彩，包括九个碟，口径 34.5 厘米。由白金汉宫的玛丽女王借展

2330A. 如意，白玉，黄色丝绸流苏，长 36.3 厘米，清代。由温莎城堡的国王陛下借展

2331. 一对盖杯，紫玉，漆上金色的云龙纹，口径 9.2 厘米，清代。由白金汉宫的玛丽女王借展

2332. 矩形盖盒，白玉，高 43 厘米，宽 7.1 厘米，清代。由温莎城堡的国王陛下借展

2333. 如意，白玉，黄色丝绸流苏，长 46 厘米，清代。由温莎城堡的国王陛下借展

2334. 四轮亭盒，剔红漆器，12 块板上有月令花纹图案，长 46 厘米，乾隆时期。由白金汉宫的玛丽女王借展

2335. 如意，白玉，黄色丝绸流苏，长 45 厘米，清代。由温莎城堡的国王陛下借展

2336. 方形盖盒，白玉，高 5.4 厘米，宽 6.9 厘米，清代。由温莎城堡的国王陛下借展

2337. 盉，青铜器，有铭文，高 21.5 厘米，战国时期。由日本皇室借展

2338. 鼻烟壶，绿松石，高 8 厘米，清代。由白金汉宫的玛丽女王借展

2339. 透雕牌，白玉，长 17.3 厘米，宽 15.2 厘米，清代。由温莎城堡的国王陛下借展

2340. 一对如意，白玉，黄色丝绸流苏，长 44 厘米，清代。由温莎城堡的国王陛下借展

2341. 如意，白玉和木头，蓝色的丝绸流苏，长 37.5 厘米，清代。由温莎城堡的国王陛下借展

2342. 觚，青铜器，高 32 厘米，殷商，公元 1887 年中国皇帝送给维多利亚女王的礼物。由白金汉宫的玛丽女王借展

2343. 小型雕刻作品，绿松石，高 4.6 厘米，宽 5.5 厘米，清代。由白金汉宫的玛丽女王借展

2344. 一对碗，白玉，高 6.8 厘米，口径 15 厘米，清代。由温莎城堡的国王陛下借展

2345. 如意，三块青玉雕牌和安放在青铜底托上镶嵌了各种宝石的八尊佛教人物，长 53 厘米，清代。由温莎城堡的国王陛下借展

2346. 一对如意，白玉，黄色丝绸流苏，高 45.5 厘米，清代。由温莎城堡的国王陛下借展

2347. 碗，白玉，活环，高 10.4 厘米，长 31 厘米，清代。由温莎城堡的国王陛下借展

2348. 马远（活动于大约 1190-1224）秋江渔隐图，纸本设色，长 36.6 厘米，宽 28.7 厘米，左上角有画家的印章。由中国政府借展

2349. 双耳瓶，瓷器，青铜器的形状，苹果绿开片纹釉，高 24 厘米．公元 18 世纪早期由伦敦的斐希瓦尔·大维德借展

2350. 瓶，瓷器，苹果绿开片纹，高 12.6 厘米，公元 18 世纪。由伦敦的尤斯塔斯 B. 霍尔借展

2351. 瓶，瓷器，球状，苹果绿开片纹，高 10.7 厘米，公元 18 世纪。由伦敦的马库斯·依泽基尔小姐借展

2352. 瓶，瓷器，苹果绿开片纹，高 16.8 厘米，公元 18 世纪。由伦敦的弗兰克·帕特里奇父子公司借展

2353. 瓶，瓷器，苹果绿开片纹，高 15.2 厘米，公元 18 世纪。由伦敦的弗兰克·帕特里奇父子公司借展

2354. 瓶，瓷器，苹果绿开片纹，高 17 厘米，公元 18 世纪。由伦敦的弗兰克·帕特里奇父子公司借展

2355. 碗，瓷器，苹果绿开片纹，口径 12.7 厘米，公元 18 世纪。由阿尔弗雷德·克拉克夫妇借展

2356. 瓶，瓷器，苹果绿开片纹，高 l8 厘米，公元 18 世纪。由伦敦的弗兰克·帕特里奇父子公司借展

2357. 瓶，瓷器，苹果绿开片纹，高 22.8 厘米，乾隆时期。由纽约的 PARISH-WATSON，INC 借展

2358. 瓶，瓷器，苹果绿开片纹，高 19.6 厘米，公元 18 世纪。由伦敦的弗兰克·帕特里奇父子公司借展

2359. 地毯，分四片，羊毛，每一片116.9厘米×241.3厘米，公元17—18世纪。由伦敦的萨克斯顿·诺布尔借展
2360. 阿弥陀佛的巨大立像，大理石，底部莲花座，公元585年，高5.78米。由纽约卢芹斋借展（No.2361移动至报告厅）
2361. 带翅膀的神兽，石雕，长152.5厘米，六朝。由纽约卢芹斋借展

报告厅

佛教雕塑等

2362. 龙头，石雕，高 49.5 厘米，汉或六朝时期。由堪萨斯纳尔逊美术馆借展

2363. 佛教画像，帆布彩绘，菩萨纹，高 163.5 厘米，大约公元 900 年。由巴黎卢浮宫（伯希和收藏）借展

2364. 人物和房屋浮雕，石雕，72 英寸 ×75 英寸，唐代。由刚果东亚艺术博物馆借展

2365. 长丝带，红色、棕色和黑色的光泽，高 303.5 厘米，公元 9 世纪。由巴黎卢浮宫（伯希和收藏）借展

2366. 花口瓶，陶器，青釉瓷，高 38 厘米，唐代。由伦敦的尼尔·马康爵士借展

2367. 盖罐，陶器，淡黄色的釉，高 19 厘米，唐代。由萨里的 F.P.M. 席勒借展

2368. 瓶，彩陶，条纹釉，高 25 厘米，唐代。由大英博物馆（尤摩弗帕勒斯收藏）借展

2369. 狗，陶器，棕绿釉，高 16.6 厘米，唐代。由萨里的 S.D. 文克沃斯借展

2370. 瓶，陶器，葡萄藤装饰，棕釉，高 23.9 厘米，唐代。由芝加哥的露西·莫德·白金汉收藏。

2371. 罐，陶器，棕釉，带有灰蓝斑，高 26 厘米，唐代。由伦敦的利·阿什顿借展

2372. 花瓣碟，陶器，鱼纹，绿黄釉，宽 14 厘米，唐代。由大英博物馆（尤摩弗帕勒斯收藏）借展

2373. 盖盒，青釉陶器，高 7.5 厘米，唐代。由维多利亚和阿尔伯特博物馆（尤摩弗帕勒斯的收藏）借展

2374. 罐，陶器，玫瑰花纹，高 27.5 厘米，唐代。由大英博物馆（尤摩弗帕勒斯收藏）借展

2375. 枕，粗陶，矩形，彩釉，23 厘米 ×13 厘米，唐代。由大英博物馆（尤摩弗帕勒斯收藏）借展

2376. 凤首瓶，三彩陶器，贴花，斑点釉，高 28.5 厘米，唐代。由大英博物馆（尤摩弗帕勒斯收藏）借展

报告厅

2377. 盒，三彩陶器，绿色、黄色和白色釉，口径 9.4 厘米，唐代。由伦敦的 H.J. 奥本海姆。

2378. 碟，紫砂，白色条纹，乳白色釉，绿色斑点，发掘于萨迈拉，长 40.5 厘米，唐代。由柏林国家博物馆借展

2379. 佛教绘画，丝绸彩绘，观音图案，长 104 厘米，宽 63 厘米，元代，来自于马可波罗。由苏联政府借展

2380. 墓碑，石雕，刻有吐火罗人，104 厘米 ×63 厘米，唐代。由巴黎卢浮宫借展

2381. 石棺侧面，雕刻线条表现孝道故事场景，长 62 厘米，宽 234 厘米，公元 6 世纪早期，与 No.2473 是一对。由堪萨斯纳尔逊美术馆借展

2382. 石碑，石雕，中间雕站立的佛陀，高 133 厘米，公元 6 世纪。由巴黎卢芹斋借展

2383. 菩萨立像，石雕，来自于天龙山，高 130 厘米，唐代。由日本的山中定次郎借展

2384. 菩萨，石雕，来自于天龙山，高 125 厘米，唐代。由日本的山中定次郎借展

2385. 佛教绘画，彩绘丝绸，高 186.5 厘米，宽 131 厘米，公元 10 世纪。由巴黎卢浮宫（伯希和收藏）借展

2386. 菩萨立像，石雕，来自于天龙山，高 131 厘米，唐代。由日本的山中定次郎借展

2387. 浮雕石板，飒露紫，唐太宗在洛阳被包围时骑的一匹战马，173 厘米 ×206 厘米，唐代。由宾夕法尼亚大学博物馆借展

2388. 菩萨倚坐像，石雕，来自于天龙山，高 103 厘米，唐代。由日本的山中定次郎借展

2389. 佛教画像，彩绘丝绸，千手观音纹，长 180 厘米，宽 145 厘米，唐代。由印度政府（斯坦因收藏）借展

2390. 坐佛，石雕，来自于天龙山，高 110 厘米，唐代。由日本的山中定次郎借展

2391. 菩萨倚坐像，砂岩，彩色，来自于天龙山，高 97.8 厘米，唐代。由堪萨斯纳尔逊美术馆借展

2392. 道教碑，石雕，高 150 英寸，六朝。由巴黎卢芹斋借展

2393. 佛教徒立像，石雕，手持莲，高 167.8 厘米，北齐。由宾夕法尼亚大

学博物馆借展

2394. 寺庙的护法（达摩波罗），生铁，高 54 厘米。由柏林的冯·德·海特男爵借展

2395. 飞天，石雕，高 94 厘米，唐代。由巴黎卢芹斋借展

2396. 菩萨立像，石雕，与 No.2397 是一对，高 137.3 厘米，唐代。由宾夕法尼亚大学博物馆借展

2397. 菩萨立像，石雕，与 No.2396 是一对，高 125 厘米.唐代。由宾夕法尼亚大学博物馆借展

2398. 菩萨坐像，褐色石灰石，高 126 厘米，时间为 520 年。由柏林的冯·德·海特男爵借展

2399. 佛像，石灰岩，双手合十，高 82 厘米.唐代，来自于天龙山。由马萨诸塞州剑桥的福格艺术博物馆借展

2400. 佛身，大理石，头残，高 144.9 厘米，六朝时期。由维多利亚和阿尔伯特博物馆（尤摩弗帕勒斯的收藏）借展

2401. 佚名元人老人图，纸本设色，高 45 厘米，宽 32.5 厘米，公元 13-14 世纪，来自于马可波罗。由苏联政府借展

2402. 佛教画像，亚麻布上彩绘，高 27.3 厘米，宽 71.8 厘米，可能为公元 15 世纪。由宾夕法尼亚大学博物馆借展

2403. 菩萨立像，石灰岩，高 183 厘米，六朝时期。由纽约的约翰 D. 洛克菲勒小姐借展

2404. 佚名元人党项族皇帝和护卫，帆布上的彩绘，高 70 厘米，宽 52 厘米.公元 13-14 世纪，来自于马可波罗。由苏联政府借展

2405. 佛教画像，彩绘丝绸，千手观音图案，长 190 厘米，宽 125 厘米，公元 981 年。由巴黎的吉美博物馆借展

2406. 舞女俑，黑石，高 24 厘米，公元 6 世纪。由伦敦的 H.J. 奥本海姆借展

2407. 女俑立像，黑灰色陶器，编发辫模样，高 33 厘米，六朝时期。由大英博物馆（尤摩弗帕勒斯收藏）借展

2408. 狗，红灰陶，长 20 厘米，六朝时期。由大英博物馆（尤摩弗帕勒斯收藏）借展

2409. 骆驼，未上釉的陶器，装饰马鞍，高 22.8 厘米，六朝时期。由伦敦的玛格特·霍姆斯借展

2410. 女子玩抓骨游戏俑，陶器，高 16.5 厘米，魏或唐代。由文多弗的阿兰·巴

罗，C.B.，C.B.E. 借展

2411. 舞女俑，陶器，高 25.4 厘米，唐代。由文多弗的艾伦·巴洛，C.B.，C.B.E. 借展

2412. 男俑，陶器，高 20.3 厘米，魏朝，来自于查尔斯 L. 拉瑟斯顿的收藏。由法纳姆和伦敦的 C.L& 拉瑟斯顿小姐借展

2413. 女俑，灰黑色陶器，彩色颜料，高 75 厘米，魏朝。由大英博物馆（尤摩弗帕勒斯收藏）借展

2414. 跳跃的骏马和骑手，陶器，长 40.6 厘米，唐代。由陆军少将尼尔·马康爵士借展

2415. 挠脖狮子，黑陶器，高 18.3 厘米，魏朝，来自于查尔斯 L. 拉瑟斯顿的收藏。由法纳姆和伦敦的 C.L& 拉瑟斯顿小姐借展

2416. 驮马，陶器，长 21.6 厘米，魏朝。由文多弗的艾伦·巴洛，C.B.，C.B.E. 借展

2417. 人物坐像，陶器，夸张的亚美尼亚类型，持鸟，高 18.3 厘米，唐代。由牛津图特巴尔顿 C .G. 塞利格曼教授和夫人借展

2418. 女俑，彩色灰色陶器，高 38 厘米，六朝时期。由芝加哥的波特·帕尔默借展

2419. 鹿，陶器，使用了微量的颜料，长 26 厘米，六朝时期。由巴黎的 L. 米琼借展

2420. 持包的印度人，陶器，高 19.6 厘米，唐代。由牛津图特巴尔顿 C .G. 塞利格曼教授和夫人借展

2421. 仕女，陶器，颜料绘饰，高 109 厘米，唐代。由大英博物馆（尤摩弗帕勒斯收藏）借展

2422. 持鸟男俑，陶器，高 18.3 厘米，六朝时期。由伦敦的奥本海姆借展

2423. 女俑，白陶，行屈膝礼状，使用了微量的红白颜料，高 19.5 厘米，唐代。由伦敦的安东尼·德·罗斯柴尔德借展

2424. 一对战马，陶器，微量的颜料装饰，长 64 厘米，唐代。由大英博物馆（尤摩弗帕勒斯收藏）借展

2425. 狗，陶器，长 19 厘米，魏朝。由文多弗的艾伦·巴洛，C.B.，C.B.E. 借展

2426. 男俑，陶器，高 31.1 厘米，魏朝。由牛津图特巴尔顿 C .G. 塞利格曼教授和夫人借展

2427. 坐女俑，深灰色陶器，头戴冬天的帽子，高 23 厘米，六朝时期。由巴黎的 M. 卡尔曼借展

2428. 男俑，陶器，高 20.3 厘米，魏朝。来自于查尔斯 L. 拉瑟斯顿的收藏。由法纳姆和伦敦的 C.L& 拉瑟斯顿小姐借展

2429. 两个女俑，陶器，高 16 厘米，六朝时期。由瑞典王储古斯塔夫六世·阿道夫借展

2430. 沉睡的园丁俑，陶器，高 9.4 厘米，魏朝。由文多弗的艾伦·巴洛，C.B., C.B.E. 借展

2431. 走龙，陶器，长 25.4 厘米，魏朝。由伦敦的沃尔特·塞奇威克夫妇借展

2432. 打马球俑，浅黄色陶器，粉绘，长 43 厘米，唐代。由大英博物馆（尤摩弗帕勒斯收藏）借展

2433. 仕女俑，深灰陶器，彩绘，高 79 厘米，魏朝。由大英博物馆（尤摩弗帕勒斯收藏）借展

2434. 站立男俑，黑色陶器，高 63.4 厘米，魏朝。来自于查尔斯 L. 拉瑟斯顿的收藏。由法纳姆和伦敦的 C.L& 拉瑟斯顿小姐借展

2435. 马头，陶器，长 22 英寸，六朝时期。由瑞典王储古斯塔夫六世·阿道夫借展

2436. 鸭，深灰色陶器，彩绘，长 18 厘米，六朝时期。由大英博物馆（尤摩弗帕勒斯收藏）借展

2437. 驯鸟男俑，陶器，高 21.5 厘米，魏朝。由伦敦的奥本海姆借展

2438. 三彩罗汉，硬白陶器，黄白釉，绿色和黄色，陶器底座，高 105 厘米，唐代（辽代）。由宾夕法尼亚大学博物馆借展

2439. 佛教绘画，佚名画家彩绘画，菩萨图案，高 228 厘米，宽 158 厘米，时间公元 983 年，来自于敦煌。由巴黎吉美博物馆（伯希和收藏）借展

2440. 盖瓶，陶器，多层图案和彩色釉，高 40 厘米，唐代。由维多利亚和阿尔伯特博物馆（G. 尤摩弗帕勒斯收藏）借展

2441. 三彩大盘，陶器，三足，橙色，中间蓝白色花纹，口径 31 厘米，唐代。

2442. 三彩狮子，陶器，坐在底座上，乳白釉，斑驳的绿色，高 25.6 厘米，唐代。由伦敦的奥本海姆借展

2443. 三彩盖罐，陶器，贴花纹，蓝色、绿色、黄色和白色釉，高 26.6 厘米，唐代。日本 B 级国宝。由东京的岩崎男爵借展

2444. 彩绘女俑，陶器，黄绿釉，高 30.5 厘米，唐代。由维多利亚和阿尔伯特博物馆（G. 尤摩弗帕勒斯收藏）借展

2445. 碟，陶器，花卉图案彩釉，口径 29.2 厘米，唐代。由伦敦的沃尔特·塞

奇威克夫妇借展

2446. 鸭形水盂，粗陶器，三彩釉，高24厘米，唐代。日本B级国宝。由东京的岩崎男爵借展

2447. 盘，陶器，白色、绿色和琥珀棕色花卉纹饰，口径29厘米，唐代。由大英博物馆（尤摩弗帕勒斯收藏）借展

2448. 三彩骆驼，粉白色陶器，彩釉，出土于刘庭训墓（去世于公元728年），高84厘米，唐代。由大英博物馆（尤摩弗帕勒斯收藏）借展

2449. 三彩马夫俑，粉白色陶器，彩釉，出土于刘庭训墓（去世于公元728年），高59厘米，唐代。由大英博物馆（尤摩弗帕勒斯收藏）借展

2450. 三彩狮子，陶器，高22.8厘米，唐代，与No.2457是一对，日本B级国宝。由东京的岩崎男爵借展

2451. 文官俑，粉白色陶器，彩釉，出土于刘庭训墓（去世于公元728年），高103厘米，唐代。由大英博物馆（尤摩弗帕勒斯收藏）借展

2452. 三彩公牛，陶器，乳白釉，带有绿色和琥珀色，高16.8厘米，唐代。由阿尔弗雷德·克拉克夫妇借展

2453. 牧童骑牛，黄蓝釉陶器，长16.5厘米，唐代。由纽约的C.R.霍姆斯小姐借展

2454. 三彩公牛，陶器，棕色的稻草黄釉，高26厘米，唐代。由巴黎的M.卡尔曼借展

2455. 三足盘，陶器，宝相花纹，黄地蓝色斑点，口径31.1厘米，唐代。由阿尔弗雷德·克拉克夫妇借展

2456. 盖罐，软白陶，蓝色斑点釉，高41.1厘米，唐代。由伦敦的安东尼·德·罗斯柴尔德借展

2457. 狮子，陶器，三彩釉，高20.3厘米，唐代，与No.2450是一对，日本B级国宝。由东京的岩崎男爵借展

2458. 女俑，陶器，红蓝釉，高29厘米，唐代。由维多利亚和阿尔伯特博物馆（尤摩弗帕勒斯的收藏）借展

2459. 盖罐，陶器，波浪纹和花卉纹，彩釉，高25厘米，唐代。由大英博物馆（尤摩弗帕勒斯收藏）借展

2460. 三彩瓶，陶器，绿黄白釉，高27.9厘米，唐代。由伦敦的沃尔特·塞奇威克夫妇借展

2461. 三彩碟，陶器，花卉纹，黄、蓝、白釉，口径25厘米，唐代。由巴

黎的 M. 卡尔曼借展

2462. 三彩马，陶器，淡蓝色的稻草色釉，高 29.2 厘米，唐代。由伦敦的 G. 乌莫福普洛斯结渣。

2463. 三彩碟，陶器，宝相花图案，彩釉，高 35.5 厘米，唐代。由维多利亚和阿尔伯特博物馆（尤摩弗帕勒斯的收藏）借展

2464. 侍俑，陶器，乳白釉，高 49.5 厘米，唐代。由伦敦的沃尔特·塞奇威克夫妇借展

2465. 盘，陶器，中间镂孔，狮子吃羊图案，釉上点缀着琥珀色和绿色，口径 19.2 厘米，唐代。由伦敦的奥本海姆借展

2466. 马，陶器，高 50 厘米，魏朝。由大英博物馆（尤摩弗帕勒斯收藏）借展

2467. 绘画，纸本彩绘，朝圣者图案，高 52 厘米，宽 22 厘米，元代，来自于马可波罗。由苏联政府借展

2468. 绘画，纸本彩绘，高僧图案，高 51 厘米，宽 22 厘米，元代，来自于马可波罗。由苏联政府借展

2469. 人物立像，石雕，高 137 厘米，公元 6—7 世纪。由巴黎卢芹斋借展

2470. 绘画，彩绘，月亮女神侍从图案，长 51 厘米，宽 23 厘米，元代，来自于马可波罗。由苏联政府借展

2471. 佛教画像，绢本彩绘，观音图案，长 100 厘米，宽 60 厘米，元代，来自于马可波罗。由苏联政府借展

2472. 建筑门楣，岩石，196 英寸 × 48 英寸，公元 6-7 世纪。由巴黎卢芹斋借展

2473. 石棺侧面，装饰有孝道故事，长 62 厘米，宽 234 厘米，公元 6 世纪早期，与 No.2381 是一对。由堪萨斯纳尔逊美术馆借展

2474. 鸭形灯，绿釉瓷器，高 7.6 厘米，唐代。由伦敦的奥斯卡·拉斐尔借展

2475. 罐，磨光黑陶，鱼和牡丹纹，高 25.4 厘米，可能为唐代。由伦敦的马戈特·霍姆斯小姐借展

2476. 象首杯，三彩陶器，斑纹釉，高 136 厘米，唐代。由大英博物馆（尤摩弗帕勒斯收藏）借展

2477. 瓶，粗陶器，长颈，卷叶纹，彩釉，高 21.5 厘米，唐代。由大英博物馆（尤摩弗帕勒斯收藏）借展

2478. 杯，陶器，龙纹，棕色釉，长 14.6 厘米，唐代。由贝奇沃思的 F. 席勒借展

2479. 烛台，五根"蜡烛"烛台，粗陶器，有开片纹的绿色釉，高 21 厘米，

唐代。由巴黎的罗森海姆夫人借展

2480. 浅碗，粗陶器，黄蓝釉，口径10.6厘米，唐代。由贝奇沃思的F.席勒借展

2481. 瓶，陶器，雕花绿釉，高19厘米，唐代。由维多利亚和阿尔伯特博物馆（尤摩弗帕勒斯的收藏）借展

2482. 鸭首杯，陶器，彩釉，长10.5厘米，唐代。由大英博物馆（尤摩弗帕勒斯收藏）借展

2483. 盖盒，陶器，棱边，釉上有蓝色斑点，口径7.8厘米，唐代。由伦敦的奥本海姆借展

2484. 双系小罐，陶器，棕色釉，高12.6厘米，唐代。由文多弗的艾伦·巴洛，C.B.，C.B.E.借展

2485. 执壶，陶器，黄色釉，棕色条纹，高15.2厘米，唐代。由伦敦的奥本海姆借展 2486. 罐，陶器，深蓝色釉，高12.5厘米，唐代。由维多利亚和阿尔伯特博物馆（G.尤摩弗帕勒斯收藏）借展

2486. 壶，陶器，黑色釉，短流双系，高12.5厘米，唐代。由维多利亚和阿尔伯特博物馆（G.尤摩弗帕勒斯收藏）借展

2487. 龟趺，碑状，蓝黄釉，高11.5厘米，唐代。由贝奇沃思的F.席勒借展

2488. 盘，红陶，白釉，黄绿色纹饰，萨迈拉发掘，长40厘米，唐代。由柏林德国国家博物馆借展

2489. 幡，在丝绸上用银丝绘制经咒，长199厘米，唐代。由巴黎卢浮宫（伯希和收藏）借展

2490. 佛教绘画，红色丝绸镶银，观音图案，长182.5厘米，唐代。由巴黎卢浮宫（伯希和收藏）借展

2491. 浮雕城楼，砂岩，72厘米×75厘米，唐代。由刚果东亚艺术博物馆借展

2492. 龙头，砂岩，高49.5厘米，汉或六朝。由堪萨斯纳尔逊美术馆借展

2493. 石狮，石灰岩，高99厘米，北齐。由宾夕法尼亚大学博物馆借展

2494. 浮雕石碑，黑色石灰岩，菩萨图案，高103.5厘米，北魏，公元536年。由柏林的冯·德·海特男爵借展

2495. 浮雕石碑，石灰岩，佛教图案，高196厘米，公元585年。由巴黎卢芹斋借展

2496. 浮雕石碑，石灰岩，法华经和佛像，高212.1厘米，公元575年。由宾夕法尼亚大学博物馆借展

2497. 石狮，高 116 厘米，唐代。由巴黎卢芹斋借展
2498. 菩萨立像，大理石，头失，来自于天龙山，（笔者注：来自于河北定州灵岩寺）高 179 厘米，唐代。由纽约的小约翰 D. 洛克菲勒借展

中华室

建筑室

2499. 宋徽宗款(在世时间1082-1135)树禽山石图,绢本设色,长151.2厘米,宽44.3厘米,时间不确定。由东京的根津嘉一郎借展

2500. 插屏,山水图案,高56厘米,时间大约为1800年,与No.2511是一对。由伦敦的E.A.帕里借展

2501. 鼓墩,雕红漆器,高44.5厘米,明代。由中国政府借展

2502. 插屏,高146厘米,公元17世纪。由萨里的S.D.文克沃斯借展

2503. 梅瓶,青花瓷,高62.3厘米,乾隆时期。由英国伦敦的渣甸爵士借展

2504. 花几,掐丝珐琅,与No.2507配套,高80厘米,宽61厘米,康熙时期。由伦敦的R.C.布鲁斯借展

2505. 插屏,天鹅绒,415厘米×190厘米,公元17-18世纪。由巴黎的朗韦尔夫人借展

2506. 盖瓶,青花瓷,高68.6厘米,乾隆时期。由英国伦敦的渣甸爵士借展

2507. 花几,掐丝珐琅,No.2504的伴件,高85厘米,宽71.3厘米,康熙时期。由伦敦的R.C.布鲁斯借展

2508. 祭坛组合,绿玉,由两个烛台、两个花瓶和一个香炉组成,烛台,高48厘米,瓶,高32厘米,香炉,高30.6厘米,乾隆时期。由伦敦的E.约瑟夫小姐借展

2509. 桌子,红色漆器,云龙纹,高85厘米,长125厘米,公元17世纪。由巴黎的L.米琼借展

2510. 圆盒,雕红漆器,口径35.5厘米,嘉靖款识,明代。由中国政府借展

2511. 插屏,山水图案,高56厘米,大约为公元1800年,与No.2500是一对。由伦敦的E.A.帕里借展

2512. 御用书桌,黄花梨木,刻有刘墉、翁方纲和其他人的字,高87.2厘米,宽89.5厘米,长219.2厘米,公元18世纪。毛笔,带笔架,长25厘米。笔架,白玉,雕有松树,高12.7厘米。

鱼形墨锭,乾隆款,长7.9厘米。

墨锭架子,白玉,长12.8厘米,公元18世纪。

印盒,白玉,八卦图案,高3.2厘米,公元18世纪。

三枚白玉印章，乾隆款，高 6.3 厘米，6.3 厘米，6.4 厘米。
墨石，烧制的泥土，放在一个镶玉的木箱里，长 14.7 厘米，宋代。
笔架，白玉，刻有五个小孩，长 12.8 厘米，公元 18 世纪。
瓜形容器，白玉，带有小玉勺，高 4.4 厘米，公元 18 世纪。
小圆盒，剔红漆器，口径 8.7 厘米，明代。
瓶，粗陶器，月白釉，莲花图案，哥窑小瓶，高 14.6 厘米，宋代。
两支毛笔，一个白玉笔架长 16.3 厘米，公元 18 世纪。
臂搁，黄杨木雕梅花图案，长 21.7 厘米，公元 18 世纪。
由中国政府借展

2513. 太师椅，黑漆，描金，高 85 厘米，公元 17 世纪。由萨里的 S.D. 文克沃斯借展

2514. 地毯，羊毛，482.7 厘米 ×355.8 厘米，公元 17-18。由萨里的 J.G. 丘顿中校借展

2515. 赵大年（活跃于大约 1080-1100）春景，绢本水墨，长 47 厘米，宽 76 厘米。由大英博物馆（尤摩弗帕勒斯收藏）借展

2516. 林椿（1174-1189）十全报喜图，绢本设色，高 173.1 厘米，宽 97.4 厘米，可能为明代。由中国政府借展

2517. 佚名宋人宋太祖肖像画（统治时期为 960-975），绢本设色，长 190.1 厘米，宽 169 厘米，可能为明代。由中国政府借展

2518. 阎次平（大约为 1163 年）四乐图，绢本设色，长 192.6 厘米，宽 97.2 厘米。由中国政府借展

2519. 花绸碎片，来自于楼兰，彩色图案，汉代。由印度政府借展（斯坦因收藏）。

2520. 花绸碎片，来自于楼兰，彩色图案，汉代。由印度政府借展（斯坦因收藏）。

2521. 花绸碎片，来自于楼兰，彩色图案，汉代。由印度政府借展（斯坦因收藏）。

2522. 花绸碎片，来自于楼兰，彩色图案，汉代。由印度政府借展（斯坦因收藏）。

2523. 花绸碎片，彩色的动物、缠枝纹，来自于楼兰，汉代。由印度政府借展（斯坦因收藏）。

2524. 花绸碎片，来自于楼兰，彩色图案，汉代。由印度政府借展（斯坦因

中华室

收藏）。

2525. 丝绸和刺绣的碎片，科兹洛夫在蒙古国的诺音乌拉山发现，汉代。由苏联政府借展

2526. 花绸碎片，来自于楼兰，彩色图案，汉代。由印度政府借展（斯坦因收藏）。

2527. 花绸碎片，来自于楼兰，彩色图案，汉代。由印度政府借展（斯坦因收藏）。

2528. 花绸碎片，彩色的动物、缠枝纹，来自于楼兰，汉代。由印度政府借展（斯坦因收藏）。

2529. 花绸碎片，来自于楼兰，彩色图案，汉代。由印度政府借展（斯坦因收藏）。

2530. 沈粲（15世纪）书应制诗（奉皇帝命令写的诗），款识为公元1420年，长121.4厘米，宽28.8厘米。由中国政府借展

2531. 关仝（10世纪）山水图，绢本水墨，长124.8厘米，宽50.5厘米。（可能是）。由神户的阿部房次郎借展

2532. 王蒙（去世于1385年）谷口春耕图，绢本设色，长124.9厘米，宽37.3厘米。由中国政府借展

2533. 历代画幅集册，绢本设色，马麟（1220年）花鸟，25厘米×23.5厘米。由中国政府借展

2534. 佚名宋人秋瓜图，纸本设色，长26.8厘米，宽45.5厘米，可能为元代。由中国政府借展

2535. 历代画幅集册，绢本设色，李成（10世纪晚期），瑶峰琪树图，24厘米×34厘米。由中国政府借展

2536. 历代画幅集册，绢本设色，惠崇（11世纪晚期）秋浦双鸳图，27.5厘米×24.5厘米。由中国政府借展

2537. 邢慈静（17世纪）观音大士像，蓝纸上用金色绘画，高55.2厘米，宽22.3厘米。由中国政府借展

2538. 历代画幅集册，纸本，周元素（12世纪）渊明逸致图，24.5厘米×23.5厘米。由中国政府借展

2539. 佚名宋人上林瑞雪图，绢本设色，长41厘米。由中国政府借展

2540. 刁光胤彩绘册页（10世纪），34厘米×35.5厘米，画家签名。由中国政府借展

2541. 朱叔重（大约14世纪）春塘柳色图，纸本设色，长41.3厘米。由中国政府借展
2542. 佚名宋人书杜甫丽人行诗，绢本设色，长40厘米，宽41.1厘米，可能明代仿唐画。由中国政府借展
2543. 刁光胤彩绘册页（10世纪）35厘米×35厘米，画家签名。由中国政府借展
2544. 马和之（大约为1130-1180）柳溪春舫图，绢本设色，长36.9厘米，宽51.5厘米，可能为公元15世纪。由中国政府借展

南面大房间

公元 18 世纪和其他时期

2545. 高其佩（1734 年）庐山瀑布，绢本设色，长 93.4 厘米，宽 50 厘米。由中国政府借展

2546. 群山宝塔，皂石，有题诗，高 41.2 厘米，长 69.5 厘米，公元 18 世纪晚期。由伦敦的赫伯特·休斯－斯坦顿借展

2547. 地毯，丝绸，350.7 厘米 ×83 厘米，大约为公元 1800 年。由伦敦的维多利亚和阿尔伯特博物馆借展

2548. 瓶，瓷器，蓝色开片纹釉，高 47 厘米，公元 18 世纪。由萨里的 S.D. 文克沃斯借展

2549. 瓶，瓷器，淡青釉，高 20.2 厘米，乾隆款识。由中国政府借展

2550. 长颈瓶，瓷器，黑釉，高 32.7 厘米，清代。由伦敦的克劳德·贝丁顿上校借展

2551. 花觚，瓷器，仿青铜器，茶叶末釉，高 20.7 厘米，乾隆款识。由中国政府借展

2552. 胆瓶，瓷器，鳝鱼黄釉，高 27.5 厘米，乾隆款识。由中国政府借展

2553. 贯耳壶，瓷器，油绿釉，高 15 厘米，可能为明代。由贝奇沃思的 F. 席勒借展

2554. 瓶，瓷器，茶叶末釉，高 27.5 厘米，乾隆款识。由中国政府借展

2555. 双耳尊，瓷器，炉钧釉，灯笼形状，高 23.3 厘米，乾隆款识。由中国政府借展

2556. 花口瓶，瓷器，顶部为莲花造型，双环系，茶叶末釉，高 35 厘米，乾隆款识。由大英博物馆（尤摩弗帕勒斯收藏）借展

2557. 小花插，瓷器，炉钧釉，三孔，高 7 厘米，雍正款识。由中国政府借展

2558. 梅瓶，瓷器，炉钧釉，高 21.9 厘米，雍正款识。由中国政府借展

2559. 橄榄瓶，瓷器，绿色开片纹，绿釉，高 35.5 厘米，公元 18 世纪。由英国伦敦的渣甸爵士借展

2560. 温壶，瓷器，高 24.4 厘米，永乐红款。由中国政府借展

2561. 瓶，瓷器，绿釉，高 26.6 厘米，隆庆款识，明代。由布罗德斯泰斯的 F. 哈瓦特·佩吉特借展

2562. 瓶，瓷器，珊瑚红釉，高 45 厘米，康熙款识。由巴黎的莫里斯·索尔维夫人借展

2563. 罐，瓷器，绿釉缠枝花纹，高 27.9 厘米，大约为公元 1500 年。由维多利亚和阿尔伯特博物馆（尤摩弗帕勒斯的收藏）借展

2564. 瓶，瓷器，仿汝天青釉，高 23.7 厘米，青花雍正款识，据说是宋汝窑的一件复烧品，参见 No.955。由中国政府借展

2565. 瓶，瓷器，瓶身呈莲花状，浅蓝色釉，高 18.5 厘米，乾隆款识。由中国政府借展

2566. 觚，瓷器，青铜造型，青绿釉，仿汝窑，高 27.4 厘米，雍正款识。由伦敦的斐希瓦尔·大维德借展

2567. 瓶，瓷器板沿口，浅蓝色灰色釉，高 20.6 厘米，乾隆款识。由中国政府借展

2568. 尊，瓷器，天青釉，高 18.9 厘米，青花雍正款识，也有说是宋代官窑。由中国政府借展

2569. 弥勒佛，白瓷，德化窑，高 15.5 厘米，公元 17 世纪。由伦敦的斐希瓦尔·大维德借展

2570. 笔洗，白瓷，荷叶形，两只青蛙装饰，宽 10.8 厘米，康熙时期。由霍夫的军官 A.T. 韦勒借展

2571. 胭脂壶，瓷器，盖上装饰有龙纹，德化窑，高 4.5 厘米，公元 17 世纪。由伦敦的斐希瓦尔·大维德借展

2572. 观音，白瓷，德化窑，高 43.8 厘米，万历款识，明代。由伦敦的理查德·德·拉马雷借展

2573. 水壶，白瓷，荷叶造型，德化窑，长 11 厘米，康熙时期。由伦敦的斐希瓦尔·大维德借展

2574. 和合二仙，瓷器，乳白色釉，德化窑，高 10 厘米，公元 17 世纪，"何朝宗"款识。由大英博物馆（尤摩弗帕勒斯收藏）借展

2575. 印章，白瓷，顶部两只獾的造型，德化窑，高 5.3 厘米，明代。由中国政府借展

2576. 瓶，软质瓷，乳白色釉，龙纹，高 13.5 厘米，公元 18 世纪早期。由伦敦的斐希瓦尔·大维德借展

2577. 三足香炉，瓷器，乳白色釉，德化窑，口径 13.5 厘米，"大明成化年制"六字楷款明代。由伦敦的斐希瓦尔·大维德借展

2578. 小茶壶，白瓷，景德镇瓷器，高 7 厘米，明代。由大英博物馆（尤摩弗帕勒斯收藏）借展

2579. 带盖茶碗，薄胎瓷，高 8 厘米，康熙时期。由大英博物馆（尤摩弗帕勒斯收藏）借展

2580. 盘，瓷器，乳白色釉下刻有凤凰纹，德化窑，口径 28 厘米，晚明时期。由斯德哥尔摩的 C. 坎普借展

2581. 盖盒，瓷器，青白釉，影青风格，口径 9.2 厘米，乾隆款识。由斯德哥尔摩的 C. 坎普借展

2582. 花口碗，瓷器，开片纹，青白釉，口径 14 厘米，明代。由斯德哥尔摩的 J. 海勒纳借展

2583. 执壶，瓷器，奶白釉，德化瓷，高 11 厘米，公元 17 世纪。由伦敦的斐希瓦尔·大维德借展

2584. 贯耳壶，瓷器，仿哥窑风格，浅青釉色、灰色开片纹，高 27.9 厘米，雍正款识。由中国政府借展

2585. 砚山，瓷器，三座小山的形状，仿哥窑风格，冰裂纹浅青釉色，高 16.7 厘米，乾隆时期。由中国政府借展

2586. 笔洗，瓷器，灵芝形状，仿宋官窑，粉青色釉，宽 11.6 厘米，雍正时期。由中国政府借展

2587. 三羊尊，瓷器，仿宋官窑风格的月白色釉，高 35 厘米，雍正款识。由中国政府借展

2588. 贯耳小方壶，瓷器，仿宋官窑风格的浅粉青色釉，高 13 厘米，乾隆款识。由中国政府借展

2589. 温壶，瓷器，仿哥窑风格，浅青色开片纹釉，高 27.7 厘米，雍正款识。由中国政府借展

2590. 长颈瓶，瓷器，青瓷釉下有雕龙和和灵芝图案，高 24.2 厘米，康熙时期。由伦敦的 M.W. 埃尔芬斯通借展

2591. 罐，瓷器，肩部饰兽系，青釉花卉纹，高 11.3 厘米，乾隆款识。由霍夫的军官 A.T. 韦勒借展

2592. 瓶，瓷器，灰绿色青釉，莲纹，高 27.8 厘米，乾隆款识。由中国政府借展

2593. 贯耳方壶，瓷器，浅青色釉，高 12.5 厘米，乾隆款识。由中国政府借展

2594. 壶，瓷器，兽环系，仿南宋官窑，浅青色釉，高 20.2 厘米，雍正款识。

由中国政府借展

2595. 朱砂盖盒，瓷器，乳白色釉，德化窑，径6.5厘米，公元17世纪。由伦敦的斐希瓦尔·大维德借展

2596. 菩提达摩，白瓷，德化窑，公元17世纪。由伦敦的斐希瓦尔·大维德借展

2597. 杯，瓷器，木兰花造型，乳白色釉，德化窑，高12.6厘米，雍正时期。由伦敦的马库斯·伊泽基尔借展

2598. 笔架和水注，瓷器，李白读书造型，黄釉，高6.8厘米，公元18世纪。由伦敦的W.J.霍尔特小姐借展

2599. 佛坐像，白瓷，暖白釉，德化窑，高31.5厘米，公元17世纪。由伦敦的斐希瓦尔·大维德借展

2600. 弹琴女，瓷器，乳白釉，德化窑，高5厘米，公元17世纪。由伦敦的斐希瓦尔·大维德借展

2601. 祭酒杯，瓷器，花形，乳白釉，德化窑，高5厘米，公元17世纪。由伦敦的斐希瓦尔·大维德借展

2602. 瓶，瓷器，颈部贴龙纹，乳白釉，德化窑，高25.5厘米，公元17世纪。由伦敦的斐希瓦尔·大维德借展

2603. 小瓶，乳白釉，龙纹和灵芝纹，镶铜口，高11.5厘米，明代。由中国政府借展

2604. 碗，半脱胎瓷器，甜白釉，葵瓣口，划刻八宝莲花纹，口径20.2厘米，康熙款识。由中国政府借展

2605. 盘，瓷器，乳白釉，龙凤纹，口径13.3厘米，可能为公元17世纪。由斯德哥尔摩的C.坎普借展

2606. 墨台，瓷器，蕉叶纹，乳白釉，长8.5厘米，康熙时期。由伦敦的斐希瓦尔·大维德借展

2607. 笔筒，白瓷，浮雕装饰，高13.6厘米，乾隆时期标志。由霍夫的军官A.T.韦勒借展

2608. 套杯五件，瓷器，牙白釉，划花饕餮纹，仿鼎造型，口径分别为7厘米，7.3厘米，8厘米，8.4厘米，9厘米，彭窑，元代。由中国政府借展

2609. 扁方壶，瓷器，仿定白釉，划花饕餮百寿纹，高20.3厘米，底有"大清乾隆年制"六字暗款，清代。由中国政府借展

2610. 小瓶，瓷器，撇口，划花牡丹纹，牙白釉，临川窑，高12.5厘米，元代。

由中国政府借展

2611. 瓶，瓷器，鹿耳，淡蓝釉，高 27 厘米，乾隆款识。由萨里的 S.D. 文克沃斯借展

2612. 羊耳瓶，瓷器，灰绿釉，官窑风格，高 32.9 厘米，刻有乾隆款识。由中国政府借展

2613. 龙耳瓶，瓷器，仿青铜器风格，淡蓝釉，高 27 厘米，乾隆款识。由中国政府借展

2614. 瓶，瓷器，珊瑚红釉，高 43.5 厘米，公元 18 世纪早期。由日内瓦的 A. 鲍尔借展

2615. 瓶，瓷器红釉，高 46 厘米，乾隆时期。由萨里的 S.D. 文克沃斯借展

2616. 僧帽壶，瓷器，宝石红釉，高 11.8 厘米，底有"大清乾隆年制"六字篆款，清代。由中国政府借展

2617. 笔筒，瓷器，镂空龙凤纹，牙白釉开片纹，铜镀金镶口，高 12.2 厘米，临川窑，元或明代。由中国政府借展

2618. 盘，瓷器，凤凰纹，蓝釉，口径 38 厘米。由布罗德斯泰斯的 F. 霍华德·佩吉特借展

2619. 胆瓶，瓷器，祭红色釉，高 20 厘米，雍正款识。由中国政府借展

2620. 葫芦瓶，瓷器，佛教图案，绿松石釉，高 22.2 厘米，嘉靖时期，明代由阿尔弗雷德·克拉克夫妇借展

2621. 碗，瓷器，绿松石釉，口径 14 厘米，明代。由伦敦的 H.J. 奥本海姆借展

2622. 小瓶，瓷器，绿松石釉，高 11.1 厘米，康熙时期。由伦敦的 A.L. 赫瑟林顿借展

2623. 观音，瓷器，彩釉，高 43.1 厘米，可能为公元 17 世纪。由伦敦的罗克斯堡公爵夫人借展

2624. 高足杯，瓷器，多层装饰，青绿色的釉，高 11.6 厘米，嘉靖款识，明代。由霍夫的军官 A.T. 韦勒借展

2625. 觚，瓷器，孔雀绿釉，划刻芭蕉夔龙雷纹，高 30.1 厘米，明嘉靖或清康熙时期。由中国政府借展

2626. 碗，瓷器，紫釉，口径 12.5 厘米，康熙款识，与 NO.2632 是一对。由伦敦的 M.W. 埃尔芬斯通借展

2627. 茶壶，瓷器，桃树图案，黄釉，高 10 厘米，公元 18 世纪。由伦敦的

M.W. 埃尔芬斯通借展

2628 碟，瓷器，划刻缠枝莲八宝纹饰，吹绿釉色，口径14.6厘米，雍正款识。由中国政府借展

2629. 瓶，瓷器，深紫蓝釉，高12厘米，乾隆款识。由大英博物馆（尤摩弗帕勒斯收藏）借展

2630. 盖盒，瓷器，青绿釉，龙纹，口径13.2厘米，公元18世纪。由大英博物馆（尤摩弗帕勒斯收藏）借展

2631. 碗，瓷器，钟形，深蓝色釉，口径11.5厘米，嘉靖款识，明代。由大英博物馆（尤摩弗帕勒斯收藏）借展

2632. 碗，瓷器，紫釉，口径12.5厘米，康熙款识，与No.2626是一对。由伦敦的M.W.埃尔芬斯通借展

2633. 青瓷瓶，瓷器，梅花图案，绿釉，高19.1厘米，成化时期款识，明代。由爱丁堡的苏格兰皇家博物馆借展

2634. 瓶，瓷器，云龙纹，蓝釉，高28.5厘米，嘉靖时期，明代。由伦敦的H.J.奥本海姆借展

2635. 碗，瓷器，在蓝釉下刻龙图案，口径20.9厘米，嘉靖款识。由伦敦的尤斯塔斯B.霍尔借展

2636. 刺绣，62.5厘米×62.5厘米，73.5厘米×62厘米，公元18世纪。由伦敦的琼·埃文斯借展

2637. 文昌帝君像（执掌文运的神仙），长袍，彩色釉，高76.2厘米，公元16世纪。由伦敦的安东尼·德·罗斯柴尔德借展

2638. 地毯，真丝，563厘米×120厘米，秦朝。匿名借展

2639. 御用靠垫，丝绸刺绣，134.7厘米×106.7厘米，公元18世纪。由伦敦的斐希瓦尔·叶慈，O.B.E借展

2640. 缂丝长袍，蓝色和金色纹饰，公元18世纪。由伦敦的LIBERTYANDCO., LTD借展

2641. 缂丝帷幔，红、黄、金和蓝色，96.5厘米×82.6厘米，公元18世纪。由伦敦的斐希瓦尔·叶慈，O.B.E借展

2642. 缂丝，皇袍，蓝色和白色，公元17–18世纪。由伦敦的斐希瓦尔·叶慈，O.B.E借展

2643. 织锦帷幔，黄、蓝色、绿和金色，88.9厘米×81.3厘米，公元17或18世纪。由伦敦的斐希瓦尔·叶慈，O.B.E借展

2644. 缂丝挂毯，云龙纹，136厘米×98厘米，公元18世纪。由伦敦的斐希瓦尔·叶慈，O.B.E借展

2645. 缂丝皇袍，黄、金、蓝、红、紫和绿色，公元18世纪。由伦敦的斐希瓦尔·叶慈，O.B.E借展

2646. 两条棕色和黄色的锦缎，有接缝，146.2厘米×139.8厘米，公元18世纪。由伦敦的斐希瓦尔·叶慈，O.B.E借展

2647. 皇袍，刺绣，公元18世纪。由纽约的大都会艺术博物馆借展

2648. 盒，棕色漆器，龙纹，红、黑色和金色，宽83.8厘米，明代晚期。由爱丁堡的苏格兰皇家博物馆借展

2649. 御用靠垫，刺绣，134.7厘米×104.1厘米，公元18世纪。由伦敦的斐希瓦尔·叶慈，O.B.E借展

2650. 皇袍，深蓝色，公元18世纪。由邓弗姆林的额尔金伯爵与金卡丁伯爵借展

2651. 织锦帷幔，红、蓝和绿色，83.7厘米×81.3厘米，公元18世纪。由伦敦的斐希瓦尔·叶慈，O.B.E借展

2652. 戏袍，刺绣，公元18世纪。由纽约大都会艺术博物馆。

2653. 缂丝帷幔，金、蓝和绿色，97.8厘米×78.7厘米，公元17–18世纪。由伦敦的斐希瓦尔·叶慈，O.B.E借展

2654. 织锦帷幔，蓝、红色、金和绿色，94厘米×83.7厘米，公元17或18世纪。由伦敦的斐希瓦尔·叶慈，O.B.E借展

2655. 缂丝长袍，金色和棕色，乾隆时期。由巴黎装饰艺术博物馆借展

2656. 缂丝皇袍，公元18世纪。由伦敦的LIBERTYANDCO.，LTD借展

2657. 缂丝帷幔，蓝、金和红色，99厘米×91.4厘米，公元17或18世纪。由伦敦的斐希瓦尔·叶慈，O.B.E借展

2658. 织锦面板，蓝、红、金色和绿色，95.5厘米×83.7厘米，公元18世纪。由伦敦的斐希瓦尔·叶慈，O.B.E借展

2659. 外套，丝绣织锦，来自于果亲王墓（康熙皇帝的第17个儿子），公元7世纪晚期公元18世纪早期。由堪萨斯纳尔逊美术馆借展

2660. 靠垫套，刺绣，蓝、绿和红色，粉地，165.2厘米×91.4厘米，公元18世纪。由伦敦的斐希瓦尔·叶慈，O.B.E借展

2661. 镶板，刺绣，68.6厘米×78.7厘米，公元18世纪与No.2663是一对。由伦敦的琼·埃文斯小姐借展

2662. 瓶，瓷器，鸟和牡丹纹，蓝地，高 68 厘米，公元 18 世纪。由萨里的 S.D. 文克沃斯借展

2663. 镶板，刺绣，68.6 厘米×68.6 厘米，公元 18 世纪，与 No.2661 是一对。由伦敦的琼·埃文斯小姐借展

2664. 瓶，瓷器，桃花釉，高 15.8 厘米，康熙时期。由伦敦的尤斯塔斯 EustaceB. 霍尔借展

2665. 一对扁水壶，瓷器，桃花釉，点缀着绿色，高 11.4 厘米，康熙时期。由伦敦的沃德夫人借展

2666. 瓶，瓷器，桃花釉，高 21 厘米，康熙时期，来自于北京皇家收藏。由伦敦的斐希瓦尔·大维德借展

2667. 细长的瓶子，瓷器，桃花釉，高 15 厘米，康熙款识。由伦敦的沃德夫人借展

2668. 一对尊，瓷器，缸豆红釉，高 20 厘米，康熙款识。由中国政府借展

2669. 一对扁水壶，瓷器，桃花釉，长 11.5 厘米，康熙款识。由伦敦的弗兰克·帕特里奇父子公司借展

2670. 盘，瓷器，花纹，粉蓝色和釉里红，口径 36 厘米，康熙时期。由荷兰宰斯特罗伯特·梅借展

2671. 盘，瓷器，人物，粉蓝色和釉里红，口径 27 厘米，康熙时期。由荷兰宰斯特罗伯特·梅借展

2672. 水盂（太白尊），瓷器，龙纹，桃花釉，高 12.1 厘米，康熙时期。由伦敦的沃德夫人借展

2673. 盘，瓷器，龙纹，粉蓝色和釉里红，口径 27 厘米，康熙时期。由荷兰宰斯特罗伯特·梅借展

2674. 细长的瓶子，瓷器，桃花釉，高 16 厘米，康熙款识。由伦敦的沃德夫人借展

2674A. 细长的瓶子，瓷器，桃花釉，高 16 厘米，康熙款识。由伦敦的弗兰克·帕特里奇父子公司借展

2675. 一对胭脂壶，瓷器，桃花釉，高 3.9 厘米，康熙时期。由伦敦的弗兰克·帕特里奇父子公司借展

2676. 盘，瓷器，粉蓝色和红里红的人物纹饰，口径 33 厘米，康熙款识。由荷兰宰斯特罗伯特·梅借展

2677. 杯，瓷器，桃花釉，口径 9.8 厘米，宣德款识，但是为清代。由伦敦

的斐希瓦尔·大维德借展

2678. 永瑢（乾隆皇帝的第六个儿子，公元18世纪）山水，纸本设色，长131.1厘米，宽64厘米。由中国政府借展

2679. 一对觚，瓷器，青花釉下刻雕仿古青铜造型，高20.2厘米，乾隆时期。由伦敦的M.W.埃尔芬斯通借展

2680. 瓶，青瓷，釉下刻有牡丹图案，高14.5厘米，康熙时期。由伦敦的尤斯塔斯·B.霍尔借展

2681. 觚，瓷器，浅青蓝釉，高21.7厘米，乾隆款识。由伦敦的斐希瓦尔·大维德借展

2682. 水壶，青瓷，釉下雕刻纹饰，高7.8厘米，康熙时期。由伦敦的斐希瓦尔·大维德借展

2683. 瓶，瓷器，龙纹，高17.1厘米，公元18世纪早期。由伦敦的M.W.埃尔芬斯通借展

2684. 瓶，瓷器，浅青绿色珐琅，高15厘米，雍正款识。由伦敦的M.W.埃尔芬斯通借展

2685. 一对酒杯和碟，瓷器，浮雕龙纹，黄釉，杯高3.8厘米，碟口径13厘米，康熙款识。由伦敦的斐希瓦尔·大维德借展

686. 爵杯，瓷器，三足，黄釉瓷器，高13厘米，康熙时期。由伦敦的斐希瓦尔·大维德借展

2687. 瓶，瓷器，淡粉色珐琅，高14.8厘米，雍正款识。由伦敦的M.W.埃尔芬斯通借展

2688. 瓶，瓷器，淡紫色釉，高18厘米，公元18世纪。由伦敦的M.W.埃尔芬斯通借展

2689. 一对觚，瓷器，仿青铜器，高18.3厘米，康熙款识。由霍夫的军官A.T.韦勒借展

2690. 蒜头瓶，瓷器，三个奖章纹，淡紫色釉，高15厘米，乾隆款识。由霍夫的军官A.T.韦勒借展

2691. 双连瓶，瓷器，粉青釉，高12.5厘米，雍正款识。由中国政府借展

2692. 水盂，瓷器，淡蓝色釉，口径11.5厘米，康熙款识。L由伦敦的M.W.埃尔芬斯通借展

2693. 胆瓶，瓷器，鸟纹，淡紫色釉，高15厘米，雍正时期。由萨里的S.D.文克沃斯借展

2694. 胆瓶，瓷器，青绿釉，高 19.4 厘米，公元 18 世纪早期。由伦敦的 M.W. 埃尔芬斯通借展

2695. 一对平底水壶，瓷器，淡紫色釉，长 11.5 厘米，康熙时期。由伦敦的弗兰克·帕特里奇父子公司借展

2696. 圆盒，瓷器，淡蓝色釉，口径 12.7 厘米，雍正款识。由伦敦的 .M.W. 埃尔芬斯通阁下借展

2697. 一对小酒杯，瓷器，珐琅彩，鹨鸡秋光纹，高 3 厘米，蓝料雍正款识。由中国政府借展

2698. 瓶，瓷器，粉彩，高 12.5 厘米，乾隆时期。由伦敦的斐希瓦尔·大维德借展

2699. 碟，瓷器，淡青釉，口径 17.1 厘米，雍正款识。由霍夫的军官 A.T. 韦勒借展

2700. 一对高足杯，瓷器，孔雀蓝釉仿古青铜图案，高 28 厘米，公元 18 世纪早期。由伦敦的 M.W. 埃尔芬斯通借展

2701. 一对方碟，瓷器，绿釉下刻龙纹，宽 13 厘米，康熙款识。由伦敦的 M.W. 埃尔芬斯通借展

2702. 盖盒，瓷器，绿松石釉下刻图案，口径 9 厘米，康熙时期。由贝奇沃思的 F. 席勒借展

2703. 瓶，瓷器，厚重的黑釉和镀金莲花图案，高 24.7 厘米，康熙时期。由伦敦的斐希瓦尔·大维德借展

2704. 钱维城（18 世纪）春花三种，纸本设色，长 187.1 厘米，宽 63.4 厘米。由中国政府借展

2705. 渣斗，瓷器，有光泽的珊瑚红釉，高 10 厘米，正德时期，明代。由巴黎的莫里斯·索尔维夫人借展

2706. 碗，瓷器，外部为珊瑚红色珐琅，口径 21.5 厘米，公元 18 世纪早期。由巴黎的莫里斯·索尔维夫人借展

2707. 笔洗，瓷器，蝙蝠纹，珊瑚红色珐琅，宽 16 厘米，乾隆时期。由伦敦的斐希瓦尔·大维德借展

2708. 罐，瓷器，黄釉下刻有凤凰纹饰，高 15.6 厘米，嘉靖时期，明代。由伦敦的斐希瓦尔·大维德借展

2709. 笔洗，瓷器，盆形，黄釉，口径 12 厘米，公元 16 世纪。由巴黎的莫里斯·索尔维夫人借展

2710. 高足碗，瓷器，绿黄釉，口径9.5厘米，"大明成化年制"六字楷款明代。由巴黎的莫里斯·索尔维夫人借展

2711. 盘，瓷器，黄釉，口径20厘米，成化时期，明代。由伦敦的斐希瓦尔·大维德借展

2712. 水盂，瓷器，黄釉下刻有奖章纹，口径12.5厘米，康熙款识。由伦敦的斐希瓦尔·大维德借展

2713. 高足杯，瓷器，在黄釉下面刻有佛教纹饰，高13厘米，雍正款识。由伦敦的A.切斯特·贝蒂夫妇借展

2714. 瓶，瓷器，头部洋葱形状，珊瑚红釉，高20厘米，公元18世纪。由伦敦的斐希瓦尔·大维德借展

2715. 瓶，瓷器，珊瑚红釉，高17厘米，康熙时期。由伦敦的斐希瓦尔·大维德借展

2716. 一对水壶，瓷器，蛋形，珊瑚红釉，高6.5厘米，乾隆时期。由巴黎的莫里斯·索尔维夫人借展

2717. 帽僧壶，瓷器，珊瑚红珐琅，高18.5英寸，公元18世纪。由巴黎的莫里斯·索尔维夫人借展

2718. 瓶，瓷器，有光泽的珊瑚红釉，高20厘米，公元18世纪早期。由巴黎的莫里斯·索尔维夫人借展

2719. 瓶，瓷器，有光泽的珊瑚红釉，高13.5厘米，康熙时期。由巴黎的莫里斯·索尔维夫人借展

2720. 一对碗，瓷器，黄釉，口径18厘米，嘉靖或万历时期，明代。由伦敦的斐希瓦尔·大维德借展

2721. 一对盘，瓷器，黄釉花纹，康熙款识。由伦敦的斐希瓦尔·大维德借展

2722. 带盖瓶，瓷器，黄釉，高25厘米，康熙时期。由伦敦的斐希瓦尔·大维德借展

2723. 一对杯子，瓷器，牙白釉，划刻暗花纹，高4厘米，彭窑，元代或明代。由中国政府借展

2724. 弦纹壶，瓷器，仿定莹白釉，划刻云蝠纹，30.5厘米，乾隆时期。由中国政府借展

2725. 瓶，瓷器，珊瑚红釉，颈部塑蟠龙纹，高31厘米，青花雍正款识。由中国政府借展

2726. 觚，瓷器，青铜器形制，仿定莹白划刻技法，蕉叶雷文纹，24.8厘米，

刻有乾隆暗款。由中国政府借展

2727. 丁观鹏(18世纪)摹宋人渔乐图，纸本设色，高30.4厘米，宽30.6厘米，公元1747年。由中国政府借展

2728. 地毯，羊毛，238.9厘米×167.8厘米，明代。由布鲁特和其儿子借展

2729. 瓶，蓝色玻璃，高37.5厘米，明代。由大英博物馆（尤摩弗帕勒斯收藏）借展

2730. 钵，白色玻璃，金色缠枝纹，口径24.8厘米，宋代。由哥特堡的工艺美术博物馆借展

2731. 瓶，白色玻璃，高13.3厘米，雍正时期。由霍夫的军官A.T.韦勒借展

2732. 碗，琥珀色雕刻玻璃，口径20.3厘米，乾隆时期。由萨里的S.D.文克沃斯借展

2733. 双耳杯，紫晶玻璃，高6.2厘米，宽13.5厘米，乾隆时期。由伦敦的H.R.B.艾贝借展

2734. 小罐，玻璃，绿色，高12.8厘米，秦朝。由伦敦的H.R.B.艾贝借展

2735. 瓶，蓝色玻璃，高22.3厘米，雍正款识。由伦敦的H.R.B.艾贝借展

2736. 小盂，玻璃，红色，口径12.5厘米，清代。由霍夫的军官A.T.韦勒借展

2737. 碟，黄色玻璃，口径30厘米，乾隆时期，与No.2765是一对。由萨里的S.D.文克沃斯借展

2738. 浅碗，蓝色玻璃，口径24.5厘米，宋代。由大英博物馆（尤摩弗帕勒斯收藏）借展

2739. 凤尾瓶，玻璃，高36.2厘米，公元17世纪。由大英博物馆（尤摩弗帕勒斯收藏）借展

2740. 碟，蓝色玻璃，宽23.5厘米，宋代。由海牙市立博物馆借展

2741. 三足香炉，蓝色玻璃，高68厘米，口径11.2厘米，乾隆款识。由伦敦的H.R.B.艾贝借展

2742. 壶，黄色玻璃，高5.5厘米，口径6.8厘米，乾隆时期。由霍夫的军官A.T.韦勒借展

2743. 香炉和两个烛台，玻璃，祭坛的一部分，香炉，高21.6厘米，烛，高24.5厘米和24.7厘米，乾隆时期。由伦敦的H.R.B.艾贝借展

2744. 蛋形器物，玻璃，长6.2厘米，乾隆时期。由霍夫的军官A.T.韦勒借展

2745. 匜杯，黄色玻璃，高7.7厘米，长13.2厘米，乾隆时期。由霍夫的军

官 A.T. 韦勒借展

2746. 瓶，蓝色玻璃，瓶身有开片纹，高 30.3 厘米，乾隆时期。由霍夫的军官 A.T. 韦勒借展

2747. 盂，红色玻璃，口径 12 厘米，乾隆时期。由霍夫的军官 A.T. 韦勒借展

2748. 带盖水盂，黄色玻璃，口径 17.6 厘米，公元 18 世纪。由伦敦的 H.R.B. 艾贝借展

2749. 香炉，红色玻璃，高 6.8 厘米，乾隆款识。由伦敦的 H.R.B. 艾贝借展

2750. 瓶，红色玻璃，高 23.2 厘米，乾隆时期。由霍夫的军官 A.T. 韦勒借展

2751. 瓶，青色玻璃，高 22.4 厘米，乾隆时期。由霍夫的军官 A.T. 韦勒借展

2752. 瓶，玻璃，高 14.3 厘米，乾隆时期。由霍夫的军官 A.T. 韦勒借展

2753. 瓶，黄色玻璃，高 16.4 厘米，乾隆时期。由霍夫的军官 A.T. 韦勒借展

2754. 碗，浅绿色玻璃，口径 14.5 厘米，乾隆时期。由霍夫的军官 A.T. 韦勒借展

2755. 瓶，不透明的绿色玻璃，高 20.2 厘米，乾隆款识。由伦敦的 H.R.B. 艾贝借展

2756. 盖盒，琥珀色玻璃，高 8 厘米，口径 13.4 厘米，乾隆款识。由萨里的 S.D. 文克沃斯借展

2757. 瓶，玻璃，红色，高 35 厘米，乾隆时期。由伦敦的 H.R.B. 艾贝借展

2758. 瓶，仿大理石状玻璃，高 16.1 厘米，乾隆时期。由萨里的 S.D. 文克沃斯借展

2759. 瓶，蓝色玻璃，桃纹，高 32.8 厘米，明代。由大英博物馆（尤摩弗帕勒斯收藏）借展

2759A. 瓶，玻璃，螺旋纹，高 27 厘米，明代。由大英博物馆（尤摩弗帕勒斯收藏）借展

2759B. 观音，玻璃，高 15 厘米，明代。由大英博物馆（尤摩弗帕勒斯收藏）借展

2759C. 碗，玻璃，刻有图案，口径 27 厘米，明代。由大英博物馆（尤摩弗帕勒斯收藏）借展

2760. 碗，红紫色玻璃，有凹凸纹，高 5.5 厘米，口径 10.4 厘米，明代。由大英博物馆（尤摩弗帕勒斯收藏）借展

2761. 碗，黄色玻璃，长 21 厘米，乾隆时期。由伦敦的 H.R.B. 艾贝借展

2762. 瓶，淡蓝色玻璃，高 20.1 厘米，乾隆款识。由伦敦的 H.R.B. 艾贝借展

2763. 圣瓶，玫瑰色玻璃，高 20 厘米，乾隆时期。由萨里的 S.D. 文克沃斯借展

2764. 瓶，黄色玻璃，高 25.2 厘米，乾隆时期。由霍夫的军官 A.T. 韦勒借展

2765. 碟，黄色玻璃，与 No.2737 配对，口径 30 厘米，乾隆时期。由萨里的 S.D. 文克沃斯借展

2766. 盖罐，绿色珐琅，高 38 厘米，公元 18 世纪。由伦敦的赫伯特·休斯－斯坦顿借展

2767. 徐扬（18 世纪）雨景山水，纸本设色，长 29 厘米，宽 36.7 厘米。由中国政府借展

2768. 瓶，有凹凸纹，两边各有一只凤凰，白玉，高 25 厘米，明代。由伦敦的 J.N. 科利借展

2769. 屏风底座，灰玉，长 15.7 厘米，明代。由中国政府借展

2770. 插屏，灰玉，高 33 厘米，宽 25.4 厘米，公元 18 世纪。由伦敦的 R.C. 布鲁斯借展

2771. 瓶，玉，篮子造型，高 7.5 厘米，宋代。由贝奇沃思的 F. 席勒借展

2772. 神马，棕白色玉，高 14.6 厘米，长 20 厘米，明代。由伦敦的 MAJOR-GENERAL 借展

2773. 山水人物玉山子，白玉，高 27 厘米，乾隆时期。由英国伦敦的渣甸爵士借展

2774. 圭，旧玉，长 12.1 厘米，汉代或更早，带木匣，盒盖刻有龙纹和"庇丰式古"四字。由中国政府借展

2775. 璜，旧玉，长 17.8 厘米，宽 6 厘米，配有木架，刻有乾隆御题。由中国政府借展

2776. 旧玉素璧，璧上有乾隆御题，带木架座，口径 I3.8 厘米，汉代。由中国政府借展

2777. 三件玉器：玉璧、玉环、玉瑗。璧，口径 4.8 厘米；环，口径 4.5 厘米；瑗，口径 4.6 厘米。汉代，装在一个圆形盒子里，盒盖上有一个玉环，内附三册嘉靖御书册页，盒底有"朴崖鉴赏"四字楷款。由中国政府借展

2778. 旧玉瑂，玉，带雕红漆盒，口径 5.3 厘米，汉代或更早。由中国政府借展

2779. 旧玉戚，玉，长 23.2 厘米，宽 14 厘米，宋代。由中国政府借展

2780. 旧玉珑，长 21 厘米，唐代，带木座，座上刻乾隆御题。由中国政府借展

2781. 旧玉鹅，高 4.1 厘米，5.6 厘米，宋代。由中国政府借展

2782. 象，灰玉，高 14.5 厘米，长 22 厘米，公元 18 世纪。由伦敦的奥斯卡·拉斐尔借展

2783. 蟾蜍，深绿色玉，高 4.6 厘米，口径 20 厘米，公元 18 世纪。由巴黎的吉美博物馆借展

2784. 璧，玉器，浮雕龙纹，口径 20 厘米，公元 18 世纪。由伦敦的 R.C. 布鲁斯借展

2785. 山水人物玉山子，绿玉，高 21 厘米，清代。由伦敦的 H.B. 艾奥尼迪斯小姐借展

2786. 书，翠绿的书页，带石板箱，长 24.2 厘米，宽 9 厘米，乾隆时期。由伦敦的 A. 切斯特·贝蒂夫妇借展

2787. 御用茶磨，绿玉，磨盘，高 14 厘米，口径 28.2 厘米，公元 17 世纪。由伦敦的奥斯卡·拉斐尔借展

2788. 笔筒，碧玉，刻有山水和人物，口沿刻有"石室藏书"四字及乾隆御题，高 16 厘米，底径 14.7 厘米，清代。由中国政府借展

2789. 杯，玉，单柄，高 61.1 厘米，长 19.2 厘米，乾隆时期。由爱丁堡的约翰·瓦里克借展

2790. 烛台，绿玉，伊斯兰风格，有阿拉伯文，高 9.5 厘米，明代。由爱德华·索南夏因借展

2791. 觚，绿玉，仿古青铜造型，高 38 厘米，乾隆时期。由伦敦的约翰·鲍尔借展

2792. 杯，玉，带柄及活环，高 3 厘米，长 9.4 厘米，明代。由大英博物馆（尤摩弗帕勒斯收藏）借展

2793. 香炉，玉，高 8.2 厘米，宽 21.5，明代。由爱德华·索南夏因借展

2794. 笔筒，深绿色玉，雕刻人物和山水，高 17.4 厘米，清代。由伦敦的纳皮尔勋爵借展

2795. 旧玉杯，单把柄，高 12.4 厘米，宋代。由中国政府借展

2796. 旧玉璜，长 12.4 厘米，宽 3.7 厘米，战国时期。由中国政府借展

2797. 三件旧玉：玉璧，口径 6.9 厘米；玉环，口径 8 厘米；玉鱼，长 5.5 厘米，装在圆盒内，汉代。由中国政府借展

2798. 尊，白玉，宽 5.3 厘米，汉代。由中国政府借展

2799. 印章，青田石，高 15.2 厘米，宽 13.2 厘米，装在一个嵌螺钿木盒里，清代。由中国政府借展

2800. 两件玉鞢，一件为白玉，一件为翠玉，口径 3.1 厘米，清代。由中国政府借展

2801. 旧玉刀，长 28.5 厘米，宋代。由中国政府借展

2802. 旧玉环，口径 5.2 厘米，宋代，带漆器盒。由中国政府借展

2803. 旧玉辟邪，高 9.6 厘米，长 13 厘米，唐代，上有乾隆御题。由中国政府借展

2804. 旧玉杯双螭杯，高 5.6 厘米，宋代，带木座和紫檀匣，刻有乾隆御题"御杯记"。由中国政府借展

2805. 龙耳炉，碧玉，雕花，长 16.2 厘米，清代。由中国政府借展

2806. 双耳洗，深绿色玉，狮纹，带环，宽 49.8 厘米，公元 18 世纪。由伦敦的纳皮尔勋爵借展

2807. 笔洗，碧玉，缠枝葫芦纹，长 16.5 厘米，明代。由中国政府借展

2808. 双连碗，白玉，高 5.1 厘米，宽 29.9 厘米，公元 18 世纪。由伦敦的 R.C. 布鲁斯借展

2809. 碗，白玉，蝙蝠，带环形把，宽 33.5 厘米，乾隆时期。由英国伦敦的渣甸爵士借展

2810. 香炉，玉，长 18.6 厘米，清代。由中国政府借展

2811. 蓝色刺绣，74.9 厘米 ×111.8 厘米，公元 17-18 世纪，与 No.2879 配套。由伦敦的琼·埃文斯小姐借展

2812. 谢时臣（1488-1547）山水，绢本卷轴画，款识 1546 年，高 30 厘米，宽 205 厘米，公元 17 世纪中期。由柏林的德国国家博物馆借展

2813. 地毯，丝绸，540 厘米 ×120 厘米，清代。匿名借展

2814. 盖瓶，深绿色玉，象耳，带活环，28.5 厘米，清代。由英国伦敦的渣甸爵士借展

2815. 老寿星，玉，高 27.9 厘米，明代由伦敦奥斯卡·拉斐尔借展

2816. 带盖水罐，绿玉，高 19.7 厘米，公元 18 世纪。由伦敦的艾玛·约瑟夫小姐借展

2817. 旧玉盘龙觥，高 14.5 厘米，宋代，带木座，底座刻有乾隆御题。由中国政府借展

2818. 杯和碟，白玉，高 7.5 厘米，康熙款识。由伦敦的 H.E. 艾奥尼迪斯借展

2819. 高足杯，半透明玉，高 10.7 厘米，明代。由阿尔弗雷德·克拉克夫妇借展

2820. 杯，白玉，高 2.5 厘米，长 8.9 厘米，清代。由中国政府借展

2821. 碧玉狮，高 15.3 厘米，长 19.8 厘米，清代。由伦敦的 R.C. 布鲁斯借展

2822. 白玉雕花碗，口径 13.6 厘米，清代。由中国政府借展，

2823. 高足杯，灰玉，口径 12.5 厘米，明代。由伦敦的尼尔·马康爵士借展

2824. 五子笔洗，白玉，长 10.7 厘米，底有乾隆款识。由中国政府借展

2825. 笔筒，青玉，浮雕降龙伏虎纹，高 15.6 厘米，明代。由中国政府借展

2826. 玉玺，深绿色玉，为乾隆皇帝生日而篆刻，高 9.5 厘米，宽 11.3 厘米，时间为 1790 年。由伦敦的 R.C.BRUCE 借展

2827. 盖瓶，白玉，高 26 厘米，乾隆时期。由伦敦的 DR.H.G. 巴特菲尔德借展

2828. 茶壶，白玉，高 11.2 厘米，清代。由中国政府借展

2829. 带盖香炉，深绿色玉，仿青铜器形状，高 23.6 厘米，宽 24.2 厘米，公元 18 世纪。由英国伦敦的渣甸爵士借展

2830. 带盖香炉，碧玉，仿青铜的造型，高 10.6 厘米，宽 14.4 厘米，清代。由英国伦敦的渣甸爵士借展

2831. 白玉瑞兽尊，高 22.1 厘米，口沿有"大清乾隆仿古"六字隶款。由中国政府借展

2832. 花瓶，白玉，木兰花的形状，高 14 厘米，乾隆时期。由英国伦敦的渣甸爵士借展

2833. 玉扇，带红色流苏，高 27 厘米，公元 18 世纪，正面为乾隆御题诗，反面为山水纹饰。由伦敦的奥斯卡·拉斐尔借展

2834. 菊瓣洗，碧玉，菊花蝴蝶纹，活环，口径 35.1 厘米，乾隆款识。由中国政府借展

2835. 觥，白玉，高 11.5 厘米，长 19 厘米，清代。由中国政府借展

2836. 扁方瓶，白玉，有盖，谷纹，18.9 厘米，清代。由中国政府借展

2837. 插屏，镶螺钿玉屏，高 48.8 厘米，宽 31.2 厘米，公元 18 世纪。由伦敦的奥斯卡·拉斐尔借展

2838. 一对瓶，玉器，高 27 厘米，清代。由日内瓦的 A. 鲍尔借展

2839. 带盖瓶，玉，高 27.9 厘米，乾隆时期。由英国伦敦的渣甸爵士借展

2840. 带盖瓶，玉，高 13.2 厘米，乾隆款识。由中国政府借展

2841. 旧玉双杯，高 7.8 厘米，杯内刻有乾隆御题，清代。由中国政府借展

2842. 四方碗，白玉，高 7.2 里面，宽 12.5 里面，乾隆时期。由英国伦敦的渣甸爵士借展

2843. 一对盘，玉，口径 12.9 厘米，公元 18 世纪。由伦敦的奥斯卡·拉斐尔借展

2844. 带盖茶碗，玉，口径 11.7 厘米，公元 18 世纪。由伦敦的奥斯卡·拉斐尔借展

2845. 带盖茶碗，翠玉，口径 9.5 厘米，公元 18 世纪。由伦敦的 R.C. 布鲁斯借展

2846. 带盖茶碗，翠玉，口径 11.8 厘米，清代。由中国政府借展

2847. 插屏，翠玉，松鹤纹，长 21.6 厘米，宽 15.2 厘米，清代。由中国政府借展

2848. 茶托，玉，口径 8.5 厘米，公元 18 世纪。由伦敦的奥斯卡·拉斐尔借展

2849. 三方连环纽印，黄玉，口径分别是 3.5 厘米、2.6 厘米、2.7 厘米，清代。由中国政府借展

2850. 带盖茶碗，翠绿色玉，口径 11.5 厘米，公元 17 世纪。由英国伦敦的渣甸爵士借展

2851. 大小翠玉盒（带盖圆盒和带盖球形盒），装在金双桃子形状盒里，口径分别是 5.1 厘米和口径 3.2 厘米，一件刻有光绪纪年款识，清代。由中国政府借展

2852. 一对夔龙方佩，白玉，宽 7.8 厘米，带有一个木架子，边上刻有"乾隆年制"四字篆款，清代。由中国政府借展

2853. 一对碗，白玉，高 7.5 厘米，口径 16.7 厘米，乾隆时期。由伦敦的奥斯卡·拉斐尔借展

2854. 一套八件礼器，纯白玉，以书法的形式刻上早期的诗歌和经文，宋徽宗时制作，容器尺 37 厘米 ×26 厘米，时间从公元 1112 年到 1124 年。由伦敦的奥斯卡·拉斐尔借展

2855. 笔筒，深绿色的玉，刻有山水和人物，高 15 厘米，清代。由英国伦敦的渣甸爵士借展

2856. 玉坠，带羽毛，长 23 厘米，清代。由伦敦的斐希瓦尔·大维德借展

2857. 笔筒，白玉，高 20 厘米，口径 17.7 厘米，公元 18 世纪。由伦敦的 R.C. 布

鲁斯借展

2858. 带盖香炉，深绿色玉，高 16.2 厘米，宽 21 厘米，清代。由英国伦敦的渣甸爵士借展

2859. 一对插屏，玉，掐丝珐琅，高 24.1 厘米，宽 13.9 厘米，乾隆时期。由英国伦敦的渣甸爵士借展

2860. 持书罗汉，碧玉，高 24 厘米，明代。由爱德华·索南夏因夫妇借展

2861. 觥，旧玉，仿青铜器造型，雕刻蟠龙纹，高 18 厘米，明代。由中国政府借展

2862. 笔筒，淡绿色玉，口径 10.3 厘米，宋代。由伦敦的 J.N. 科利借展

2863. 一对茶碗，翠玉，银镀金托和盖，口径 10.9 厘米，托盖底刻有宣统纪年款，碗底可嘉庆纪年款识。由中国政府借展

2864. 龙马（驮着书渡过黄河），白玉，长 18.6 厘米，大约在公元 1670 年。由伦敦的奥斯卡·拉斐尔借展

2865. 笔洗，旧玉，螭把海棠式，高 4.2 厘米，长 14.8 厘米，清代。由中国政府借展

2866. 印泥盒，翠玉，口径 6.7 厘米，清代。由中国政府借展

2867. 山子，翠玉，雕刻松鹤，高 14 厘米，清代。由中国政府借展

2868. 觥，白玉，仿青铜造型，高 12.2 厘米，清代。由中国政府借展

2869. 盖盒，玉，桃形，宽 9.2 厘米，公元 18 世纪。由英国伦敦的渣甸爵士借展

2870. 香薰，青玉，有黑色和金色的漆架，宽 16.7 厘米，清代。由中国政府借展

2871. 方形唾盂，黄玉，谷纹，长 10.4 厘米，清代。由中国政府借展

2872. 杯，旧玉，高 3.8 厘米，长 11.1 厘米，乾隆年制篆款，清代。由中国政府借展

2873. 孩儿枕，碧玉，高 22.8 厘米，长 30.5 厘米，清代。由伦敦的路易斯·蒙巴顿女士借展

2874. 笔洗，玉，长 18.8 厘米，乾隆款识。由中国政府借展

2875. 杯，白玉，鹦鹉蟠桃纹，长 12.5 厘米，清代。由中国政府借展

2876. 四耳彝炉，白玉，四个活环，高 12.8 厘米，清代。由中国政府借展

2877. 八瓣盒，带耳和环，深绿色玉，33 厘米 ×24.5 厘米，乾隆时期。由伦敦的 H.E. 艾奥尼迪斯小姐借展

2878. 三友笔洗，白玉，松、竹、梅纹饰，长 14 厘米，清代。由中国政府借展

2879. 挂毯，刺绣，74.9 厘米 ×111.8 厘米，公元 17-18 世纪，与 No.2811 配套。由伦敦的琼·埃文斯女士借展

2880. 郎世宁（1688-1766）哈萨克族献马乾隆皇帝，卷轴画，乾隆时期。由巴黎吉美博物馆借展

2881. 王原祁（1642-1715）松壑流泉图，纸本设色，高 57.1 厘米，宽 37.3 厘米。由中国政府借展

2882. 跳跃的鲤鱼，白玉，高 19.6 厘米，乾隆时期。由英国伦敦的渣甸爵士借展

2883. 瓶，白玉，高 33.9 厘米，乾隆时期。由曼彻斯特艺术博物馆借展

2884. 盖瓶，白玉，高 23 厘米，公元 18 世纪。由伦敦的艾玛·约瑟夫夫人借展

2885. 印盒，深绿色玉，口径 8.2 厘米，清代。由英国伦敦的渣甸爵士借展

2886. 插屏，淡绿色玉，高 14.6 厘米，宽 21 厘米，公元 18 世纪。由伦敦的 R.C. 布鲁斯借展

2887. 捧桃猴，白玉，掐丝珐琅架子，高 24 厘米，公元 17 世纪。由伦敦的艾玛·约瑟夫夫人借展

2888. 洗，淡绿色玉，狮头环耳，高 9.5 厘米，宽 28.5 厘米，乾隆时期。由巴利莫特的 A.A. 斐希瓦尔借展

2889. 盒，深绿色玉，口径 9.1 厘米，清代。由英国伦敦的渣甸爵士借展

2890. 圣人和狮子坐像，皂石，高 18.4 厘米，公元 18 世纪。由萨里的 S.D. 文克沃斯借展

2891. 笔筒，碧玉，高 18.3 厘米，口径 20.9 厘米，公元 18 世纪。由伦敦的欧内斯特·梅金斯，C.B.，D&C，M.P. 借展

2892. 带盖香炉，半透明绿玉，清代。由阿尔弗雷德·克拉克夫妇借展

2893. 笔筒，深棕色皂石，高 15.2 厘米，公元 17 世纪。由萨里的 S.D. 文克沃斯借展

2894. 鱼，黄色和棕色皂石，高 17.5 厘米，长 45 厘米，乾隆时期。由萨里的 S.D. 文克沃斯借展

2895. 山子，天青石，雕刻有松树和房屋，高 24.8 厘米，宽 21.3 厘米，乾隆时期。由伦敦的路易斯·蒙巴顿女士借展

2896. 花瓶，水晶，高13.4厘米，清代。由英国伦敦的渣甸爵士借展

2897. 坐佛，水晶，高17厘米，公元18世纪。由伦敦的斐希瓦尔·大维德借展

2898. 花卉雕刻，绿色大理石，高31.5厘米，宽17。2厘米，大约为公元1600年。由伦敦的奥斯卡·拉斐尔借展

2899. 插屏，青金石，高22.3厘米，宽15.0厘米，乾隆时期。由英国伦敦的渣甸爵士借展

2900. 花瓶，水晶，高12.6厘米，清代。由英国伦敦的渣甸爵士借展

2901. 瓶，红宝石，高22.8厘米，乾隆时期。由伦敦的斯宾客父子公司借展

2902. 四系小碗，青金石，口径7.6厘米，公元18世纪。由伦敦的奥斯卡·拉斐尔借展

2903. 笔筒，玛瑙，长17.5厘米，公元17世纪。由伦敦的奥斯卡·拉斐尔借展

2904. 笔洗，琥珀，宽12厘米，乾隆时期。由伦敦的奥斯卡·拉斐尔借展

2905. 八方瓶，水晶，双耳活环，高21.8厘米，清代。由中国政府借展

2906. 瓶，青金石，安装在镀金青铜架上，高23.5厘米，公元18世纪。由伦敦的H.E.艾奥尼迪斯小姐借展

2907. 碗，玛瑙，高6.9厘米，口径12.7厘米，公元17世纪。由伦敦的奥斯卡·拉斐尔借展

2908. 勺，青金石，长12厘米，明代。由索南夏因夫妇借展

2909. 福寿花插，红玛瑙，桃树的造型，高9.8厘米，清代。由中国政府借展

2910. 瓶，玛瑙，雕龙，高21.3厘米，公元18世纪。由伦敦的H.E.艾奥尼迪斯小姐借展

2911. 瓶，玛瑙，鲤鱼造型，高18厘米，清代。由伦敦的斯宾客父子公司借展

2912. 佛手，玛瑙，高15.2厘米，乾隆款识，清代。由中国政府借展

2913. 水器，玛瑙，高5.5厘米，乾隆时期。由巴黎的朗韦尔夫人借展

2914. 菩提达摩，皂石，高22.4厘米，公元18世纪。由萨里的S.D.文克沃斯借展

2915. 山子，雄精，高24.1厘米，宽34厘米，上刻"天中瑞景"四字，清代。由中国政府借展

2916. 印章，皂石，"朱翊镠"印（万历皇帝的弟弟）。高6.2厘米，宽8.1

厘米，公元 17 世纪。由瑞典王储古斯塔夫六世·阿道夫借展

2917. 印章，田黄石，公元 17 世纪。由伦敦的斐希瓦尔·大维德借展

2918. 碗，青金石，长 19 厘米，清代。由伦敦的斯莱戈侯爵借展

2919. 东方朔立像，皂石，镀金，镶嵌玉石，高 22.8 厘米，乾隆时期。由萨里的欧内斯特借展

2920. 鹿，绿皂石，高 15.2 厘米，长 29 厘米，乾隆时期。由萨里的 S.D. 文克沃斯借展

2921. 鸭，皂石，高 25.4 厘米，明代。由伦敦的林德利·斯科特博士借展

2922. 瓶，皂石，珊瑚红地白龙纹饰，高 60 厘米，乾隆时期。由巴黎的温妮可女士借展

2923. 悬挂着的乐器，绿玉，六边形，金色龙纹，有铭文，宽 71.2 厘米，乾隆时期。由爱德华·索南夏因夫妇借展

2924. 文昌帝君坐像，染色象牙，高 20.5 厘米，明代。由伦敦的 J.J. 乔伊斯借展

2925. 坐佛，象牙，高 25.4 厘米，明代。由布洛克利的 E.G. 斯宾塞－丘吉尔借展

2926. 犀角杯，骨质，高 8.4 厘米，长 11.5 厘米，清代。由爱丁堡的约翰·瓦里克借展

2927. 一对杯子，沉香木树根，装饰着张氏兄弟雕刻的山水画，高 6.5 厘米，宋代。由伦敦的斐希瓦尔·大维德借展

2928. 犀角觥，骨质，雕龙纹，高 12.9 厘米，底刻"子孙永宝"四字，清代。由中国政府借展

2929. 犀角杯，骨质，万历时期（1580 年），口径 14 厘米，明代。由巴黎的温妮可女士借展

2930. 菩萨坐像，漆木，高 22.2 厘米，明代。由伦敦的 J.J. 乔伊斯借展

2931. 坐着的女人，染色象牙，高 24 厘米，清代。由萨里的欧内斯特·马什和金斯利·格林借展

2932. 道教神仙像，染色象牙，高 28.4 厘米，明代。由伦敦的 J.J. 乔斯借展

2933. 仕女人物，染色象牙，高 24 厘米，清代。由萨里的欧内斯特·马什和金斯利·格林借展

2934. 犀角杯，骨质，高 6.9 厘米，长 14.2 厘米，清代。由伦敦的 A. 切斯特·贝蒂夫妇借展

2935. 印章，象牙，刻款为 1418 年 2 月 26 日，高 8.1 厘米，宽 8 厘米，永乐时期，明代。由伦敦 H.J. 奥本海姆借展

2936. 犀角杯，骨质，高 10.4 厘米，长 18 厘米，公元 18 世纪。伦敦的欧内斯特·梅金斯，C.B.，D&C，M.P. 借展

2937. 文官坐像，染色象牙，高 10.8 厘米，明代。由萨里的欧内斯特·马什和金斯利·格林借展

2938. 印章，象牙，高 3.7 厘米，长 5.7 厘米，明代。由布洛克利的 E.G. 斯宾塞－丘吉尔借展

2939. 洪武皇帝侄子的印章，象牙，高 7.6 厘米，宽 6.4 厘米，大约 1400 年。由布洛克利的 E.G. 斯宾塞－丘吉尔借展

2940. 犀角杯，骨质，高 11.4 厘米，长 15.5 厘米，清代。由爱丁堡的约翰·瓦里克借展

2941. 杯，角质，高 6.1 厘米，宽 12.6 厘米，清代。由伦敦的 A. 切斯特·贝蒂夫妇借展

2942. 女人，染色象牙，高 24.5 厘米，清代。由萨里的欧内斯特·马什和金斯利·格林借展

2943. 祖师立像，象牙，高 24 厘米，清代。由伦敦的 J.J. 乔斯借展

2944. 笔筒，竹雕，张希黄雕，山水图案，高 13 厘米，公元 17 世纪。由伦敦的斐希瓦尔·大维德借展

2945. 犀角杯，骨质，高 6.4 厘米，长 14.1 厘米，清代。由爱丁堡的约翰·瓦里克借展

2946. 盖盒，竹，刻有人物和树图案，带有永乐十二年（1414）的题款，明代。由伦敦的斐希瓦尔·大维德借展

2947. 搁臂，象牙，刻有鹅、植物图案，有题款，曾经为项元汴（1525－1590）所有。由伦敦的斐希瓦尔·大维德借展

2948. 犀角杯，骨质，雕刻，高 12.2 厘米，长 27 厘米，乾隆御题诗。由中国政府借展

2949. 搁臂，象牙，长 28 厘米，公元 18 世纪。由霍夫的军官 A.T. 韦勒借展

2950. 四把小折扇，张若澄为乾隆皇帝作画，长 12 厘米，公元 18 世纪，反面是奉皇命写的诗。由伦敦的斐希瓦尔·大维德借展

2951. 犀角杯，骨质，高 8.3 厘米，长 16.3 厘米，清代。由爱丁堡的约翰·瓦里克借展

2952. 茶叶罐，高 10 厘米，18 世纪。由伦敦的斐希瓦尔·大维德借展

2953. 六方官印，银，约 10 厘米 × 10 厘米，清代的巡抚所使用。由苏联政府借展

2954. 犀角杯，骨质，高 12 厘米，长 15.2 厘米，清代。由爱丁堡的约翰·瓦里克借展

2955. 盖盒，雕漆，菊花造型，口径 18.5 厘米，公元 1776 年，刻有乾御题诗。由柏林的 A. 布鲁尔借展

2956. 碟，福建雕漆，菊花造型，口径 25 厘米，乾隆款识，底部刻有乾隆皇帝御题诗。由伦敦的斐希瓦尔·大维德借展

2957. 盖杯，雕漆，口径 11 厘米，乾隆御题诗，清代。由伦敦的 E.A. 帕里借展

2958. 茶叶罐，皂石，高 14.5 厘米，公元 17 世纪。由慕尼黑人类学博物馆借展

2959. 赫奕（17 世纪）晴岚晚翠图，绢本设色，高 99.4 厘米，宽 51.2 厘米。由中国政府借展

2960. 卧象，绿棕玉，高 19 厘米，长 43 厘米，公元 15 世纪。由伦敦的奥斯卡·拉斐尔借展

2961. 折扇，范暹鹭鸶图，底色为金色，高 18.4 厘米，宽 52.9 厘米，明代。由中国政府借展

2962. 折扇，陆治（1496-1576）梅竹图，金底色上彩绘，高 17 厘米，宽 50.5 厘米，上有陆治题款，题款为公元 1569 年，明代。由中国政府借展

2963. 折扇，文征明（1470-1559）梅竹图，金底色上水墨画，高 17.6 厘米，宽 51.5 厘米。由中国政府借展

2964. 折扇，邵弥（1594-1642）竹深荷净图，金底色上水墨画，高 18.3 厘米，宽 56 厘米，上有邵弥题款。由中国政府借展

2965. 折扇，文征明（1470-1559）古木寒鸭图，金底色上彩绘，高 18.3 厘米，宽 55.1 厘米。由中国政府借展

2966. 折扇，陈裸（明代）秋林茆舍图，金底色上彩绘，高 18.7 厘米，宽 55.1 厘米。由中国政府借展

2967. 折扇，董其昌（1555-1636）雪山图，金底色上彩绘，高 17 厘米，宽 51.4 厘米，上有"其昌"题款。由中国政府借展

2968. 折扇，仇英（约1497-1552）抱琴图，金底色上彩绘，高19.4厘米，宽56厘米。背面是董其昌七言律诗，分别有"仇英"和"董其昌"题款。由中国政府借展

2969. 折扇，赵文淑（大约1650年）鹦粟图，高17.8厘米，宽52.1厘米，上有"赵文淑"题款。由中国政府借展

2970. 折扇，周臣（大约1500年）扫叶烹茶图，金底色上彩绘，高17.8厘米，宽53.3厘米，下端有"周丞"题款。由中国政府借展

2971. 折扇，仇英春郊图，金底色上彩绘，高21.1厘米，宽60.7厘米，上有"仇英"题款。由中国政府借展

2972. 折扇，唐寅（1470-1523）玩月图，金底色上彩绘，高15.5厘米，宽15.5厘米，上有"唐寅"题款。由中国政府借展

2973. 折扇，商喜（15世纪）濯足图，金底色上彩绘，高16.7厘米，宽50.9厘米，下端有"商喜"题款，题款时间为公元1427年。由中国政府借展

2974. 折扇，文伯仁（1502-1575）采芝图，金底色上彩绘，高17厘米，宽19.3厘米，题款为公元1580年。由中国政府借展

2975. 折扇，仇英渔笛图，金底色上彩绘，高20.3厘米，宽56.5厘米，上有"仇英"题款。由中国政府借展

2976. 折扇，马守贞（16世纪）花蝶图，金底色上彩绘，背面王穉登书五言绝句，高17.8厘米，宽51.2厘米，明代。由中国政府借展

2977. 折扇，李士达（大约1550-1620）饮中八仙图，金底色上彩绘，高16.9厘米，宽50.5厘米，题款为公元1613年，背面由韩道亨书八仙歌。由中国政府借展

2978. 折扇，文征明（1470-1559）云山图，金色底色上水墨画，高21.2厘米，宽57.5厘米，背面自书五言律诗。由中国政府借展

2979. 折扇，赵左（1540-1560）松林小坐图，金色底色上彩绘，高16.9厘米，宽51.5厘米，背面董其昌书七言绝句。由中国政府借展

2980. 折扇，谈志伊（明代）秋花，金底色上彩绘，高18厘米，宽52厘米，背面董其昌书五言绝句。由中国政府借展

南面小房间

古籍等

2981. 册页，水墨画，张风（活跃于大约 1650 年）冬景，题款为公元 1673 年，35.5 厘米 × 26.5 厘米。由柏林的 A. 布鲁尔借展

2982. 册页，绢画，贡甫画桃花水果，题款为公元 1667 年，47 厘米 × 34 厘米。由柏林的 A. 布鲁尔借展

2983. 木版画，彩色，风景，29.6 厘米 × 32 厘米，清代。由斯德哥尔摩的 DR.E. 胡尔马克借展

2984. 彩版画，彩色，妇女和儿童，高 95 厘米，宽 50 厘米，公元 18 世纪。由伦敦的 W. 斐希瓦尔·叶慈教授借展

2985. 木版画，彩色，青蛙，30 厘米 × 33 厘米。由斯德哥尔摩的 DR.E. 胡尔马克借展

2986. 《金刚经》（鸠摩罗什翻译），高 28 厘米，长 1100 厘米，唐代，来自于敦煌。由巴黎的法国国家图书馆借展（伯希和收藏）。

2987. 阿毗达摩解说，玄奘翻译，30 厘米 × 11.3 厘米，公元 1099 年。由 PROFESSOR PAUL PIELLIOT 借展

2988. 拓本，高僧传碑文，欧阳询（557-641）书，只有一页（其它五页在大英博物馆，斯坦因收藏），12 厘米 × 8 厘米，唐代，来自于敦煌。由巴黎的法国国家图书馆借展（伯希和收藏）。

2989. 佛经，公元 975 年的印刷版，1924 年，杭州雷锋塔倒塌时，从遗址中获得，8 厘米 × 300 厘米。由中国政府借展

2990. 金刚经，30-32 章，木版印刷小册子日期为公元 950 年 6 月 3 日，正确时间应为公元 949 年 6 月 14 日，公元 10 世纪，来自于敦煌。由法国巴黎的国家图书馆借展（伯希和收藏）

2991. 木版画，毗沙门天王的肖像画，时间为公元 947 年 8 月 4 日，45 厘米 × 33 厘米，公元 10 世纪，来自于敦煌。由法国巴黎的国家图书馆借展（伯希和收藏）

2992. 木版画，文殊菩萨的肖像，30 厘米 × 20 厘米，公元 10 世纪，来自于敦煌。由法国巴黎的国家图书馆借展（伯希和收藏）。

2993. 手稿，抄写《妙法莲华经》的第 25 品，关于观世音菩萨，高 17 厘米，

长 158 厘米，唐代，来自于敦煌。由法国巴黎的国家图书馆借展（伯希和收藏）。

2994. 《佛说寿生经》，绣于丝绸上的经文，28 厘米×33 厘米，唐代，来自于敦煌。由法国巴黎的国家图书馆借展（伯希和收藏）。

2995. 《妙法莲花经》第 25 品（关于观世音菩萨），用金色所写，唐代，来自于敦煌。由法国巴黎的国家图书馆借展（伯希和收藏）。

2996. 《切韵》的两个印刷片段，（读音词典），五代时期，来自于敦煌。由法国巴黎的国家图书馆借展（伯希和收藏）。

2997. 手抄本，摩诃般若波罗蜜多心经 ch.12，13，公元 6 世纪，来自于敦煌。由法国巴黎的国家图书馆借展（伯希和收藏）。

2998. 《温泉铭》拓本，唐太宗书，时间公元 653 年，26.5 厘米×140 厘米，唐代，来自于敦煌。由法国巴黎的国家图书馆借展（伯希和收藏）。

2999. 册页，贡甫作绢本水墨，牡丹图，公元 1667 年，47 厘米×34 厘米。由柏林的 A. 布鲁尔借展

3000. 册页，水墨画，张风（大约公元 1650 年）山水图，公元 1673 年，尺寸 35.5 厘米×26.5 厘米。由柏林的 A. 布鲁尔借展

3001. 王冕（1335-1407）梅花，水墨画，高 124 厘米，宽 26 厘米。由纽约的威廉 H. 摩尔小姐借展

3002. 《耕织图》，种植水稻和养蚕，插画版诗歌，焦秉贞画，朱圭雕板，康熙皇帝作序，时间为公元 1696 年。由伦敦的 G.H. 沃拉斯顿的女儿借展

3003. 元帝像册之一，忽必烈（在位时间 1260-1293）像，被鉴定为元代，但也可能为明代，59 厘米×47 厘米。由中国政府借展

3004. 两条织锦，红色和金色交缠，165.2 厘米×152.5 厘米，公元 18 世纪。由伦敦的 W. 斐希瓦尔·叶慈教授借展

3005. 缂丝帷幔，蓝色、金色和红色，99 厘米×91.4 厘米，公元 18 世纪。由伦敦的 W. 斐希瓦尔·叶慈教授借展

3006. 御袍，丝绸，刺绣龙纹，珍珠和珊瑚装饰，乾隆时期。由泰晤士河畔的亨利镇的大卫女士借展

3007. 御用靠垫，刺绣，48.2 厘米×48.2 厘米，公元 18 世纪。由伦敦的 W. 斐希瓦尔·叶慈教授借展

3008. 织锦帷幔：红，金，蓝和绿色，155 厘米×49.4 厘米，公元 18 世纪。

由伦敦的 W. 斐希瓦尔·叶慈教授借展

3009. 御袍，绣花蓝缎。由伦敦的 W. 斐希瓦尔·叶慈教授借展

3010. 织锦，紫、金、黄、红、绿和蓝色，188 厘米 ×66.1 厘米，公元 18 世纪。由伦敦的 W. 斐希瓦尔·叶慈教授借展

3011. 菱口盘，漆器，长 50 厘米。由德国的沃雷茨奇借展

3012. 朱熹尺牍（1130-1200），内有朱熹肖像以及他写的信，140 厘米 ×40 厘米，宋代。由中国政府借展

3013. 佛像，剪纸，高 29 英寸，来自于敦煌。由法国巴黎的国家图书馆借展（伯希和收藏）。

3014. 佛顶尊胜陀罗尼经，第一卷，唐代。由法国巴黎的国家图书馆借展（伯希和收藏）。

3015. 元帝相册之一，元太宗像，成吉思汗第三个儿子窝阔台（1185-1241），元代。鉴定为元代画，但也可能为明代，59 厘米 ×47 厘米。由中国政府借展

3016. 董其昌（1555-1636）书杜甫诗，纸本，高 181.4 厘米，宽 46 厘米，下端有"董其昌"题款。由中国政府借展

3017. 挂毯和丝制绣花鞋，来自于楼兰和阿斯塔纳，汉代。由印度政府（斯坦因收藏）借展

3018. 羊毛织锦鞋，来自于楼兰和阿斯塔纳，汉代。由印度政府（斯坦因收藏）借展

3019. 羊毛织锦鞋，来自于阿斯塔纳，唐代。由印度政府（斯坦因收藏）借展

3020. 一对鸽子，青铜，长 5 厘米，公元 14 世纪。由巴黎保罗·伯希和借展

3021. 基督教的十字，青铜，宽 4.3 厘米，公元 14 世纪。由巴黎保罗·伯希和借展

3022. 托盘，竹笋造型，长 16.5 厘米，清代。由伦敦的斐希瓦尔·大维德借展

3023. 墨锭，宽 10 厘米，天启款识，明代。由大英博物馆（尤摩弗帕勒斯收藏）借展

3024. 木版，佛教用物，5.8 厘米 ×4.5 厘米，唐代。由巴黎保罗·伯希和借展

3025. 墨锭，高 13 厘米，天启款识，明代。由大英博物馆（尤摩弗帕勒斯收藏）借展

3026. 墨锭，宽 10 厘米，天启款识，明代。由大英博物馆（尤摩弗帕勒斯收藏）借展

3027. 甲骨文，用于占卜，安阳附近出土，11.9厘米×6.8厘米，殷商，来自于安阳。由中国政府借展

3028. 四件黑色陶器，来自于山东章丘城子崖，殷商。由中国政府借展．

3029. 白色陶片，带环，饕餮纹，13.6厘米×9.9厘米，殷商，来自于安阳。由中国政府借展

3030. 石雕，7.7厘米×8.4厘米，殷商，来自于安阳。由中国政府借展

3031. 象牙雕刻的两个碎片，9厘米×8.2厘米，殷商。由中国政府借展

3032. 甲骨文，用于占卜，出土于安阳，长29厘米，殷商。由中国政府借展

3033. 甲骨文，用于占卜，出土于安阳，12.6厘米×6.4厘米，殷商。由中国政府借展

3034. 碎片，骨头，雕刻，镶嵌绿松石，6.6厘米×2.2厘米，殷商，来自于安阳。由中国政府借展

3035. 齿，雕刻装饰，长75厘米，殷商，来自于安阳。由中国政府借展

3036. 钺，石质，13.8厘米×6.5厘米，殷商，来自于安阳。由中国政府借展

3037. 钺，石质，18.2厘米×3.9厘米，殷商。由中国政府借展

3038. 宋四家墨宝中的一页，书法，米芾的一首送别诗（1051-1105），64.5厘米×32厘米。由中国政府借展

3038. 宋四家墨宝中的一页，书法，黄庭坚（1045-1105），宋代，51厘米×31.5厘米。由中国政府借展

3039. 陀罗尼（一种神力），带飞天、波浪和镶嵌物，公元10世纪，来自于敦煌。由吉美博物馆（伯希和收藏）借展

3040. 元帝相册之一，元文宗的肖像画（图帖睦尔），在位时间大约为公元1328-1331年。被鉴定为元代，但也可能是明代的画作，57.5厘米×46厘米。由中国政府借展

3041. 缂丝，绢地，米芾（1051-1105）诗，113厘米×55.5厘米。由中国政府借展

3042. 贾亨《算法全能集》，元代一部非常罕见的数学著作，明初刻本，可能出版于公元1370年，蝴蝶装订，31.4厘米×18.5厘米。由中国政府借展

3043. 《文选》第三卷，唐代李善注本，出版于大约公元1025年。这部著名的散文和诗集由梁代萧统编撰完成于公元6世纪，33.9厘米×23厘米。由中国政府借展

3044. 陈旸,《乐书》,关于中国古代音乐和乐器的著作,南宋刻本,完成于公元1101年,但可能出版于公元13世纪早期,30.9厘米×20.5厘米。由中国政府借展

3045. 颜真卿书法,明刻本,公元1550年,24.6厘米×16.6厘米。由中国政府借展

3046. 金代韩道昭撰《改併五音类聚四声篇》,金刻本,印刷于公元1220年,28.5厘米×18.4厘米。由中国政府借展

3047. 郑樵撰《通志》,宋代的历史百科全书,元刻本,来自于乾隆皇帝的藏书,清内府天禄琳琅旧藏,34.5厘米×22.2厘米。由中国政府借展

3048. 王黼编撰《宣和博古图》,注录宋代皇室在宣和殿收藏的青铜器,成于1123年,但可能于1310年出版,39.6厘米×26.4厘米。由中国政府借展

3049. 罗王常撰《秦汉印统》,一本辑录印章的书,明万历刻本,用黑色和红色印刷,大约为公元1608年,29.3厘米×18.4厘米。由中国政府借展

3050. 宋赵汝愚辑《国朝诸臣奏议》,南宋刻本,此本为淳祐年间(1241-1252),31.7厘米×20.5厘米。由中国政府借展

3051. 北宋王钦若等编《册府元龟》,宋刻本,28.9厘米×19.7厘米。由中国政府借展

3052. 明代李贤等撰修《大明一统志》,明天顺官刻本,黄绫包背装,37.3厘米×22.2厘米。由中国政府借展

3053. 宋赵汝愚辑《国朝诸臣奏议》,南宋刻本,26厘米×17.7厘米,王称《新刊国朝二百家名贤文粹》,宋庆元三年(1197)刻本,有王称序。由中国政府借展

3054. 唐欧阳询《艺文类聚》,明正德十年(1515)刻本,24.2厘米×14.6厘米。由中国政府借展

3055. 印刷纸,佛教祈祷纹饰,公元10世纪,来自于敦煌。由吉美博物馆(伯希和收藏)借展

3055A. 元帝相册之一,成吉思汗像(1162-1227),被鉴定为元代,但也可能为明代,59厘米×46.5厘米。由中国政府借展

3056. 宋四家墨宝,苏东坡(1036-1101)诗帖,宋代。由中国政府借展

3057. 七札册,元赵孟頫(1254-1302)书信,元代。由中国政府借展

3058. 折扇，郎世宁（1688-1766）山水画，纸本设色。由伦敦的斐希瓦尔·大维德借展

3059. 版画，33厘米×45厘米。由吉美博物馆（伯希和）收藏。

3060. 文征明（1470-1567）书醉翁亭记，纸本，公元1551年，高53.5厘米，宽28.5厘米。由中国政府借展

3061. 马济等撰修《万寿神典》，记康熙皇帝六十大寿（康熙五十二年，公元I713）寿辰故事，29厘米×19.8厘米。由中国政府借展

3062. 萧云从（画家）《天问图》，以屈原《天问》作画，清初刻本，公元17世纪中期，23厘米×13.6厘米。由中国政府借展

3063. 唐人小说《双红记》，禹航更生撰，明万历刻本，带插图的小说书籍，出版时间大约公元1600年，28.3厘米×17.4厘米。由中国政府借展

3064.《大明仁孝皇后内训》，明永乐官刻本，颁布于公元15世纪早期，明仁孝文皇后敕撰，蓝绫蝶装，35.2厘米×21.3厘米，内阁大库书。由中国政府借展

3065. 花卉笺纸，盖有乾隆皇帝等的印章（大约为1736-1795）. 由巴黎的吉美博物馆借展

3066. 十竹斋画谱，讲授画法的书，出版于公元1635年，五种色彩，胡正言编辑，29.4厘米×16.6厘米。由中国政府借展

3067.《西厢记》，王实莆、关汉卿撰，明初刻本插图版，28.8厘米×18.2厘米由中国政府借展

3068.《御世仁风》，明万历刻本，插图版，大约1600年，明代收集的告诫皇帝图说，33.8厘米×22.5厘米。由中国政府借展

3069.《华夷译语》，火原洁撰，蒙古语词典，明洪武官刻本，公元14世纪，37.2厘米×22.2厘米。由中国政府借展

3070.《灵宝刀传奇》，明陈舆郊撰，精抄本；万历丁巳年（1617）陈氏家刻本转摹，27.7厘米×17厘米。由中国政府借展

3071. 折扇，恽寿平（1633-1690），菊花，彩绘。由伦敦的斐希瓦尔·大维德借展

3072. 木版画，佛教图案，唐代。由中国政府借展

3073. 宋四家墨宝之一，蔡襄（1001-1066）书信。由中国政府借展

3074. 宋四家墨宝之一，苏辙（1039-1132）书信。由中国政府借展

3075. 宋四家墨宝之一，苏东坡（1036-110）书信。由中国政府借展

3076. 宋四家墨宝之一，米芾（1151-1105）书信。由中国政府借展
3077. 宋代墨宝之一，宋徽宗（在位时间 1100-1125) 御笔牡丹诗帖，宋代。由中国政府借展
3078. 宋四家墨宝之一，黄庭坚（1045-1105）诗帖。由中国政府借展
3079. 雕板，两块，庭院人物，彩釉粗陶，高 62 厘米，宽 127.2 厘米，公元 18 世纪。由伦敦的杰弗里·哈姆斯沃思借展
3080. 宝塔，陶器，茄子紫和绿松石釉，高 69 厘米，公元 15 世纪。由伦敦的沃德夫人借展

1

5

2

6

3

7

4

13

371

15
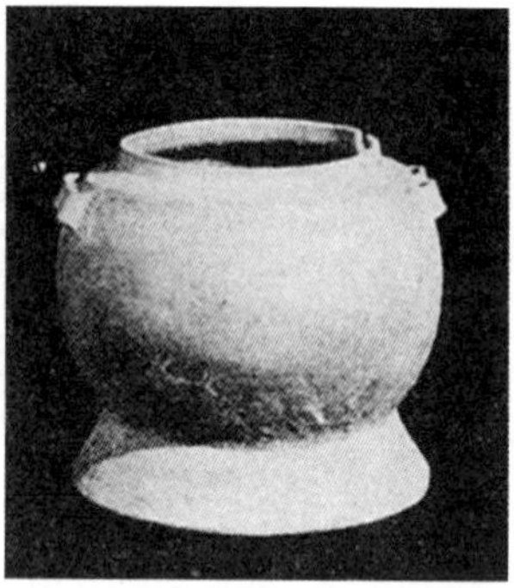

21
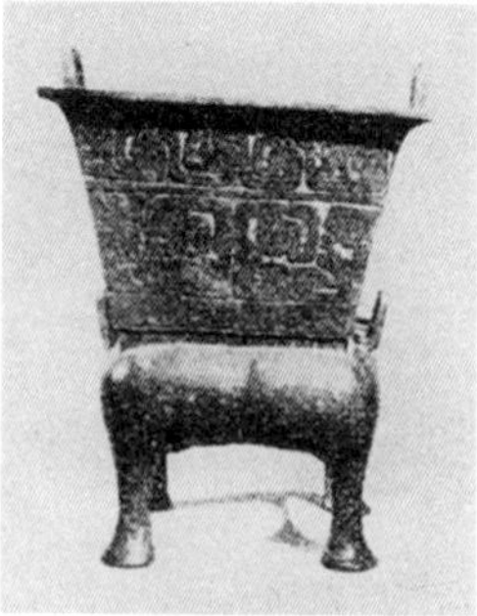

18
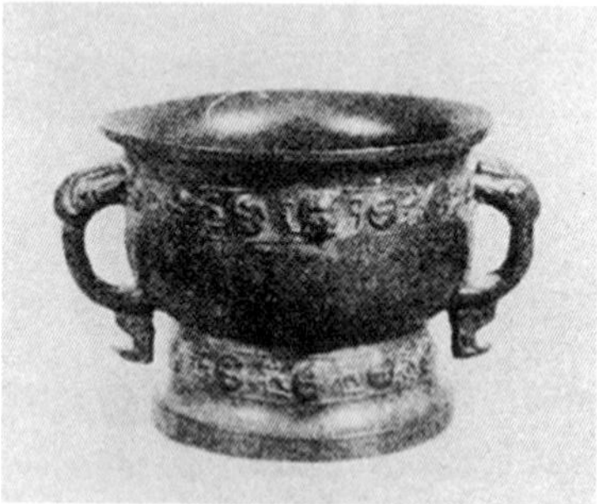

22
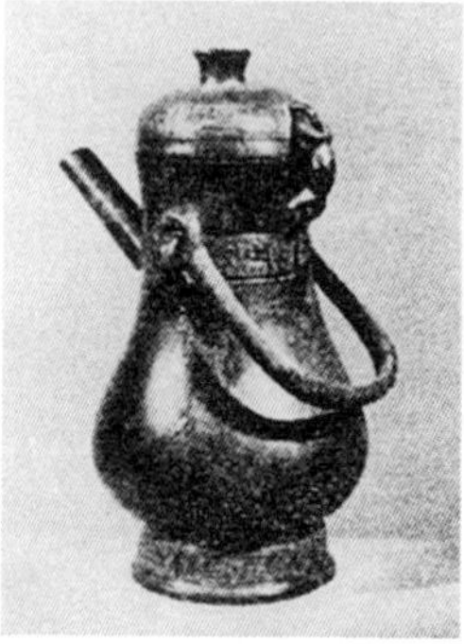

19
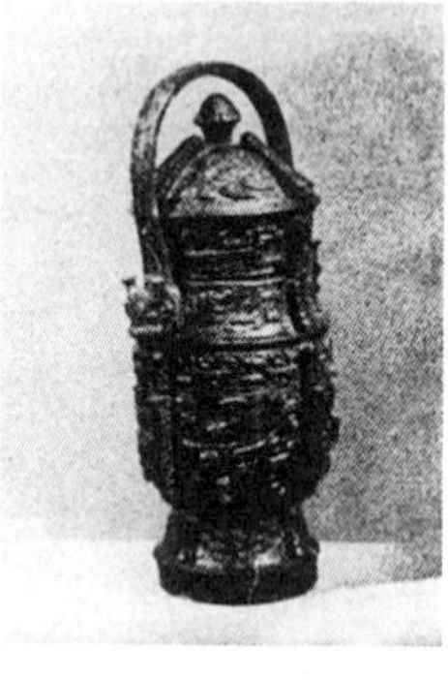

24
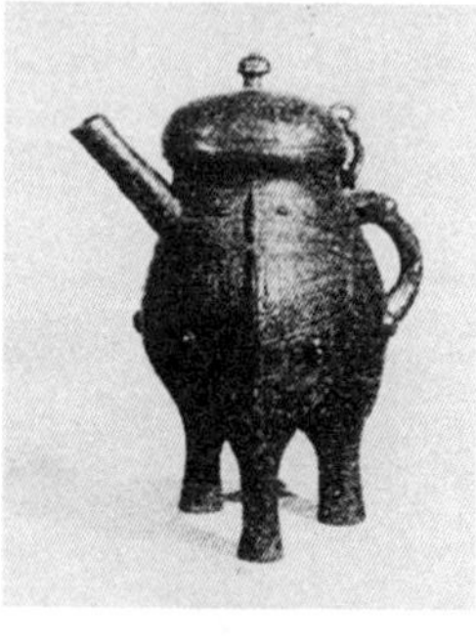

20
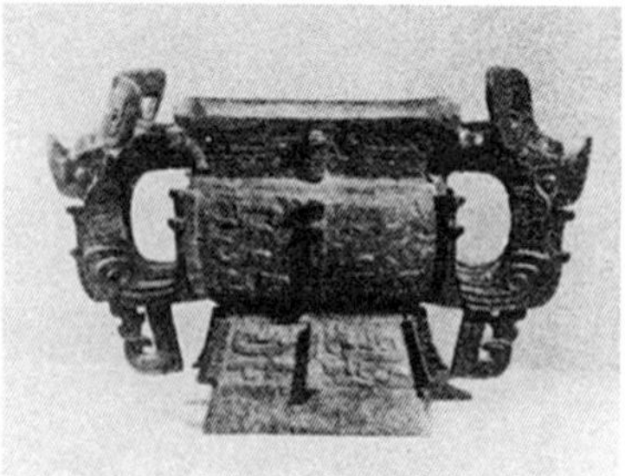

25
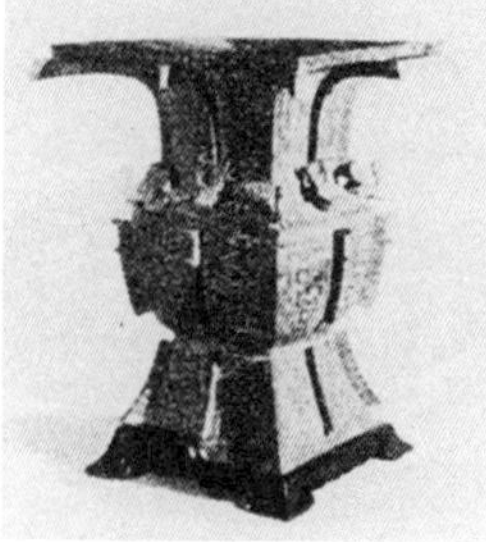

26 34

28 36

31 38

33 42

374

59

60

63

66

68

74

75

80

81

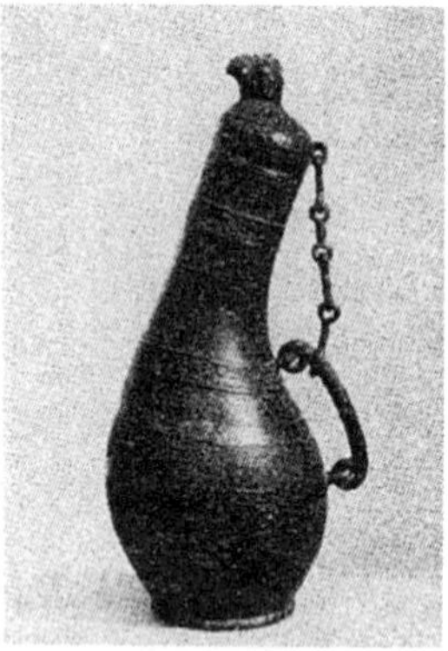

88

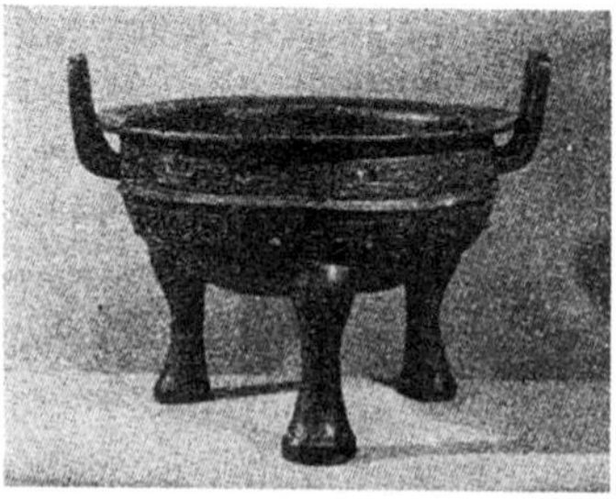

82

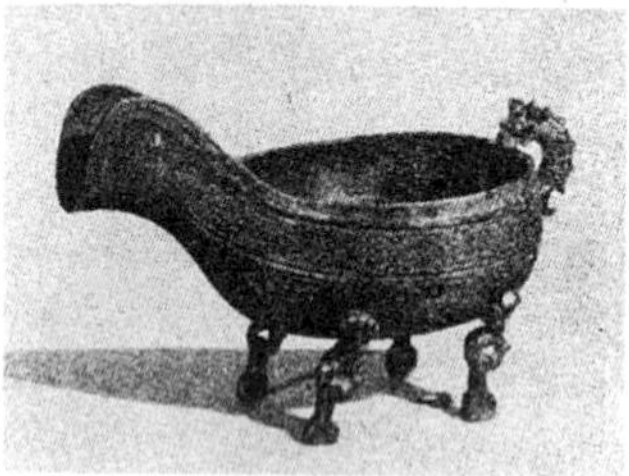

90

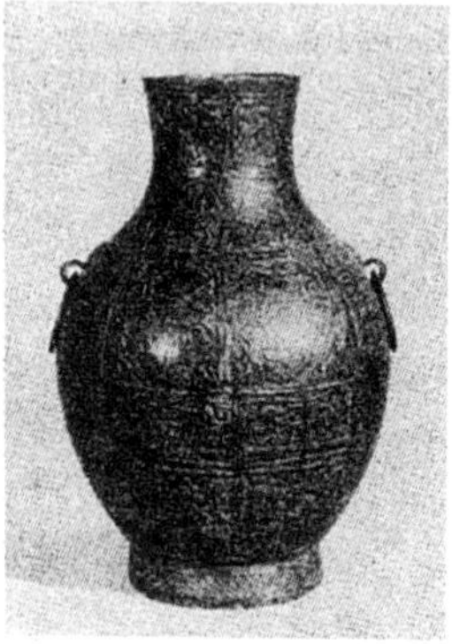

83

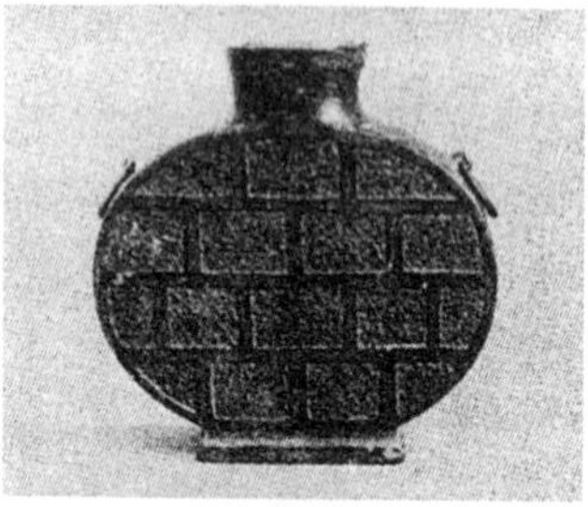

91

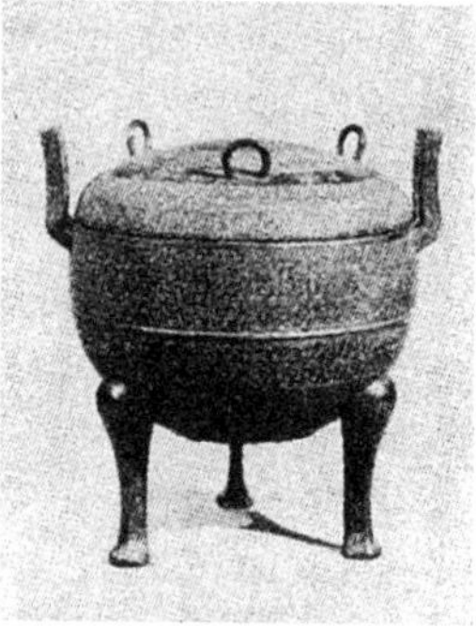

84

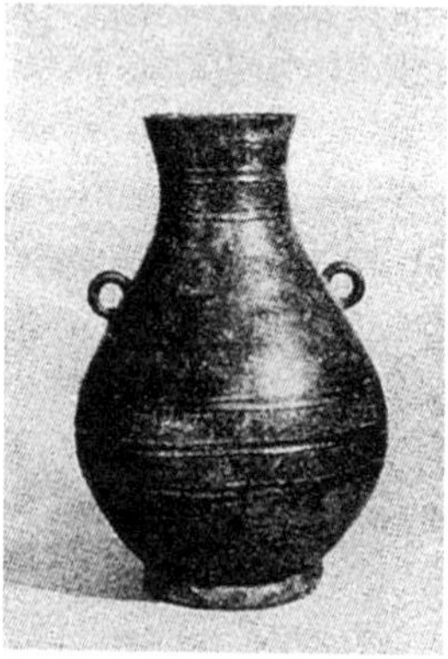

94

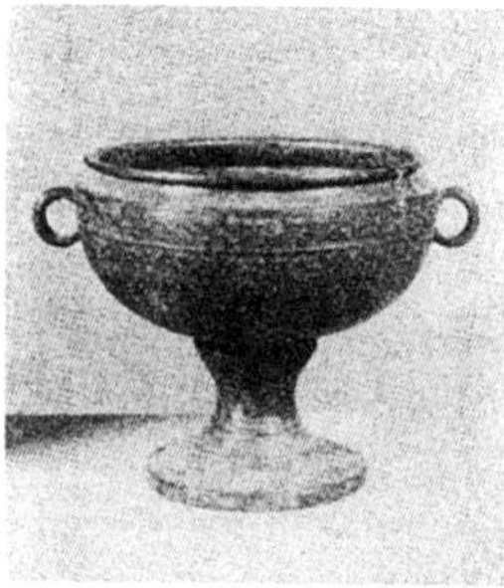

95

96

97

98

99

102

105

106

377

107
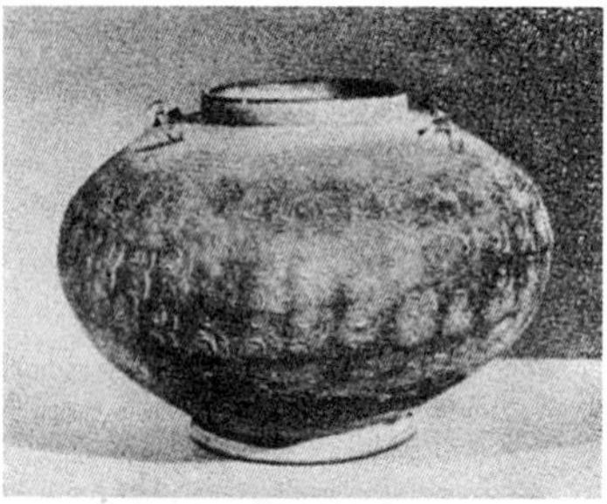

112
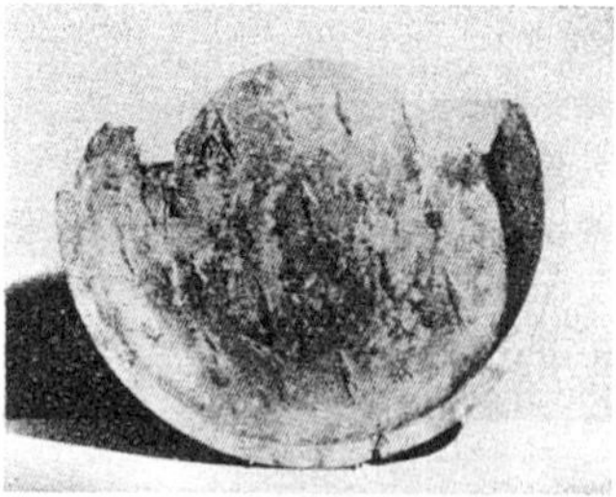

108
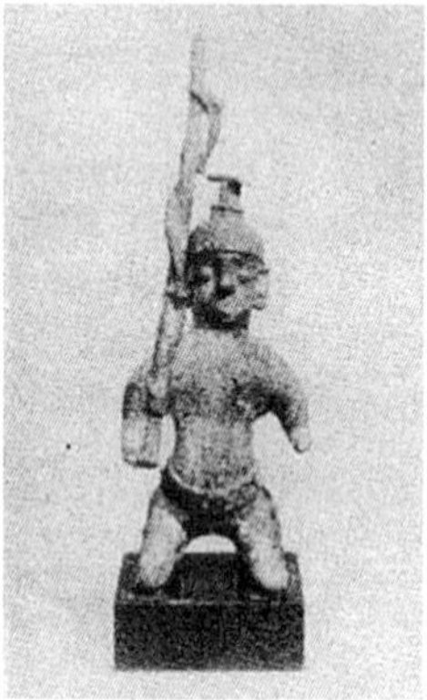

113
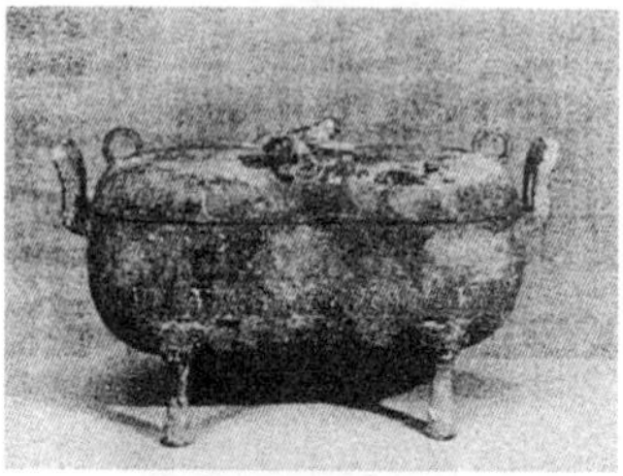

114
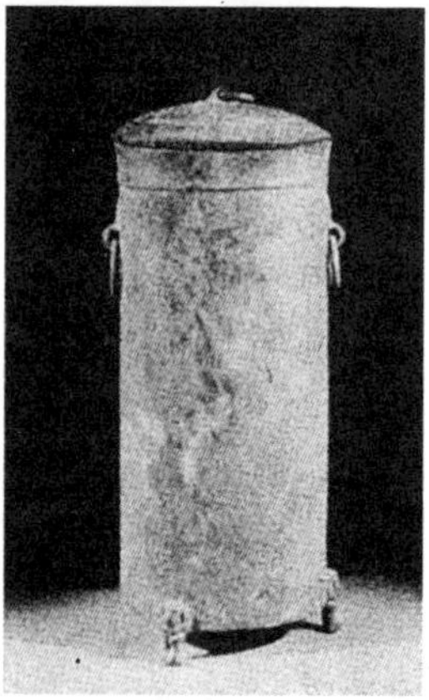

109
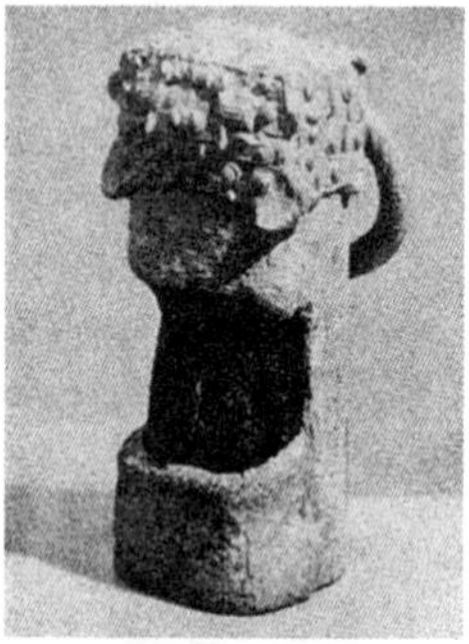

115
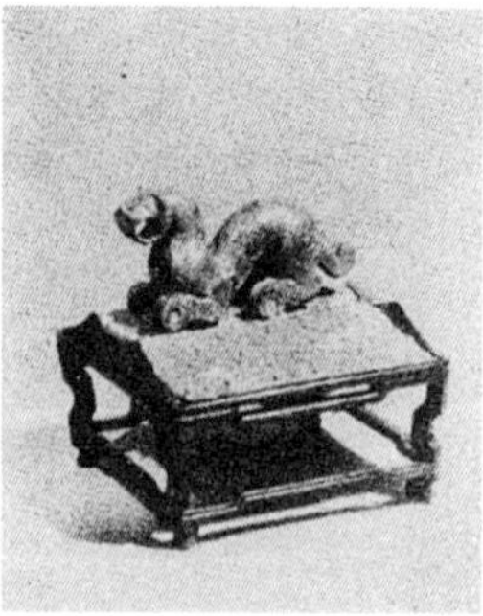

111
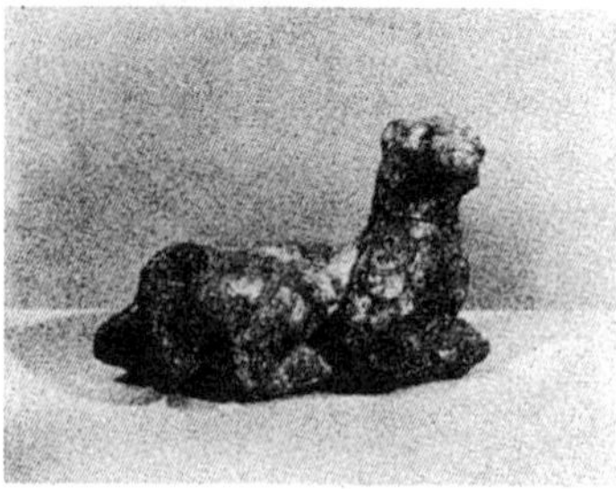

116

117

118

120

121

122

123

124

125

126

127

128

129

130

131

132

381

141

145

142

146

143

147

144

148

151

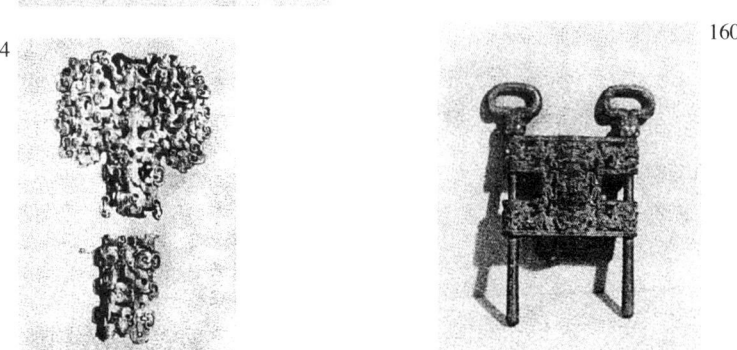

155

152

157

153

159

154

160

161
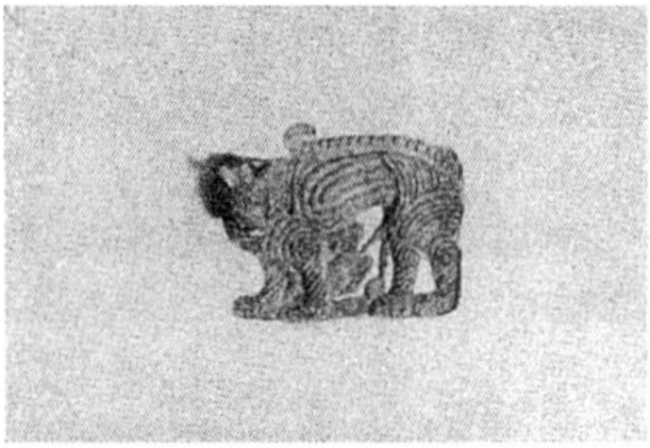

166
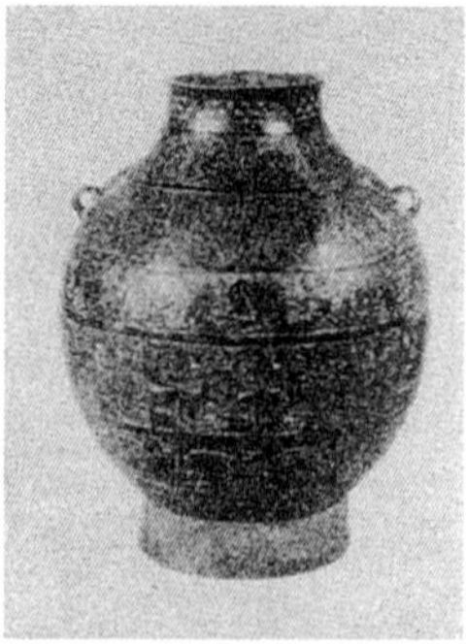

162
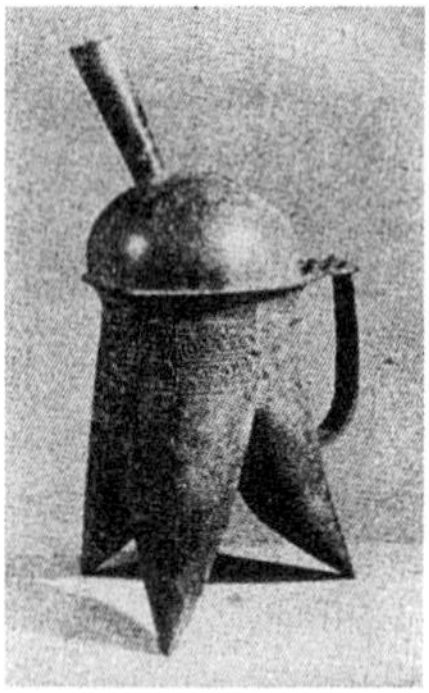

167
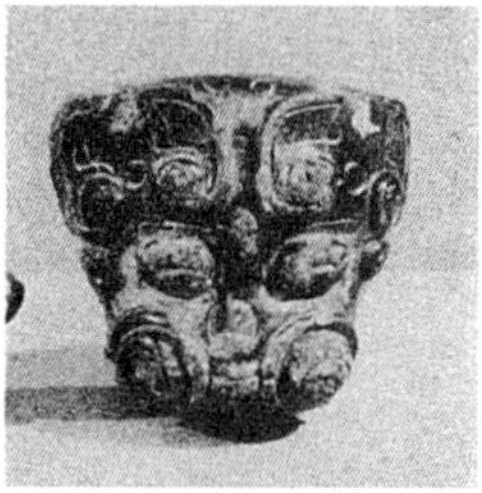

164
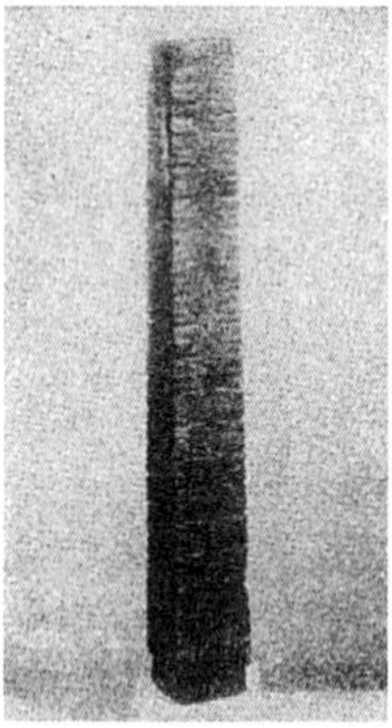

168
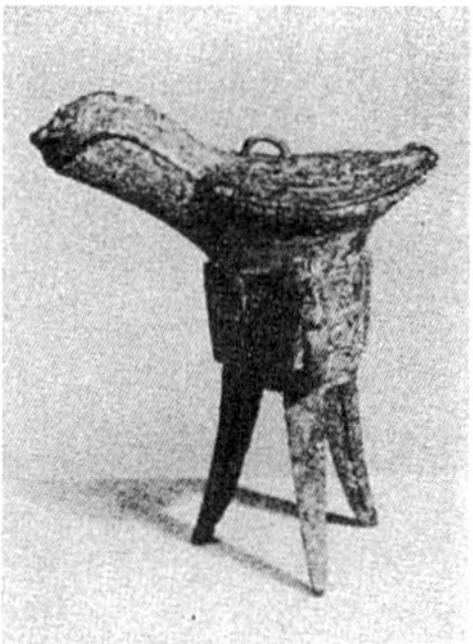

165
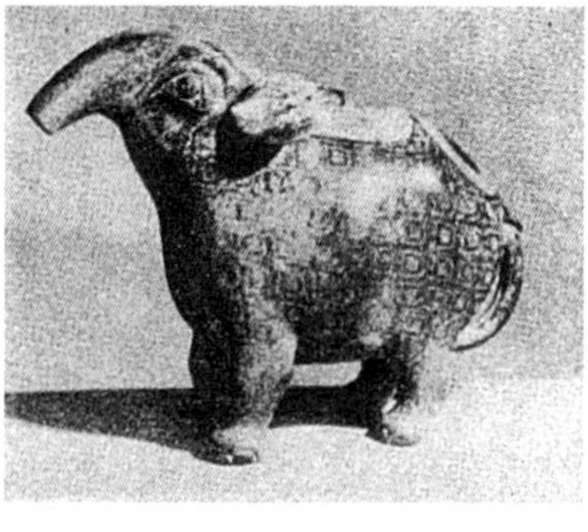

169
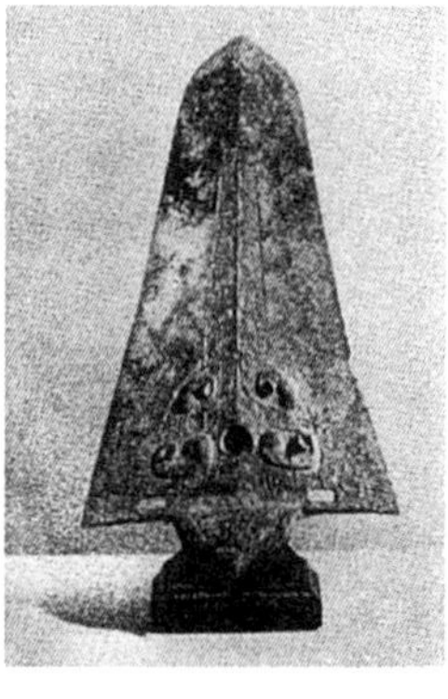

170

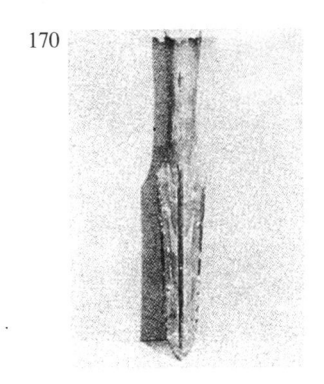

171

173

174

175

176

177

178

179

180

181

182

183

184

185

186

187

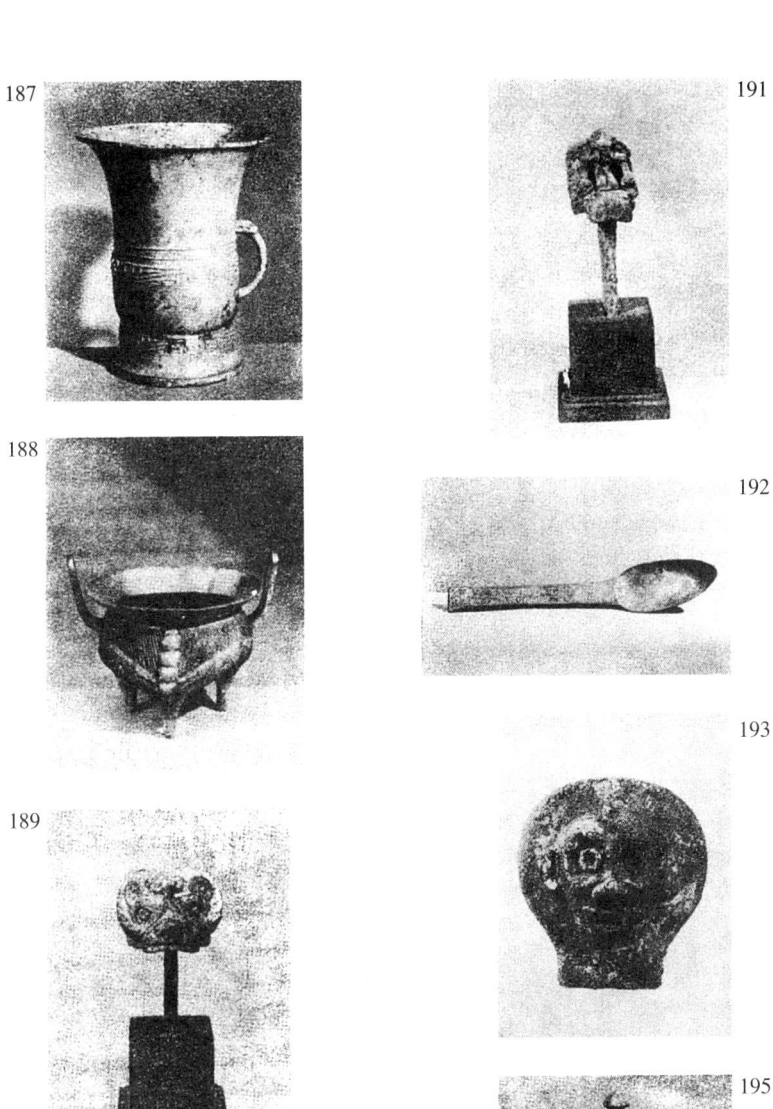

188

189

190

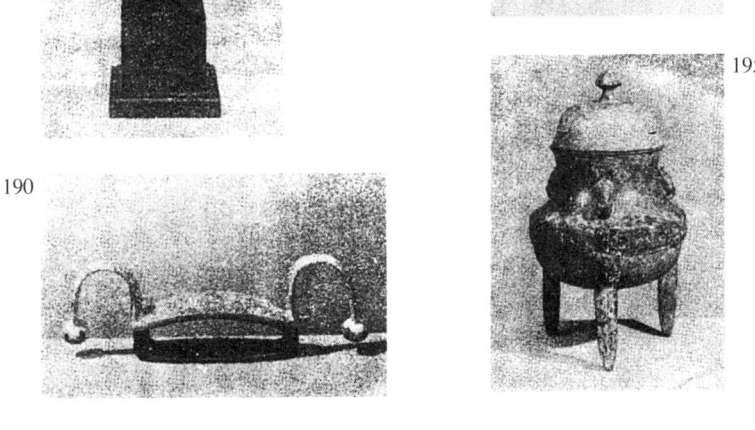

191

192

193

195

196

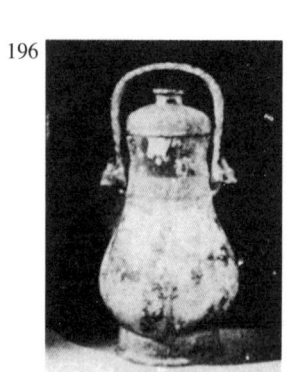

197

198

199

200

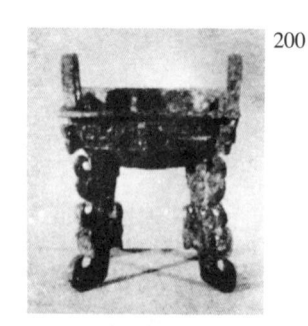

201

202

203

204

205

206

207

208

209

210

211

389

212

213

214

215

216

217

218

220

221

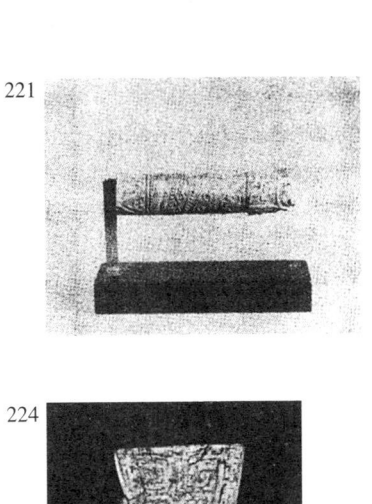

224

227

228

229

230

231

232

234

235

236

237

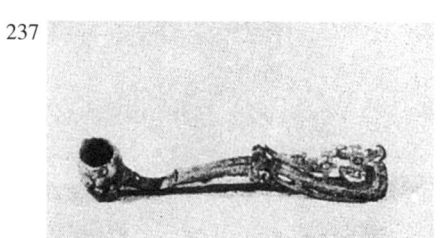

238

239

240

241

242

243

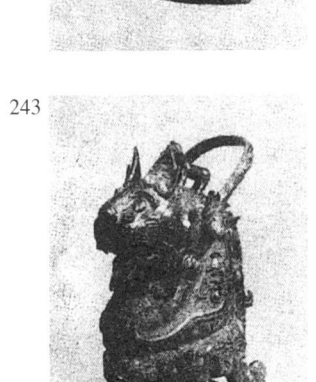

244

245

246

247

248

249

250

251

252

253

254

255

256

257

258

259

260

261

262

263

265

266

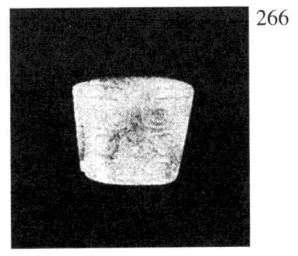

267

274

268

275

276

270

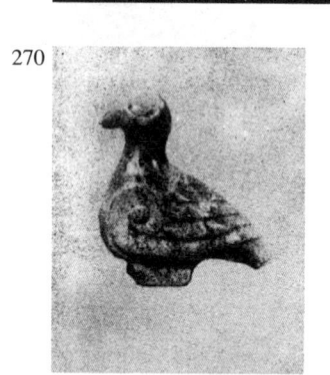

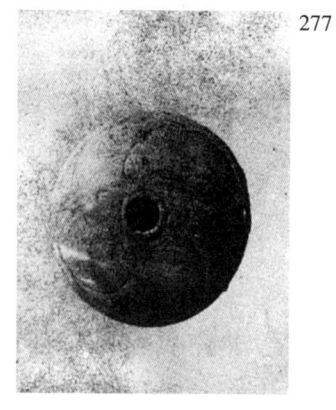

271

277

278

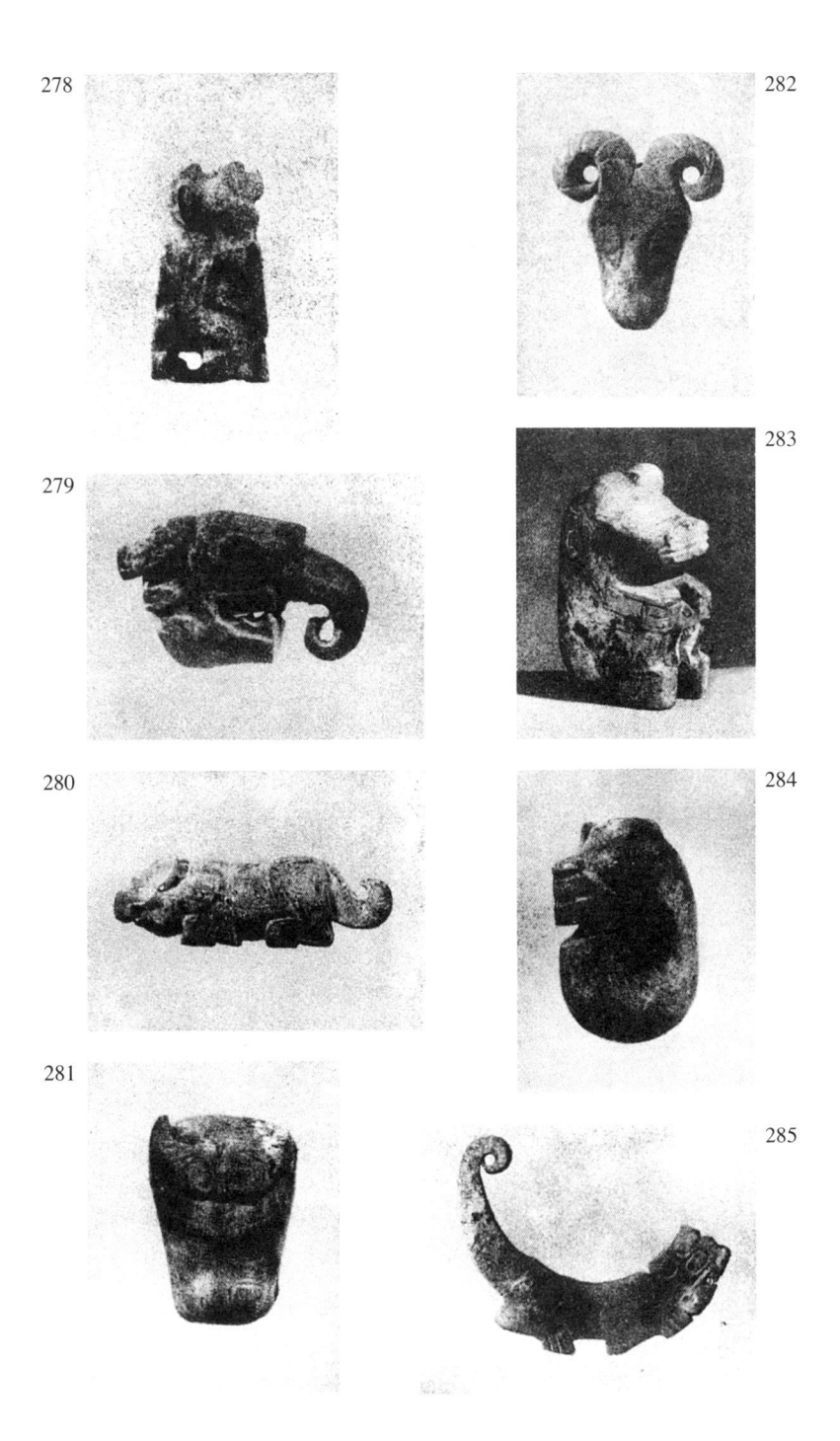

282

279

283

280

284

281

285

286

291

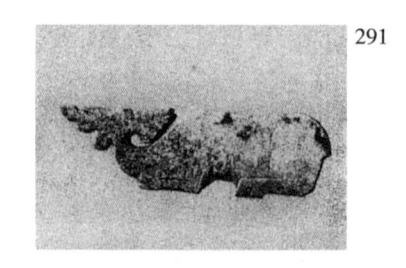

287

295

288

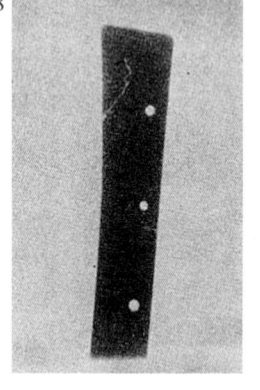

297

290

298

299

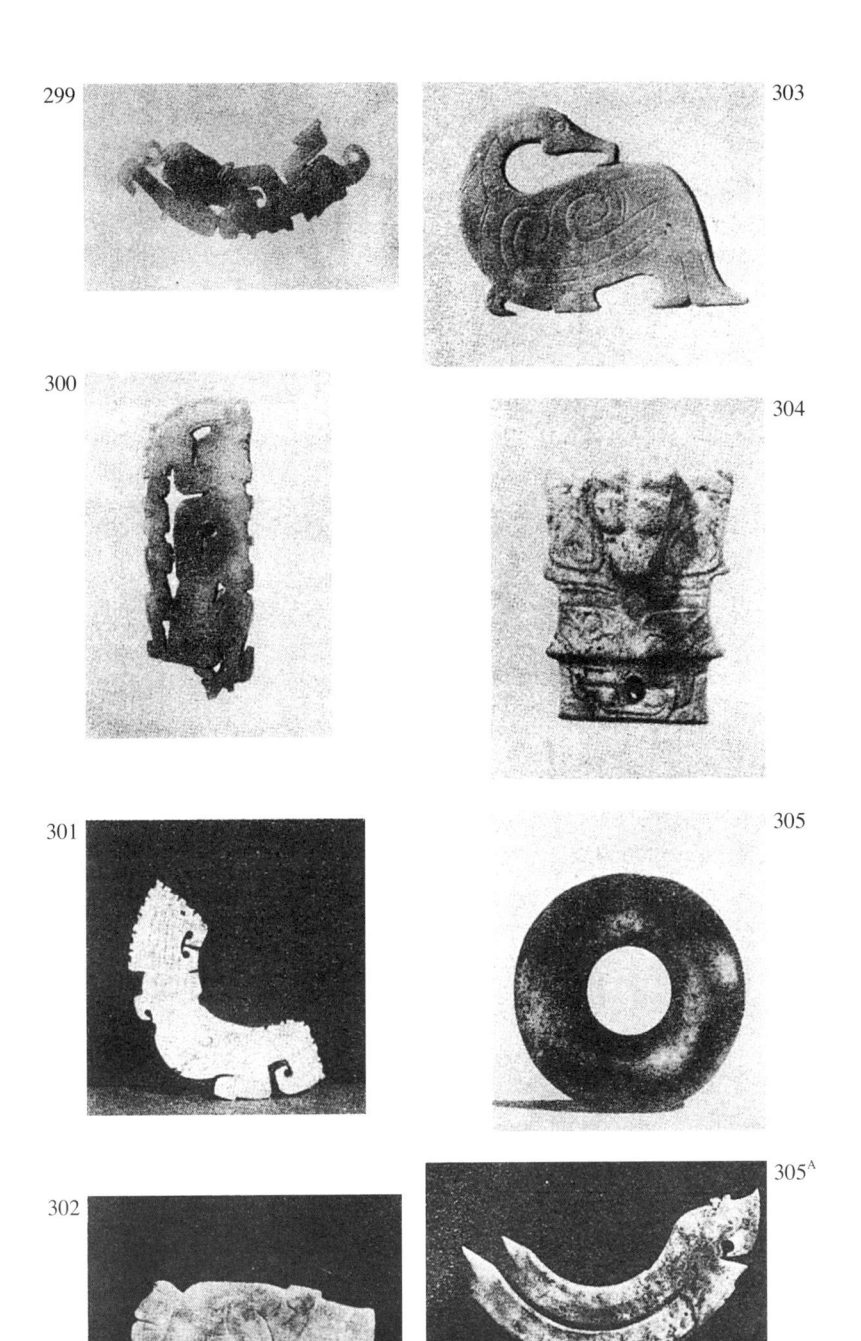

303

300

304

301

305

302

305ᴬ

306

307

309

310

312

313

314

315

400

316

319ᴬ

319ᴮ

317

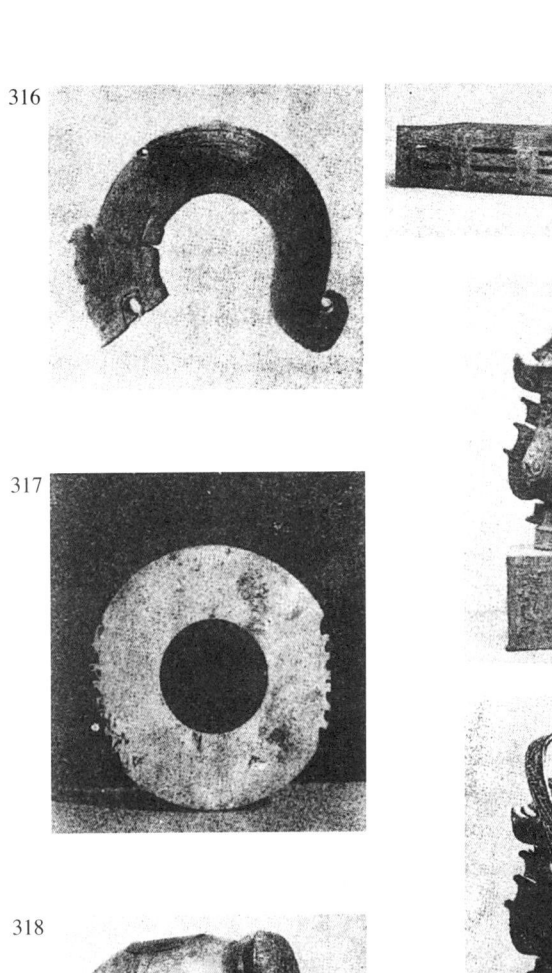

319ᶜ

318

319ᴰ

319

319ᴱ

319ᶠ

319ᴳ

319ᴴ

319ᴵ

319ᴶ

319ᴷ

319ᴸ

320

329

323

330

325

331

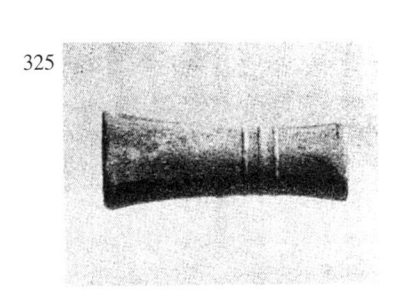

328

335

403

336

341

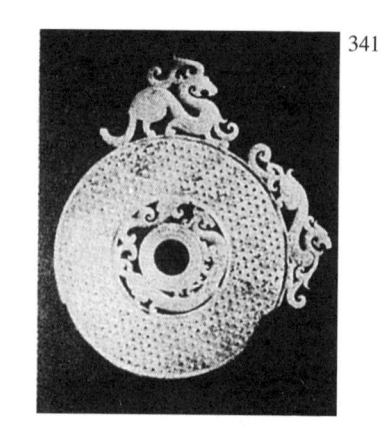

337

342

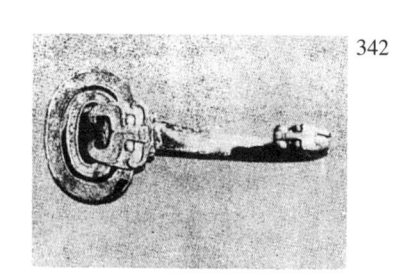

339

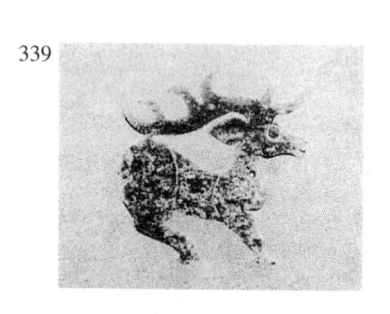

343

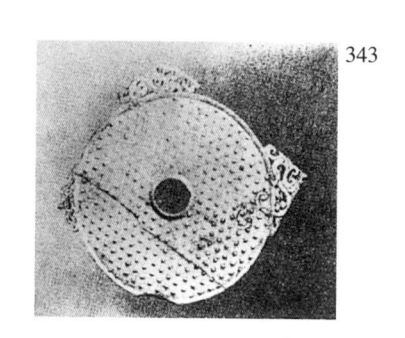

340

346

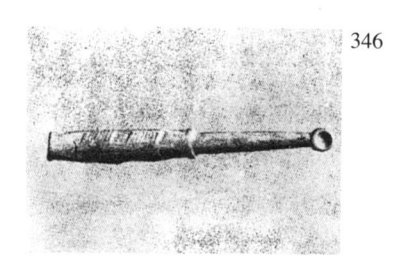

347

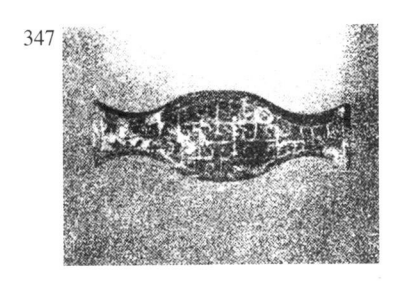

348

349

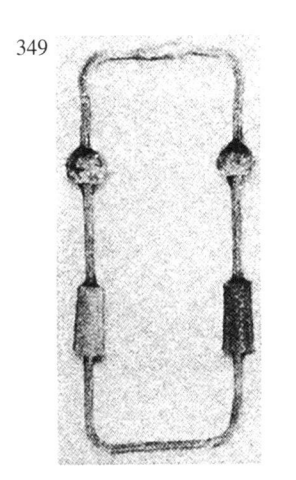

350

351

355

356

357

358

367

359

369

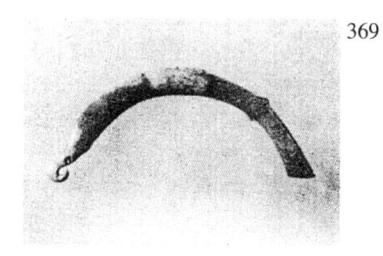

370

362

371

364

372

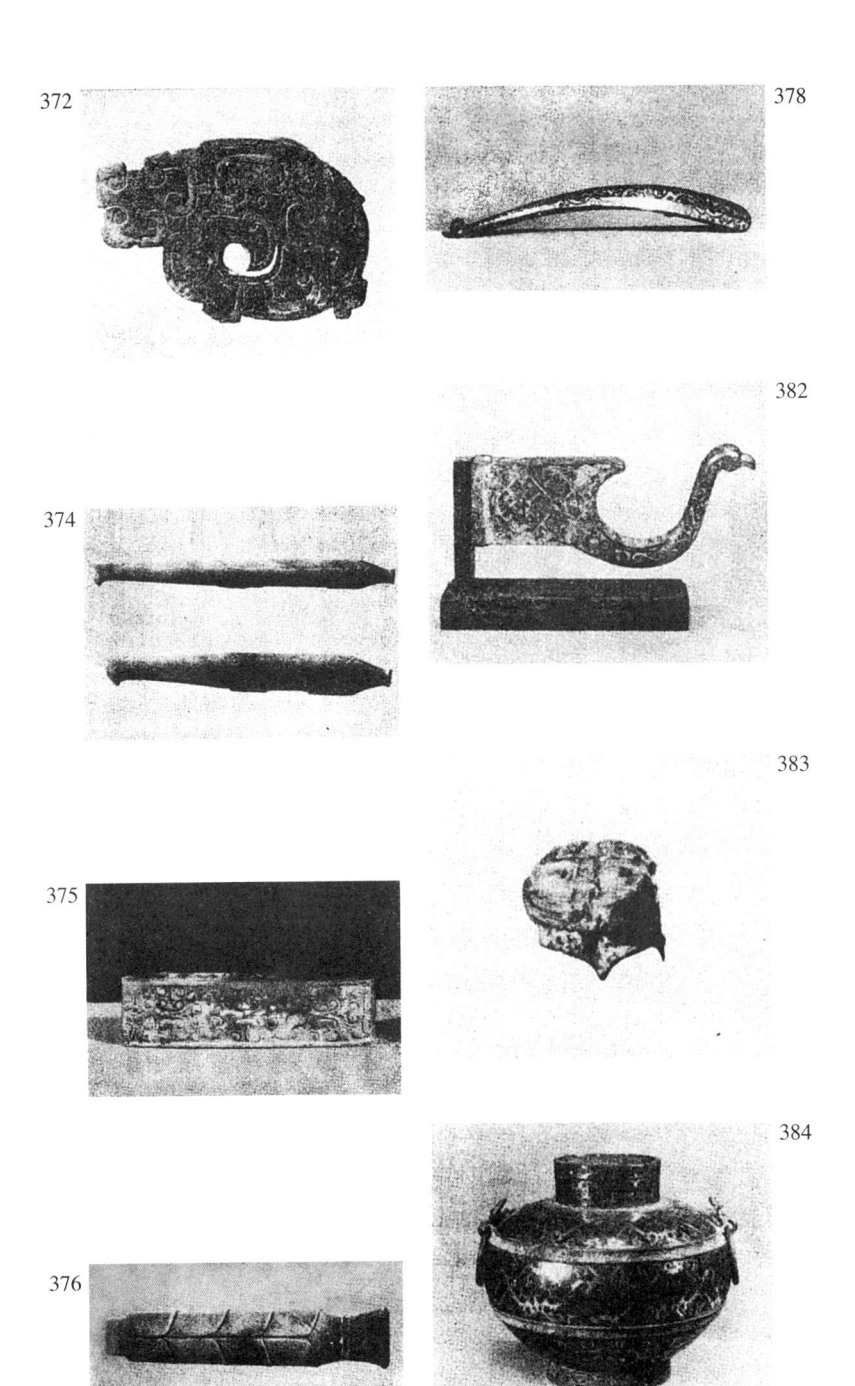

378

374

382

375

383

376

384

385

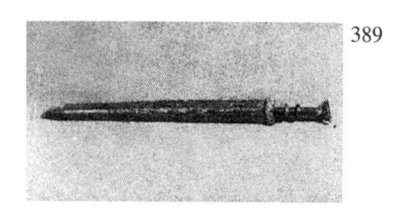

386

387

388

389

390

391

392

393

398

394

400

395

402

397

403

405

406

407

408

409

410

412

413

411

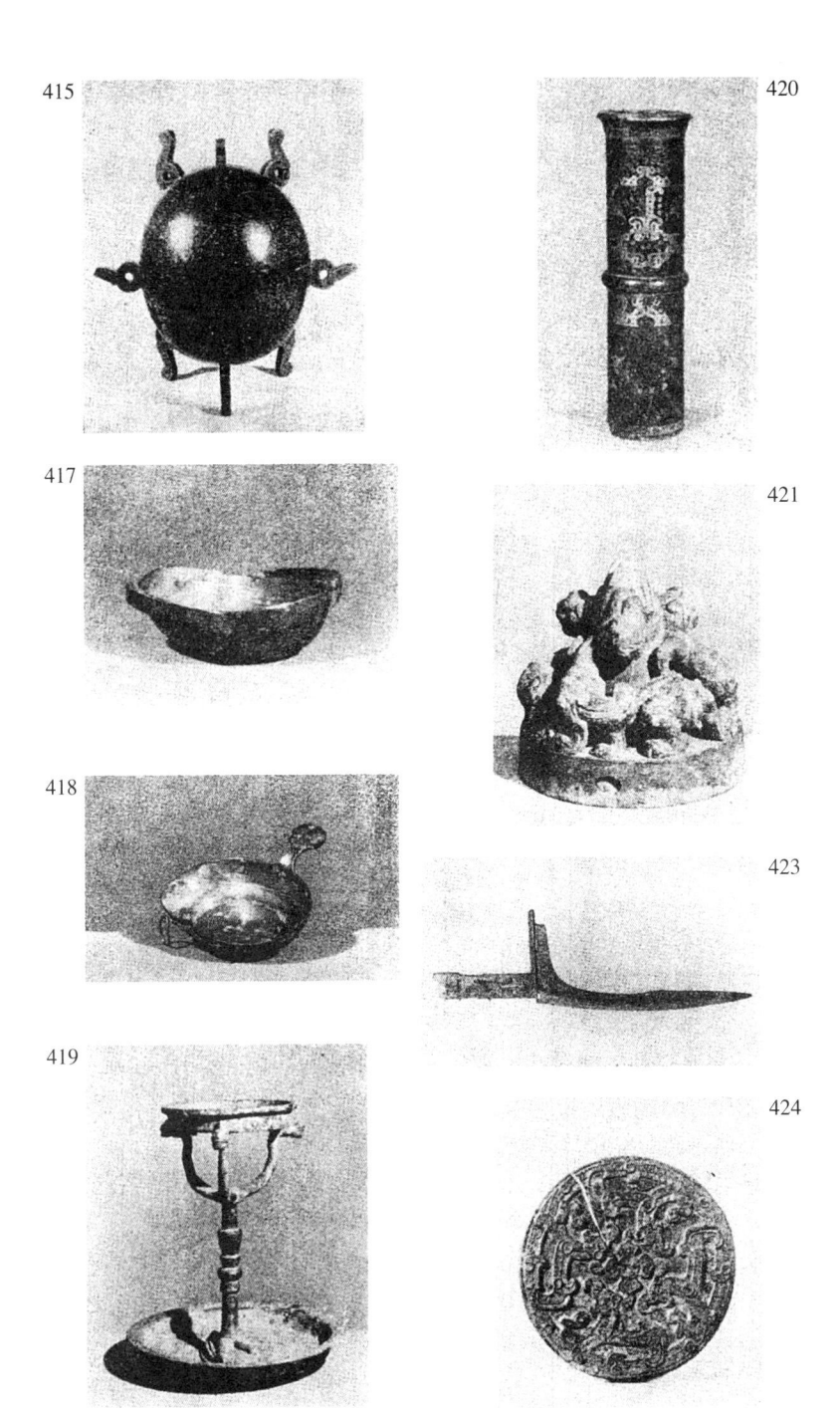

425
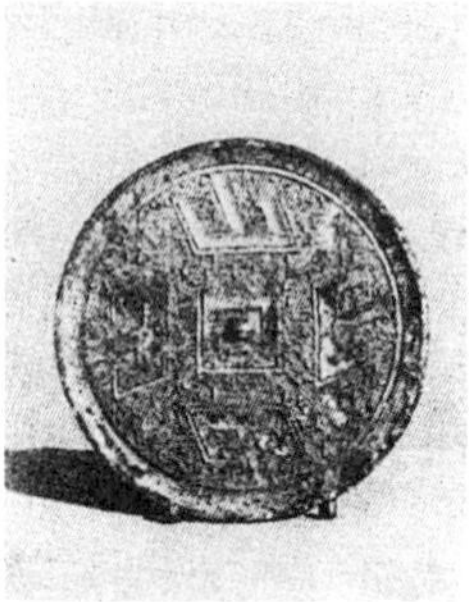

430
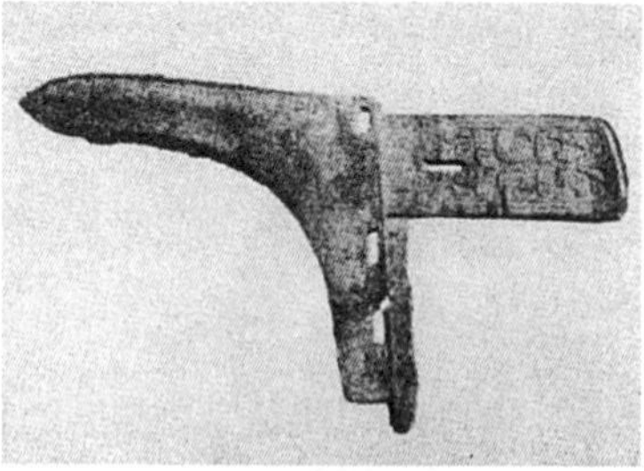

426
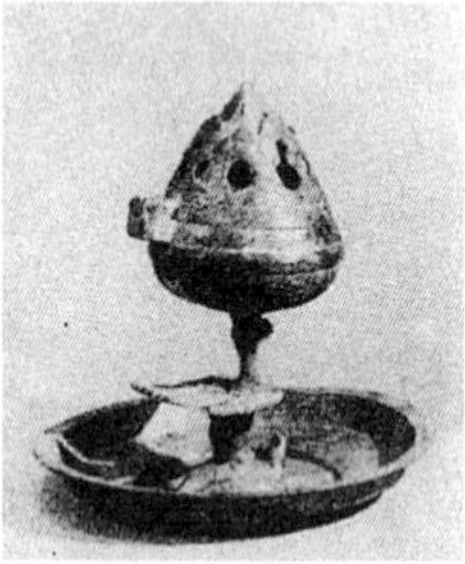

433
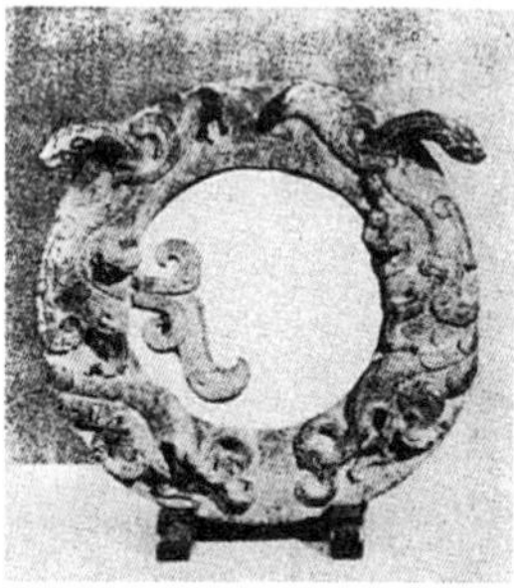

427
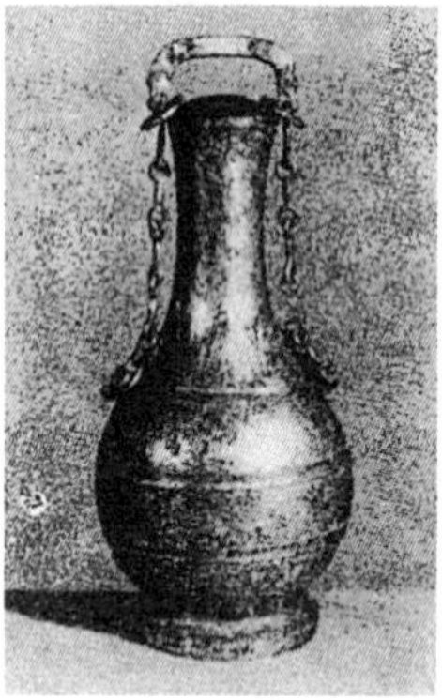

434
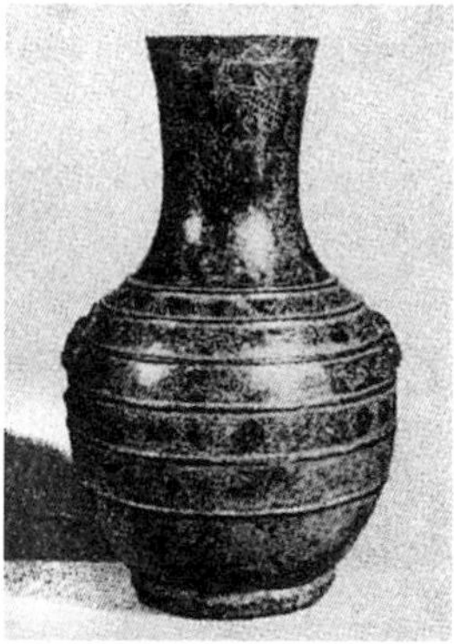

428
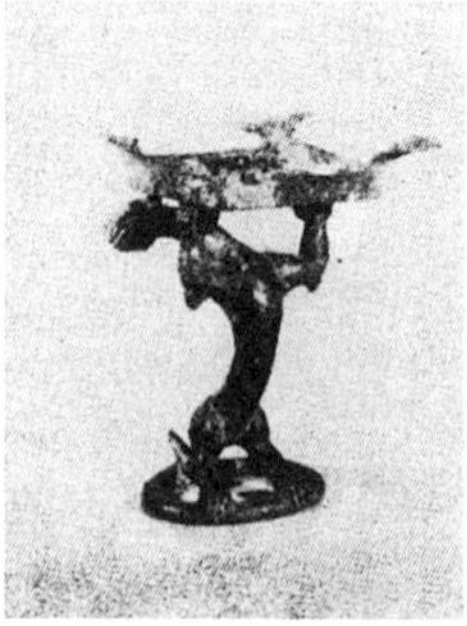

435
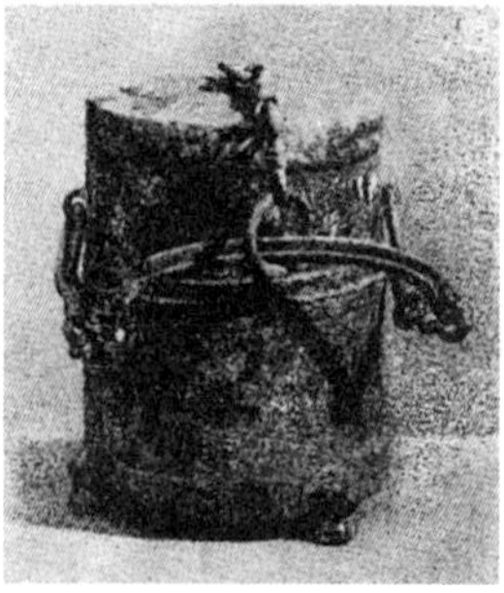

436

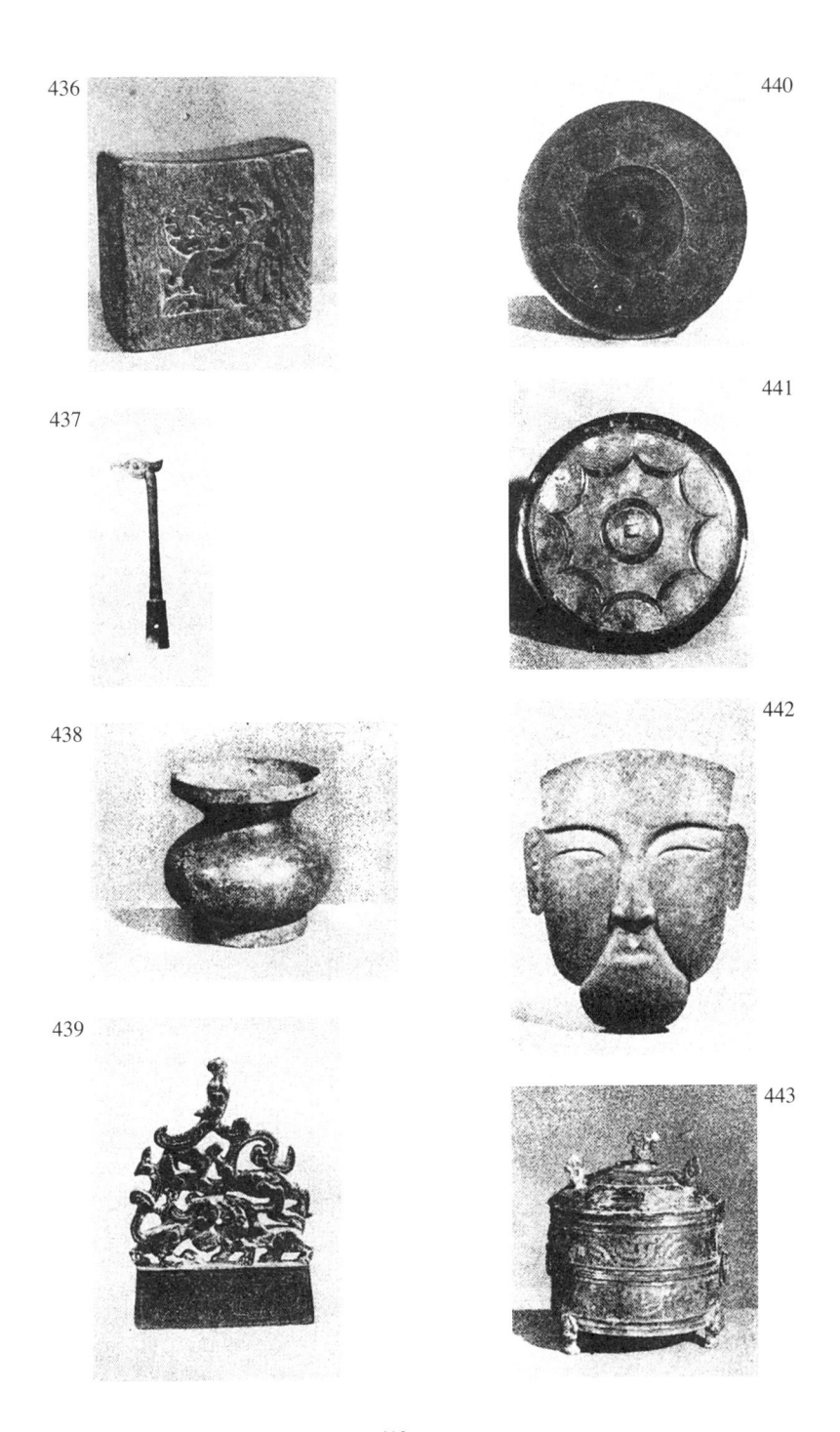

440

437

441

438

442

439

443

444

445

446

447

448

449

450

451

452

453

454

455

456

457

459

460

461

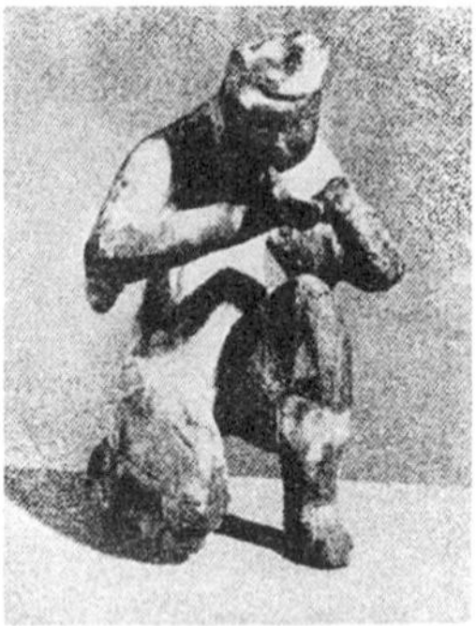

465

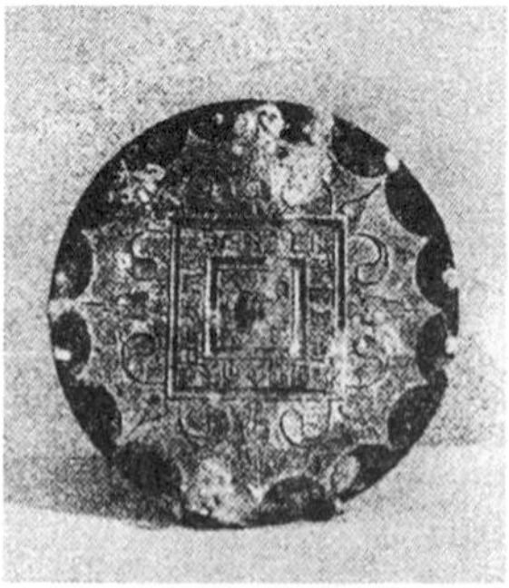

462

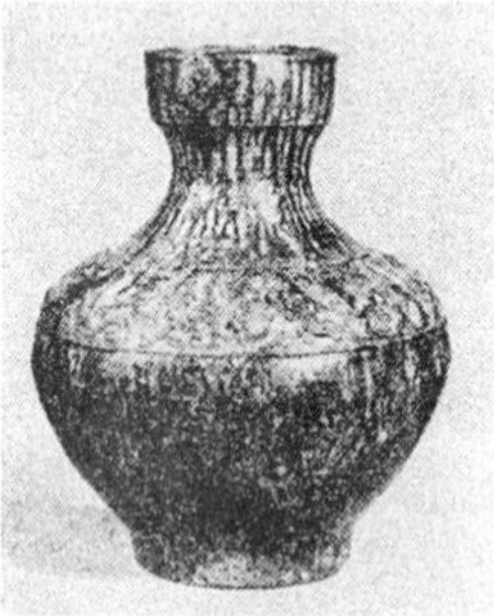

470

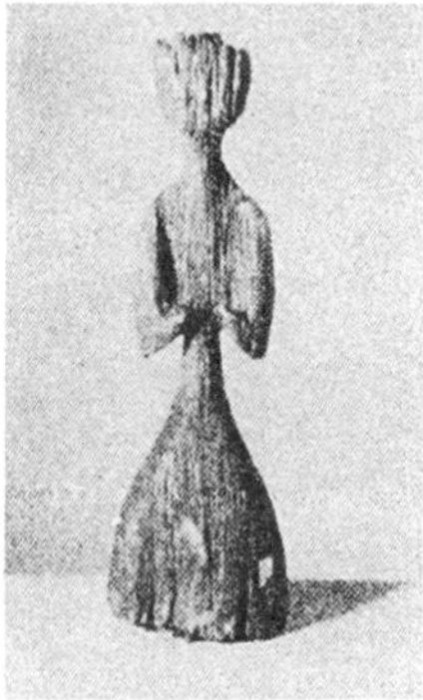

463

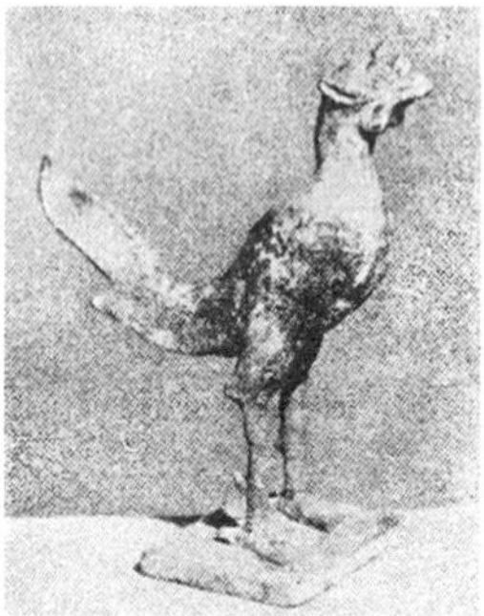

471

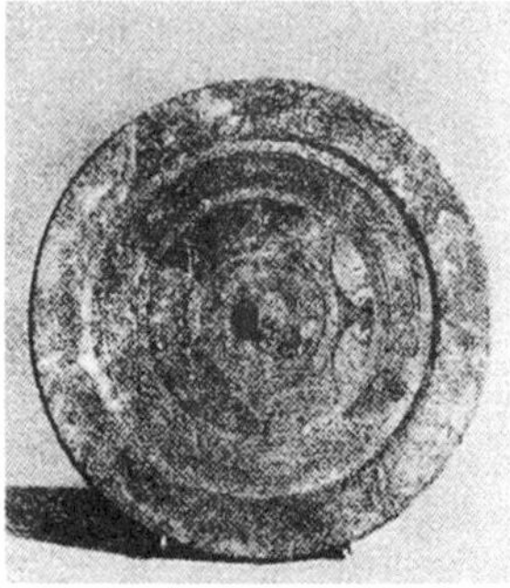

464

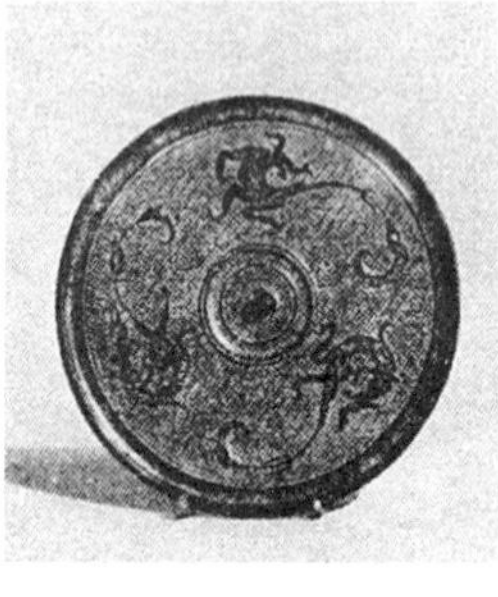

472

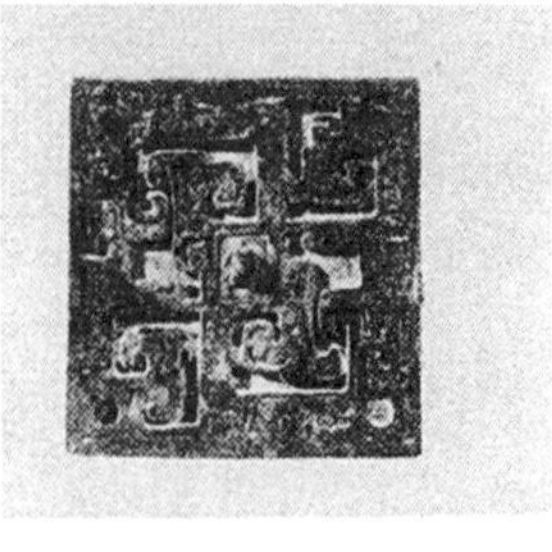

473

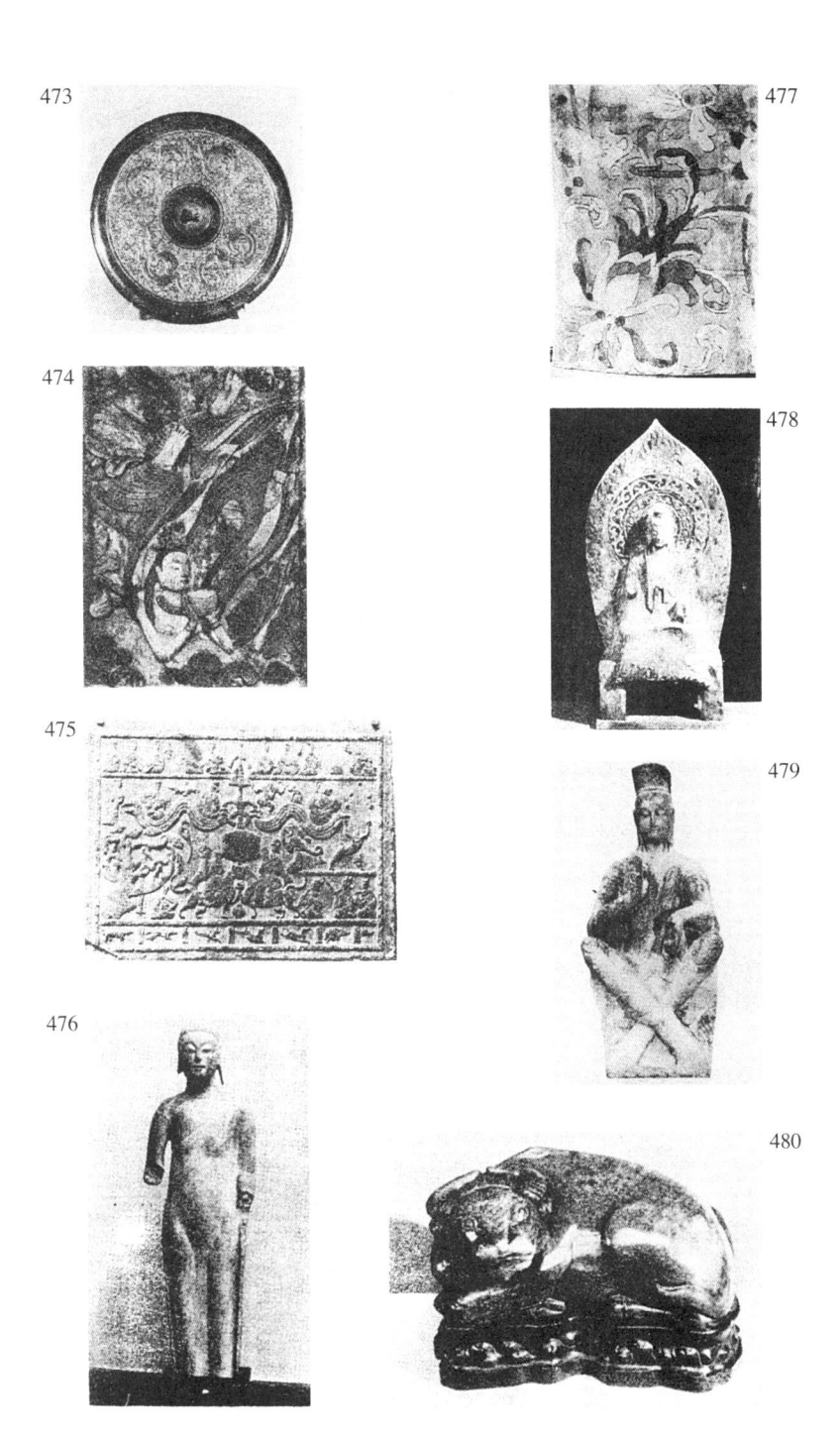

474

475

476

477

478

479

480

481

482

483

484

485

486

488

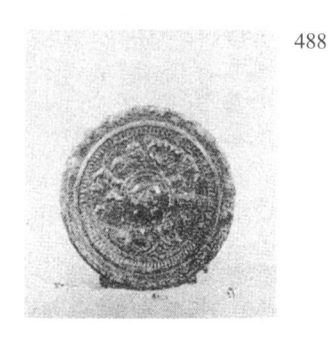

489

490

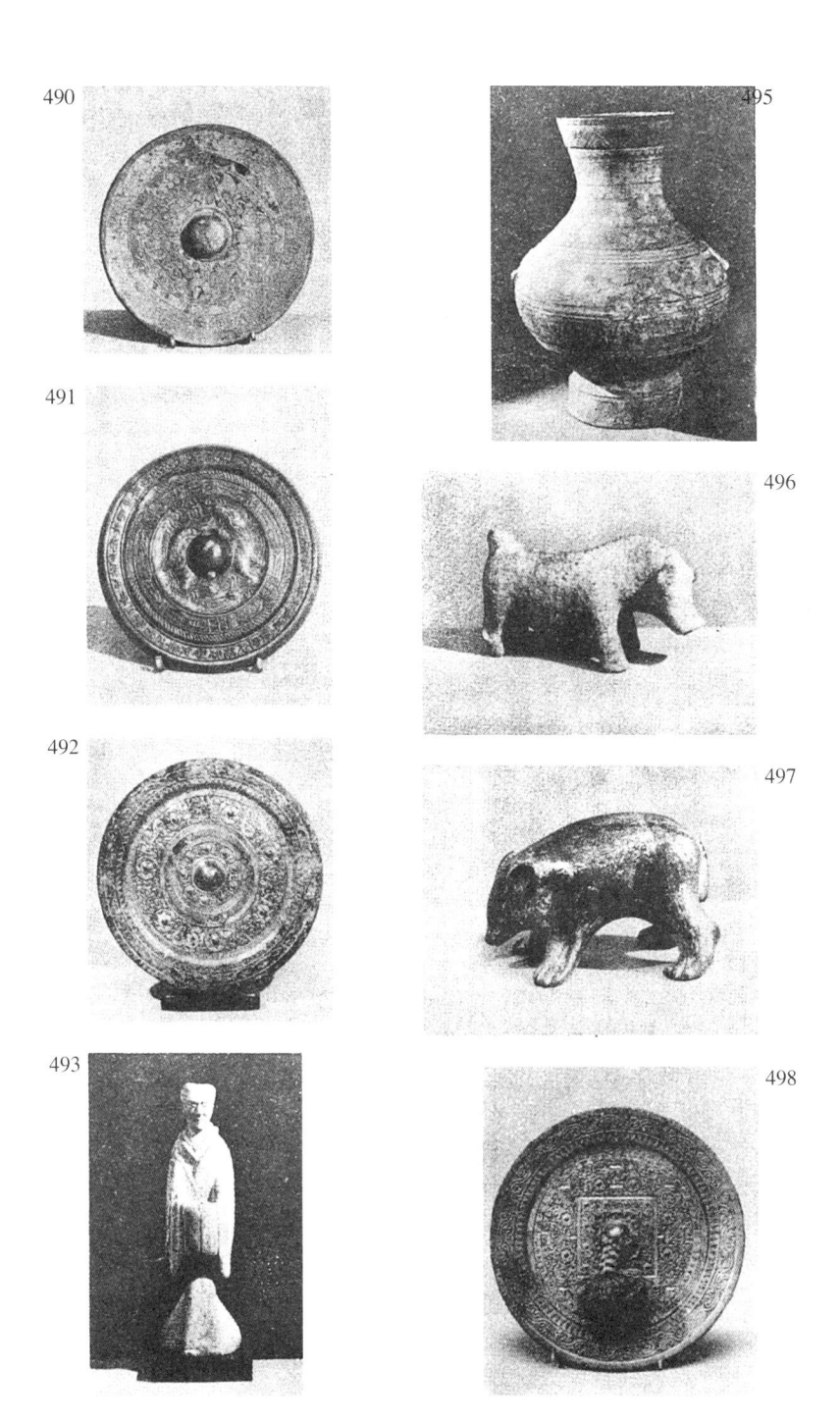

491

492

493

495

496

497

498

499

500

501

502

503

504

505

506

507

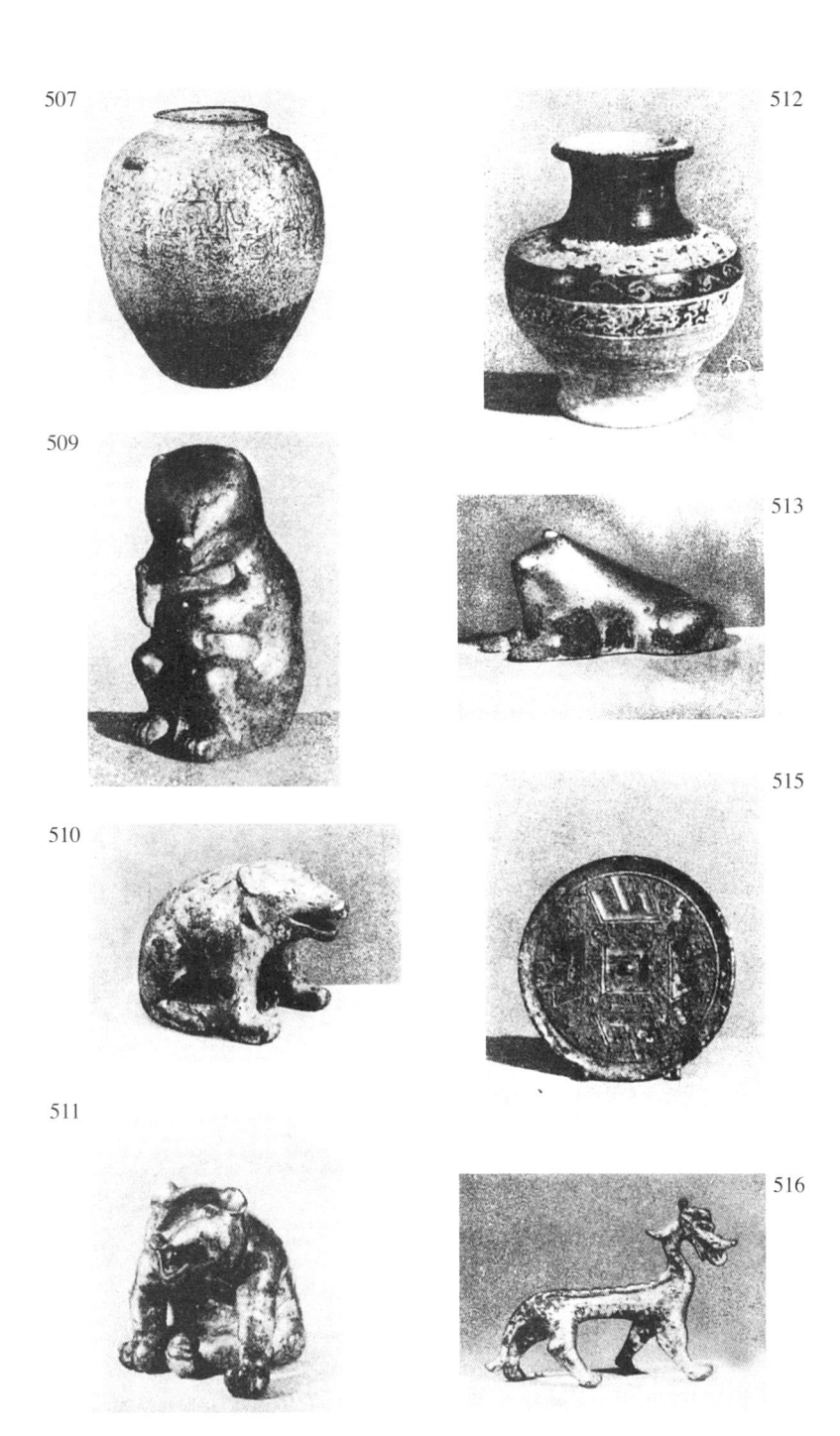

512

509

513

510

515

511

516

517

518

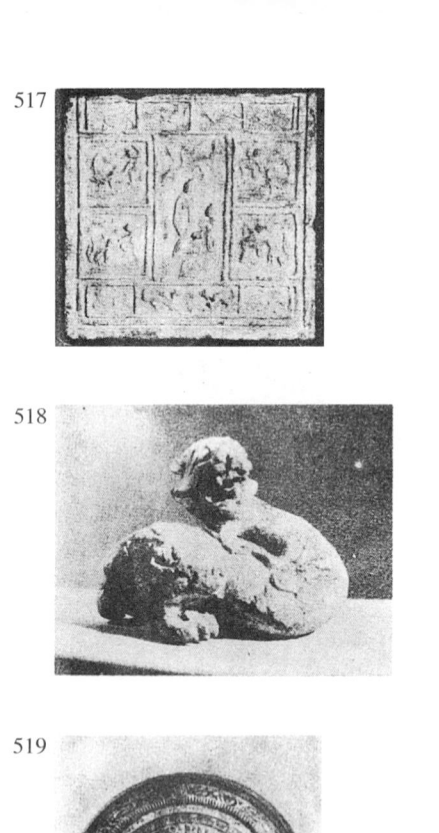

519

520

522

523

524

525

526

530

527

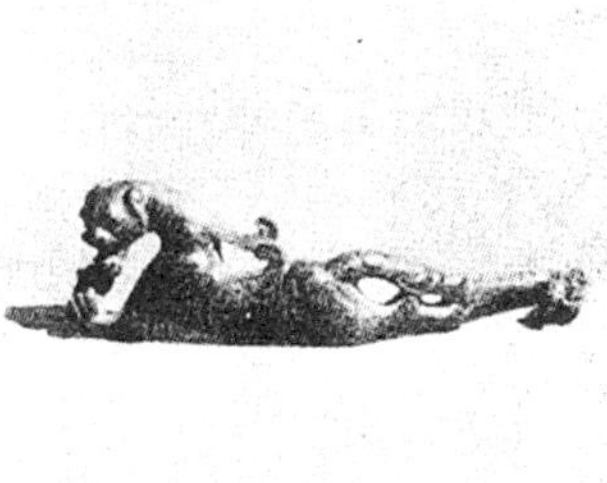

532

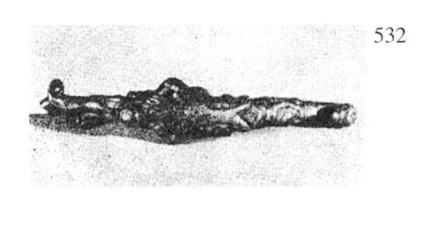

528

533

529

535

536

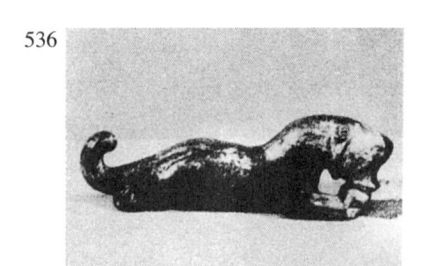

537

538

539

540

541

543

544

545

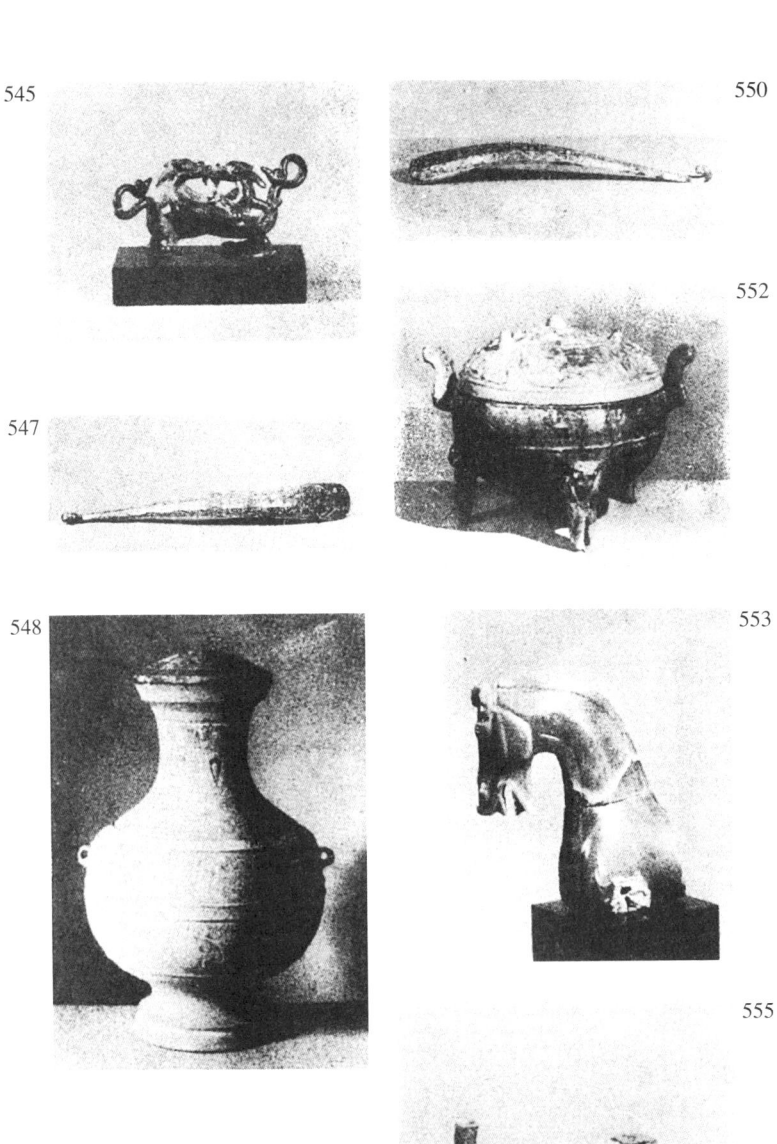

550

547

552

548

553

555

549

557

563

558

570

559

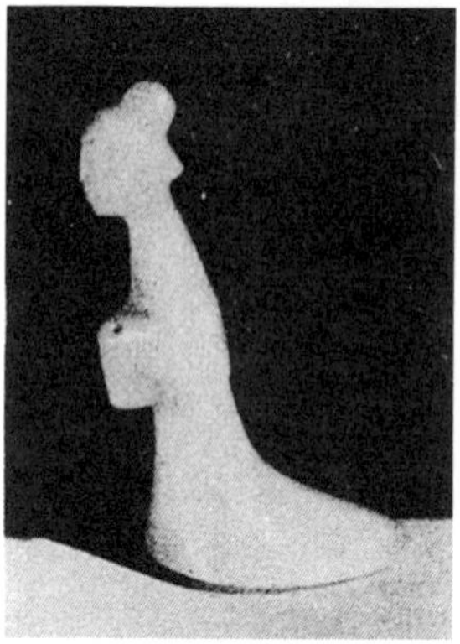

571

562

572

575

582

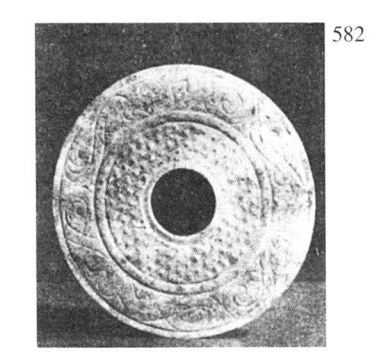

579

585

586

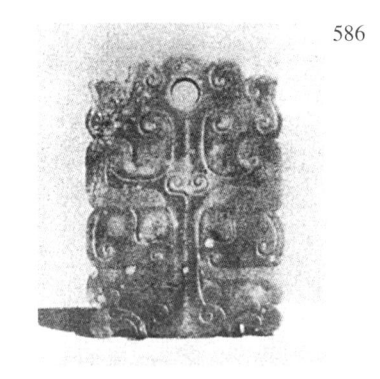

580

581

590

594

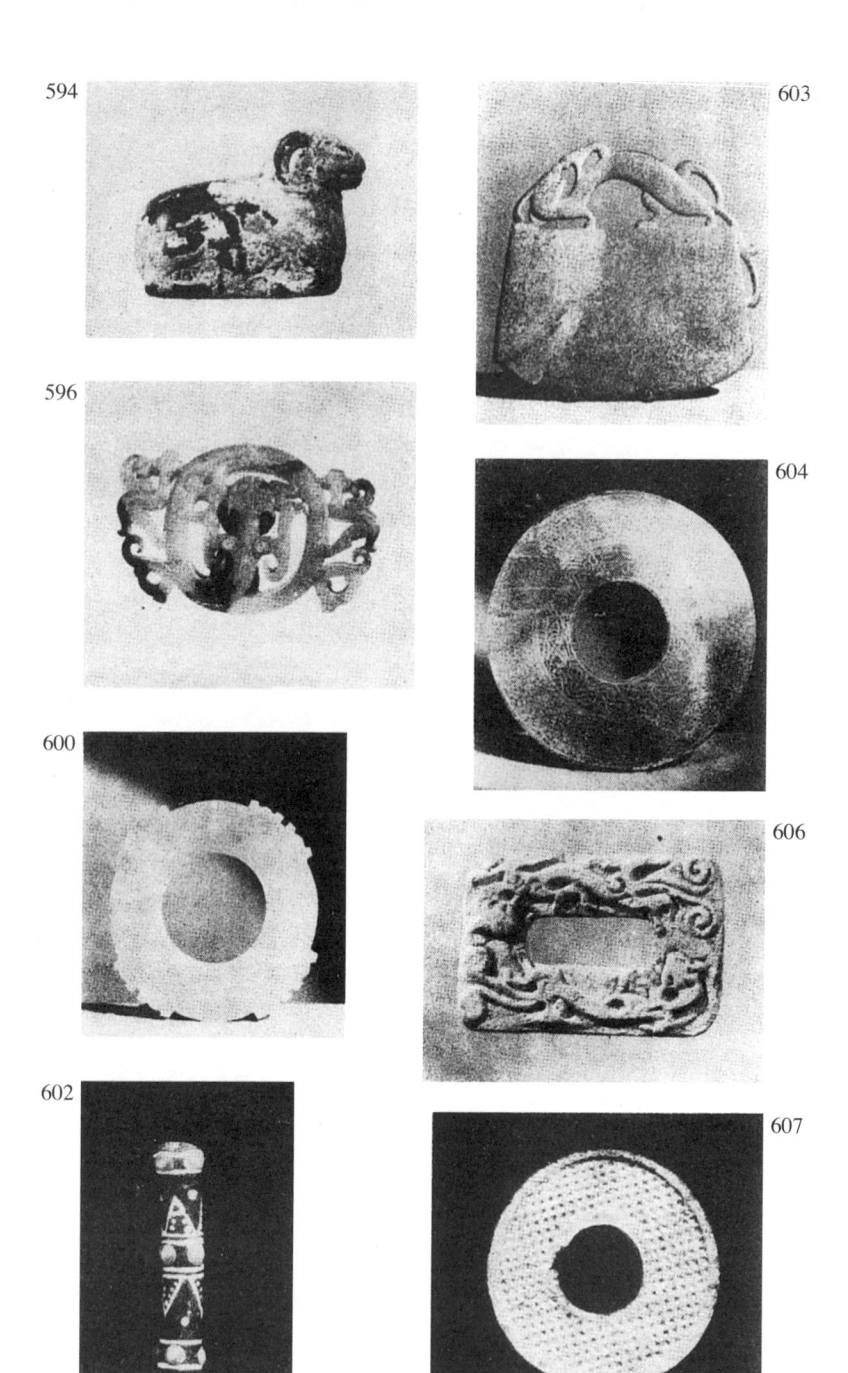

596

600

602

603

604

606

607

611

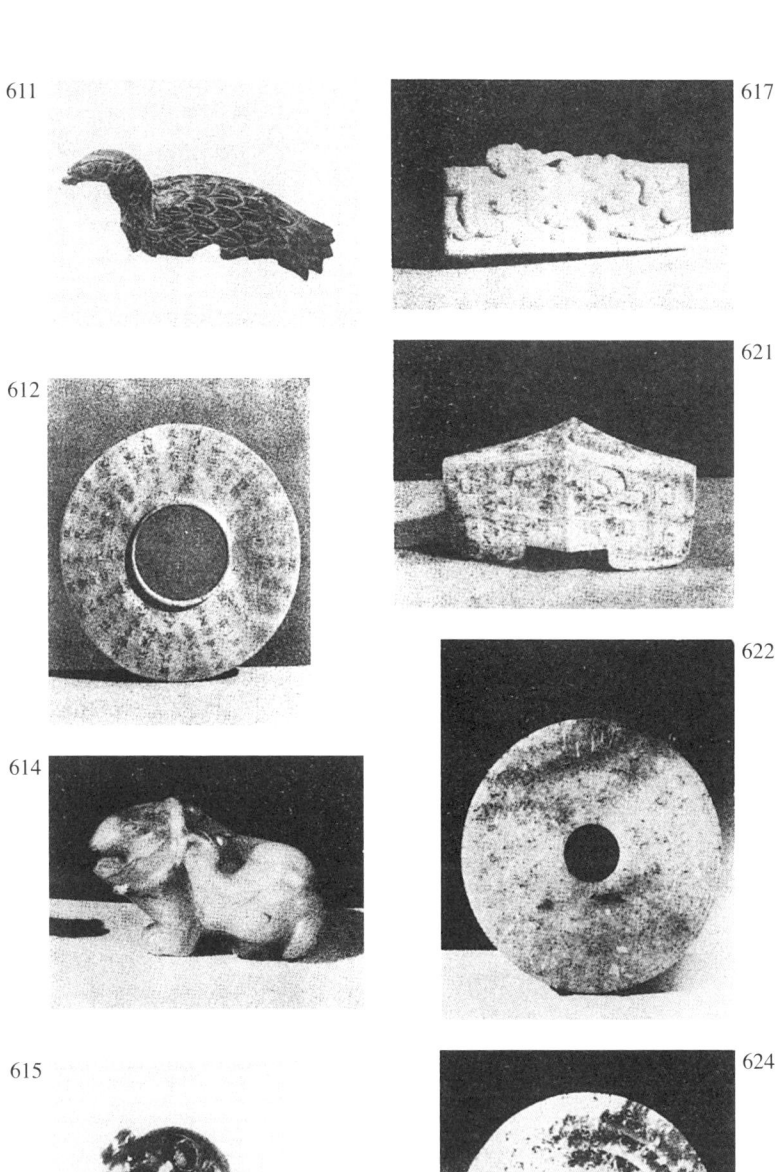

617

612

621

622

614

615

624

429

430

637

638

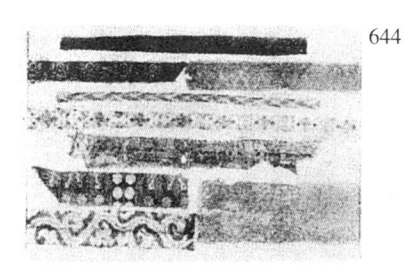

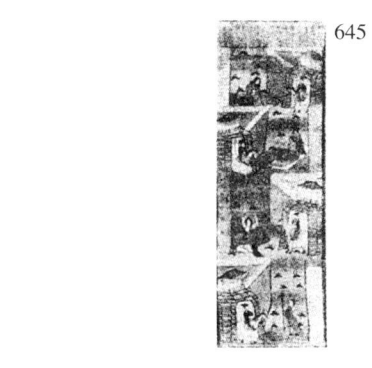

640

641

642

644

645

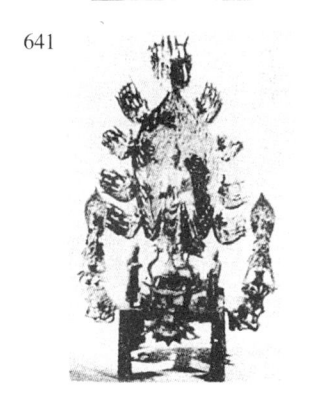

646

647

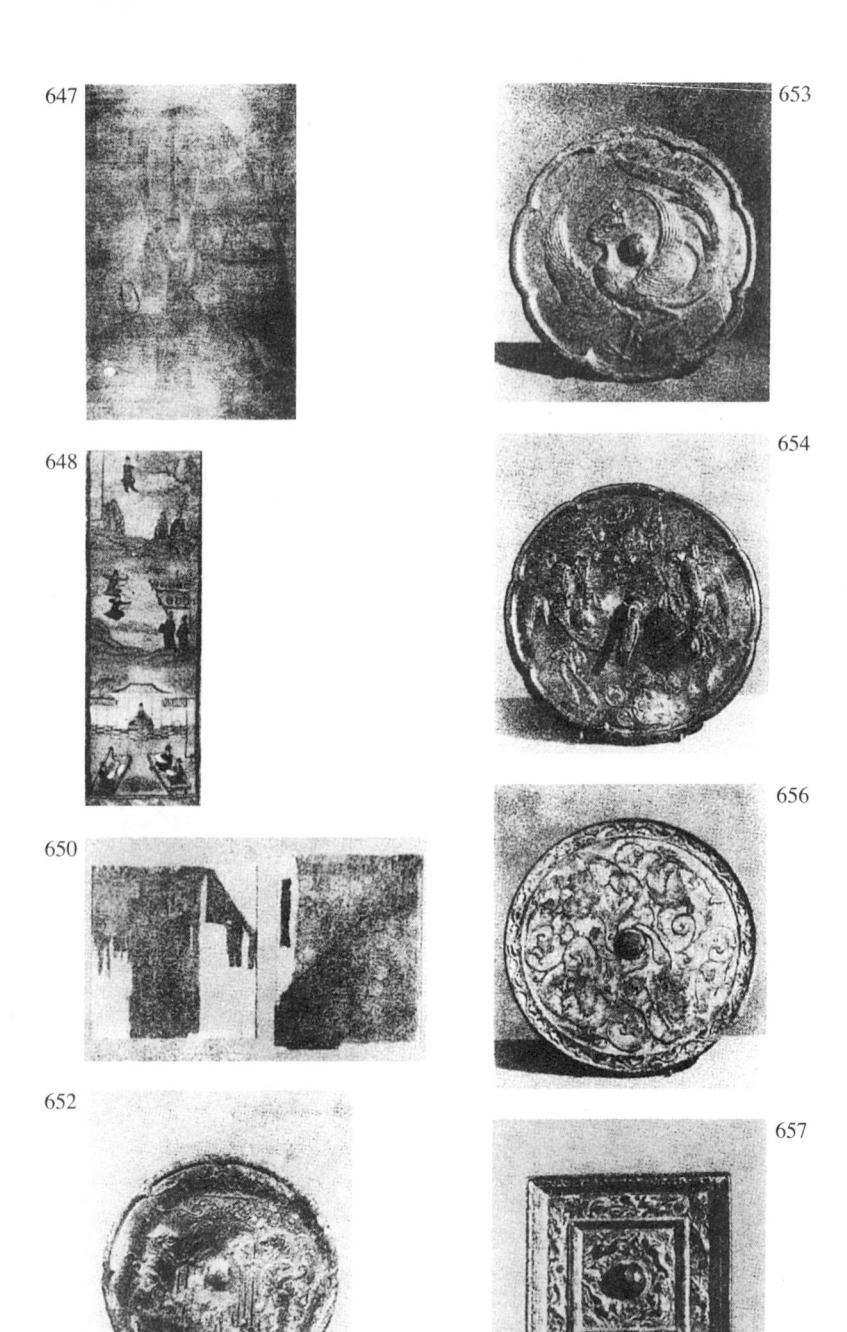

648

650

652

653

654

656

657

658

662

659

663

660

665

661

667

668

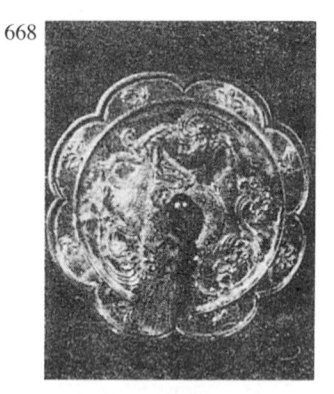

669

671

672

673

675

676

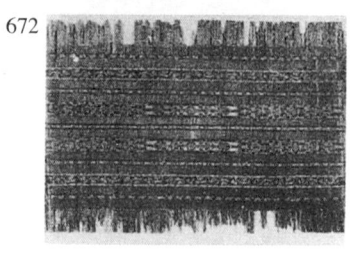

677

678

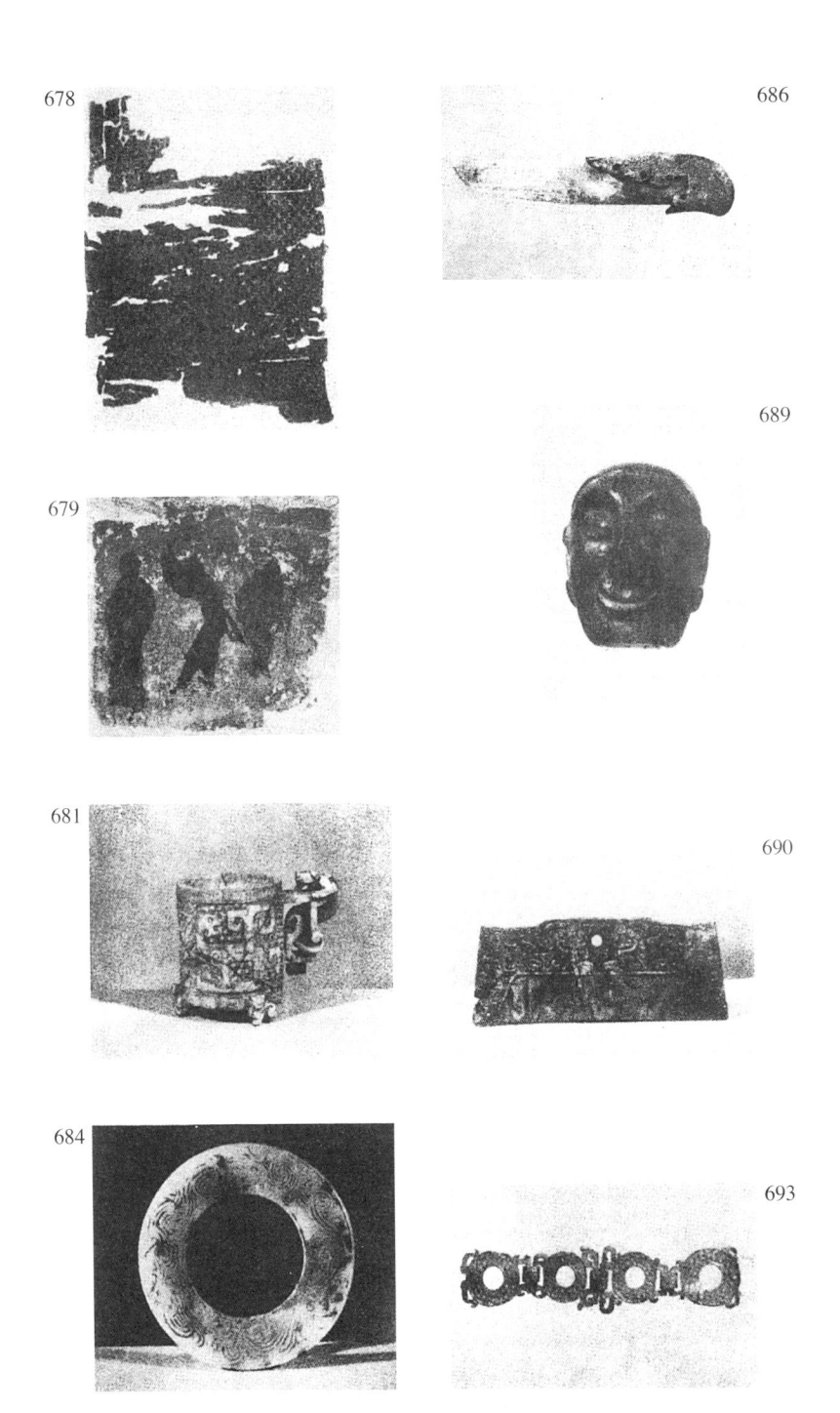

679

681

684

686

689

690

693

700

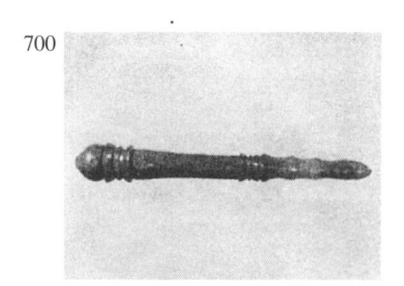

707

702

708

704

710

705

711

712

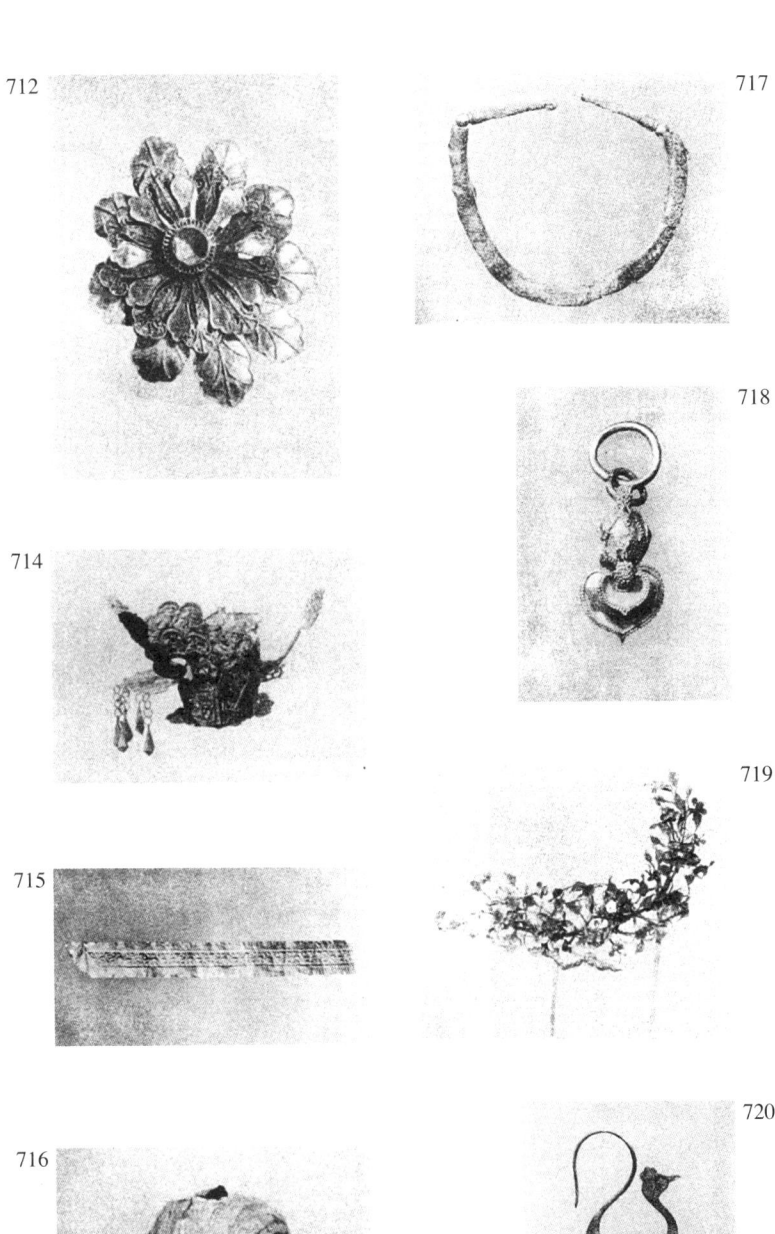

717

718

714

715

719

716

720

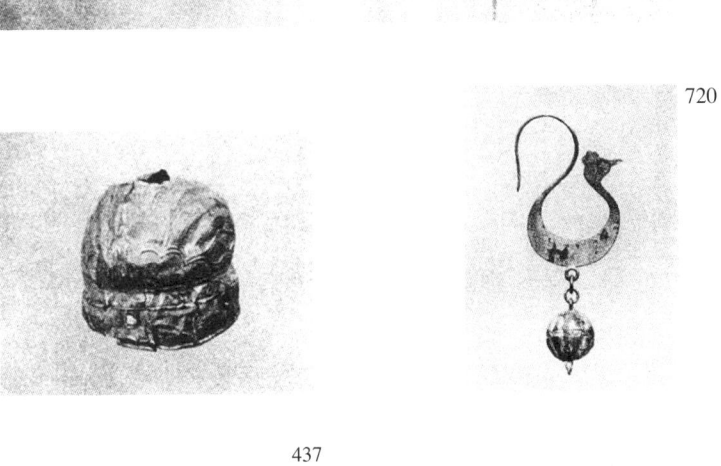

438

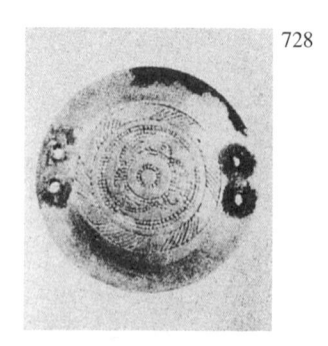

735

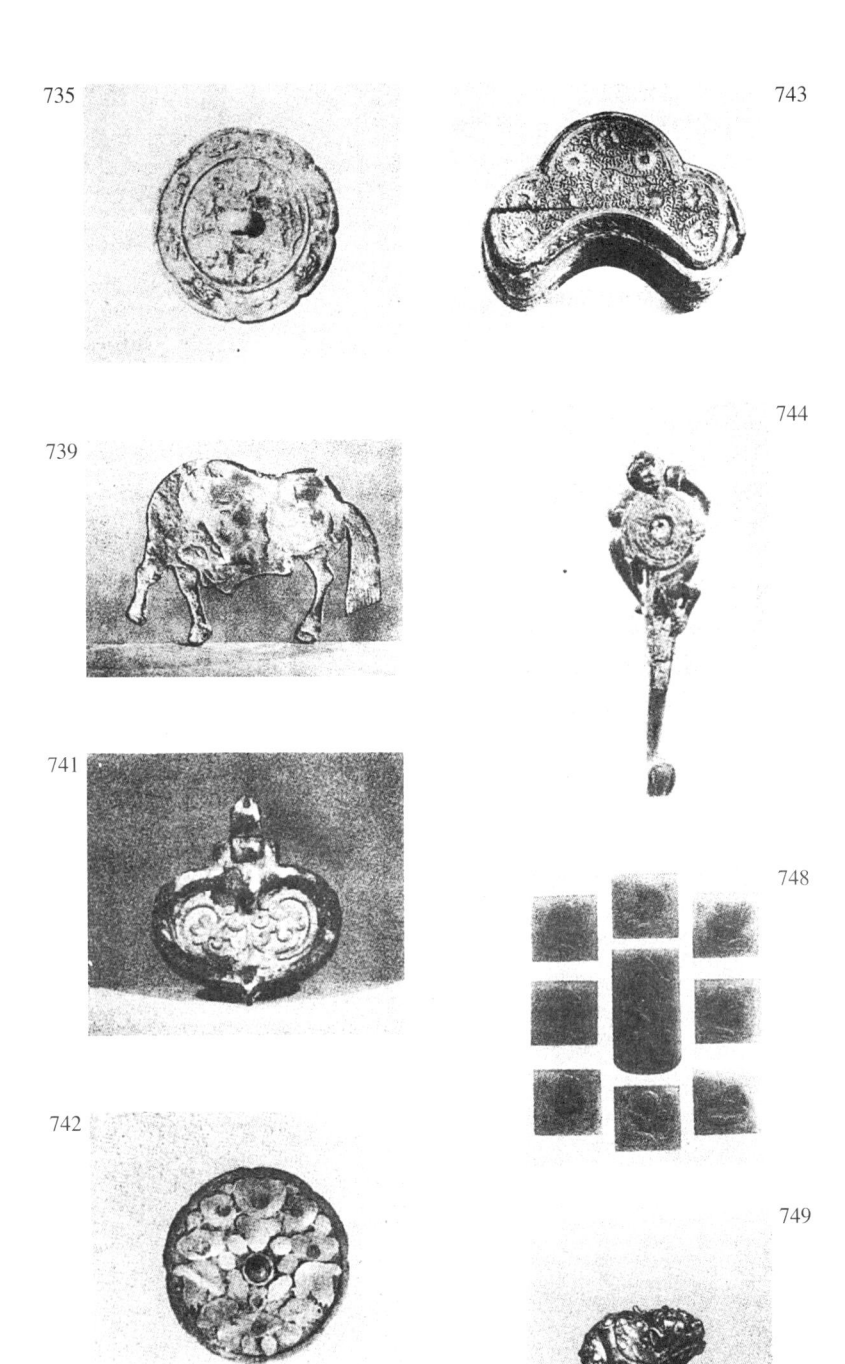

743

739

744

741

742

748

749

750

750

752

753

754

755

756

757

758
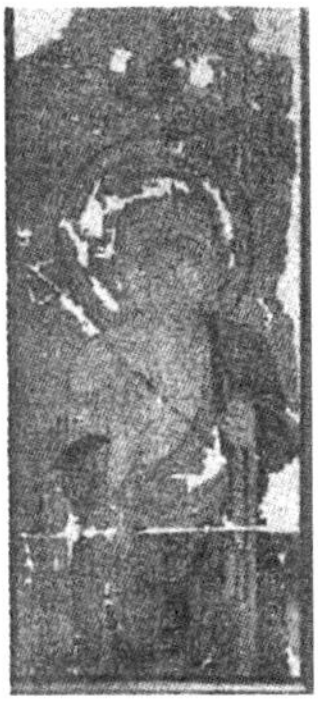

762
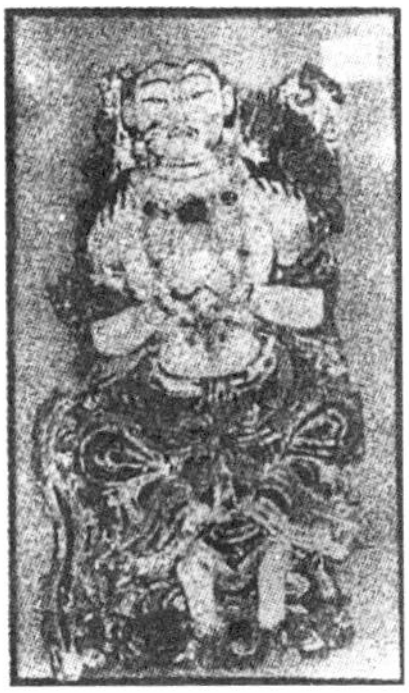

759
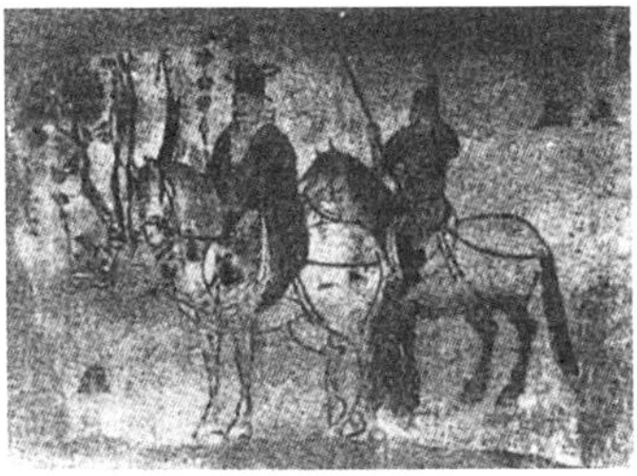

765
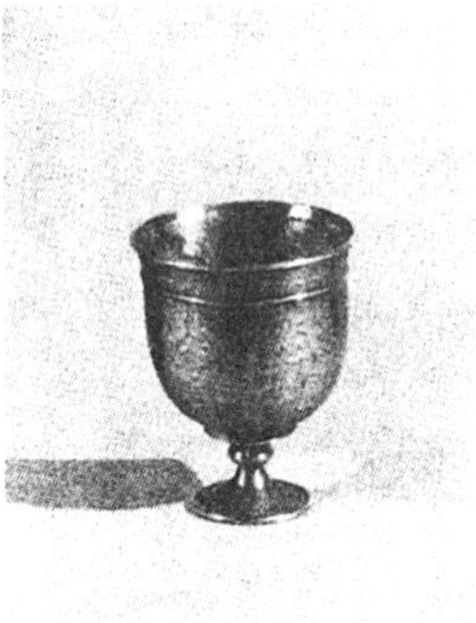

760
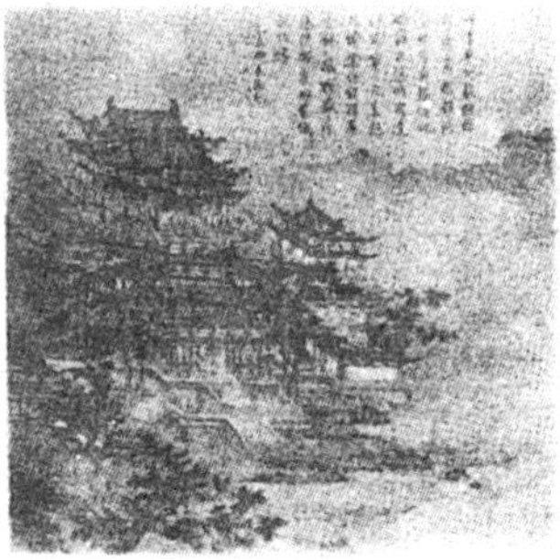

766
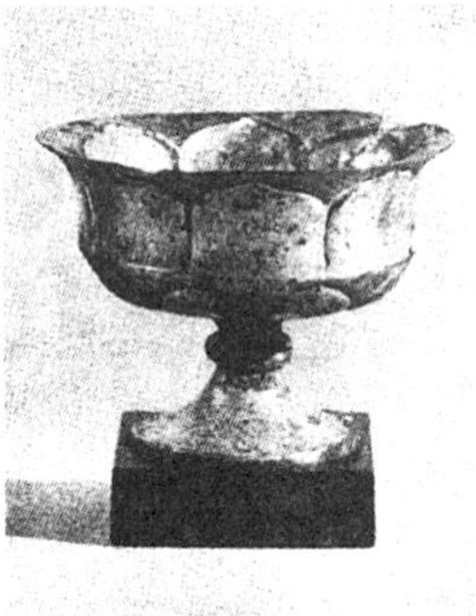

761
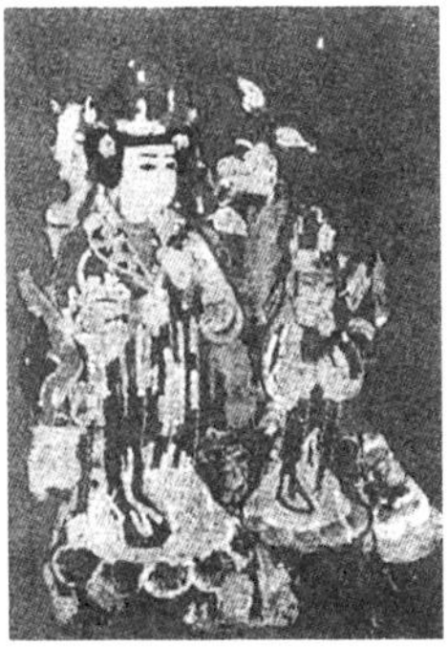

767
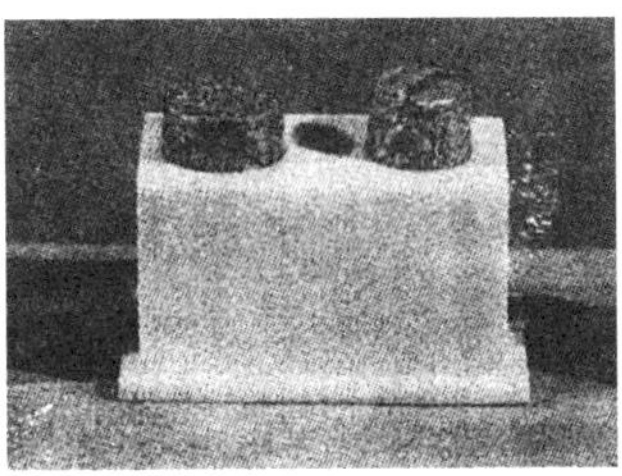

768

779

770

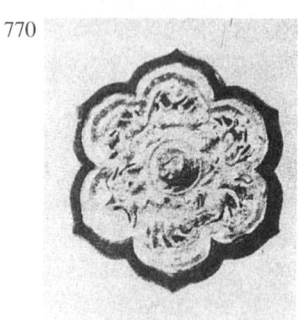

780

772

781

778

783

784

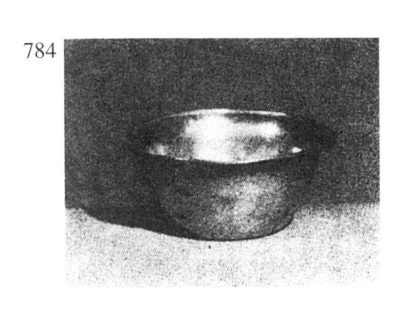

785

786

787

788

789

790

791

792

793

794

795

796

797

798

799

444

800

801^A

801^B

801^C

801^D

803

804

805

806

807

810

810

808

811

809

812

446

813

814

814

814

815

817

818

818

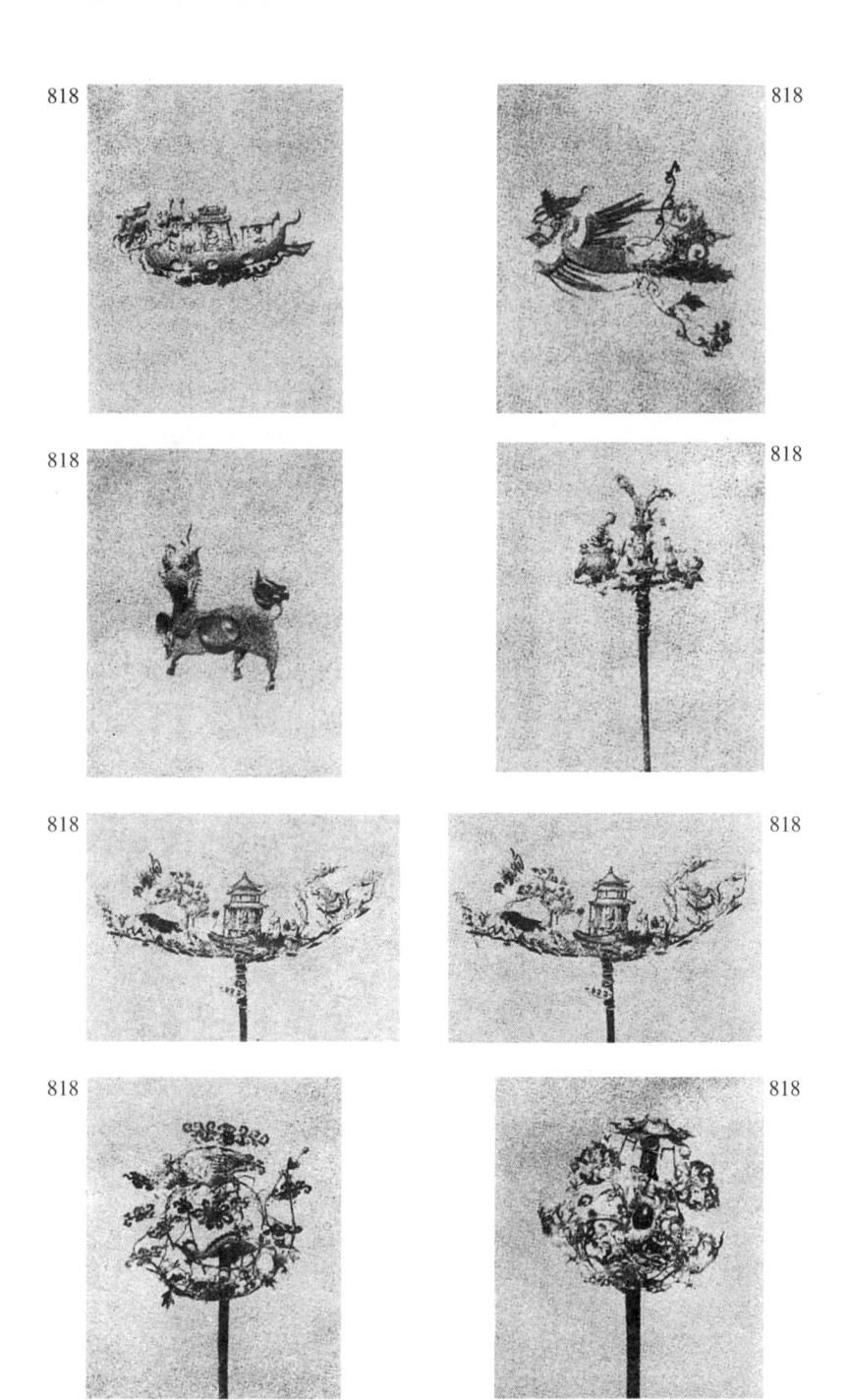

818
818
818
818
818
818
818
818

818

818

821

822

823

824

825

826

827

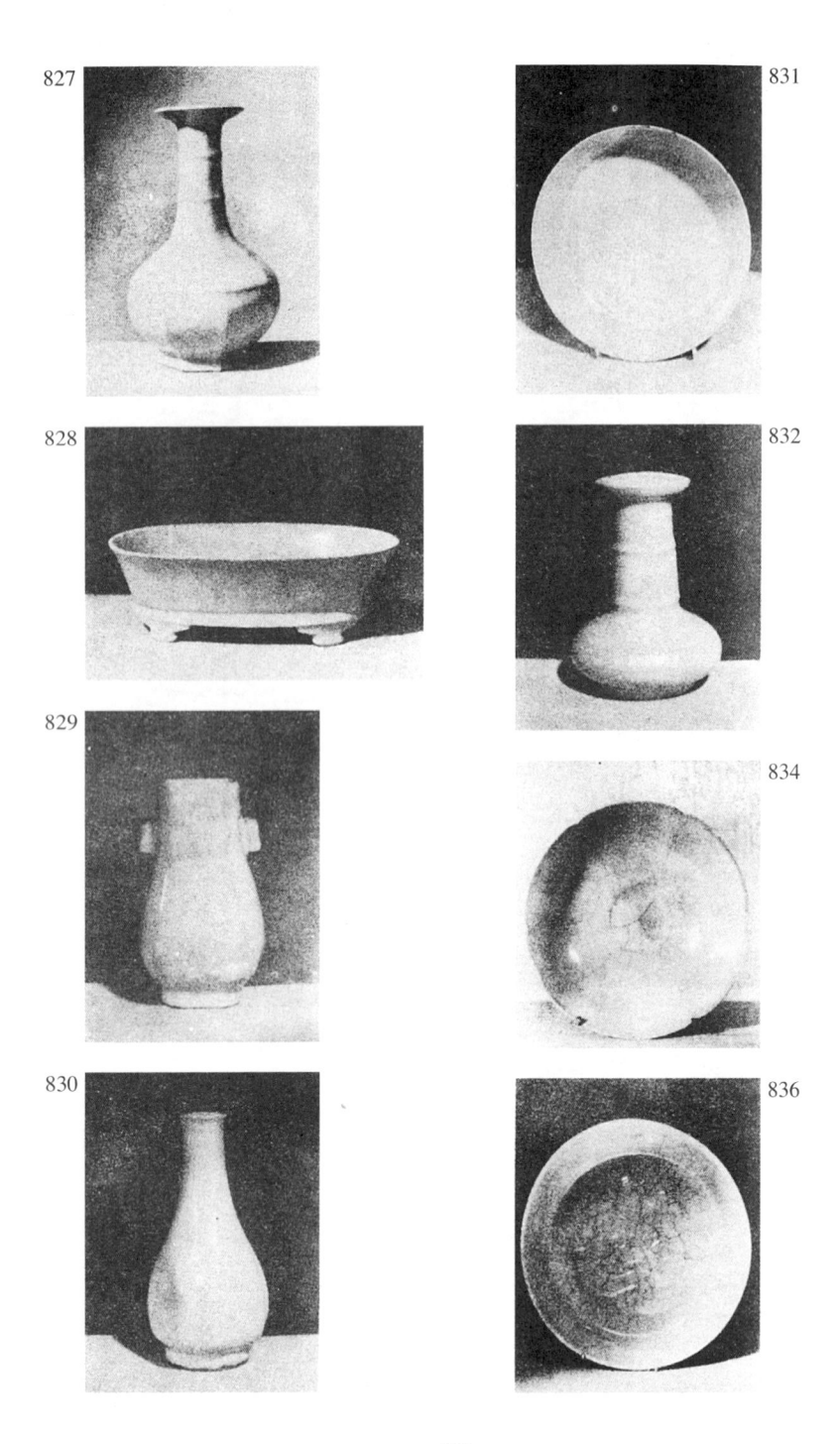

828

829

830

831

832

834

836

450

837

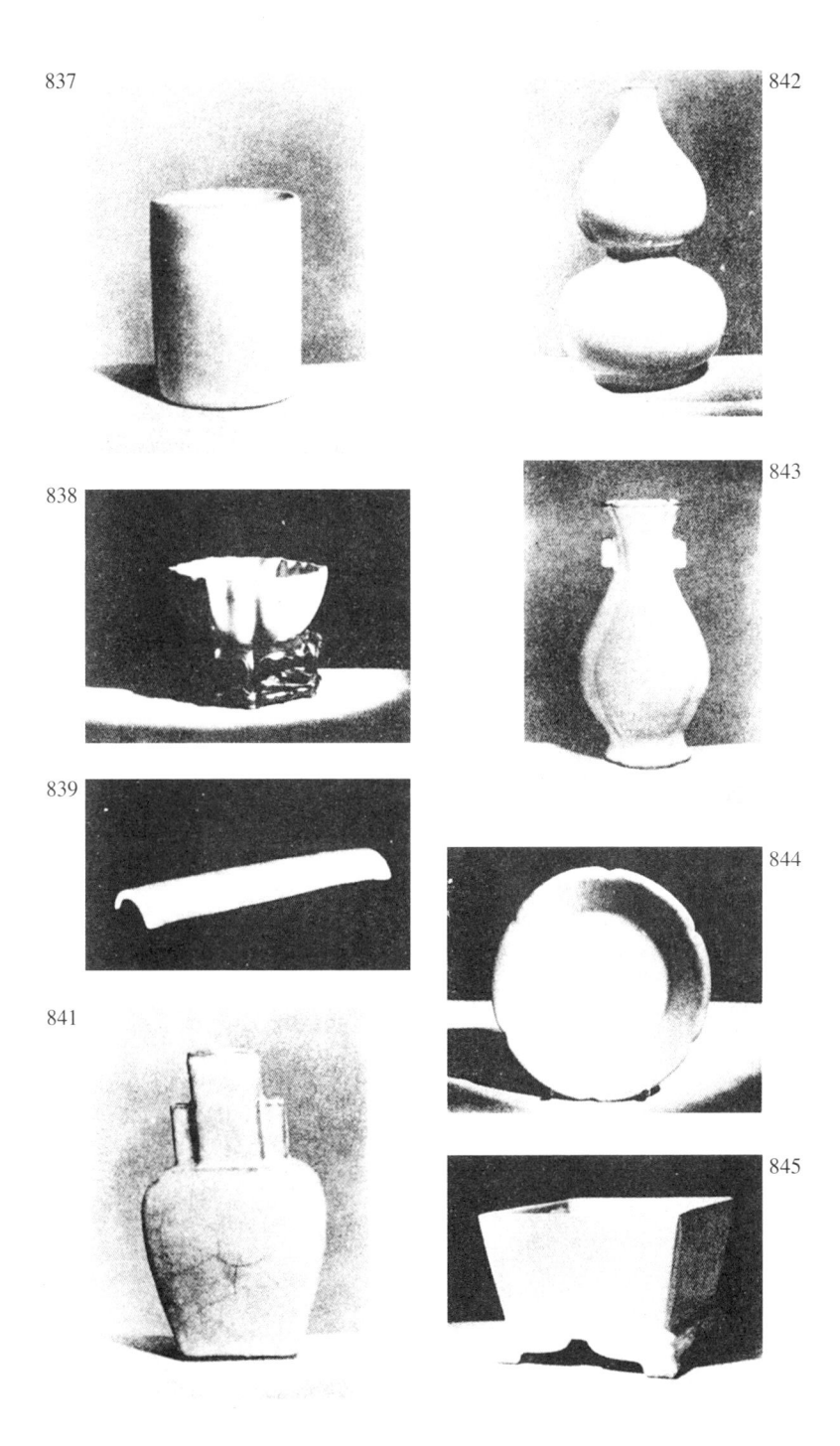

838

839

841

842

843

844

845

846

851

847

853

848

854

849

855

452

856

857

858

859

860

861

862

863

864

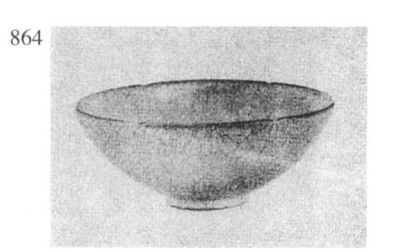

865

866

867

868

869

871

872

873

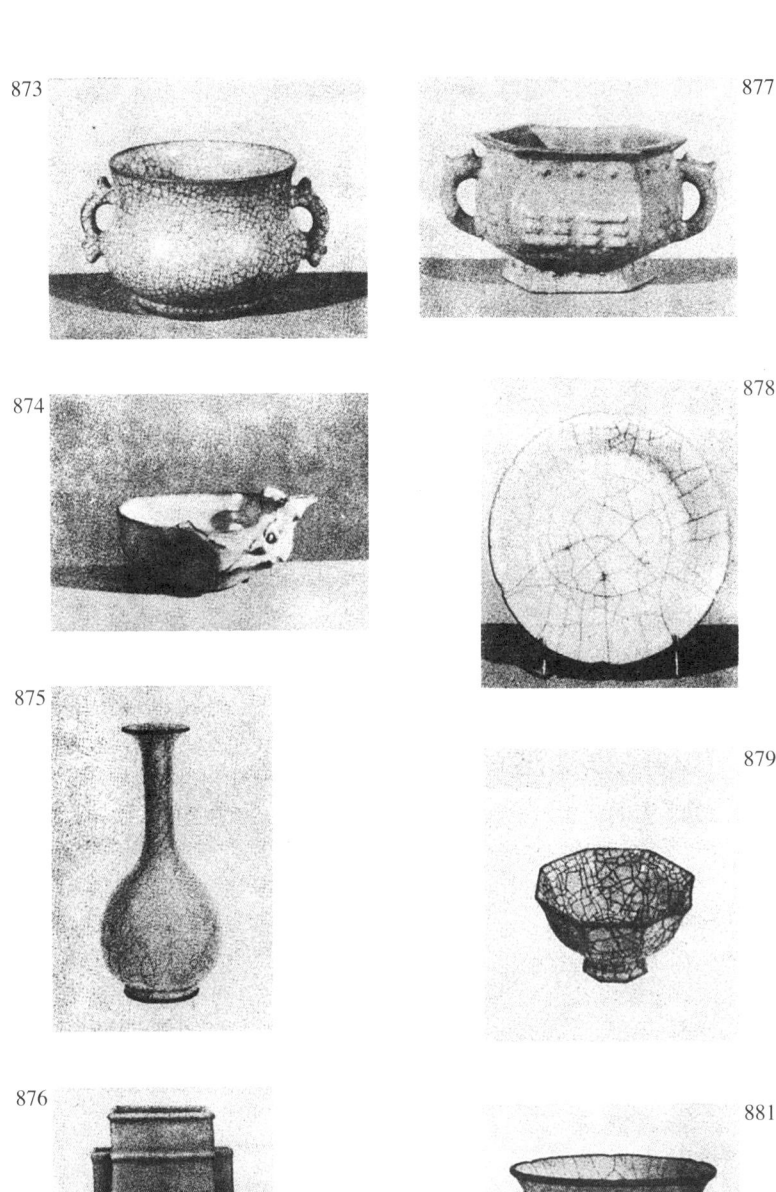

874

875

876

877

878

879

881

455

882

883

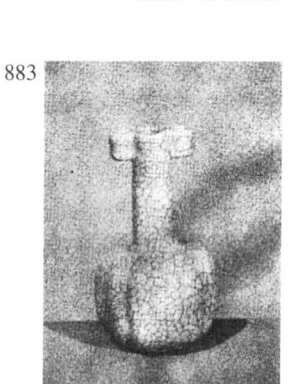

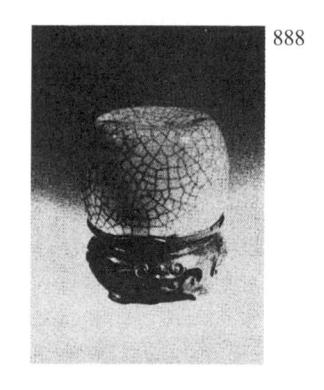

884

885

886

887

888

890

891

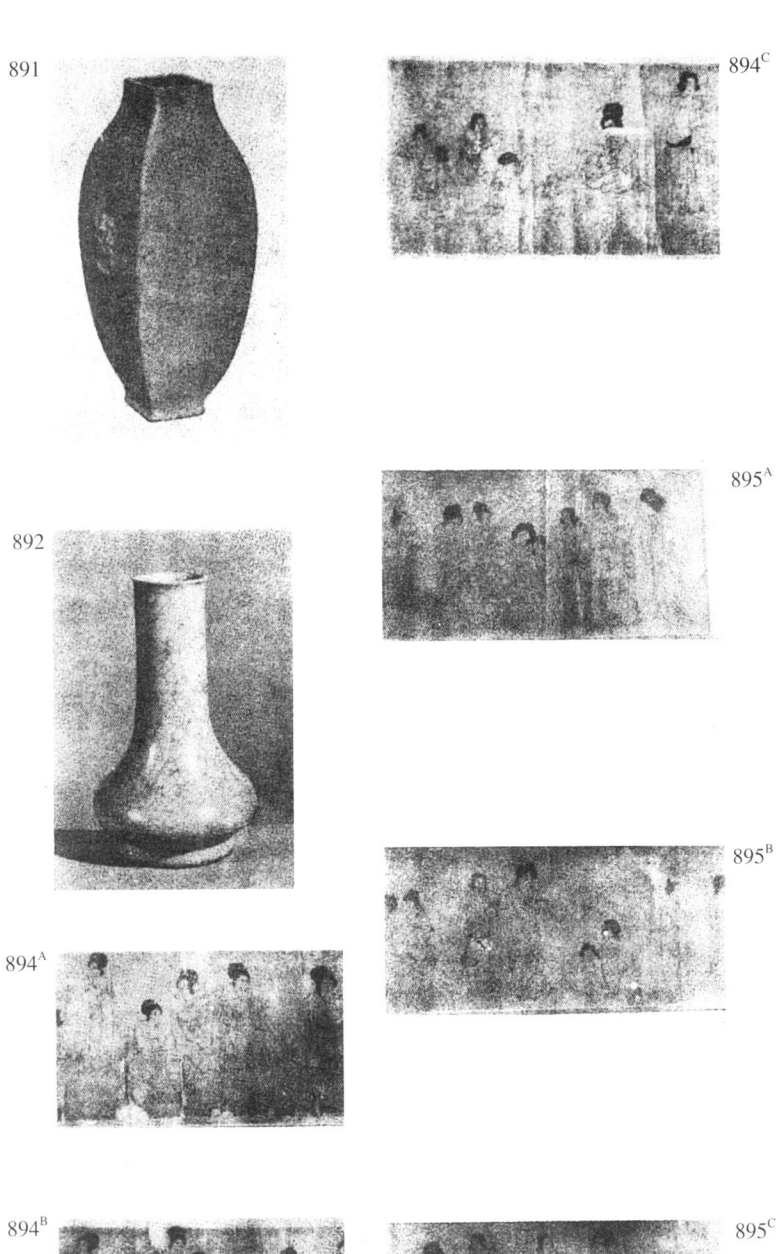

892

894^A

894^B

894^C

895^A

895^B

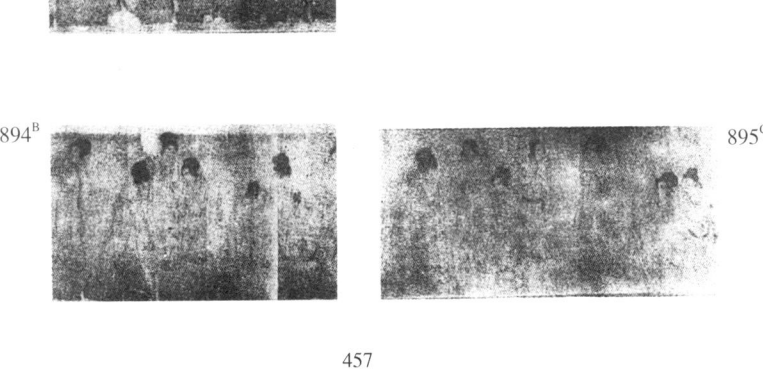

895^C

896

898

900

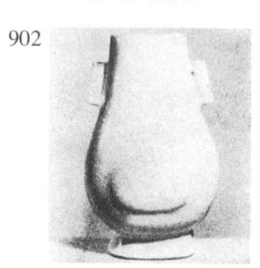

902

903

904

905

906

459

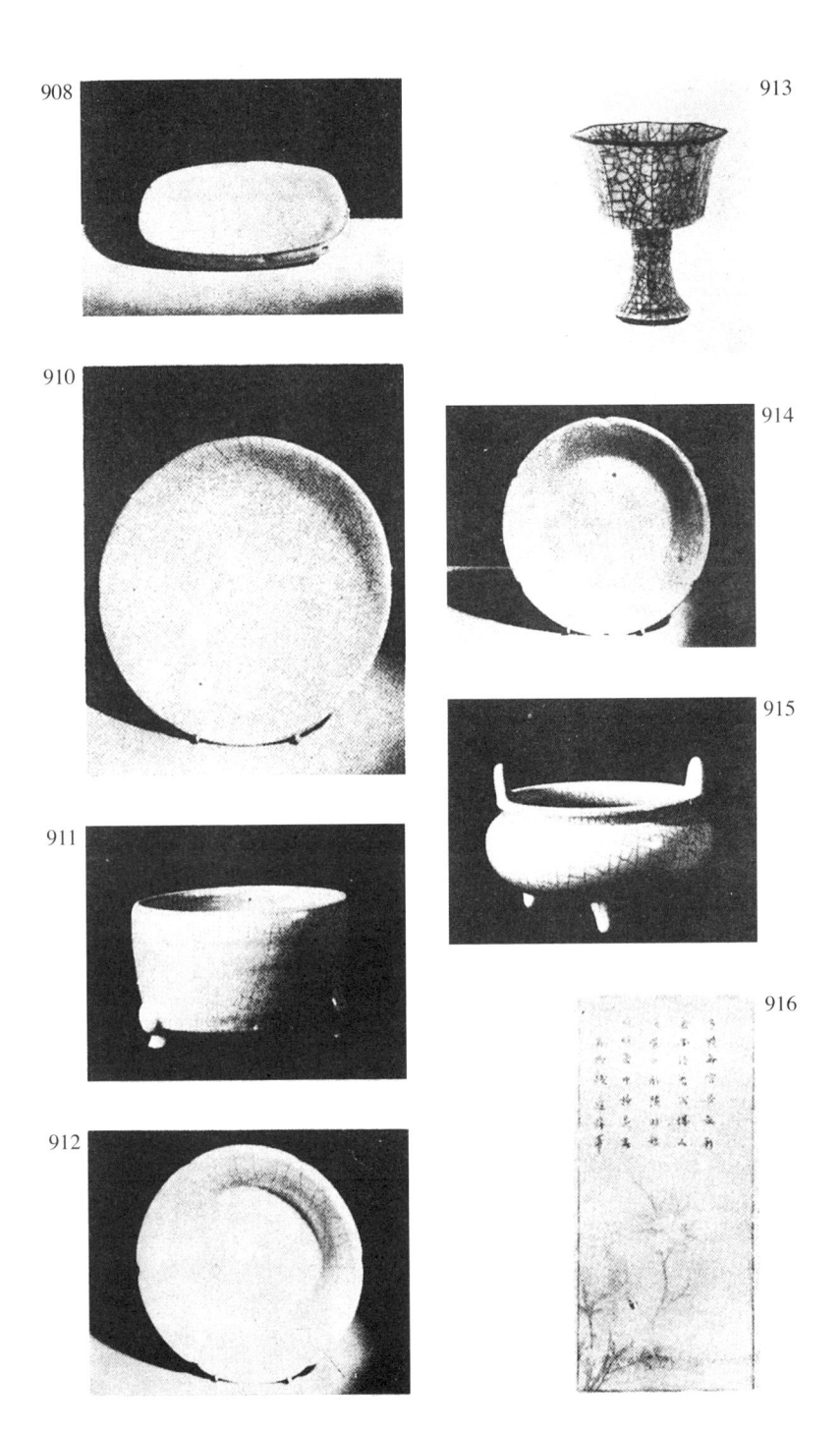

918

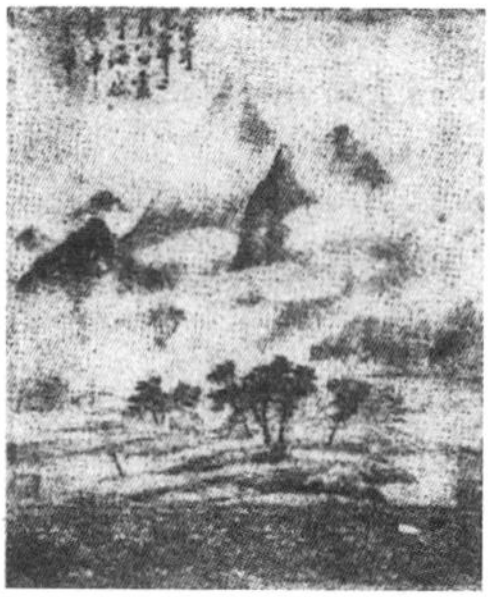

919

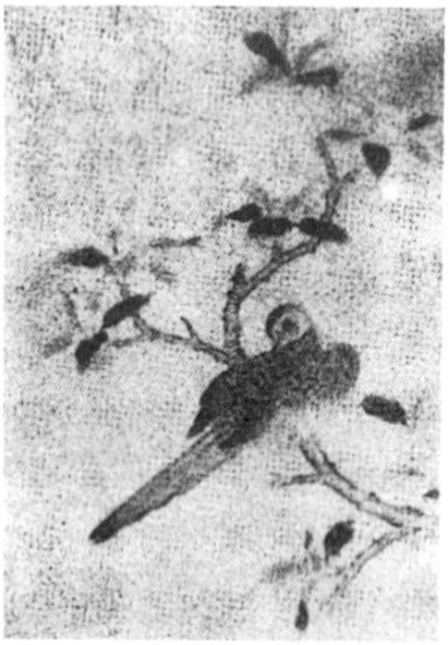

920

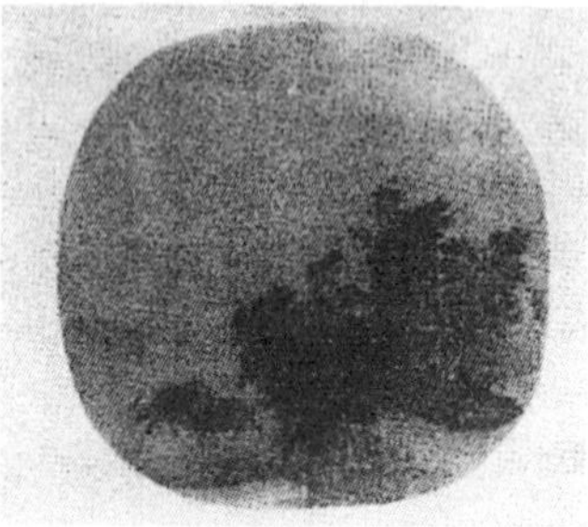

921

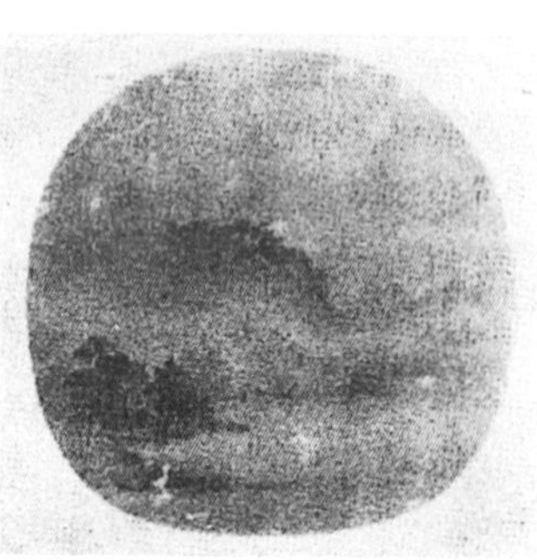

922

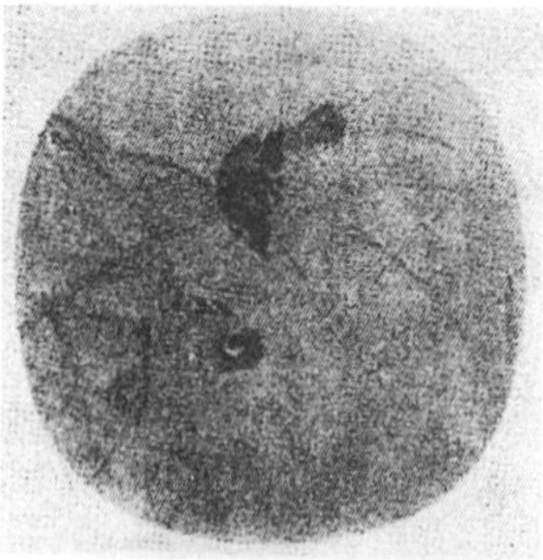

923

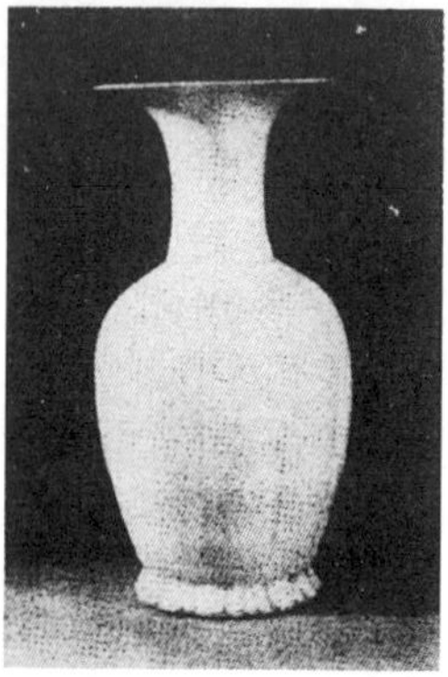

927

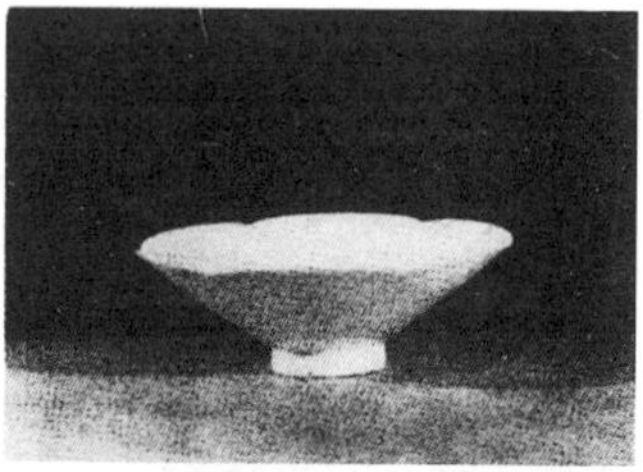

928

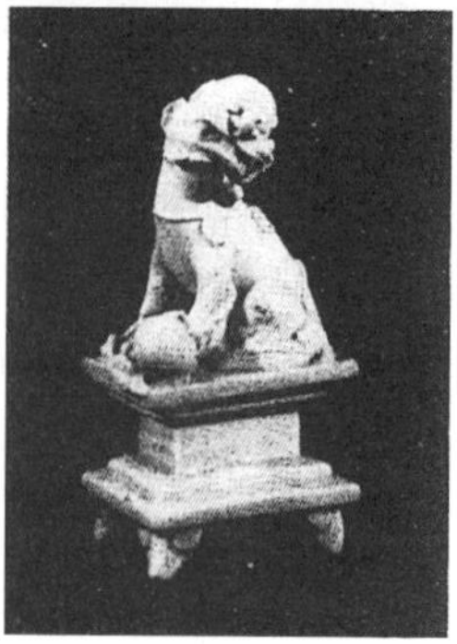

930

936

932

938

933

940

935

942

461

944

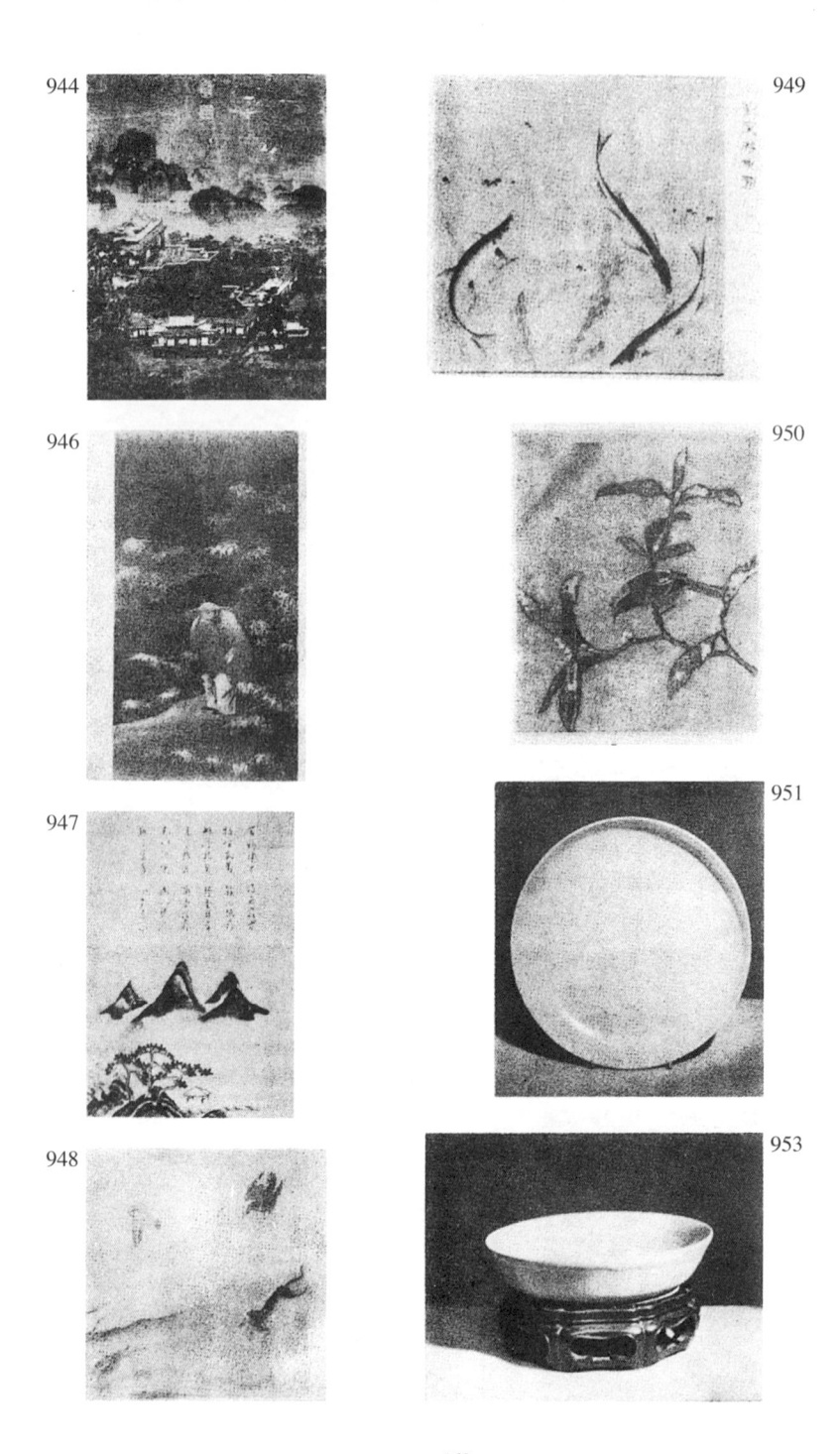

946

947

948

949

950

951

953

462

954

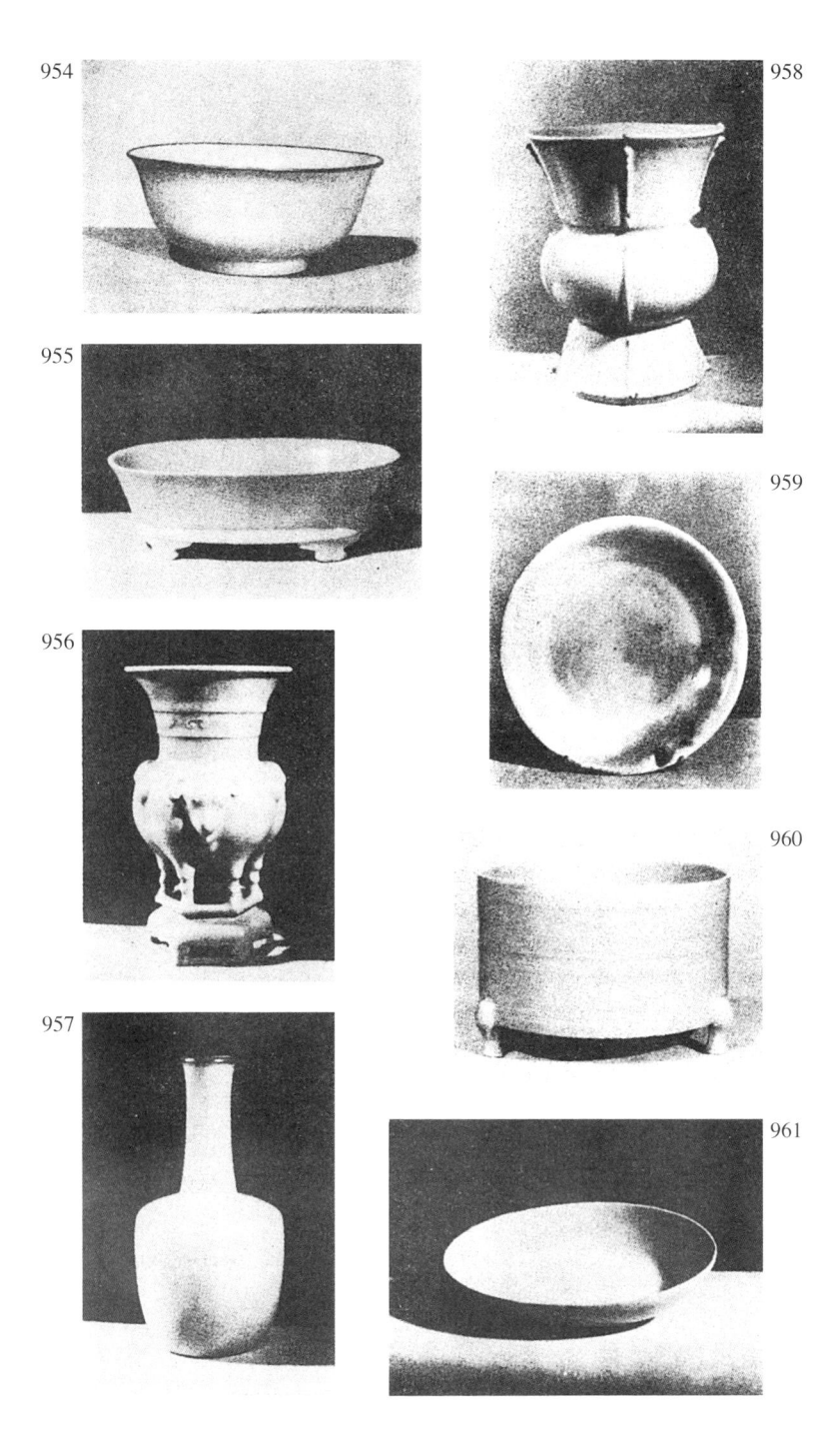

955

956

957

958

959

960

961

964

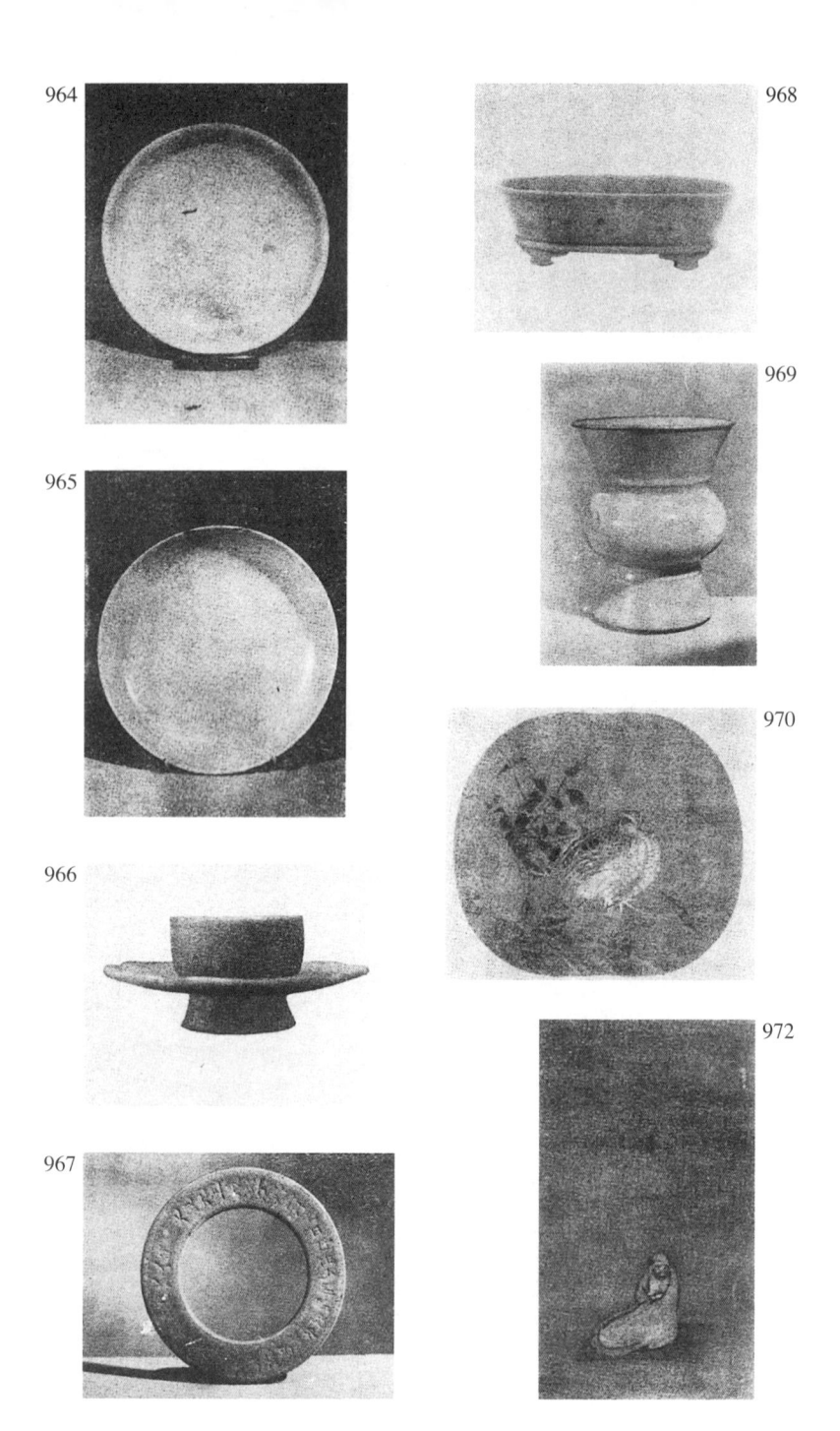

965

966

967

968

969

970

972

464

973

977

974^i

978

974^ii

980

974^iii

983

986

988

989

993

995

996

997

1000

1001

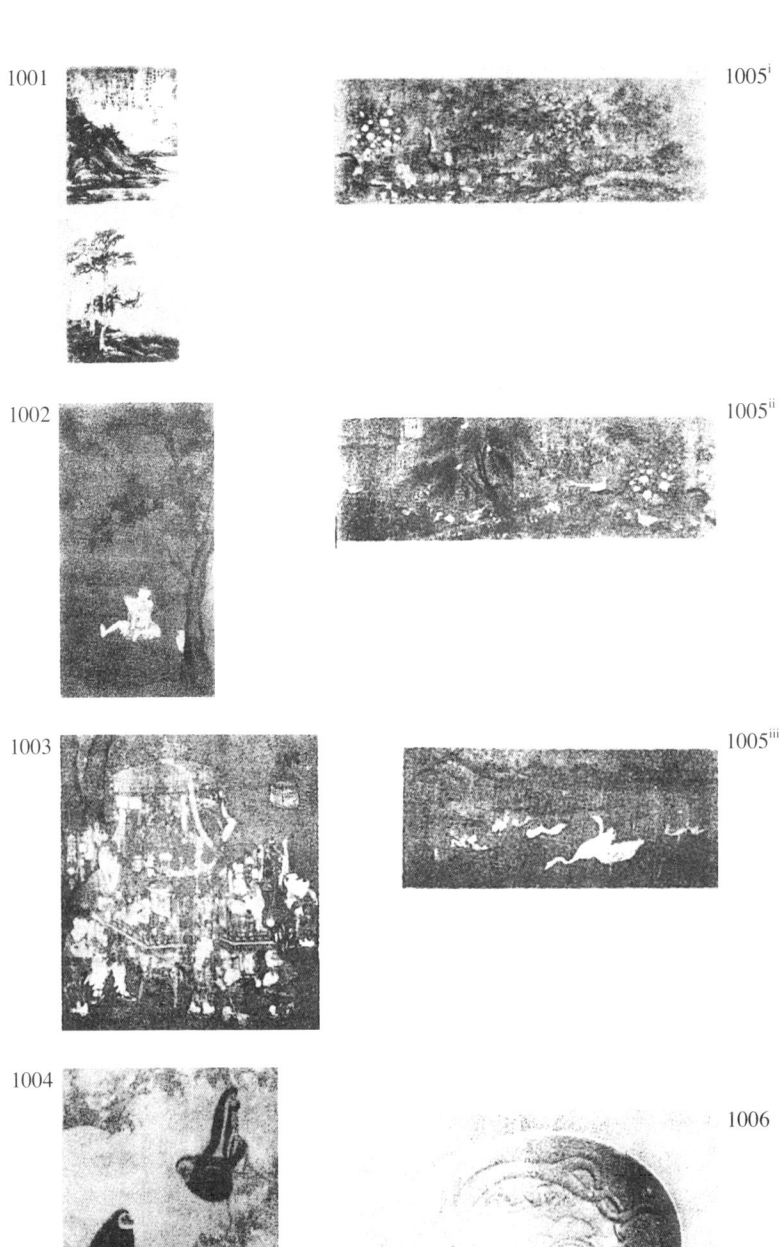

1002

1003

1004

1005ⁱ

1005ⁱⁱ

1005ⁱⁱⁱ

1006

1008

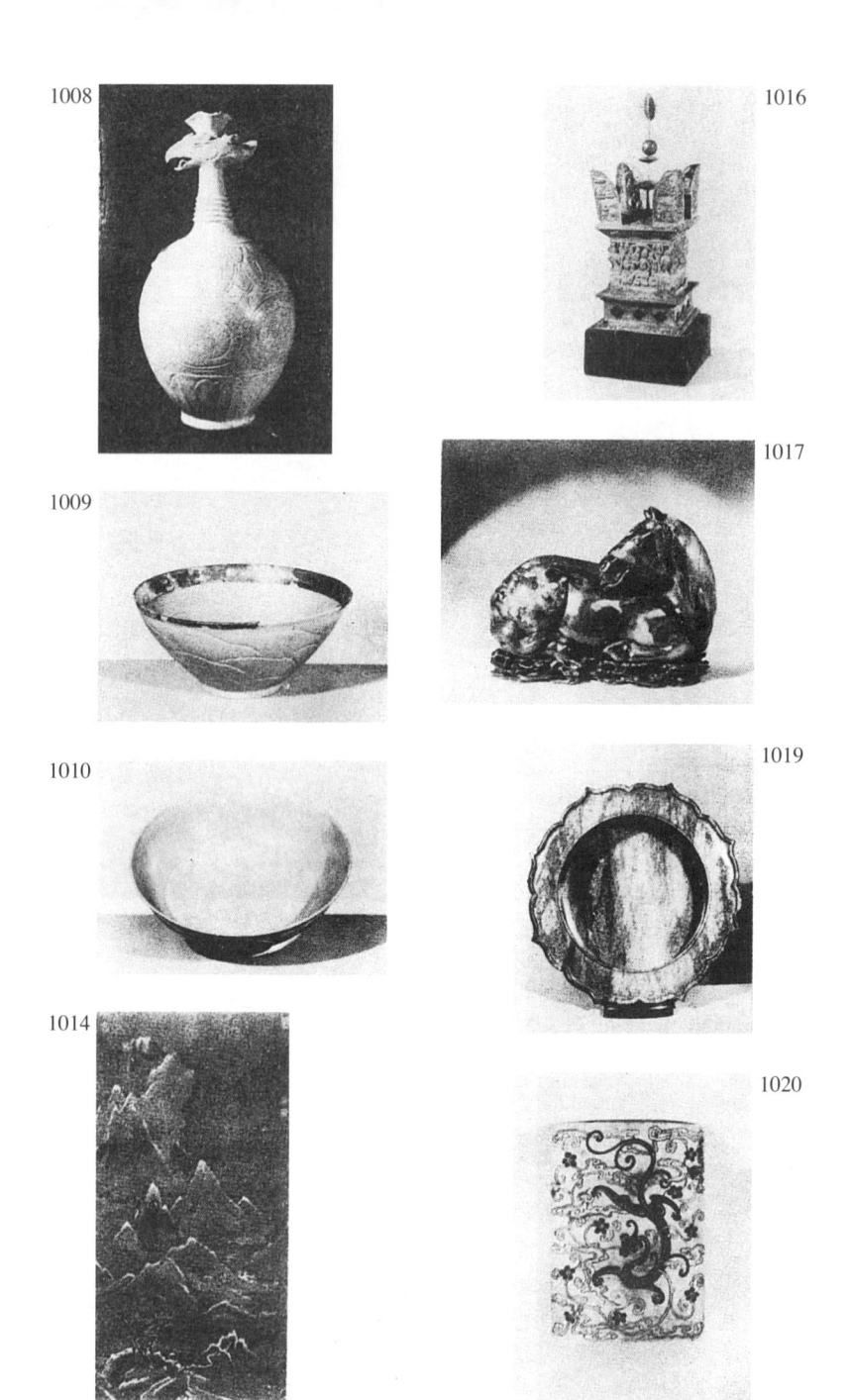

1016

1009

1017

1010

1019

1014

1020

1021

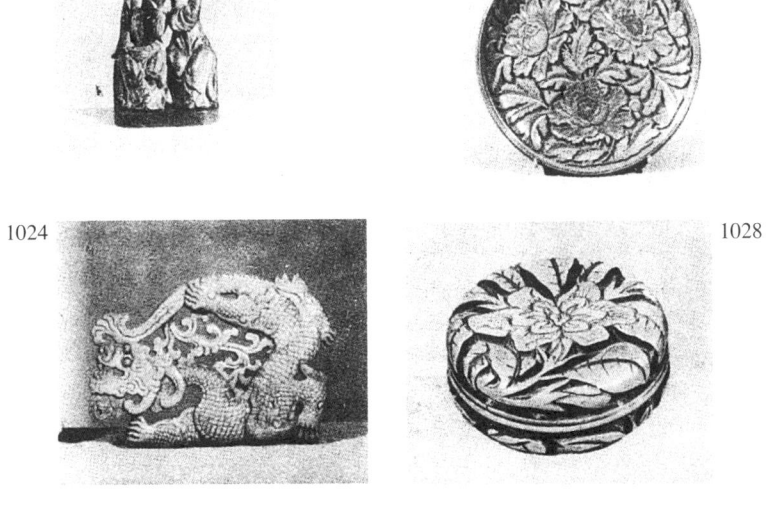

1022

1023

1024

1025

1026

1027

1028

1029

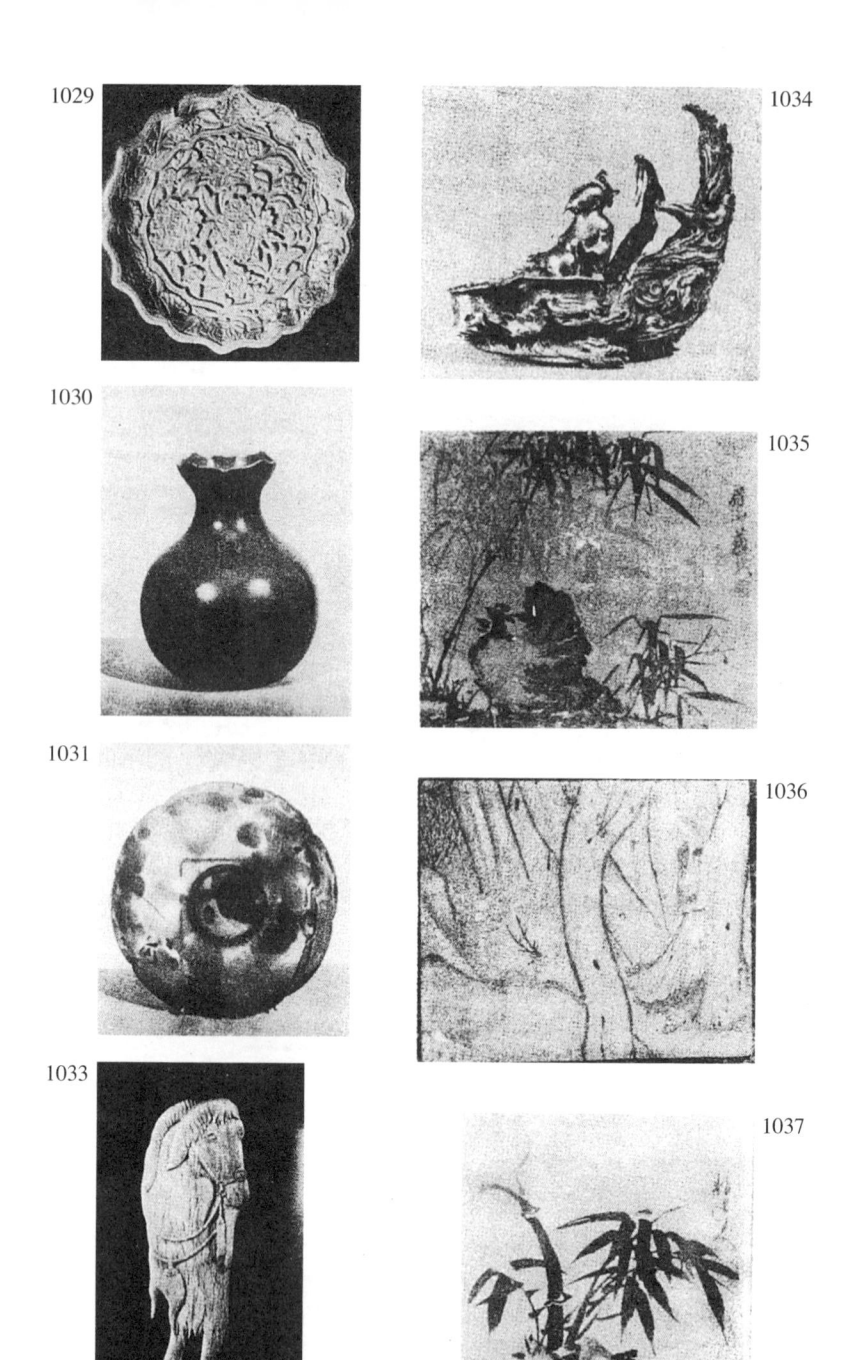

1034

1030

1035

1031

1036

1033

1037

1038ᴬ

1040

1038ᴮ

1045

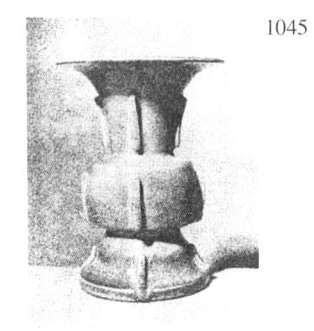

1038ᶜ

1046

1048

1039

1049

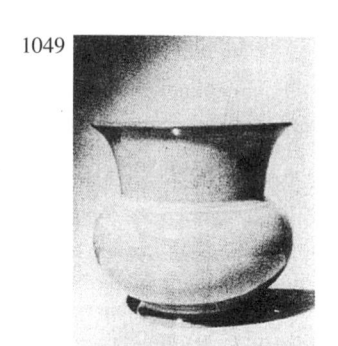

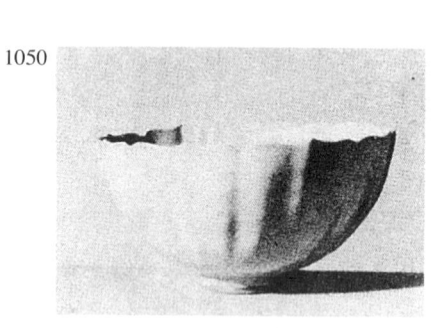

1056

1050

1057

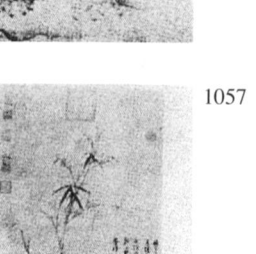

1051

1058

1055

1059

1061

1066

1062

1067

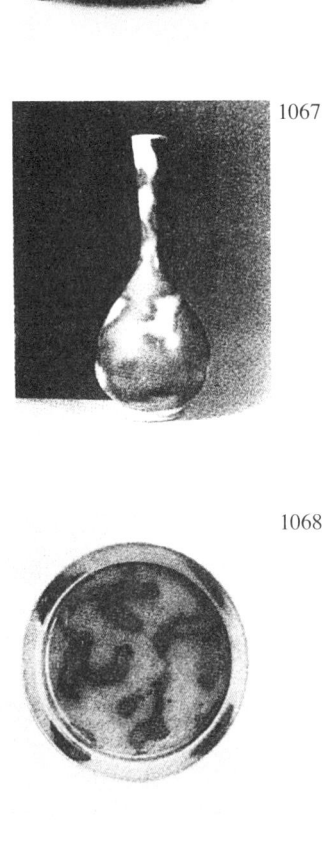

1064

1068

1065

1069

1071

1074^C

1074^D

1072

1076

1074^A

1077

1074^B

1078

1079

1080

1082

1083

1084

1085

1087

1091

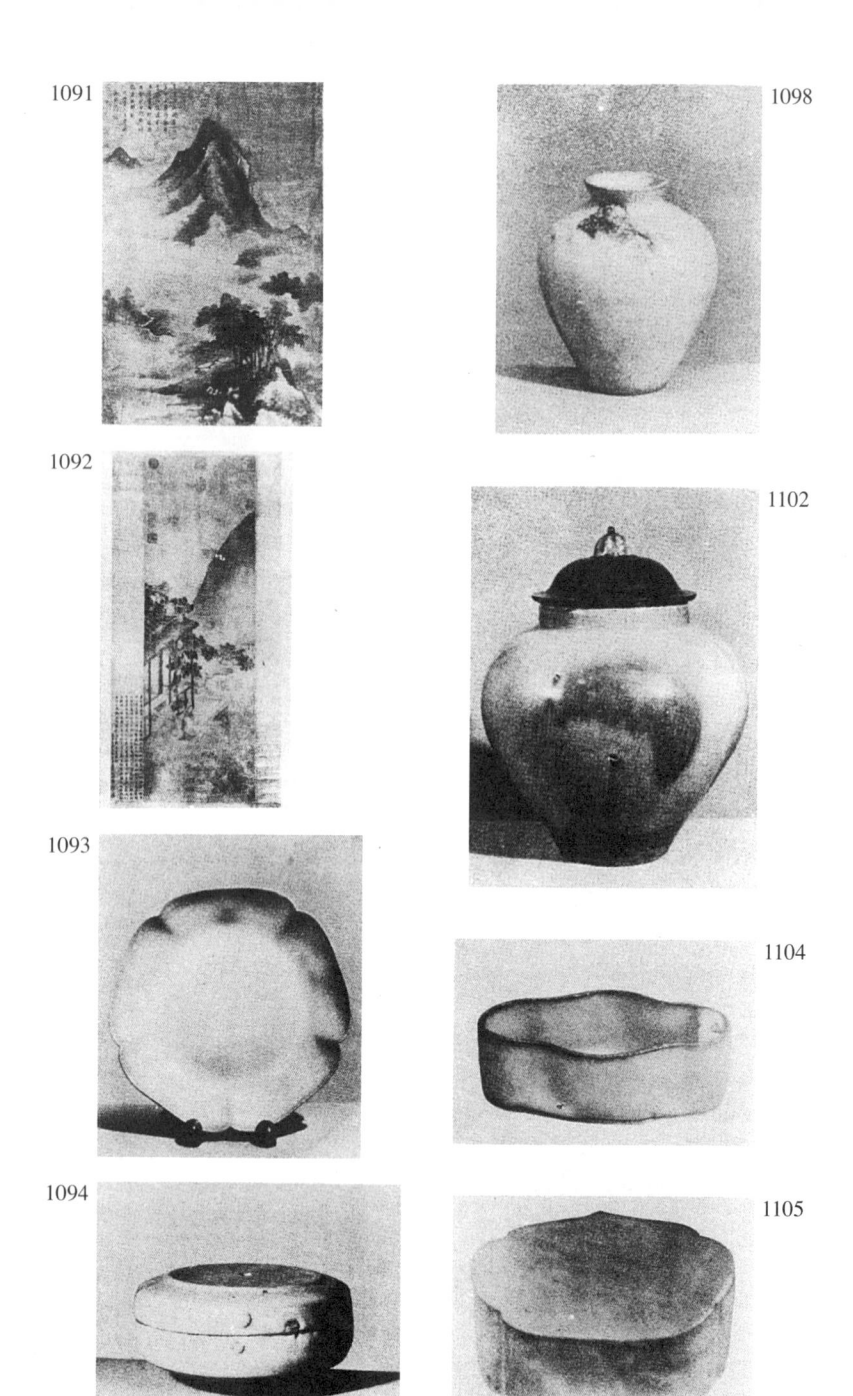

1092

1093

1094

1098

1102

1104

1105

1106

1113^B

1114

1110

1116

1111

1117

1113^A

1118

1125

1119

1126

1120

1127

1124

1128

479

1138

1140ᶜ

1141

1139

1142

1140ᴬ

1143

1140ᴮ

1144

1150

1145

1151

1148

1153

1154

1149

1155

1160

1157

1161

1162

1158

1163

1159

1164

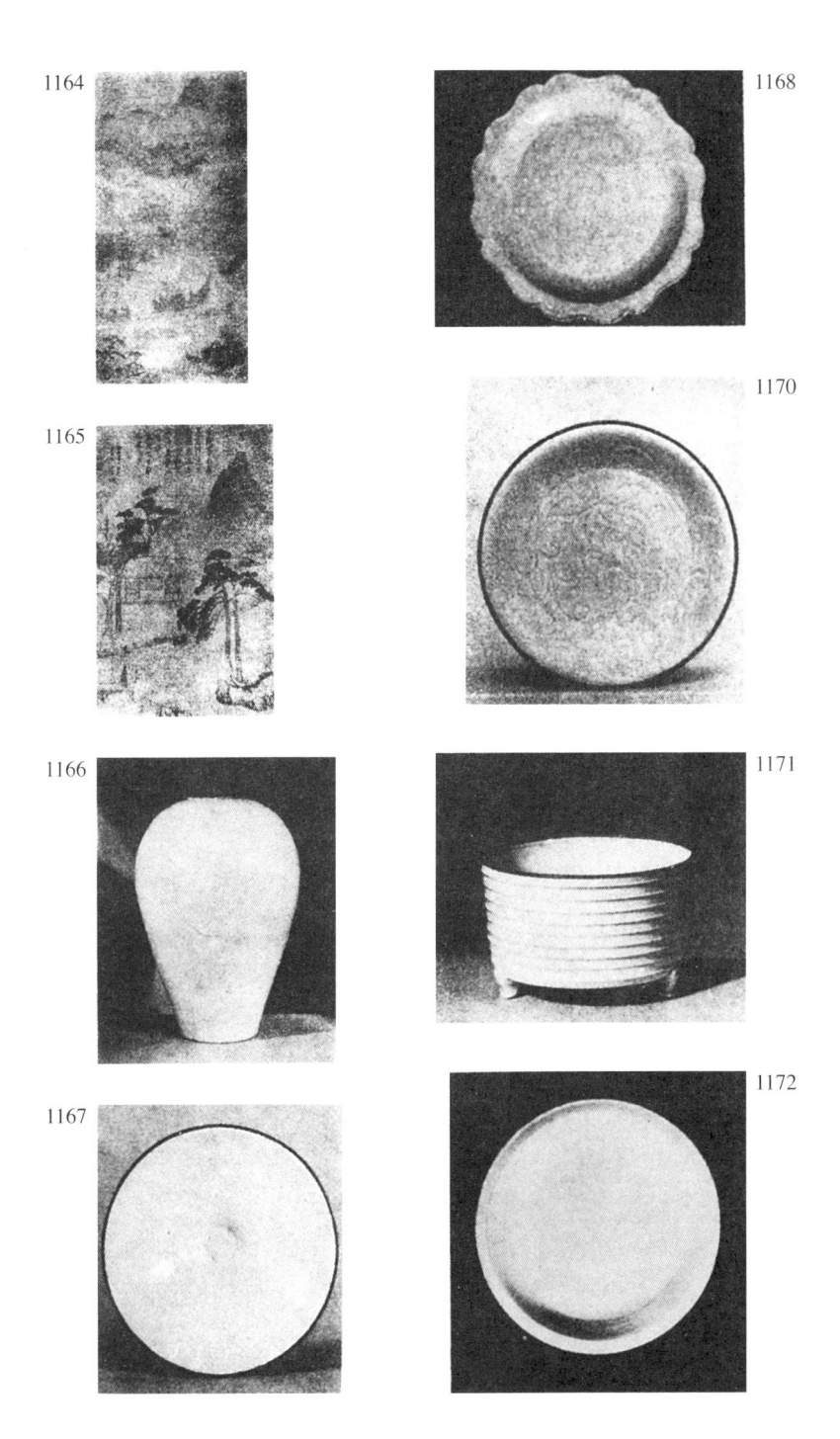

1168

1165

1170

1166

1171

1167

1172

1173

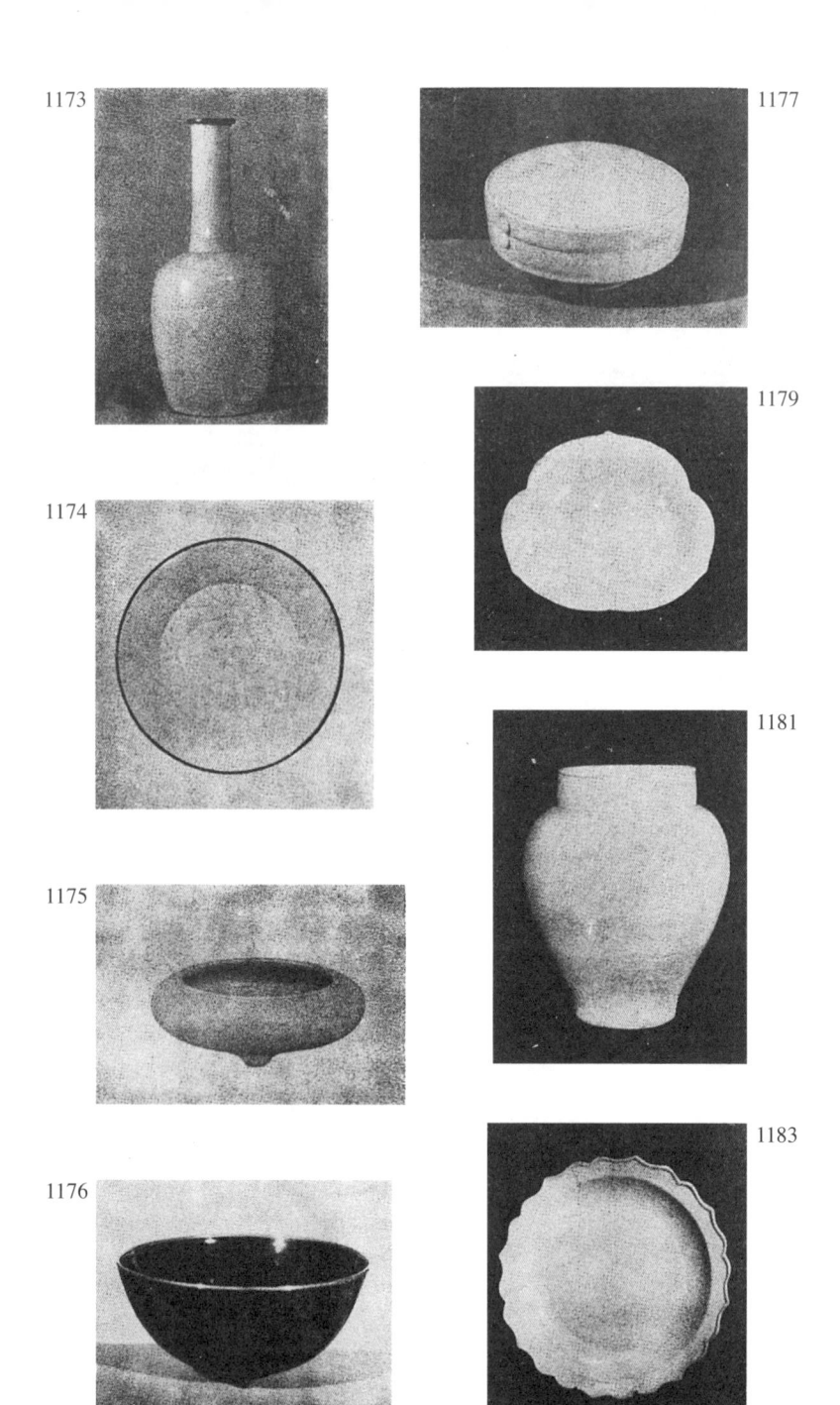

1177

1174

1179

1175

1181

1176

1183

1184ᴬ

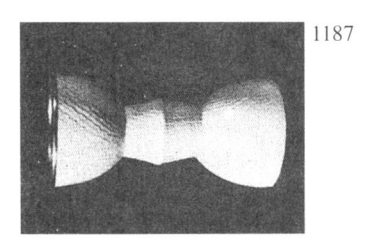

1184ᴮ

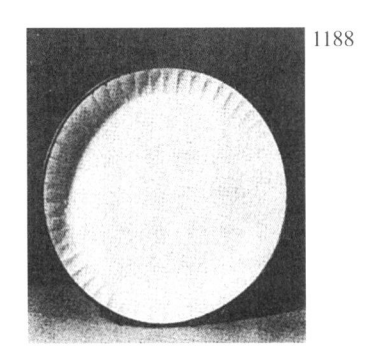

1184ᶜ

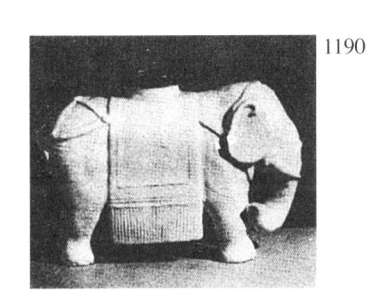

1186

1187

1188

1190

1191

1192

1193

1194

1195

1196

1197

1198

1199

1200

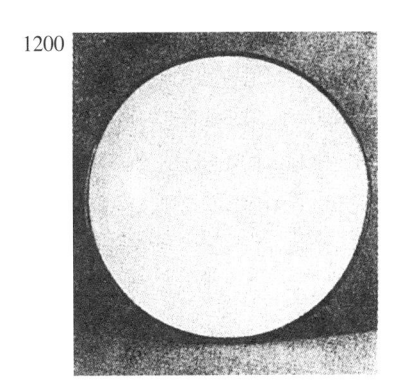

1201

1202

1203

1204

1205

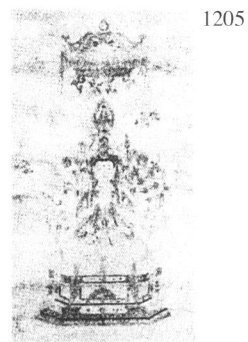

1206

1207

1209

1216

1211

1217

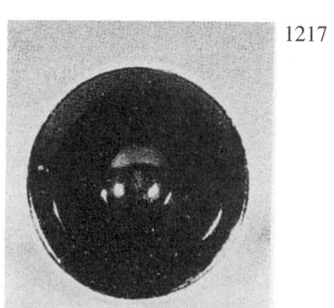

1212

1218

1213

1220

1221ᴬ

1221ᴮ

1222

1223

1225

楊梅一起大
千生方不雄
莫怪壽意
使八島長桐
恐家後殿元
骨覚生偽

1226

1227

1229

1230

1234

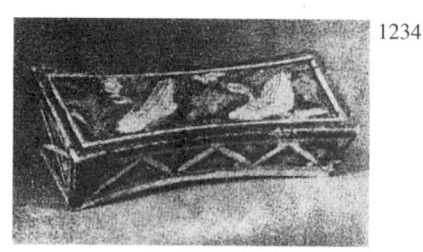

1231

1237

1232

1238

1233

1240

1241

1242

1243

1244

1245

1246

1247

1248

1249

1253

1250

1254

1251

1255

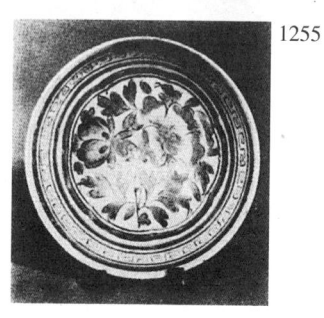

1252

1256

492

1257

1258

1260

1261

1263

1264

1265

1266

493

1267

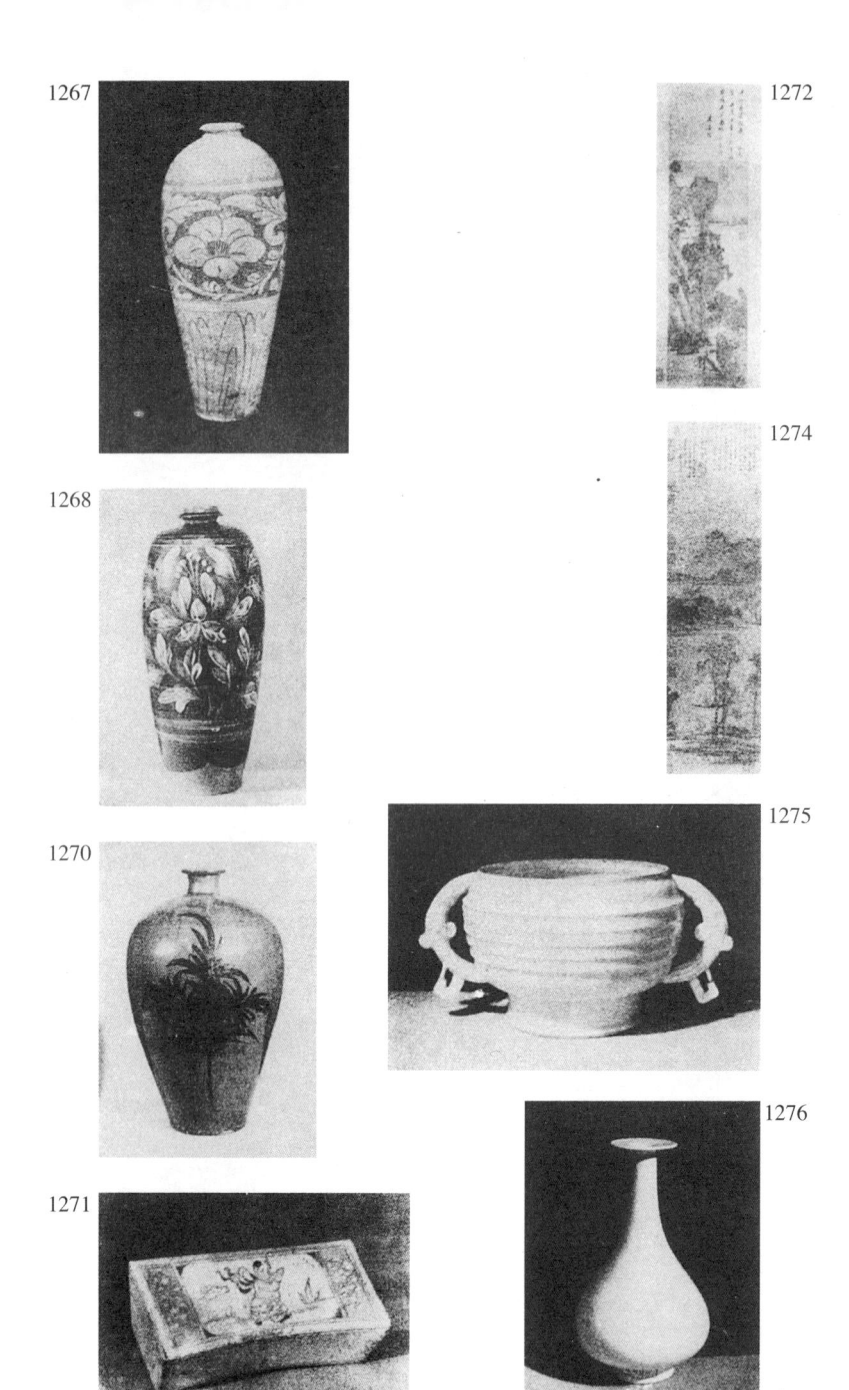

1268

1270

1271

1272

1274

1275

1276

1277

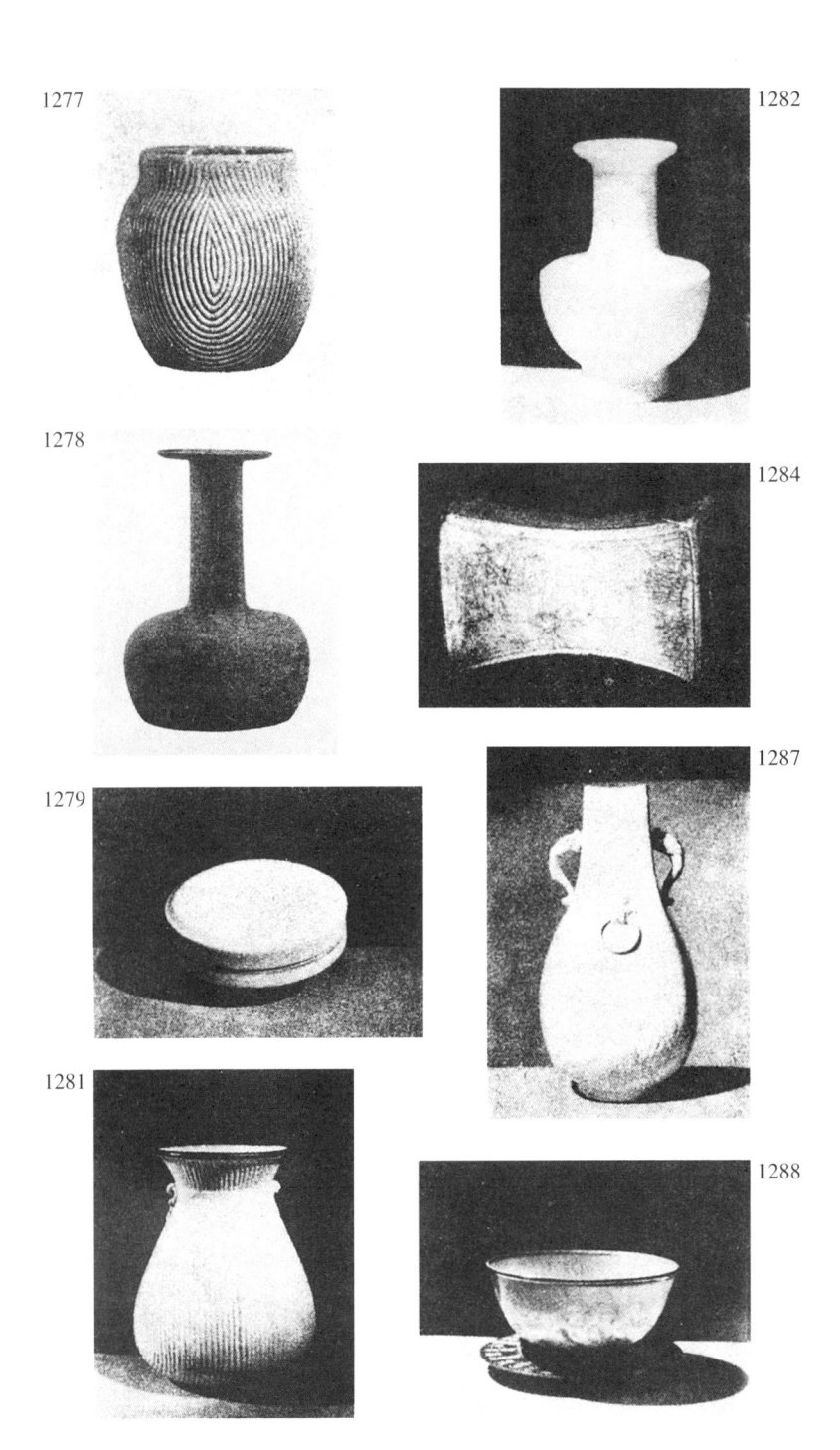

1282

1278

1284

1279

1287

1281

1288

1289

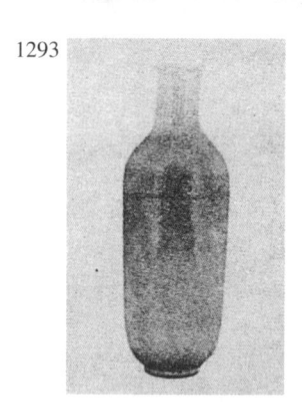

1299

1293

1301

1294

1302

1296

1303

1304

1305

1306

1309

1310

1311

1313

1314

1315

1316

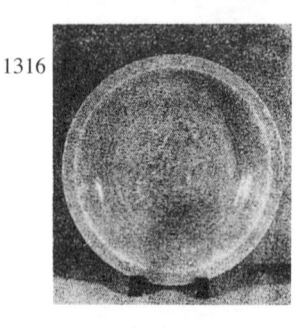

1317

1318

1319

1320^A

1320^B

1322

1324

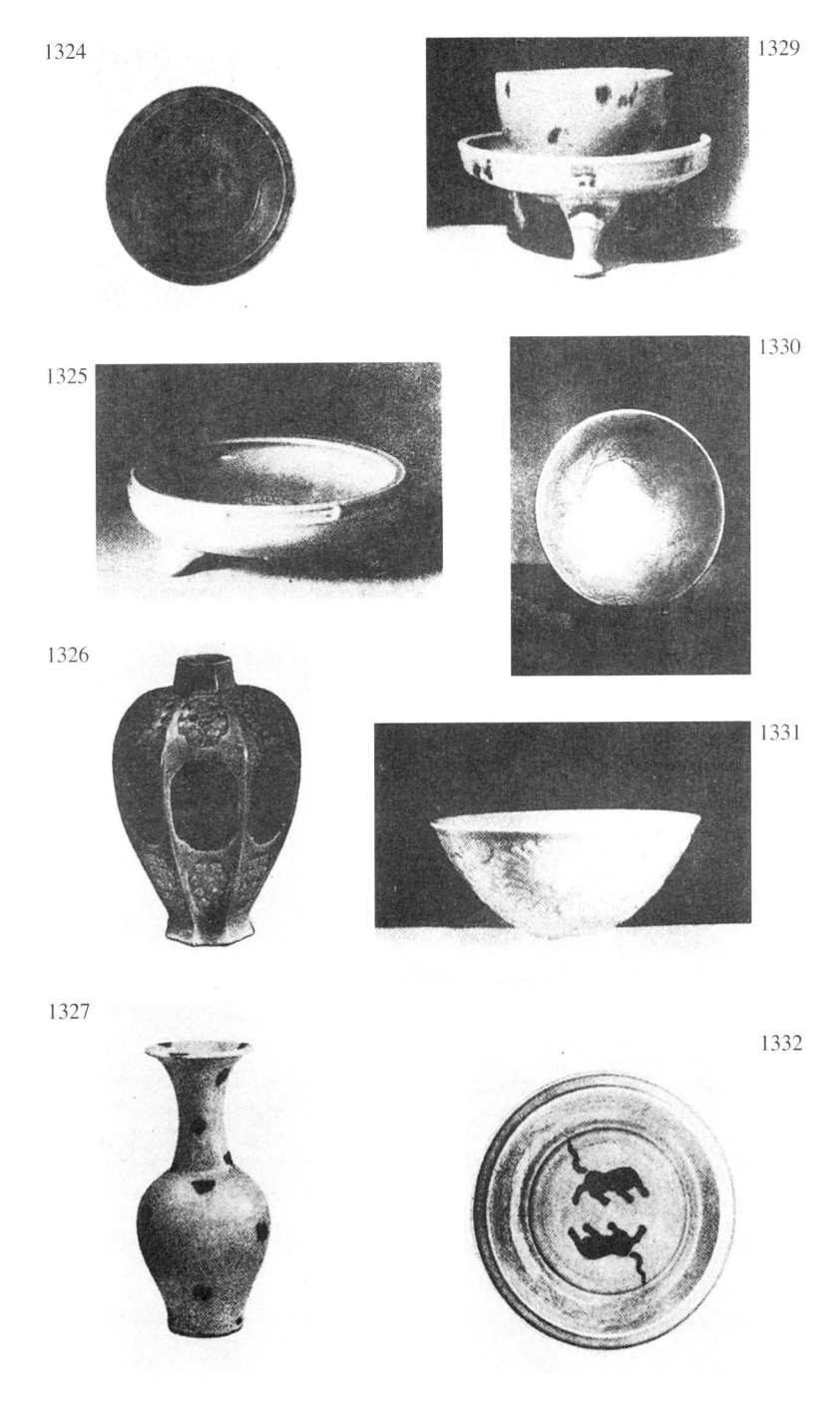

1329

1325

1330

1326

1331

1327

1332

1333

1338

1335

1339

1340

1336

1341

1337

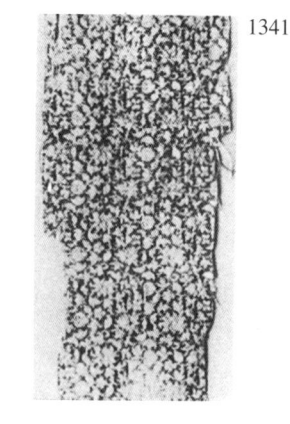

1342

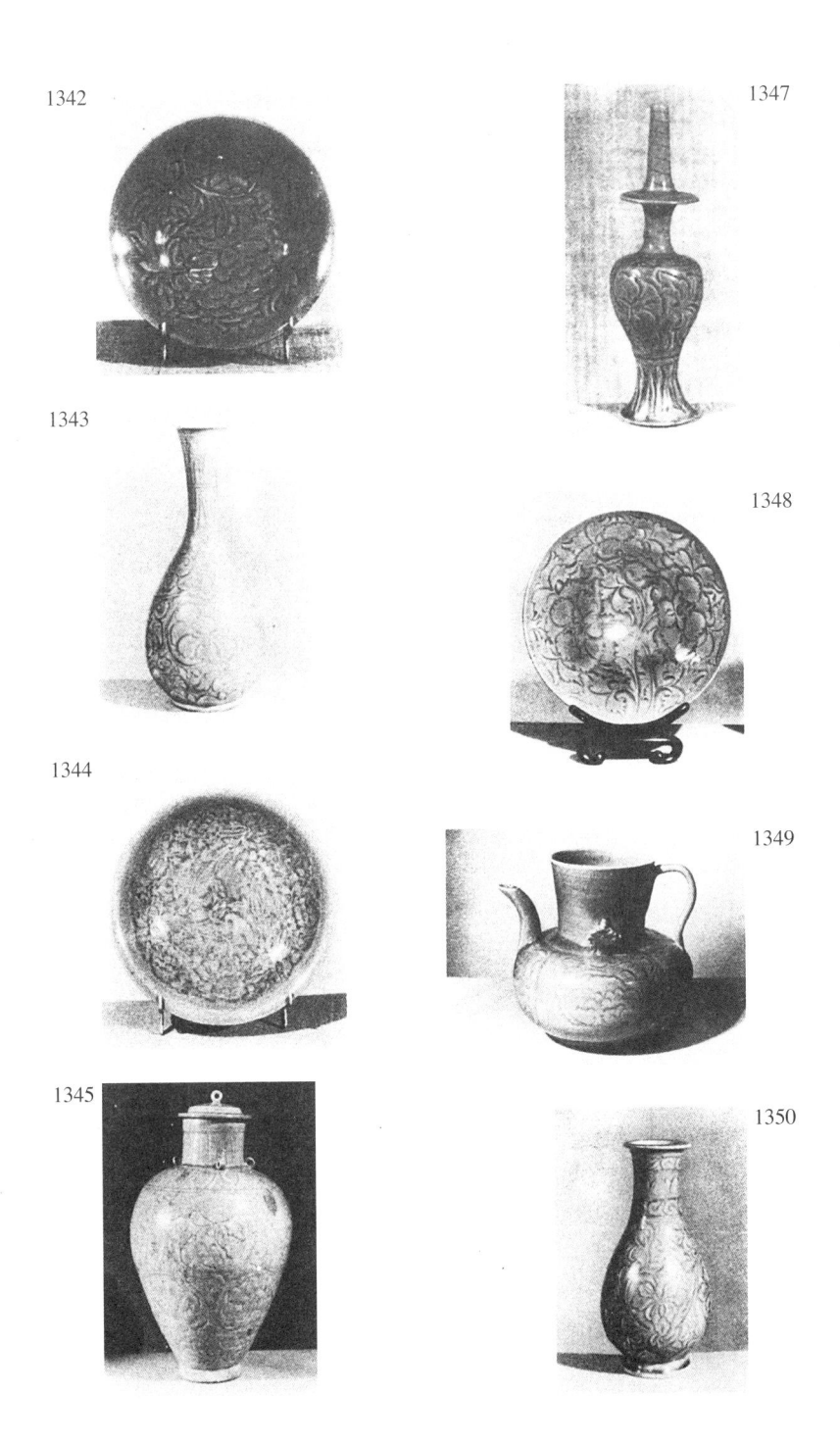

1347

1343

1348

1344

1349

1345

1350

1352

1358

1355

1359

1356

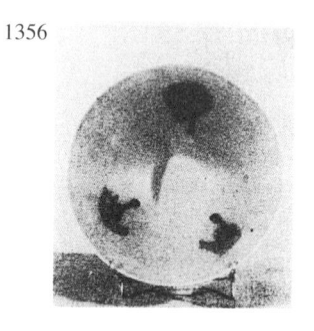

1360

1357

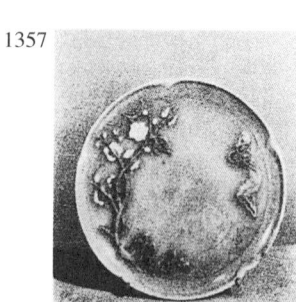

1361

1362

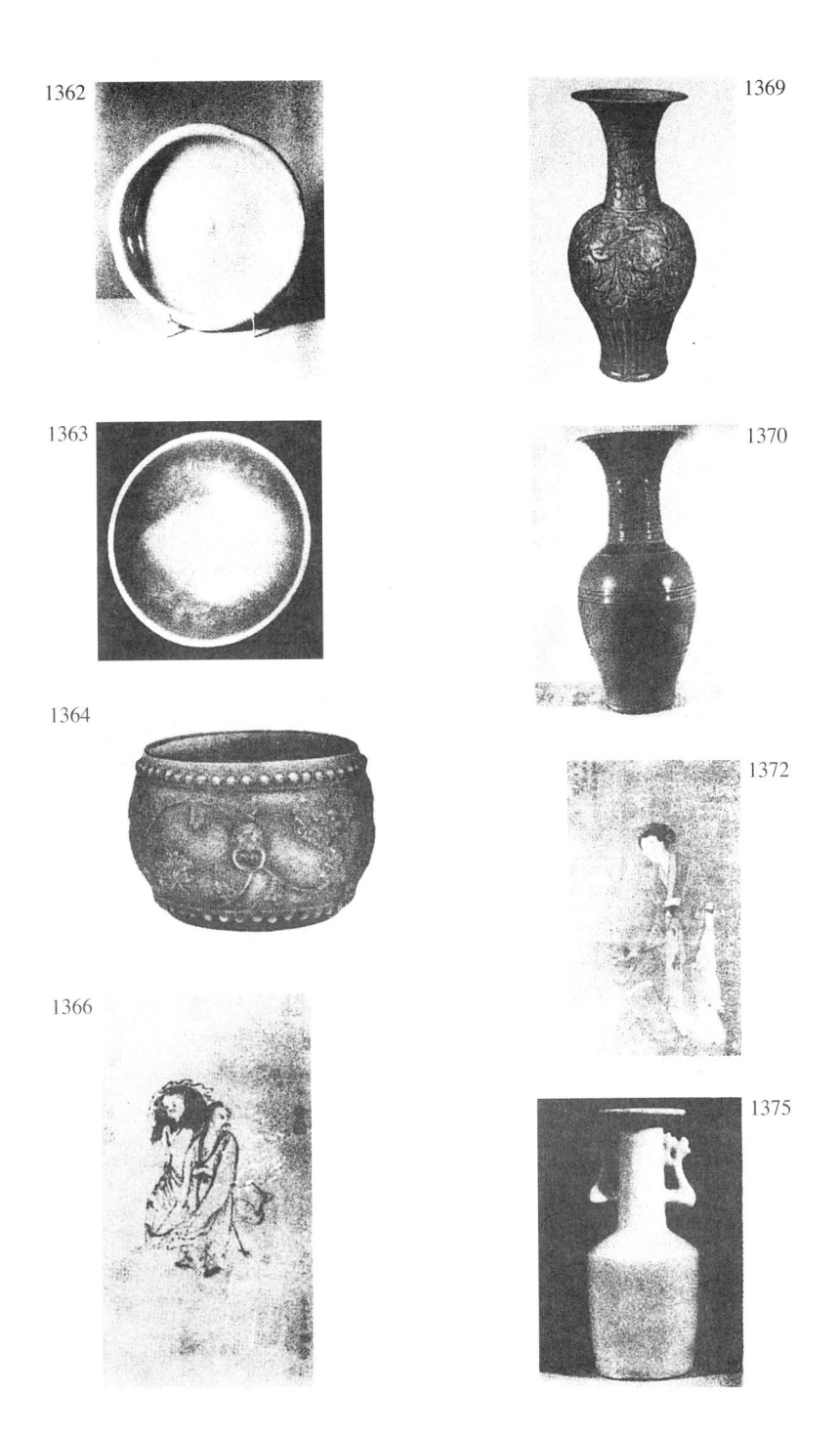

1369

1363

1370

1364

1372

1366

1375

503

1376

1387

1383

1388

1384

1389

1386

1390

1391

1393

1395

1397

1399

1400

1401

1402

1404

1405

1407

1408

1410

1411

1412

1414

1415

1416

1417

1418

1419

1421

1424

1427

1428

1435

1429

1436

1433

1438

1434

1439

1440

1441

1442

1443

1444

1445

1446

1447

1448

1455

1450

1456

1453

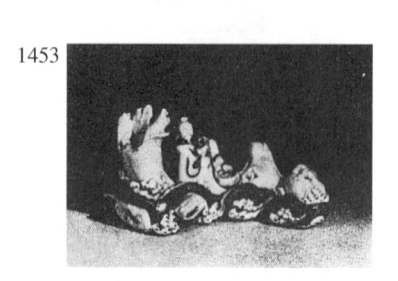

1457

1454

1458

1459

1464

1460

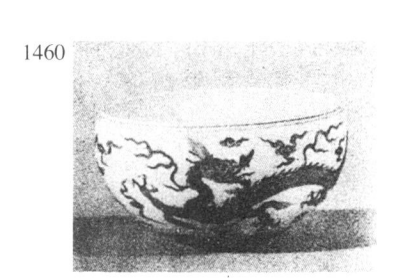

1465

1461

1466

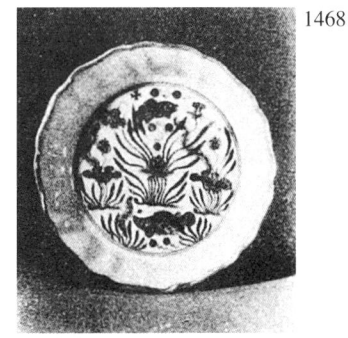

1463

1468

1469

1470

1471

1472

1473

1474

1475

1476

1477

1482

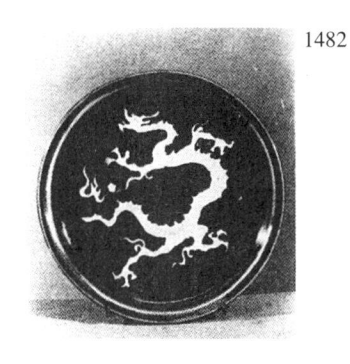

1479

1485

1480

1486

1481

1488

1489

1495

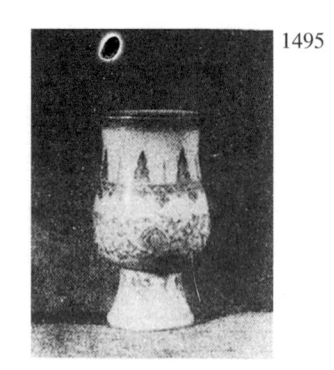

1490

1496

1492

1497

1493

1498

1499

1504

1500

1505

1502

1506

1503

1507

1508

1513

1509

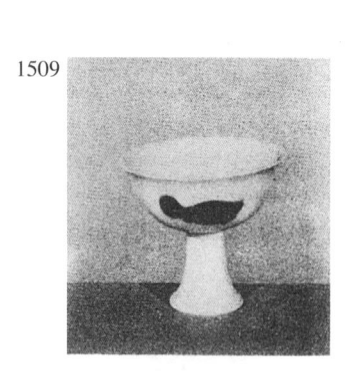

1514

1515

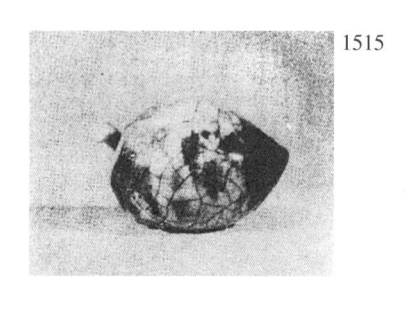

1510

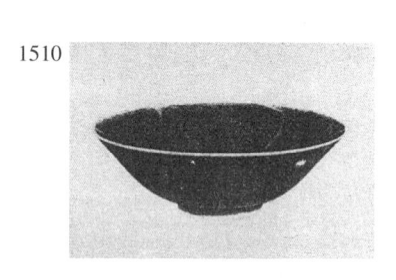

1511

1516

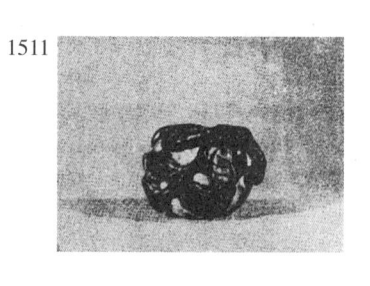

1517

1523

1518

1524

1521

1525

1522

1526

1527

1534

1529

1535

1531

1536

1533

1537

1538

1539

1540

1541

1542

1543

1544

1545

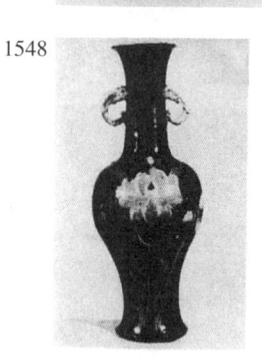

1546
1547
1548
1549
1550
1552
1553
1554

520

1555

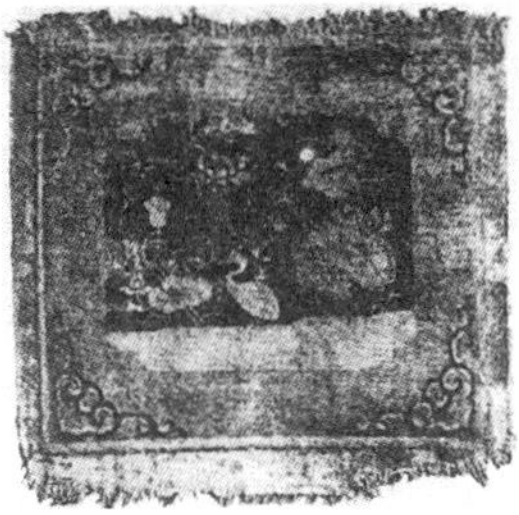

1556

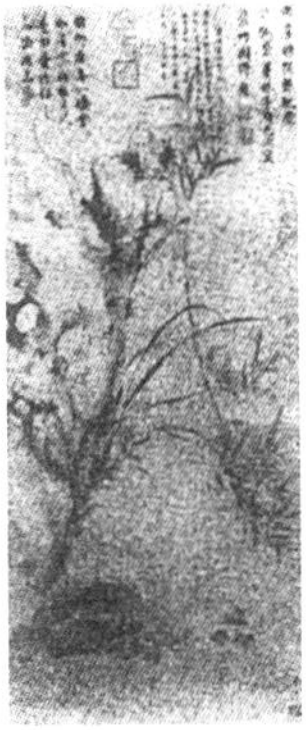

1557

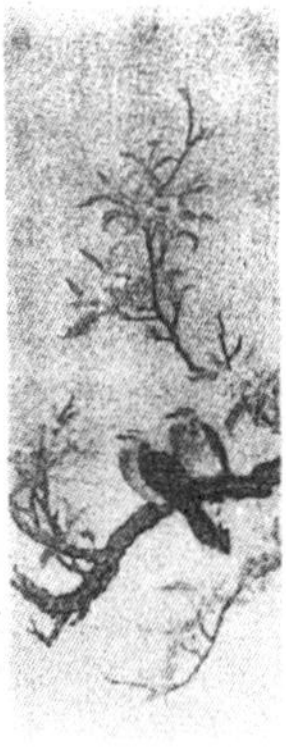

1558

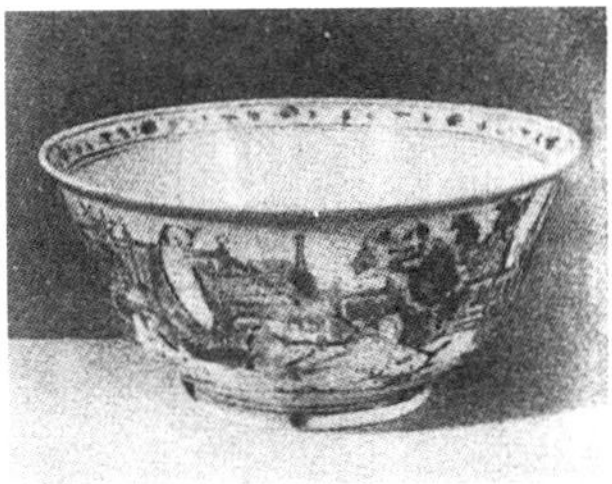

1559

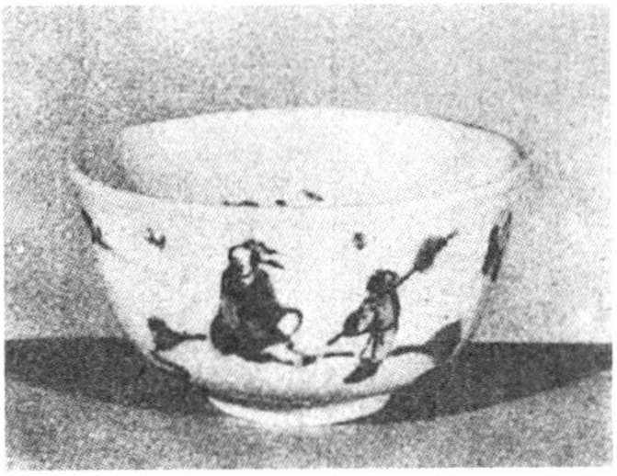

1560

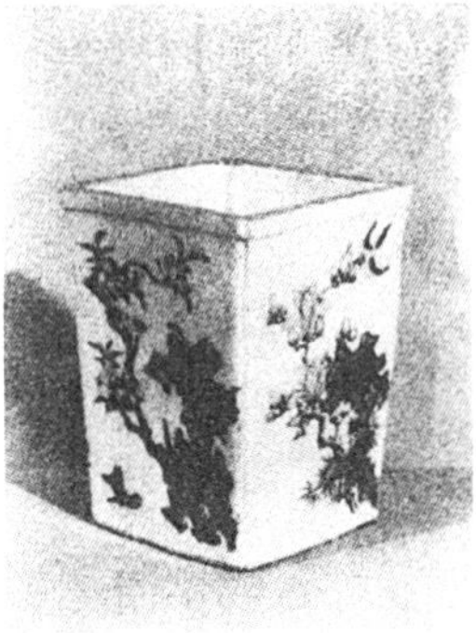

1561

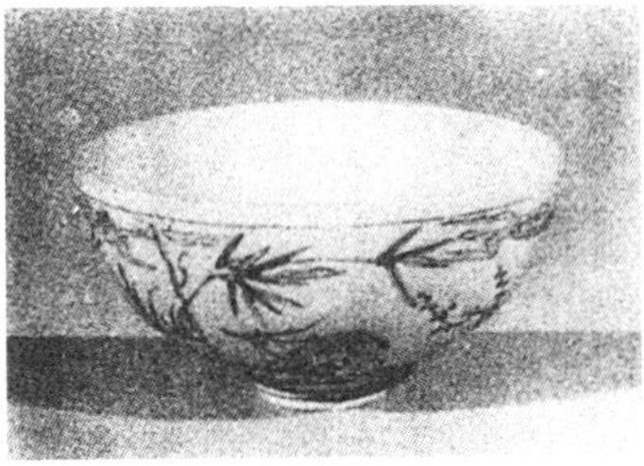

1563

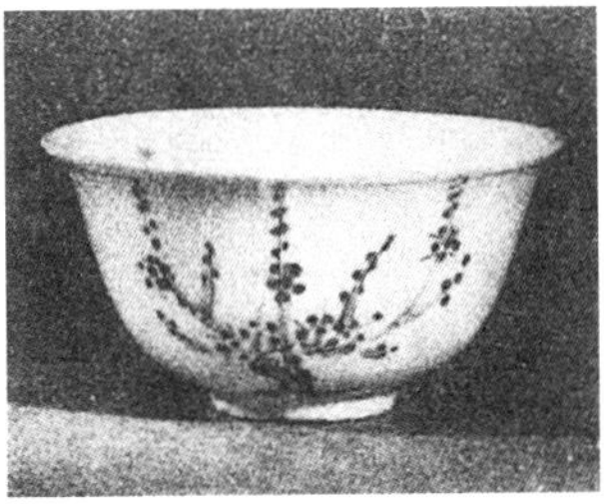

1564

1572

1565

1574

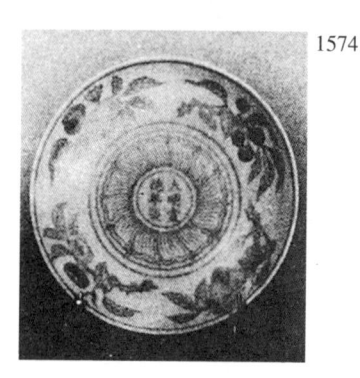

1567

1577

1568

1579

1580

1586

1581

1587

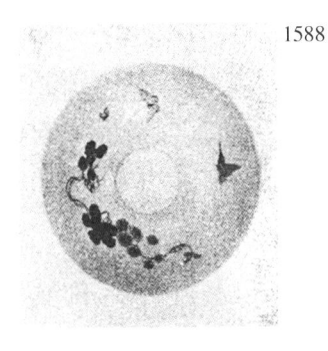

1582

1588

1585

1589

1590

1595

1591

1596

1593

1597

1594

1598

1600

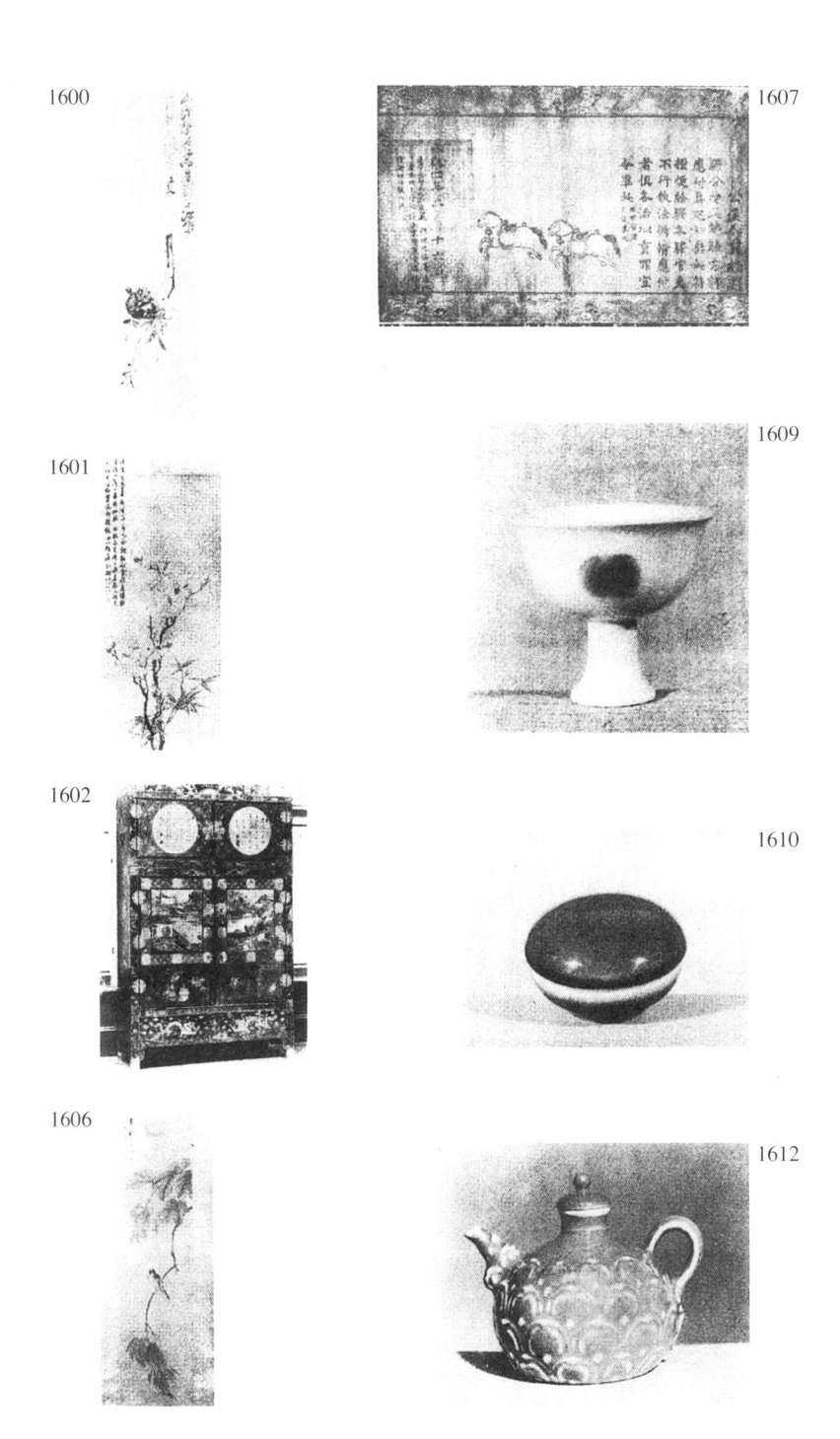

1607

1601

1609

1602

1610

1606

1612

1616

1631

1617

1632

1621

1633

1622

1636

1641

1643

1647

1652

1653

1655

1656

1656

527

1657

1658

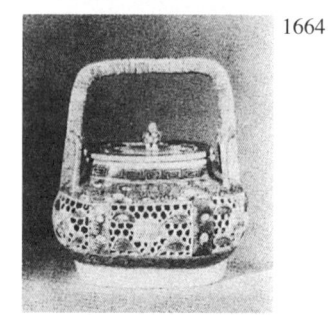

1659

1661

1662

1663

1664

1665

1666

1667

1668

1669

1670

1672^A

1672^B

1672^C

1674

1675

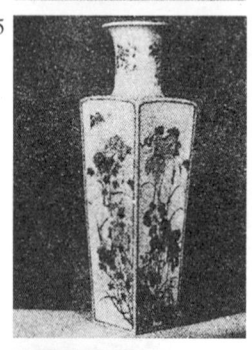

1677

1678

1679

1680

1681

1682

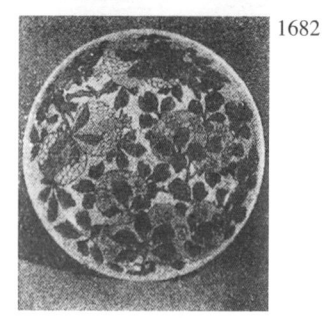

1683

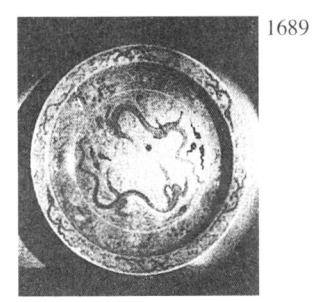

1684

1686

1688

1689

1690

1691

1692

1693

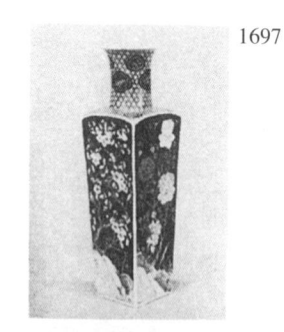

1694

1695

1696

1697

1698

1700

1701

1703

1709

1704

1710

1705

1711

1708

1712

1714

1719

1715

1721

1717

1723

1718

1725

1727

1728

1730

1731

1733

1737

1739

1740

1744

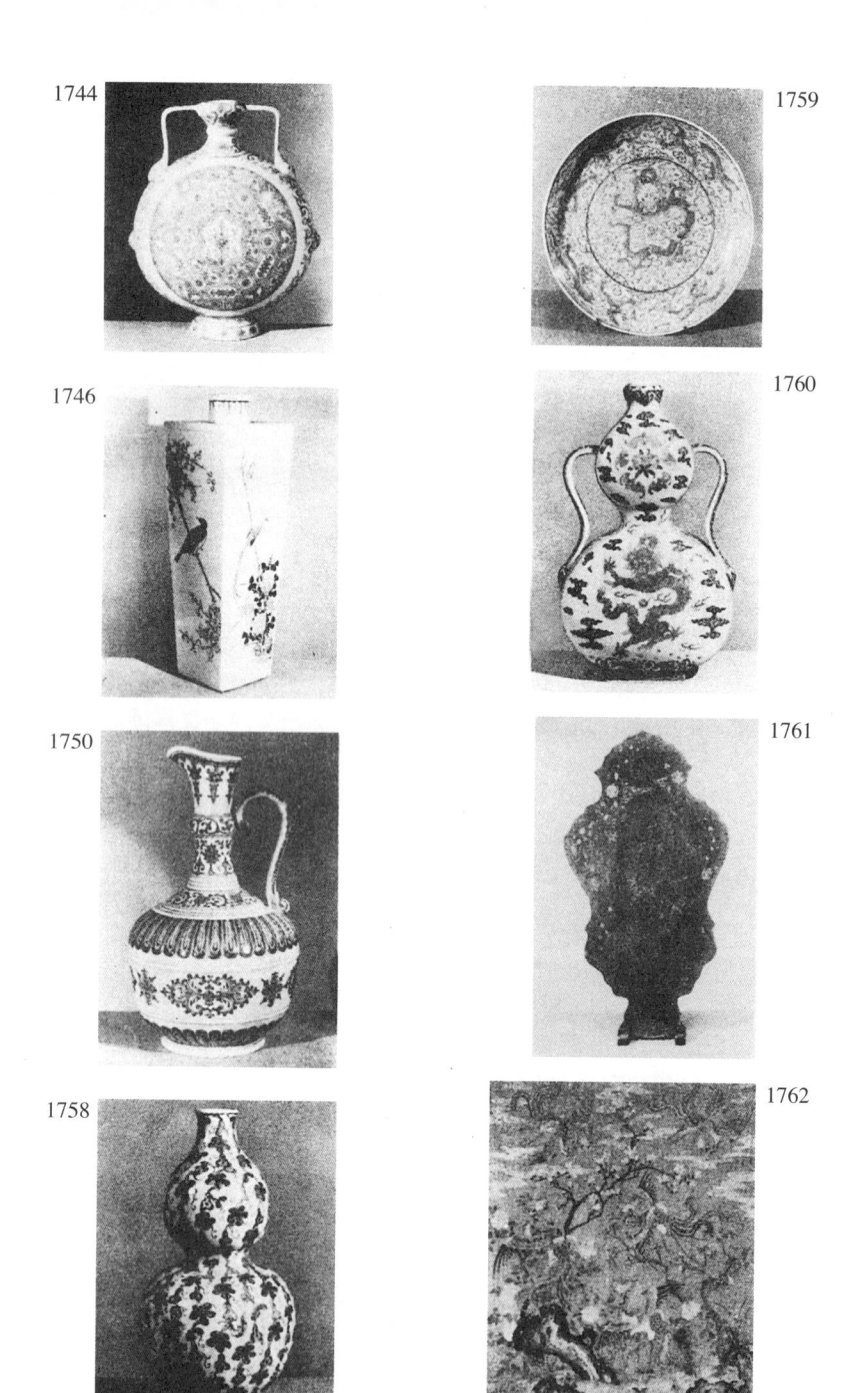

1759

1746

1760

1750

1761

1758

1762

536

1763

1769

1765

1770

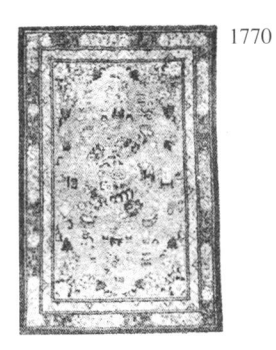

1766

1771

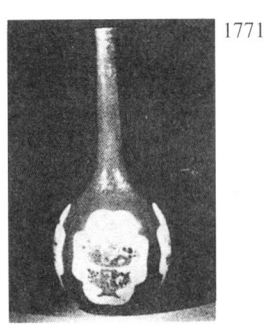

1767

1772

1773

1774

1775

1776

1777

1778

1784

1887

538

1780ᴬ

1780ᴮ

1780ᶜ

1789

1790

1791

1793

1794

1795

1796

1797

1800

1801

1803

1805

1807

540

1808

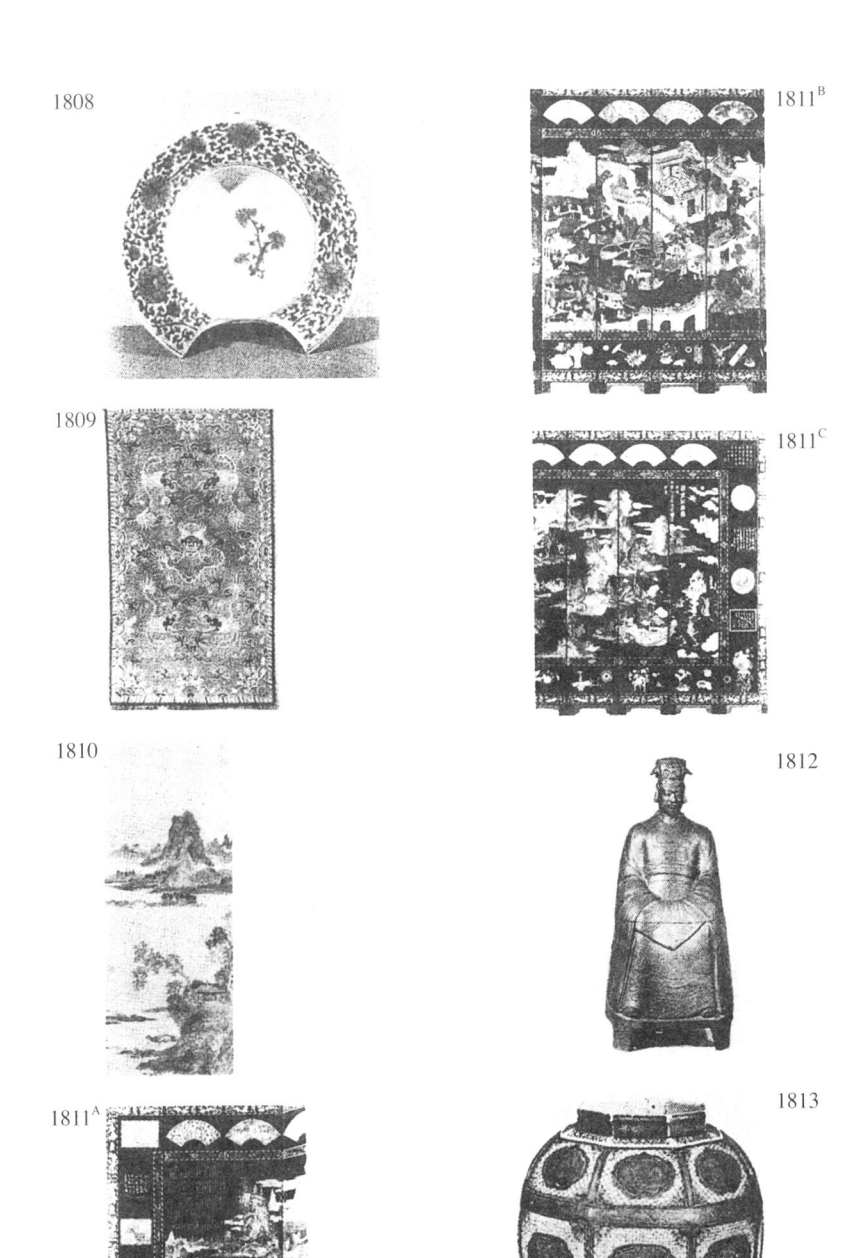

1809

1810

1811^A

1811^B

1811^C

1812

1813

1814

1815

1817

1819

1822-
1825

1827

1829

1831

1832

1840

1833

1842

1835

1843

1838

1844

1845

1850

1846

1851

1848

1852

1849

1853

1854

1855

1856

1857

1858

1859

1859

1860

1861

1863

1864

1865

1866

1867

1871

1872

1873

1874

1875

1876

1877

1880

1881

1882

1883

1884

1885

1886

1887

1888

1889

1890

1891

1893

1895

1897

1899

1900

1902

1903

1904

1905

1906

1911

1912

1915

1918

1919

1920

1921

1922

1923

1924

1926

1927

1928

1929

1931

1932

1933

1934

1936

1937

1938

1941

1942

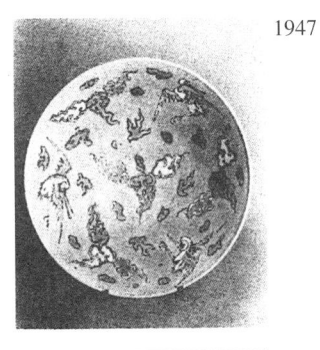

1943

1945

1946

1947

1948

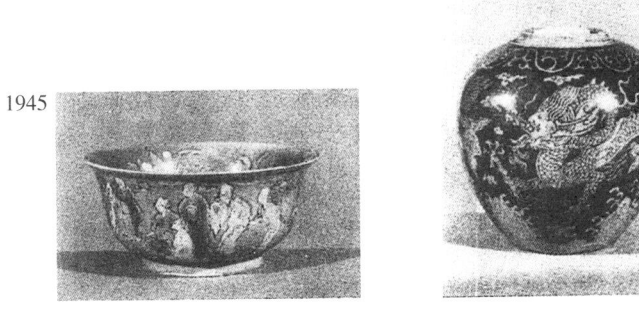

1949

1950

1951

1952

1953

1955

1956

1958

1960

554

1962

1967

1964

1969

1965

1971

1966

1973

1974

1979

1976

1981

1977

1982

1978

1983

1984

1985

1986

1988

1989

1990

1993

1994

1995

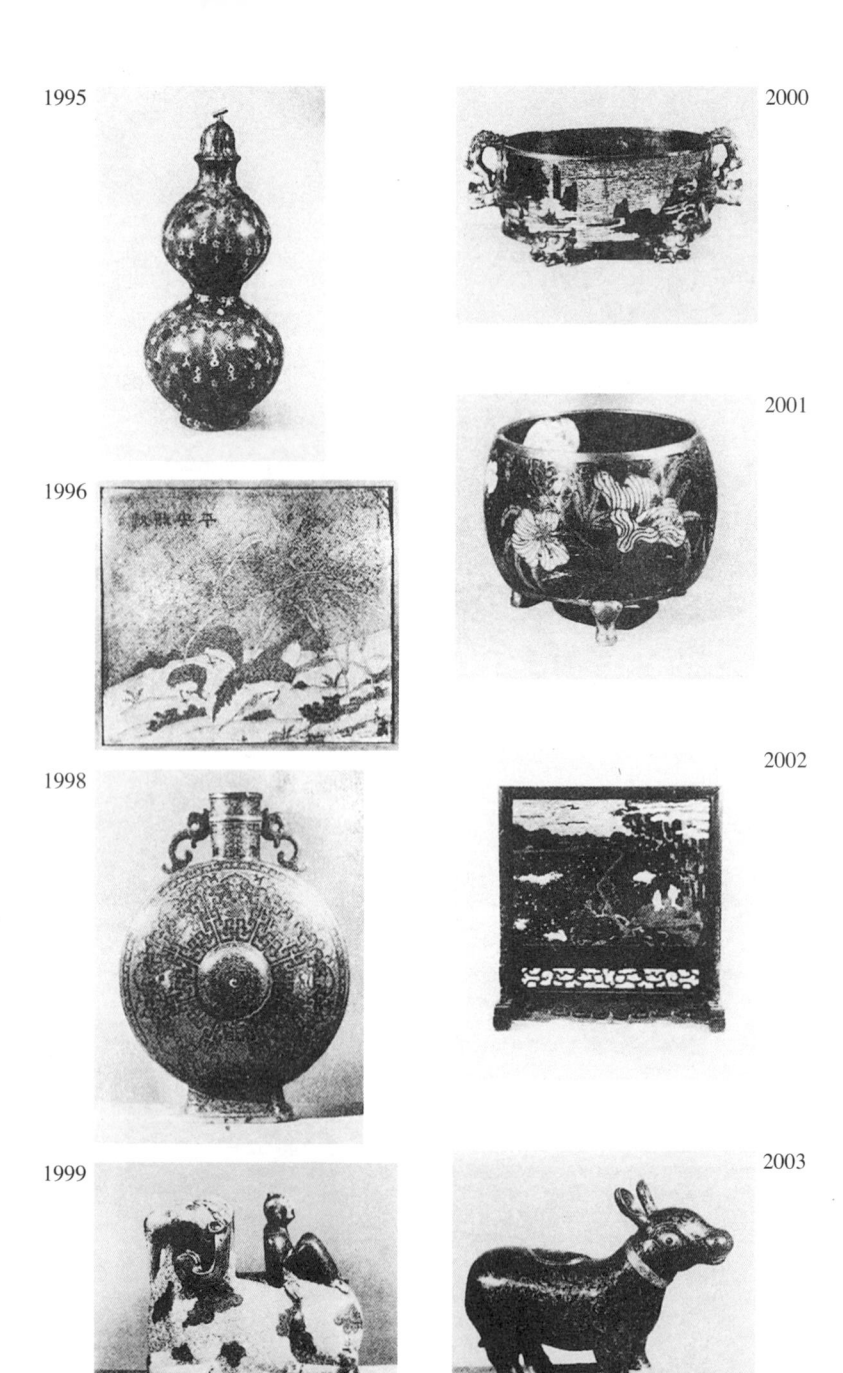

1996

1998

1999

2000

2001

2002

2003

2006

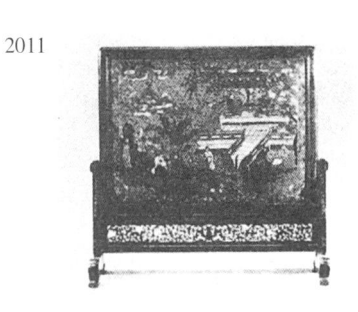

2012

2009

2013

2010

2014

2011

2015

2017

2021

2022

2018

2019

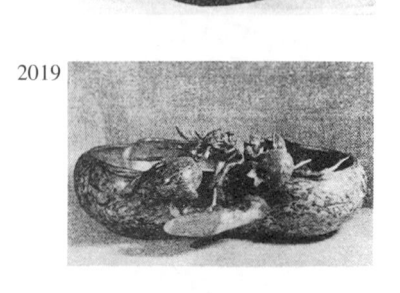

2023

2020

2024

2027

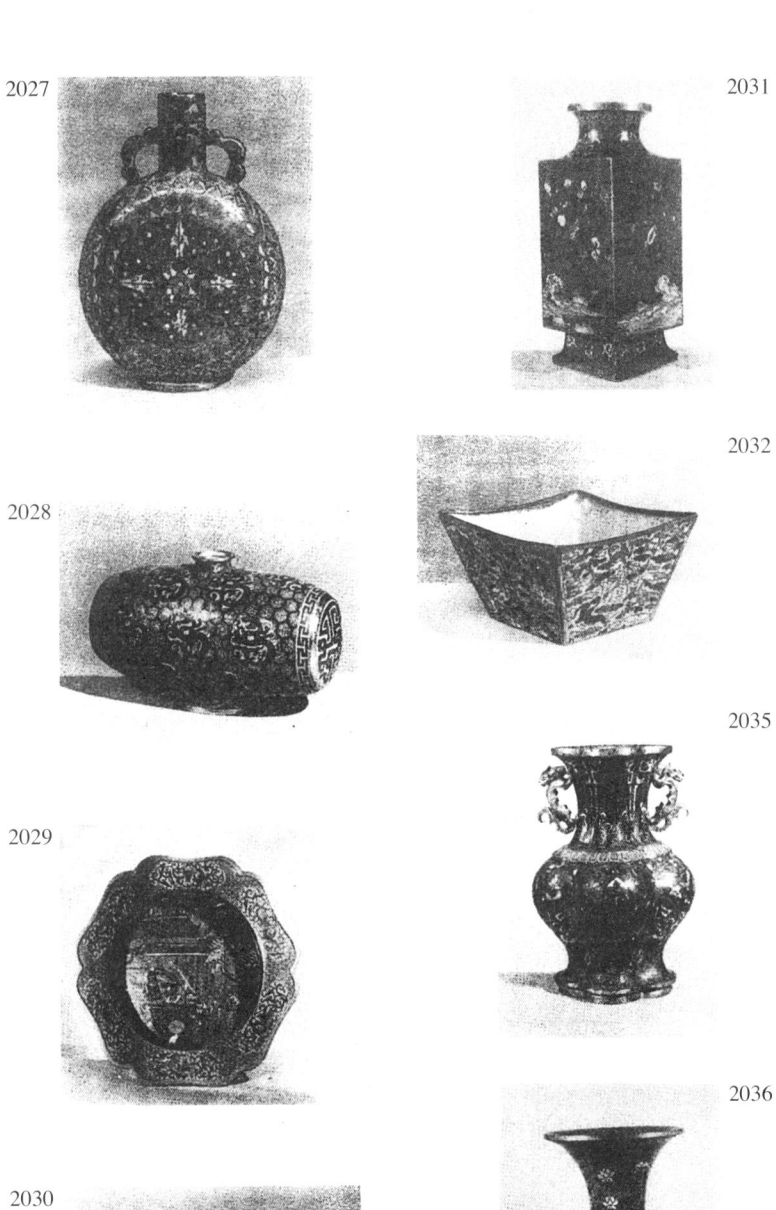

2031

2028

2032

2035

2029

2036

2030

2038

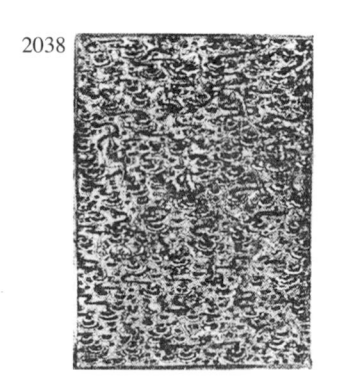

2043

2039

2044

2040

2045

2042

2052

2054

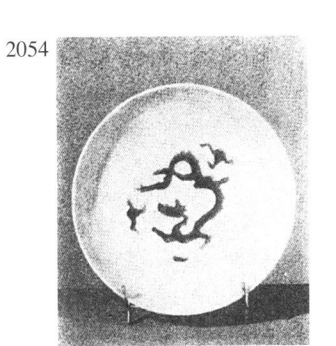

2063

2056

2065

2058

2067

2061

2069

2071

2078

2073

2079

2081

2075

2076

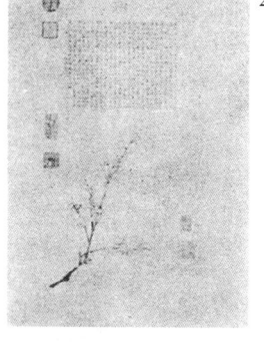

2083

2086

2091

2087

2093

2088

2094

2097

2089

2098

2104

2099

2105

2102

2106

2103

2108

2109

2116

2112

2118

2114

2119

2115

2121

2122

2136

2127

2137

2131

2137

2135

2138

2139

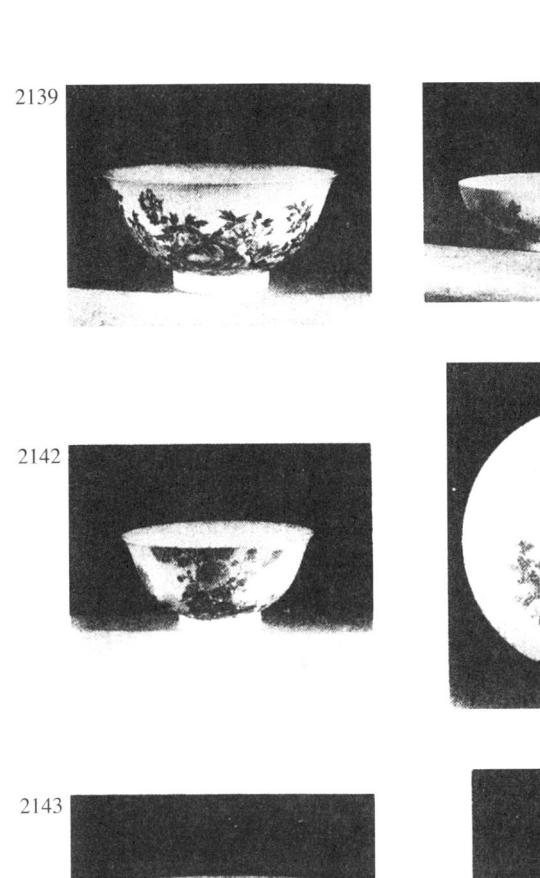

2148

2142

2149

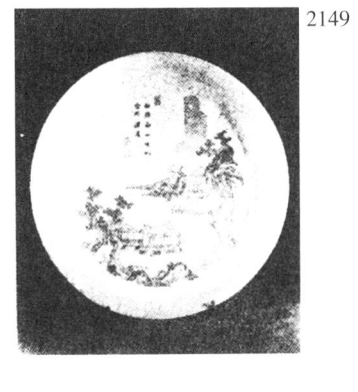

2143

2152

2146

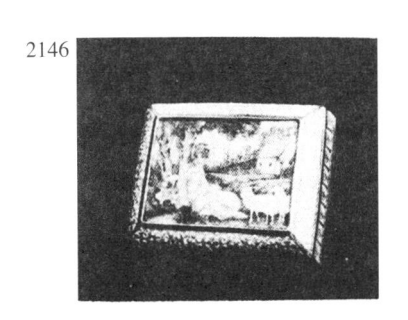

2154

2158

2169

2160

2171

2164

2172

2166

2173

2175

2175

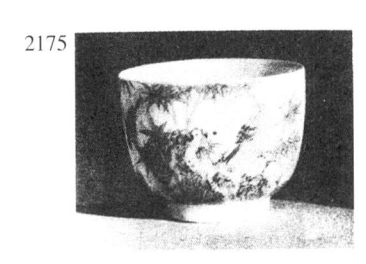

2175

2175

2175

2176

2177

2178

2180

2187

2183

2188

2184

2190

2186

2191

572

2192

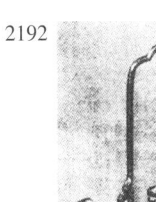

2196

2193

2199

2194

2200

2195

2201

2202

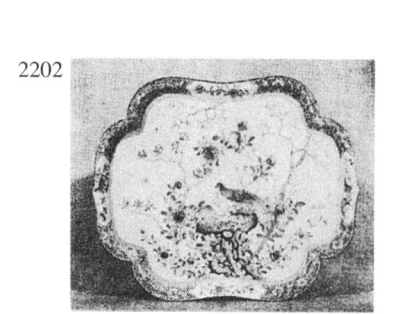

2208

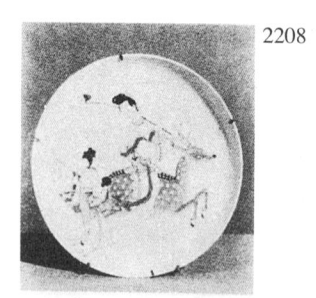

2203

2209

2205

2210

2207

2211

2212

2220

2216

2221

2217

2222

2218

2223

2224

2224

2226

2227

2228

2230

2231

2232

2233

2237

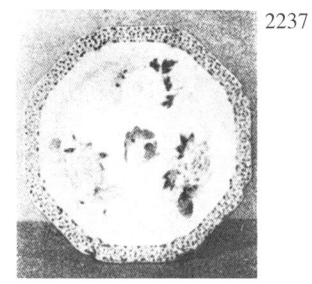

2234

2239

2235

2240

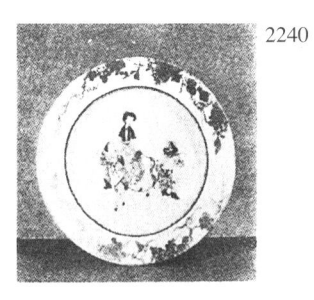

2236

2243

2254

2262

2259

2263

2260

2264

2261

2265

2266

2267

2268

2269

2270

2271

2272

2273

2274

2279

2275

2279

2277

2280

2278

2281

2283

2289

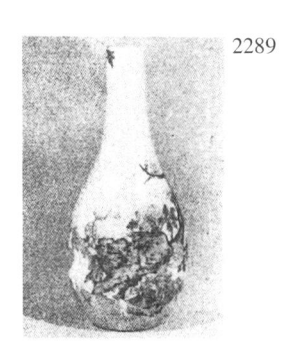

2285

2293

2287

2294

2288

2296

2298

2305

2299

2307

2301

2309

2303

2313

582

2314

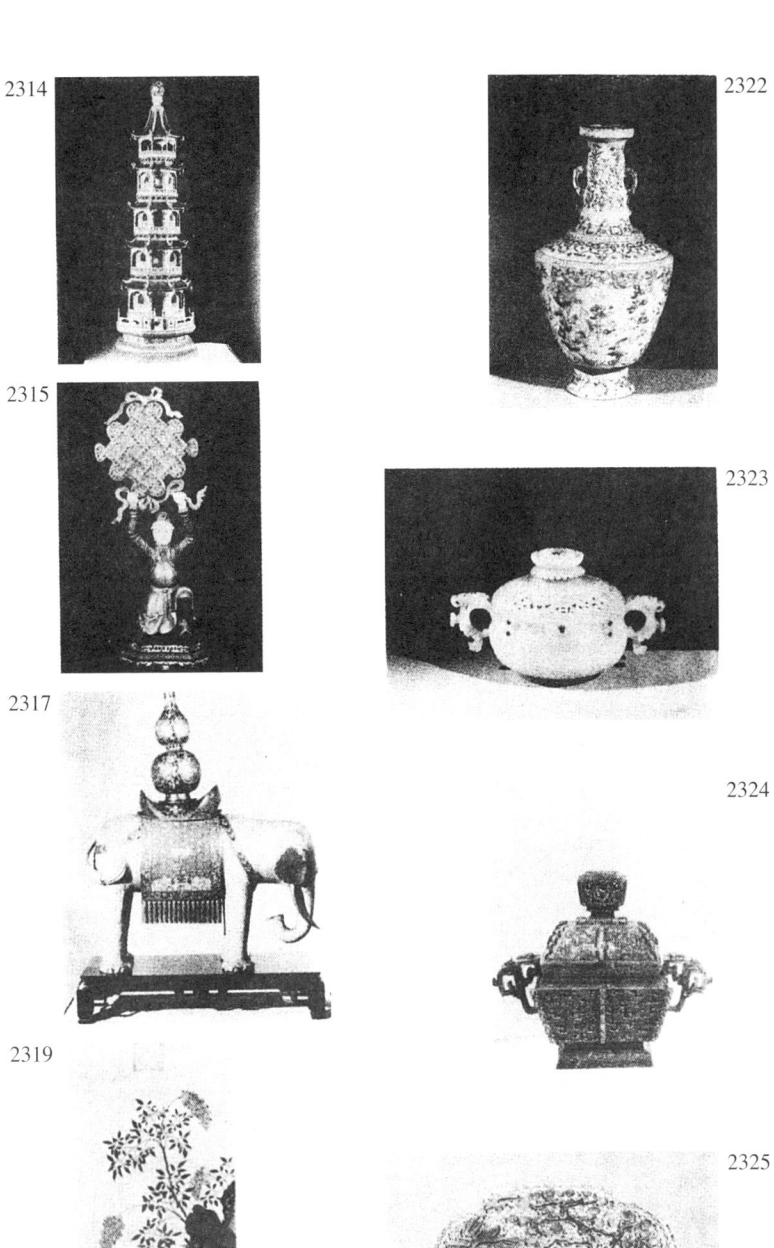

2322

2315

2323

2317

2324

2319

2325

584

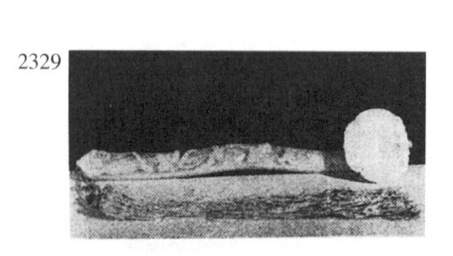

2339

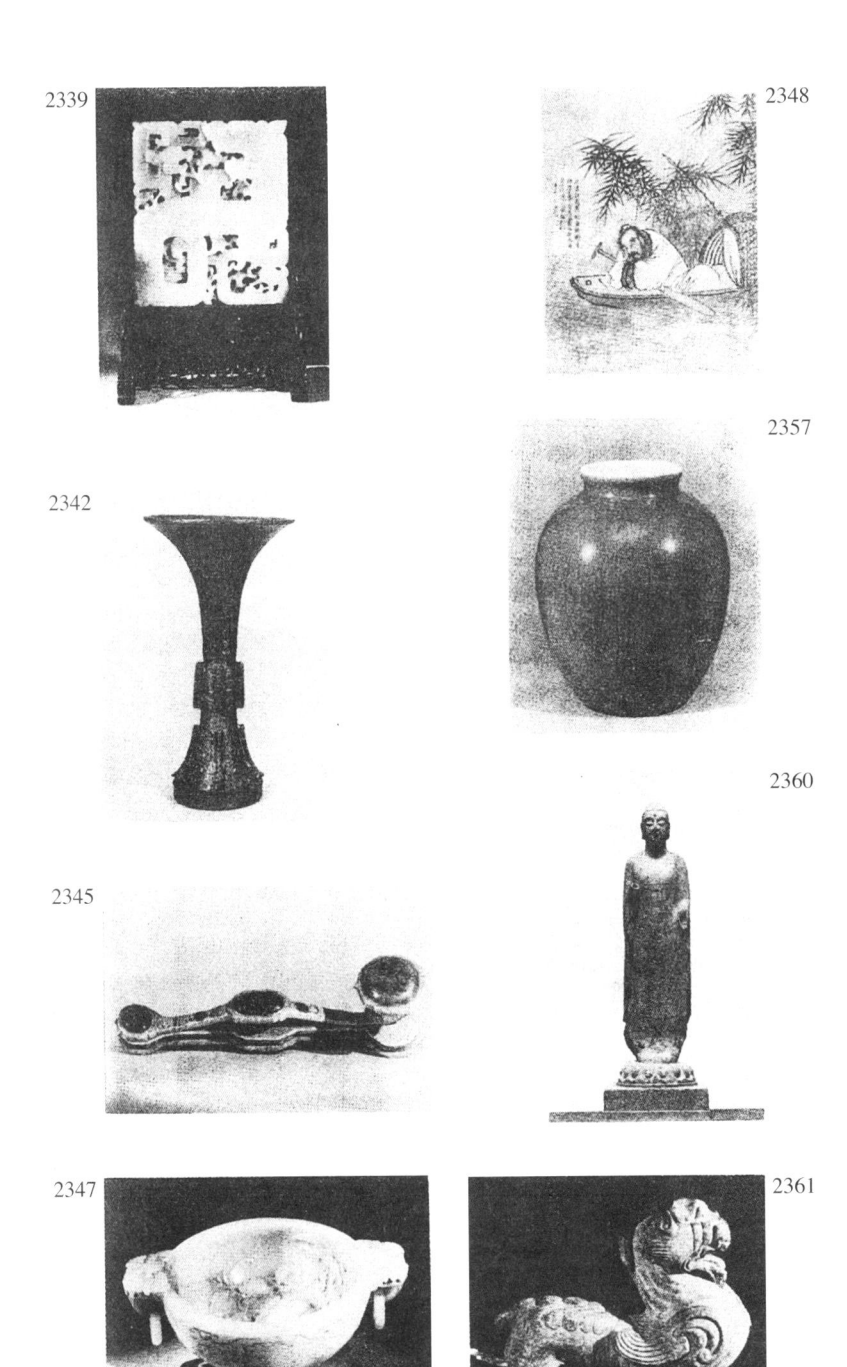

2348

2342

2357

2345

2360

2347

2361

2362

2369

2364

2366

2371

2368

2372

2373

586

2375

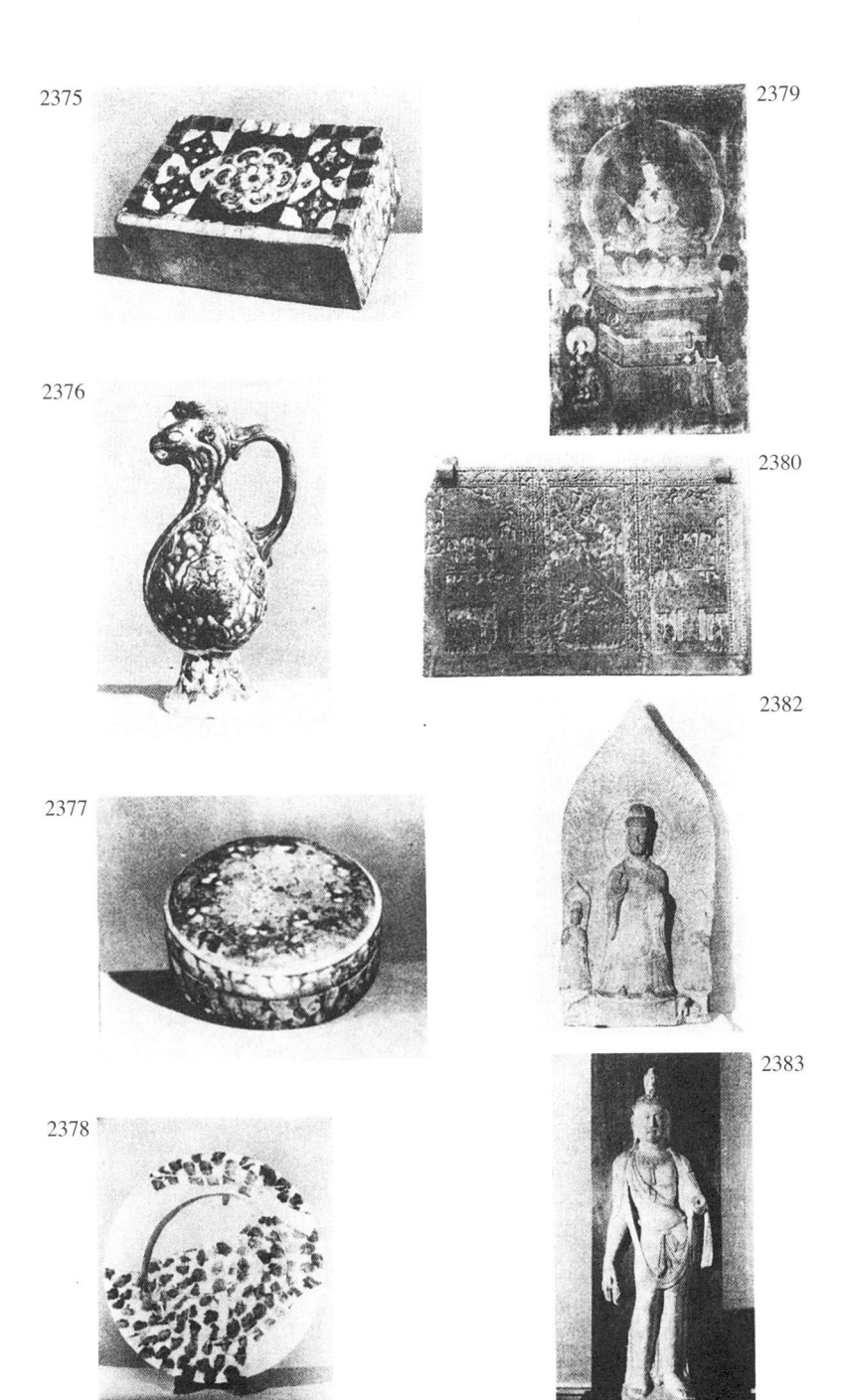

2376

2377

2378

2379

2380

2382

2383

2384

2386

2387

2388

2389

2390

2391

2392

2393

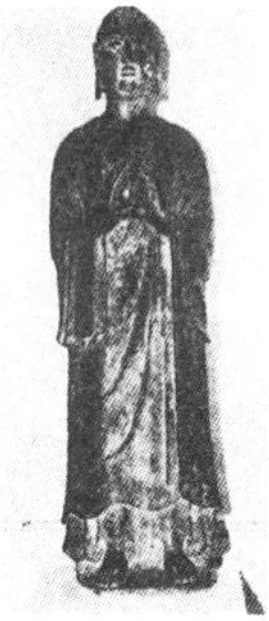

2394

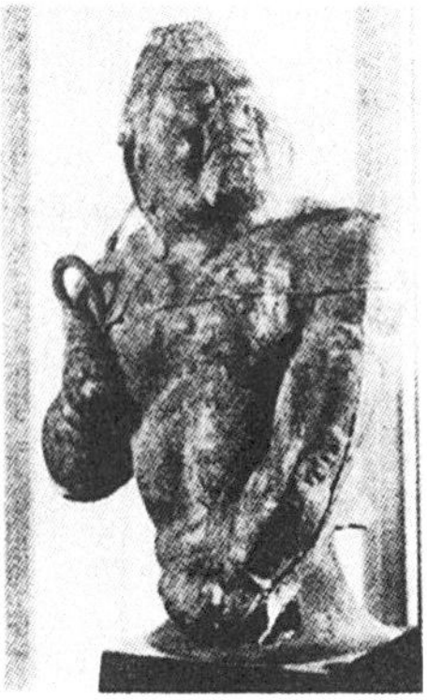

2395

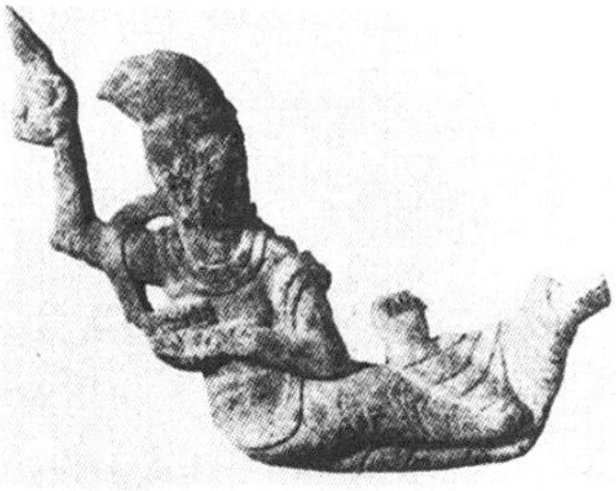

2396

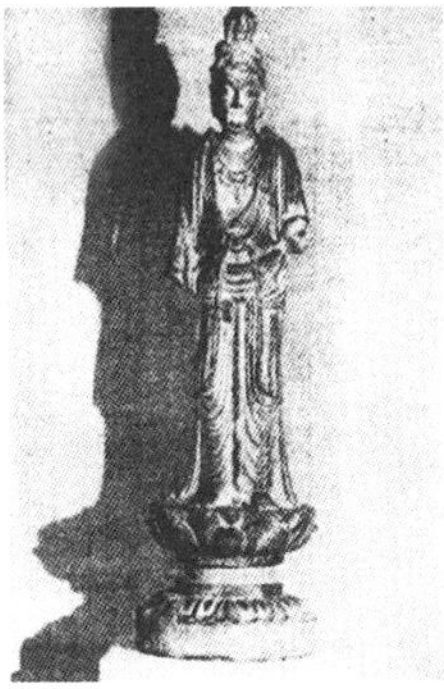

2397

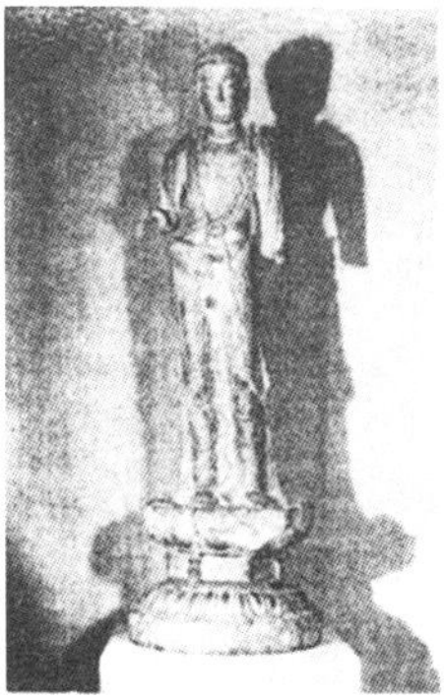

2398

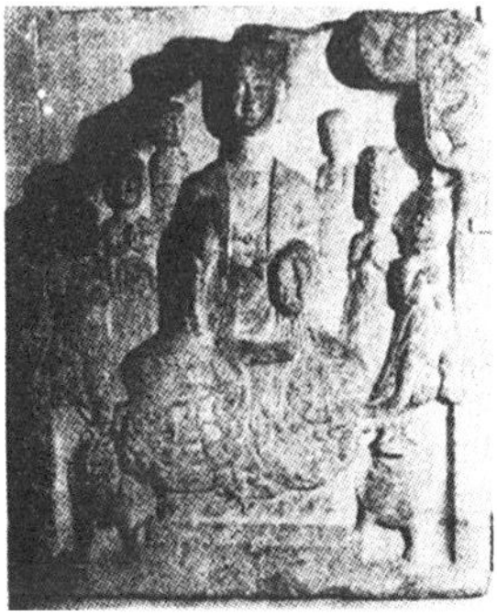

2400

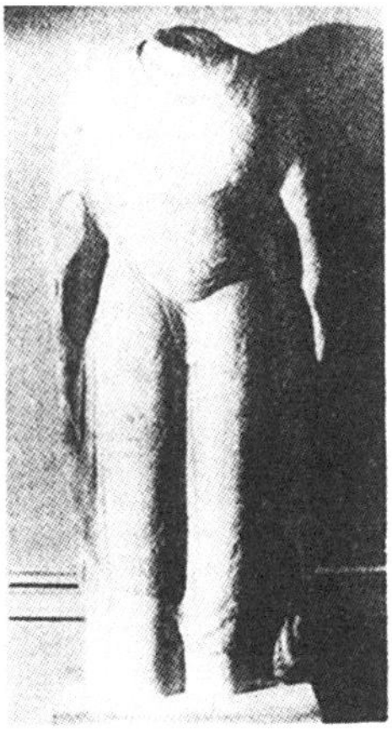

2402

2403

2404

2405

2406

2410

2407

2411

2408

2413

2409

2414

2415

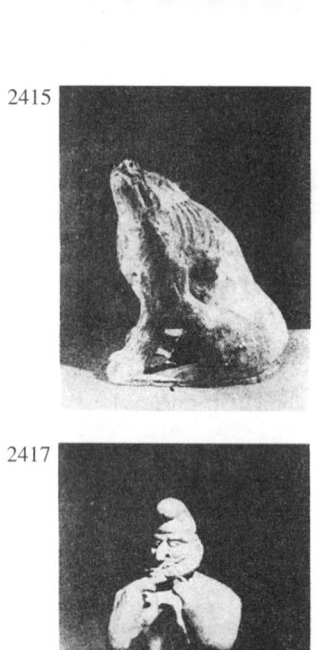

2420

2417

2422

2418

2423

2419

2424

2424

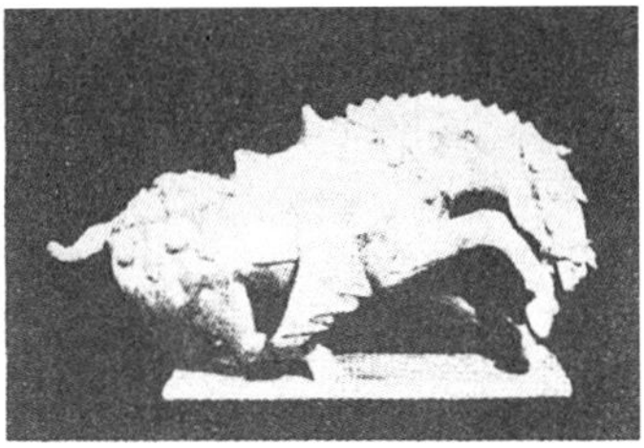

2428

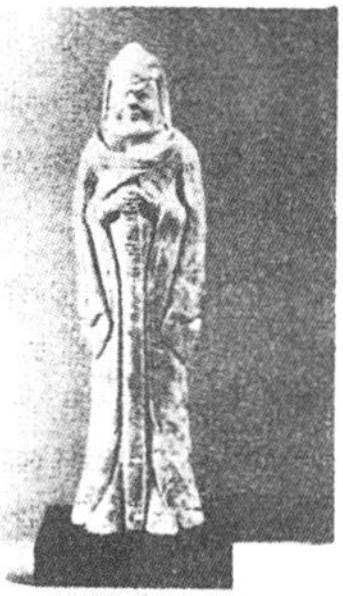

2425

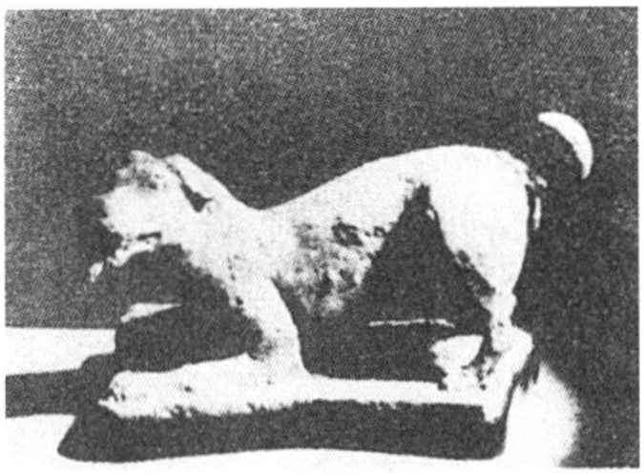

2429

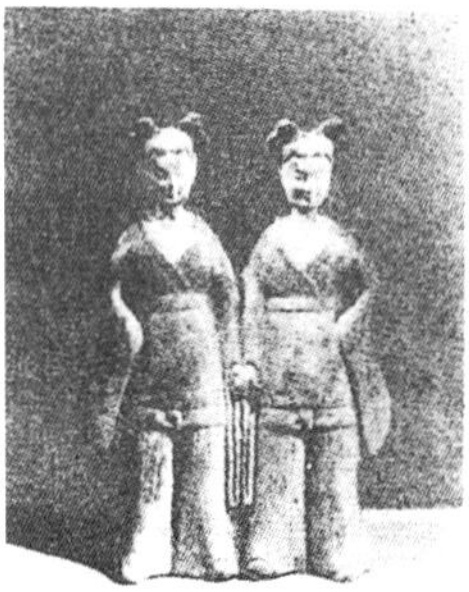

2426

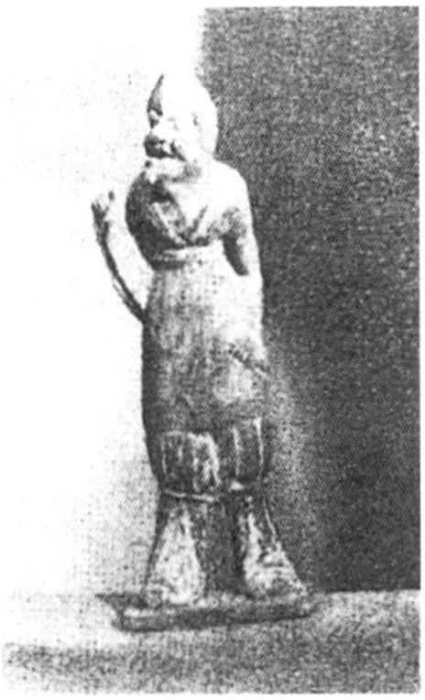

2431

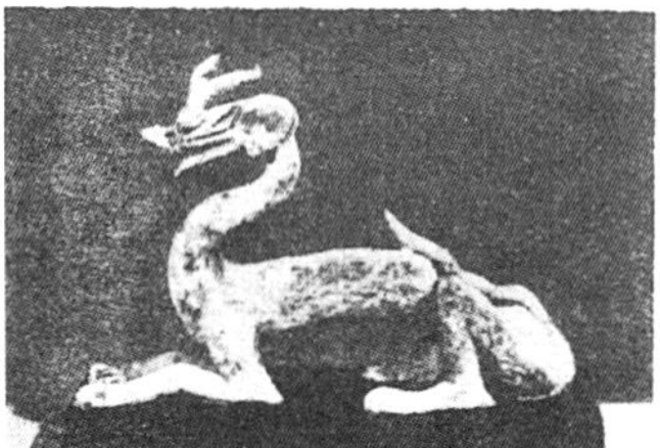

2427

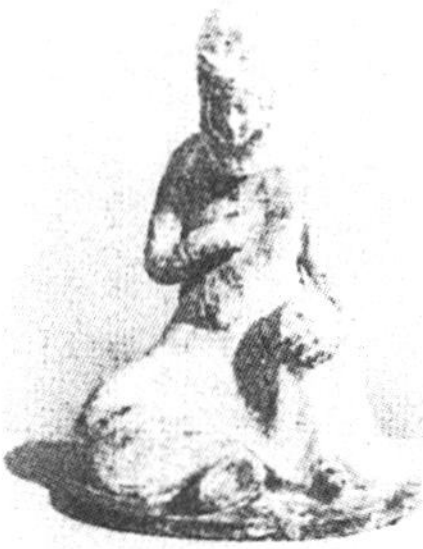

2432

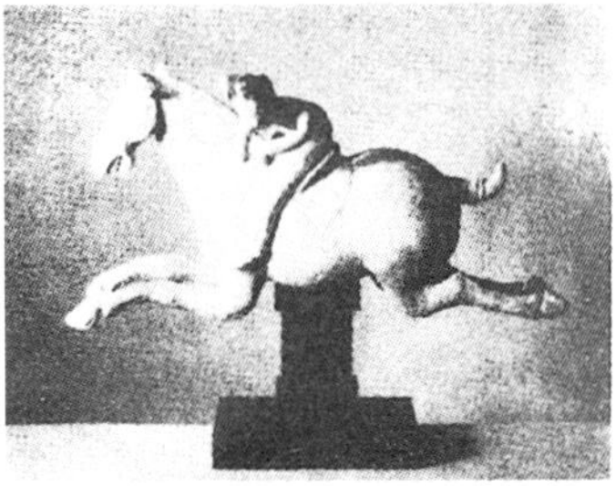

2433

2435

2434

2436

2437

2438

2439

594

2440

2444

2441

2445

2442

2446

2443

2448

2449

2454

2450

2455

2451

2456

2452

2457

2458

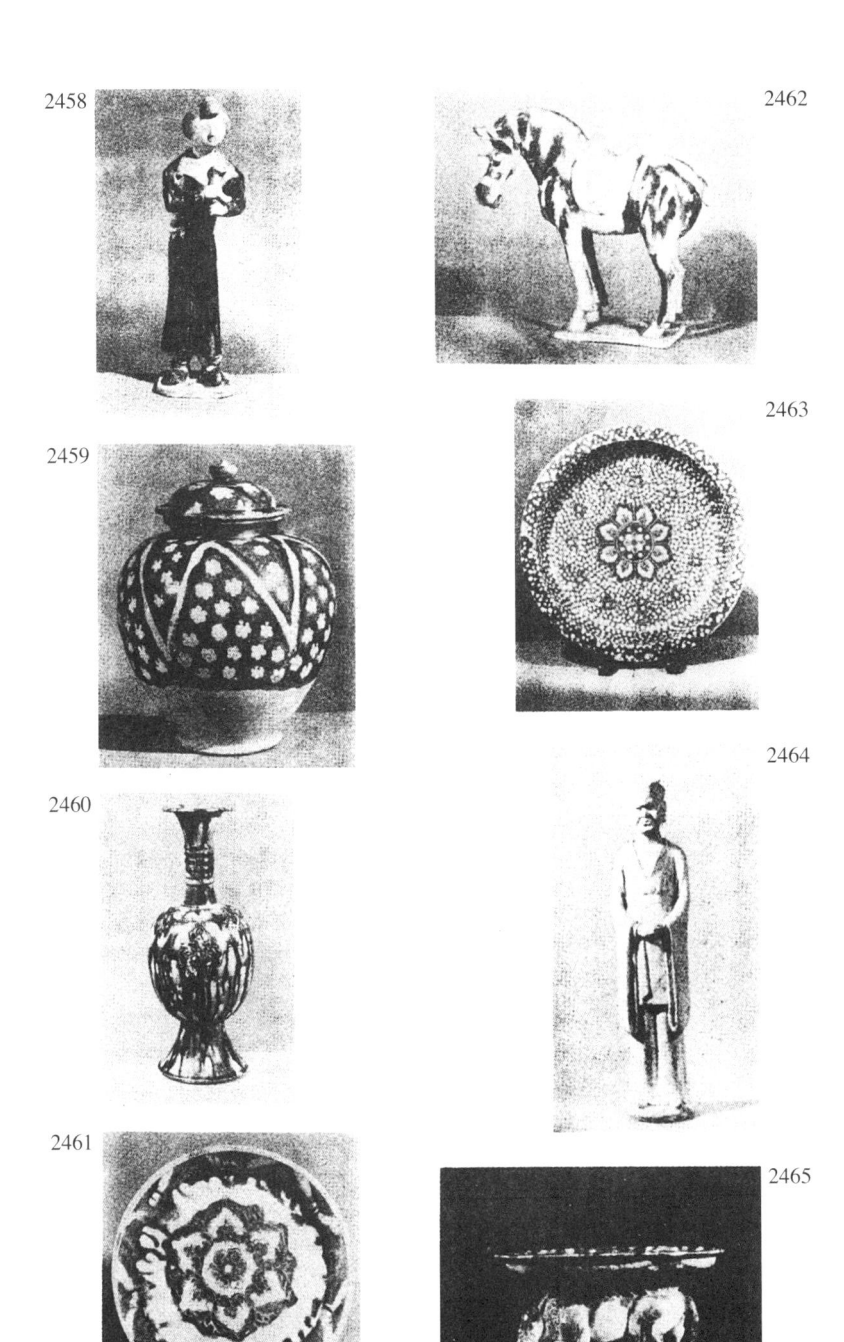

2459

2460

2461

2462

2463

2464

2465

597

2466

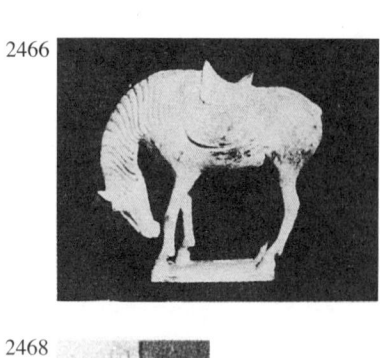

2470

2468

2471

2469

2472

2473

598

2474

2479

2475

2481

2476

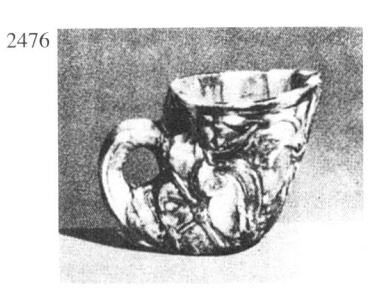

2482

2477

2484

2485

2486

2487

2488

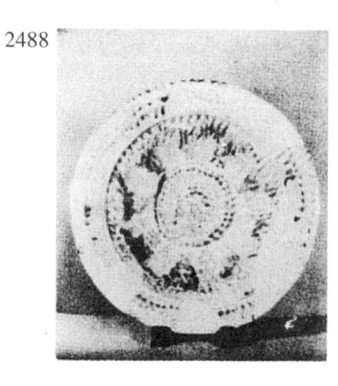

2489

2491

2493

2494

2496ᴬ

2496ᴮ

2497

2498

2499

2500

2501

2502

2503

2511

2504

2512

2513

2506

2515

2508

2522

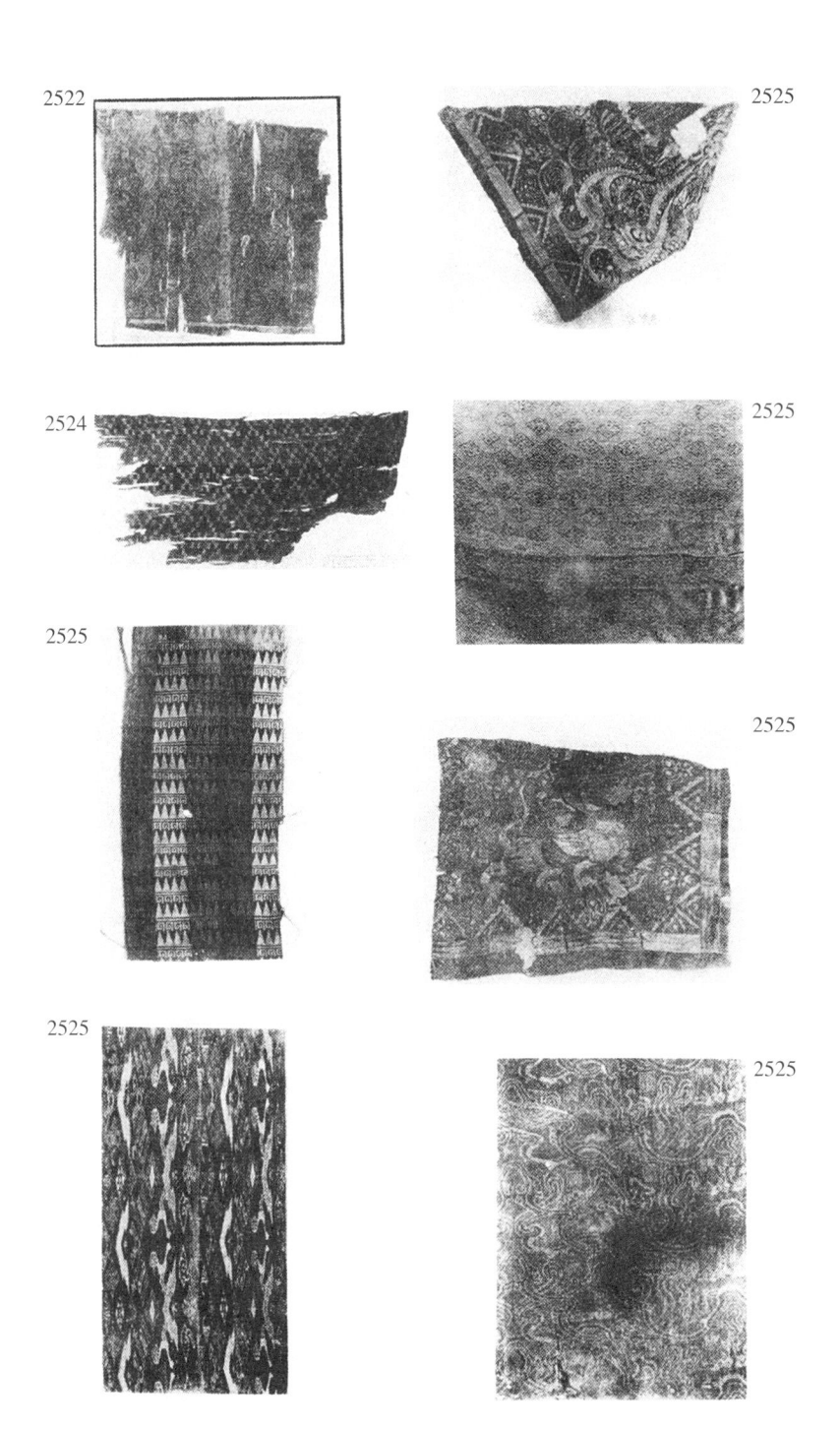

2525

2524

2525

2525

2525

2525

2525

2525

2526

2525

2528

2525

2532

2525

2533

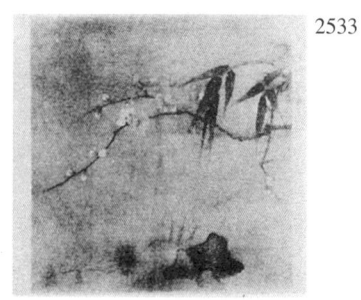

2534

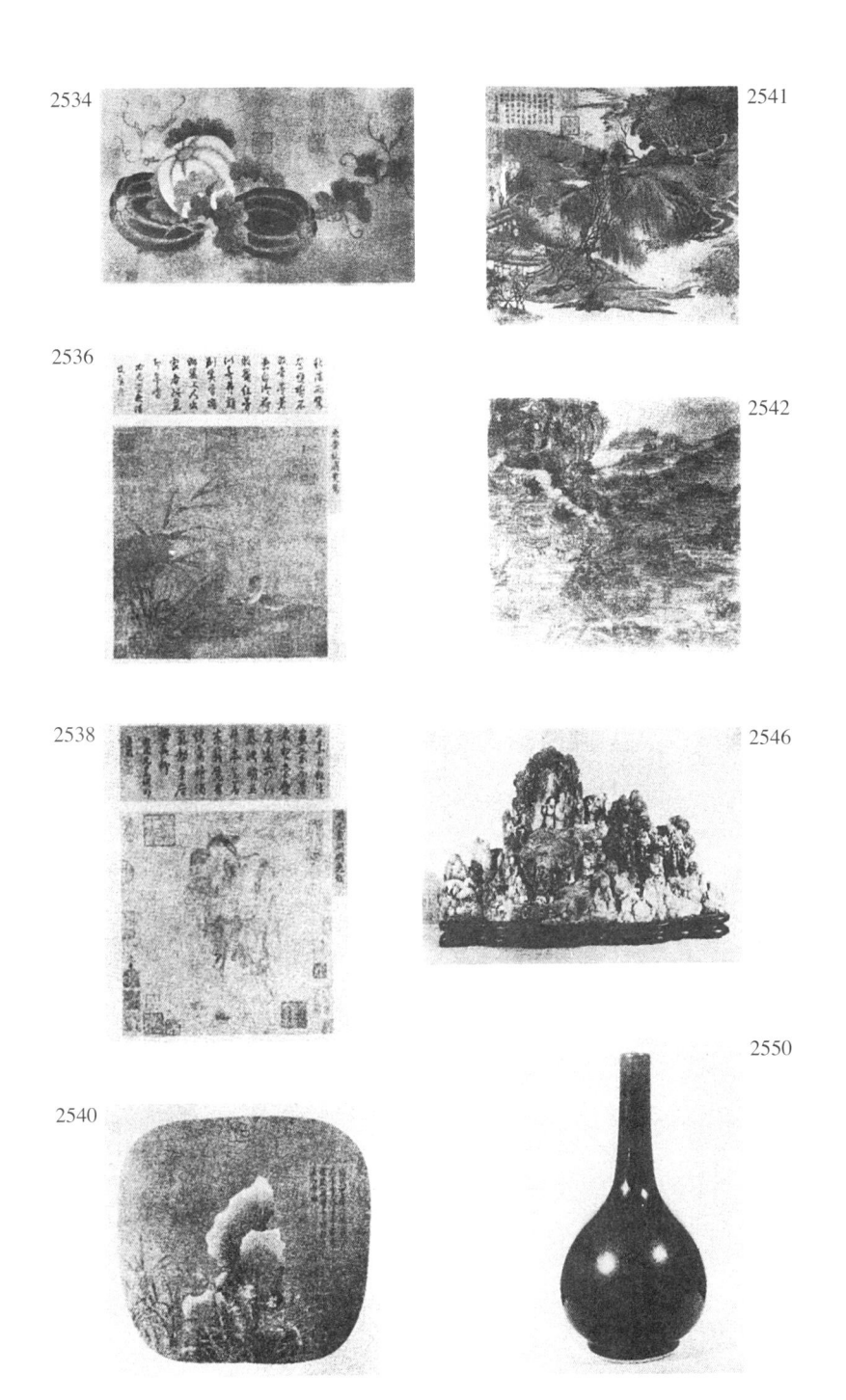

2541

2536

2542

2538

2546

2540

2550

2553

2566

2556

2567

2559

2569

2561

2572

2574

2579

2576

2582

2583

2577

2578

2584

2585

2592

2589

2594

2590

2596

2591

2598

2599

2604

2600

2605

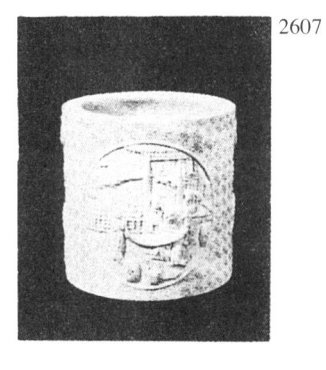

2602

2607

2603

2609

2611

2622

2614

2623

2617

2624

2620

2626

2627

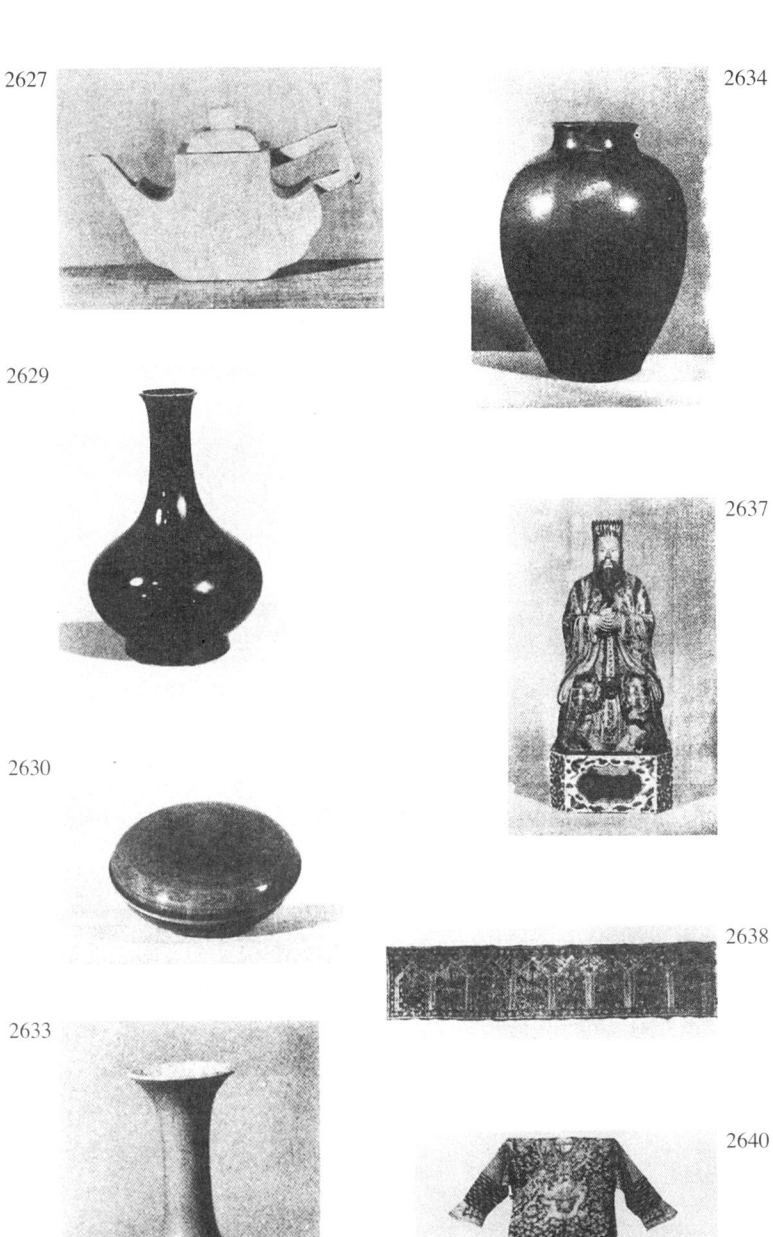

2634

2629

2637

2630

2638

2633

2640

2642

2652

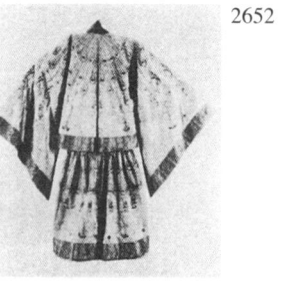

2656

2648

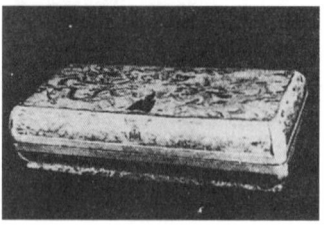

2659

2650

2662

612

2666

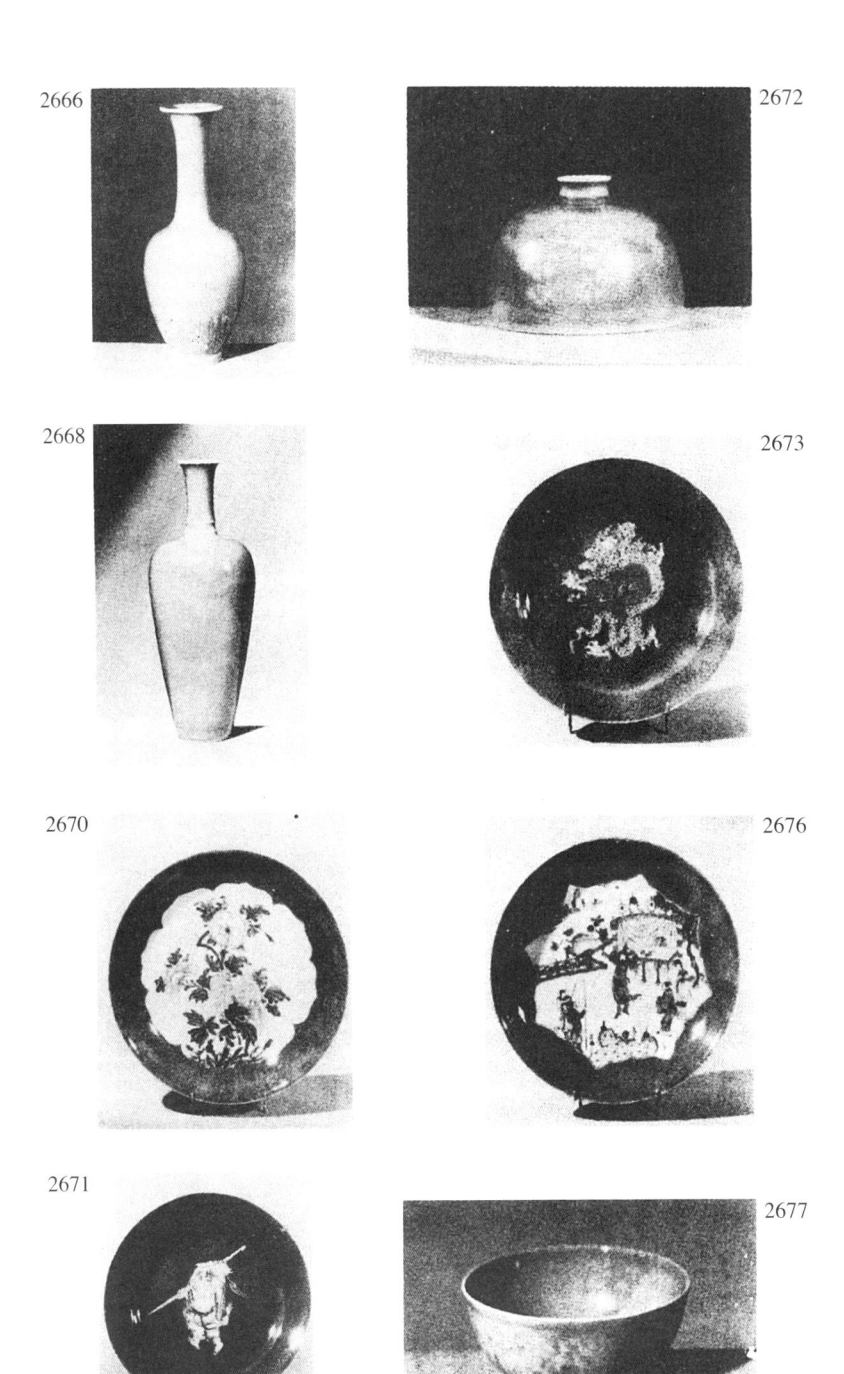

2672

2668

2673

2670

2676

2671

2677

2679

2689

2683

2692

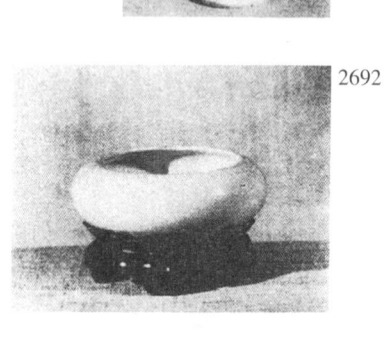

2685

2694

2686

2696

2698

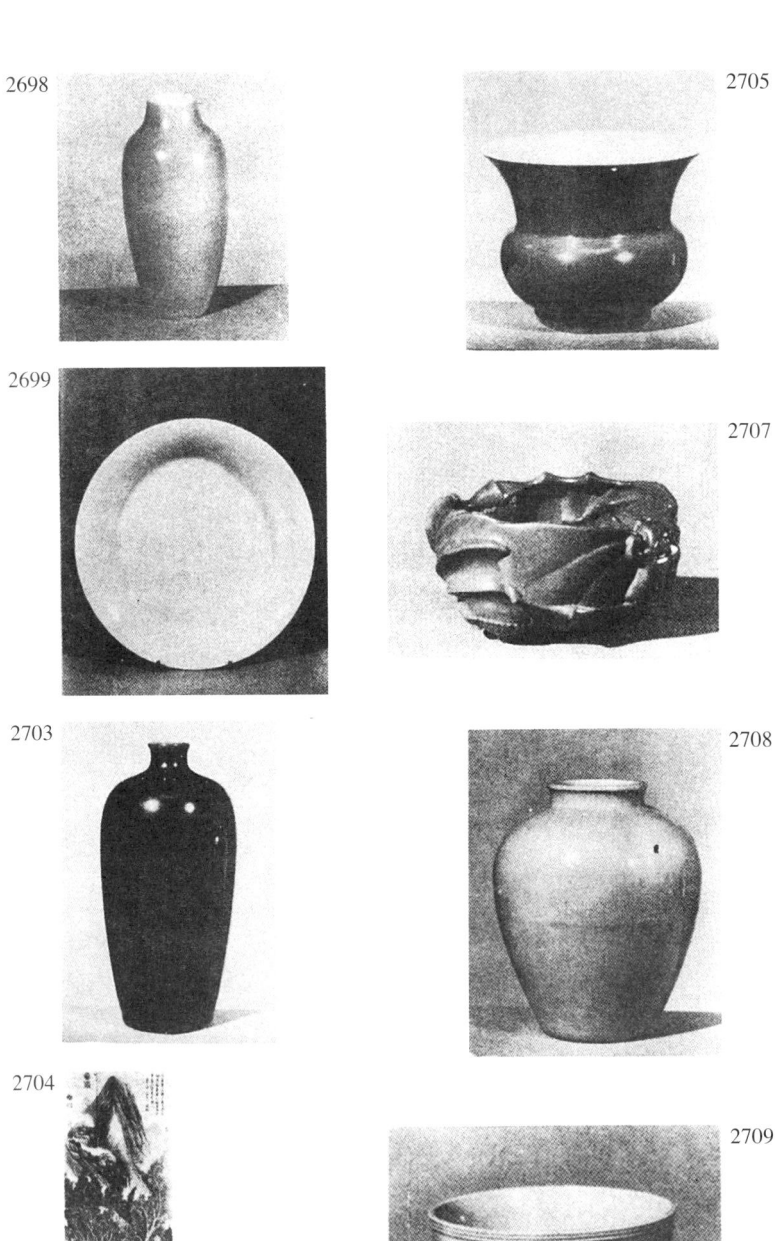

2705

2699

2707

2703

2708

2704

2709

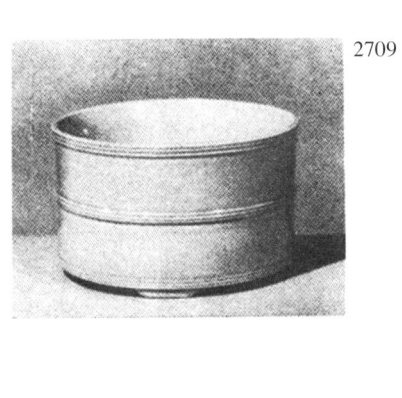

2710

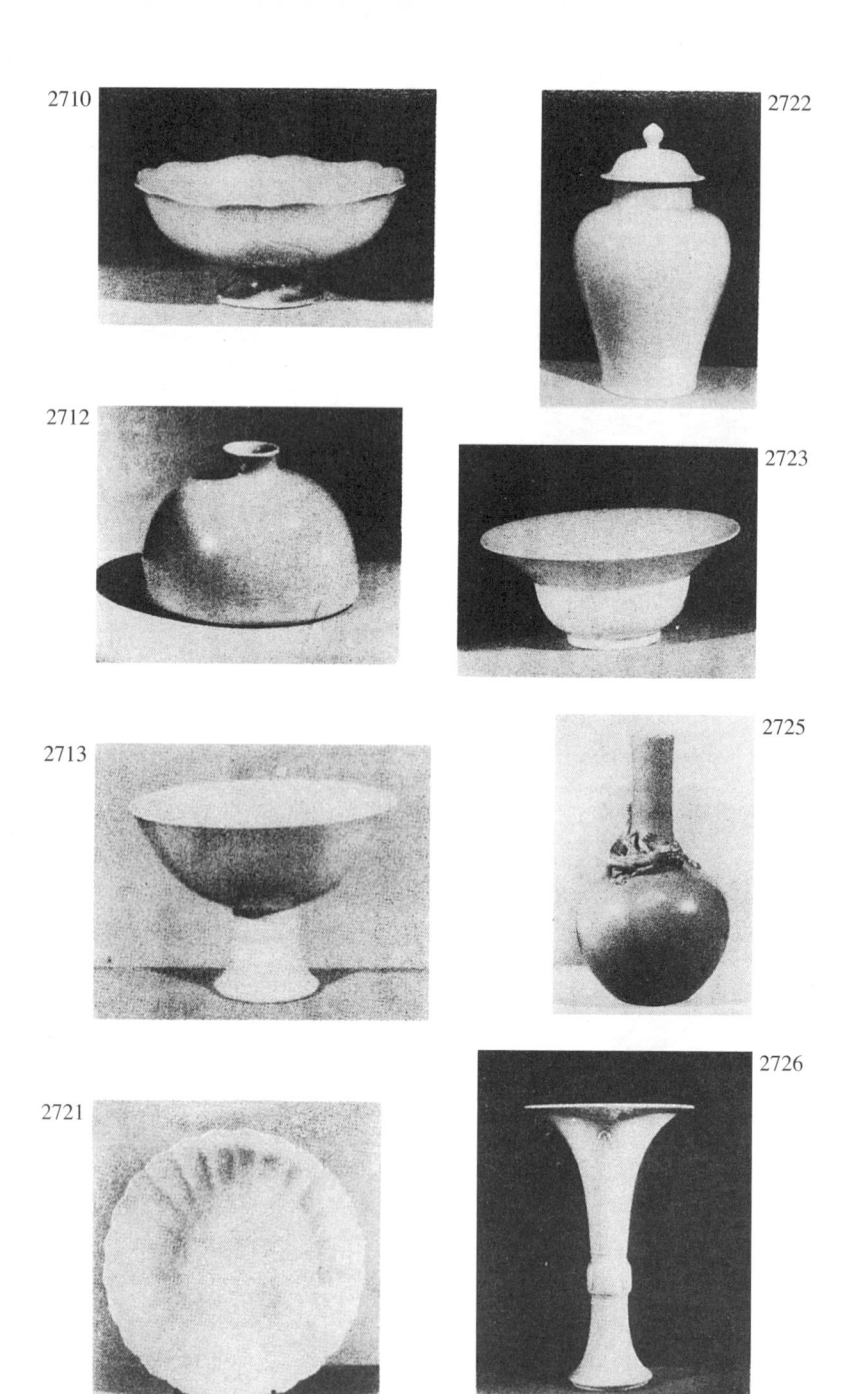

2722

2712

2723

2713

2725

2721

2726

616

2729

2734

2730

2735

2732

2736

2733

2739

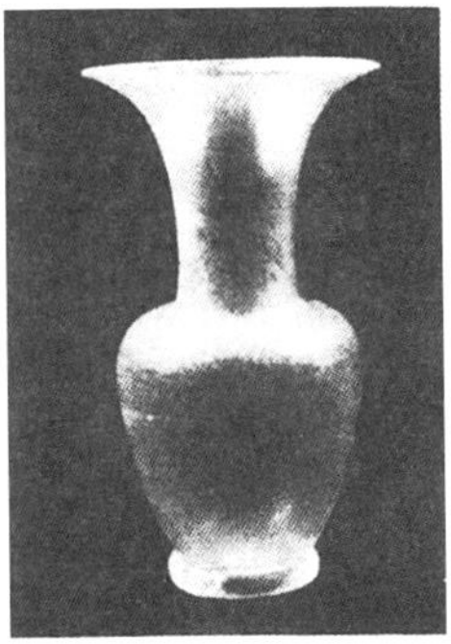

2743

2748

2743

2750

2745

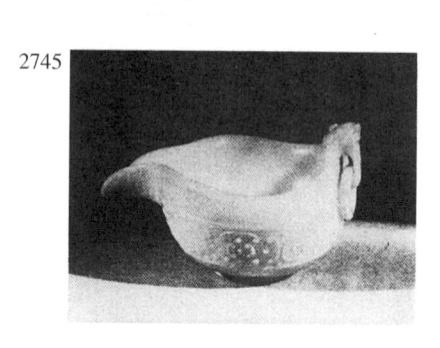

2752

2747

2753

2756

2759A

2757

2759B

2758

2759C

2759

2760

2761

2772

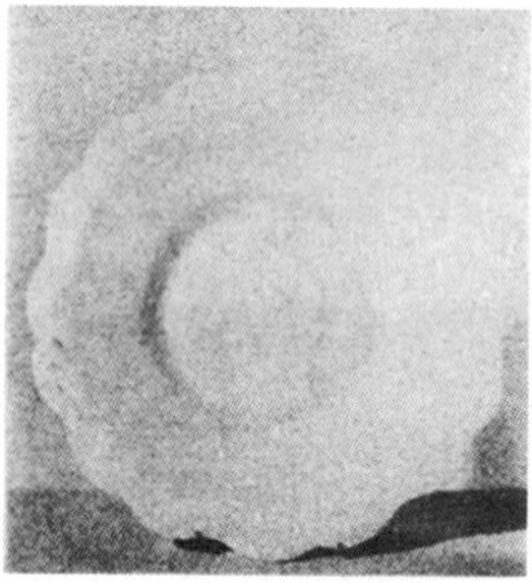

2765

2773

2766

2776

2770

2782

2783

2789

2784

2790

2785

2791

2787

2792

2793

2799

2794

2803

2795

2805

2797

2806

2808

2812^B

2809

2812^C

2812^D

2811

2814

2812^A

2815

2824

2816

2825

2821

2826

2823

2827

2828

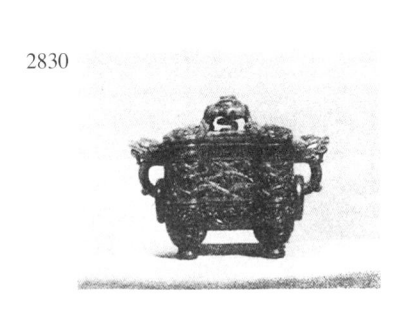

2835

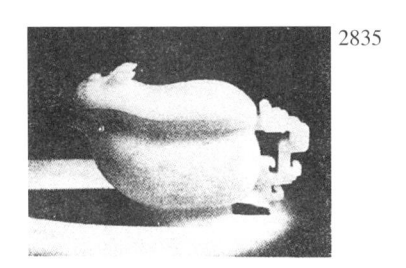

2829

2836

2830

2837

2831

2839

2842

2852

2847

2855

2849

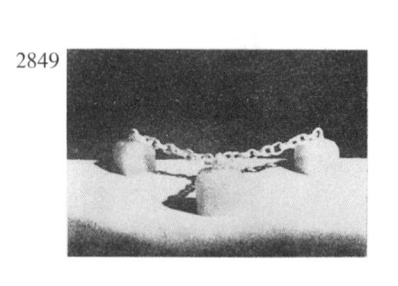

2857

2851

2858

2860

2865

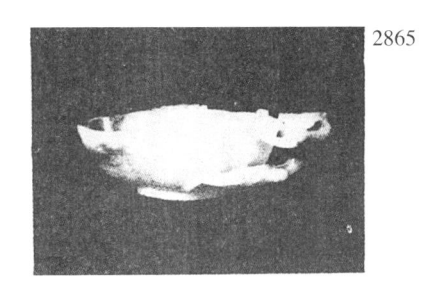

2861

2869

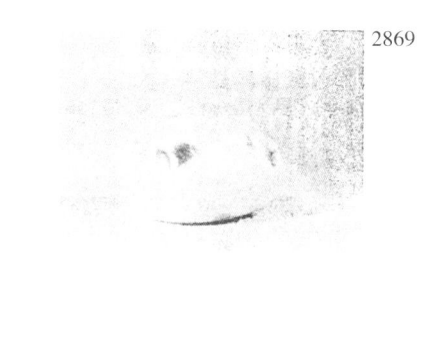

2870

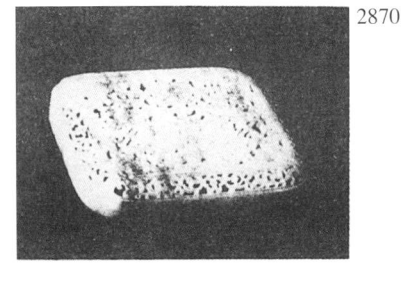

2863

2871

2864

627

2873

2879

2874

2880^A

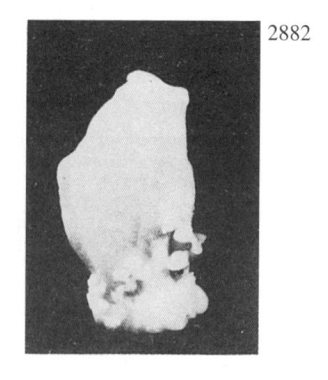

2876

2880^B

2877

2882

2883

2888

2884

2890

2886

2891

2887

2893

2894

2898

2895

2899

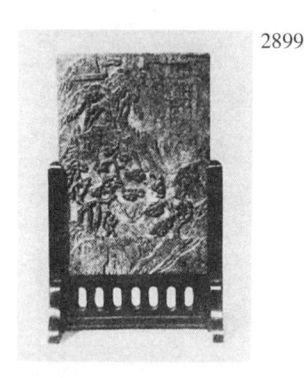

2896

2900

2897

2902

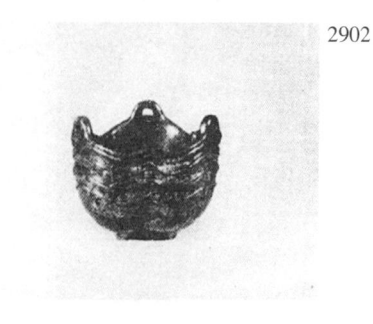

2905

2913

2906

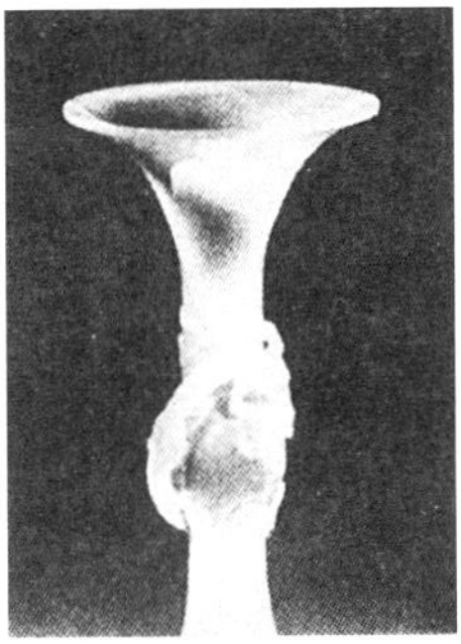

2914

2910

2916

2917

2912

2918

2919

2920

2921

2922

2924

2925

2926

2927

2934

2929

2935

2930

2936

2932

2937

2939

2944

2940

2945

2941

2947

2943

2949

2948

2953

2951

2954

2953

2956

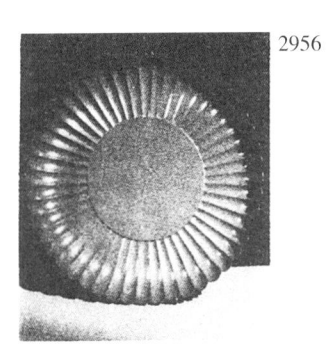

2953

2957

2958

2968

2960

2971

2962

2972

2963

2973

636

2977

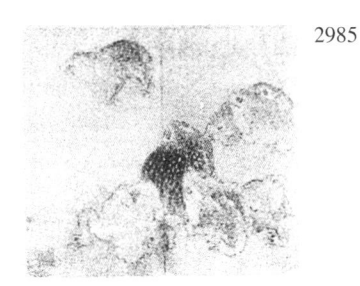

2985

2981

2986ᴬ

2982

2986ᴮ

2983

2988

2990

2995

2991

2997

2998

2993

2993

2999

3000

3009

3003

3011

3006

3013

3008

3015

3021

3038

3022

3039

3024

3040

3027
3033

3048

3055

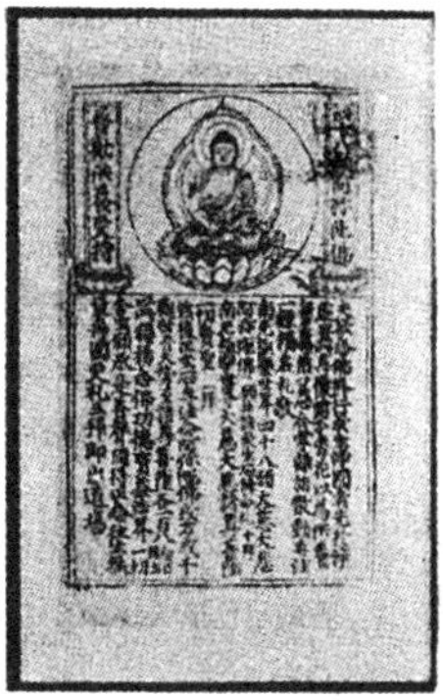

3056

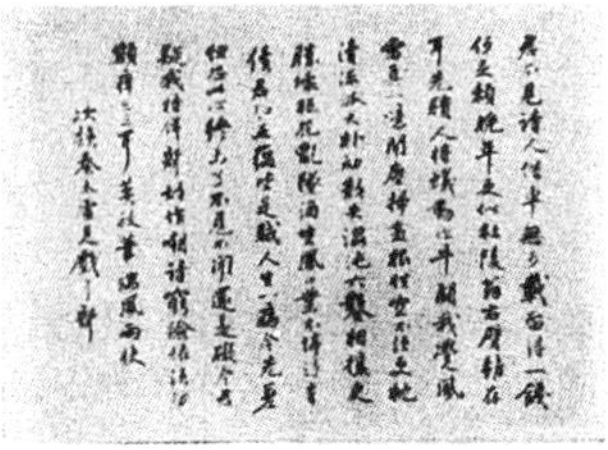

3057

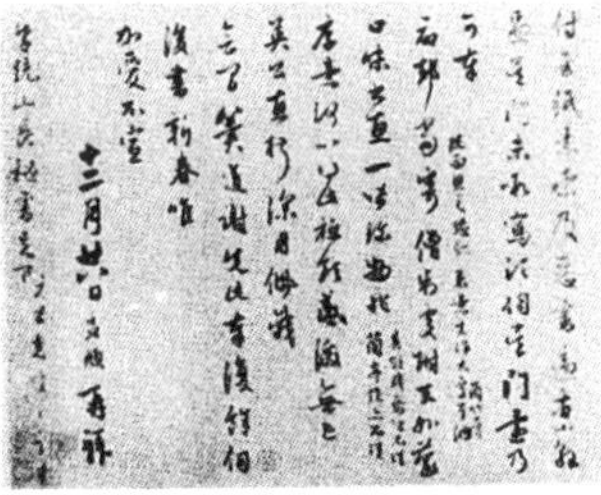

3058

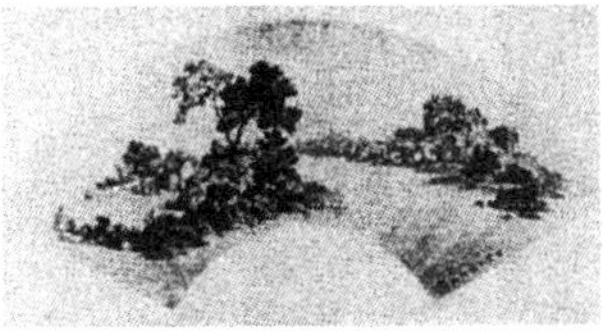

3065

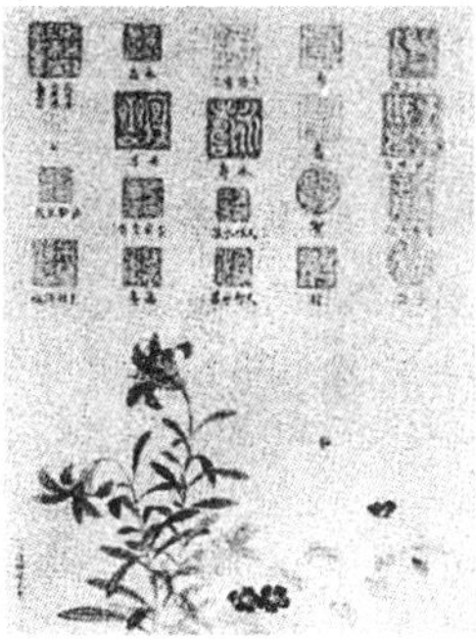

3066

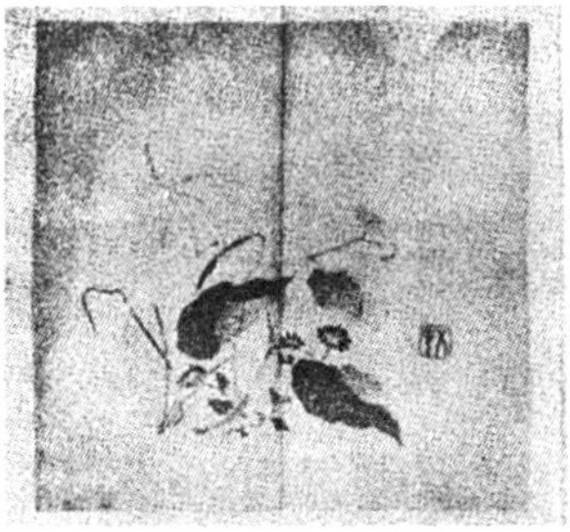

3071

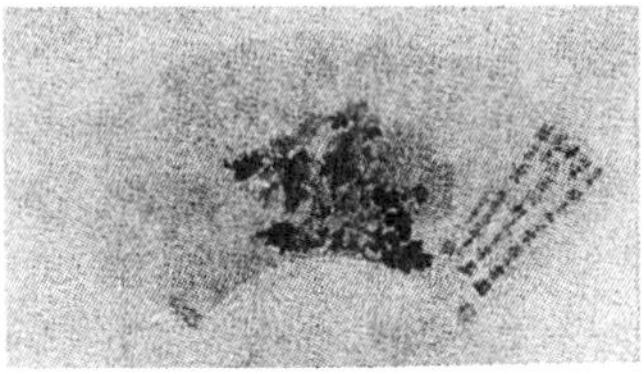

3073

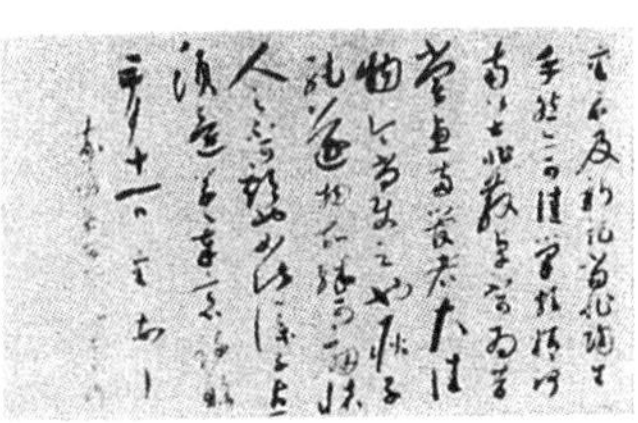

3077

3078

3079

3080

273

755
—

274

276

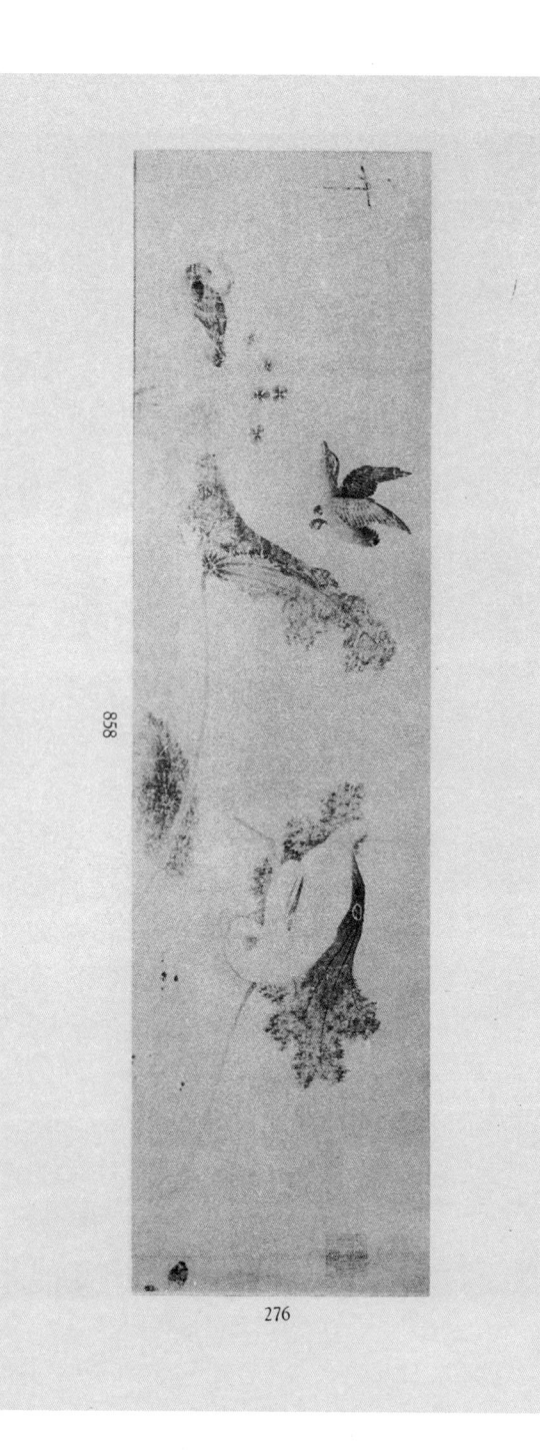

277

900

1119

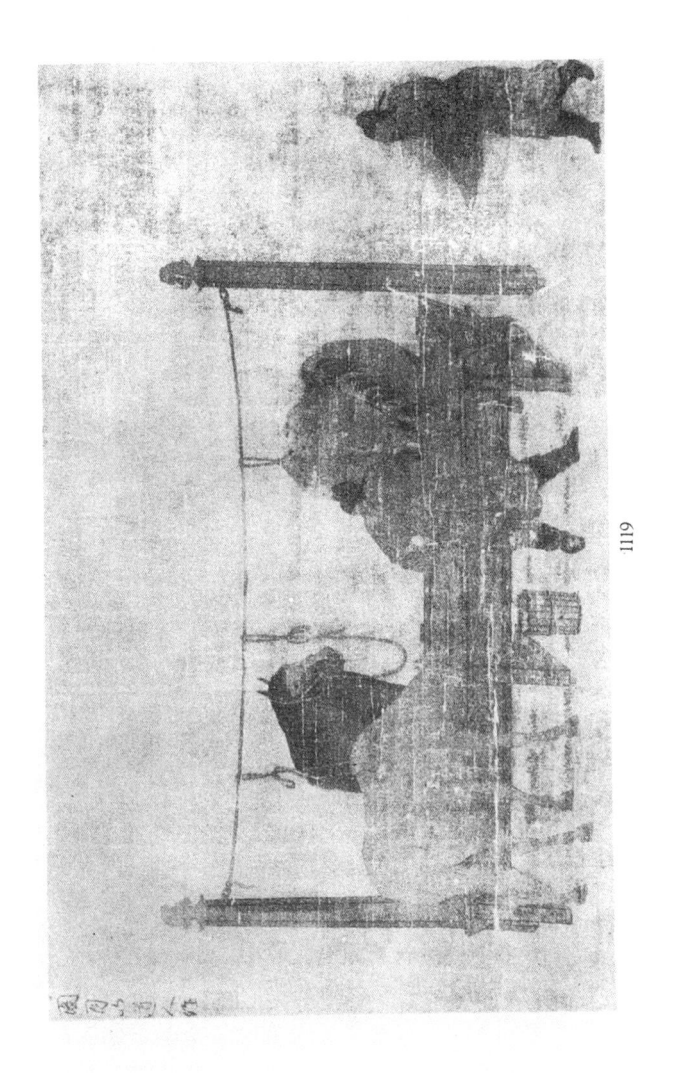

1133

281

282

283

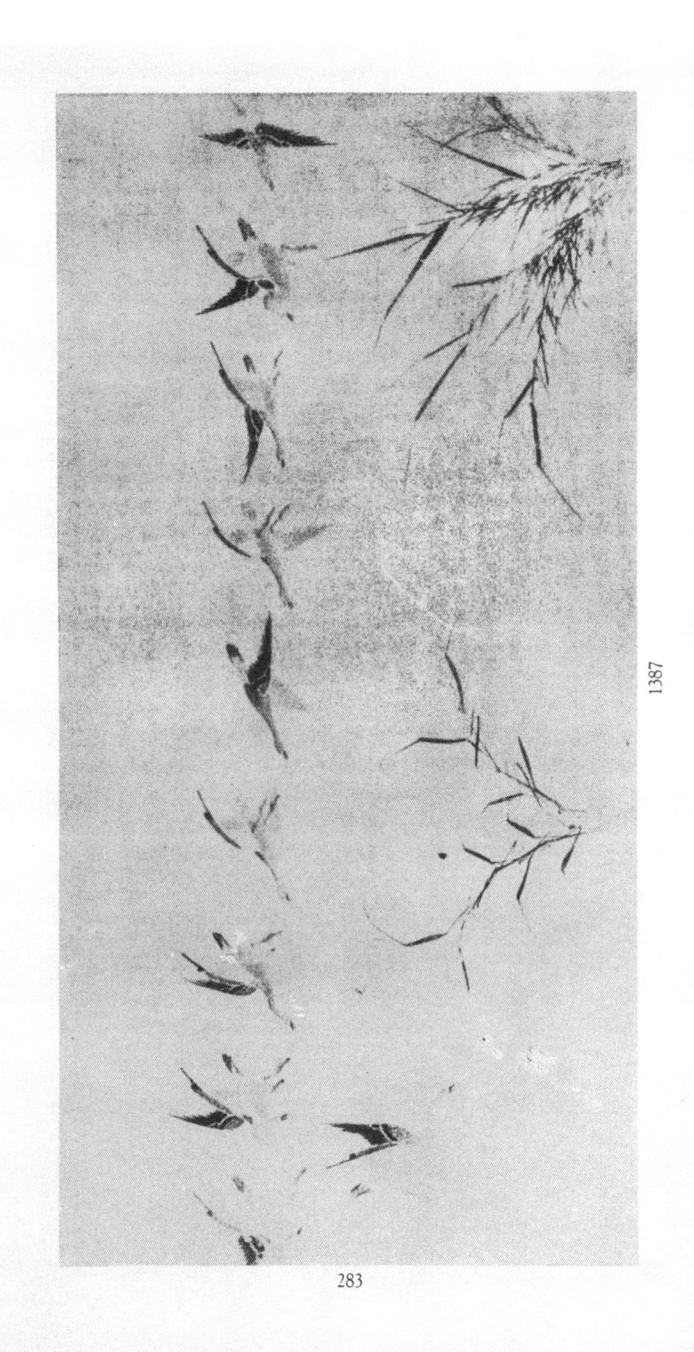

1557

284

285

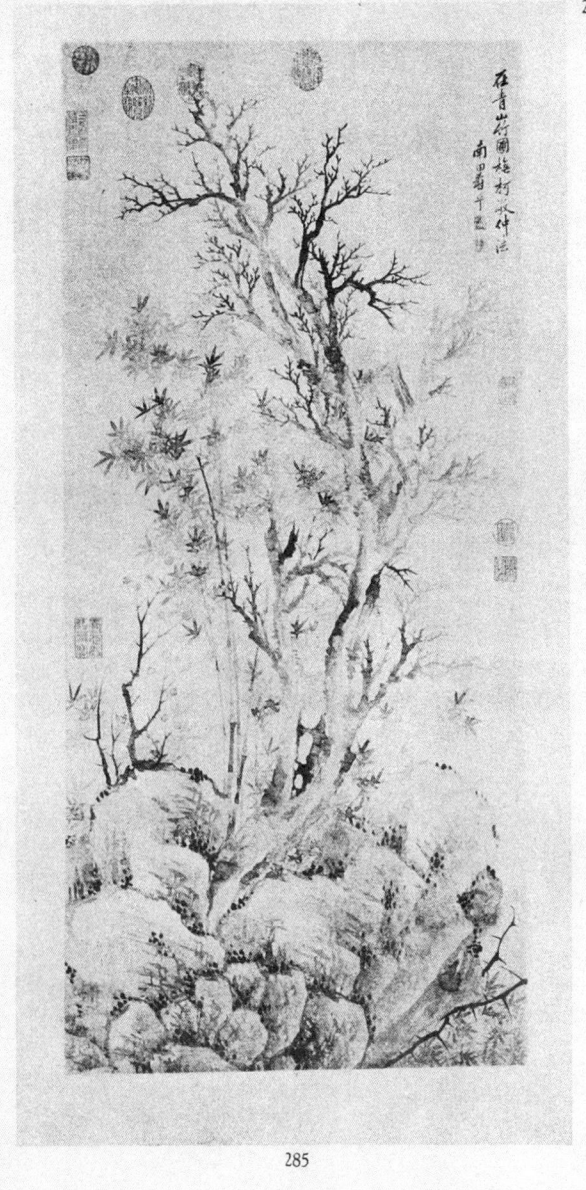

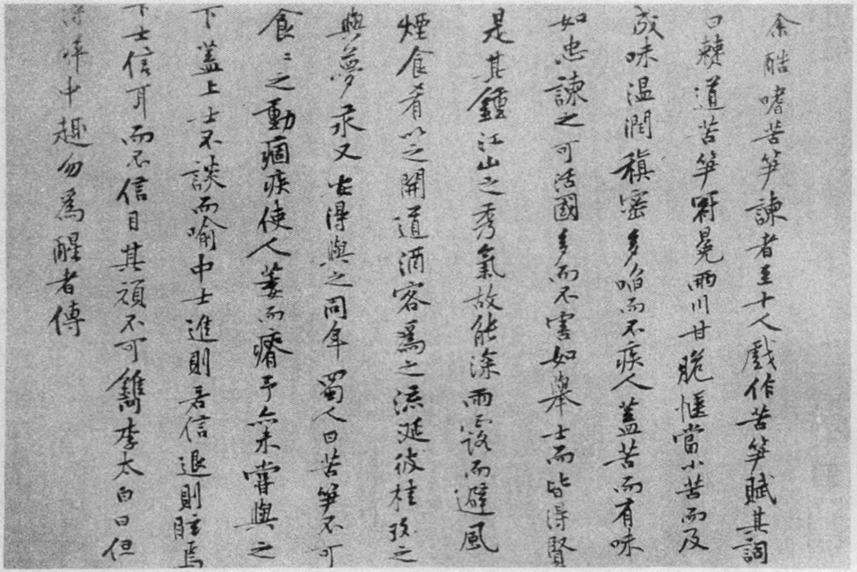

君不見諸人情年少豈不載酒一錢
行之頗覺年長又社陵言我慾是風
軍光憤人情動作閑堂不須五枕
傷其還附座禅盡孤性渡更
情涕大扑加松夫惚老六鬢相樣事
餘眠花亂儉去風紫不婦持吾
體差紅丈醛近賤人重橋今先差
傳君二主下兒口遠無硯今君
促些此给如作嚬諸驚陰性诗迩
鬂我情路妨咋呻诗翥覺念訪
額悸二了本放筆謌風雨情
泱語萊去歷又鳳了辭

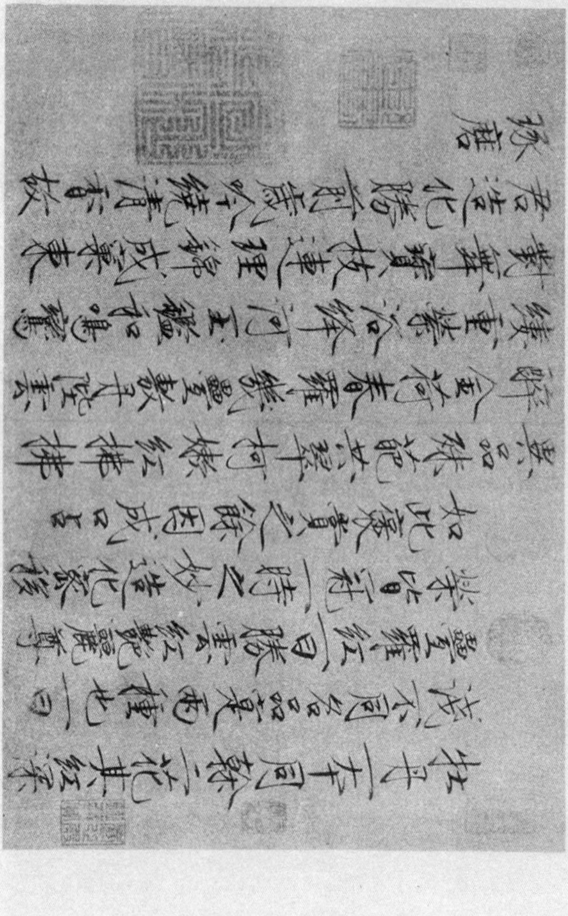

3077

人名索引

3 M. 卡尔曼（M. CALMANN）

15 W. 珀西瓦尔．耶茨（W.PERCEVAL YETTS）

106 奥斯卡·拉斐尔（OSCAR RAPHAEL）

107 玛格特·霍姆斯夫人（MRS. MARGOT HOLMES）

110 古斯塔夫六世·阿道夫（H. R. H THE CROWN PRINCE OF SWEDEN）

111 A. 赫尔斯特伦（A. HELLSTR·M）

117 卢芹斋（C. T. LOO）

120 奥斯瓦尔德·塞壬（DR. OSVALD SIR·N）

122 J. 霍姆伯特（J. HOMBERG）

123 克里斯蒂安·R. 霍姆斯夫人（MRS. CHRISTIAN R. HOLMES）

125 H. J. 奥本海默（H. J. OPPENHEIM）

126 雷纳德·A. 比德威（RAYMOND A. BIDWELL）

128 住友友纯（BARON KICHIZA YEMON SUMITOMO）

133 爱德加·沃奇（EDGAR WORCH）

137 尼尔·马尔科姆（MAJOR-GENERAL SIR NEILL MALCOLM）

140 E. 豪特马克（DR. E. HULTMARK）

142 G. 皮尔斯特（G. PILSTER）

145 C. G. 塞利格曼夫妇（PROFESSOR AND MRS. C. G. SELIGMAN）

146 D. 大卫－韦尔（D. DAVID-WEILL）

147 沃尔特·塞奇威克夫妇（MR. AND MRS. WALTER SEDGWICK）

148 G. 尤摩弗帕勒斯（G. EUMORFOPOULOS）

163 A. 斯托克勒特（A. STOCLET）

165 H. G. 欧德（H. G. OEDER）

168 塩原又策（MATASAKU SHIOHARA）

176 拉米特夫人（MADAME RAMET）

177 C. A. 皮克（C. A. PIEK）

182 C. L. 拉瑟斯顿夫人和拉瑟斯顿小姐（MRS. C. L. AND MISS RUTHERSTON）

183 W. 范·德·门德尔（W. VAN DER MANDELE）

184 H. K. 伯内特（H. K. BURNET）

186 阿尔雷德·H. 菲尔斯伯里（ALFRED H. PILLSBURY）

187 约翰·斯帕克斯（JOHN SPARKS）

201 M. L. 汉布尔顿（MISS M. L. HAMBLETON）

214 万涅克夫人（MADAME WANNIECK）

216 圣迈克尔和 E. M. B. 英格拉姆（E. M. B. INGRAM, C.M.G.）

217 E. G. 斯潘塞·丘吉尔（E. G. SPENCER-CHURCHILL）

219 L. 米琼（L. MICHON）

252 海因里斯·哈特（ÖSTASIATISKA SAMLINGARNA）

239 A. 勋里希特（A. SCHOENLICHT）

240 根津嘉一郎（KAICHIRO NEDZU）

247 露茜·莫德·白金汉（LUCY MAUD BUCKINGHAM COLLECTION）

248 圣迈克尔和圣乔治·埃尔金和金克丁（THE EARL OF ELGIN AND KINCARDINE, K.T., C.M.G.）

262 威廉·H. 摩尔夫人（MRS. WILLIAM H. MOORE）

264 爱德华·索南夏因夫妇（MR. AND MRS. EDWARD SONNENSCHEIN）

265 尼尔·马尔科姆（MAJOR-GENERAL SIR NEILL MALCOLM, K.C.B., D.S.O.）

270 章乃器（CHANG NAI-CHI）

385 罗伯特·伍兹·布里斯夫妇（THE HON. AND MRS. ROBERT WOODS BLISS）

397 细川護立侯爵（MARQIUS GORYU HOSOKAWA）

402 拉格雷利亚斯（DR. LAGRELIUS）

459 S. D. 文克沃斯（S. D. WINKWORTH）

475 范德海特（BARON VON DER HEYDT）

479 罗伯特·莱曼（ROBERT LEHMAN）

499 H. 金斯伯格（H. GINSBERG）

500 格雷丝·罗杰斯夫人（MRS. GRACE ROGERS）

529 波特·帕尔莫（POTTER PALMER）

581 H. G. 欧德（H. G. OEDER）

626 斯坦因 [THE GOVERNMENT OF INDIA（Stein Collection）]

631 沃德夫人（THE HON. LADY WARD）

633 S. C. 博世·赖茨（S. C. BOSCH-REITZ）

641 小约翰·D. 洛克菲勒夫人（MRS. JOHN D. ROCKEFELLER, JR.）

643 佩利奥特（MUS·E DU LOUVRE）

652 查尔斯·B. 霍伊特（CHARLES B. HOYT）

662 F. 席勒·莱奇沃思（F. P. M. SCHILLER, K.C.）

681 约瑟夫·霍姆伯特（JOSEPH HOMBERG）

744 保罗·佩利奥特（PROFESSOR PAUL PELLIOT）

768 F. 奥特曼（F. GUTMANN）

769 罗森海姆夫人（MADAME ROSENHEIM）

777 C. 坎普（C. KEMPE）

794 G. 皮尔斯特（G. PILSTER）

800 阿部房次郎（FUSAJIRO ABE）

813 斐希瓦尔·大维德（SIR PERCIVAL DAVID, B.T.）

868 A. T. 沃尔（A. T. WARRE）

884 阿兰·巴罗（ALAN BARLOW, C.B., C.B.E.）

918 中村不折（FUSETSU NAKAMURA）

925 H. 劳里岑（H. LAURITZEN）

939 柏格森詹尼尔·A. 伦德格伦（BERGSINGENIOR A. LUNDGREN）

940 乔治·约书亚夫人（MRS. GEORGE JOSHUA）

979 阿尔弗雷德·克拉克夫妇（MR. AND MRS. ALFERD CLARK）

984 萨缪尔·T. 彼得斯夫人（MRS. SAMUEL T. PETERS）

1018 K. R. 冯·罗格（DR. K. R. VON ROQUES）

1031 A. 贝纳基（A. BENAKI）

1039 A. W. 巴尔（A. W. BAHR）

1115 杜·鲍里斯·S. 莫里斯（DR. DU BOIS S. MORRIS）

1145 G. 德尔·德拉戈夫妇（MR. AND MRS. G. DEL DRAGO）

1189 J. 海尔纳（DR. J. HELLNER）

1219 约翰·瓦里克（JOHN WARRACK, LL.D.）

1243 亨利·温斯洛夫人（MRS. HENRY WINSLOW）

1249 拉塞尔·泰森（RUSSELL TYSON）

1302 A. W. 巴尔（A. W. BAHR）

1310 艾伦·巴洛（ALAN BARLOW, C.B., C.B.E.）

1322 比斯（DR. DU BOIS S.MORRIS）

1330 奈凯尔克（A. SCHOENLICHT）

1346 C. E. 拉塞尔（C. E. RUSSELL）

1356 A. 肖恩利克特（A. SCHOENLICHT）

1362 沃列兹奇（HIS EXCELIENCY DR. E. A. VORETZSCH）

1365 DR.K.R. 冯·洛克斯（DR.K.R.VON ROQUES）

1388 莫顿·桑兹（MORTON SANDS）

1406 F. 季科京（F.TIKOTIN）

1415 DR.A. 布罗伊尔（DR.A. BREUER）

1426 DR.H.K. 韦斯滕多普（DR.H.K. WESTENDORP）

1429 斯宾克父子公司（SPINK AND SON,LTD）

1432 A.W. 巴尔韦布里奇（A.W. BAHR, Weybridge）

1434 C.E. 罗素（C.E. RUSSELL）

1468 彼得·博德（PETER BOODE）

1519 M.W. 埃尔芬斯通（M.W. ELPHINSTONE）

1531 G.H. 本森（G.H. BENSON）

1532 安东尼·德·罗斯柴尔德（ANTHONY DE ROTHSCHILD）

1542 林德利·斯科特（LINDLEY SCOTT）

1544 波特·帕尔姆（POTTER PALMER）

1545 C.G. 韦伯特·克拉默斯（C.G. VERBURGT-KRAMERS）

1555 DR.F. 扎勒（DR.F. SARRE）

1602 温妮可夫人（MADAME WANNIECK）

1607 海因里希·哈特（HEINRICH HARDT）

1633 E.A. 沃雷茨（E.A. VORETZSCH）

1656 伦纳德·高（LEONARD GOW）

1672 朗韦尔夫人（MADAME LANGWEIL）

1672 A T. 库蒂（T.CULTY）

1686 罗伯特·梅（ROBERT MAY）

1694 埃文·查特里斯（EVAN CHARTERIS）

1704 弗兰克·帕特里奇父子公司（FRANK PARTRIDGE AND SONS,LTD）

1709 雷金纳德·勒·梅（REGINALD LE MAY）

1715 W.J. 霍尔特夫人（MRS.W.J. HOLT）

人名索引

1716 切斯特·贝蒂夫妇（MR. AND MRS. A. CHESTER BEATTY）

1721 W.F. 范·赫克洛姆（W.F. VAN HEUKELOM）

1725 A. 萨尔（A.STAAL）

1730 史蒂芬·曼纽尔（STEPHEN MANUEL）

1734 M. 基泽父子（M.KEEZER）

1744 R.C. 布鲁斯（R.C. BRUCE）

1770 布鲁特父子（BLUETT AND SONS）

1809 海姆斯泰德·F. 古特曼（F. GUTMANN, Heemstede）

1811 萨克斯顿·诺比（SAXTON NOBLE）

1812 查尔斯·香农（CHARLES SHANNON）

1820 肯尼赫·克拉克（KENNETH CLARK）

1821 利森小姐（THE MISSES LEESON）

1824 霍恩·拉迪·沃德（THE HON. LADY WARD）

1837 罗克斯堡公爵夫人（THE DURCHESS OF ROXBURGHE）

1843 赫伯特·冯·克伦佩尔（HERBERT VON KLEMPERER）

1869 E. 本杰明（E. BENJAMIN）

1870 露西·泰森（RUSSELL TYSON）

1872 E. 哈尔特马克（E. HULTMARK）

1900 约翰·布坎南·渣甸（JOHN BUCHANAN-JARDINE）

1930 F. 霍华德·帕杰特（F. HOWARD PAGET）

1949 E. 胡特马克（E.HULTMARK）

1950 I. 特劳戈特（I.TRAUGOTT）

1967 J. 海勒纳（J.HELLNER）

1999 格温夫人（MRS. GWYNNE）

2002 E.A. 帕里（E.A. PARRY）

2009 渣甸爵士（SIR JOHN BUCHANAN-JARDINE）

2012 巫娜·蒲博·轩尼诗（UNA POPE-HENNESSY）

2020 乔治·希尔（GEORGE HILL）

2080 哈瓦特·佩吉特（HOWARD PAGET）

2137 B. 柯里（B.CURRIE）

2184 阿伯康伟（ABERCONWAY）

2223 马库斯·伊泽基尔夫人（MRS. MARCUS EZEKIEL）

2226 弗朗克・帕萃吉父子公司（FRANK PARTRIDGE）

2228 A.T. 韦勒（A.T. WARRE）

2244 M.W. 埃尔芬斯通（M.W. ELPHINSTONE）

2290 额尔金伯爵（THE EARL OF ELGIN）

2290 金卡丁伯爵（THE EARL KINCARDINE）

2293 弗雷德里克・怀特（FREDERICK WHYTE）

2294 S. 哈考特・史密斯（S. HARCOURT SMITH）

2295 萨克斯顿・诺布尔（SAXTON NOBLE）

2298 J. 皮尔庞特・摩根（J. PIERPONT MORGAN）

2304 亚瑟・菲利普斯（ARTHUR PHILLIPS）

2312 F. 阿尔布因（F. ARBOUIN）

2314 玛丽女王（QUEEN MARY）

2350 尤斯塔斯 B. 霍尔（EUSTACE B. HOARE）

2351 马库斯・依泽基尔（MARCUS EZEKIEL）

2365 伯希和（MUS・E DU LOUVRE）

2371 利・阿什顿（LEIGH ASHTON）

2384 山中定次郎（SADAJIRO YAMANAKA）

2394 冯・德・海特（VON DER HEYDT）

2418 波特・帕尔默（POTTER PALMER）

2443 岩崎小弥太男爵（MARON KOYATA IWASAKI）

2514 J.G. 丘顿（J.G. CHURTON）

2546 赫伯特・休斯・斯坦顿（HERBERT HUGHES-STANTON）

2550 克劳德・贝丁顿（CLUDE BEDDINGTON）

2562 莫里斯・索维尔夫人（MADAME MAURICE SOLVAY）

2614 A. 鲍尔（A. BAUR）

2622 A.L. 赫瑟林顿（A.L. HETHERINGTON）

2636 琼・埃文斯（JOAN EVANS）

2639 斐西瓦尔・叶慈（PROFESSOR W. PERCEVAL YETTS）

2734 H.R.B. 艾贝（H.R.B. ABBEY）

2768 J.N. 科利（J.N. COLLIE）

2785 H.E. 艾奥尼迪斯小姐（H.E. IONIDES）

2794 纳皮尔勋爵（LORD NAPIER）

2816 艾玛·约瑟夫小姐（MRS. EMMA JOSEPH）

2818 H.E. 艾奥尼迪斯（H.E. IONIDES）

2827 DR.H.G. 巴特菲尔德（DR.H.G. BUTTERFIELD）

2879 琼·埃文斯女士（MISS JOAN EVANS）

2888 A.A. 斐西瓦尔（A.A PERCEVAL）

2891 欧内斯特·梅金斯（ERNEST MAKINS）

2895 路易斯·蒙巴顿女士（LADY LOUIS MOUNTBATTEN）

2918 斯莱戈侯爵（THE MARQUESS OF SLIGO）

2924 J.J. 乔伊斯（J.J. JOASS）

2933 欧内斯特·马什（ERNEST MARSH）

2933 金斯利·格林（Kingsley Green）

2955 A. 布鲁尔（A. BREUER）

2985 DR.E. 胡尔马克（DR.E. HULTMARK）

3001 威廉 H. 摩尔小姐（WILLIAM H. MOORE）

3002 G.H. 沃拉斯顿小姐（G.H. WOLLASTON）

3006 大卫女士（LADY DAVID）

3079 杰弗里·哈姆斯沃思（GEOFFREY HARMSWORTH）

后记

辛丑牛年秋冬之际,三稿校对终于完毕,如释重负长长地舒了一口气,被这小小的成果带来些许欣慰。

伦敦艺展为人们树立了文化交流的典范,它的典范作用,现今仍然不过时。做出这样的论断,并不是出于个人的兴味,去刻意夸大它的历史意义,而是出于对伦敦艺展的分析和研究所得出的结论。希望这个课题的研究成果能给读者提供有价值的参考。

国外博物馆(包括个人)收藏的中国文物艺术品的溯源研究,是近年来大家比较关注的事情,这些文物从哪里来?如何来到这些国家?伦敦艺展3000余件展品中,除中方提供的展品外,其余几乎都是近代以后从中国流出的文物艺术品。这些一度从中国流向世界的文物艺术品,伦敦艺展期间再次汇聚一堂,为我们提供了非常有价值的研究线索,因此也希望本书对这一新的研究领域有抛砖引玉的作用。

在此,首先要感谢上海大学图书馆,不但借阅馆藏有关图书资料,还设立专门研究室,为我们专心致志地进行该项研究工作提供了持续有力的支持。

还要感谢上海图书馆的热情帮助,提供了弥足珍贵的有关伦敦艺展的资料,尤其是郑天锡《参加伦敦中国艺术国际展会报告》、1936年商务书馆印刷出版的中英文对照《参加伦敦中国艺术国际展览出品图说》等资料,并且毫无保留地提供复印材料,使本书的撰写得以顺利进行。否则,本课题研究工作将难以为继。

特别感谢上海书画出版社的大力支持，以及编辑邱宁斌、眭菁菁等辛勤的付出，对他（她）们的职业素质和一丝不苟的工作精神，深表敬佩。

本书在编撰过程中，研究生李源、郑希、梅海涛、陆文婷、张馨允协助翻译了部分英语资料，谨于此表示感谢。

陈文平　陈诞

2021年11月15日

图书在版编目（CIP）数据

文物光华：1935年-1936年伦敦中国艺术国际展览会研究/陈文平，陈诞编著.--上海：上海书画出版社，2023.7
ISBN 978-7-5479-2872-1
Ⅰ.①文… Ⅱ.①陈… ②陈… Ⅲ.①文物—中国—1935-1936 Ⅳ.①K871.6
中国版本图书馆CIP数据核字（2022）第149245号

文物光华
1935年—1936年伦敦中国艺术国际展览会研究

陈文平　陈诞 编著

责任编辑	邱宁斌
审　　读	雍　琦
责任校对	郭晓霞
封面设计	陈绿竞
技术编辑	包赛明

出版发行	上海世纪出版集团 ◉ 上海书画出版社
地址	上海市闵行区号景路159弄A座4楼
邮政编码	201101
网址	www.shshuhua.com
E-mail	shcpph@163.com
制版	上海久段文化发展有限公司
印刷	上海展强印刷有限公司
经销	各地新华书店
开本	889×1194　1/32
印张	21
版次	2023年8月第1版　2023年8月第1次印刷
书号	ISBN 978-7-5479-2872-1
定价	188.00元